CW00382083

Andrea Schulte-Peevers
e Tom Parkinson

Berlino

EDT

I TOP FIVE

1 Reichstag
Storico edificio noto per la sua
gigantesca cupola di vetro (p102)

2 Potsdamer Platz
Simbolo della "Nuova Berlino" e
grande attrazione turistica (p104)

3 Schloss Charlottenburg
Raffinatissimo castello barocco
che vanta splendidi giardini (p111)

4 Jüdisches Museum
Il più grande museo ebraico
d'Europa illustra la storia degli
ebrei attraverso i secoli (p127)

5 Museumsinsel
Particolare della cupola
del Berliner Dom (p88)

1 Siegessäule (p103), Tiergarten
2 Philarmonie (p109), Tiergarten
3 Neue Nationalgalerie (p109), Tiergarten
4 Porta di Brandeburgo (p82)

1 *Alte Nationalgalerie (p88), Museumsinsel*
2 *Erotik Museum (p115), Charlottenburg*
3 *Theater des Westens (p211), Charlottenburg*
4 *Kaiser-Wilhelm-Gedächtniskirche (p116), Charlottenburg*

Sommario

UFFICI LONELY PLANET E EDT
Sede:
Locked Bag 1, Footscray, Victoria 3011, Australia
☎ (61) 03 8379 8000 | fax (61) 03 8379 8111
(altri uffici in Gran Bretagna e U.S.A.)
talk2us@lonelyplanet.com.au

EDT srl
19 via Alfieri, 10121 Torino, Italia
☎ (39) 011 5591 811 | fax (39) 011 2307 034
edt@edt.it | www.edt.it

Berlino
4ª edizione italiana - Gennaio 2005
Tradotto dall'edizione originale inglese:
Berlin (4th edition, August 2004)

Pubblicato da EDT srl
su autorizzazione di Lonely Planet Publications Pty Ltd
ABN 36 005 607 983

In copertina: foto in alto di Liubi Images/Photolibrary.com: Particolare della cupola del Reichstag; foto in basso di Chad Ehlers/Stone: La scultura *Berlin*. Sul retro foto di Richard Nebeský/Lonely Planet Images: La statua dorata della Vittoria in cima alla Siegessäule. Le fotografie di questo libro sono state fornite da Lonely Planet Images: www.lonelyplanetimages.com

ISBN 88-7063-741-7

Stampato da Stargrafica, Grugliasco (TO) (Italia)

Gli autori

ANDREA SCHULTE-PEEVERS

Nata e cresciuta in Germania, ha studiato a Londra e, in seguito, alla University of California di Los Angeles. Negli ultimi 14 anni si è dedicata professionalmente a scrivere del paese natio, gli ultimi otto per la Lonely Planet. Berlino – in tutta la sua complessità e spensieratezza – ha catturato la sua immaginazione fin da quando era bambina. È tornata varie volte a rivedere i suoi posti preferiti, a esplorare nuovi quartieri e a vivere nuove esperienze. Nel tempo ha visto la città spogliarsi della cupezza dell'epoca del Muro e trasformarsi in una metropoli piena di vita e sempre più cosmopolita.

TOM PARKINSON

Tom si è occupato dei capitoli Vita in città, Arti, Storia, Divertimenti ed Escursioni. Dai suoi primi soggiorni berlinesi, inseriti nell'ambito di viaggi effettuati con la formula Interrail, non aveva ricavato una grande impressione della città; ha per contro imparato ad amare Berlino standovi lontano e, quando nell'ambito dei suoi studi sulla lingua tedesca vi ha trovato lavoro, è stato felicissimo di stabilirvisi. Dopo un anno di vita sregolata, fatta di notti brave, musica stravagante, grandi bevute e incontri casuali, Berlino era fermamente diventata la città europea preferita da Tom, e tale rimane tuttora.

FOTOGRAFO

RICHARD NEBESKÝ

Richard ha preso confidenza con la fotografia sin dall'infanzia, quando il padre, un vero appassionato, gli regalò la sua prima macchina fotografica. Da allora ha sempre portato con sé questo strumento. Richard ha scritto e scattato fotografie per diverse guide edite dalla Lonely Planet, ma anche per varie riviste e altre case editrici che pubblicano guide di viaggi. Stabilitosi a Praga, avverte una stretta affinità con tutte le città dell'Europa centrale, compresa Berlino. Una particolare eredità storica fa di Berlino un posto unico e stimolante, un'esperienza eccezionale per un fotografo che è, allo stesso tempo, visitatore.

Introduzione

L'orso è un simbolo che senza dubbio si addice a Berlino: burbero, estremamente adattabile, aggressivo, ferocemente protettivo nei confronti dei suoi piccoli, capace di sopportare le vicissitudini più estenuanti, un animale che per certi aspetti ispira contemporaneamente simpatia e timore.

Berlino, che già nei secoli passati ha segnato profondamente il destino dell'Europa, nel bene e nel male, oggi è una forza trainante per la Germania e l'Europa, una città che ha raggiunto livelli di eccellenza nei campi della tecnologia, del commercio e delle arti.

Berlino è una città accogliente e sorprendentemente a misura d'uomo, i suoi abitanti sono espansivi e inclini a familiarizzare facilmente con i forestieri, e l'atmosfera che vi si respira è affascinante e al tempo stesso capace di mettere a proprio agio visitatori provenienti da tutto il mondo. Per socializzare nei locali della capitale è spesso sufficiente un semplice '*Wie geht's?*' (come va?): gli avventori dei pub e dei caffè sono generalmente molto conversativi e capaci di parlare un ottimo inglese, il che costituisce un eccellente propulsore per fare amicizia. I berlinesi, inoltre, sanno discutere con competenza degli argomenti più disparati: non stupitevi troppo se il tassista che vi accompagna all'aeroporto fosse in grado di dissertare amabilmente sulle specialità gastronomiche della città, sugli aspetti più oscuri di Nietzsche o sui probabili risultati delle elezioni di qualsiasi paese. I berlinesi sono molto istruiti e nutrono profonda curiosità per i paesi e le popolazioni del mondo.

A partire dalla riunificazione Berlino ha subito una profonda trasformazione nel modo di presentarsi e di considerare se stessa. Mettendo da parte la propria opprimente percezione di città in stato d'assedio, sotto la costante minaccia e la sinistra presenza del Muro, ha dato spazio alla sua vera natura. Alcuni visitatori hanno addirittura avuto l'impressione che i festeggiamenti esplosi dopo la fine della dittatura socialista non siano mai realmente finiti, ma si siano soltanto spostati all'interno dei locali e dei ritrovi pubblici. Inutile dire che la capitale offre agli amanti della vita notturna occasioni, spunti e opportunità come pochi altri posti al mondo.

Non che durante il giorno Berlino sia piatta o noiosa! Le attività che si possono svolgere in città non si contano: musei, esposizioni, monumenti, eleganti strade commerciali, suggestivi scorci panoramici, passeggiate nei parchi, attività sportive sono a disposizione dei visitatori. L'agglomerato urbano di Berlino è molto esteso, e praticamente tutti i quartieri offrono motivi di interesse, ma le distanze non debbono scoraggiare: la città dispone infatti di uno dei servizi di trasporti pubblici più efficienti del mondo, capace di provvedere rapidamente e in condizioni di tutta comodità agli spostamenti dei turisti.

Particolarmente vivace è il panorama culturale di Berlino: in città si trovano decine di musei e gallerie d'arte, oltre a sale cinematografiche e teatri in cui vanno in scena spettacoli di musica, di danza e di prosa. L'estesa cintura di foreste, parchi e laghetti che circonda la città costituisce un'eccellente valvola di sfogo contro la frenesia della vita nella metropoli, anche se la capitale tedesca, ricca di spazi verdi e aree ricreative, si dimostra molto attenta alle tematiche ecologiste.

In cifre

Popolazione 3.390.000 abitanti
Ora GMT più un'ora, come negli altri paesi dell'Europa occidentale
Tariffa approssimativa delle camere doppie negli alberghi a 3 stelle €120
Tazza di caffè €1,80
Boccale di birra €2,50
Biglietto della U-Bahn €2
Currywurst €1,50-2
Doner kebab €2-2,50
Pacchetto di sigarette da 20 €3,30 (costerà €3,90 dal luglio 2005)

Se l'aspetto architettonico della capitale è mutato non poco dopo la caduta del Muro, è pur vero che molte delle ferite aperte dalla divisione forzata che ha segnato il dopoguerra berlinese non si sono ancora del tutto rimarginate. Il 'muro' che tuttora incombe nelle menti e nei cuori dei berlinesi si è rivelato più difficile da abbattere di quello attraverso il quale un tempo guardavano con struggente malinconia. Alcune delle divisioni tra berlinesi dell'est e dell'ovest persistono tuttora, anche se i confini risultano un po' sfumati dalle nuove realtà.

Un aspetto peculiare della mentalità berlinese è la tolleranza. La stragrande maggioranza dei berlinesi pare ispirarsi al vecchio adagio di Federico il Grande: *'Jeder nach seiner Façon'*, che si può tradurre a grandi linee 'Vivi e lascia vivere'. Non a caso un residente su 7,5 a Berlino è straniero, e la città ospita la più numerosa e animata comunità gay e lesbica d'Europa.

Tutto ciò fa di Berlino la città 'meno tedesca' della Germania, quasi del tutto svincolata da quella rigida struttura sociale tuttora radicata in gran parte del paese. Indicatore di tendenza per vocazione e per necessità, Berlino si nutre di umori cangianti, mode e stimoli che rielabora in un nuovo *Zeitgeist* (spirito del tempo) da diffondere nel resto del paese e anche all'estero. Nel corso dei secoli il mondo ha sempre guardato a Berlino, spesso con ammirazione, a volte con orrore e non di rado anche con grande simpatia. Seducente e repulsiva, frivola e impegnata al tempo stesso, Berlino continua a essere una città in cui gli opposti possono convivere in maniera estremamente civile e interessante.

LA GIORNATA IDEALE SECONDO ANDREA

Bono sta cantando *It's a Beautiful Day* alla radiosveglia mentre mi accingo ad alzarmi dal letto poco dopo le 9. Mi faccio una rapida doccia, controllo la casella di posta elettronica e poi esco per incontrare la mia amica Kerstin per una abbondante prima colazione da **Tomasa** (p182). Ci aggiorniamo sugli ultimi pettegolezzi, poi prendiamo la U-Bahn per andare a vedere la mostra d'arte in programma alla **Neue Nationalgalerie** (p109). Dopo aver salutato Kerstin, che deve andare al lavoro, decido di verificare di persona l'attendibilità di certe voci che mi sono giunte a proposito delle nuove sedi diplomatiche nel vicino **Diplomatenviertel** (p107). Favorevolmente impressionata, mi avvio verso nord attraverso il **Tiergarten** (p100) – le sue fronde odorano del dolce profumo dell'estate – fino al **Reichstag** (p102). Con il sole che indugia in un cielo ceruleo, immagino che oggi le vedute dalla cupola di vetro debbano essere davvero mozzafiato. Lo sono, in effetti, ma non posso fermarmi troppo a lungo perché devo scegliere un nuovo completo per il concerto al quale assisterò stasera alla **Philharmonie** (p207) in compagnia di un gruppo di vecchi amici. La fortuna mi assiste mentre giro per le boutique dello **Scheunenviertel** (p95), e arrivo alla sala giusto in tempo per un aperitivo prima del concerto. Disarmati dalla genialità di Bach e Beethoven, decidiamo di chiudere la serata con tapas e cocktail da **Yosoy** (p173), il nostro ristorante spagnolo preferito. Olé!

Il meglio di Berlino

- **Giro dei bar** (p194) – se ne trovano a decine in tutti i quartieri
- **Pergamon Museum** (p90) – espone straordinari reperti dell'antichità
- **Pfaueninsel** (p150) – è perfetta per gli innamorati
- **Cupola del Reichstag** (p102) – permette di apprezzare Berlino dall'alto
- **Scheunenviertel** (p95) – vi si trovano moltissime boutique e gallerie d'arte

Vita in città

Vita in città

BERLINO OGGI

Berlino è una città di grande temperamento. I numerosi stravolgimenti delle fortune e dello status della città sono diventati parte della sua natura, e hanno creato un dinamismo irrequieto che fa oggetto di un'ostinata individualità anche l'aspetto più ordinario della vita urbana.

Dopotutto, a Berlino l'occupazione di appartamenti sfitti è una sorta di passatempo cittadino, un'area devastata e divisa adesso è tra i più costosi terreni edificabili in Europa, ogni vecchio edificio può trasformarsi in un centro culturale e perfino Starbucks ospita concerti di jazz dal vivo: 'convenzionale' è un aggettivo difficilmente applicabile a qualsiasi aspetto della vita di questa città.

Altrettanto arduo è definire con chiarezza i berlinesi: è sufficiente prendere la U-Bahn per vedere la straordinaria varietà di persone che hanno fatto di questa città la propria casa: uomini d'affari, punk, impiegati statali, anarchici e decine di altri tipi umani. La ricchezza della cultura e del tessuto sociale di Berlino trascende le sue vicende politiche spesso complicate, e una volta riusciti a entrare nel suo ritmo di vita capirete facilmente perché essa sia una forza dominante in numerosi aspetti della vita tedesca.

Il ristabilimento dello status di capitale ha segnato l'inizio di una nuova epoca per la città, che sta finalmente ritornando alla ribalta come metropoli di livello internazionale sotto tutti gli aspetti.

Di Berlino, poi, meraviglia l'apparentemente inesauribile capacità di sorprendere. Il futuro è una tela bianca: come proclama orgogliosamente l'ufficio turistico, Berlino è 'diversa ogni ora' e la sua costante facoltà di rinnovarsi è senza alcun dubbio la caratteristica più interessante della città.

Tipici argomenti di conversazione

- La gestione del denaro pubblico da parte del senato di Berlino.
- Gli scioperi degli studenti.
- La passione per i cani degli abitanti di Friedrichshain.
- La RDT: quelli erano bei tempi.
- Berlino ha veramente bisogno di riavere il suo Schloss?
- Locali del momento: quelli di moda, quelli sorpassati, quelli chiusi per fare spazio a uffici.
- Oh, un'altra Ikea.

I tavoli all'aperto di un caffè di Berlino

CALENDARIO DEGLI EVENTI

Berlino è una città che ama divertirsi, e quasi ogni weekend ha luogo qualche manifestazione, anniversario o celebrazione; la scena artistica è particolarmente vivace, e il centro ICC Messe (☎ 303 80; www.icc-berlin.de; Messedamm 22, Charlottenburg) presenta un vasto programma di fiere campionarie nell'arco di tutto l'anno, molte delle quali sono aperte al pubblico. Gli appuntamenti più importanti dell'anno sono la Berlinale, il festival del cinema più prestigioso della Germania, che si tiene in febbraio, la Love Parade, un'istituzione per il mondo della techno, in luglio, e il Giorno della Riunificazione il 3 ottobre, quando i berlinesi fanno del loro meglio per ricreare le scene di giubilo che hanno contrassegnato la caduta del Muro. V. Informazioni (p297) per un elenco completo delle festività.

GENNAIO

BERLINER SECHSTAGERENNEN

Questa importante manifestazione ciclistica internazionale si tiene a Berlino da quasi un secolo (p217).

INTERNATIONALE GRÜNE WOCHE

☎ 303 80; ICC Messe

La Settimana verde internazionale, ufficialmente una fiera del consumatore, dedicata agli alimentari, all'agricoltura e al giardinaggio, in realtà è un pretesto per ammirare e gustare specialità esotiche provenienti da tutto il mondo.

LANGE NACHT DER MUSEEN

☎ 283 973; www.lange-nacht-der-museen.de

L'ultimo sabato di gennaio 150.000 visitatori colgono l'opportunità di visitare i musei di Berlino ba sera, grazie al prolungamento degli orari di apertura almeno fino a mezzanotte. La manifestazione viene ripetuta l'ultimo sabato di agosto.

MAULHELDEN

☎ 3087 85685; www.maulhelden.de

(anche in inglese); Tempodrom

Gli 'Eroi della bocca' (traduzione letterale dell'espressione *Maulhelden*) sono le star del nuovo festival internazionale della commedia e dell'arte della parola di Berlino, che si è tenuto per la terza volta nel 2004.

TRENDVISION

Kunstraum Kreuzberg/Bethanian, Mariannenplatz 2

Dalla fine di gennaio all'inizio di febbraio si svolge questo insolito evento, durante il quale si incontrano aspiranti creatori di moda e artisti.

UNTERBROCHENE KARRIEREN

☎ 615 3031; Neue Gesellschaft für Bildende Kunst, Oranienstrasse 25

'Carriere interrotte', un'esposizione temporanea che mostra le opere di artisti morti prematuramente di cancro o di AIDS, è stata lanciata dalla NGBK nel 1997.

FEBBRAIO

BERLINALE

☎ 259 200; www.berlinale.de (anche in inglese)

L'*Internationale Filmfestspiele Berlin* (Festival internazionale del cinema di Berlino), meglio noto come la Berlinale, è la risposta tedesca al festival di Cannes e a quello di Venezia, e non è da meno quanto a prestigio. Stelle, stelline, registi, critici e un gran numero di celebrità mondiali partecipano alle due settimane di proiezioni di circa 750 film proposti in diverse sale della città. Per molte proiezioni i biglietti vanno esauriti quasi istantaneamente, quindi informatevi sul programma con il maggior anticipo possibile e contattate il cinema che ospiterà il film per controllare che vi siano ancora biglietti disponibili. Oltre ad assegnare l'Orso d'oro e d'argento, il festival ospita anche la cerimonia di premiazione per l'Orsetto, un premio assegnato nell'ambito del cinema a tema omosessuale.

MARZO

INTERNATIONALE TOURISMUS BÖRSE

☎ 303 80; www.itb-berlin.de (anche in inglese);
ICC Messe

La più grande fiera internazionale dedicata al turismo, la BIT (Borsa Internazionale del Turismo), richiama da tutto il mondo espositori che pubblicizzano le attrattive dei rispettivi paesi. È aperta al pubblico durante il fine settimana.

MAERZMUSIK

☎ 2548 9128; www.maerzmusik.de (anche in inglese)

Fondato nel 1967 a Berlino Est come Musik-Biennale Berlin, dal 2002 il principale forum per la musica innovativa e sperimentale si svolge con cadenza annuale e con il nuovo nome di 'Marzo Musica'.

APRILE

FESTTAGE

☎ 2035 4555; www.staatsoper-berlin.org (anche in inglese); Philharmonie/Staatsoper Unter den Linden

Durante le Giornate del Festival, a cadenza annuale, hanno luogo concerti di gala e opere liriche con la partecipazione di famosi direttori, solisti e orchestre.

MAGGIO

1° MAGGIO

Nel corso di questa giornata i quartieri centrali di Berlino sono il regolare luogo d'incontro per dimostrazioni su vasta scala di chiara matrice progressista e antiglobalizzazione. Per tradizione, i gruppi della destra programmano le proprie contromanifestazioni lo stesso giorno, la polizia viene dispiegata in forze e non di rado si verificano scontri e disordini.

BRITSPOTTING

www.britspotting.de (versione bilingue inglese e tedesco)

Questo piccolo festival di film britannici che non ce l'hanno fatta a entrare nel circuito delle multisala è una gradita sorpresa per gli appassionati di questo filone. I cinema che partecipano a questa iniziativa sono l'Acud (p206), il Central (v. Babylon p216) e il fsk (p216).

MARCIA OMOSESSUALE

☎ 445 7561; www.glsbe.ch/jogging/berlin_00.html

Un tempo tenuta esclusivamente a Berlino, questa manifestazione è diventata itinerante e torna nella capitale tedesca solo ogni due anni. Vale la pena di parteciparvi, non soltanto per manifestare solidarietà alle rivendicazioni legittimamente avanzate dai gay, ma anche per vivere una intensa esperienza scandita da musica, danze e colori.

KARNEVAL DER KULTUREN

☎ 622 2024; www.karneval-berlin.de (con pagina informativa in inglese)

Si tratta di una festa molto animata che ha luogo per le strade e consiste in un lungo corteo di persone mascherate che ballano e sfilano sui carri.

OPEN FEMMINILI DI TENNIS

Questo torneo richiama nomi prestigiosi del circuito professionistico e si rivela sempre un grande evento (p219).

SEHSÜCHTE

www.sehsuechte.de (anche in inglese)

Il Festival cinematografico studentesco internazionale di Berlino offre sei giorni di proiezioni dei film più curiosi, sperimentali e alternativi in circolazione.

THEATERTREFFEN BERLIN

☎ 2548 9233; www.theatertreffen-berlin.de (anche in inglese)

L'Incontro con il teatro di Berlino propone, nell'arco di tre settimane, le più recenti produzioni teatrali rappresentate da vecchie e nuove compagnie di lingua tedesca provenienti da Germania, Austria e Svizzera. Gli spettacoli si tengono in diversi luoghi della città.

GIUGNO

FESTA DI TUTTE LE NAZIONI

☎ 863 9160; www.allnationsfestival.de

Per un giorno, in giugno o luglio, le ambasciate straniere di Berlino aprono le porte al pubblico e offrono stuzzichini, bevande e musica. Un autobus navetta provvede al trasporto dei visitatori.

BACH TAGE BERLIN

☎ 301 5518

È un appuntamento annuale, della durata di una settimana, durante il quale si eseguono musiche di Bach e dei suoi contemporanei.

Le top five tra le manifestazioni

- **Britspotting** Un festival cinematografico britannico che richiama numerosi visitatori.
- **Christopher Street Day Parade** La più grande festa di strada del paese organizzata da e per omosessuali, uomini e donne.
- **Fuckparade** Unitevi allo zoccolo duro degli anticapitalisti e agli attempati techno-hippy per stigmatizzare la commercializzazione della Love Parade.
- **Berliner Gauklerfest** Festival annuale del circo in cui si esibiscono alcuni dei più apprezzati artisti circensi del mondo.
- **Nikolaus (San Nicola)** Una celebrazione molto sentita dai berlinesi di tutte le età.

CHRISTOPHER STREET DAY
☎ 0177-277 3176; www.csd-berlin.de
(anche in inglese)
Commemora l'anniversario delle rivolte di Sto-
newall avvenute a New York nel 1969 ed è la
più grande parata omosessuale di Berlino, con
oltre 400.000 persone che si riversano lungo le
strade della città.

FÊTE DE LA MUSIQUE
☎ 0190-581 058; www.lafetedelamusique.com
(una pagina informativa in diverse ligue)
Questo festival unico nel suo genere, con concerti gratuiti che si tengono in tutto il mondo il
21 giugno di ogni anno, è frutto di un'intuizione
dell'ex ministro della cultura francese Jack Lang,
che nel 1982 riuscì a persuadere musicisti di
fama mondiale a suonare senza percepire un
compenso. Ora, fino a 500 gruppi musicali sono
in lizza per la sola manifestazione di Berlino.
Consultate anche www.21juin2004.net per
una ricca carrellata di immagini dell'edizione
2004.

MOZART FESTIVAL
☎ 254 880
Festival finanziato dalla Berliner Philharmonie
che si svolge nel periodo intorno a Pentecoste.

LUGLIO
CLASSIC OPEN AIR
GENDARMENMARKT
☎ 843 7350; www.classic-openair.ch
Si tratta di una serie di prestigiosi concerti di
musica classica che si tengono all'aperto, presso
il Gendarmenmarkt, ai primi di luglio.

FOTOMARATHON
☎ 4434 2254; www.fotomarathon.de
(alcune voci in inglese)
Questo evento richiama appassionati di fotografia che devono realizzare, per regolamento,
24 scatti su 24 temi diversi in 12 ore; in seguito
le fotografie vengono esposte.

FUCKPARADE
☎ 069-9435 9090; www.fuckparade.org
Restie al compromesso come sempre, diverse
migliaia di manifestanti contrari al capitalismo,
alla globalizzazione e al fascismo si radunano
ogni anno per questa controversa festa di
strada di carattere politico, concepita in
origine per mettere in evidenza la commer-

cializzazione della Love Parade. È significativo
che nel 2001 la Fuckparade sia stata dichiarata
'dimostrazione' dal Senato, mentre la Love
Parade è considerata una 'manifestazione
di svago'.

LOVE PARADE
☎ 284 620; www.loveparade.de
È stata la prima manifestazione nel suo genere.
A questo importante appuntamento con la
musica techno partecipano almeno mezzo
milione di persone che si riuniscono presso
la Porta di Brandeburgo. Alla fine della sfilata
la festa continua nei club e nei bar di tutta
la città. Le multinazionali sembrano essere
entrate a far parte del meccanismo della festa,
dal momento che i più noti marchi commerciali sono dappertutto, ma nessuno sembra
preoccuparsene.

AGOSTO
BERLINER GAUKLERFEST
www.gauklerfest.de (anche in inglese e in francese)
Nella prima settimana di agosto questo animato
festival del circo, alla sua quattordicesima edizione,
occupa l'estremità orientale di Unter den Linden
con un vivacissimo pool di artisti circensi.

HANFPARADE
www.hanfparade.de
È il contributo tedesco al dibattito in corso sulla
legalizzazione delle piante di canapa indiana
– sentirete parlare parecchio delle sue appli-
cazioni industriali (è per questo che ogni anno
10.000 persone leggermente stordite sfilano
lungo le strade). I negozi locali fanno affari
d'oro vendendo biscotti alla canapa, frullati alla
canapa, falafel alla canapa e così via.

INTERNATIONALE
FUNKAUSSTELLUNG
☎ 303 38; ICC Messe
La sconfinata Fiera internazionale dell'elettronica
è aperta al pubblico e propone gadget di ogni
genere.

INTERNATIONALES TANZFEST
BERLIN
☎ 2590 0427; www.tanzimaugust.de/
(anche in inglese); Hebbel Am Ufer
L'appuntamento più importante della danza a
Berlino attira da tutto il mondo talenti purissimi
e coreografi d'avanguardia.

SETTEMBRE

ART FORUM BERLIN

☎ 303 80; www.art-forum-berlin.com
(versione originale in inglese)
Mostra internazionale di arte contemporanea organizzata dai proprietari delle principali gallerie di Berlino.

MARATONA DI BERLINO

La più prestigiosa maratona su strada del paese.

INTERNATIONALES LITERATURFESTIVAL

☎ 2787 8620; www.literaturfestival.com
(anche in inglese)
Fondato nel 2001, questo festival internazionale della letteratura, in fase di crescita, propone letture e manifestazioni dedicate a un diverso paese ogni anno e, pur essendo solo alla sua seconda edizione, è riuscito ad attirare 15.000 visitatori.

OTTOBRE

AAA – DIE HAUPTSTADT AUTO-SHOW

☎ 303 80; ICC Messe
Fiera internazionale dell'automobile che ha luogo da fine ottobre ai primi di novembre. Un evento imperdibile per gli appassionati del genere.

LESBIAN FILM FESTIVAL

☎ 7871 8109; www.lesbenfilmfestival.de (anche in inglese)
Una delle manifestazioni di più lunga tradizione nel suo genere, il LFF di Berlino ha celebrato nel 2004 il suo ventesimo anniversario con una settimana di proiezioni al cinema Acud (p206) e al club SO36 (p203).

TAG DER DEUTSCHEN EINHEIT

Il 3 ottobre in Germania è stato dichiarato Giorno della Riunificazione, una ricorrenza particolarmente sentita a Berlino, dove hanno luogo festeggiamenti dalla Porta di Brandeburgo al Roten Rathaus e in giro per le strade di tutta la città.

NOVEMBRE

JAZZFEST BERLIN

☎ 2548 9279; www.jazzfest-berlin.de (anche in inglese)
È considerato uno dei migliori festival mondiali di musica jazz. I concerti si tengono un po' ovunque.

SPIELZEITEUROPA

www.festwochen.de (anche in inglese)
Questo festival ha sostituito dal 2004 l'elemento teatrale della vecchia Berliner Festwochen, mettendo in scena fino a 15 rappresentazioni dedicate a nazioni e paesi del mondo; si svolge tra novembre e gennaio.

DICEMBRE

BIENNALE DI BERLINO

Questa esposizione biennale di arte contemporanea (l'ultima si è tenuta nel 2003), istituita dal centro Kunst-Werke (p97), presenta opere nuove sistemate in luoghi insoliti della città.

NIKOLAUS

Il giorno di San Nicola, che si celebra il 6 dicembre, i bambini lasciano la calza fuori dalla finestra prima di andare a dormire: per tradizione, i bimbi buoni dovrebbero ricevere dolci, quelli cattivi una pietra. Questa ricorrenza è stata un po' soppiantata dal Natale, ma i tedeschi sono tuttavia piuttosto attaccati alla festa originale – un sorprendente numero di club organizza feste in occasione di Nikolaus.

SILVESTER

Così i tedeschi chiamano la notte di San Silvestro: i berlinesi salutano il nuovo anno in Unter den Linden, ammirando i fuochi d'artificio, cercando di ignorare la deprimente musica delle top ten diffusa dagli altoparlanti, tracannando *Sekt* (vino frizzante) da pochi soldi, abbracciando sconosciuti e in generale apprezzando l'atmosfera esageratamente socievole. Finito lo spettacolo pirotecnico i festeggiamenti proseguono nei locali.

VERZAUBERT INTERNATIONAL QUEER FILM FESTIVAL

www.verzaubertfilmfest.com (anche in inglese)
Il festival 'Incantato' si svolge a Berlino ai primi di dicembre presso l'Hackesche Höfe Filmtheater, alla fine di un tour che comprende Monaco, Francoforte e Colonia. I repertori dei film proposti sono generalmente molto vasti.

WEIHNACHTSMÄRKTE

Mercati di Natale di tutti i generi si tengono dalla fine di novembre fino al 21 dicembre circa in diversi punti di Berlino, tra i quali Breitscheidplatz, Winterfeldtplatz, Unter den Linden, Alexanderplatz e Marktplatz, a Spandau. Nel quartiere periferico di Köpenick, intorno al municipio, vengono allestite bancarelle a partire da metà dicembre.

CULTURA
IDENTITÀ

Con poco meno di 3.400.000 abitanti, Berlino è la città più grande della Germania. Il berlinese medio è politicamente progressista, protestante (anche se spesso non praticante), con un grado di istruzione pari al diploma di scuola superiore e un'ottima padronanza dell'inglese. Beve, fuma, si serve dei mezzi di trasporto pubblici, anche se possiede un'automobile; la popolazione della capitale è mediamente giovane, svolge la libera professione e ama viaggiare, in particolare negli Stati Uniti e in Gran Bretagna. I berlinesi nutrono un forte attaccamento per il distretto d'origine, e ogni *Bezirk* ha un proprio carattere specifico e definito. Charlottenburg, Wilmersdorf e Tiergarten sono zone residenziali che attirano scapoli borghesi, uomini d'affari elegantemente vestiti e celebrità locali; anche Schöneberg è relativamente elegante, ma è più famoso per la sua comunità gay che frequenta i bar nella zona di Nollendorfplatz. Kreuzberg si divide in una zona occidentale elegante, lungo Bergmannstrasse, e in un vecchio rione alternativo intorno a Kottbusser Tor, che oggi ospita gran parte della colonia turca di Berlino. Una divisione simile caratterizza Mitte: la zona molto ricca di Friedrichstrasse/Unter den Linden e quella più modesta, verso nord, abitata soprattutto da studenti.

Prenzlauer Berg e Friedrichshain hanno inizio dove finisce Mitte. 'F'hain' è ormai alternativo come e più di Kreuzberg ed è noto per i punk e le comunità di squatter, mentre 'Prenzlberg' vira sul versante artistico della sperimentazione, con numerosissimi studenti. Dei distretti più periferici, Wedding e Lichtenberg godono della peggiore reputazione, famosi come sono per le simpatie per l'estrema destra e per una difficile composizione sociale. Anche le divisioni tra Est e Ovest sono ancora argomento di discussione per molte persone, nonostante i mutamenti demografici, le entrate che gradualmente raggiungono un equilibrio con le uscite e le rivalità che vanno stemperandosi; pochi dei vecchi stereotipi *Ossi/Wessi* (orientali/occidentali) tuttavia, sono ancora applicabili. Noterete che non molte persone anziane di Berlino Est parlano inglese, perché nelle scuole della DDR la lingua straniera più studiata era il russo.

Berlino, la città più multiculturale del paese, è massicciamente influenzata dalle minoranze che la abitano: un sorprendente patchwork di persone provenienti da 185 nazioni che raggiunge il 13% della popolazione totale. La grande maggioranza degli immigrati vive nei distretti occidentali, con Kreuzberg che registra la più alta concentrazione (32%), seguito

---

Ostalgie, la nostalgia dell'Est

La caduta del Muro è ancora fresca nelle menti dei berlinesi, ma per molti di loro la fine della RDT (o, in tedesco, DDR) non è affatto un argomento di facile lettura. Dopotutto, un gran numero di berlinesi di una certa età ha vissuto sotto il regime della Germania Orientale per una parte significativa della sua vita, e mentre alcuni aspetti dello stato di polizia possono essere difficilmente difesi, le condizioni di vita per molti di loro non sono migliorate abbastanza per cancellare completamente la memoria di quel periodo.

Questa percepita ambivalenza sconcerta e affascina gli occidentali, e nella cultura popolare c'è stato di recente un forte interesse, sotto forma di 'revival' degli anni '80, per la DDR; c'è insomma una tendenza a ripensare quasi affettuosamente alle caratteristiche meno controverse della vita dietro la Cortina di ferro. Il film più emblematico della *Ostalgie* (da *Ost*, 'est', e *Nostalgie*, 'nostalgia') è *Good Bye Lenin!* (2003), che ha riscosso a sorpresa un successo internazionale, costruito su vecchie commedie della DDR come *Sonnenallee* (1999; presentato in Italia nel 2001).

Satirica ma in genere buonista, l'ondata di *Ostalgie* si concentra sul quotidiano, ammantando di un alone romantico i residuati e le memorie della DDR, dai prodotti per la pulizia da tempo non più in vendita alla televisione controllata dallo stato, e ci sono numerosi musei a Berlino e altrove che espongono questi improbabili reperti. I libri sull'argomento si occupano di tutto, dalla politica interna comunista ai classici scherzi degli *Ossi*, e spesso sfruttano quell'epoca per guadagnare qualcosa alle spalle dei turisti; esistono perfino progetti per la costruzione di un parco a tema DDR a Köpenick. Nonostante che ad alcuni orientali possano mancare le automobili Trabant e la Vita-Cola, in generale non si tratta di autentico rimpianto per la dittatura: più semplicemente, le persone ricordano volentieri la propria gioventù, a prescindere dal segno politico che l'ha caratterizzata.

da Wedding e Tiergarten. I gruppi più numerosi sono quelli di discendenza turca e quelli provenienti dall'Europa orientale, dalla Polonia, dagli stati della ex Iugoslavia e dalle repubbliche dell'ex Unione Sovietica; sono presenti anche comunità piuttosto consistenti di italiani, greci, vietnamiti e americani. La crescita stabile del numero degli stranieri a partire dalla riunificazione è stata, tuttavia, compensata da un decremento della popolazione indigena, dovuto in parte all'esodo delle giovani famiglie dalla capitale alla campagna circostante: la popolazione complessiva della città è stabile dal 1993.

Baci e make-up

Un interessante corollario alla scena gay, anche se niente affatto limitato agli omosessuali, è l'enorme popolarità degli artisti *en travesti* a Berlino e in tutta la Germania. Seducenti travestiti come Edith Superstar, Lilo Wanders e Nina Queer sono assidui presenzialisti e partecipano a manifestazioni di ogni tipo, dalle serate di cabaret agli spettacoli televisivi nazionali, mentre la **Black Girls Coalition** (p203) a Friedrichshain ospita alcune delle più animate feste di drag queen del paese.

Si registra inoltre un atteggiamento di chiusura all'interno di ciascuna comunità etnica, e nonostante la leggendaria tolleranza della città sono pochi i gruppi che si mescolano nella vita quotidiana. Il senato ha nominato un responsabile per le questioni relative all'integrazione e all'emigrazione, attualmente il senatore dei Verdi Günter Piening, che ha l'incarico di tenersi aggiornato sugli sviluppi e di cercare di incoraggiare le relazioni tra le comunità. Le tensioni razziali sono rare ma purtroppo in aumento, in particolare nei distretti orientali più periferici. I gruppi di neonazisti e di altre fazioni della destra xenofoba sono poco numerosi ma ugualmente pericolosi: recentemente si è registrata un'impennata di episodi di violenza contro giovani musulmani. Sul fronte istituzionale, molti conservatori hanno invocato misure anti-islamiche come la messa al bando del velo nelle scuole, che tuttavia causerebbe la chiusura totale e impenetrabile delle comunità di immigrati.

Berlino è anche, come già accennato, una città estremamente giovane. Più della metà della popolazione ha meno di 35 anni, e solo il 14% ne ha più di 65 (le donne sopra i 75 anni superano ampiamente gli uomini di quella generazione, molti dei quali caddero nel corso della seconda guerra mondiale). Tuttavia, il numero dei bambini residenti in città sta diminuendo, come pure il tasso di natalità; quello relativo agli immigrati si è addirittura dimezzato dal 1991, il che suggerisce che molti vengano a Berlino per lavorare e tornino nei propri paesi d'origine una volta accumulate risorse sufficienti. La diversità di Berlino va oltre la sua composizione etnica: si stima che 500.000 fra gay e lesbiche attualmente vivano stabilmente nella città; con l'elezione a borgomastro di Klaus Wowereit, Berlino è diventata la seconda metropoli europea (dopo Parigi) a essere governata da un politico dichiaratamente gay. Come capitale europea degli omosessuali è considerata seconda solo ad Amsterdam, grazie a una scena attiva e a un autentico senso di comunità. Tuttavia le frizioni esistono, in particolare tra gli omosessuali e i gruppi di musulmani oltranzisti: gli attacchi e le violenze nei confronti dei gay sono un problema sempre più serio (il Café PositHIV, un progetto di assistenza per omosessuali colpiti dall'AIDS, è stato costretto a trasferirsi a causa dei frequenti atti di ostilità di cui è stato oggetto).

Anche la popolazione studentesca rappresenta una minoranza consistente, con tre importanti università, la Freie Universität (FU), la Technische Universität (TU) e la Humboldt Universität (HU), che richiamano studenti da tutto il paese. Recenti manifestazioni di protesta contro i tagli ai fondi per l'istruzione hanno dimostrato quale impatto il corpo studentesco possa avere sulla vita cittadina, e le sue fantasiose azioni non violente sono un buon esempio della vena creativa della capitale: i partecipanti hanno occupato l'Ikea domandando 'asilo' alla Svezia in materia di istruzione, hanno nuotato nella gelida Sprea, hanno corso a tutta velocità per Alexanderplatz e hanno perfino iniziato a costruire una propria mensa alla FU.

STILE DI VITA

I berlinesi sono persone indaffarate: lavorano in media 40 ore alla settimana, e trascorrono buona parte del tempo residuo in passatempi e attività quali il cinema, lo sport e le serate nei locali. Molti di coloro che percepiscono un reddito medio hanno una collaboratrice domestica.

Stare a casa a guardare la televisione è considerata un po' l'ultima spiaggia, l'estrema risorsa di chi non è riuscito a combinare niente per la serata.

Gli stipendi dei professionisti a Berlino variano da circa €2000 a €4000 lordi al mese, il che permette una ragionevole disponibilità. Il lavoro a tempo pieno è la norma per tutti, e gli impiegati di entrambi i sessi percepiscono in linea di massima le medesime cifre, anche se le cariche più remunerate sono appannaggio di uomini più che di donne.

Forse a causa delle molteplici e frenetiche attività in cui sono impegnati, la famiglia non figura tra le priorità di molti berlinesi, e nei distretti centrali la grande maggioranza di appartamenti è occupata da una sola persona. C'è anche una tendenza in aumento per quanto riguarda i genitori single.

I berlinesi tendenzialmente sono seri ma caparbi, e le conversazioni possono toccare diversi argomenti, dalla politica internazionale alle curiosità locali. Della guerra si può parlare usando tatto e rispetto. Il regime nazista e il rapporto di ciascun tedesco con esso sono ancora questioni attuali, e molta della gente che incontrerete è cresciuta chiedendo spiegazioni sugli avvenimenti degli ultimi 60 anni. È quindi offensivo, oltre che assolutamente fazioso e infondato, suggerire che l'ideologia fascista sia intrinsecamente tedesca.

Nel complesso i berlinesi sono molto gentili e abbastanza disponibili verso i turisti: in genere si offrono spontaneamente di aiutare i visitatori disorientati. Questa educazione non significa necessariamente che siano amichevoli, tuttavia, e in pubblico le persone di solito mantengono una certa riservatezza nei confronti degli sconosciuti – per esempio, non assisterete a molte conversazioni spontanee in metropolitana, mentre gli autisti di autobus godono della reputazione di essere i più scontrosi d'Europa.

D'altro canto, nelle compagnie più giovani è facile entrare in confidenza con chiunque, in particolare nei numerosi ritrovi frequentati da studenti (ricordate che gli studenti tedeschi in genere sono più vecchi che altrove, e spesso si laureano a 28-30 anni), e nei locali farete presto conoscenza con i baristi e i clienti abituali. Probabilmente troverete anche persone molto socievoli che, dopo una pur breve conoscenza, discuteranno di sesso, relazioni e massimi sistemi con candore e spontaneità.

Un'altra caratteristica fondamentale dello stile di vita berlinese è il concetto della *Szene*, l'indefinibile 'scena' che stabilisce dove debbano andare, che cosa debbano indossare o quali siano gli argomenti di conversazione del momento per giovani alla moda. Da stranieri è piuttosto complicato stare dietro a ciò che fa tendenza.

Naturalmente, molte delle caratteristiche descritte si riferiscono principalmente ai *Neu-Berliner* (nuovi berlinesi), persone che si sono trasferite nella capitale; infatti, più o meno come accade a Londra, incapperete raramente in un berlinese di nascita. Alcuni degli abitanti più 'autentici' della città sono gli *Ossi* appartenenti alla classe operaia che incontrerete nelle *Kneipen* più sordide di quartieri come Wedding e Lichtenberg, ma a differenza dei nuovi berlinesi essi non sono molto amichevoli con i turisti.

Abitazioni berlinesi

La tipica abitazione berlinese è uno spazioso appartamento, generalmente in affitto, ha una camera e un piccolo tinello, è situata in una grande casa del dopoguerra (almeno al primo piano, dal momento che nessuno vuole vivere al piano terra) e si affaccia su un *Hinterhof* (cortile interno) pieno di bidoni della spazzatura colorati. L'appartamento ha soffitti molto alti, grandi finestre e, il più delle volte, pavimenti di legno lucidato; la cucina è quasi sempre minuscola. Molte case hanno mantenuto al suo posto la tradizionale stufa in maiolica, anche se quasi nessuno la usa più.

Gli appartamenti di solito sono piacevolmente arredati, qualunque sia lo stile prediletto dall'inquilino; molta attenzione viene prestata al design, ma non è trascurato nemmeno l'aspetto relativo al comfort. Almeno un articolo dell'arredamento proviene da Ikea – la catena svedese ha appena aperto il proprio terzo punto vendita vicino all'aeroporto di Tempelhof. A seconda del reddito di chi ci abita, il resto dell'arredamento può provenire dal centro Stilwerk, da un abile artigiano polacco, dal mercatino delle pulci o da eBay: è sufficiente che il risultato finale sia armonioso.

L'affitto viene calcolato in base allo spazio: si parte da circa €360 al mese per 40 mq (a seconda della zona). Qualsiasi conversazione sulle pigioni con un berlinese che vive in una casa in affitto finirà inevitabilmente per indurlo a chiedervi quanti metri quadri misuri il vostro appartamento.

CIBO E BEVANDE

I berlinesi più sofisticati apprezzano in particolare la cucina thailandese o una delle numerose cucine internazionali rappresentate nella capitale, ma la cucina tradizionale di Berlino esiste ancora e costituisce la base del menu delle *Kneipen* più ordinarie. Nel complesso è tendenzialmente ipercalorica, molto sostanziosa e ricca di piatti a base di carne; il maiale, preparato in innumerevoli modi, è un ingrediente fondamentale. Citiamo due dei più famosi piatti a base di maiale: le *Kasseler Rippen* (braciole affumicate) e l'*Eisbein* (piedini di maiale in salamoia). La carne tritata viene spesso presentata sotto forma di *Boulette*, un incrocio tra un hamburger e una polpetta. Altre specialità tipicamente berlinesi sono il pollo arrosto, le *Schnitzel* (bistecca impanata e fritta) e il *Sauerbraten* (arrosto di manzo marinato), di solito servito con i crauti e le patate.

Il vero classico piatto berlinese, tuttavia, è il *Currywurst*, una salsiccia aromatizzata servita con una salsa piccante a base di curry, di solito accompagnata da patatine; i chioschi di tutta la città ne sono sempre provvisti e ne smerciano quantità industriali. Grazie alla numerosissima popolazione turca, anche i doner (o döner) kebab sono una delizia nell'ambito dei fast food, di gran lunga superiori alle sbiadite imitazioni che vengono propinate altrove. La gente del luogo inevitabilmente ha un proprio locale preferito per entrambe le specialità, e discute spesso su quale *Imbiss* (chiosco gastronomico) le prepari nel modo migliore.

Mangiare è prevalentemente un'attività che si condivide con gli altri, e la maggior parte delle persone mangia fuori con i colleghi a pranzo o con gli amici la sera; nei weekend sono di rigore il caffè e il dolce a metà pomeriggio, così come un döner sulla strada di casa dopo una serata fuori (a metà settimana le rivendite di kebab del centro sono maggiormente affollate fra le 3 e le 5 del mattino, quando la U-Bahn non funziona). Cucinare, nel complesso, è qualcosa che si fa solo in occasioni molto speciali.

Il brunch domenicale è una vera e propria istituzione sociale: dura un paio d'ore e offre il pretesto ideale per incontrare gli amici e commentare gli avvenimenti del weekend mangiando qualcosa senza premura. Quasi ogni caffè, bistrot, ristorante, bar e lounge che apra prima dell'ora di cena offrirà una qualche forma di buffet all-you-can-eat dalla mattina fino al pomeriggio inoltrato: approfittarne è sempre un buon affare, specialmente nei quartieri studenteschi.

La birra è la bevanda preferita da uomini e donne; troverete in vendita una gran varietà di distillati locali, nazionali e d'importazione. La *Fassbier* (birra alla spina) in genere si limita a una o due marche di lager locale o Pils, di solito servita in bicchieri da 0,30 l. Una specialità tipica di Berlino è la *Berliner Weisse*, una birra leggera fermentata, servita con un goccio di sciroppo di lampone (rosso) o di asperula (verde). Questa curiosa miscela viene consumata quasi esclusivamente dai turisti.

Tutti i locali offrono almeno una varietà di *Weizenbier* (birra di frumento), che viene venduta in bottiglie da 0,50 l, con una scelta tra la *Hefe* (di lievito) e la *Kristall* (filtrata); queste sono le preferite da molti berlinesi per il pomeriggio o l'inizio della serata. In alternativa ci sono la *Schwarzbier* (birra scura), la *Dunkelbier* (ale scura), la *Bock* (forte birra stagionale) e la *Kölsch* (una birra leggera di Colonia). La Clausthaler e la Becks sono birre analcoliche comuni; potrete anche bere una lager come la *Radler* (birra e gassosa o limonata), la *Alster* (con acqua minerale) o la *Diesel* (con aranciata).

Il vino si consuma principalmente nei ristoranti, dove viene proposta una vasta scelta di prodotti tedeschi e stranieri. Le migliori qualità tedesche sono il Riesling, il Müller-Thurgau e il Silvaner, tutti vini bianchi secchi. Anche lo champagne non ha perso nulla del suo status prestigioso nei bar berlinesi più eleganti; per le occasioni ordinarie o per sostituire per una volta il Cristal, le alternative sperimentabili e spesso ottime sono il *Sekt* locale e l'italianissimo *prosecco* (talvolta servito ghiacciato).

Anche i cocktail sono stati riscoperti negli ultimi anni, e i nuovi bar che aprono a Berlino sono perlopiù cocktail-bar, di conseguenza potrete trovare queste gustose miscele quasi in ogni albergo della città. Grazie all'incalzante passione per tutto ciò che è latinoamericano, la 'caipi' (*caipirinha* – preparata con lime, zucchero e *cachaça*, un liquore di canna ad alta gradazione alcolica) attualmente è la bevanda preferita dai berlinesi.

Il caffè viene servito spesso in tazze grandi e con tanto latte. L'acqua dei rubinetti è assolutamente potabile, ma quasi tutti preferiscono l'acqua minerale, gasata o naturale. Succhi di frutta, frullati e bevande analcoliche sono molto diffusi, e l'onnipresente *Apfelschorle* tedesco (succo di mela allungato con acqua gasata) rimane un classico di Berlino.

MODA

Per quanto riguarda la vita di tutti i giorni, Berlino presenta un look molto casual. A eccezione dei ristoranti formali, non occorre vestirsi eleganti per la cena o per andare a teatro o all'opera. Alcuni dei locali notturni più esclusivi impongono delle norme per l'abbigliamento, ma spesso si tratta di indicazioni legate all'originalità degli abiti, più che all'eleganza vera e propria. Per quanto riguarda il quotidiano la maggior parte delle persone non si preoccupa troppo di cosa indossa, e in seguito alla dilagante mania per il retrò avrete buone probabilità di vederc giovani berlinesi di tendenza spendere i propri soldi in negozi di seconda mano, che abbondano a Kreuzberg e a Prenzlauer Berg.

Naturalmente la moda griffata non è affatto ignorata: le boutique più eleganti si trovano nei dintorni di Ku'damm e lungo Friedrichstrasse. Tuttavia, l'individualità si pone sopra tutto il resto, e la città più tollerante d'Europa non concede spazio ai cloni: ambienti diversi esigono stili diversi, ma non c'è mai un'unica 'uniforme' da indossare. Non è troppo difficile vestire alla moda senza spendere una fortuna, ma la cifra personale è essenziale, che voi siate una ragazza glamour o un ragazzo grunge. I veri alternativi sono coloro che sanno coniugare le esigenze di bilancio con l'eleganza e l'inventiva.

Gli accessori sono altrettanto importanti, e può essere utilizzato praticamente di tutto per dare il tocco finale a un completo: occhiali di IC!Berlin, cappelli di Fiona Bennett, gioielli e borse di marchi locali come IchIchIch. L'acconciatura e il trucco sono questioni di gusto soggettivo, anche se ci si aspetta una certa dose di styling da parte di entrambi i sessi in una serata fuori; gli uomini tendono a farsi crescere un po' i capelli, anche se il codino e i capelli lunghi dietro e corti davanti attualmente sono limitati ai giovanissimi e ai nostalgici degli anni '80. I piercing e i tatuaggi sono diffusi tra i più giovani, specialmente tra le donne.

Nella mentalità pragmatica dei tedeschi i PDA (personal digital assistants), i telefoni cellulari e altri dispositivi di questo tipo non vengono considerati come accessori di moda e non affascinano nessuno.

SPORT

A Berlino trovano spazio le attività sportive più diverse: oltre al popolarissimo calcio, anche discipline minori come il beach volley, la pallanuoto, la pallamano e il football americano. Gli spettatori, in occasione di avvenimenti di richiamo, tendono a partecipare con grande calore, e l'atmosfera è garantita, specialmente quando le rappresentative berlinesi affrontano squadre di prestigio.

Berlino città della moda

Nel 2003, in occasione di una visita a Londra, il sindaco Klaus Wowereit si è attirato sguardi perplessi quando ha affermato che Berlino è una 'città della moda'. In effetti, pur essendo una capitale internazionale, in passato la città ha mostrato un atteggiamento insolitamente apatico nei confronti della moda, forse a causa del suo *ethos* estremamente semplice e pratico. Attualmente, invece, la sperimentazione è all'ordine del giorno, e con il recente boom dello streetwear Berlino è diventata un terreno fertile per i giovani talenti innovativi, che finalmente mostrano un potenziale adatto a tornare in prima linea nel settore della moda globale.

Il vanto di Wowereit si riferiva al successo di Bread & Butter, la fiera campionaria dell'industria della moda inaugurata a Spandau nel 2000, in occasione della quale più di 400 marchi si sono dati appuntamento per presentare le nuove collezioni agli addetti ai lavori e alla stampa. La manifestazione ha fatto sì che Berlino entrasse stabilmente a far parte delle città della moda, e ha offerto una ribalta ideale ai numerosi giovani stilisti dotati di talento che lavorano in città. Dopo la fiera, ogni estate le nuove linee di marchi indipendenti come Hafenstadt, Hartbo & L'wig, FIRMA, Irie Daily, Hasipop, Butterfly Soulfire e Urban Speed fanno il proprio ingresso sul mercato.

Lo sport più seguito, come detto, è il calcio. La Hertha BSC, la squadra di calcio di Berlino, che gioca nel campionato nazionale (*Bundesliga*), è famosa per il drammatico alternarsi delle sue fortune. Il croato Fredi Bobic è stato recentemente votato quale quinto giocatore più popolare della Germania. La stagione calcistica comincia a settembre e termina in maggio o in giugno, con una pausa invernale.

Anche il calcio minore è popolare. Nella seconda divisione del campionato nazionale gioca l'FC Union Berlin, la ex squadra dell'Est, anche se le sue prestazioni sono di livello non altissimo. Altre 15 leghe locali annoverano squadre dei vari distretti che si esibiscono su terreni di gioco ai limiti della regolarità, con un tifo vivace basato su una rete assolutamente impenetrabile di rivalità e di vecchi rancori.

L'hockey su ghiaccio è un'altra passione dei berlinesi, che nei weekend invernali seguono con entusiasmo gli incontri dei Berlin Capitals e degli Eisbären, l'ex Dinamo. La stagione di hockey va da settembre ad aprile.

Altri sport che riscuotono un certo seguito di appassionati sono il basket, con l'Alba che è una delle prime forze d'Europa (la stagione va da ottobre ad aprile), e il football americano, disciplina in cui la Berlin Thunder è spesso ai vertici della classifica (il campionato dura da maggio a ottobre). Per quanto riguarda gli sport individuali, l'atletica leggera, il tennis e le corse di cavalli sono tra i più popolari. V. Sport, ginnastica e fitness (p217) per i particolari sui club, le manifestazioni e altre informazioni sugli sport.

MEDIA

Il giornale con la più alta tiratura a Berlino è il *BZ*, sempre alla ricerca di notizie sensazionali e in sostanza privo di contenuti seri: pur con tutti i suoi difetti, è un gradino più in alto rispetto al rivale *Berliner Kurier* e alla *Bild*, l'orgoglio dell'impero editoriale del magnate dei media Axel Springer (v. il riquadro, p17), che delizia i lettori con titoli come 'Onde sessuali dallo spazio' abbinati a fotografie di ragazze vestite in modo succinto. *BZ* non va confuso con il *Berliner Zeitung*, un rispettabile quotidiano tendenzialmente progressista, diffuso soprattutto nella parte orientale della città.

Il *Berliner Morgenpost* è noto soprattutto per lo spazio che riserva agli annunci economici: l'edizione della domenica è utilissima per chi cerca automobili, appartamenti, elettrodomestici di seconda mano e così via. *Der Tagesspiegel* ha un orientamento politico di centro-destra, dedica molto spazio alle notizie di cronaca interna ed estera e offre pagine culturali di discreto livello. All'estrema sinistra si colloca invece il giornale alternativo *tageszeitung* o *taz*, che con le sue analisi si rivolge agli intellettuali; un *taz-Leser* ('lettore della *taz*', espressione a volte utilizzata con tono leggermente sprezzante) è essenzialmente l'equivalente berlinese di un lettore del *Guardian* in Gran Bretagna.

Per avere una panoramica sui principali quotidiani berlinesi, o tedeschi in generale, collegatevi a www.onlinenewspapers.com; questo sito vi potrà tornare utile anche durante il vostro soggiorno a Berlino, perché vi consentirà di collegarvi alle maggiori testate giornalistiche italiane.

È possibile, a partire dalle 21, acquistare le prime edizioni di alcuni quotidiani dai venditori che fanno il giro dei pub e dei ristoranti o che stazionano fuori dai teatri e dalle stazioni della metropolitana.

Die Zeit è un ottimo settimanale che tratta vari argomenti, dalla politica alla moda, in maniera gradevole e approfondita. I settimanali più diffusi della Germania sono *Der Spiegel* e *Focus*, quest'ultimo meno impegnato del primo. Propongono entrambi un modello di giornalismo investigativo e vigoroso, una certa dose di critiche nei confronti del governo e anche riflessioni profonde, nonostante che sulle copertine compaiano spesso e volentieri modelle poco vestite. *Stern* punta invece maggiormente su contenuti leggeri, di puro intrattenimento, e di recente ha lanciato *Neon* nel tentativo di conquistare il mercato giovanile. *Zitty* e *tip* sono i migliori organi informativi sulle attività di Berlino (p193).

A Berlino è possibile acquistare giornali e riviste in lingua inglese, provenienti soprattutto dalla Gran Bretagna e dagli Stati Uniti. Si trovano senza difficoltà nelle librerie più grandi e presso le edicole che vendono testate internazionali, specialmente quelle presenti nelle maggiori stazioni ferroviarie. *Spotlight* è una rivista mensile in lingua inglese rivolta ai tedeschi

Springer, il re dell'editoria

L'editore Axel Springer (1912–85), nato ad Amburgo, è stato l'omologo tedesco di Rupert Murdoch, un personaggio pittoresco e spesso controverso che ha fatto molto per portare i giornali tedeschi nella situazione in cui si trovano. Springer, dopo aver assunto la direzione dell'azienda di famiglia, succedendo al padre, dopo la seconda guerra mondiale, nel 1952 creò la *Bild*, ispirandosi al modello dei quotidiani britannici in formato tabloid, e proseguì mettendo insieme un grande portfolio di riviste e giornali, tra cui *Die Welt*, il *Berliner Morgenpost* e la rivista pionieristica per adolescenti *Bravo*.

La prima ondata di controversie arrivò nel 1967, quando gli studenti e il forum di autori progressisti Gruppe 47 denunciarono l'effettivo monopolio mediatico di Springer come una minaccia per la libertà di stampa. La *Bild* è diventata famosa per l'esplicita critica nei confronti delle dimostrazioni studentesche e per le tecniche investigative piuttosto aggressive impiegate dai suoi giornalisti, e nel 1972 fu uno degli obiettivi degli attentati della Rote Armee Fraktion (RAF, o Frazione dell'Armata Rossa). Nel 1977 il giornalista Günter Wallraff si intrufolò sotto mentite spoglie nella redazione della *Bild* e, con il materiale raccolto, scrisse un libro in cui denunciò serie violazioni della deontologia professionale da parte dei giornalisti; l'anno seguente il giornale fu citato in giudizio per aver erroneamente addotato la studentessa Eleonore Poensgen come terrorista. Curiosamente, nel 1974 lo scrittore Heinrich Böll aveva inventato un caso molto simile per il suo famoso *L'onore perduto di Katharina Blum* (Einaudi, Torino 2003).

In mezzo a queste bufere, Springer riuscì a mantenere un doppio profilo: non di rado insultato in pubblico, si guadagnò per contro grande rispetto per il suo impegno nella riconciliazione tra tedeschi ed ebrei, un progetto personale che portò avanti per buona parte della sua vita. Al momento della sua morte ricevette innumerevoli riconoscimenti, citazioni e certificati onorifici da parte delle istituzioni ebraiche in Germania e in Israele, oltre all'American Friendship Medal (Medaglia dell'amicizia americana).

Springer si considerava anche un patriota tedesco e fu uno strenuo sostenitore della riunificazione. Nel 1958 si recò perfino in visita a Mosca per esporre i suoi programmi a Chruščëv in persona, ma quando si rese conto che questo progetto non aveva futuro condusse una politica editoriale di riunificazione in tutti i suoi giornali e si rifiutò di riconoscere la legittimità dello stato della Germania Est; per ribadire il concetto, ogni citazione della RDT era messa tra virgolette. Morì quattro anni prima che il suo sogno si realizzasse.

Anche dopo la morte Springer è riuscito a far sentire la propria influenza: nel testamento ha lasciato in eredità la Axel-Springer-Verlag alla sua quinta moglie e ai due figli, stabilendo però che essi non avrebbero potuto venderne neanche una parte per almeno 30 anni. L'uomo Springer è morto, ma il suo nome vivrà ancora: almeno fino al 2015.

che intendono imparare la lingua di Albione, con buoni articoli e resoconti di viaggi, mentre l'*Ex-Berliner* si rivolge prevalentemente agli stranieri anglofoni e offre una panoramica sulla città di gradevole lettura.

La Germania ha due reti televisive pubbliche nazionali, la ARD (Allgemeiner Rundfunk Deutschlands, conosciuta comunemente come Erstes Deutsches Fernsehen) e la ZDF (Zweites Deutsches Fernsehen). B1, BRIII e RBB (Rundfunk Berlin Brandenburg) sono reti pubbliche regionali; le stazioni locali via cavo sono TVB e FAB.

In genere i programmi trasmessi sono piuttosto impegnati, con molto spazio dedicato alla politica, ai dibattiti e ai film stranieri. La pubblicità è limitata alla fascia oraria che va dalle 18 alle 20.

La TV privata via cavo trasmette sit-com, telenovelas, spettacoli d'intrattenimento e giochi, oltre a film di ogni genere, soprattutto americani, doppiati in tedesco. ProSieben, Sat1 e Vox in genere propongono la scelta migliore; Kabel1 trasmette alcune divertenti sit-com del passato, e RTLII propone molti degli spettacoli americani più recenti, anche se viene spesso criticata per la presenza di nudità gratuite nei palinsesti. Il canale franco-tedesco *Arte* trasmette programmi più seri.

La stazione tedesca ntv diffonde programmi di carattere informativo. DSF ed EuroSport sono dedicate agli eventi sportivi; si ricevono anche MTV (in tedesco, con presentatori come Charlotte Roche e Markus Kavka) e VIVA, l'equivalente locale. Diversi canali televisivi che trasmettono in lingua turca sono diretti a quella grande fetta di popolazione tedesca che affonda le proprie radici in Turchia. Su tutte queste stazioni le interruzioni pubblicitarie sono frequenti; dopo le 23, più o meno due volte a settimana (di solito mercoledì e sabato), alcuni canali privati via cavo virano decisamente verso contenuti scabrosi, intercalati con martellanti annunci promozionali di linee telefoniche erotiche.

Praticamente tutte le camere d'albergo sono dotate di televisore, e la maggior parte di esse dispone anche di un collegamento via cavo o satellitare che permette di captare almeno 15 canali. Fra le televisioni che trasmettono in lingua inglese in Germania figurano la CNN, la BBC World, la CNBC e la MSNBC. La qualità della ricezione tuttavia dipende dalla posizione dell'albergo, dalla presenza o meno del collegamento della TV a un'antenna parabolica e dalla qualità dell'apparecchio televisivo.

A Berlino è attivo un numero incredibile di stazioni radio, molte delle quali sono incentrate sui moderni programmi musicali di stampo americano, inframmezzati da discorsi fondamentalmente insensati e da ossessivi passaggi pubblicitari. Se vi appassiona il genere ascoltate il giovanilista Fritz sulla frequenza 102.6 FM, Kiss, con musica techno, sui 98.8 o Radio Energy sui 103.4.

La BBC trasmette sulla frequenza 90.2. Fra le stazioni più sofisticate c'è Radio Eins (95.8), che offre molti buoni programmi d'attualità e di discussione su argomenti politici e sociali, e la SFB4 (106.8), conosciuta anche come Radio Multikulti, un'ottima emittente multiculturale con musica e informazioni su avvenimenti collegati ai diversi gruppi etnici presenti a Berlino. A volte trasmette in lingua straniera. Gli amanti del jazz possono sintonizzarsi su Jazzradio, sui 101.9, mentre gli appassionati di musica classica apprezzeranno Klassik-Radio, sui 101.3. InfoRadio (93.1) è una stazione che trasmette esclusivamente notizie e interviste dal vivo.

Anche la radio via internet sta diventando popolare a Berlino, ed è attualmente possibile sintonizzarsi su centinaia di programmi privati e part-time, con molti club e case discografiche, come !K7, che partecipano al progetto. Una semplice ricerca dovrebbe farvi scoprire più opportunità di quante ne possiate immaginare, anche se in genere dovrete scaricare un programma di lettura come RealOne per accedere al servizio.

I top five tra i siti su Berlino

- **www.berlin.de** – sito ufficiale della città (anche in inglese)
- **www.berlin-online.de** – altre informazioni sulla città (solo in tedesco)
- **www.berlin.gay-web.de** – riferimenti e indirizzi di locali per gay (anche in italiano)
- **www.iic-berlino.de/it0204.htm** – sito dell'Istituto di cultura italiano
- **www.wir-in-berlin.de** – per i bambini e gli studenti (solo in tedesco)

LINGUA

Solo un esiguo numero di berlinesi parla ancora il dialetto puro, ma anche l'accento regionale è molto caratteristico e spesso impenetrabile per i visitatori. State attenti al *ge* pronunciato come un *je* morbido, il *ch* morbido come un *ck* duro, o *das* come *det*; leggere l'ortografia fonetica sulle vignette berlinesi vi darà un'idea di come funzioni. Le parole gergali abbondano praticamente ovunque (*Olle* è una donna, *Molle* una birra, *Stampe* un pub) e quasi tutti gli edifici pubblici della città hanno dei soprannomi – solo un berlinese autentico potrebbe pensare di chiamare la Haus der Kulturen der Welt l'"Ostrica incinta', per esempio.

Nel 1998 Berlino, insieme al resto della Germania, ha dovuto adattarsi a una profonda riforma dell'ortografia, che standardizzava alcune bizzarrie e controsensi della lingua tedesca. Sorprendentemente per tipi così caparbi, la maggior parte dei berlinesi si è adeguata ai cambiamenti con disciplina, ma molti altri stati hanno presentato petizioni di protesta, e la situazione è rimasta incerta per un po'. Alla fine, tuttavia, ha prevalso la riforma, quindi il vecchio e il nuovo modo di compitare coesisteranno fino al 2005, anno in cui la nuova ortografia diventerà l'unica corretta. Per maggiori informazioni sui cambiamenti ortografici, visitate il sito www.neue-rechtschreibung.de. Troverete un elenco di frasi utili nel capitolo Guida linguistica (p305).

ECONOMIA E COSTI

La Germania è la terza potenza economica mondiale (dopo gli Stati Uniti e il Giappone), uno dei più importanti paesi dell'Unione Europea e, dal 1974, membro del gruppo allargato delle nazioni industrializzate chiamato G8. Negli ultimi anni, tuttavia, l'economia tedesca ha segnato il passo, soprattutto a causa dell'incalzare della concorrenza straniera, dei macchinari superati, degli alti costi dei salari e della previdenza sociale e del rifiuto della tecnologia. Anche Berlino, come il resto del paese, è stata coinvolta in questa inversione di tendenza.

Oggi la città attraversa una fase di faticosa ristrutturazione economica, che comporta un allontanamento dall'industria manifatturiera e una tendenza a investire soprattutto nei servizi. Più della metà della forza lavoro risulta attualmente impiegata nel settore

Quanto costa?

Tessera giornaliera per i mezzi pubblici €5,60
Tazza di caffè €1,80
Quotidiano formato tabloid €0,50
Boccale di birra €2,50
Currywurst €1,50-2
Biglietto del cinema infrasettimanale €5,50
Caipirinha €5
Ingresso a un locale notturno €8
Döner kebab €2-2,50
Taxi €8 (per esempio da Mitte a Friedrichshain)

dei servizi, comprese le strutture statali e federali. In effetti, Berlino ha più del doppio di impiegati statali di ogni altra grande città tedesca – a Berlino Est una persona su dieci lavora per il governo.

Inizialmente la riunificazione ha favorito una crescita impetuosa, ma sono bastati due anni a gelare buona parte degli entusiasmi. Il tasso di disoccupazione è a livelli record. Nel dicembre del 2003 erano circa 295.000 i berlinesi disoccupati (il 17,4% della popolazione). Le cifre sarebbero probabilmente più preoccupanti se gli imprenditori, specialmente nel settore dei servizi e tra i giovani, non avessero recuperato alcune posizioni. Circa 158.000 persone oggi svolgono un lavoro autonomo, specialmente nel campo della finanza, delle cooperative di servizi, dell'edilizia, del commercio e del turismo.

Il turismo è uno di quei settori che hanno registrato una crescita tangibile. Nel 2003 sono arrivati a Berlino più di 4.500.000 visitatori, un incremento di un milione e mezzo rispetto al 1992. Altra forza trainante è la tecnologia informatica e delle comunicazioni, che impiega una

Mercato delle pulci, Porta di Brandeburgo (p82)

Vita in città – Economia e costi

forza lavoro sempre maggiore di esperti di computer; settori in crescita sono inoltre quelli del software, del marketing, della pubblicità e dei servizi legali e finanziari.

In termini di costi, Berlino è in linea con molte capitali europee ed è ancora molto meno cara di Londra o Parigi, con il costo della vita che aumenta dell'1% circa all'anno. Anche il costo degli alberghi a paragone è più basso, e inoltre ci sono diversi ottimi ostelli che si rivolgono a una clientela meno esigente. È molto improbabile che paghiate meno che a casa vostra materiale elettronico, abbigliamento, CD e altri prodotti. Gli amanti degli spuntini e chi fa la spesa avranno modo di constatare che qui il cibo ha prezzi rassicuranti, e mentre i ristoranti più prestigiosi fanno pagare esattamente quello che vi aspettereste per la *haute cuisine* internazionale, non mancano i caffè più piccoli e i bistrò dove un pasto non deve necessariamente essere un investimento.

Tenete presente quanto segue e avrete modo di risparmiare qualche euro durante il vostro soggiorno a Berlino. L'ingresso a molti musei è gratuito un giorno alla settimana (in alcuni un giorno al mese); il biglietto del cinema costa quasi la metà prima delle 17 da lunedì a mercoledì; la maggior parte dei ristoranti offre una varietà di menu fissi e di piatti del giorno per bambini, anziani, spettatori di teatro ecc. I buffet per il brunch domenicale, che vengono proposti quasi ovunque, in genere sono un ottimo affare. Grande attenzione è rivolta anche alle famiglie, con molte attrazioni offerte con una conveniente *Familienkarten*, che di solito comprende due adulti e due (o più) bambini.

In media calcolate di spendere da €80 a €120 circa al giorno per un breve soggiorno in un albergo a tre stelle più tre abbondanti pasti quotidiani; gli amanti del lusso possono facilmente raddoppiare o triplicare queste cifre per cogliere tutto il meglio che la città può offrire; chi viaggia in economia, e ha veramente poche esigenze, probabilmente potrà sopravvivere con soli €30 al giorno.

ISTITUZIONI E POLITICA

Insieme ad Amburgo e Brema, Berlino è una città-stato. Il suo governo è composto dall'*Abgeordnetenhaus* (parlamento, che detiene il potere legislativo) e dal *Senat* (senato, titolare del potere esecutivo). I membri del parlamento vengono eletti direttamente dal popolo e restano in carica per cinque anni. La loro funzione primaria è quella di approvare le leggi, di eleggere il senato e di controllarne l'operato.

Il senato risulta composto dal *Regierender Bürgermeister* (borgomastro) e da otto senatori. Il borgomastro stabilisce le linee politiche da seguire e rappresenta Berlino a livello nazionale e internazionale. I senatori esercitano funzioni simili a quelle svolte dai ministri, e ciascuno controlla un particolare settore dell'amministrazione. Il borgomastro e il senato coabitano nel Rotes Rathaus (Municipio rosso; p95). Il parlamento si riunisce invece nell'Abgeordnetenhaus (p124) in Niederkirchnerstrasse, di fronte al Martin-Gropius-Bau.

Dopo la riunificazione Berlino è ritornata a essere ancora una volta la sede ufficiale del governo nazionale: nel 1999 il parlamento si è trasferito di nuovo nel Reichstag, un edificio di Sir Norman Foster, mentre nel 2000 il *Bundesrat* (camera alta) ha preso possesso del Preussisches Herrenhaus, un palazzo restaurato di recente. Alcuni ministeri, come quello della Difesa e dell'Istruzione, mantengono ancora il quartier generale a

I distretti di Berlino

Nel gennaio 2001 i 23 *Bezirke* (distretti amministrativi) che componevano Berlino sono stati ridotti a 12, nella speranza di snellire le procedure burocratiche. Per tracciare i confini dei nuovi distretti si è cercato di accorpare quelli già esistenti, cosicché ora ciascuno ha una popolazione di circa 300.000 abitanti. Gli attuali Bezirke sono: Mitte, Friedrichshain-Kreuzberg, Pankow (che comprende Prenzlauer Berg), Charlottenburg-Wilmersdorf, Spandau, Steglitz-Zehlendorf, Tempelhof-Schöneberg, Neukölln, Treptow-Köpenick, Marzahn-Hellersdorf, Lichtenberg e Reinickendorf.

Questa riforma non ha avuto alcun impatto sui visitatori, visto che i nomi dei vecchi distretti sono rimasti in vigore, ma in alcune zone i berlinesi si sono lamentati aspramente delle nuove ripartizioni. L'accorpamento di Kreuzberg e Friedrichshain sembra essere stato accolto con particolare acrimonia: nel 2003 alcuni 'attivisti' organizzavano ancora manifestazioni di protesta in tutto il distretto.

Bonn, in parte per evitare che la ex capitale della Germania occidentale affondi nell'oblio politico, ma in parte anche per placare una scuola di pensiero che riteneva che, vista la sua storia, a Berlino non doveva essere assegnato troppo potere per ragioni simboliche. In tutti i casi, tuttavia, Berlino ha riassunto il suo ruolo legittimo di capitale della Germania unita, e pochi oggi hanno ripensamenti rispetto a Bonn.

Fin dal 1984 il partito di maggioranza a Berlino, e in Germania, era la Christliche Demokratische Union (CDU; Unione Cristiano-Democratica), formazione di centro-destra guidata dal borgomastro Eberhard Diepgen.

Nelle elezioni tenutesi nell'ottobre 2001, tuttavia, un gran numero di elettori ha preferito altri partiti: la CDU ha pagato la responsabilità di aver sprofondato la città nella crisi finanziaria più grave del dopoguerra. Il partito, che aveva ottenuto il 41% dei voti nelle elezioni del 1999, è precipitato al 24%, mentre il Sozialdemokratische Partei Deutschlands (SPD; Partito Socialdemocratico Tedesco), partito di opposizione, durante l'interim del borgomastro Klaus Wowereit, ha raggiunto il 30%. Un altro grande successo è stato ottenuto dal Partei des Demokratischen Sozialismus (PDS; Partito del Socialismo Democratico), il successore del Sozialistische Einheitspartei Deutschland (SED; Partito Unitario Socialista della Germania), formazione comunista della RDT, che ha ottenuto il 23% dei consensi. Per la prima volta dopo la riunificazione, il PDS è stato in grado di allargare la propria influenza al di fuori dei distretti orientali.

Poiché nessun partito ha ottenuto la maggioranza assoluta, è stata formata una coalizione di governo in cui l'SPD e il PDS si sono alleati per la prima volta.

Nonostante la forte apprensione che circonda la situazione finanziaria della città, la politica locale non è necessariamente di primaria importanza per gli abitanti di Berlino. Infatti, i berlinesi sembrano più interessati alla politica nazionale – l'affluenza alle urne nelle elezioni comunali del 2001 è stata solo del 68%, mentre è arrivata anche all'85% in alcune zone nelle elezioni nazionali del 2002, e non incontrerete molte persone che vi sappiano citare tutti i nove membri del senato.

AMBIENTE

IL TERRITORIO

L'anno 1920 ha visto l'accorpamento di sette città e innumerevoli comunità nella Gross-Berlin (Grande Berlino), fatto che l'ha resa una delle più grandi città del mondo, con una superficie di 87.000 ettari e una popolazione di quasi 4 milioni di abitanti. Oggi Berlino è ancora la città più grande della Germania, in termini sia di popolazione (poco meno di 3.400.000 abitanti) sia di superficie, anche se è stata superata di molto da altre città europee e nordamericane.

Emergenza suini

Negli ultimi anni i verdi sobborghi della città sono diventati terra di conquista per i cinghiali. I distretti maggiormente interessati da questo fenomeno sono Grunewald, Zehlendorf, Wilmersdorf, Reinickendorf e Spandau, e non è raro che gli abitanti di queste aree trovino nei loro giardini i segni del passaggio di questi animali.

Si dice che l'esplosione demografica dei cinghiali sia stata favorita da inverni miti e dall'abbondanza di ghiande e di cibo in generale. Negli ultimi anni, tuttavia, i suini hanno preso a bazzicare gli insediamenti umani alla ricerca di generi commestibili. Molti di essi hanno imparato ad apprezzare i prati, le aiuole e gli avanzi di cibo raccolti nelle compostiere e nei bidoni della spazzatura. Secondo un articolo pubblicato sul *Berliner Morgenpost*, pare che i cinghiali stazionino regolarmente sugli scalini delle scuole per ricevere il cibo che gli studenti gettano loro.

Le reazioni al problema sono state di vario genere. Anche i berlinesi più sensibili alle tematiche ambientaliste hanno iniziato a chiedere a gran voce l'"eliminazione" degli animali. In risposta alle rimostranze, il senato ha recentemente pubblicato un opuscolo informativo sui cinghiali di città, in cui vengono fornite informazioni sulle loro abitudini e si incoraggiano i berlinesi a essere più tolleranti nei loro confronti. A parte questo, naturalmente, fuori delle aree abitate i cinghiali costituiscono un comodo bersaglio, e circa 1000 esemplari all'anno vengono uccisi da cacciatori autorizzati.

Berlino occupa una superficie totale di 889 kmq; da nord a sud misura 38 km, mentre da est a ovest si estende per 45 km. In genere i visitatori non si allontanano mai dai quartieri centrali e quindi non si rendono conto dell'estensione totale della città, ma provate solo ad andare a piedi dalla stazione Zoo ad Alexanderplatz e capirete che è molto più ampia di quanto il sistema dei trasporti faccia sembrare.

Adagiata sulle vaste pianure della Germania settentrionale, Berlino non si contraddistingue per particolari caratteristiche geografiche, a parte i fiumi e i laghi, pertanto lo sviluppo della città può essere quasi totalmente attribuito ai suoi architetti. Alcune delle rare colline della zona, come la Teufelsberg della foresta del Grunewald, in realtà sono *Trümmerberge* formate dalle macerie e dai detriti risalenti alla seconda guerra mondiale.

L'importanza storica di Berlino come centro commerciale deriva dai due fiumi che confluiscono in questo punto: l'Havel, che nasce nella zona del Meclemburgo (circa 110 km a nord-ovest di Berlino) e scorre per 343 km, e il suo affluente, la Sprea, che s'immette nell'Havel presso Spandau. Lungo il corso dell'Havel si trovano diversi canali e laghi, tra cui il Wannsee, che in estate diventano i luoghi più frequentati, con spiagge intorno ai laghi e birrerie all'aperto che si affacciano sui canali della città.

LA BERLINO VERDE

Berlino è una città abbastanza verde: parchi, foreste, laghi e fiumi occupano circa un terzo della superficie. Quasi ogni quartiere ha il proprio parco, e una cintura di foreste circonda la città, risultato di una efficace campagna di rimboschimento attuata negli ultimi vent'anni. I circa 411.000 alberi della città sono in maggioranza tigli (Linden) e aceri, seguiti da querce, platani e castagni. Il quartiere orientale di Hohenschönhausen fa registrare la maggior quantità di alberi per chilometro stradale, 134: la media cittadina ne conta 78 per chilometro.

A causa degli effetti della seconda guerra mondiale la vita animale è diminuita spaventosamente. Cantieri e incremento demografico hanno sfrattato dal loro habitat naturale più della metà delle specie esistenti prima.

L'abbassamento della falda freatica ha causato il prosciugamento dei biotopi, minacciando la sopravvivenza di rettili, anfibi e pesci. Solo 33 specie di pesci, tra cui il pesce persico, il

Pariser Platz (p84)

luccio, il rutilo e l'abramide, popolano ancora i fiumi e i laghi cittadini. Passeri e piccioni sono gli uccelli più comuni.

Contemporaneamente, nella cintura verde che circonda Berlino la popolazione animale, costituita da conigli selvatici, volpi, martore e addirittura cinghiali, è enormemente cresciuta di numero (v. la lettura Emergenza suini, p21).

Il rovescio della medaglia è che l'aria di Berlino è una delle più inquinate della Germania: più di altre città della ex Germania Ovest, ma pur sempre meno rispetto ad alcune città dell'Est, come Dresda, Halle o Chemnitz. L'inquinamento e le piogge acide stanno causando danni sempre più gravi alle foreste che circondano la città. Nel 2000 meno di un albero su cinque era perfettamente sano. Nel 1991 Berlino si è impegnata, alla Conferenza Internazionale sul Clima, a ridurre di circa un quarto entro il 2010 le emissioni di monossido di carbonio; nel 1998 le emissioni erano già ridotte del 18%.

L'acqua di Berlino è potabile, sebbene i laghi e i fiumi siano inquinati. Nei laghi alimentati dall'Havel, Wannsee compreso, crescono troppe alghe; il fiume Sprea e il Landwehr Kanal, che scorrono proprio in mezzo alla città, sono pesantemente inquinati. Solo i laghi della foresta del Grunewald sono relativamente puliti.

Nonostante questi problemi Berlino è, sotto diversi aspetti, una città molto attenta all'ecologia. Per ridurre la progressiva distruzione delle piante e della vita animale il governo ha varato l'ambizioso Programma per la protezione della Terra e delle specie in pericolo, che cerca di stabilire un equilibrio tra la tutela dell'ambiente e lo sviluppo urbano; alle industrie sono stati imposti obiettivi di riduzione delle emissioni particolarmente rigidi, nel 1994 è stata lanciata una campagna a livello statale per il risparmio energetico e l'energia solare è stata adottata su vasta scala.

L'attenzione per la natura si manifesta anche su piccola scala, e il successo dei programmi di risparmio energetico della città è in gran parte dovuto alla volontà degli abitanti di contribuire a livello individuale. Le piste ciclabili abbondano, ci sono erogatori di biglietti per il parcheggio alimentati a energia solare e il riciclaggio è la norma – perfino le stazioni della U-Bahn e della S-Bahn dispongono di cestini di diversi colori per la *Trennmüll* (raccolta differenziata). A Berlino funziona un sistema di trasporti efficiente e ben sviluppato, che la maggioranza della popolazione utilizza regolarmente; allo stesso tempo, si cerca di dissuadere gli automobilisti con parcheggi limitati e costi elevati dei parchimetri e dei garage.

Greenpeace (www.greenpeace-berlin.de) è molto attiva in Germania; un altro importante gruppo ambientalista, anch'esso radicale, è la **Grüne Liga** (www.grueneliga.de). Anche il Partito dei Verdi è sempre stato forte a Berlino, ma ha ottenuto solo il 9% dei voti locali nelle elezioni del 2001 contro il 15% del 1995.

Una delle motivazioni di questo disamore degli elettori verdi può essere fatta risalire al sostegno alla guerra in Afghanistan che questo partito, un tempo radicalmente pacifista, ha dato a livello nazionale: un errore di valutazione che alla luce dell'opposizione alla successiva guerra in Iraq alla fine è costato caro.

PROGETTAZIONE E SVILUPPO URBANISTICO

Berlino è essenzialmente un 'work in progress'. Praticamente dalla fine della seconda guerra mondiale le gru sono state un elemento caratterizzante del profilo della città, ma è stata la riunificazione che ha dato inizio ai programmi di costruzione e di ristrutturazione su larga scala che sono ancora oggi in corso.

Vi basterà guardare le fotografie di Potsdamer Platz degli ultimi dieci anni per vedere quanto essa sia cambiata, e il processo è lungi dall'essere terminato, con decine di cantieri che lavorano alacremente in tutta la città.

Finora sono stati rinnovati i sensazionali Friedrichstadtpassagen nella decadente Friedrichstrasse, la Nuova Sinagoga in Oranienburger Strasse, un vivido simbolo della rinascita della cultura ebraica a Berlino, e i dintorni della stazione Zoo: i disastri architettonici degli anni '50 sono stati sostituiti da nuove straordinarie costruzioni. Tuttavia, i progetti più importanti si sono sviluppati intorno a Potsdamer Platz, il cui stuolo di gru, un simbolo degli anni '90, ora ha ceduto il passo a un distretto nuovo, delimitato da DaimlerCity, il Sony Center e la nuova stazione ferroviaria di Potsdamer Platz.

Ulteriori progetti prestigiosi sono in fase di studio e di realizzazione per la zona intorno a Potsdamer Platz, con società internazionali che si contendono lo spazio per uffici intorno a Leipziger Platz e lungo Ebertstrasse; le ambasciate, le grandi banche e l'Accademia di Belle Arti non si sono lasciate sfuggire Pariser Platz, di fronte alla Porta di Brandeburgo, che sta diventando ancora una volta la 'reception' di Berlino.

In termini abitativi, tuttavia, tutto questo sviluppo ha reso molto più difficile trovare alloggi a prezzi ragionevoli nel centro della città; le famiglie, in particolare, vivono in maggioranza nei distretti periferici, specialmente a Marzahn. Poiché si cerca di ricavare più unità abitative possibili dai vari edifici, molte più persone vivono in appartamenti singoli, e la tradizione tedesca della *Wohngemeinschaft* (condivisione, o WG) sta diventando una relativa rarità nella città interna. Alcune case d'epoca sopravvivono a Friedrichshain e a Kreuzberg, i vecchi luoghi preferiti dall'ambiente degli squatter, ma con la riqualificazione che incalza tutti si chiedono quanto durerà.

Arti

Arti

Berlino è il punto di riferimento culturale della Germania. Nessun altro posto può vantare il dinamismo e il richiamo internazionale della scena artistica berlinese. La città stessa offre un'ambientazione perfetta per libri, film, dipinti e canzoni: la sua ineludibile presenza si impone sugli artisti locali e internazionali così come sugli abitanti. Soprattutto, il perenne reinventarsi di Berlino si riflette nell'inesorabile diversità degli stili, delle forme e delle idee che sgorgano dalle sue comunità creative.

Per una panoramica esauriente su tutto ciò che succede in città acquistate *Berlin Kultur(ver)führer* (Helmut Metz Verlag; €10,50; esce con cadenza annuale), che prende in esame tutto ciò che ha a che fare con la cultura a Berlino privilegiando un approccio colloquiale ma dettagliato.

ARTI VISIVE

Berlino è una delle maggiori città d'arte europee, con decine di spazi espositivi e la particolare fama di promuovere l'arte contemporanea e alternativa. Oltre ai musei principali, i posti più interessanti sono le gallerie di quartiere che si trovano nei dintorni degli Hackesche Höfe, a Mitte, lungo Auguststrasse, vicino all'ex Checkpoint Charlie, a Charlottenburg, che gode di una popolarità ormai consolidata, nella zona di Ku'damm, Uhlandstrasse e Fasanenstrasse. Gli appuntamenti più importanti dell'anno in campo artistico sono la **Biennale di Berlino** (p10) e l'**Art Forum Berlin** (p10).

La fioritura dell'arte berlinese si manifestò tra la fine del XVII e gli inizi del XVIII secolo, in parte grazie al senso estetico di Federico I, che volle circondarsi di raffinatezza e splendore. Nel 1696, dietro suggerimento dello scultore Andreas Schlüter (1660-1714), fondò l'Accademia di Belle Arti.

I top five tra i musei e le gallerie d'arte

- **Neue Nationalgalerie** (p109) Espone le più preziose opere di arte moderna.
- **Käthe-Kollwitz-Museum** (p117) Celebra l'artista donna più famosa della Germania.
- **Kunsthaus Tacheles** (p97) Presenta pareti ricoperte di graffiti, workshop anticonvenzionali e studi di vario genere.
- **Das Verborgene Museum** (p118) Alla riscoperta delle opere di artiste dimenticate degli anni '20.
- **Alte Nationalgalerie** (p88) Custodisce opere risalenti al Romanticismo.

Nel frattempo Schlüter contribuì a ingentilire l'aspetto di Berlino con alcune splendide sculture, come il *Monumento equestre al Grande elettore* (1699), che si trova ora davanti allo **Schloss Charlottenburg** (p111), e le impressionanti *teste di guerrieri morenti* esposte in Unter den Linden, nel cortile interno della **Zeughaus** (p83).

In questo periodo l'affresco allegorico si affermò come forma artistica e decorativa facendo la propria apparizione sui soffitti di numerosi palazzi. Particolarmente abili in questa tecnica furono i pittori Johann Friedrich Wentzel e Friedrich Wilhelm Weidemann, anche se l'artista più dotato in tal senso fu Antoine Pesne (1683–1757), che riuscì a soddisfare le esigenze di Federico I: il re, infatti, amava circondarsi di elementi che ricalcassero lo stile del rococò francese.

Le arti languirono ancora una volta durante il regno del suo successore, Federico Guglielmo I, interessato soprattutto alle questioni militari, ma suo figlio Federico II (Federico il Grande), salito al trono nel 1740, rinverdì i fasti di Federico I. Il re fece spesso ricorso all'esperienza artistica, architettonica e decorativa di un allievo di Pesne, Georg Wenzeslaus von Knobelsdorff (1699–1753), che progettò lo **Schloss Rheinsberg** (p271), anche se è più conosciuto per aver ideato la **Staatsoper Unter den Linden** (Opera di Stato Tedesca; p86) e lo **Schloss Sanssouci** (p264) a Potsdam.

Nel XIX secolo si assistette a una proliferazione di stili, che riflettevano in qualche modo le correnti socio-politiche che si stavano diffondendo massicciamente in certi ambienti europei. Le nuove teorie politiche ed economiche penetrate in Germania dall'Inghilterra e dalla Francia trovarono terreno fertile tra la borghesia. La rinnovata fiducia in se stesso del ceto medio trovò espressione nel Neoclassicismo, stile che provocò un cambiamento formale della linea e della figura, ispirandosi alla mitologia greca e romana.

Uno dei principali artisti dell'epoca fu Johann Gottfried Schadow (1764–1850), la cui opera più famosa, la *Quadriga*, una carrozza trainata da cavalli, si trova sulla celeberrima **Brandenburger Tor** (Porta di Brandeburgo; p82). Sebbene lo stile di Schadow si fondasse sulla sobrietà della scultura greca, la sua opera è connotata anche da un forte effetto di naturalezza e di sensualità.

Un altro scultore neoclassico importante è Christian Daniel Rauch (1777–1857), allievo di Schadow. Rauch aveva il talento di rappresentare l'idealizzata bellezza classica in maniera realistica. Realizzò i sarcofagi di Federico Guglielmo III e della regina Luisa, entrambi attualmente esposti nel Mausoleo dei giardini di Schloss Charlottenburg. La sua opera più conosciuta, però, è il monumento equestre a Federico II (1851), che si trova davanti alla **Humboldt Universität** (p83).

Lo scultore Reinhold Begas (1831–1911), allievo di Rauch, sviluppò uno stile teatrale neobarocco e così ostentatamente anti-neoclassico che incontrò fin da subito molta ostilità. A Begas sono da attribuirsi la fontana di Nettuno (1891) situata davanti alla Marienkirche e il monumento a Schiller che si trova in Gendarmenmarkt.

In campo pittorico il Romanticismo si sostituì gradualmente al Neoclassicismo. Una delle ragioni del suo successo fu il risvegliarsi, nella Germania di Federico Guglielmo III (1797–1840), di uno spirito nazionalistico alimentato dall'invasione napoleonica e dalle conseguenti guerre di liberazione. Il Romanticismo esprimeva perfettamente l'idealismo e le emozioni che caratterizzavano quell'epoca.

Al primo posto fra i pittori romantici si trova Caspar David Friedrich (1774–1840), i cui lavori sono esposti alla Alte Nationalgalerie, che custodisce tra l'altro i dipinti di Karl Friedrich Schinkel, l'architetto neoclassico più famoso di Berlino (p47). Schinkel, agli inizi della propria carriera, realizzò una serie di paesaggi romantici e melanconici che ritraevano fantastiche raffigurazioni di architettura gotica. Altri pittori romantici come Wilhelm Schadow e Karl Wilhelm Wach appartennero a un gruppo di artisti profondamente pii, chiamati Nazarener (Nazareni).

Nel periodo tra il 1815 e il 1848 si sviluppò parallelamente il cosiddetto Berliner Biedermeier, uno stile più conservatore, molto scrupoloso e dettagliato. L'artista più rappresentativo di questo stile fu Franz Krüger (1797–1857), le cui opere più famose sono le meticolose scene

Alte Nationalgalerie (p47)

di parate pubbliche. L'evoluzione continua del paesaggio urbano di Berlino è stata ritratta in dipinti che testimoniano l'avvicendarsi dei vari stili, dipinti che riscossero grande successo specialmente tra la borghesia; tra gli artisti che si sono cimentati in questo genere ricordiamo Eduard Gaertner e Wilhelm Brücke.

Nel 1892 i primi semi di modernità raggiunsero Berlino. Quando gruppi di forze conservatrici, contrari alla concezione anticonformista dell'arte, ordinarono la chiusura di una mostra in cui erano esposti quadri di Edvard Munch, un gruppo di giovani artisti organizzò una manifestazione di protesta. Inizialmente essi si fecero chiamare Gruppe der XI (Gruppo degli 11), ma dal 1898 presero il nome di Berliner Sezession. Gli artisti del gruppo, guidati da Max Liebermann (1847–1935) e Walter Leistikow (1865–1908), non erano uniti da uno stile comune, ma piuttosto da un rifiuto degli atteggiamenti reazionari verso le espressioni pittoriche innovative. Ai temi storici e religiosi preferivano scene tratte dalla vita quotidiana, e agli ambienti chiusi degli studi la pittura all'aria aperta, con la luce naturale. Gli artisti della Berliner Sezession incontrarono uno straordinario successo e spianarono la strada all'affermazione di nuovi stili.

Lo stesso Liebermann abbandonò i malinconici paesaggi naturalistici per diventare uno dei principali rappresentanti dell'Impressionismo berlinese. Agli inizi del XX secolo si unirono al gruppo Lovis Corinth (1858–1925), Max Slevogt (1868–1932) e Käthe Kollwitz (1867–1945). Kollwitz era una personalità rinascimentale, attiva in pressoché tutti i settori dell'arte figurativa. L'acuta consapevolezza sociale e politica ha conferito alle sue opere una intensità tormentata, ed ella è tuttora considerata la migliore artista donna della Germania.

Se nel periodo antecedente la prima guerra mondiale Berlino era apparsa come una città dinamica, in cui l'arte moderna poteva svilupparsi liberamente, negli anni '20 essa divenne il punto di riferimento dell'arte contemporanea tedesca e internazionale. I movimenti proliferarono grazie all'arrivo degli artisti più affermati sulla scena mondiale. Il Dadaismo, che ebbe tra i fondatori George Grosz (1893–1959), emerse come corrente dominante. I dadaisti rifiutavano l'arte tradizionale e consideravano il caso e la spontaneità come elementi artistici fondamentali. Collage e fotomontaggi divennero vere e proprie forme artistiche. La prima riunione dada, nel 1917, non mancò di dare scandalo: Grosz urinò sulle fotografie, Richard Huelsenbeck dichiarò che troppo poche persone erano state uccise per l'arte e alla fine intervenne addirittura la polizia. I lavori dei dadaisti, beffardi e provocatori, catalizzarono le attenzioni del pubblico.

George Grosz

In un'epoca come quella contemporanea, in cui nulla sembra più essere capace di stupire, è difficile immaginare lo scalpore che una pittura semplice e lineare potesse suscitare negli anni '20. Con le opere di George Grosz, nativo di Berlino, tuttavia, lo sforzo di immaginazione richiesto è piuttosto ridotto: la feroce satira dei suoi dipinti ha tuttora il potere di sbalordire, se non addirittura di offendere. Osservate il pezzo di sterco fumante che riempie il cervello del grasso capitalista nel famoso *I pilastri della società* (1926), conservato nella Neue Nationalgalerie, e capirete facilmente perché l'intera Germania gridasse allo scandalo.

Parallelamente al Dadaismo si affermarono autori espressionisti come Max Beckmann (1884–1950) e Otto Dix (1891–1969), che nelle loro opere analizzavano la minaccia che l'urbanizzazione rappresentava per l'umanità, mentre Wassily Kandinsky, Paul Klee, Lyonel Feininger e Alexej Jawlensky formarono nel 1924 il gruppo del Blaue Reiter e continuarono a lavorare e a insegnare alla scuola d'arte del Bauhaus.

L'impatto che l'ascesa del nazismo ebbe sulla scena artistica berlinese fu devastante. Molti artisti furono costretti a lasciare il paese, oppure vennero incarcerati o internati nei campi di concentramento. Le loro opere vennero classificate come 'degenerate' e spesso confiscate e distrutte. Il modello artistico promosso dal regime privilegiava forme rettilinee e stili epici: Mjölnir, artista della propaganda, delineò la tipica fisionomia dell'epoca, con scritture gotiche immediatamente riconoscibili e figure idealizzate di soldati ariani, di donne e dello stesso Hitler – molte delle sue opere sono esposte nei musei storici di Berlino come il **Deutsches Historisches Museum** (p83).

Dopo la seconda guerra mondiale il panorama artistico della capitale versava nelle stesse disperate condizioni della città stessa. A Est gli artisti furono obbligati ad adeguarsi alla linea del socialismo reale, una imposizione che Otto Nagel e Max Lingner riuscirono comunque spesso a eludere ostentando la doverosa conformità, ma mantenendo e dissimulando aspetti estetici e sperimentali. Alla fine degli anni '60 Berlino Est si affermò come centro artistico della DDR grazie alla formazione della Berliner Schule (Scuola di Berlino), i cui membri più illustri, come Manfred Böttcher e Harald Metzkes, uscirono dagli angusti confini che l'arte socialista ufficiale imponeva loro per abbracciare un realismo più sfaccettato. Negli anni '70, quando il conflitto tra individuo e società divenne un tema dominante, a Prenzlauer Berg vennero aperte diverse gallerie alternative e la creazione artistica si tramutò a sua volta in sforzo collettivo.

Nella Berlino Ovest del dopoguerra, invece, gli artisti assorbirono con entusiasmo le nuove influenze astratte provenienti dalla Francia e dagli Stati Uniti. A guidare il movimento era un gruppo, chiamato Zona 5, che ruotava intorno a Hans Thiemann e ai surrealisti Heinz Trökes e Mac Zimmermann. Allo stesso tempo si formò una frangia meno incline alle sperimentazioni, basata sull'espressionismo di Max Pechstein e Karl Schmidt-Rottluff. Negli anni '60 emerse un nuovo stile, chiamato 'Realismo critico', che si diffuse soprattutto grazie ad artisti come Ulrich Baehr, Hans-Jürgen Diehl e Wolfgang Petrick. Il movimento del 1973 denominato Schule der Neuen Prächtigkeit (Scuola della nuova magnificenza) aveva un approccio non molto diverso e coinvolgeva artisti come Manfred Bluth, Matthias Koeppel e Johannes Grützke. Negli anni '80 l'Espressionismo ritrovò spazio sulle tele di pittori come Salomé, Helmut Middendorf e Rainer Fetting, membri di un gruppo chiamato Junge Wilde (Giovani selvaggi).

Dopo la Wende (il punto di svolta che ha portato alla caduta della DDR) la scena artistica berlinese, assetata di cambiamenti, è diventata una delle più stimolanti e dinamiche d'Europa, e oggi la città è considerata un centro internazionale dell'arte contemporanea. La **Neue Nationalgalerie** (p109), in particolare, ospita eccellenti esposizioni a tema realizzate dai maggiori artisti locali e internazionali. Altre gallerie d'arte d'avanguardia sono la **Galerie Wohnmaschine** (p229) e la **Galerie Eigen+Art** (p229); la **Kunsthaus Tacheles** (p97) ospita diversi studi di dimensioni ridotte. Sulla scena internazionale spiccano alcuni artisti italo-tedeschi e Monica Bonvicini, residente a Berlino, le cui installazioni, che analizzano la natura dello spazio e il tema della distruzione, hanno già ricevuto ampi consensi da parte della critica.

CINEMA

La prima proiezione di un film commerciale in Germania ebbe luogo a Berlino nel 1895, e la città divenne presto sinonimo di cinema, almeno fino allo scoppio della seconda guerra mondiale. Dal 1992, anno in cui sono riprese le attività cinematografiche a Babelsberg, Berlino è diventata il secondo centro cinematografico della Germania per importanza (dopo Monaco), con un proliferare di film sperimentali nascosti all'ombra dei grandi nomi.

La città ospita anche la maggior parte delle anteprime dei film internazionali, oltre all'appuntamento cinematografico più importante dell'anno, il **Festival Internazionale del Cinema di Berlino** (p7). Più conosciuto come Berlinale, fu inaugurato nel 1950 per iniziativa delle autorità di occupazione alleate. Il festival prevede la proiezione di circa 750 film, alcuni dei quali concorrono per il prestigioso Orso d'oro e Orso d'argento. Nel 2000 la Berlinale si è trasferita nei nuovi edifici di Potsdamer Platz, che ospitano anche il Filmmuseum Berlin. Dal 1971 questo festival è affiancato dal Forum Internazionale del Nuovo Cinema, che proietta film più radicali e alternativi.

Berlino ha svolto un innegabile ruolo pionieristico sulla scena cinematografica internazionale. Se l'America aveva Edison e la Francia i fratelli Lumière, Berlino poteva vantare Max Skladanowsky, che aveva esordito come attrazione fieristica. Egli inventò nel 1895 un bioscopio, un prototipo del proiettore, spianando la strada allo sviluppo del cinema in Germania. Nel 1910, Berlino aveva 139 *Kinematographentheater* (da cui deriva il nome tedesco *Kino*, che significa cinema), sebbene la maggior parte dei lungometraggi di quel tempo non avesse da proporre che una comicità grossolana, melodrammi e brevi documentari. Oggi la città ha moltissimi cinema (circa 265), tra cui numerosi multisala, ma anche strutture che piccole che proiettano film in lingua originale.

Il cinema muto fu influenzato profondamente dalla corrente artistica dell'espressionismo: i temi morbosi e patologici, le immagini sconnesse e il montaggio abile, volto a

I top five tra i film su Berlino

Berlino è stata protagonista di molti film, offrendo un'ambientazione iconica ed evocativa a tutti i generi, dai drammi storici ai moderni thriller (e, naturalmente, a *Cabaret* di Bob Fosse, con la meravigliosa Liza Minnelli, del 1972).

- *Berlin: Sinfonie einer Grosstadt* (Berlino - Sinfonia di una grande città; Walter Ruttmann; 1927) – ambizioso per l'epoca, questo affascinante documentario muto descrive il volto della Berlino degli anni '20 in una giornata primaverile, con alcune immagini significative.
- *Good Bye Lenin!* (Wolfgang Becker; 2003) – è la storia di un giovane di Berlino Est che nasconde alla propria madre, reduce da un attacco cardiaco, la fine della DDR. A sorpresa, questo film ha avuto un successo sensazionale in tutto il mondo, con candidature ai Golden Globe e agli Oscar.
- *Herr Lehmann* (Berlin Blues; Leander Haussmann; 2003) – il Weltrestaurant Markthalle, l'Orologio mondiale e lo stesso Muro di Berlino sono solo alcuni luoghi simbolo rappresentati in questo adattamento di un romanzo di culto.
- *Der Himmel über Berlin* (Il cielo sopra Berlino; Wim Wenders; 1987) – questa magnifica storia d'amore sorvola la desolata terra di nessuno di Potsdamer Platz. Di livello assai inferiore è *La città degli angeli (1998)*, il remake interpretato da Nicolas Cage e Meg Ryan.
- *Lola rennt* (Lola corre; Tom Tykwer; 1998) – la geografia cittadina è ampiamente manipolata, ma la Berlino di questo film ricco di energie creative, da generazione MTV, è assolutamente riconoscibile.

restituire il profilo distorto dei personaggi. Il celebre *Il gabinetto del dottor Caligari* (1919) di Robert Wiene ha come protagonista un ipnotizzatore che induce i suoi pazienti all'omicidio; gli straordinari effetti visivi, assolutamente originali per la tecnologia dell'epoca, avranno una profonda influenza sul cinema a venire, in particolare sull'opera di Alfred Hitchcock.

Gli anni '20 e i primi anni '30 furono un periodo di fulgore per il cinema a Berlino, con Marlene Dietrich che seduceva il mondo e i potenti studi della UFA (fondati originariamente per la produzione di filmati di propaganda militare sulla prima guerra mondiale) che realizzavano praticamente tutta la produzione in celluloide della Germania. Di Marlene Dietrich non possiamo fare a meno di ricordare l'interpretazione della diva peccaminosa e senz'anima ne *L'Angelo azzurro* (1930), film sonoro, crudo e bellissimo, sul crollo del decoro borghese, per la regia di Josef von Sternberg.

I due registi più importanti dell'epoca furono Georg Wilhelm Pabst, il cui uso del montaggio per mettere in risalto i personaggi caratterizzò il movimento della Neue Sachlichkeit (Nuova oggettività), e Fritz Lang, che si guadagnò fama a livello internazionale con le sue prime opere *Metropolis* (1926) e *M, il mostro di Düsserldorf* (1931). Dopo il 1933, tuttavia, la libertà artistica dei registi, per non parlare dei fondi, era sempre più ridotta, e nel 1939 praticamente tutta l'industria cinematografica si era trasferita all'estero. Di Pabst ricordiamo la trasposizione cinematografica di *L'opera da tre soldi* (1931) di Bertolt Brecht (v. Teatro e danza più avanti, p33), con musica di Kurt Weill.

Sotto il regime nazista, molti registi e attori si trasferirono a Hollywood e finirono col recitare il personaggio stereotipato del nazista. Molti dei film prodotti in Berlino, invece, presero a soggetto figure storiche del mondo germanico, come *Bismarck*, o, direttamente, la visione antisemita e la propaganda nazista, come *Süss l'ebreo* (entrambi del 1940).

A partire dal 1945, come la maggior parte delle forme artistiche, l'industria cinematografica berlinese fu in genere ben finanziata, e in particolare negli anni '70 vennero offerte laute sovvenzioni per convincere i registi a tornare a lavorare in città. I più eminenti componenti del Junge Deutsche Film (Giovane Cinema Tedesco), registi come Rainer Werner Fassbinder, Volker Schlöndorf, Wim Wenders e Werner Herzog, riapparvero magicamente, facendo ritorno da Monaco, attirati dalla promessa dei nuovi finanziamenti. Prima della filmografia anni '70, vale la pena di ricordare *I topi* (1955) del compianto Billy Wilder, unico film 'serio' del periodo, pur nel registro ironico, sul conflitto Est-Ovest, girato pochi giorni prima che venisse eretto il Muro. Del 1950 è anche la prima edizione della Berlinale.

Il regista Rainer Werner Fassbinder, forse il più dotato di talento e il più provocatorio del gruppo, è morto in un incidente nel 1982, ma gli altri tre del Junge Deutsche Film sono ancora oggi in prima linea nel cinema tedesco. *Querelle de Brest* (1982) ebbe un enorme successo a livello internazionale: tratto dal romanzo omonimo di Jean Genet, narra il calvario del marinaio Querelle (Brad Davis) che sbarca a Brest e va incontro al suo destino di contrabbandiere d'oppio, sodomita, assassino. Al centro del film, l'ultimo del regista, il problema dell'identità e le tematiche della violenza e della sopraffazione che dominano i rapporti umani, elementi costanti di tutto il suo cinema. Werner Herzog, conosciuto soprattutto per il suo lavoro con l'attore Klaus Kinski, è ancora un attivo regista e produttore di documentari. *Fitzcarraldo* (1981), film visionario e originale premiato a Cannes nel 1985, racconta la storia di un personaggio fanatico, un appassionato di musica operistica (Klaus Kinski) che sogna di costruire il più grande teatro lirico del mondo in mezzo alla giungla amazzonica. In una delle spettacolari scene del film, un gruppo di nativi trascina una nave di 300 tonnellate su per una montagna; Herzog non usò effetti speciali, mosso da una testarda ossessione simile a quella del protagonista del suo film.

Wenders ha conquistato premi e riconoscimenti grazie a pellicole come *Paris, Texas* (1984), *Buena Vista Social Club* e *The Million Dollar Hotel* (entrambe del 1999), film realizzati con finanziamenti americani. Il suo capolavoro, *Il cielo sopra Berlino* (1987; premiato a Cannes per la miglior regia), interpretato da un dolce e intenso Bruno Ganz nei panni di un angelo innamorato che 'cade', per scelta, sulla terra, ha influenzato l'immaginario poetico di una intera generazione. Schlöndorf, con numerosi successi a livello nazionale e internazionale al suo attivo, come *Il caso Katharina Blum* (1975), adattamento del romanzo breve di Heinrich Böll *L'onore perduto di Katharina Blum* (Einaudi, Torino 2003), a cui collaborò Margarethe von Trotta per la regia e la sceneggiatura, adesso gestisce le fila del complesso di Babelsberg a Potsdam, un tempo dominio dei grandi studi UFA.

La comunità cinematografica di Berlino, con la sua struttura fondamentalmente commerciale e una serie di recenti successi, non ha patito gli effetti negativi che hanno invece colpito altri settori a causa della crisi finanziaria – anche se ci si lamenta spesso che ben poco denaro trovi la strada del cinema minore veramente indipendente. Questo non sembra avere avuto un impatto determinante sulla scena realmente alternativa che, come il movimento artistico anticonformista, ha prosperato per anni mettendo in scena spettacoli e performance nei vari centri culturali della città. Il primo Festival Cinematografico contro la Globalizzazione si è tenuto nel 2003 nei cinema **Acud** (p206) ed **Eiszeit** (p216), e ha messo in vetrina talenti locali e internazionali di tutti i tipi, rispettando l'ampia rappresentanza politica che lo caratterizza.

La storia recente è stata molto spesso fonte di ispirazione per i registi berlinesi, dai *Trümmerfilme* (letteralmente 'film delle macerie') del primo dopoguerra agli *Ostalgie* (nostalgia della RDT), l'ultima ondata di film del dopo-Wende. Alcune delle migliori pellicole sull'era nazista includono il primo lungometraggio del dopoguerra della Germania dell'Est, *Gli assassini sono tra noi* (1946), *Jakob il bugiardo* (1974), di cui ultimamente è stato proposto un rifacimento con Robin Williams (1999), *Il matrimonio di Maria Braun* (1979) di Fassbinder, *Aimée & Jaguar* (1998), la storia vera dell'amore tra una donna ebrea e la moglie di un soldato nazista durante la guerra, e *Rosenstrasse* (2003), l'ultimo film di Margarethe von Trotta, che racconta di un gruppo di donne ariane che si battono per il rilascio dei mariti ebrei.

Dopo la riunificazione, tuttavia, poche pellicole importanti si sono occupate in modo serio e critico del periodo della RDT, forse a causa della prossimità degli avvenimenti e della riluttanza a farsi coinvolgere nelle loro implicazioni. I film che trattano l'argomento della divisione tendono a essere commedie leggere, che recentemente hanno raccolto un considerevole successo: *Sonnenallee* (1999) e *Berlin Blues* (2003) sono molto piaciuti al platea berlinese, mentre *Good Bye Lenin!* (2002) è stato un grande successo internazio[...] una vera conquista per una produzione in lingua tedesca. Il film narra di un raga[...] dopo la caduta del Muro, finge che la RDT esista ancora per risparmiare emozio[...] violente e potenzialmente fatali alla madre malata, da poco uscita dal coma e[...] nuova realtà.

A Berlino, come in tutta la Germania, le donne hanno assunto un ru[...] attivo nell'industria cinematografica, una tendenza che può essere fatt[...] fulgore di Marlene Dietrich. Molti dei film più innovativi e provoca[...] donne: le registe Jutta Brückner, Sylke Enders e Doris Dörrie, e la [...]

Arti – Cinema

Testimone del male attraverso le immagini

Ho filmato la verità così com'era allora. Niente di più.
Leni Riefenstahl

Tutte le pellicole realizzate durante il periodo nazista si portano dietro una sorta di dilemma storico, ma nessuna quanto le opere della brillante regista berlinese Leni Riefenstahl (1902–2003).

La Riefenstahl, una ex attrice che abitava nel distretto settentrionale di Wedding, attirò l'attenzione del regime con la sua prima opera importante come regista, *La bella maledetta* (1932). Fu quindi scritturata per realizzare filmati di informazione e propaganda, fino a essere considerata parte vitale della macchina mediatica del Terzo Reich. Le rappresentazioni epiche della Riefenstahl documentarono avvenimenti importanti del periodo nazista, su tutti le Olimpiadi del 1936. Il suo *Il trionfo della volontà* (1934), un documentario su Hitler che si concentra sulle adunate di Norimberga, è uno dei pezzi più controversi della storia del cinema, ma è sbalorditivo dal punto di vista delle immagini.

Dopo la guerra la Riefenstahl sostenne di non aver mai provato simpatia per il nazismo, reclamò il diritto, in quanto regista, di immortalare gli avvenimenti quali essi fossero e protestò l'impossibilità di scelta sulla questione durante il periodo nazista. Demonizzata dagli Alleati e dall'industria cinematografica, trascorse quattro anni in un carcere francese. Nel 1954, in un tentativo di riabilitare la sua reputazione, completò *Bassopiano*, una favola allegorica di impronta antifascista su cui aveva iniziato a lavorare nel 1944; tuttavia, poiché nessun distributore voleva occuparsene, la sua carriera cinematografica si poté considerare effettivamente conclusa.

Da allora l'artista si concentrò principalmente sulla fotografia. Fra il 1972 e il 1997 pubblicò diversi libri sulla popolazione sudanese basati sulle sue personali esperienze e sulle frequenti visite nella regione, libri che in un certo senso volevano confutare le accuse di razzismo che le erano state mosse. Nel 1992 pubblicò la propria autobiografia, e successivamente fu protagonista di un certo numero di documentari, tra cui *La forza delle immagini* di Ray Muller (1997; realizzato nel 1993, è uscito in Italia con l'enfatico sottotitolo 'Meravigliosa orribile vita di Leni Riefenstahl'). Sebbene godesse di una considerazione pubblica sempre piuttosto alta in Germania e all'estero, realizzò il montaggio di un solo altro film, il documentario subacqueo intitolato *Impressionen unter Wasser* (Impressioni sott'acqua), composto di sole immagini e musica (di Giorgio Moroder), nel 2002. Le riprese subacquee del documentario vennero girate personalmente dalla Riefenstahl all'età di 70 anni!

Nel settembre 2003 Leni Riefenstahl morì in Germania all'età di 101 anni senza lasciare risposte definitive al dibattito sulle prerogative dell'artista e sulla sua complicità con la barbarie. Negli Stati Uniti, almeno, era riuscita a riconquistare una certa simpatia pubblica: l'attrice e regista Jodie Foster aveva dichiarato di voler girare un film su di lei, ma pare che la Riefenstahl non abbia mai voluto concedere la sua autorizzazione.

Per approfondire la conoscenza di Leni Riefenstahl potete leggere in italiano l'autobiografia *Stretta nel tempo* (Bompiani, Milano 2000).

lavorano tutte a Berlino, così come la leggendaria Margarethe von Trotta, figura autorevole fin dai primi giorni del Junge Deutsche Film, che affronta una varietà di argomenti storici e politici. Katja von Garnier, ex collega della Karlstrom, è stata anch'essa accolta sotto le ali protettive degli Stati Uniti, dove nel 2003 ha destato un certo scalpore con lo schietto film televisivo *Iron Jawed Angels* sulle suffragette americane, che ha riscosso un enorme successo tra il pubblico femminile (la regista è stata fidanzata per un breve periodo con l'attore americano Brad Pitt).

..., sembrano più interessati alla sfera privata, in particolare al tema ... ricorre spesso nelle pellicole tedesche popolari – *Sonnenallee* o *Sun ... o Berlin Blues* (2003) di Leander Haussmann, *Crazy* di Hans- ... *nde Freund* di Christopher Hein (1982) sono solo alcuni esempi. ... ... trebbe far pensare agli ultimi sussulti dei ragazzi della Love ... ... apporti tra gli uni e gli altri nella capitale disillusa e senza

... esto trend è stato l'efficace film drammatico di Fatih Akin ... ne incisiva e risoluta delle pressioni a cui sono sottoposti i ... o d'oro alla Berlinale del 2004 in un contesto di importanti ... so della pellicola dimostra che, così come per molti aspetti ... città risiede nella sua diversità, e attualmente le possibilità ... lle minoranze sembrano illimitate.

TEATRO E DANZA

Dopo la Wende il panorama teatrale berlinese fu travolto da cambiamenti di tipo artistico e strutturale. I principali palcoscenici godono per tradizione di massicce sponsorizzazioni (anche se le sovvenzioni sono bruscamente diminuite in seguito alla recente crisi finanziaria), con il risultato che il teatro ha rischiato di adagiarsi, di perdere slancio. Tuttavia, quasi tutti gli attuali direttori artistici delle maggiori sale della città si trovano a lavorare in un periodo di forte crescita, in particolare grazie al maggiore interesse tra il pubblico giovane e ai gruppi innovativi, con un'animata scena alternativa che prospera intorno a loro.

L'*enfant terrible* Frank Castorf, che orchestra questa nuova corrente, ha acceso la miccia di un vero incendio creativo alla Volksbühne. Nel frattempo, Claus Peymann ha riportato il Berliner Ensemble ad alti livelli. Bernd Wilms, che ha reso il Maxim Gorki Theater uno dei palcoscenici più importanti della città, ha preso le redini del Deutsches Theater nel 2001, mentre il giovane Volker Hesse lo ha sostituito al Gorki. Sempre parte della nuova generazione di sovrintendenti è Thomas Ostermeier, condirettore dello Schaubühne am Lehniner Platz. Per informazioni sui teatri v. il capitolo Divertimenti (p213).

Anche la danza è un'attività molto seguita a Berlino, dove esistono tre corpi di ballo finanziati dallo stato (collegati ai tre teatri dell'opera) e una fiorente scena indipendente. Il primo incontro di Berlino con il balletto avvenne durante il regno di Federico II, che nel 1744 invitò a corte la diva italiana Barberina. Il primo corpo di ballo reale si formò nel 1811, mentre l'eccentrica ballerina americana Isadora Duncan aprì una scuola proprio a Berlino nel 1904. Oggi nuove compagnie di danza contemporanea attraggono un pubblico sempre più vasto con rappresentazioni spesso messe in scena su palcoscenici non convenzionali. I principali luoghi della danza sono il TanzWerkstatt Berlin e l'Hebbel am Ufer, mentre Sascha Waltz, l'ultima etoile femminile a lasciare il segno nel mondo della danza, condivide la direzione della Schaubühne con Thomas Ostermeier.

Sorprendentemente, la scena teatrale berlinese ha origini piuttosto modeste, che risalgono alla metà del XVIII secolo, quando operarono drammaturghi come Gotthold Ephraim Lessing e Johann Wolfgang von Goethe. Nel 1796 August Wilhelm Iffland (1759–1814), uno dei primi grandi impresari, assunse la direzione del Royal National Theatre di Berlino. Iffland divenne famoso per le sue produzioni al tempo stesso spontanee e sofisticate, soprattutto per la messa in scena dei drammi di Schiller, e per aver saputo costituire un corpo di ballo di talento.

Il fulgido esempio di Iffland non ebbe però molto seguito e alla sua morte, avvenuta nel 1814, i teatri di Berlino languirono per 80 anni fino a che, nel 1894, non divenne direttore del Deutsches Theater Otto Brahm. Estimatore dello stile naturalistico, Brahm può essere considerato un pioniere del teatro drammatico moderno. Gli aspetti innovativi del suo intervento vanno ricercati nel tentativo di porre in risalto la dimensione psicologica dei personaggi facendo del loro linguaggio e delle loro vicende uno specchio della vita reale. Le gemme del suo repertorio negli anni '90 del XIX secolo furono i lavori di Gerhart Hauptmann e Henrik Ibsen.

Nel 1894 Brahm assunse un giovane attore di nome Max Reinhardt (1873–1943), che sarebbe diventato forse il più famoso e autorevole direttore artistico della storia del teatro tedesco. Nato a Vienna, Reinhardt rapidamente passò dalla recitazione alla produzione, fondò il primo cabaret letterario di Berlino, dirigendo simultaneamente il Kleines Theater e il Neues Theater, e finalmente ereditò la guida del Deutsches Theater dallo stesso Brahm. Stilisticamente, Reinhardt ruppe con l'impronta naturalistica prediletta dal suo vecchio mentore e si fece conoscere con produzioni fastose, in cui utilizzava i giochi di luce, la musica e altri artifici per potenziare gli effetti del teatro. Nel 1919 inaugurò il Grosse Schauspielhaus, oggi **Friedrichstadtpalast** (p211).

La strada di Reinhardt incrociò quella di un'altra figura fondamentale del teatro tedesco, Bertolt Brecht (1898–1956), che si trasferì a Berlino nel 1924 e cominciò a lavorare con Reinhardt al Deutsches Theater. La loro collaborazione ebbe però vita breve perché Brecht non tardò a sviluppare un proprio stile personale, il cosiddetto 'teatro epico', che, a differenza del 'teatro drammatico', obbliga il pubblico ad allontanarsi emotivamente sia dal dramma sia dai suoi personaggi e a ragionare in maniera più distaccata.

Toller e Piscator

I nomi del commediografo Ernst Toller (1893–1939) e del produttore Erwin Piscator (1893–1966) non significano molto per gli appassionati di teatro contemporanei, ma in realtà furono due delle figure più interessanti del loro tempo, e la loro unica collaborazione, l'anteprima berlinese dell'opera di Toller *Oplà, noi viviamo!* (*Hoppla, wir leben!*), è stata senza dubbio il maggiore avvenimento teatrale degli anni '20.

Questi due personaggi furono in disaccordo fin dall'inizio. Toller era un socialista impegnato con tendenze umanistiche, traumatizzato dalla prima guerra mondiale e dagli anni trascorsi in prigione dopo la breve parentesi spartachista; la sua commedia era basata sulla sua esperienza della società del dopoguerra e dei problemi dell'attivismo politico. Piscator, d'altro canto, era un comunista radicale che proponeva il 'teatro totale' come una estrema, propagandistica forma di impegno politico – anche l'anteprima andò in scena nella serata di apertura del suo nuovo teatro, la Piscatorbühne di Nollendorfplatz, che coincideva con il decimo anniversario della Rivoluzione russa.

Le ardite innovazioni tecniche di Piscator, che utilizzava scene mobili, scenari a piani, proiezioni di immagini e di testi, in effetti erano idealmente adatte alla visione di Toller di un mondo annientato dalla nuova tecnologia, ed ebbero una profonda influenza sul moderno teatro documentario. Tuttavia, il finale indeterminato della rappresentazione non era l'affermazione radicale che avrebbe voluto Piscator, il quale infatti lo riscrisse in modo che il protagonista si togliesse la vita: un colpo di scena grossolano che indeboliva il tentativo meditato e serio di Toller di analizzare le questioni dell'impegno politico e del progresso. Dopo questi avvenimenti i due non si parlarono più, e Toller ristabilì il finale originale in tutte le successive repliche della commedia.

Nel decennio seguente Brecht elaborò questa teoria, insieme alle 'tecniche di alienazione', in lavori come *Die Dreigroschenoper* (L'Opera da tre soldi; 1928). Marxista convinto, durante gli anni del nazismo dovette riparare in esilio. Visse a Hollywood, dove si guadagnò da vivere facendo lo sceneggiatore; in seguito, negli anni del Maccartismo, lasciò gli Stati Uniti. Durante questi anni scrisse le opere migliori: *Madre Courage e i suoi figli* (1938–39), *L'anima buona di Sezuan* (1939–41), *Il cerchio di gesso del Caucaso* (1943–45) e *Vita di Galileo* (1946, seconda riscrittura) sono considerati tra i migliori esempi del suo stile straordinario.

Brecht tornò a Berlino Est nel 1949 e vi fondò la compagnia stabile del Berliner Ensemble insieme alla moglie, Helene Weigel, che la diresse fino alla morte, avvenuta nel 1971. *Madre Courage e i suoi figli* debuttò con successo nel 1949 al Deutsches Theater, ma nel corso della sua vita Brecht fu considerato un individuo sospetto sia a Est, per le sue teorie estetiche poco ortodosse, sia a Ovest, dove fu disprezzato (spesso addirittura boicottato) per le sue simpatie comuniste.

Nel primo dopoguerra nuovi approcci espressionistici al teatro musicale provennero da compositori di formazione classica, come Hanns Eisler e Kurt Weill, che collaborarono con Brecht all'*Opera da tre soldi* e ad *Ascesa e caduta della città di Mahagonny* (prima rappresentazione, 1930). Nell'ambito del varietà più popolare furoreggiavano lo champagne, il can-can e ballerine dalle lunghe gambe; Mischa Spoliansky fu una delle stelle dei palcoscenici di cabaret dell'epoca.

Anche gli anni '20 furono un periodo fecondo per la danza. Berlino tenne addirittura a battesimo una nuova forma artistica, la cosiddetta 'danza grottesca'. Influenzata dal Dadaismo, essa era caratterizzata da una marcatissima e talvolta comica espressività. Uno dei suoi primi esecutori fu Valeska Gert. La visione di Mary Wigman, che considerava il corpo e il movimento come strumenti per esprimere l'esperienza universale della vita nella sua complessità, incontrò un seguito ancora più vasto: il suo stile avrebbe ispirato alcuni tra i principali coreografi tedeschi contemporanei (per esempio, Pina Bausch e Reinhild Hoffmann).

Alla seconda guerra mondiale seguì un ventennio di ristagno artistico nel teatro tedesco. A Berlino Ovest il primo segnale di ripresa si manifestò nel 1970 grazie all'apertura della Schaubühne am Halleschen Ufer da parte di Peter Stein. Il teatro, che in seguito venne trasferito a Ku'damm e ribattezzato Schaubühne am Lehniner Platz, diventò presto una delle ribalte più celebri della Germania.

A Berlino Est la Volksbühne divenne, con il Deutsches Theater, un palcoscenico assai innovativo. Approfittando della relativa libertà politica e artistica di cui godevano, questi due teatri si fecero veicoli di rinnovamento e di circolazione delle idee, favorendo indirettamente la rivoluzione pacifica del 1989. In questo senso ricoprì un ruolo significativo il prolifico e celebre drammaturgo Heiner Müller.

Dopo la seconda guerra mondiale anche il balletto conobbe una fase di vitalità grazie alla russa Tatjana Gsovsky. Pur lavorando, almeno inizialmente, senza un palcoscenico stabile, l'artista riuscì comunque a disegnare la coreografia di un certo numero di balletti memorabili, come *Hamlet* (1949) e *Der Idiot* (1952), al Theater des Westens. Gsovsky in seguito divenne direttrice del corpo di ballo della Deutsche Oper. Purtroppo il suo esempio non ha trovato grande seguito, e i corpi di ballo di oggi si concentrano su un repertorio classico, sempre molto apprezzato dal pubblico, come *Il lago dei cigni* e *Lo schiaccianoci*.

MUSICA

La scena musicale tedesca contemporanea si sviluppa in numerosi centri diversi, ma Berlino è ancora quello più importante: vanta almeno 2000 gruppi musicali attivi, innumerevoli DJ e le principali orchestre del paese, per non parlare dei tre grandi teatri lirici di stato. Come la città stessa, la musica berlinese è in costante evoluzione, e Berlino continua a essere un terreno fertile per le nuove tendenze musicali. Per informazioni sui locali, v. il capitolo Divertimenti (p207).

In fatto di musica Berlino è stata per secoli eclissata da Vienna, Lipsia e altre città europee. Nel 1882, tuttavia, venne fondata la Berliner Philharmonisches Orchester, che si guadagnò fama internazionale sotto la direzione di Hans von Bülow e Arthur Nikisch. Nel 1923 Wilhelm Furtwängler ne divenne direttore artistico, carica che ricoprì, pur con qualche interruzione durante e subito dopo gli anni del nazismo, fino al 1954. Il suo successore, il leggendario Herbert von Karajan, una figura quasi ieratica, portò l'orchestra a una posizione di vera e propria preminenza sulla scena mondiale e mantenne il ruolo di direttore fino al 1989. Dopo di lui sono stati nominati Claudio Abbado e, nel 2002, il britannico Sir Simon Rattle, che ha vinto un Grammy con l'orchestra addirittura prima di aver ufficialmente assunto l'incarico.

Locandine del Bar jeder Vernunft (p211)

I vibranti anni '20 richiamarono a Berlino diversi musicisti, tra cui Arnold Schönberg e Paul Hindemith, che insegnarono rispettivamente all'Academie der Künste e alla Berliner Hochschule. Le composizioni atonali di Schönberg ottennero un grande successo a Berlino, così come la sua sperimentazione sul rumore e sugli effetti sonori. Hindemith sviluppò l'uso di uno strumento nuovo, la trasmissione radiofonica, e tenne lezioni sulle colonne sonore dei film.

Oggi la scena classica mantiene un profilo considerevolmente più basso: spiccano in particolare il compositore Wolfgang Rihm, le esibizioni del tenore Peter Schreier e le fresche produzioni del direttore Andreas Homoki alla Komische Oper. Per un ascolto dei lavori più recenti dei compositori della capitale potreste assistere ai concerti settimanali Unerhörte Musik di Rainer Rubbert al BKA.

La musica jazz e quella popolare sono state un altro elemento chiave degli anni '20 e sono diventate la colonna portante dei club, dei cabaret e dei locali cittadini. Il cantante moderno Max Raabe, molto popolare a Berlino, si è ricavato una nicchia ricreando i suoni tipici di quel periodo con la sua Palast Orchestra.

Gli anni '20 partorirono anche le *Schlager*, canzoni un po' puerili ma divertenti con titoli come *Mein Papagei frisst keine harten Eier* (Il mio pappagallo non mangia le uova sode) e *Veronika, der Lenz ist da* (Veronica, la primavera è arrivata). Gruppi di cantanti come i Comedian Harmonists hanno fondato il loro successo su questo repertorio, che ancora oggi sopravvive grazie a Funny van Dannen. Il nostro interprete di *Schlager* preferito è Marco Tschirpke, un giovane habitué del Kabarett le cui 'Canzoni astronaute', irridenti e malinconiche, raggiungono in 30 secondi un notevole equilibrio tra il grottesco e l'analisi di costume. I biglietti per i suoi spettacoli vanno esauriti rapidamente, quindi converrebbe prenotarli.

Berlino ha guidato la maggior parte delle rivoluzioni della musica pop tedesca. Alla fine degli anni '60 i Tangerine Dream hanno contribuito a diffondere suoni elettronici ed effetti psichedelici con album come *Zeit* (1972), *Atem* (1973) e *Stratosfear* (1976). Dieci anni più tardi Nina Hagen, nata a Berlino Est, seguì il padre adottivo, lo scrittore Wolf Biermann, nella Germania occidentale, dove divenne in breve tempo un simbolo del movimento punk

Country Band al Kaffee Burger (p201), Mitte

tedesco, ruolo che ricopre tuttora. La Hagen ha anche spianato il terreno ai più importanti movimenti musicali degli anni '80, la cosiddetta Neue Deutsche Welle (new wave tedesca), che portò alla ribalta gruppi berlinesi come gli Ideal, i Neonbabies e gli UKW e che adesso costituisce il repertorio di decine di serate dedicate al revival degli anni '80.

Tra i più importanti gruppi berlinesi bisogna citare anche gli Einstürzende Neubauten, guidati dal cantante (ed ex chitarrista di Nick Cave) Blixa Bargeld: nel 2005 festeggiano il quinto lustro di attività. Creatori del genere *industrial*, che prevede l'utilizzo di poca strumentazione 'ortodossa' e molto materiale meccanico (installazioni pneumatiche, lamiere percosse…), suonano oggi molto più 'musicali' dei loro esordi.

Nella vecchia DDR, dove l'accesso al rock occidentale e ad altra musica pop era limitato, gruppi come Die Puhdys e i Rockhaus mantennero viva una vibrante scena underground. Immune da costrizioni o vincoli, Berlino Ovest ha attirato numerosi talenti internazionali: David Bowie e Iggy Pop vissero entrambi per brevi periodi al 152 di Hauptstrasse, Nick Cave era proprietario di un locale e i classici album degli U2 *Achtung Baby* (registrato tra Berlino e Dublino) e *Zooropa* vennero entrambi ispirati proprio dalla stazione Zoo.

In coincidenza con la Wende si diffuse un'altra forma musicale, la techno, che spopolò a Berlino. La techno può affondare le proprie radici nella house music di Detroit, ma è da Berlino che partì alla conquista del mondo, sfruttando la simultanea esplosione dei rave in Gran Bretagna.

Ufo, Planet, E-Werk e l'ancora esistente Tresor furono le discoteche che per prime diffusero questo genere musicale, che ha anche generato la famosa Love Parade (p9), la quale ogni anno, a luglio, dilaga per le strade cittadine.

Quella che all'inizio, nel 1989, era solo una processione di tre automobili si è rapidamente trasformata in un avvenimento straordinario, lungo un weekend, che ha raggiunto il milione e mezzo di partecipanti nel 1999; di recente, tuttavia, le presenze sono scese a solo mezzo milione.

I più importanti artisti della scena techno berlinese sono Dr Motte, uno dei fondatori della Love Parade, Westbam, che ha anche avuto un considerevole successo commerciale grazie a motivi house e come componente del duo di big-beat Mr X e Mr Y, Ellen Allien, stella dell'etichetta discografica Bpitch control, e Tanith, un altro ospite fisso della Love Parade. La casa discografica Tresor, nata in seguito al successo del locale, ha raggiunto notorietà internazionale.

Etichette creative

Il mercato della musica è dominato dalle case discografiche, che annoverano nelle proprie scuderie gli artisti più famosi e amati dal pubblico. A Berlino, tuttavia, c'è un numero incredibilmente alto di etichette indipendenti che fanno esattamente l'opposto: creano suoni, lanciano tendenze nuove e cercano di scoprire artisti che siano adatti al loro target di riferimento. Compost, Kitty-Yo e Bungalow sono tutti nomi di un certo rilievo, anche se la più interessante casa discografica indipendente è la !K7 Records, fondata verso la metà degli anni '80 da Horst Weidenmüller con il nome di Studio !K7.

All'inizio Studio !K7 si occupava di produrre video sul genere punk, mentre come !K7 Records estese la propria attività a 3Lux e X-Mix, una serie di videoclip digitali e mixaggi di DJ coordinati; in seguito abbandonò tuttavia l'elemento visivo, meno popolare, per concentrarsi sul quello musicale. La svolta arrivò nel 1995 con il lancio della serie di DJ Kicks, eclettiche compilation create dai DJ seguendo i propri gusti piuttosto che uno schema stabilito; anche la firma del contratto con il duo austriaco Kruder und Dorfmeister segnò la transizione dell'etichetta dalla techno-house di Detroit a una più ampia selezione della scena underground.

Da allora la casa discografica è stata sinonimo di innovazione musicale, e nel 2003 ha messo in commercio la 150ª uscita; DJ Kicks ha ormai conquistato un grande pubblico internazionale, !K7 Flavour sta vagliando la possibilità di utilizzare internet come strumento di diffusione e la nuova etichetta !K7 Records sta distribuendo per la prima volta album di artisti veri e propri, distinti dalle compilation. L'ambizione, lo scopo e la morale anticommerciale fanno di !K7 una delle compagnie indipendenti migliori e più stimolanti, e la sua visione risolutamente fuori dal coro è tanto varia e cangiante così come lo è la stessa Berlino.

La techno pura, tuttavia, si è leggermente trasformata, dato che nei club sono sempre più diffusi i sottogeneri di musica elettronica. La house non è apprezzata come lo è nel resto dell'Europa e negli Stati Uniti, ma predomina negli spazi d'avanguardia come il Sage Club, mentre la trance più commerciale viene suonata per un pubblico più giovane e per alcune comunità gay. L'artista di maggior richiamo in questo settore è il famosissimo Paul van Dyk, un giovane berlinese che è stato tra i primi divulgatori del suono trance euforico – il suo *For an Angel* è ormai considerato un classico. La sua etichetta di musica dance, stranamente, è molto più popolare nella Germania meridionale che nella *über-cool* Berlino. PvD lavora ancora regolarmente in città come DJ, ma i no mi più conosciuti nelle discoteche della capitale sono Clé, Highfish, Djoker Daan, Ed 2000 e André Galluzzi, un tempo ospite fisso all'Ostgut, che non esiste più.

Non sorprende, visto l'amore dei berlinesi per i ritmi hardcore, che anche il drum'n'bass goda di un fedele seguito, con locali come l'Icon e il Watergate che durante il weekend risuonano delle note di questa musica.

I DJ locali come Bleed, Metro, Appollo e N'Dee sono bravi e amati dal pubblico, così come Mace Mcs, Santana e White MC, ma i veri appuntamenti da non perdere sono le serate con gli 'ospiti speciali', che arrivano di frequente addirittura da Londra e da San Francisco per esibirsi qui. Goldie, DJ Storm, Grooverider, Alley Cat, Kabuki di Francoforte e X-plorer di Colonia sono spesso ospiti di questo locale.

D'altra parte, alcuni dei migliori prodotti musicali d'esportazione di Berlino provengono dal settore nu jazz i Jazzanova, maestri del remix e parte del gruppo di musicisti Sonarkollektiv, ora sciolto, sono i campioni indiscussi di una scena downtempo che comprende DJ e band come Micatone, Andre Langenfeld, Terranova e Fauna Flash.

Andate al WMF o acquistate la compilation *Berlin Lounge* (2001, Wagram Music) per familiarizzare con questo angolo particolare della vita notturna di Berlino. La Shitkatapult, una casa discografica tedesco-scandinava, è una delle migliori per il full-on breakbeat proposto da T. Raumschmiere, un giovane berlinese che si esibisce con regolarità nei locali della città, soprattutto al Maria am Ufer.

La musica elettronica elaborata al computer, più sperimentale, è un altro settore in espansione. Campionando suoni e rumori di ogni genere, artisti come Funkstörung, Pole e Thomas Fehlmann realizzano lavori originalissimi e interessanti: questa tecnica ha anche sviluppato un proprio sottogenere, conosciuto come 'click house'.

Il soul, il R&B e la black music in tutte le sue sfumature sono molto in voga a Berlino, e poche altre città europee possono offrire una simile florida ribalta per il reggae-dancehall. Decine di sound system accendono le notti berlinesi: Such a Sound è tra i più longevi, mentre Seeed, la band emersa nell'estate del 2003, potrebbe essere la rivelazione dei prossimi anni.

Anche l'hip hop è in continua crescita nel panorama musicale berlinese ma, a differenza di quanto avviene a Colonia e in altre città tedesche, le rivalità sorte tra i diversi gruppi si sono ripercosse negativamente sulle prospettive di successo dei medesimi.

Ci sono poi moltissimi gruppi indie, punk e alternativi che mettono in scena esibizioni molto apprezzate dal pubblico, così come torve band gotiche e alcune frange darkcore. Il gruppo berlinese Rosenstolz ha riscosso un considerevole successo commerciale grazie ad alcune piacevoli ballate rock e attualmente staziona al top della classifica tedesca. Il crossover elettronico o electrodash ne è una derivazione in fase di crescita: le Chicks on Speed, vivaci ragazze ribelli e 'finta band' di ex studentesse della scuola d'arte (come esse stesse si descrivono), sono in stabile ascesa, mentre gli Stereo Total hanno messo insieme un seguito di fedelissimi con i loro pezzi di impronta punk.

Le band più dozzinali, le stelle delle telenovelas che cantano a tempo perso e le trasmissioni televisive legate alle preferenze del pubblico a casa, come *Deutschland sucht den Superstar* e *Popstars – Die Rivals* (l'equivalente tedesco di *Operazione trionfo* o *Saranno famosi*) hanno successo a Berlino come in tutta la Germania e nel resto del mondo.

Jeanette Biedermann, che faceva parte del cast di *Gute Zeiten schlechte Zeiten* (Tempi facili e difficili), la serie televisiva più amata dagli adolescenti (chiamata anche *GZSZ*), si è dimostrata legata alle proprie origini berlinesi tanto da proclamare su MTV il suo amore per il *Currywurst*.

I top five tra i libri su Berlino

- *Berlin Alexanderplatz* (Alfred Döblin; 1929) – Berlin Alexanderplatz, ambientato nei difficili anni '20 del XX secolo, è tuttora un testo fondamentale su Berlino; i palazzi per uffici della piazza omonima riportano sulle pareti alcune citazioni dal libro.
- *Goodbye to Berlin* (Addio a Berlino; Christopher Isherwood; 1939) – un'altra prospettiva brillante, quasi autobiografica sull''età d'oro' di Berlino vista attraverso gli occhi di Isherwood, un giornalista gay angloamericano. Il libro ha ispirato la sceneggiatura del film *Cabaret*.
- *Der geteilte Himmel* (Il cielo diviso; Christa Wolf; 1964) – immersa in un'ambientazione industriale, è una vigorosa storia che racconta l'amore di una donna per un uomo che è riuscito a fuggire nella Germania Ovest.
- *Herr Lehmann* (Sven Regener; 2001) – è difficile immaginare un romanzo berlinese in cui la caduta del Muro sia quasi incidentale rispetto alla trama, ma questa storia cult delle notti di Kreuzberg riesce elegantemente a svilupparsi senza i condizionamenti dell'attualità.
- *Russendisko* (Disco russa; Wladimir Kaminer; 2000) – questa raccolta di storie molto surreali presenta un'intera schiera di personaggi insoliti, e offre un ritratto divertente e sobrio della Berlino odierna vista dalla prospettiva di un immigrato russo.

LETTERATURA

Sin dagli inizi la scena culturale berlinese è stata caratterizzata da una particolare miscela di provincialismo e cosmopolitismo. Come per gli altri settori culturali, la letteratura emerse a Berlino relativamente tardi, raggiungendo il periodo di massimo splendore nel corso degli anni '20 del XX secolo. Nel complesso la città non era tanto un luogo in cui gli scrittori si recassero per scrivere, quanto il loro ritrovo, un posto dove confrontarsi e ricevere nuovi stimoli a livello intellettuale.

Oggi a Berlino sono attivi molti circoli letterari e forum di autori, per esempio il **Literatur-forum im Brechthaus** (☎ 282 2003; Chausseestrasse 125), che assegna borse di studio e premi come l'Alfred-Döblin-Preis per le opere inedite, il **Literarisches Colloquium Berlin** (☎ 816 9960; Am Sandwerder 5) e il **literaturWERKstatt** (cartina pp344-5; ☎ 485 2450; Kulturbrauerei), che organizza regolarmente grandi manifestazioni, come il 'treno letterario diretto' dal Portogallo alla Russia nel 2000.

La storia letteraria di Berlino ha inizio con l'Illuminismo, alla fine del XVIII secolo. Uno degli autori principali fu Gotthold Ephraim Lessing (1729–81), celebre per le sue opere di critica, per le fiabe e per le tragedie. A Berlino scrisse la commedia *Minna von Barnhelm ovvero La fortuna del soldato* (1763; Marsilio, Venezia 2004), ma i suoi lavori drammatici più conosciuti restano *Miss Sara Sampson* (1755; Edizioni Paoline, Catania 1966, disponibile in poche biblioteche italiane), *Emilia Galotti* (1772; Einaudi, Torino 2002) e soprattutto *Nathan il saggio* (1779; Garzanti, Milano 2003), evoluto apologo sulla tolleranza religiosa. Molto apprezzati sono anche i suoi saggi, tra cui *Laocoonte* (Aesthetica, Palermo 2000), che tratta dei problemi legati alla creazione artistica.

Il periodo romantico che seguì l'Illuminismo fu caratterizzato dalla proliferazione dei salotti letterari, solitamente tenuti da donne come Rahel Levin (che si chiamò poi Rahel Varnhagen), autrice di carteggi e di saggi.

Durante queste riunioni uomini e donne di diversa estrazione sociale si ritrovavano per discutere di filosofia, politica e arte. Fra i grandi letterati che operarono a Berlino in questo periodo ricordiamo Friedrich e August Wilhelm von Schlegel e i poeti romantici Achim von Arnim, Clemens Brentano e Heinrich von Kleist. Tra gli scritti dei fratelli Schlegel, le cui riflessioni ebbero grande importanza nello spettro delle enunciazioni teoriche del Romanticismo, ricordiamo il *Corso di letteratura drammatica* (1809–11; Aletheia, Firenze 2004) di August Wilhelm e la raccolta dei *Frammenti critici e poetici* (Einaudi, Torino 1998) del fratello Friedrich. È invece disponibile presso Rizzoli l'antologia di poesia *Il corno magico del fanciullo*, a cura di Marina Cavalli e Dario del Corno (Milano 1999), con componimenti di Achim von Arnim e Clemens Brentano. Indimenticabile, il racconto *La Marchesa von O.* di Heinrich von Kleist (1808; l'edizione più recente è Passigli, Firenze 2003), intenso e drammatico.

Il Realismo, che emerse a metà del XIX secolo, segnò la diffusione del romanzo e dei racconti grazie al crescente interesse riscosso tra la piccola borghesia, che da non molto si era fatta strada nel tessuto sociale tedesco. Si diffusero anche i romanzi storici e di critica sociale, come quelli di Wilhelm Raabe (1831–1910), il quale, nella *Cronaca della Sperlingsgasse* (1857; Jacques e i suoi quaderni, Pisa 1995, reperibile presso poche biblioteche italiane), esamina vari aspetti della vita berlinese.

Fu però Theodor Fontane (1819–98) a elevare a forma d'arte il romanzo sociale. Le sue opere, ambientate perlopiù nella Marca di Brandeburgo e a Berlino, raccontano una nobiltà e una borghesia imprigionate entro le proprie rigide strutture sociali. Il suo intenso romanzo *Effi Briest* (1895; Garzanti, Milano 2002), storia di una giovane donna vittima della crudeltà delle convenzioni sociali, è stato ripreso dal regista Fassbinder nell'omonimo film del 1974 (Effi è l'attrice Hanna Schygulla).

Il Naturalismo, dal 1880 in poi, spinse agli estremi i principi ispiratori del Realismo. L'obiettivo di questa corrente era quello di ricreare scrupolosamente, nelle opere letterarie, l'ambiente di tutte le classi sociali, fino a comprendere anche i dialetti locali.

Il principale rappresentante del naturalismo a Berlino fu Gerhart Hauptmann (1862–1946). Molti dei suoi drammi e romanzi sono incentrati sull'ingiustizia sociale e sulle dure condizioni di vita degli operai, argomenti così scottanti che numerose sue prime teatrali diedero adito a pubblici disordini.

Effettivamente la rappresentazione al Deutsche Theater, avvenuta nel 1892, del suo dramma *I tessitori* (Savelli, Roma 1975, da ricercare in biblioteca), che denunciava la miseria dei tessitori della Slesia, indusse perfino il Kaiser a disertare il palco reale. Il dramma comunque riscosse un successo strepitoso e nel 1912 Hauptmann fu insignito del premio Nobel per la letteratura.

Negli anni '20, ricordati come un periodo di sperimentazione e di innovazione, la fama di Berlino attirò molti scrittori da tutto il mondo. Un capolavoro di quel periodo è *Berlin Alexanderplatz* (1929; Rizzoli, Milano 1998) di Alfred Döblin (1878–1957), che traccia un quadro equilibrato delle luci della grande città e della malavita che la infesta durante la Repubblica di Weimar.

Per approfondire la conoscenza di Döblin saggista, consigliamo la raccolta *Scritti berlinesi* (Il Mulino, Bologna 1994), a cura di Giulia Cantarutti, un'ampia riflessione metaletteraria che mostra quanto fosse vitale la ricerca letteraria tedesca del periodo; in particolare, l'autore operò una rivalutazione del teatro greco, che avrà profonda influenza sull'opera di Bertolt Brecht.

Altri grandi nomi dell'epoca sono gli scrittori di satira politica Kurt Tucholsky (1890–1935), Erich Kästner (1899–1974) e il giornalista e saggista Egon Erwin Kisch (1885–1948). *Non posso scrivere senza mentire* (Archinto, Milano 1990; presso l'editore e in biblioteca) di Kurt Tucholsky è una raccolta di lettere, dal 1917 al 1934, che documenta le battaglie civili dell'autore, autentico polemista della Repubblica di Weimar. Di Kästner ricordiamo la lettura per ragazzi *La conferenza degli animali* (1949; Mondadori, Milano 2004, con illustrazioni di Walter Trier), ironico atto d'accusa contro il militarismo e il riarmo attraverso il racconto del provvido intervento degli animali, che vogliono arrestare qualsiasi conflitto tra gli uomini e salvare i bambini.

Uno dei più grandi artisti degli anni '20 fu il drammaturgo Bertolt Brecht (v. Teatro e danza più indietro), che fece parte di coloro che abbandonarono la Germania dopo l'ascesa dei nazisti al potere. Molti degli artisti che decisero di restare andarono incontro a un 'esilio interno', chiudendosi in una sorta di mutismo e lavorando in clandestinità o rimanendo addirittura inattivi.

Intorno alla metà degli anni '70 una parte della scena letteraria di Berlino Est cominciò lentamente a rendersi più autonoma rispetto al partito. Autori come Christa Wolf (1929–) e Heiner Müller (1929–95) appartenevano a circoli letterari indipendenti, i cui membri si incontravano regolarmente in case private. La Wolf è una delle scrittrici più interessanti e controverse della Germania Est. *Il cielo diviso* (1963; edizioni e/o, Roma 1996), suo primo romanzo, racconta la storia d'amore di Rita e Manfred, cresciuta e naufragata all'ombra del Muro.

L'interesse della Wolf per il periodo romantico e le analogie con il mondo moderno ispirano un'altra storia d'amore contrastata, questa volta tra due poeti romantici di *Nessun luogo. Da nessuna parte* (1979; edizioni e/o, Roma 1997). L'indagine psicologica sarà invece la chiave di lettura per le sue rivisitazioni di personaggi mitologici femminili: *Cassandra* (1983; stesso editore, 1990) mostra il lato umano della profetessa della guerra di Troia, mentre *Medea* (1996; prontamente pubblicato da edizioni e/o, Roma 1996) ribalta l'immagine della madre infanticida, vittima dell'ossessione d'amore, in eroina coraggiosa, punita per espiare i mali del mondo.

Müller, invece, riuscì nell'impresa di risultare inviso in entrambe le Germanie. Si dice che lavorasse per la Stasi, ma che i suoi rapporti fossero talmente ambigui da risultare inutili. Tra le sue opere, dense e di non facile lettura, ricordiamo *Der Lohndrücker* (1956; L'uomo che teneva i salari bassi) e il dramma storico *Germania 3*, pubblicato postumo nel 1996. Contenuto nell'edizione italiana *Teatro IV* (Ubulibri, Milano 2002) con il sottotitolo *Spettri sull'uomo morto*, *Germania 3* rappresenta l'ultima tragicommedia dello scrittore tedesco e il suo testamento ideologico e artistico.

A Berlino Ovest la scena letteraria del dopoguerra non si riprese fino alla fine degli anni '50, quando fece la propria comparsa Günter Grass. Il suo capolavoro *Il tamburo di latta* (1959; Feltrinelli, Milano 2002) ripercorre in tono umoristico la storia recente della Germania attraverso gli occhi di Oskar, un bambino che rifiuta di crescere; scritto in una gran varietà di stili, il libro è una significativa retrospettiva degli anni del nazismo e del dopoguerra. Questo lavoro diede rapidamente grande popolarità allo scrittore, che continuò a scrivere producendo un gran numero di romanzi, drammi e poesie. Nel 1999 è stato il nono tedesco di sempre a essere insignito del premio Nobel per la letteratura. Einaudi ha pubblicato tutte le sue opere. Tra le più recenti: *È una lunga storia* (1997; Torino 2002), *Il mio secolo* (1999; Torino 2000) e *Il passo del gambero* (2002; Torino 2004). *Il passo del gambero* racconta la tragedia dei tedeschi in fuga durante la disfatta del Reich: di fronte all'avanzare dell'Armata Rossa, dodici milioni di tedeschi scapparono dalle zone orientali.

Günter Grass, che è vissuto e ha lavorato a Berlino, fece parte della colonia di scrittori che comprendeva anche Hans-Magnus Enzensberger, l'austriaca Ingeborg Bachmann e lo svizzero Max Frisch: insieme hanno aperto la strada alla letteratura politica e critica che ha dominato la scena a partire dagli anni '60. Di Enzensberger (1929-) potete leggere *In difesa della normalità* (1982; Mondadori, Milano 1994), sei racconti che affrontano i fenomeni sociali, il potere politico ed economico, la pubblica istruzione e i costumi contemporanei; *Il mago dei numeri* (1999; Torino 2004; Einaudi), un viaggio dentro i misteri della matematica – uno tra i vari volumi che Einaudi ha dedicato all'autore; e la nuova silloge di poesie, con scritti inediti, *Il teatro dell'intelligenza* (Interlinea, Novara 2004).

Dopo la Wende non emersero immediatamente grandi nomi in campo letterario, in quanto gli scrittori dell'Est e dell'Ovest avviarono un processo di autoanalisi. Soltanto Heiner Müller e Botho Strauss fecero eccezione. Nei tardi anni '90 la scena letteraria berlinese è finalmente riuscita a riprendersi dalla crisi. I nuovi libri che parlano del passato non sono caratterizzati da un'introspezione analitica, ma si basano su un immaginario emotivamente distante e quasi grottesco.

Ne sono esempi *Eroi come noi* di Thomas Brussig (1999; Mondadori, Milano 1999), un romanzo, in forma di confessione autobiografica, sulla formazione di un giovane cittadino nella Germania orientale, con problemi di sesso e rapporti conflittuali in famiglia, e *33 attimi di felicità* di Ingo Schulze (1995; Mondadori, Milano 2001), storie brevi ambientate a San Pietroburgo, strane, inaudite e fantastiche, sempre dominate dal gusto di raccontare, di giocare intelligentemente con la vita e con l'arte. In *Semplici storie* (1998; Mondadori, Milano 1999, da ricercare in biblioteca), vero caso letterario degli ultimi anni, Schulze racconta invece l'incertezza e lo smarrimento esistenziale della Germania, soprattutto quella dell'Est, dopo la riunificazione.

Di stampo più popolare è il nuovo giallo poliziesco ambientato a Berlino: Pieke Biermann, la 'dark lady' del giallo tedesco, ha scritto *Violetta* (1999; Tropea, Milano 1999, da ricercare in biblioteca), dove Berlino ha il volto mutevole della violenza.

Bernhard Schlink, un berlinese che attualmente vive negli Stati Uniti, ha destato forse il maggior scalpore con il suo romanzo *A voce alta* (1995; TEA, Roma 2000), che affronta la questione della responsabilità collettiva e individuale attraverso l'insolito rapporto che si instaura tra un ragazzo adolescente e una donna accusata di crimini di guerra. Dal 2000 diversi autori di culto sono saliti alla ribalta della scena letteraria con romanzi sulla stessa Berlino. Del libro *Il signor Lehmann* di Sven Regener (2001; Feltrinelli, Milano 2003) è già stata proposta una trasposizione cinematografica dal titolo *Herr Lehmann*, meglio nota in Italia con il titolo inglese *Berlin Blues* (2003). *Russendisko* (2000; Guanda, Milano 2004), storia di un gruppo picaresco di musicisti emigrati dalla Russia nella Germania ricca e assistenziale, e *Schönhauser Allee* (2001), entrambi del russo Wladimir Kaminer, hanno fatto guadagnare all'autore e alle sue feste 'alla russa' un posto fisso nella scena berlinese. La 'serata Russendisko' viene infatti proposta dal vivo dal gruppo di DJ-musicisti ex-sovietici, capitanati dal DJ Yuriy, in arte John Rust, che hanno ispirato il romanzo. *Wedding* (2003), del commediografo Horst Evers, è una raccolta divertente e leggermente surreale di testi umoristici incentrati sul distretto residenziale meno popolare di Berlino.

Per scoprire i nuovi autori underground non ancora pubblicati cercate di partecipare a qualche lettura di singoli o di gruppi come i Surfpoeten, una collettiva di giovani scrittori berlinesi; i luoghi migliori per assistere a questi appuntamenti letterari sono il Kaffee Burger, il Kalkscheune, il Podewil e il centro culturale Acud. V. Divertimenti (p206) per informazioni sui locali.

Architettura

Architettura

L'anima di una città e della sua gente, le origini, le ambizioni, la storia e la geografia culturale, tutto ciò viene delineato e rivelato dal palinsesto delle sue strutture e dai concetti di ordine urbano. E forse è proprio a Berlino, più che in ogni altra città moderna al mondo, che la storia di un complesso urbano e dei suoi abitanti trova espressione nel suo panorama architettonico, negli edifici storici e contemporanei e nell'analisi del rapporto che intercorre tra la popolazione e l'ambiente che la circonda.

Dopo aver visitato Berlino nel 1891, Mark Twain affermò: 'Berlino è la città più nuova che io abbia mai visto'. Lo scrittore rimarrebbe probabilmente sbalordito se vedesse come Berlino si è trasformata da allora. Mentre conservava la magnificenza dei palazzi e delle dimore degli imperatori prussiani, la Berlino di fine XIX secolo veniva concepita per assecondare le rivoluzioni tecnologiche e per scandire i travolgenti successi della borghesia, dei commercianti e degli industriali. Da un insieme indefinito di villaggi, uniti in modo non omogeneo, Berlino divenne, quasi improvvisamente nei termini della sua lunga storia, *il motore* dell'impegno e dell'espressione europea.

I top five tra gli edifici

- I.M. Pei Bau (Museo di Storia Tedesca, p83)
- Jüdisches Museum (Museo Ebraico, p127)
- Ambasciate del Nord (p54)
- Philharmonie (p109)
- Reichstag (p102)

La seconda guerra mondiale portò con sé la distruzione quasi totale e la divisione della città in due blocchi. La ricostruzione procedette, nei limiti del possibile, rapidamente, e adottò diverse forme di espressione nelle zone controllate dagli Alleati e nel 'paradiso dei lavoratori' che veniva decantato nell'Est socialista. I contrasti tra le sensibilità europee occidentali e la propensione di Mosca per uno stile monumentale non potevano essere più evidenti.

Dopo la caduta del Muro, nella Berlino riunificata aprirono centinaia di cantieri: la città è diventata di fatto un laboratorio architettonico la cui applicazione più interessante è la colossale ricostruzione di Potsdamer Platz. I più affermati maestri dell'architettura mondiale, I.M. Pei, Frank Gehry e Renzo Piano, per citarne solo alcuni, hanno scelto Berlino come vetrina per le loro realizzazioni più ardite e ambiziose.

I loro palazzi per uffici e i dipartimenti amministrativi si ergono oggi ad annunciare che Berlino è ancora una volta il cuore, l'anima e il motore primario del pensiero, della progettazione, della creatività e delle propensioni commerciali della nazione tedesca.

UN INIZIO IN SORDINA

Berlino, come Mark Twain sottintende, è essenzialmente una creazione dei tempi moderni, anche se in realtà è molto più antica di quanto non appaia. Solo poche delle strutture risalenti al tempo della sua fondazione, avvenuta all'inizio del XIII secolo, sono giunte fino a noi, e solo la Nikolaikirche (p139), la chiesa più antica di Berlino, costituisce un buon esempio delle tecniche di costruzione

I.M. Pei Bau (p83)

medievali. Gli scavi hanno portato alla luce le fondamenta della basilica tardo-romanica, ma il gusto delle generazioni successive si orientò verso lo stile gotico, ragione per cui la chiesa venne ridisegnata a tre navate sormontate da due esili guglie gemelle.

La **Marienkirche** (p93), citata per la prima volta nel 1294, e la **Franziskaner Klosterkirche** (p93), di cui purtroppo non rimangono che poche rovine, si rifanno a uno stile detto *Backsteingotik* (gotico del mattone), con riferimento ai mattoni rossi utilizzati per la loro edificazione: un materiale edile, questo, molto usato in tutta la Germania settentrionale.

Il Rinascimento, che raggiunse Berlino all'inizio del XVI secolo, non lasciò molte tracce. Purtroppo l'unica struttura rinascimentale importante, il Berliner Stadtschloss (1540), fu abbattuta dal governo della Repubblica Democratica nel 1951. A testimonianza di quel periodo sono rimasti il **Jagdschloss Grunewald** (p149), la **Zitadelle Spandau** (p140) e la **Ribbeckhaus** (p91), dai frontoni ornati, un'opera del tardo Rinascimento e il più antico edificio residenziale attualmente esistente a Berlino.

VERSO IL BAROCCO

L'architettura berlinese visse un primo periodo di splendore intorno alla metà del XVII secolo: l'epoca del barocco, uno stile che combinava architettura, scultura, ornato e pittura in un'unica *Gesamtkunstwerk* (opera d'arte). Meno elaborato e pomposo rispetto allo stile sviluppatosi nella Germania meridionale, il barocco berlinese si distinse per una notevole sobrietà nelle forme.

Le fortune dell'architettura barocca sono legate al periodo dell'assolutismo seguito alla guerra dei Trent'anni (1618–48), quando i feudatari erano inclini a commissionare la costruzione di dimore grandiose che testimoniassero il loro potere.

A Berlino il più importante mecenate fu l'elettore Federico Guglielmo, che ingaggiò un esercito di architetti, ingegneri e artisti per ampliare sistematicamente la città. Al termine dei lavori la capitale era stata dotata di tre nuovi quartieri – Dorotheenstadt, Friedrichstadt e Friedrichswerder –, di una cinta muraria fortificata e di un lungo viale alberato conosciuto col nome di **Unter den Linden** (p82).

Nel 1688 salì al trono Federico III, che avrebbe proseguito la ristrutturazione architettonica di Berlino: durante il suo regno Berlino acquisì due importanti edifici barocchi che ancora oggi affascinano i turisti. Nel 1695, poco prima della sua morte, Johann Arnold Nering iniziò la costruzione dello Zeughaus (Arsenale), che adesso ospita il **Deutsches Historisches Museum** (Museo di Storia Tedesca; p83), e dello Schloss Lietzenburg, residenza estiva della moglie di Federico, Sofia Carlotta, che fu ribattezzato **Schloss Charlottenburg** (p111) dopo la morte della regina, avvenuta nel 1705. Johann Friedrich Eosander ampliò il palazzo, trasformandolo in una struttura a tre ali ispirata al modello di Versailles, e aggiunse una torre centrale sormontata da una cupola.

La costruzione dello Zeughaus si rivelò irta di ostacoli. Dopo la morte di Nering, Martin Grünberg prese il suo posto, ma si dimise nel 1699 passando il testimone ad Andreas Schlüter, uno scultore più che un architetto. Schlüter aggiunse nel cortile centrale le maschere dei guerrieri morenti, sortendo un notevole effetto, ma dovette cedere l'intero progetto a Jean de Bodt dopo il crollo di parte della scultura. La struttura quadrata a due piani fu finalmente completata nel 1706.

Al momento della stesura di questa guida allo Zeughaus erano stati quasi completati i lavori di totale rinnovamento, che prevedono una copertura in vetro e acciaio per il famoso cortile. Il progetto è stato realizzato dall'architetto sino-americano I.M. Pei (famoso per la piramide di vetro del Louvre di Parigi), che ha anche progettato la nuova elegante sala esposizioni, la **I.M. Pei Bau** (p83), situata dietro lo Zeughaus. Si tratta del primo lavoro commissionato a Pei in Germania ed è un ottimo esempio del suo morbido approccio allo Stile internazionale.

All'inizio del XVIII secolo, due magnifiche chiese vennero erette a sud dello Zeughaus, in Gendarmenmarkt, la piazza centrale di Friedrichstadt, quartiere fondato dagli ugonotti giunti dalla Francia. Si tratta del **Deutscher Dom** (Duomo tedesco; p86) di Martin Grünberg e del **Französischer Dom** (Duomo francese; p86) di Louis Cayart, ispirato alla chiesa di Charenton, il più importante dei santuari ugonotti, andata distrutta anni prima.

Federico Guglielmo I nutrì per l'architettura una passione più tenue rispetto ai propri predecessori: era infatti un personaggio pragmatico, interessato alle questioni militari più che alle espressioni artistiche. L'introduzione della chiamata alle armi obbligatoria provocò un vero e proprio esodo tra la popolazione locale, che emigrò per sottrarsi alla coscrizione. In questo periodo si procedette alla trasformazione di parti del **Tiergarten** (p100) e del **Lustgarten** (Giardino del piacere; p89) in campi di addestramento militare.

L'ampliamento del quartiere di Friedrichstadt, voluto dal re, creò una eccedenza di abitazioni, almeno fino a quando molti berlinesi non rientrarono in città dopo l'abolizione della coscrizione obbligatoria, avvenuta nel 1730. L'opera architettonica più duratura lasciata da Federico Guglielmo fu una nuova cinta muraria, che definì i confini di Berlino fino al 1860.

Deutscher Dom (p89)

Sotto il regno di suo figlio, Federico II – meglio noto come Federico il Grande – Berlino acquisì il rango di capitale culturale e politica. Federico, soprannominato 'vecchio Fritz', combatté per vent'anni per strappare la Slesia all'Austria e alla Sassonia, ma per contro si dimostrò aperto agli ideali dell'Illuminismo e patrocinò la costruzione di molti edifici.

Il sogno del re era di costruire un 'foro federiciano', un complesso di opere e di circoli culturali situati nel cuore della città. Insieme all'architetto Georg Wenzeslaus von Knobelsdorff, suo amico d'infanzia, elaborò progetti che combinavano il tardo barocco con elementi neoclassici in uno stile chiamato 'Rococò federiciano'.

Anche se non fu mai completato, il complesso sognato da Federico comprendeva la **Staatsoper Unter den Linden** (Opera di Stato; p86), uno dei primi edifici neoclassici, la **Sankt-Hedwigs-Kathedrale** (p85), ispirata al Pantheon romano, la **Alte Königliche Bibliothek** (Antica biblioteca reale; p82), tipicamente barocca, e la **Humboldt Universität** (Università Humboldt; p83), in origine un palazzo concepito per il fratello del re, Enrico. Knobelsdorff aggiunse anche la **Neuer Flügel** (Nuova ala; p111) allo Schloss Charlottenburg, ma è lo **Schloss Sanssouci** a Potsdam (p264) ad essere considerato da tutti come la sua costruzione più riuscita.

Dopo la morte di Knobelsdorff, avvenuta nel 1753, due architetti continuarono la sua opera: Philipp Daniel Boumann, che progettò lo **Schloss Bellevue** (p103) come dono per il più giovane fratello di Federico, Augusto Ferdinando, e Carl von Gontard, che aggiunse le cupole al Deutscher Dom e al Französischer Dom nello stesso anno.

L'IMPRONTA DI SCHINKEL

Se Federico il Grande aveva già mostrato interesse per il Neoclassicismo, questo stile avrebbe raggiunto il suo massimo splendore sotto il lungo regno del suo bisnipote, Federico Guglielmo III. Nato come reazione all'esuberanza barocca, il Neoclassicismo ritornò alle forme classiche, agli elementi architettonici tradizionali come le colonne, i timpani e le cupole e a un sistema di decorazioni più sobrie, com'era tipico del periodo greco-romano.

Nessun altro stile ha avuto un effetto più duraturo del Neoclassicismo sul panorama architettonico di Berlino. Il merito di ciò si deve in gran parte a Karl Friedrich Schinkel, il più importante architetto prussiano (v. la lettura). La sua prima opera fu il **Mausoleum** (p112), costruito per la regina Luisa nel parco dello Schloss Charlottenburg. La fama gli arrise a partire dal 1818, quando progettò la **Neue Wache** (p84), in origine un posto di guardia, oggi memoriale alle vittime della guerra.

Karl Friedrich Schinkel: il maestro dell'architettura prussiana

Nessun singolo architetto è stato determinante nel dare un volto a Berlino quanto Karl Friedrich Schinkel (1781–1841). Colui che sarebbe divenuto uno degli architetti più insigni e maturi del Neoclassicismo tedesco nacque a Neuruppin, in Prussia, e studiò sotto la guida di Friedrich Gilly e di suo padre David all'Accademia di Berlino. Si trasferì in Italia per un periodo di due anni (1803–05) per studiare da vicino le opere classiche, ma quando tornò in Prussia non fu subito in grado di esercitare la sua professione, perché il paese era oppresso dall'occupazione napoleonica. Così si guadagnò da vivere come pittore romantico, arredatore e disegnatore d'interni.

La carriera di Schinkel accelerò non appena i francesi lasciarono Berlino. Egli scalò con determinazione le cariche dell'amministrazione pubblica prussiana, a cominciare dalla mansione di consigliere della Sovrintendenza ai Beni Culturali, per finire come direttore capo della stessa istituzione. Viaggiò instancabilmente in tutto il paese, progettando edifici, sovrintendendo alla costruzione e addirittura elaborando i principi fondamentali per la protezione e la conservazione dei monumenti storici.

Nonostante i suoi viaggi in Italia, in effetti, Schinkel trasse ispirazione soprattutto dall'architettura classica greca. Dal 1810 al 1840 la sua visione delineò in maniera molto evidente l'architettura prussiana: Berlino fu addirittura ribattezzata 'Atene sulla Sprea'. Nei suoi edifici Schinkel mirava al perfetto equilibrio tra la funzionalità e la bellezza, raggiunto attraverso linee chiare, simmetrie rigorose e impeccabile senso estetico. L'illustre architetto si spense nel 1841 a Berlino.

Non distante, l'**Altes Museum** (Museo Vecchio; p89), caratterizzato da una fila di colonne che sostiene il porticato, è considerata l'opera più matura di Schinkel. Altri capolavori neoclassici sono il magnifico **Schauspielhaus** (oggi Konzerthaus; p87) in Gendarmenmarkt e il piccolo **Neuer Pavillon** (Nuovo Padiglione; p113), anch'esso nel parco dello Schloss Charlottenburg. Per la progettazione della **Friedrichswerdersche Kirche** (p85), tuttavia, Schinkel trasse ispirazione dallo stile neogotico popolare in Inghilterra all'inizio del XIX secolo.

Dopo la morte di Schinkel numerosi allievi ne hanno mantenuto viva l'eredità, soprattutto Friedrich August Stüler, che costruì il **Neues Museum** (Museo Nuovo; p89), la **Alte Nationalgalerie** (Vecchia Galleria Nazionale; p88), nello stile di un tempio greco, e la **Matthäuskirche** (p109).

IL PIANO HOBRECHT

A metà del XIX secolo gli effetti della rivoluzione industriale alterarono le strutture fondamentali di Berlino. Centinaia di migliaia di persone si trasferirono nella capitale con la speranza di migliorare la propria sorte andando a lavorare nelle fabbriche, e fra il 1850 e il 1900 la popolazione della città passò da 511.000 a 2.700.000 abitanti.

Per stare al passo con questo sviluppo, nel 1862 una commissione presieduta dall'urbanista James Hobrecht elaborò i progetti di un nuovo piano regolatore. Erano previsti due raccordi anulari intersecati da strade diagonali che si irradiavano dal centro in tutte le direzioni, secondo uno schema a raggiera.

Le zone comprese tra le diverse direttrici furono divise in grandi lotti e vendute a speculatori e impresari. Con una decisione inusuale nell'ambito della burocrazia prussiana, la commissione non impose praticamente nessuna norma edilizia che regolasse la costruzione. Le uniche restrizioni riguardarono l'altezza degli edifici, che non dovevano superare i 22 m, e l'ampiezza dei cortili, che dovevano misurare almeno 5,34 mq, in modo da permettere ai mezzi dei pompieri di accedervi e di manovrare.

Impresari senza scrupoli approfittarono immediatamente di questa mancanza di regole. Il risultato del piano Hobrecht fu la proliferazione incontrollata di *Miekasernen*, casermoni alti quattro o cinque piani costruiti intorno a una serie di cortili interni.

Dietro le facciate rivolte verso la strada regnava lo squallore di appartamenti bui e umidi, molti dei quali composti da una stanza e una cucina da dividere tra più nuclei familiari. Alcuni caseggiati ospitavano anche piccole fabbriche, laboratori e altre attività. A causa del piano Hobrecht, alla fine del XIX secolo un anello di distretti operai (Prenzlauer Berg, Kreuzberg, Friedrichshain) con un'alta densità abitativa e condizioni di vita inumane finì per circondare il centro di Berlino.

LA GRÜNDERZEIT

La fondazione dell'impero germanico, avvenuta nel 1871 per opera del Kaiser Guglielmo I, portò con sé il cosiddetto modello Gründerzeit (Epoca della fondazione), che dal punto di vista architettonico si accompagnava allo Storicismo (chiamato anche Guglielminismo). Questo approccio tradizionale all'architettura si limitava a rielaborare e combinare stili precedenti: gli edifici pubblici di questo periodo riflettono la fiducia che la nuova Germania riponeva in se stessa e sono alquanto pomposi. Gli esempi più conosciuti dello Storicismo sono il **Reichstag** (p102) di Paul Wallot e il **Berliner Dom** (Duomo di Berlino; p89) di Julius Raschdorff, entrambi in stile neorinascimentale, l'**Anhalter Bahnhof** (p124) di Franz Schwechten e la **Kaiser-Wilhelm-Ge-dächtniskirche** (p116), due esempi di neoromanico, e la **Staatsbibliothek zu Berlin** (Biblioteca Statale; p86) e il **Bodemuseum** (p89) di Ernst von Ihne, entrambi neobarocchi.

Il cancelliere Otto von Bismarck dedicò molte attenzioni allo sviluppo residenziale della zona occidentale della città e di Charlottenburg in particolare. Egli fece ampliare il Kurfür-stendamm, che fu fiancheggiato, come le vie adiacenti, da grandiosi palazzi residenziali per la borghesia. Come le *Mietkasernen*, erano alti quattro o cinque piani e si sviluppavano intorno a un cortile interno centrale, ma le somiglianze finivano qui. I cortili, infatti, erano grandi, in modo tale da permettere alla luce di penetrare negli appartamenti, alcuni dei quali avevano anche dieci stanze. Oggi sono stati trasformati in affascinanti B&B stile vecchia Berlino (v. Pernottamento, p244).

Bismarck promosse lo sviluppo di un quartiere residenziale nella foresta del Grunewald, situata all'estremità occidentale del Kurfürstendamm. Essa, con i suoi vialetti alberati punteggiati di ville sontuose, si trasformò rapidamente nella zona più elegante di Berlino, amata da banchieri, docenti universitari, scienziati, imprenditori e personaggi famosi in generale, tra cui gli scrittori Gerhart Hauptmann e Lion Feuchtwanger.

LA NASCITA DELLO STILE INTERNAZIONALE

La Gründerzeit non fu un periodo di sperimentazione, ma alcuni architetti progressisti riuscirono comunque a lasciare il segno, perlopiù nel design industriale e commerciale. In Leipziger Platz, Alfred Messel creò nel 1906 un prototipo dei grandi magazzini, il Warenhaus Wertheim, che ai suoi tempi fu il negozio più grande d'Europa. Aveva vetrine molto ampie, linee classiche e una spaziosa struttura interna. Venne distrutto durante la seconda guerra mondiale.

Il principale innovatore del primo Novecento, tuttavia, fu Peter Behrens (1868–1940), che viene spesso definito il 'padre dell'architettura moderna'. Le Corbusier, Walter Gropius e Ludwig Mies van der Rohe lavorarono tutti nel suo studio. Behrens fu uno dei fondatori del Deutscher Werkbund, un gruppo che cercava di sviluppare un rapporto sinergico tra gli architetti e l'industria. Dal 1907 al 1914 lavorò come consulente artistico per la compagnia elettrica A.E.G. di Berlino. La sua opera più famosa è la **AEG Turbinenhalle** (cartina pp342-3; Sala Turbine della A.E.G.; Huttenstrasse 12-16, Tiergarten), del 1909, una struttura industriale ariosa, funzionale, slanciata e leggera, con soffitti alti e pilastri esterni a vista. Behrens essenzialmente reinterpretò le linee classiche di Schinkel, sostituendo le colonne di pietra con travi d'acciaio e un frontone triangolare tempestato di sculture con uno poligonale privo di decorazioni. Questo edificio è considerato un'icona del primo design industriale.

IL PERIODO DI WEIMAR

La prima guerra mondiale pose un freno alla creatività, che però si espresse con maggior vigore durante gli anni della Repubblica di Weimar, un'epoca di vertiginosa sperimentazione in quasi tutti i settori della società. Questo clima creativo richiamò a Berlino alcune delle menti più brillanti dell'architettura d'avanguardia, tra cui Bruno e Max Taut, Le Corbusier, Mies van der Rohe, Erich Mendelsohn, Hans Poelzig e Hans Scharoun. Anche se ognuno aveva la propria visione, tutti condividevano un totale rifiuto per l'architettura tradizionale, specialmente per lo Storicismo della Gründerzeit, che guardava al passato.

Negli anni '20 si svilupparono diversi stili architettonici. Mendelsohn fu uno degli esponenti di punta dell'Espressionismo. Tra i suoi lavori più belli ricordiamo la struttura dinamica e flessuosa dell'**Einsteinturm** (Torre Einstein; 1924), un osservatorio astronomico situato a Potsdam. L'altra opera importante realizzata a Berlino da Mendelsohn, l'**Universum Kino** (Universum Cinema; 1928), oggi Teatro Schaubühne (p213), segnò il passaggio alle forme più lineari della Nuova Oggettività che si affermò nella metà degli anni '20.

Shell-Haus (p110)

Altri emblematici edifici espressionisti sono il capolavoro di Hans Poelzig, la **Haus des Rundfunks** (Masurenallee 8-14, Charlottenburg), del 1931, e la **Shell-Haus** (p110) di Emil Fahrenkamp. Lavorava a Berlino anche Alfred Grenander, che, come capo architetto della U-Bahn, progettò molte delle stazioni cittadine, comprese quelle di **Krumme Lanke** (1929) e di **Onkel-Toms-Hütte** (1929), entrambe a Zehlendorf.

Onkel-Toms-Hütte non è solo una stazione della U-Bahn ma anche una delle quattro *Siedlungen* (quartieri residenziali) che sorsero negli anni '20 in risposta a una grave mancanza di alloggi emersa dopo la prima guerra mondiale. L'urbanista capo di Berlino, Martin Wagner, di idee progressiste, incoraggiò i principali architetti della città ad applicare, nella progettazione delle case popolari, un criterio che badasse alle esigenze di bilancio ma anche alle necessità degli abitanti. Insieme a Bruno Taut lo stesso Wagner progettò la celebre **Hufeisensiedlung** (p144), un insediamento a forma di ferro di cavallo situato a Neukölln sud. Questa innovativa comunità modello era caratterizzata da molti elementi tipici di queste colonie moderne, compresi i limiti di altezza di quattro piani e il grande spazio riservato alle aree verdi.

Insieme a Hugo Häring e Otto Rudolf Salvisberg, Taut progettò anche la colonia-giardino **Onkel-Toms-Hütte** (1926–32), in Argentinische Allee, a Zehlendorf, vicino alla foresta del Grunewald. È composta da 1100 appartamenti e 800 casette unifamiliari disposte in file di varie lunghezze e ravvivate da facciate colorate. Gli altri due più importanti quartieri residenziali sono **Siemensstadt** (1929–31), vicino a Spandau, progettato da un'equipe di architetti fra cui Gropius, Hans Scharoun e Häring, e **Weisse Stadt** (1929–30), nel distretto nord-occidentale di Reinickendorf, realizzato da un pool guidato da Salvisberg. Anche la più piccola **Flamensiedlung** (p135) di Taut, a Prenzlauer Berg, è un prodotto di questo nuovo approccio all'edilizia residenziale.

MONUMENTALISMO

Le proposte architettoniche innovative e d'avanguardia vennero soffocate da Adolf Hitler, che salì al potere nel 1933. Il nuovo regime fece immediatamente chiudere la scuola del Bauhaus, una delle correnti più influenti dell'architettura del XX secolo. Fondata da Walter Gropius nel 1919, era stata trasferita da Dessau a Berlino nel 1932. Molti dei suoi visionari docenti, compresi Gropius, Mies van der Rohe, Wagner e Mendelsohn, ripararono negli Stati Uniti, dove furono accolti da un ambiente che apprezzò moltissimo le loro idee.

Tornando a Berlino, l'ascesa al potere di Hitler introdusse la fase dell'architettura monumentalista. Nel 1937 il cancelliere nominò Albert Speer architetto del Reich e lo incaricò di trasformare Berlino nella 'Welthauptstadt Germania', la capitale del Reich millenario. Al centro ci sarebbero dovute essere due arterie principali che si intersecavano: l'asse nord-sud, che si estendeva dal Reichstag a Tempelhof, e l'asse est-ovest, che collegava la Porta di Brandeburgo a Theodor-Heuss-Platz (allora Adolf-Hitler-Platz), a Charlottenburg. All'estremità dell'asse nord-sud, vicino all'odierno Reichstag, Speer aveva progettato la Grosse Halle des Volkes (Grande Salone del Popolo), che era stato studiato per ospitare 150.000 persone e avrebbe dovuto essere sormontato da una cupola del diametro di 250 m.

Le principali arterie e il salone non furono mai realizzati, ma sono rimasti alcuni edifici dell'era nazista che offrono un'idea di che aspetto avrebbe potuto avere Berlino se la storia avesse seguito un altro corso. Una delle testimonianze più celebri dell'architettura del Terzo Reich è la zona olimpica nella parte occidentale di Charlottenburg. Walter e Werner March progettarono l'Olympia Stadion (p119), ispirato al Colosseo, insieme all'adiacente Maifeld (1936). Ernst Sagebiel fu un altro importante architetto del Terzo Reich, la cui eredità sopravvive nel massiccio Reichsluftfahrtsministerium (Ministero dell'Aviazione; p126), che ora ospita il Ministero delle Finanze, e il Flughafen Tempelhof (p126), a quel tempo il più grande aeroporto d'Europa. Heinrich Wolff disegnò la Reichsbankgebäude, che, insieme a un moderno ampliamento eseguito dalla giovane squadra di progettisti di Thomas Müller e Ivan Reimann, oggi ospita il Ministero degli Esteri. Il Diplomatenviertel (Quartiere Diplomatico; p107), a sud del parco di Tiergarten, era un'altra idea di Speer; le gigantesche ambasciate degli alleati della Germania nazista, l'Italia e il Giappone, riflettono ancora la pomposità tanto apprezzata a quell'epoca.

I bombardamenti aerei e le battaglie della seconda guerra mondiale distrussero o danneggiarono circa la metà degli edifici della capitale, lasciando sul terreno circa 25 milioni di metri cubi di macerie che per la maggior parte furono sgombrate dalle cosiddette *Trümmerfrauen* (donne delle macerie). Un monumento in loro onore si erge di fronte al Rotes Rathaus (p95). Molte delle colline di Berlino in realtà sono *Trümmerberge* (montagne di macerie), formate con i detriti della guerra e poi riorganizzate come parchi e aree ricreative. Le più conosciute sono Teufelsberg (p120) a Wilmersdorf e Mont Klamott nel Volkspark Friedrichshain (p131). La prima struttura nuova costruita dopo la fine della guerra fu il Sowjetisches Ehrenmal (Monumento Sovietico alla Memoria; p146), nel parco di Tiergarten, eretto con il marmo rosso che si dice sia stato raccolto in Vossstrasse dalla Reichskanzlei andata distrutta.

LA CITTÀ DIVISA

Con la divisione della Germania, Berlino si sviluppò in due città distinte ancor prima che il Muro provvedesse a separarle fisicamente. Il contrasto tra le ideologie e i sistemi economici si trasferì anche nel campo dell'architettura: quella della Germania Est doveva riflettere il nuovo orientamento politico socialista, in netto contrasto con le aspirazioni moderniste del democratico Ovest.

Costruita tra il 1952 e il 1965, Karl-Marx-Allee (chiamata Stalinallee fino al 1961; p130) divenne il primo 'viale del socialismo' della DDR. Il team di architetti che lavorò in città in quegli anni – guidato da Hermann Henselmann – trasse ispirazione da Mosca e da Leningrado (oggi San Pietroburgo) per copiare le monumentali strutture in stile *Zuckerbäckerstil* (torta nuziale) di cui Stalin era fervidamente appassionato. La Russische Botschaft (Ambasciata russa; p85) in Unter den Linden è un altro esempio di questo genere peculiare di 'Neo-Neoclassicismo'.

Dopo la scomparsa di Stalin, avvenuta nel 1953, a Berlino Est iniziò lentamente a penetrare qualche elemento di architettura moderna, soprattutto in Alexanderplatz (p91), che era stata devastata durante la seconda guerra mondiale. Basata su un 'piano regolatore socialista' attentamente studiato, la piazza fu ampliata, destinata a isola pedonale e trasformata nel centro commerciale e nella vetrina dell'architettura di Berlino Est. Gli unici edifici anteguerra che vennero restaurati anziché demoliti sono la Berolinahaus del 1930 e la Alexanderhaus del 1932, entrambe di Peter Behrens, situate subito a nord dei binari della ferrovia.

Altri edifici significativi che orbitano intorno ad Alexanderplatz sono la Haus des Lehrers (Casa degli Insegnanti; p91) e la Kongresshalle (Sala Congressi; 1964) di Henselmann, che saranno a breve trasformate nel Centro Congressi della capitale. Henselmann ha anche progettato il punto di riferimento simbolico di Berlino, la Fernsehturm (Torre della Televisione; p92).

Il colosso che fiancheggia il lato nord-orientale della piazza è la Haus der Elektroindustrie (cartina p350; Casa dell'Industria Elettronica), lunga 220 m, realizzata nel 1970 da Heinz Mehlan, Emil Leibold e Peter Skujin. Completamente ristrutturata, oggi è la sede berlinese del Ministero dell'Ambiente, della Tutela della Natura e della Sicurezza Nucleare. Macchie di colore e la citazione a caratteri cubitali di alcune frasi del romanzo di Alfred Döblin *Berlin Alexanderplatz* (Rizzoli, Milano 1998) ne ravvivano la facciata.

A Berlino Ovest, al contrario, gli urbanisti cercarono di sradicare ogni riferimento al monumentalismo, così strettamente associato al periodo nazista. L'ambizione era quella di ricostruire la città in modo moderno, coerente e organico e di creare spazi aperti come metafora di una società libera.

Un buon esempio di questo tipo di approccio è l'**Hansaviertel** (cartina pp342-3; Quartiere Hansa; 1954–57), situato lungo il perimetro nord-occidentale del Tiergarten, che era stato raso al suolo dai bombardamenti alleati. È un quartiere alberato, privo di una struttura omogenea, abitato da 3500 persone: si compone di alti condomini e di casette unifamiliari. La stazione della U-Bahn di Hansaviertel collega la zona del centro commerciale a una chiesa, una scuola e una biblioteca. L'Hansaviertel è il risultato di un

Plattenbauten a Marzahn

concorso di progettazione bandito in vista di un'esposizione, l'Internationale Bauausstellung, o Interbau, tenutasi nel 1957, e rappresenta l'apice della visione architettonica anni '50. Più di 50 rinomati architetti provenienti da 13 paesi diversi, compresi Gropius, Luciano Baldessari, Alvar Aalto e Le Corbusier, hanno partecipato alla sua costruzione.

Oltre all'Hansaviertel, l'Interbau produsse altre strutture interessanti, tra cui la **Haus der Kulturen der Welt** (Casa delle culture del mondo; p101), in origine una sala congressi progettata da Hugh A. Stubbins come contributo degli Stati Uniti all'esposizione, e la **Le Corbusier Haus** (p119), un gigantesco complesso di appartamenti dal quale emerge con grande chiarezza la concezione che l'architetto francese aveva della casa, concepita come una 'macchina per vivere'.

Allo stesso tempo, a sud-est del parco di Tiergarten, in un'altra zona devastata dalla guerra, un edificio di ancor maggiori dimensioni stava iniziando a prendere forma: il **Kulturforum** (p106). Questo complesso di musei e di sale da concerto faceva parte del progetto di Hans Scharoun di creare una 'cintura culturale' che si estendesse da Museumsinsel a Schloss Charlottenburg. La costruzione del Muro di Berlino, nel 1961, mise fine a questi propositi. Invece di essere un collegamento tra la zona orientale e quella occidentale, il Kulturforum si trovò di fronte a una barriera di cemento.

La costruzione fu comunque portata avanti con la **Philharmonie** (Filarmonica; p109) di Scharoun, prima tessera del mosaico del Kulturforum a essere portata a termine, nel 1963. Questa gloriosa sala da concerto è considerata un capolavoro dello stile internazionale espressionista. Come molti degli edifici di Scharoun fu essenzialmente progettato 'dal dentro al fuori', adattando la facciata alla forma della sala piuttosto che l'inverso. Scharoun si occupò anche dei progetti della **Staatsbibliothek zu Berlin** (Biblioteca Statale; p86) situata in Potsdamer Strasse e della **Kammermusiksaal** (Sala di Musica da Camera; p110), ma non visse abbastanza a lungo per assistere alla loro realizzazione.

La **Neue Nationalgalerie** (Nuova Galleria Nazionale; p109) di Mies van der Rohe è un'altra testimonianza illustre nell'ambito del Kulturforum. Questo museo d'arte contemporanea, simile a un tempio, è un cubo in vetro e acciaio di 50 metri per 50 che poggia su una base di granito. Il tetto piatto in acciaio, sorretto da otto colonne anch'esse in acciaio e da un'unica vetrata d'ingresso che va dal pavimento al soffitto, pare sfidare la legge di gravità.

Alexanderplatz e il Kulturforum furono senza dubbio costruzioni di prestigio, ma le due zone della città dovettero occuparsi anche del più prosaico bisogno di creare abitazioni economiche e moderne per fronteggiare la crescita della popolazione. Negli anni '60 questo portò a diversi errori urbanistici su entrambi i lati del Muro, soprattutto la nascita delle città-satellite che potevano alloggiare migliaia di persone.

A Berlino Ovest Gropius si occupò dei progetti per la Grosssiedlung Berlin-Buckow a Neukölln sud, che fu ribattezzata **Gropiusstadt** (p144) dopo la morte del suo ideatore. Il **Märkisches Viertel** a Reinickendorf, nella parte nord-occidentale di Berlino, è un'altra opera di questo tipo. Al di là della Cortina di ferro, **Marzahn**, **Hohenschönhausen** e **Hellersdorf** diventarono tre nuovi distretti cittadini fitti di palazzoni anonimi detti *Plattenbauten*. Questa tecnica veloce ed economica, che utilizzava moduli edilizi prefabbricati, fu molto apprezzata in tutta la Germania Est. Nonostante che fossero dotati delle più moderne comodità, come i bagni privati e gli ascensori, queste gigantesche strutture soffrivano della mancanza di zone attrezzate all'aperto, aree verdi e spazi ricreativi: erano veramente il non plus ultra delle 'macchine per vivere'.

INTERBAU 1987

Mentre giganteschi insediamenti abitativi sorgevano nelle periferie, il centro della città pativa gli effetti di decenni di degrado e incuria, che si facevano sentire soprattutto nei quartieri che languivano all'ombra del Muro di Berlino, in particolare a Kreuzberg. Per rimediare a questa situazione il Senato di Berlino decise, nel 1978, di organizzare un'altra esposizione e un concorso di architettura – l'Internationale Bauausstellung (Interbau) – con una duplice funzione: una 'ricostruzione critica' e un 'accurato rinnovamento urbano'. Lo scopo era di tornare all'architettura urbana ed di abbandonare i monoliti tipici dello Stile internazionale, così popolari nei decenni precedenti.

Josef Paul Kleihues fu incaricato di curare il processo di riempimento degli spazi vuoti presenti nei vari quartieri – a causa della guerra o di successive demolizioni – integrando armoniosamente le strutture esistenti con altre nuove. Molti degli sforzi si concentrarono nella zona meridionale di Friedrichstadt, a nord di Kreuzberg, un'area delimitata all'incirca dal Checkpoint Charlie a sud.

Nei primi anni '80 furono creati isolati di palazzi di bell'aspetto e, soprattutto, più piccoli e a misura d'uomo, con più di 2500 nuovi appartamenti. Vennero anche tracciate strade come Ritterstrasse, Dessauer Strasse e Alte Jakobstrasse. I nuovi palazzi erano supportati da infrastrutture come scuole, asili e parchi, e beneficiavano della vicinanza di strutture storiche già esistenti, per esempio il **Martin-Gropius-Bau** (p128) e l'edificio che ospita l'ingresso allo **Jüdisches Museum** (Museo Ebraico; p127).

Hardt-Waltherr Hämer fu il coordinatore del piano di 'accurato rinnovamento urbano', che cercò di restaurare e modernizzare gli edifici storici senza minarne l'integrità del disegno. Questo approccio trasformò circa 7000 appartamenti, perlopiù nella parte orientale di Kreuzberg (cioè lungo il Landwehrkanal), in spazi abitativi comodi e completamente rimodernati. Altre zone interessate dalla ristrutturazione furono **Chamissoplatz** (p125), nella parte occidentale di Kreuzberg, e **Klausenerplatz**, a Charlottenburg.

Ancora una volta, le menti più geniali dell'architettura internazionale colsero la sfida dell'Interbau: citiamo Rob Krier, James Stirling, Rem Koolhaas, Charles Moore, Aldo Rossi e Arata Isozaki, ma anche tedeschi come O.M. Ungers, Gottfried Böhm, Axel Schultes e Hans Kollhoff. Nell'insieme questi architetti hanno introdotto a Berlino una nuova estetica, allontanandosi dal rigoroso e ripetitivo Stile internazionale e sostituendolo con un approccio più diversificato, decorativo e innovativo.

È interessante notare che anche a Berlino Est ci si concentrò sulla ricostruzione e sul restauro. A Prenzlauer Berg, che versava in condizioni di degrado, **Husemannstrasse** (p133) venne ristrutturata e riacquistò l'antico splendore. Nello stesso periodo iniziò la costruzione del **Nikolaiviertel** (Quartiere Nikolai; p95), un piccolo parco a tema medievale. Tutta questa attività, a est come a ovest, era almeno in parte motivata dalle celebrazioni del 750° anniversario della fondazione di Berlino, tenutesi nel 1987.

LA NUOVA BERLINO

La riunificazione costituì per Berlino una sfida e un'opportunità di ridefinirsi dal punto di vista architettonico. Sotto questo aspetto, l'evoluzione della città è divenuta un'attrazione turistica vera e propria, apprezzata dai visitatori al pari dei musei e delle gallerie d'arte.

Come punto di riferimento nella ricostruzione della città gli urbanisti decisero di sottoscrivere i principi della ricostruzione critica, rifiutando tutto ciò che era troppo audace, all'avanguardia o monumentale. Lo sviluppo urbano doveva tenere conto della storia della città seguendo l'assetto viario tradizionale – specialmente il tipico isolato berlinese – piuttosto che emulare colonie moderniste dalla struttura non omogenea come l'Hansaviertel o Gropiusstadt. I nuovi regolamenti imponevano di rispettare molti parametri, come l'altezza dei palazzi e i materiali da utilizzare per le facciate.

Questo approccio non ha sempre dato risultati soddisfacenti. In Friedrichstrasse, i **Friedrichstadtpassagen** (p87), tre lussuosi complessi commerciali e direzionali che avrebbero dovuto riportare una certa animazione nel viale che era stato la principale e vitale arteria cittadina fino alla seconda guerra mondiale, appaiono oggi come scrigni colmi di preziosi: la loro levigata superficie esterna nasconde gioielli di stupefacente valore, come quella sorta di imbuto di vetro scintillante di Jean Nouvel alle **Galeries Lafayette** (p229) o il **Quartier 206** (p231), una bizzarria in marmo di Henry Cobb/I.M. Pei.

Pariser Platz (p84) subì un destino simile. Ricostruita dalle fondamenta, accoglie diverse banche e ambasciate dalle facciate omogenee e piuttosto indefinite. Almeno due degli architetti che si sono occupati della ricostru-

Quartier 206 (p231)

zione della zona, tuttavia, hanno potuto esprimere negli interni tutta la loro creatività. La **DG Bank** (2000) di Frank Gehry, un architetto decostruttivista con base in California, nasconde un vasto e bizzarro atrio dietro una facciata color vaniglia. Al suo centro fluttua un'enorme scultura in acciaio dalla forma indefinibile – c'è chi dice che assomigli a un pesce, chi alla testa di un cavallo – che ospita una sala conferenze. La luce del giorno si insinua attraverso il tetto di vetro curvo con travi d'acciaio intricate come una ragnatela.

La maggior parte degli altri edifici della zona non è paragonabile a quello di Gehry, anche se l'**Ambasciata britannica** (2000) di Michael Wolford – situata nella sua posizione storica, con l'ingresso principale che si affaccia su Wilhelmstrasse – gli si avvicina. Wolford rompe la monotonia della facciata in arenaria tagliando via un pezzo gigantesco dalla parte centrale e inserendo al suo posto un cubo blu e un cilindro porpora, entrambi sporgenti. È particolarmente suggestiva di notte, quando è illuminata dall'interno.

In confronto, l'**Ambasciata francese** (2002), situata nell'angolo nord-orientale di Pariser Platz, manca sorprendentemente di *joie de vivre*. La sua facciata, piuttosto funzionale, attinge al precedente edificio barocco, che fu demolito nel 1960. All'interno l'architetto Christian de Portzamparc ha fatto largo uso dell'open space, della luce naturale e del verde, compreso un grande giardino pensile e una promenade fiancheggiata da betulle, al quarto piano.

Liebermann Haus e **Haus Sommer** di Kleihues, che fiancheggiano la Porta di Brandeburgo, assomigliano da vicino alle strutture originali di Stüler del XIX secolo.

Lo sviluppo più grande e imponente della Berlino post-1990 è **Potsdamer Platz** (p104), una completa reinterpretazione della famosa e storica piazza che fu il cuore pulsante della città fino alla seconda guerra mondiale. Negli anni '90 le immagini dello stuolo di gru che incombe su quello che era il cantiere edile più grande d'Europa hanno fatto il giro del mondo: un simbolo della rinascita della Berlino riunificata. Da un desolato terreno abbandonato è sorto un nuovo e dinamico distretto urbano brulicante di vita e di attività.

Un'equipe internazionale di prestigiosi architetti contemporanei ha collaborato alla rinascita di Potsdamer Platz, che è formata da **DaimlerCity** (p105), dal **Sony Center** (p106) e dal **Beisheim Center** (p104), ancora in costruzione. In linea con la ricostruzione critica, il piano di massima contempla una griglia stradale fitta e irregolare, diverse piazze ed edifici di media altezza. Unica eccezione sono i tre palazzi che si affacciano all'incrocio tra Potsdamer Strasse ed Ebertstrasse, che formano una specie di ingresso visivo. Il risultato è piacevole, anche se non è l'esempio di architettura estrema, stile 'nuovo millennio', che molti si aspettavano venisse realizzato.

La struttura più riuscita è la **Kollhoff-Haus**, il palazzo centrale. L'intera struttura è rivestita da uno strato di mattoni color marrone-rossiccio (clinker), con una base in granito grigio-verde. L'aspetto esterno, attraente anche se un po' tradizionale, è in aspro contrasto con la slanciata facciata semicircolare di vetro della futuristica Sony Tower di Helmut Jahn, situata dall'altra parte della strada.

Fra gli architetti che hanno lavorato a Potsdamer Platz figurano Arata Isozaki, che ha creato la facciata a nido d'ape color caffè della **Berliner Volksbank** (1998), Rafael Moneo, che ha concepito il lussuoso e minimalista **Grand Hyatt Hotel** (p250), e Richard Rogers (meglio conosciuto per il Centre Pompidou di Parigi), che ha progettato il **Potsdamer Platz Arkaden** (p232), un centro commerciale disposto su tre piani. Circondata da tutte queste strutture moderne sopravvive l'unica testimonianza rimasta del primo periodo di fulgore di Potsdamer Platz, la **Weinhaus Huth** (p106).

Alcuni dei più interessanti edifici della nuova architettura berlinese si trovano a breve distanza da qui, in direzione ovest, nel rivitalizzato **Diplomatenviertel** (Quartiere diplomatico; p107), che confina con il margine meridionale di Tiergarten. Molti paesi hanno ricostruito le loro ambasciate nella stessa posizione in cui si trovavano le sedi storiche, danneggiate o distrutte durante la seconda guerra mondiale.

Una delle nuove strutture più fantasiose è l'**Ambasciata austriaca** (cartina p356; Stauffenbergstrasse 1, Tiergarten; 2000) dell'architetto viennese Hans Hollein. Consiste di tre elementi collegati, ma visivamente molto diversi: un edificio semicircolare frontale, rivestito da una patina di rame verde, che ospita una sala per le feste; un ingresso centrale in terracotta color arancio, con il tetto sporgente; un cubo in cemento grigio in cui si trova il dipartimento amministrativo. A brevissima distanza, l'**Ambasciata egiziana** (cartina p356; Stauffenbergstrasse 6-7), del 2001, con la facciata lucida color marrone-rossiccio decorata con scene dell'antico Egitto, trasmette un senso di dignità che quasi ricorda un tempio.

A ovest, l'**Ambasciata italiana** (cartina p356; Hiroshimastrasse 1), del 1942, occupa gli storici spazi edificati da Friedrich Hetzelt, l'architetto preferito da Hermann Göring. Ispirato al Palazzo della Consulta di Roma, è un'interpretazione dell'epoca nazista di un palazzo rinascimentale la cui pomposità è solo leggermente mitigata dalla facciata color rosa fenicottero.

Dall'altra parte della strada, l'**Ambasciata giapponese** (cartina p356; Tiergartenstrasse 24-27), del 1940, assomiglia molto a una fortezza. È una replica quasi esatta dell'originale di Ludwig Moshamer, di epoca nazista. Solo la struttura ellittica lungo Hiroshimastrasse, che ospita una sala conferenze, accenna all'architettura moderna.

L'aspetto tradizionale delle ambasciate italiana e giapponese contrasta nettamente con due nuove rappresentanze diplomatiche situate un po' più a ovest. L'**Ambasciata messicana** (cartina pp352-3; Klingelhöferstrasse 3), del 2000, è un'opera d'avanguardia di Teodoro González de Léon e Francisco Serrano. Due ordini di sottili colonne di cemento proteggono la facciata in vetro e l'entrata principale. L'edificio ospita anche un istituto culturale.

Subito a nord le **Ambasciate del Nord** (cartina pp352-3; Rauchstrasse 1), del 1999, sono uno dei contributi architettonici più interessanti della Nuova Berlino. È un complesso compatto che raggruppa le legazioni di Danimarca, Svezia, Finlandia, Islanda e Norvegia dietro una facciata color turchese realizzata con lamelle di rame. Ogni paese occupa, all'interno di questo complesso armonioso, un edificio progettato per riflettere la sua identità culturale. Si accede al complesso attraverso il Felleshus, l'unico edificio condiviso da tutte le ambasciate, che viene utilizzato anche per ospitare eventi culturali.

Nell'angolo nord-orientale del Tiergarten vi è l'esempio di un'architettura più estrema, in cui si concentra il potere politico tedesco: il nuovo **Regierungsviertel** (Distretto governativo; p100). Disposte in direzione est–ovest troviamo la **Bundeskanzleramt** (Cancelleria federale; p101), la **Paul-Löbe-Haus** (p102) e la **Marie-Elisabeth-Lüders-Haus** (p102). Insieme al giardino del Cancelliere formano la cosiddetta Band des Bundes (Fiocco della Federazione), che rappresenta un legame simbolico tra le due città un tempo divise.

Veglia su tutte queste nuove strutture luccicanti il venerabile **Reichstag** (p102), che è stato oggetto di un completo rimodernamento grazie all'intervento di Norman Foster. L'elemento più impressionante è la gigantesca cupola di vetro, con una rampa che sale a spirale, al cui centro si trova un'apertura a forma d'imbuto rivestita di specchi. È uno dei luoghi simbolici più amati di Berlino.

Più a nord, squadre di operai lavorano alacremente per riuscire a terminare i lavori della **Lehrter Zentralbahnhof** (cartina pp342-3; Stazione ferroviaria centrale Lehrter; Invalidenstrasse, Tiergarten) entro il 2006, anno in cui la Germania ospiterà la Coppa del Mondo di calcio. Progettata da Meinhard von Gerkan, sarà una delle più grandi e moderne stazioni ferroviarie d'Europa. Un tetto di vetro e acciaio coprirà la sala principale, e i treni locali, regionali e

Salvaguardia del patrimonio culturale

Nel corso del vostro viaggio, oltre alle bellezze naturali vi troverete ad ammirare le bellezze create dall'uomo, che rappresentano il patrimonio culturale del paese, unico e irripetibile. Capita di prestare magari più attenzione alla salvaguardia degli elementi naturali (rispetto per piante e animali, in particolare se in via di estinzione), anche grazie all'opera di sensibilizzazione nei confronti dei viaggiatori svolta, con maggior forza soprattutto in tempi recenti, da istituzioni e mezzi d'informazione.

EDT e Lonely Planet intendono sensibilizzare chi viaggia rispetto al problema della tutela del patrimonio culturale, che, pur non essendo 'in via d'estinzione', nel senso proprio dell'espressione, è comunque soggetto al deterioramento: per l'inquinamento, l'azione degli agenti atmosferici, i non corretti restauri conservativi, e anche per l'impatto prodotto dal turismo.

L'opera di prevenzione dei danni che anche inconsapevolmente i visitatori possono causare alle opere artistiche è fondamentale, per consentire non soltanto a noi ma anche a chi verrà dopo di godere delle medesime bellezze. Alcuni gesti istintivi, e di per sé non devastanti (appoggiarsi a una colonna, accarezzare una statua, sfiorare un affresco), se ripetuti da milioni di visitatori possono provocare nel tempo un deterioramento irrimediabile.

I governi locali e le istituzioni internazionali (UNESCO, ICCROM) operano per salvaguardare queste meraviglie, ma ogni azione rischia di risultare solo parzialmente efficace senza il contributo individuale: esattamente come ci si avvicina con rispetto alle popolazioni e agli elementi naturali (flora, fauna) del paese che si visita, allo stesso modo occorre acquisire la consapevolezza dell'importanza di un comportamento adeguato e rispettoso nei confronti delle opere d'arte: il patrimonio che noi per primi siamo chiamati a preservare è a volte molto antico e molto più fragile di quanto si pensi.

Evitate quindi di:

- salire sui monumenti, magari per scattare fotografie
- imbrattare con scritte varie
- sedervi a riposare sui monumenti
- spostare pietre o altri elementi
- asportare frammenti come souvenir

Fate attenzione a:

- non lasciare rifiuti nei siti
- non acquistare oggetti o reperti che vi possano venire proposti come ricordo
- non urtare con lo zaino gli affreschi
- rispettare ulteriori specifiche norme di comportamento indicate all'interno dei siti

Architettura – La nuova Berlino

internazionali viaggeranno in tutte le direzioni da quattro livelli sotterranei. Sarà la prima stazione ferroviaria di Berlino a essere situata in centro.

Anche se la maggior parte dei nuovi ambiziosissimi progetti si concentra a Mitte e Tiergarten, altri distretti non sono del tutto immuni dall'influenza dell'architettura del momento. A Kreuzberg, lo **Jüdisches Museum** (p127) è un'originale realizzazione di Daniel Libeskind che, nel 2003, ha ricevuto l'incarico di ricostruire il World Trade Center di New York. Con la sua pianta irregolare e le lucide pareti rivestite di zinco squarciate da finestre, il museo è la struttura più audace e provocatoria della Nuova Berlino. Il coraggioso spazio decostruttivista non è solo una mera zona espositiva, ma anche una vigorosa metafora della storia del popolo ebraico.

Dall'altra parte della città, a Charlottenburg, a sud della stazione ferroviaria Berlin-Zoo e lungo il Ku'damm, alcune nuove strutture vivacizzano il panorama architettonico piuttosto monotono del dopoguerra. La **Ludwig-Erhard-Haus** (p117), sede della borsa valori, è un interessante esempio dell'architettura organica di Nicholas Grimshaw. L'edificio è soprannominato 'armadillo' per via dei 15 archi d'acciaio che ne formano lo scheletro.

Nelle vicinanze si trova il **Kantdreieck** (p117) di Kleihues, che conferisce una nota stravagante a Kantstrasse in virtù della 'vela' di metallo posta sulla sommità del tetto. Secondo l'architetto, il progetto era ispirato a Josephine Baker, che negli anni '20 si esibiva nel Theater des Westens, sull'altro lato della strada.

Altri edifici che meritano un'occhiata sono il **Neues Kranzler Eck** (p117) di Jahn e il **Ku'damm-Eck** (cartina p354; Kurfürstenstrasse 227), del 2001, un edificio d'angolo con una facciata arrotondata. Ospita un negozio di abbigliamento e un albergo, e all'esterno espone un tabellone elettronico e sculture di Markus Lüppertz.

Anche se molto è stato realizzato dal tempo della riunificazione, Berlino resta chiaramente un 'work in progress'. Tra le maggiori opere che verranno presto portate a termine ci sono la **Leipziger Platz** (p106), una piazza ottagonale subito a est di Potsdamer Platz, e il **Monumento alle Vittime della Shoà** (p83), un po' più a nord. La possibile ricostruzione del Berliner Stadtschloss (Palazzo della città di Berlino) e un completo rimodernamento di Alexanderplatz sono prospettive interessanti per un futuro non prossimo. Una cosa è certa: Berlino, con il suo paesaggio che muta costantemente e che offre ogni giorno nuovi angoli da scoprire, rimarrà ancora per molto tempo una città 'nuova'.

Storia

Storia

IL RECENTE PASSATO

L'inizio del XXI secolo non è stato affatto facile per Berlino. Nel 2001 l'amministrazione comunale, già per molti anni sull'orlo della bancarotta, è piombata in una nuova, profonda crisi finanziaria.

Le accuse di cattiva gestione dei fondi della città sono costate la poltrona al borgomastro Eberhard Diepgen, della Christliche Demokratische Union (CDU o Unione cristiano-democratica), che era rimasto in carica per 15 anni. Klaus Wowereit (Partito social-democratico) è stato chiamato a sostituirlo nell'ottobre del 2001, ma finora la sua amministrazione ha compiuto pochi progressi in ambito economico. Nel 2003 un appello alla Corte Costituzionale nazionale per lo stanziamento di aiuti federali è stato accolto, ma subordinato al rispetto di rigidissimi parametri.

Il 2003 è stato un anno duro per Wowereit anche sul fronte dell'ordine pubblico. All'inizio dell'anno Berlino è stata una delle città in cui si sono svolte le più accese manifestazioni di protesta contro la guerra in Iraq.

Pochi mesi più tardi la popolazione studentesca berlinese ha organizzato una lunga e logorante azione di protesta contro il programma governativo di tagli ai fondi per le università e agli interventi socio-assistenziali.

Il cancelliere Gerhard Schröder si è detto tuttavia propenso ad attuare come stabilito le riforme fiscali e assistenziali.

Statua del Grande Elettore, Schloss Charlottenburg (p111)

DALLE ORIGINI

BERLINO MEDIEVALE

La città moderna si sviluppò da due centri abitati: il più antico, quello di Kölln, venne citato per la prima volta nel 1230, mentre Berlino venne fatto costruire da Giovanni I e Ottone III sulla riva destra della Sprea. Grazie alla loro posizione strategica, proprio al crocevia di una delle rotte commerciali più battute dell'epoca, i due insediamenti si trasformarono ben presto in Handelsstädte (centri commerciali) e vennero unificati nel 1307 nella doppia città di Berlino-Kölln, formalizzando così una collaborazione in atto da sempre.

Nel XIV secolo le due città prosperarono e si guadagnarono ampi diritti all'autogoverno. Intorno al 1440, sotto l'elettore Federico II (che governò dal 1440 al 1470), Berlino e Kölln persero gradualmente la loro autonomia. Il consiglio amministrativo venne sciolto e furono poste le basi per la creazione di un municipio, il futuro Berliner Schloss. Quando il nipote di Federico II, Giovanni, ereditò il titolo, nel 1486, Berlino-Kölln divenne la residenza degli Hohenzollern, elettori del Brandeburgo.

Nel secolo successivo Berlino divenne una città potente e altamente civilizzata. La Riforma protestante vi fu introdotta nel 1539, quando l'elettore Gioacchino II si convertì al luteranesimo.

Nel 1615 la famiglia regnante si convertì al calvinismo, il che accese violente sommosse nelle due città. Anche la guerra dei Trent'anni (1618–48) assestò duri colpi alle due città, che nel 1640 furono saccheggiate e date alle fiamme dalle truppe svedesi.

LA FENICE RISORGE

Berlino patì, in conseguenza della guerra, una drastica diminuzione della propria popolazione, che scese da 12.000 a soli 6000 abitanti, e la distruzione di più di un terzo degli edifici.

Le migliori letture sulla storia di Berlino

- *Berlin Rising: Biography of a City* di Anthony Read e David Fisher (1994) – È un eccellente saggio di storia sociale che ricostruisce le vicende della città dalla fondazione fino al periodo successivo alla caduta del Muro.
- *Voluptuous Panic: The Erotic World of Weimar Berlin* di Mel Gordon (2000) – Il titolo sembra suggerire qualcosa di sensazionale, ma in realtà è un resoconto pertinente e affascinante dell'industria del sesso nel periodo tra le due guerre. Un volume simile e altrettanto serio, *Hot Girls of Weimar Berlin* (2002), esamina il ruolo delle donne nella Berlino liberale precedente al nazismo.
- *Berlin Diary: Journal of a Foreign Correspondent 1934–41* di William Shirer (1941; *Storia del Terzo Reich*, Einaudi, Torino, 1990) – Uno dei resoconti più brillanti mai scritti sulla Germania nazista. Il ritratto che Shirer fa della Berlino di quei tempi – una città che egli amava, che imparò a temere e dalla quale infine dovette fuggire – è un capolavoro nel suo genere. *Qui Berlino* (Il Saggiatore, Milano 2001) è la raccolta dei suoi reportage radiofonici realizzati per la CBS. Durante il conflitto mondiale, infatti, Shirer rimase a Berlino e riuscì a eludere i controlli della censura, continuando a fornire resoconti della vita sotto il regime agli ascoltatori britannici e americani.
- *The Last Division: Berlin and the Wall* di Ann Tusa (1996) – Una ricostruzione degli eventi e dei processi della Guerra Fredda, con particolare attenzione per il Muro e le sue conseguenze per Berlino.
- *The File* di Timothy Garton Ash (*Il dossier: la mia vita a Berlino est raccontata dalla polizia segreta*, Mondadori, Milano 1998, da ricercare in biblioteca) – L'autore ebbe modo di scoprire, mentre eseguiva alcune ricerche per il suo dottorato nella Berlino Est degli anni '80, che la Stasi possedeva un fascicolo su di lui. Il libro è un resoconto personale dei rapporti fra l'autore e gli ex amici che lo controllavano.

1486	1539
Gli elettori del Brandeburgo si stabiliscono a Berlino	L'elettore Gioacchino II si converte al protestantesimo

Storia – Dalle origini

Ebrei a Berlino

La scelta dell'Elettore Federico Guglielmo di invitare i ricchi ebrei nella capitale per incentivare l'economia locale può sembrare cinica, ma esprime con efficacia la considerazione di cui la comunità ebraica godeva durante il XVII secolo. In effetti questa politica era particolarmente illuminata in confronto al trattamento riservato agli ebrei europei nel Medioevo.

Le famiglie ebraiche risiedevano a Berlino-Kölln fin dalla fondazione delle prime stazioni commerciali, ma la loro posizione dipendeva dalla loro facoltà di far pagare gli interessi sui prestiti in denaro, una pratica proibita ai cristiani. La conseguenza fu che la nobiltà brandeburghese fece assegnamento sugli ebrei locali per finanziare il proprio lussuoso stile di vita, e diffuse un acuto risentimento nei confronti di persone che considerava inferiori. Naturalmente, era abbastanza facile trovare uno sfogo a questa ostilità – ogni volta che i loro debiti raggiungevano il livello di guardia, i governanti potevano trovare un pretesto per espellere l'intera colonia ebraica dalla città, invitandola poi a tornare dietro pagamento di un sostanzioso *Schützgeld* (soldo di protezione). L'espulsione era una pratica comune, ma l'antisemitismo come status quo provocava incidenti ben peggiori. Innumerevoli ebrei berlinesi furono soggetti a torture e a esecuzioni, spesso per le ragioni più futili. Nel 1510, per esempio, 38 ebrei furono pubblicamente torturati e arsi vivi con l'accusa di aver rubato l'ostia da una chiesa, semplicemente perché la confessione del colpevole (cristiano) fu giudicata troppo franca per essere vera. Si verificarono regolarmente anche sommosse popolari antisemite, perché gli ebrei erano il capro espiatorio per tutto, dalla scarsità di cibo alla peste.

Purtroppo, Berlino non era affatto un esempio isolato, tutti gli stati europei, infatti, seguivano simili pratiche. Nel 1700 la città era perfino considerata relativamente liberale per il fatto che ci vivevano numerosi stranieri, e gli ebrei del Brandeburgo che avevano sofferto a lungo non potevano trovare alternativa migliore: grandi colonie di ebrei rimasero infatti nella regione fino al 1935.

Scopo principale dell'elettore Federico Guglielmo (detto il Grande Elettore, 1640–88), fu quello di ripopolare la città cercando di indurre gli stranieri a stabilirvisi. Nel 1671, per esempio, invitò 50 ricche famiglie ebree, che erano state cacciate da Vienna, a trasferirsi in città, a condizione che portassero con sé le loro ricchezze. Berlino-Kölln, unificata dallo stesso Federico Guglielmo in un'unica fortezza, accolse anche alcune migliaia di protestanti francesi in fuga dalla madrepatria dopo la revoca dell'Editto di Nantes da parte del re Luigi XIV.

Fra il 1685 e il 1700 la popolazione della città crebbe del 25%, e in alcune zone la lingua francese soppiantò addirittura il tedesco. Nel 1700 un berlinese su cinque era di origine francese; la cattedrale francese di Gendarmenmarkt (p86) è una tangibile testimonianza della presenza ugonotta.

Berlino continuò a espandersi rapidamente per tutto il XVIII secolo, soprattutto grazie alla sua fama di città della tolleranza religiosa. La popolazione aumentò dai soli 29.000 abitanti del 1700 ai 172.000 del secolo successivo, facendo di Berlino la seconda città più popolosa del Sacro Romano Impero.

L'ERA PRUSSIANA

Il figlio del Grande Elettore, Federico III, era un uomo di grandi ambizioni e un mecenate delle arti e delle scienze. Insieme alla sua amata sposa, Sofia Carlotta, si circondò di una corte intellettualmente vivace e patrocinò la fondazione dell'Accademia delle Arti, nel 1696, e dell'Accademia delle Scienze, nel 1701. L'anno seguente Federico si autoproclamò re di Prussia con il nome di Federico I: governò quindi come elettore dal 1688 al 1701 e come re dal 1701 al 1713. In questo secondo periodo promosse Berlino a residenza reale e capitale del nuovo stato del Brandeburgo-Prussia. Nel 1709 i numerosi comuni che componevano l'agglomerato di Berlino furono riuniti in un unico organismo amministrativo.

1640	1640-88
La città è messa a sacco dagli svedesi	Federico Guglielmo risolleva le sorti di Berlino

Il figlio di Federico, Federico Guglielmo I (1713–40), non seguì le orme paterne: uomo semplice e amante dei rigori della vita militare, era ossessionato dall'idea di creare un esercito potente e temuto, tanto che fu soprannominato *Soldatenkönig* (re soldato). Agli inizi del suo regno circa 17.000 uomini lasciarono Berlino per sfuggire alla chiamata alle armi. Federico Guglielmo reagì facendo erigere, nel 1734, una cinta muraria che ostacolasse le fughe dei renitenti. Lo stesso principio sarebbe stato applicato, 230 anni più tardi, dal governo della DDR.

Quando salì al trono Federico II (1740–86), ribattezzato dai suoi sudditi *der alte Fritz* (il vecchio Fritz) e passato alla storia come Federico il Grande, la popolazione tirò un sospiro di sollievo. Il nuovo re, apprezzato da molti storici per le sue doti politiche e militari, si dedicò allo sviluppo architettonico della città, che fiorì come grande centro culturale tanto da meritare l'appellativo di *Spree-Athen* (Atene sulla Sprea). Vennero abolite le prerogative di autonomia amministrativa, ma per contro si lavorò alacremente al rilancio delle attività industriali e manifatturiere della città, in particolare nei settori della seta e della porcellana.

L'interesse di Federico per la cultura era tuttavia controbilanciato dalla sua sete di conquiste militari e dal desiderio di appropriarsi del territorio della Slesia, nell'odierna Polonia. Il successo gli arrise dopo un conflitto ventennale, durante il quale Berlino venne occupata per due volte, nel 1757 e nel 1760, dagli austriaci e dai russi. Con la pace di Hubertusburg, stipulata nel 1763, l'Austria e la Sassonia riconobbero ufficialmente la Slesia come parte del regno prussiano.

L'ILLUMINISMO E L'OCCUPAZIONE NAPOLEONICA

L'Illuminismo si impose come movimento culturale durante il regno di Federico II. Il drammaturgo Gotthold Ephraim Lessing, il pensatore ed editore Christophe Friedrich Nicolai e il filosofo Moses Mendelssohn (nonno del compositore Felix Mendelssohn-Bartholdy) contribuirono a fare di Berlino un centro di riferimento per la scena culturale europea. Dopo il 1780 alcune carismatiche figure femminili come Henriette Herz e Rahel Levin patrocinarono salotti intellettuali che divennero luoghi di dibattito culturale aperto a tutti, senza pregiudizi di natura sociale o religiosa.

Intorno al 1800 numerosi altri scienziati, filosofi e letterati illustri si trasferirono nella capitale. Nel novero erano compresi Heinrich von Kleist, Clemens von Brentano, Achim von Arnim, Novalis, Johann Gottlieb Fichte e i fratelli Alexander e Wilhelm von Humboldt.

Dal punto di vista politico, tuttavia, la Prussia attraversò momenti molto difficili dopo la morte di Federico II: la situazione precipitò nel 1806 con la sconfitta che l'esercito prussiano subì contro le forze napoleoniche a Jena, circa 400 km a sud-ovest di Berlino. Il 27 ottobre dello stesso anno Napoleone sfilò sotto la Porta di Brandeburgo, dando inizio ai sette anni di occupazione francese di Berlino. Le truppe francesi smobilitarono nel 1813 in cambio del pagamento di un'ingente somma di denaro a titolo di risarcimento per i danni di guerra, lasciandosi alle spalle una città umiliata e gravata di debiti.

RIFORME E NAZIONALISMO

La prima metà del XIX secolo fu un periodo di cruciale importanza per la Germania e per l'intera Europa. Quest'epoca tenne infatti a battesimo l'ascesa di una classe nuova, composta da funzionari pubblici, accademici e mercanti che, uniti da una ferma volontà di realizzazione personale, misero in dubbio il diritto dell'aristocrazia a governare da sola. Il regno di Brandeburgo-Prussia fu massicciamente interessato da riforme promosse da questo movimento. Decadde l'obbligo di aderire a una corporazione, il che permise a chiunque di avviare una professione, mentre le riforme agrarie abolirono la servitù della

Storia – Dalle origini

gleba, gettando le basi per l'industrializzazione. Gli ebrei ottennero il riconoscimento dei diritti civili nel 1812.

La crisi del modello feudale, la redistribuzione della ricchezza e lo sviluppo delle industrie cambiarono alla radice il panorama socio-economico europeo. L'università di Berlino, fondata nel 1810, fu un'attiva promotrice del movimento liberale di rinascita nazionale. La città si trovò così all'avanguardia dei moti del 1848: la gente della capitale, insieme a quella di altre città tedesche, scese per le strade invocando libertà di stampa, assemblee elettive, ritiro dei militari dalle cariche politiche e altri principi democratici fondamentali. Le truppe governative sedarono con brutale efficacia la rivolta, e gli otto anni successivi furono segnati da un clima di pesante ristagno politico, favorito dall'ascesa al trono del reazionario Federico Guglielmo IV (1840–61).

L'ERA INDUSTRIALE

Grazie all'industria manifatturiera, affermatasi già a partire dal XVIII secolo, Berlino divenne un centro tecnologico e industriale con un certo anticipo rispetto ad altre città. La costruzione della rete ferroviaria (la prima linea, che andava da Berlino a Potsdam, venne inaugurata nel 1838) agevolò la creazione di più di 1000 fabbriche, compresi alcuni colossi come la A.E.G. e la Siemens. Un tassello decisivo nel mosaico dell'industrializzazione della Prussia e di Berlino fu lo Zollverein, l'unione doganale che, a partire dal 1834, riunì venticinque stati tedeschi ma, fattore decisivo, escluse l'Austria.

L'abbondanza di posti di lavoro e il conseguente grande afflusso di lavoratori dalle campagne alla città creò una nuova classe sociale, il proletariato. Dal 1850 al 1870 la popolazione triplicò e arrivò a toccare le 870.000 unità. Per rimediare un tetto per le masse di lavoratori che si riversavano nella capitale vennero costruite innumerevoli *Mietskasernen* (letteralmente 'caserme in affitto'), labirintici caseggiati eretti in successione, uno dietro l'altro. Nei piccoli appartamenti, male aerati e privi di servizi igienici e di acqua corrente, vivevano centinaia di famiglie proletarie.

Per dare voce ai lavoratori vennero fondati nuovi partiti, tra cui il *Sozialdemokratische Partei Deutschland* (SPD, Partito socialdemocratico), nato nel 1875 col nome di Partito Socialista dei Lavoratori e divenuto SPD nel 1890. Nel 1912, all'apice della sua popolarità, l'SPD raccolse a Berlino il 75% dei voti.

VERSO L'IMPERO TEDESCO

Federico Guglielmo IV fu colto da infarto nel 1857: il fratello Guglielmo diventò reggente e nel 1861 salì al trono col nome di Guglielmo I. A differenza del proprio predecessore, il nuovo sovrano seppe interpretare con chiarezza i segni dei tempi e non si oppose al progresso. In politica estera, però, si allontanò decisamente dalla causa dell'unità tedesca, mentre sul fronte interno si trovò presto ai ferri corti con il Parlamento, a maggioranza borghese e progressista. Nel 1862, ormai sull'orlo dell'abdicazione, il re designò Otto von Bismarck come primo ministro della Prussia.

Personalità complessa, distintosi negli anni passati come fervente monarchico e intransigente antiparlamentarista, Bismarck orientò la propria politica a un rilancio della potenza prussiana svincolata dalla *longa manus* dell'Austria. La rottura con Vienna fu resa possibile dalla questione dei ducati danesi: nel 1864 lo Schleswig-Holstein venne strappato alla Danimarca e diviso tra Prussia e Austria, quindi, due anni più tardi, la Prussia rivendicò per sé entrambi i ducati. L'Austria mobilitò il proprio esercito, e la breve guerra che seguì fu un trionfo per i prussiani: gli austriaci furono sbaragliati a Sadowa, il 3 luglio 1866, e l'anno seguente venne costruita la Confederazione della Germania del Nord, che accorpava alla Prussia tutti gli stati tedeschi a nord del fiume Meno.

1713-40	1810
Regno di Federico Guglielmo I, il Re Soldato	Viene fondata l'Università di Berlino

Una volta acquisito il controllo della Germania settentrionale, Bismarck rivolse la propria attenzione a sud. Grazie alle sue abili doti diplomatiche isolò la Francia e la spinse a dichiarare guerra alla Prussia nel 1870. Quindi sorprese Napoleone III conquistando l'appoggio di gran parte degli stati tedeschi del sud. La guerra franco-prussiana, decisa dalla battaglia di Sedan, si chiuse con l'annessione alla Germania dell'Alsazia e della Lorena e, cosa ancor più importante, con la riconquista della fiducia da parte dei principi degli stati della Germania meridionale, che permisero la realizzazione del piano strategico di Bismarck: l'unificazione della Germania con Berlino capitale. Come ultima umiliazione per i francesi, il 18 gennaio 1871 il re Guglielmo I venne incoronato Kaiser a Versailles. Era nato l'impero tedesco.

I risarcimenti di guerra ottenuti dalla Francia e il sempre più incisivo magnetismo di Berlino, divenuta il centro del nuovo impero, stimolarono la nascita di nuove imprese. La Germania in quel momento era un paese unito e ricco, soprattutto grazie alla forza e alla volontà di Bismarck.

Tra il 1873 e il 1878, però, nemmeno la giovane e vitale Germania riuscì a sottrarsi alla crisi economica che colpì tutto il mondo industrializzato. Il cancelliere fece quadrato con i grandi poli industriali e con l'aristocrazia terriera, e introdusse una tariffa doganale sulle importazioni di prodotti industriali e cereali. Le misure protezionistiche contribuirono, in effetti, a rilanciare la produttività. Sul fronte interno Bismarck adottò misure rigidamente conservatrici, ma accanto ad esse promosse, primo al mondo, un sistema di sicurezza sociale volto a migliorare le condizioni di vita della classe operaia. In politica estera la Germania entrò nel novero delle potenze coloniali occupando l'odierna Namibia, il Camerun, il Togo e il Tanganica.

La stella di Bismarck si offuscò a partire dal 1888, quando Guglielmo II diventò Kaiser (Federico, figlio di Guglielmo I, regnò per soli 99 giorni). Guglielmo si scontrò aspramente con il cancelliere in merito alle relazioni da intrattenere con l'Austria e alla questione delle misure antisocialiste, ritenute indispensabili da Bismarck, ma invise al sovrano. Nel 1890, inevitabilmente, il Kaiser sollevò Bismarck dalle sue funzioni.

LA PRIMA GUERRA MONDIALE E LA RIVOLUZIONE

Il 28 giugno 1914 l'erede al trono austriaco, l'arciduca Francesco Ferdinando, e sua moglie vennero assassinati a Sarajevo. In seguito a questo episodio l'impero austro-ungarico dichiarò guerra alla Serbia, a fianco della quale scese in campo la Russia. La Germania, alleata dell'impero austro-ungarico fin dal 1879, si mobilitò contro la Russia, e due giorni dopo scese in campo la Francia, alleata dello Zar. Il Reichstag (Parlamento tedesco) mise subito a disposizione i fondi necessari a finanziare la guerra. La popolazione venne pervasa inizialmente da un senso di euforia generale, ma la fiducia in una rapida vittoria cedette gradualmente il passo alla delusione e allo scoramento, esacerbati dalle notizie che giungevano dal fronte, dove la guerra di posizione sarebbe stata fatale a milioni di uomini, e dalle gravissime difficoltà causate sia a Berlino sia in altre città dalla penuria di generi alimentari.

Quando, nel 1918, le ostilità finalmente si chiusero, la Germania pagò a carissimo prezzo la propria sconfitta. Il Trattato di Versailles la obbligò a cedere l'Alsazia e la Lorena, i territori a ovest della Polonia e le proprie colonie africane, oltre che al pagamento di risarcimenti di guerra molto onerosi. Secondo quanto stabilito dal trattato, la Germania risultò essere la sola responsabile delle perdite subite dai suoi nemici. L'umiliazione del popolo per quella che era a tutti gli effetti una pace mortificante e punitiva fu enorme.

La sconfitta militare portò anche al crollo della monarchia. Il Kaiser Guglielmo II abdicò il 9 novembre 1918, ponendo fine a più di 500 anni di regno degli Hohenzollern. Lo stesso giorno scoppiò a Berlino un'insurrezione guidata da un comitato d'azione composto da

Storia – Dalle origini

1862	1871
Bismarck diventa primo ministro della Prussia	Inizia il Secondo Reich

spartachisti, socialisti indipendenti e delegati rivoluzionari di fabbrica. Nel primo pomeriggio il ministro Philipp Scheidemann dell'SPD proclamò, da una finestra del Reichstag, la nascita della Repubblica Tedesca. Soltanto qualche ora più tardi Karl Liebknecht, fondatore del Partito comunista tedesco (allora conosciuto come Lega di Spartaco), dichiarò istituita, da un balcone del Berliner Schloss, la Libera Repubblica Socialista di Germania. A contraddistinguere questa delicatissima fase, dunque, è proprio la concezione dei termini 'rivoluzione' e 'repubblica' da parte delle diverse forze progressiste.

Fondata da Rosa Luxemburg e da Karl Liebknecht, la Lega di Spartaco aveva come obiettivo una rivoluzione che ricalcasse il modello bolscevico. Osteggiati dai socialdemocratici, favorevoli a portare avanti la legislazione sociale di tipo bismarkiano, negli ultimi giorni del 1918 gli spartachisti si coalizzarono con altri gruppi per formare il Kommunistische Partei Deutschland (KPD, o Partito comunista tedesco). Le rivalità tra l'SPD e gli spartachisti culminarono nella cosiddetta rivolta spartachista di Berlino del gennaio 1919. In seguito alla sanguinosa rappresaglia che seguì, la Luxemburg e Liebknecht vennero arrestati e assassinati dai Freikorps, militanti di estrema destra che avevano affiancato l'esercito regolare nella repressione della rivolta.

LA REPUBBLICA DI WEIMAR

La Costituzione federalista della nascente repubblica, primo serio esperimento tedesco di democrazia, venne adottata nel luglio 1919 nella città di Weimar, dove l'assemblea costituente aveva cercato rifugio dalle agitazioni di Berlino. La nuova Costituzione riconobbe il diritto di voto alle donne e garantì il rispetto dei fondamentali diritti umani, ma commise l'errore di concentrare troppo potere nelle mani del presidente, legittimato tra l'altro a governare per decreto nei periodi di crisi. Questa clausola sarebbe risultata decisiva negli anni successivi.

Dopo le elezioni del 19 gennaio 1919 venne formata una coalizione di governo composta da socialdemocratici, centristi e democratici guidata da Friedrich Ebert, presidente dell'SPD, che rimase fino al 1932 il più grande partito tedesco. Tuttavia, troppe forze avverse si opposero alla repubblica, che non soddisfaceva né i comunisti né i monarchici. La miccia scoppiò nel 1920, quando i Freikorps organizzarono il cosiddetto Kapp Putsch, occupando la sede del governo a Berlino con l'appoggio di parte dei vertici delle forze armate. Su richiesta delle autorità repubblicane, gli operai e i sindacati reagirono al colpo di stato con imponenti scioperi, obbligando in tal modo i golpisti a rinunciare ai propri intenti.

I 'MERAVIGLIOSI ANNI '20'

I primi anni '20 furono segnati dall'umiliazione per la sconfitta in guerra, dall'instabilità sociale e politica, dall'inflazione alle stelle, dalla fame e dalle malattie. Circa 235.000 berlinesi erano disoccupati e gli scioperi, le manifestazioni di piazza e gli scontri erano all'ordine del giorno. L'introduzione di una nuova moneta, il *Rentenmark*, sembrò concedere un po' di respiro all'economia, ma la situazione iniziò a mutare realmente solo quando, nel 1924, una certa quantità di fondi cominciò ad affluire nelle casse della Germania grazie ai prestiti previsti dal piano Dawes.

Negli anni seguenti la città attraversò un nuovo periodo di splendore culturale. Si guadagnò perfino la fama di centro della tolleranza e della disponibilità, e in molti vi si stabilirono, attratti dalle nuove forme artistiche come il cabaret, il Dadaismo e il jazz. Sul piano amministrativo, nel 1920 alcuni comuni limitrofi vennero accorpati alla città dando vita alla Grande Berlino.

La prima trasmissione radiofonica emessa da frequenze tedesche pervase l'etere berlinese nel 1923, mentre nel 1931 fu mandato in onda il primo programma televisivo a livello

1919	1920
Infuria nelle strade di Berlino l'insurrezione spartachista	Prende corpo la Grande Berlino

mondiale. In campo scientifico vennero premiati con il Nobel i tedeschi Albert Einstein, Carl Bosch e Werner Heisenberg. Alcuni dei nomi più celebri nel settore dell'architettura (Bruno Taut, Martin Wagner, Hans Scharoun e Walter Gropius), delle arti figurative (George Grosz, Max Beckmann e Lovis Corinth) e della letteratura (Bertolt Brecht, Kurt Tucholsky, W.H. Auden e Christopher Isherwood) fecero guadagnare a Berlino la nomea di capitale mondiale dell'arte.

La fine di questo decennio, tuttavia, sprofondò l'intero paese nella più cupa delle recessioni: il 25 ottobre 1929, il cosiddetto 'Venerdì nero', la borsa di New York andò a picco trascinando con sé quelle di tutto il mondo. In poche settimane circa mezzo milione di berlinesi si trovò senza lavoro e le manifestazioni di protesta si riaccesero. La depressione minò la già fragile democrazia tedesca e fomentò il malcontento, che si sfogò con rabbia tra i partiti di estrema destra e di estrema sinistra.

Come reazione a questa instabilità politica ed economica, il feldmaresciallo Paul von Hindenburg, succeduto a Ebert alla presidenza nel 1925, sfruttò il mal concepito articolo della Costituzione che conferiva poteri straordinari al capo dello stato in situazioni di emergenza per aggirare il Parlamento ed eleggere cancelliere Heinrich Brüning, del *Zentrum*. Brüning abbassò immediatamente il tasso di inflazione, ridusse i salari e distrusse i risparmi – e la fiducia – che il ceto medio era riuscito faticosamente a conservare dall'ultimo disastro economico. Queste decisioni fecero guadagnare a Brüning il soprannome di 'cancelliere della fame'.

In questo arroventato clima politico mosse i primi passi un partito destinato a mutare il corso della storia: il Nationalsozialistische Deutsche Arbeiter Partei (Partito Nazionalsocialista dei Lavoratori Tedeschi, o NSDAP), guidato da un artista austriaco fallito di nome Adolf Hitler.

L'ASCESA DI HITLER

Nel 1930, al termine di una campagna elettorale segnata dalla generale sfiducia popolare verso il sistema dei partiti, il NSDAP ottenne il 18,3% dei consensi e 107 seggi al Reichstag. L'apparato dei partiti di Weimar venne travolto da questa affermazione dell'estrema destra ben al di là dei termini meramente numerici. Nel 1932 Hitler si candidò alla presidenza contro Hindenburg e ricevette il 37% dei voti al secondo turno. Durante le successive elezioni politiche i nazisti divennero, con 230 seggi, il partito più rappresentato al Reichstag. I berlinesi, tuttavia, rimanevano ancora piuttosto scettici nei loro confronti: soltanto uno su quattro aveva votato per Hitler.

Poco dopo il cancelliere Brüning venne sostituito da Franz von Papen, convinto monarchico legato ai circoli industriali e nobiliari di Berlino. Von Papen indisse due elezioni per il Reichstag sperando di costituire una base parlamentare capace di arginare l'estremismo, ma Hindenburg lo sostituì ben presto con Kurt von Schleicher, vecchio compagno d'armi e vero uomo forte della repubblica.

Il tentativo di Schleicher, già avviato da von Papen, di risollevare l'economia con il denaro pubblico allontanò sempre più gli industriali e i proprietari terrieri dai partiti di centro e li spinse nelle braccia di Hitler. Il 28 gennaio 1933 Schleicher presentò le proprie dimissioni, e due giorni più tardi Hindenburg nominò cancelliere Adolf Hitler, ponendolo a capo di una coalizione formata dai nazionalsocialisti e dai nazionalisti di von Papen. Quello nazista era il partito che contava di gran lunga più adesioni, ma non aveva ancora ottenuto la maggioranza assoluta.

Nel marzo del 1933, in assenza di una netta maggioranza, Hitler indisse le ultime elezioni 'ufficiali' prima della guerra. Pur con l'appoggio dell'organizzazione paramilitare della *Sturmabteilung* o SA, e favorito da un misterioso incendio del Reichstag che gli fornì il pretesto per adottare leggi d'emergenza atte a colpire indiscriminatamente gli oppositori,

1933	10 maggio 1933
L'ascesa del nazismo culmina con la nomina di Hitler a cancelliere	Rogo di libri 'non tedeschi' sulla Bebelplatz

mancò ancora una volta la maggioranza assoluta. I berlinesi, che forse avevano compreso meglio di molti altri tedeschi gli avvenimenti in corso, accordarono al NSDAP soltanto il 31% delle preferenze.

Con la democrazia che già andava sgretolandosi, la Legge Enabling segnò la svolta definitiva conferendo a Hitler il potere di decretare leggi e di emendare la Costituzione senza consultare il Parlamento. Nel giugno del 1933 l'SPD fu dichiarato fuori legge e tutti gli altri partiti vennero smantellati. Il NSDAP di Hitler iniziò così a governare da solo.

VERSO LA SECONDA GUERRA MONDIALE

Il regime totalitario nazista mutò radicalmente la vita dell'intera popolazione. Al fine di cancellare tutti i focolai di dissenso vennero incoraggiate le delazioni, anche se basate sul semplice sospetto, e nei caffè e agli angoli delle strade furono installati altoparlanti che diffondevano continuamente messaggi patriottici e musica marziale. I sindacati vennero aboliti, mentre il Ministero della Propaganda diretto da Joseph Goebbels rese impossibile la vita di intellettuali e artisti, costringendone molti all'esilio.

Il 10 maggio del 1933 alcuni studenti bruciarono copie di libri 'non tedeschi' sulla Bebelplatz. La libertà di stampa cessò di esistere quando il NSDAP assunse il controllo dei vertici delle case editrici. Fu posta grande enfasi sulla prestanza fisica, eredità dell'epoca classica, e si procedette a un indottrinamento dei cittadini fin dalla tenera età. L'iscrizione alla *Hitlerjugend* (Gioventù hitleriana) divenne obbligatoria per i giovani dai 10 ai 18 anni, mentre le ragazze dovevano iscriversi alla *Bund Deutscher Mädchen* (BDM, Lega delle giovani tedesche).

Sorprendentemente, la situazione tedesca non destò la preoccupazione della comunità internazionale, in parte perché molti leader stranieri non vedevano come una calamità l'affermazione di un uomo forte capace di lasciarsi alle spalle la confusione e l'instabilità di Weimar. Ulteriori rassicurazioni giunsero dall'ampio programma di opere pubbliche e dalla nazionalizzazione delle industrie, il che aveva evidentemente contribuito a sradicare la disoccupazione e a stabilizzare un'economia fragile. Anche le Olimpiadi che si tennero a Berlino nel 1936 furono un trionfo delle pubbliche relazioni del regime, e servirono per legittimare il nazismo e per distogliere l'attenzione del mondo dai crimini perpetrati in Germania.

Albert Speer

Una parte cruciale del programma nazista prevedeva di ridisegnare la pianta di Berlino, ampliandola e costruendo edifici monumentali che dovevano esaltare il ristabilito orgoglio della nazione tedesca. Il responsabile dell'intero progetto era Albert Speer (1905–81), un brillante architetto che lavorò a stretto contatto con Hitler e che, nel 1942, divenne il suo ministro degli Armamenti, incarico in cui dimostrò le sue doti organizzative creando il Servizio di lavoro obbligatorio, che imponeva il lavoro forzato nei campi di concentramento.

L'ambizione suprema di Hitler e Speer era quella di trasformare Berlino nella capitale del nuovo impero nazista. Il simbolo della potenza tedesca avrebbe dovuto essere il Grande Salone, una struttura sormontata da una cupola che avrebbe fatto impallidire il già imponente Reichstag. Vaste aree situate intorno a Tiergarten e nel centro di Berlino furono spianate per fare spazio alla realizzazione di questi progetti architettonici. Speer riuscì a costruire l'enorme Reichskanzlei (Nuova Cancelleria), ma l'esito della seconda guerra mondiale cancellò i piani tedeschi.

Sopravvissuto al conflitto, Speer scontò vent'anni di prigione a Spandau. Dopo il suo rilascio scrisse *Memorie del Terzo Reich* (Oscar Mondadori, Milano 2000), un dettagliato resoconto sul quotidiano operare dei più stretti collaboratori di Hitler. È un testo interessante che andrebbe letto insieme alla biografia di Gitta Sereny *In lotta con la verità: la vita e i segreti di Albert Speer amico e architetto di Hitler* (Rizzoli, Milano 1998), che narra la vita e le vicende di una delle figure più controverse, e in qualche modo più tragiche, del nazismo.

30 giugno 1934	1936
Notte dei lunghi coltelli: i vertici delle SA vengono trucidati	Si tengono a Berlino i Giochi Olimpici, decima edizione dell'era moderna

Create in origine per provvedere al servizio d'ordine durante le adunate pubbliche, nel 1934 le SA erano diventate una forza molto potente che, forte di quattro milioni e mezzo di iscritti, era potenzialmente in grado di sfidare e destabilizzare l'autorità di Hitler. Prima che questo pericolo venisse posto in atto, dunque, le truppe speciali delle SS (la guardia personale di Hitler) trucidarono gli ufficiali di grado maggiore delle SA, compreso Ernst Röhm, il loro capo, in quella che sarebbe stata ricordata come la 'Notte dei lunghi coltelli' (30 giugno 1934). Le vittime di quell'eccidio furono più di mille. A Berlino, Hermann Göring diresse gli squadroni della morte e ordinò esecuzioni sommarie che ebbero luogo nelle caserme delle SS di Lichtenberg.

Nel corso dello stesso anno, dopo la morte di Hindenburg, Hitler potè riunire nella propria persona i ruoli di presidente e di cancelliere, conferendosi il potere assoluto e il titolo di *Führer*.

LA SECONDA GUERRA MONDIALE

Il primo settembre del 1939 la Germania violò i confini della Polonia, dando inizio alla seconda catastrofe. La decisione non venne accolta con gioia dai berlinesi, che serbavano ancora il ricordo della fame patita durante la prima guerra mondiale e agli inizi degli anni '20. Come allora, infatti, la guerra provocò scarsità di cibo e una recrudescenza dell'apparato repressivo.

Il Belgio e l'Olanda capitolarono in poche settimane, seguiti poco dopo dalla Francia. Nel giugno del 1941 Hitler attaccò l'Unione Sovietica, aprendo così un nuovo fronte. L'Operazione Barbarossa, condotta con uno straordinario spiegamento di uomini e mezzi, non riuscì ad aver ragione della resistenza del popolo sovietico. Le truppe di Hitler, logorate da mesi di incessanti combattimenti e dai rigori del gelido inverno 1941–42, rinunciarono all'avanzata: per i successivi tre anni si sarebbero ritirate combattendo palmo a palmo.

L'inverno successivo la resa della VI Armata tedesca a Stalingrado (l'attuale Volgograd) compromise di fatto le possibilità della Germania di vincere la guerra.

Nel 1941, intanto, gli Stati Uniti avevano stipulato con la Gran Bretagna l'accordo 'Affitti e Prestiti', che consentiva alle aziende americane di vendere agli Alleati gli armamenti e le attrezzature militari assolutamente necessari per affrontare la guerra. Nel dicembre dello stesso anno i giapponesi attaccarono la flotta americana a Pearl Harbor, determinando l'ingresso effettivo degli Stati Uniti nel conflitto.

La 'soluzione finale'

Quando si aprirono le ostilità in Europa la popolazione tedesca di religione ebraica era ormai da anni il principale bersaglio delle persecuzioni naziste. Nell'aprile del 1933 Goebbels aveva organizzato il boicottaggio delle attività commerciali gestite dagli ebrei, nonché dei loro studi medici e legali. Gli ebrei erano stati esclusi dal pubblico impiego ed era stato loro impedito di esercitare molte professioni e attività. Le Leggi di Norimberga del 1935 avevano privato tutti i non ariani della cittadinanza tedesca e del diritto di contrarre matrimonio con appartenenti alla razza ariana.

La notte del 9 novembre 1938 si raggiunse l'apice del terrore con la *Reichspogromnacht* (Notte dell'epurazione, passata alla storia anche come *Kristallnacht*, 'Notte dei cristalli'). Durante quella terribile notte, a Berlino e in tutto il resto della Germania, le finestre e le vetrine di migliaia di negozi gestiti da ebrei vennero frantumate, i locali saccheggiati e incendiati. Le vittime si contarono a decine. Gli ebrei avevano cominciato a emigrare nel 1933, ma dopo questo folle pogrom vi fu una nuova, massiccia fuga: imbarcazioni cariche di profughi terrorizzati presero a dirigersi soprattutto verso la Gran Bretagna e gli Stati

1938	9 novembre 1938
La Germania annette l'Austria	Kristallnacht: sinagoghe, proprietà immobiliari e negozi appartenenti a ebrei vengono distrutti

Uniti. Pochissimi dei circa 60.000 israeliti che rimasero a Berlino avrebbero visto la fine della guerra.

Le sorti degli ebrei peggiorarono dopo il 1939. Le SS, comandate da Heinrich Himmler, terrorizzavano sistematicamente, e non di rado trucidavano, la popolazione delle zone occupate, e la guerra contro l'Unione Sovietica veniva presentata come lotta contro gli ebrei e i bolscevichi 'subumani'. Su ordine di Hitler, Göring incaricò i propri funzionari di studiare una *Endlösung* (Soluzione finale) al 'problema ebraico'. Durante una conferenza tenutasi nel gennaio 1942 sulle sponde del lago Wannsee, presso Berlino, vennero poste le basi della Shoà, il sistematico annientamento, organizzato con burocratico zelo, di milioni di ebrei.

I campi di concentramento e di sterminio raggiunsero agghiaccianti livelli di efficienza. Oltre agli ebrei, gli altri bersagli dello sterminio furono zingari, oppositori politici, preti (in particolare gesuiti), omosessuali e partigiani dei paesi occupati. Il mostruoso meccanismo produsse 22 campi di concentramento, perlopiù situati nell'Europa dell'Est, e altri 165 campi di lavoro, in cui furono tenute prigioniere circa sette milioni di persone. Solo 500.000 sopravvissero fino alla liberazione da parte degli eserciti alleati.

La battaglia di Berlino

Con lo sbarco in Normandia, nel giugno 1944, le truppe alleate si riversarono in forze sul continente europeo, mentre sistematici raid aerei martellavano Berlino e la maggior parte delle città della Germania. Durante gli ultimi giorni di guerra Hitler, ormai fuori dalla realtà, preda delle proprie ossessioni e dei propri incubi, ordinò la distruzione di tutte le industrie e le infrastrutture tedesche ancora esistenti, disposizione che in massima parte fu però ignorata.

La battaglia di Berlino ebbe inizio il 16 aprile 1945. Più di un milione e mezzo di soldati sovietici arrivarono da est, giungendo alle porte della capitale il 21 aprile e circondandola completamente il 25. Due giorni dopo penetrarono nell'abitato, e si scontrarono con

Sowjetisches Ehrenmal (p146), Treptower Park

1° settembre 1939	1941
La Wehrmacht invade la Polonia	Viene varata l'Operazione Barbarossa, l'invasione tedesca dell'URSS

manipoli di SS irriducibili. Il 30 aprile la battaglia raggiunse la Cancelleria, in un bunker presso la quale Hitler si era rifugiato insieme a Eva Braun, che aveva sposato proprio il giorno prima. Nel pomeriggio il dittatore, la moglie e alte personalità del regime si tolsero la vita. La capitale si arrese due giorni dopo, e il 7 maggio 1945 la Germania capitolò. L'armistizio venne firmato nel quartier generale delle forze armate americane di Reims (Francia) e in quello sovietico di Berlino-Karlshorst.

Il dopoguerra

Dopo la capitolazione la Germania scomparve in quanto stato. La popolazione civile aveva dovuto sopportare bombardamenti disumani, interi quartieri erano stati rasi al suolo o ridotti in macerie, più della metà degli edifici e un terzo degli stabilimenti industriali risultavano distrutti o danneggiati.

Dopo l'evacuazione di circa un milione di donne e bambini, nel maggio del 1945 restavano in città solamente 2.400.000 persone (contro i 4.300.000 del 1939), due terzi delle quali erano donne.

Nella Berlino occupata dai sovietici furono le donne a provvedere allo sgombero iniziale delle macerie, procurandosi il soprannome di *Trümmerfrauen* (letteralmente 'donne delle macerie'). Negli anni successivi vennero formati enormi mucchi di detriti, le cosiddette *Trümmerberge* (montagne di macerie), vere e proprie colline artificiali come Teufelsberg nel Grunewald.

Già immediatamente dopo l'armistizio si registrarono piccoli segnali di ripresa, come la prima linea della metropolitana, inaugurata il 14 maggio 1945, il primo numero di un giornale, pubblicato il 15 maggio, e il primo concerto del dopoguerra dell'Orchestra Filarmonica di Berlino, eseguito il 26 maggio.

Storia – Dalle origini

Il ponte aereo di Berlino

La popolazione di Berlino, già duramente provata dai bombardamenti, non aveva ancora terminato di rimuovere le macerie della seconda guerra mondiale quando, il 24 giugno 1948, il governo militare sovietico ordinò il blocco completo delle linee ferroviarie e del traffico stradale che portava in città. Berlino venne completamente isolata: erano tutti convinti che sarebbe stata solo questione di giorni prima che l'intera città cadesse in mani sovietiche.

Di fronte a tale gravissima provocazione furono in molti, nei circoli militari alleati, a invocare un intervento che avrebbe potuto scatenare una catastrofe nucleare tra le due superpotenze. Alla fine prevalse il buon senso. Il giorno dopo la proclamazione del blocco l'aeronautica americana diede il via all'"Operazione Vittles'. La Gran Bretagna ne seguì l'esempio il 28 giugno con l'"Operazione Plane Fare'. La Francia, terzo paese occidentale vincitore, non partecipò attivamente all'iniziativa: la sua flotta aerea era infatti impegnata in Indocina in missioni che avevano un carattere non altrettanto umanitario.

Per circa 11 mesi l'intera città venne rifornita esclusivamente per via aerea dagli apparecchi alleati che trasportavano carbone, cibo e macchinari di vario tipo. Ogni giorno, a tutte le ore, talvolta al ritmo di uno al minuto, coraggiosi piloti affrontarono insidiosi atterraggi negli aeroporti di Berlino. In un solo giorno, ricordato come 'Parata di Pasqua' del 16 aprile 1949, 1400 velivoli trasportarono complessivamente 13.000 tonnellate di materiale. Verso la fine di tale operazione gli aerei alleati avevano percorso 125 milioni di miglia, compiuto 278.000 voli e trasportato 2,5 milioni di tonnellate di rifornimenti. L'operazione costò la vita a 79 persone, commemorate dal Monumento al ponte aereo dell'aeroporto di Tempelhof e di quello di Colonia.

Grazie al crescente sforzo degli Alleati e allo sdegno dell'opinione pubblica internazionale suscitato dall'atteggiamento sovietico, nel maggio del 1949 Mosca tornò sui propri passi, e il settore occidentale di Berlino fu nuovamente accessibile per vie di terra. La difficile situazione non aveva fatto altro che rinforzare i rapporti tra la Germania e gli Alleati: i berlinesi non li considerarono più come occupanti, ma come *Schutzmächte* (potenze protettrici).

1944	1945
Le forze alleate sbarcano sulle spiagge della Normandia	Resa di Berlino e capitolazione della Germania

70

LA POLITICA DELLA PROVOCAZIONE

In linea con gli accordi stipulati alla Conferenza di Yalta, nel febbraio del 1945, la Germania venne divisa in quattro zone di occupazione. Berlino venne ripartita in 12 aree amministrative sotto il controllo britannico, francese e americano e in altre otto ad amministrazione sovietica. Dopo la Conferenza di Potsdam (luglio-agosto 1945) le regioni a est dei fiumi Oder e Neisse furono annesse alla Polonia per compensare le precedenti perdite territoriali di quest'ultima in favore dell'Unione Sovietica.

Serie frizioni si crearono ben presto tra le forze di occupazione. Le elevate pretese di risarcimento avanzate dai sovietici furono respinte dagli Alleati, provocando una rottura negli accordi di cooperazione; frustrati da questo rifiuto, i russi si rivalsero sulle proprie zone di occupazione. La produzione industriale tedesca venne requisita e sia gli uomini abili sia i prigionieri di guerra furono deportati in Unione Sovietica e costretti ai lavori forzati. A causa della riluttanza sovietica, le truppe americane e britanniche non occuparono effettivamente i rispettivi settori di Berlino fino al 4 luglio e quelle francesi fino al 12 agosto. Il 22 aprile 1946 i sovietici obbligarono anche il KPD (Partito comunista) e l'SPD a confluire nel Sozialistische Einheitspartei Deutschland (SED, Partito unitario socialista della Germania), con Walter Ulbricht come segretario generale.

La coalizione tra le potenze occidentali e l'Unione Sovietica si incrinò definitivamente nel giugno del 1948, con il blocco di Berlino. La conferenza di Londra sulla questione tedesca venne interpretata dall'URSS come una violazione degli accordi precedenti, il che spinse i sovietici non solo a emettere una moneta, l'*Ostmark*, nell'area da essi controllata, ma anche a dare il via a un blocco stradale e ferroviario di Berlino Ovest, allo scopo di portare l'intera città sotto il proprio controllo.

Gli Alleati reagirono mettendo in funzione un formidabile ponte aereo per approvvigionare Berlino di ogni sorta di beni e di alimenti (v. il riquadro di p69). Le quattro potenze occupanti raggiunsero un accordo sulla questione a Washington, nel maggio del 1949, ma la divisione della città venne mantenuta.

LE DUE GERMANIE

All'alba della Guerra Fredda gli Alleati proseguirono nel loro programma di creazione di istituzioni governative che portarono alla fondazione, nel 1949, della Repubblica Federale di Germania (RFT, in tedesco BRD). Konrad Adenauer, settantatreenne, già sindaco di Colonia durante la Repubblica di Weimar, divenne il primo cancelliere della Germania Ovest. La capitale provvisoria venne stabilita a Bonn. Berlino rimase isolata in mezzo al settore sovietico e continuò a dipendere dagli aiuti provenienti dall'Ovest.

La zona sovietica prese invece il nome, sempre nel 1949, di Repubblica Democratica Tedesca (RDT, in tedesco DDR), con capitale Berlino. Sebbene ufficialmente si trattasse di una democrazia parlamentare, l'influenza del SED nell'apparato statale fu tale che il capo del partito, Walter Ulbricht, diventò il vero leader del paese. I primi anni del suo governo videro l'acquisizione del controllo delle funzioni economiche, giudiziarie e delle forze di sicurezza da parte del partito; allo scopo di neutralizzare l'opposizione venne inoltre istituito il Servizio per la sicurezza dello Stato, o Stasi, che ben presto si sarebbe guadagnato una cupissima fama.

Nel 1952 la DDR cominciò a ostacolare le relazioni con l'Occidente. Agli abitanti di Berlino Ovest non venne più permesso viaggiare nella Germania Est. Beni immobili e altre proprietà degli abitanti di Berlino Ovest furono espropriati. Al tempo stesso vennero esercitate pressioni politiche e psicologiche sugli abitanti di Berlino Est affinché partecipassero al Nationale Aufbauwerk (Progetto di Ricostruzione Nazionale), una formula pomposa che esortava i cittadini a ricostruire il paese, su base volontaria, durante il loro tempo libero. Il 27 maggio 1952 tutte le linee telefoniche tra la BRD e la DDR vennero interrotte.

Storia – Dalle origini

1946	1948
Viene costituito il SED	L'esercito sovietico blocca le vie di accesso alla città

LA RIVOLTA DI BERLINO EST

I primi segnali di malcontento si fecero sentire nella RDT nel 1953. I vincoli sulla produzione soffocavano la ripresa economica, l'industria pesante aveva la priorità sulla produzione di beni di consumo, e i sempre maggiori sforzi imposti ai lavoratori dell'industria fomentavano il malcontento. Inoltre, la morte di Stalin, avvenuta nello stesso anno, pareva aprire la strada a tempi nuovi. Gli auspicati cambiamenti, tuttavia, non arrivarono. Dietro le pressioni di Mosca il governo ritirò un provvedimento di aumento dei prezzi, ma non concesse alcunché sul piano della gestione della produzione.

Dagli scioperi e dalle rivendicazioni si passò alla rivolta aperta nei centri urbani e industriali, che culminò nelle manifestazioni, numerose delle quali violente, del 17 giugno 1953. Scaturita dalla protesta degli operai che lavoravano nella Karl-Marx-Allee, la rivolta coinvolse ben presto il 10% circa degli operai di tutto il paese.

Quando il governo della DDR si dimostrò incapace di mantenere il controllo della situazione, le truppe sovietiche di stanza in Germania Est dovettero intervenire per sedare l'insurrezione, causando la morte di numerosi manifestanti e arrestando circa 4000 persone.

LA COSTRUZIONE DEL MURO

Di fronte all'immobilismo e alle repressioni del regime della DDR, molti cittadini di Berlino Est ripararono a ovest. Nel solo 1953 circa 330.000 tedeschi della Germania orientale si trasferirono nella BRD: quasi sempre si trattava di giovani con un alto livello di istruzione, e la già fragile economia della DDR non poté non risentire dell'esodo della forza lavoro maggiormente qualificata. Nel 1961, poi, il premier sovietico Nikita Chruščëv consegnò al presidente degli Stati Uniti John Fitzgerald Kennedy un memorandum con cui l'URSS invitava le potenze occidentali a fare di Berlino Ovest una città libera e smilitarizzata.

Constatato il rifiuto degli alleati occidentali, il 15 agosto 1961, con l'approvazione dei paesi aderenti al Patto di Varsavia, ebbero inizio i lavori di costruzione di un muro, materializzazione fisica della Cortina di Ferro e simbolo per eccellenza della Guerra Fredda, lungo il confine tra Berlino Est e Berlino Ovest.

Le formali proteste dei paesi occidentali e le manifestazioni di piazza inscenate a Berlino Ovest da oltre mezzo milione di persone non sortirono alcun effetto. La tensione lievitò ulteriormente il 25 ottobre 1961, quando i carri armati americani e sovietici si fronteggiarono presso il Checkpoint Charlie. L'incidente fu causato dal rifiuto, da parte della DDR, di consentire il passaggio di alcuni membri delle forze armate americane. In breve, il confine tra BRD e DDR venne segnato dal filo spinato e disseminato di mine per tutta la sua lunghezza. Alle guardie di frontiera venne dato ordine di sparare a vista contro chiunque venisse sorpreso a tentare la fuga. Da allora fino alla caduta del Muro, avvenuta il 9 novembre 1989, nella sola Berlino più di 80 persone morirono nel tentativo di valicare le barriere.

A causa della costruzione del Muro i rapporti internazionali tra Est e Ovest raggiunsero ancora una volta livelli di autentico gelo, intervallati da periodi di accesa tensione. Nel 1963, nove mesi dopo la crisi di Cuba, il presidente Kennedy fece una visita lampo a Berlino Ovest, dove si complimentò con i cittadini per la loro battaglia a favore della libertà nel famoso discorso ricordato per la frase 'Ich bin ein Berliner' (io sono berlinese). Al di là delle lodevoli dichiarazioni di intenti, a ogni modo, la questione di Berlino venne di fatto insabbiata, e anzi palesò divergenze tra gli Alleati tali da indurre Bonn a dubitare della fermezza americana. Dopo uno sfortunato tentativo di intesa diplomatica con la Francia della Quinta Repubblica, tuttavia, la Germania Federale si sarebbe affidata ancora una volta agli Stati Uniti.

1949	1953
Konrad Adenauer è il primo cancelliere della RFT	I sovietici reprimono le agitazioni scoppiate nella DDR

Pittura murale che raffigura il Muro di Berlino, East Side Gallery (p130)

IL RIAVVICINAMENTO

Nel 1963 le restrizioni che avevano impedito l'ingresso a Berlino Est e alla DDR si allentarono temporaneamente grazie al *Passagierscheinabkommen* (Accordo per il lasciapassare), con cui veniva concesso ai residenti a Ovest di far visita ai propri congiunti dell'Est tra il 19 dicembre 1963 e il 5 gennaio 1964. In questo periodo vennero registrate circa 1,2 milioni di visite. Dal 1964 al 1966 la DDR aprì le frontiere altre tre volte, sempre per brevi periodi.

Nel 1971, quando già Erich Honecker aveva sostituito Walter Ulbricht alla guida del SED, il *Vier-Mächte-Abkommen* (Accordo fra le Quattro Potenze) regolarizzò in maniera definitiva le visite dei berlinesi occidentali nel settore orientale, e permise il transito nella DDR a chi volesse raggiungere Berlino. Comunque, fatta eccezione per gli anziani, nessun cittadino della DDR poteva lasciare il paese. I turisti in visita a Berlino Est dovevano obbligatoriamente cambiare i *Deutschmark* in *Ostmark*, la moneta locale, ad un tasso svantaggiosissimo di 1:1.

Nel dicembre 1972 le due Germanie stipularono il Trattato fondamentale, che garantiva la sovranità di ciascun paese in materia di affari internazionali e interni, regolava i rapporti di scambio tra Germania Est e Germania Ovest e preparava il terreno per l'ingresso di entrambi gli stati nelle Nazioni Unite.

LO SVILUPPO ECONOMICO E L'IMMIGRAZIONE

Negli anni '60, in un periodo di consolidamento dell'economia, il livello di vita nella DDR si attestò sulla soglia più alta tra i paesi del Patto di Varsavia, e la nazione diventò la seconda potenza industriale del blocco socialista dopo l'Unione Sovietica. Nel frat-

1958	15 agosto 1961
La Germania Ovest aderisce al Trattato di Roma	Inizia la costruzione del Muro

tempo la Germania occidentale allacciò rapporti sempre più stretti con gli Stati Uniti e l'Europa. Lo sviluppo, chiamato *Wirtschaftswunder* (miracolo economico), proseguì per tutti gli anni '50 e gran parte degli anni '60. Uno dei suoi principali artefici, Ludwig Erhard, promosse una politica che incoraggiava gli investimenti e l'accumulo del capitale, aiutato in questo dal Piano Marshall e da una tendenza verso l'integrazione economica a livello europeo. Per ovviare alle carenze di manodopera vennero richiamati dall'Europa meridionale (soprattutto da Turchia, Iugoslavia e Italia) i cosiddetti *Gastarbeiter* (lavoratori ospiti), creando così molte delle comunità etniche che caratterizzano Berlino e le altre città tedesche.

Nel 1958 la Germania Ovest firmò, insieme ad altri quattro paesi europei, il Trattato di Roma, con il quale si diede vita alla Comunità Economica Europea.

RIVOLTE STUDENTESCHE E TERRORISMO

Nella Germania Ovest i due partiti più forti, la CDU e l'SPD, formarono nel 1966 una coalizione di governo. L'assenza di opposizione parlamentare alimentò lo sviluppo di un movimento radicale studentesco che aveva come centro proprio Berlino. Attraverso sit-in e manifestazioni di protesta gli studenti chiedevano la fine della guerra in Vietnam e la riforma dell'obsoleto sistema universitario tedesco e dei programmi di insegnamento. Intorno al 1970 il movimento studentesco si era indebolito, ma non senza avere profondamente scosso il paese e provocato alcuni cambiamenti, per esempio l'emancipazione delle donne, la riforma universitaria e la politicizzazione del corpo studentesco.

Alcuni esponenti radicali di questo movimento, però, non si accontentarono dei risultati ottenuti ed entrarono in clandestinità. Berlino divenne il cuore dell'organizzazione terroristica chiamata Rote Armee Fraktion (RAF, o Frazione dell'Armata Rossa), guidata da Ulrike Meinhof, Andreas Baader e Gudrun Ensslin. Nel corso degli anni '70 la RAF sequestrò e assassinò importanti personaggi del mondo politico ed economico. Nel 1976, tuttavia, la Meinhof e Baader morirono in carcere in circostanze ritenute da molti quantomeno sospette. Altri membri dell'organizzazione vennero arrestati o furono costretti a nascondersi o a rifugiarsi oltre confine, nella Germania Est. Alla fine, tuttavia, il crollo di quel paese li avrebbe esposti ai tentativi della Germania Ovest di sottoporli a regolare processo.

IL CROLLO DELLA DDR

L'ascesa di Erich Honecker, comunista zelante ed ex prigioniero dei nazisti, alla carica di segretario di Stato, nel 1971, annunciò un'epoca di cambiamenti nella Costituzione della Germania Est. Le ottimistiche clausole di riunificazione vennero cancellate nel 1974 e sostituite da un'unica dichiarazione che proclamava l'alleanza indissolubile della Germania Est con l'URSS. Honecker si allineò perfettamente con la politica sovietica, riuscendo a traghettare il paese oltre la recessione mondiale e la crisi petrolifera degli inizi degli anni '70, e diede impulso a iniziative di sviluppo edilizio, di misure previdenziali e di sostegno alle madri lavoratrici.

Verso la metà degli anni '80, tuttavia, i prezzi dei beni di consumo registrarono un forte aumento e nella Germania orientale, che lottava per tenersi al passo con l'evoluzione tecnologica del resto del mondo, la crescita economica segnò il passo. Le riforme attuate in Polonia e in Ungheria, e soprattutto la *perestrojka* di Mikhail Gorbaciov in Unione Sovietica, legittimarono le rivendicazioni riformiste verso un SED ancora recalcitrante alle aperture.

La *Wende* (svolta) cominciò nel maggio 1989, quando l'Ungheria annunciò che avrebbe sospeso il suo 'accordo di viaggio' ai sensi del quale era proibito ai tedeschi dell'Est di recarsi in Occidente passando attraverso il territorio magiaro. Il SED rispose inasprendo

25 ottobre 1961   **1971**

Momenti di estrema tensione tra americani e sovietici presso il Checkpoint Charlie   Viene stipulato l'Accordo fra le Quattro Potenze

Storia – Dalle origini

le restrizioni sulla circolazione delle persone, ma nel frattempo un numero sempre maggiore di tedeschi dell'Est prese d'assalto i consolati della Germania Ovest e le ambasciate a Berlino Est, Varsavia, Praga e Budapest, nel tentativo di emigrare. Il 10 settembre 1989 il ministro degli Esteri ungherese, Gyula Horn, ordinò l'apertura del confine magiaro con l'Austria, permettendo così ai rifugiati di attraversare legalmente la frontiera che li separava dall'Occidente.

Prese quindi corpo un'organizzazione di gruppi d'opposizione, chiamata *Neues Forum* (Nuovo Forum), che, con il sostegno della Chiesa locale, rivendicò il riconoscimento dei diritti civili nella RDT e la fine del sistema monopartitico. Si aprì dunque una crisi profonda ai vertici del partito, e Honecker venne sostituito con Egon Krenz. Il 4 novembre 1989 circa 500.000 manifestanti si riunirono nella Alexanderplatz dando voce al proprio desiderio di cambiamento.

Cinque giorni più tardi, il 9 novembre 1989, il *Politbüro* della DDR cercò di assecondare gli eventi annunciando l'apertura dei confini. La comunicazione ufficiale venne effettuata da Günter Schabowsky, membro del *Politbüro*, nel corso di una conferenza stampa ripresa dalla televisione. Un cronista domandò a Schabowsky quando il provvedimento sarebbe entrato in vigore e Schabowsky, forse colto di sorpresa, forse preda dell'emozione, consultò i propri appunti e, non senza perplessità, rispose che le disposizioni erano da ritenersi operative a partire da subito. La notizia si diffuse a macchia d'olio e, dopo un momentaneo disorientamento, decine di migliaia di persone attraversarono il confine sotto lo sguardo attonito dei soldati di guardia, che, pur non essendo a conoscenza delle nuove disposizioni, scelsero di non intervenire. I berlinesi dell'Ovest si riversarono per le strade a salutare i loro concittadini della parte orientale: furono momenti di commozione e di irrefrenabile gioia. Fra ininterrotti festeggiamenti e assordanti concerti di clacson, lunghe file di Trabant (automobili prodotte nella DDR) attraversarono il Muro ormai caduto: le due Berlino erano di nuovo riunite.

LA RIUNIFICAZIONE

I gruppi dell'opposizione e i rappresentanti del governo si incontrarono tempestivamente per stabilire una politica di chiara impronta riformista. Nel marzo del 1990 vennero indette le prime libere elezioni della Germania Est dal 1949: ottenne la maggioranza un'alleanza presieduta da Lothar de Maizière della CDU. L'SPD, accusato di essersi espresso in termini non del tutto chiari in merito alla riunificazione, venne punito dall'elettorato. Le regioni amministrative del SED vennero abolite e sostituite con i vecchi *Länder* (stati). Nel luglio del 1990 si concretizzò l'unione monetaria ed economica.

Nel mese di settembre dello stesso anno le due Germanie, l'Unione Sovietica e le potenze alleate si accordarono per abolire le zone di occupazione istituite nel dopoguerra. Il mese successivo lo stato della Germania Est cessò ufficialmente di esistere e vennero indette le prime elezioni della Germania riunificata dopo la seconda guerra mondiale. Berlino tornò ad essere la

Problemi di date

All'inizio si era deciso di celebrare l'anniversario della riunificazione tedesca il 9 novembre, giorno in cui era caduto il Muro di Berlino, poiché si riteneva che avrebbe avuto maggiore risonanza. Il 9 novembre, però, coincideva anche con l'anniversario del fallito putsch di Monaco, messo in atto da Hitler nel 1923, e con la famigerata Kristallnacht (Notte dei cristalli), nel corso della quale, nel 1938, la popolazione tedesca di religione ebraica venne aggredita dai nazisti in tutta la Germania. Era quindi un giorno che avrebbe potuto fomentare potenziali adunate neonaziste e creare altri problemi dal punto di vista delle pubbliche relazioni. Alla fine si decise per la data meno evocativa, ma molto più discreta, del 3 ottobre 1990, giorno della riunificazione amministrativa.

10 settembre 1989	9 novembre 1989
Aperte le frontiere tra Ungheria e Austria	Centinaia di migliaia di berlinesi dell'Est e dell'Ovest si abbracciano lungo il tracciato del Muro

capitale della Germania quando, nel 1991, il Bundestag (Parlamento tedesco) approvò, a stretta maggioranza (338 contro 320), il trasferimento del governo federale da Bonn. L'8 settembre 1994 l'ultimo contingente militare alleato di stanza a Berlino lasciò la città dopo una solenne cerimonia.

LA REPUBBLICA DI BERLINO

Nel 1999 il Parlamento tedesco si è trasferito da Bonn a Berlino e il 19 aprile si è riunito per la sua prima sessione di lavoro nel restaurato palazzo del Reichstag. Da allora circa 15.000 persone legate a vario titolo agli organismi statali si sono stabilite a loro volta in città. Intorno al Reichstag è sorto un nuovo distretto governativo, con uffici per i parlamentari, eleganti ambasciate e, soprattutto, la Nuova Cancelleria Federale, un edificio molto suggestivo che è stato inaugurato nel 2001.

Anche le altre zone di Berlino sono state fortemente modificate dopo la riunificazione. L'iperattività edilizia ha donato nuova linfa a molte zone centrali, come il restaurato distretto di Mitte, ritornato a essere il cuore della città. Gli spunti culturali che avevano fatto grande la città negli anni '20 sono ritornati d'attualità, riportando a pieno titolo Berlino tra le capitali europee. La città non è mai stata così sofisticata e cosmopolita, e ovunque si rivolga lo sguardo si notano vigorosi esempi di energia creativa, di edilizia d'avanguardia e di modernizzazione.

Berlino, grazie in parte alla propria collocazione geopolitica, sta anche affermandosi in maniera sempre più decisa come *trait d'union* tra l'Oriente e l'Occidente in tutti i campi: politica, cultura, economia, finanza, comunicazioni e ricerca scientifica. Dal 1989 l'immigrazione è aumentata in maniera significativa, in particolare quella proveniente dall'ex

La cupola di vetro del Reichstag (102)

Storia – Dalle origini

1990	1994
La CDU si aggiudica le elezioni nella DDR	Gli ultimi reparti alleati si ritirano da Berlino

blocco orientale. Con l'allargamento dell'Unione Europea alla Polonia e alla Repubblica Ceca questa tendenza dovrebbe ricevere nuovi impulsi.

Certo, Berlino e la nuova Germania sono anche afflitte da seri problemi. Nel 2000 gli scandali legati a tangenti e fondi neri, che hanno minato la reputazione di Helmut Köhl (il 'cancelliere dell'unificazione') e del suo governo hanno fatto tremare le istituzioni politiche e vacillare la fiducia negli uomini che le rappresentano, mentre gli investimenti non sempre oculati del Senato berlinese hanno dissanguato le finanze della città. Berlino, tuttavia, a prescindere da qualsiasi problema interno, sembra aver messo alle spalle con fermezza i giorni peggiori e sembra destinata a rifiorire come forza europea del XXI secolo.

1999	2001
Il Parlamento tedesco si trasferisce da Bonn a Berlino	Inaugurazione della Nuova Cancelleria Federale

Distretti

Distretti

Berlino è una città-stato circondata da una regione nota sin dall'epoca medievale come Marca di Brandeburgo, oggi *Bundesland* (stato federale) di Brandeburgo. Nel 2001 i 23 *Bezirke* (distretti) amministrativi di Berlino sono stati ridotti a 12, nel tentativo di snellire l'apparato burocratico (v. lettura p20). Per lo più questo ha significato la fusione di distretti preesistenti, un'operazione che invero non ha effetti pratici sui visitatori, dato che la gente del posto continua a usare la vecchia toponomastica – Mitte, Charlottenburg, Kreuzberg ecc. Gli stessi nomi sono stati pertanto adottati anche nei capitoli di questa guida.

Inizieremo con il delineare gli otto distretti centrali, a partire da **Mitte**, il nucleo storico della città, per proseguire poi in senso antiorario. Segue **Tiergarten** – con il suo gigantesco parco, il quartiere governativo e Potsdamer Platz. **Charlottenburg**, il cuore della città occidentale, viene subito dopo, con bei negozi e il magnifico Schloss Charlottenburg. Di qui si prosegue verso sud fino a **Wilmersdorf**, un distretto residenziale occupato dalla vasta foresta del Grunewald. A est si trova **Schöneberg**, noto per il suo vivace quartiere gay e per il grande mercato rurale, quindi **Kreuzberg**, le cui maggiori attrazioni sono il Checkpoint Charlie e il Museo Ebraico. Riattraverseremo poi la Sprea per entrare in quella che era Berlino Est e nel distretto emergente di **Friedrichshain**, caratterizzato dalla spumeggiante vita notturna e dall'architettura monumentale della RDT. L'anello centrale si conclude con **Prenzlauer Berg**, un distretto rimodernato di recente il cui fulcro è Kollwitzplatz. I distretti periferici sono stati raggruppati seguendo i punti cardinali a partire dai **Distretti settentrionali** (Pankow e Wedding), proseguendo poi ancora in senso antiorario fino ai **Distretti occidentali** (Spandau), ai **Distretti meridionali** (Köpenick, Neukölln, Treptow e Zehlendorf) e infine ai **Distretti orientali** (Lichtenberg-Hohenschönhausen e Marzahn-Hellersdorf).

ITINERARI
Un giorno

Per evitare la ressa raggiungete di buon'ora la cupola del **Reichstag** (p102), poi dirigetevi a sud verso la **Porta di Brandeburgo** (p82) e consumate una ricca prima colazione all'**Hotel Adlon** (p84).

Gemäldegalerie, Sala Grande (p107)

Camminate verso sud lungo Ebertstrasse e superate il **Monumento alle Vittime della Shoà** (p83) fino a **Potsdamer Platz** (p104), la vetrina del rinnovamento urbano di Berlino. Fermatevi al **Filmmuseum** (p105), poi salite sulla U-Bahn fino a Stadtmitte. In questo modo arriverete sull'esclusiva Friedrichstrasse, dove vale la pena di dare un'occhiata all'interno dei **Friedrichstadtpassagen** (p87) per ammirare il loro sorprendente design. Consumate un pasto veloce e poi andate a zonzo per il bellissimo **Gendarmenmarkt** (p86) e quindi a nord fino a **Unter den Linden** (p82). Proseguite verso est lungo questo viale neoclassico e sbirciate all'interno del **Berliner Dom** (p89) prima di farvi soggiogare dalle antichità del **Pergamon Museum** (p90). Concludete la giornata esplorando le viuzze dello **Scheunenviertel** (p96), dove non avrete difficoltà a trovare simpatici locali in cui cenare, bere qualcosa o ballare.

Tre giorni

Seguite l'itinerario di un giorno, poi rivivete le atmosfere della Guerra Fredda al **Checkpoint Charlie** (p125) e al vicino museo **Haus am Checkpoint Charlie** (p126) prima di trascorrere il resto della mattinata presso l'incredibile **Jüdisches Museum** (Museo Ebraico; p127). Dopo aver pranzato al museo andate di volata alla **Gemäldegalerie** (p107) e alla **Neue Nationalgalerie** (p109) presso il Kulturforum. Rinfrescatevi, cenate presto e poi andate ad assistere a un concerto o a uno spettacolo di cabaret e concludete la giornata nei bar di **Prenzlauer Berg** (p132). Tra le tante visite che ancora potreste fare nel corso del terzo giorno, giudichiamo impedibile lo **Schloss Sanssouci** (Palazzo di Sanssouci; p264) a Potsdam, la versione tedesca di Versailles; si raggiunge facilmente e velocemente con la S-Bahn.

Una settimana

Dopo la bellezza di Sanssouci, dedicate il quarto giorno a esplorare il passato più tetro di Berlino, andando a visitare luoghi come la **East Side Gallery** (p130), la **Topographie des Terrors** (Topografia del Terrore; p129), il **Gedenkstätte Normannenstrasse** (Museo della Stasi; p152), l'**Alliierten Museum** (Museo degli Alleati; p147) o il **Gedenkstätte Deutscher Widerstand** (Museo commemorativo della Resistenza tedesca; p107). **Schloss Charlottenburg** (p111) e i vicini musei, specialmente l'**Ägyptisches Museum** (Museo Egizio; p114), saranno il fulcro della vostra quinta giornata prima di prendervi, il sesto giorno, una vacanza dalla cultura con una gita a Wannsee. Fate un tuffo nel lago a **Strandbad Wannsee** (p220), poi trovatevi l'angolino ideale per un pic nic nella vicina incantevole **Pfaueninsel** (p150), seguito da una passeggiata digestiva di un'oretta verso sud lungo lo Havel fino a **Schloss Glienicke** (p150).

L'ultimo giorno potrete dedicarvi agli acquisti. Setacciate il Ku'damm e il **KaDeWe** (p235) durante la mattinata, poi curiosate tra i ninnoli e gli accessori dall'esclusivo design berlinese nei negozi attorno allo Scheunenviertel e lungo Kastanienallee. Per la vostra cena d'addio concedetevi piatti da gourmet, per esempio da **Margaux** (p172) o da **Maxwell** (p172) a Mitte.

ESCURSIONI ORGANIZZATE

Escursioni a piedi

Tre agenzie offrono eccellenti visite guidate di Berlino, in inglese, a orari fissi; sono tutte eccellenti. Cercate i loro opuscoli negli ostelli, negli alberghi e presso gli uffici turistici.

BREWER'S BEST OF BERLIN
www.brewersberlin.de; escursioni €10

Per una immersione totale di un giorno, indossate le vostre scarpe più comode e iscrivetevi al Brewer's Total Berlin tour, che può durare da sei a 11 ore a seconda dell'interesse del vostro gruppo. La visita di quattro ore Classic Berlin proposta da Brewer's riguarda i siti principali.

Tessere per i musei statali

Alcuni musei, biblioteche e monumenti statali della città di Berlino (Staatliche Museen zu Berlin, nella guida indicati con la sigla SMB) offrono una tessera giornaliera al prezzo di €10, una tessera valida tre giorni che costa €12 e una tessera annuale a €40. Le tessere sono acquistabili direttamente alla cassa di uno qualsiasi dei musei statali. In genere vi eviteranno le lunghe code alle biglietterie.

Distretti – Escursioni organizzate

INSIDER TOUR

☎ 692 3149; www.insidertour.com; escursioni €10-12, escursioni in bicicletta (compresa la bicicletta) €20, sconti per studenti, minori di 26 anni, anziani e possessori di WelcomeCard

La visita giornaliera Famous Insider Tour proposta da questa agenzia offre una divertente e approfondita panoramica dei siti principali. Il suo vasto programma estivo comprende le intriganti visite chiamate Third Reich Insider e Red Star (Berlino dell'epoca della RDT), nonché visite nei locali pubblici chiamate Insider Bar & Pub Crawl e Berlin by Night. Se avete voglia di combinare il turismo con un po' di sport provate la visita chiamata Berlin by Bike tour.

ORIGINAL BERLIN WALKING TOURS

☎ 301 9194; www.berlinwalks.de; escursioni €10-15 sconti per minori di 26 anni e possessori di WelcomeCard

Questa affermata agenzia propone un itinerario giornaliero (due volte al giorno da aprile a ottobre) chiamato Discover Berlin Walk, che fornisce un'approfondita introduzione generale ai luoghi imperdibili di Berlino. Altrettanto affascinanti sono le visite denominate Infamous Third Reich Sites e Jewish Life in Berlin, proposti in orari particolari.

Escursioni in autobus

La maggior parte delle visite turistiche della città è basata sul principio 'sali e scendi al volo' e le differenze tra i vari operatori sono minime. Gli autobus percorrono il centro di Berlino seguendo percorsi studiati per toccare tutte le principali attrattive, compresi Kurfürstendamm, la Porta di Brandeburgo, Schloss Charlottenburg, Unter den Linden e Potsdamer Platz. L'intero circuito dura circa due ore senza soste. Per chi non lo notasse, il commento registrato è in otto lingue.

Gli autobus partono ogni 15 minuti circa tutti i giorni dalle 10 alle 17 o alle 18. Oltre che dai punti di partenza principali, che sono elencati di seguito, si può iniziare il giro da una qualsiasi delle varie fermate della città. Se non diversamente specifica to, il costo dei biglietti, che si acquistano in autobus, va da €15 a €18 (50% di sconto per bambini minori di 13 anni). La maggior parte delle agenzie organizza anche un paio di itinerari turistici tradizionali della città, durante i quali si vedono i luoghi di interesse senza scendere dall'autobus; il loro costo va da €20 a €25. Sono anche disponibili escursioni che combinano barca e autobus nonché viaggi organizzati a Potsdam e allo Spreewald.

Per informazioni complete telefonate o cercate gli opuscoli delle agenzie nelle lobby degli alberghi e presso gli uffici turistici.

BBS Berliner Bären Stadtrundfahrt (cartina p354; ☎ 3519 5270; www.bbsberlin.de; Kurfürstendamm, angolo di Rankestrasse)

Berolina Sightseeing (cartina p354; ☎ 8856 8030; www.berolina-berlin.com; Kurfürstendamm 220)

BVB (cartina p354; ☎ 683 8910; www.bvb.net; Kurfürstendamm 225)

BVG Top Tour (cartina p354; ☎ 2562 6570; www.bvg. de; Kurfürstendamm 18; adulti/ragazzi 6-14 anni €20/15; escursioni da metà aprile a ottobre) Autobus a due piani scoperto con spiegazioni dal vivo in tedesco e in inglese.

Severin & Kühn (cartina p354; ☎ 880 4190; www.severin-kuehn-berlin.de; Kurfürstendamm 216)

Tempelhofer Reisen (cartina p350; ☎ 752 4057; www.tempelhofer.de; Unter den Linden 14)

Escursioni in barca

Il modo migliore di visitare Berlino in una calda giornata estiva è quello di utilizzare una delle imbarcazioni che navigano lungo i fiumi, i canali e i laghi della città. Le escursioni vanno da viaggi di un'ora attorno a Museumsinsel, con viste ai siti storici (a partire da €4), a piacevoli viaggi di tre ore nei verdi sobborghi (a partire da €10) con cena a bordo. Le spiegazioni sono in inglese e in tedesco. A bordo, se non volete portarvi il sacco, è possibile acquistare cibo e bevande. In genere i bambini piccoli viaggiano gratis e per i minori di 14 anni e per gli anziani ci sono sconti del 50%. La stagione va all'incirca da aprile a ottobre.

Berliner Wassertaxi (cartina p350; ☎ 6588 0203; www.berliner-wassertaxi.de)

Reederei Bruno Winkler (☎ 3499 5933; www.reederei winkler.de)

Reederei Riedel (☎ 691 3782; www.reederei-riedel.de)

Stern und Kreisschiffahrt (☎ 536 3600; www.sternund kreis.de)

Escursioni particolari

BERLINER UNTERWELTEN Cartina pp344-5

☎ 4991 0518; www.berliner-unterwelten.de; interi/ ridotti €9/7, minori di 12 anni gratuito; ☯ escursioni 12, 14, 16 e 18 sabato

Raggiungete il ventre di Berlino con questa visita a due dei bunker sotterranei dell'epoca della seconda guerra mondiale costruiti vicino alla stazione della U-Bahn Gesundbrunnen. Uno di questi è stato restaurato negli anni '80 allo scopo di fungere da rifugio in caso di calamità naturali o di un attacco atomico. Vedrete letti da ospedale, toilette, sistemi di filtraggio e scatole piene di cimeli di guerra, dai caschi ai bottoni ai preservativi. Le visite guidate sono in tedesco, ma se ne possono organizzare anche in inglese. I gruppi si formano in Badstrasse all'angolo con Hochstrasse vicino alla stazione della U-Bahn Gesundbrunnen.

TRABI SAFARI Cartina p350

☎ 2759 2273; www.trabi-safari.de; Gendarmenmarkt, angolo Markgrafenstrasse; 2/3/4 passeggeri €30/25/20 a persona

La Trabant (abbreviato in Trabi) di latta fu il prototipo delle automobili di fabbricazione tedesco-orientale.

Questa agenzia vi offre la possibilità di esplorare Berlino al volante – o in qualità di passeggero – di questo venerabile relitto. Si può scegliere il classico itinerario che copre i principali siti di interesse turistico oppure saggiare l'atmosfera socialista di Berlino Est nell'itinerario denominato Wild East.

Si segue una guida le cui spiegazioni estemporanee (in inglese previo accordo) arrivano alla vostra macchina via radio. Il giro dura 90 minuti.

MITTE

Pasti pp170-4; Shopping pp227-32; Pernottamento pp245-50

Mitte (letteralmente 'metà, centro') è il luogo da cui nacque Berlino e in tutta la sua storia è sempre stato un centro politico, culturale e commerciale. Ricco di scorci resi famosi da film di successo, di musei, di alberghi e di locali di intrattenimento, è la parte di Berlino nella quale i visitatori trascorrono la maggior parte del tempo. La scelta dei posti da visitare è a dir poco imbarazzante. Potreste cominciare dalla famosa **Porta di Brandeburgo**

Potsdamer Platz

e dirigervi a est lungo **Unter den Linden**, il viale più grandioso della città. Nel corso del tempo, famosi architetti – fra cui Schinkel, Langhans, I. M. Pei e Frank Gehry – hanno lasciato il loro segno qui e anche nell'elegante **Gendarmenmarkt** e dintorni.

Piacevoli da visitare sono anche i negozi che si trovano lungo l'elegante **Friedrichstrasse** e gli innumerevoli locali nelle strade che costituiscono il delizioso **Scheunenviertel**, una delle zone di Berlino dove la vita notturna è più vivace. Le collezioni di fama mondiale di **Museumsinsel** (Isola del Museo), che sta diventando l'equivalente berlinese del Louvre di Parigi, possono tranquillamente tenervi occupati per un'intera giornata.

Potete fare un tuffo nelle origini medievali della città al **Nikolaiviertel** o conoscere il senso estetico della RDT ad **Alexanderplatz**, che, malgrado l'evidente mancanza di carisma, rimane una interessante testimonianza del sentimento autocelebrativo di un paese che ha ormai smesso di esistere. E se tutto andrà secondo i piani, il nuovissimo **Monumento alle Vittime della Shoà** quando leggerete queste pagine sarà finalmente stato inaugurato.

Orientamento

Mitte, che si trovava a Berlino Est, forma un'unità amministrativa con Tiergarten, sede del governo federale, a ovest e con il quartiere operaio di Wedding a nord-ovest. È piccolo e compatto e per lo più pedonale, sebbene comodamente visitabile con gli autobus n. 100 e 200.

I principali siti turistici di Mitte si allineano lungo Unter den Linden, che si estende in direzione est-ovest dalla Porta di Brandeburgo a Museumsinsel, da dove prosegue come Karl-Liebknecht-Strasse fino a oltrepassare Alexanderplatz.

Friedrichstrasse, fiancheggiata da negozi, alberghi e ristoranti, è la principale arteria in direzione nord-sud. A sud di Unter den Linden conduce alla zona di Gendarmenmarkt e più avanti fino al Checkpoint Charlie e a Kreuzberg. Percorrendola verso nord si arriva alla zona del teatro storico vicino a U/S-Bahn Friedrichstrasse, dove si trovano molti locali in cui bere qualcosa dopo lo spettacolo nel quartiere di Scheunenviertel, delimitato dagli Hackesche Höfe. Il distretto di Prenzlauer Berg si trova poco più a nord, mentre Alexanderplatz segna l'ingresso ai distretti orientali tra cui Friedrichshain, all'estremità di Karl-Marx-Allee. Il primo insediamento di Berlino si trovava più a ovest, nel Nikolaiviertel e nella metà meridionale di Museumsinsel.

Trasporti

Autobus I n. 100 e 200 percorrono Unter den Linden fino ad Alexanderplatz; il n. 240 segue Torstrasse fino a Scheunenviertel; il JetExpressBus TXL per l'aeroporto di Tegel ferma anche ad Alexanderplatz, Französische Strasse, Unter den Linden e Friedrichstrasse.

S-Bahn Le linee S5, S7 e S9 dalla stazione Zoo servono Friedrichstrasse, Hackescher Markt (per Scheunenviertel) e Alexanderplatz; la S1 e la S2 fermano anche a Friedrichstrasse.

Tram I n. 52 e 53 uniscono Museumsinsel a nord con Scheunenviertel e Prenzlauer Berg; il n.1 viaggia verso nord da Hackescher Markt lungo Prenzlauer Allee.

U-Bahn Linea Weinmeisterstrasse (U8), Rosa-Luxemburg-Platz (U2) o Oranienburger Tor (U6) per Scheunenviertel; Stadtmitte (U2, U6) per Gendarmenmarkt; Friedrichstrasse o Französische Strasse (U6) per Unter den Linden; U2, U5 o U8 per Alexanderplatz.

LUNGO UNTER DEN LINDEN

Il più bel viale di Berlino si estende per circa 1,5 km dalla Porta di Brandeburgo allo Schlossbrücke. Prima di diventare una vetrina Unter den Linden era semplicemente una strada percorsa da carrozze che collegava il Berliner Stadtschloss con Tiergarten, già riserva reale di caccia. Durante il periodo in cui governò l'Elettore Federico Guglielmo (dal 1640 al 1688) furono piantati i tigli da cui deriva il nome del viale, ma ci volle un altro secolo per completare l'armonioso insieme di edifici barocchi, neoclassici e rococò. La guerra ha causato pesanti danni, ma la ristrutturazione è stata in gran parte accurata e fedele ai modelli originali.

ALTE KÖNIGLICHE BIBLIOTHEK Cartina p350
Bebelplatz; U-Bahn Hausvogteiplatz, autobus n. 100, 200
La Alte Königliche Bibliothek (Vecchia Biblioteca Reale) è un bell'edificio barocco del 1775, dalla cui forma massiccia deriva il nomignolo *Kommode* (comò). Attualmente parte della **Humboldt Universität** (p83), ospitava in origine la biblioteca reale,

I top five di Mitte

- Il fascino dell'arte delle antiche civiltà al **Pergamon Museum** (p90).
- La passeggiata sulle orme della storia lungo **Unter den Linden** (p82).
- Lo spettacolo maestoso di un'opera classica allo **Staatsoper Unter den Linden** (p86).
- La scoperta delle ultime novità di Berlino nei negozi di **Scheunenviertel** (p96).
- Le vedute che scivolano accanto a voi mentre sorseggiate un drink ghiacciato durante un'**escursione in barca** (p80).

prima che la collezione, sempre più vasta, venisse trasferita nel 1914 dall'altra parte di Unter den Linden nella più spaziosa **Staatsbibliothek** (p86).

BEBELPLATZ Cartina p350
U-Bahn Hausvogteiplatz, autobus n. 100, 200
Bebelplatz è conosciuta soprattutto in quanto i nazisti vi organizzarono il loro primo rogo di libri, il 10 maggio 1933, dando alle fiamme le opere di autori considerati sovversivi, tra i quali Bertolt Brecht, Heinrich e Thomas Mann e Karl Marx. Fu un evento di terrificante portata che segnò la fine della grandezza culturale che Berlino aveva acquisito nei due secoli precedenti.

Un commovente **monumento alla memoria** di Micha Ullmann, che consiste in una libreria sotterranea dagli scaffali vuoti, mantiene viva la memoria di questo orrore.

La piazza fu concepita come punto focale del progetto di Federico il Grande, il Forum Fridericianum, un centro intellettuale e artistico ispirato all'antica Roma. Ebbene, le onerosissime avventure belliche del re prosciugarono le casse dello stato e resero impossibile il completamento di un'opera tanto grandiosa; tuttavia vennero costruiti parecchi degli edifici previsti, tra i quali l'**Alte Königliche Bibliothek** (p88), sul lato occidentale della piazza, con di fronte la **Staatsoper Unter den Linden** (p86) e la **St-Hedwigs-Kathedrale** (p85) nell'angolo sud-orientale.

Fu la sede dell'Opera di Stato che diede alla piazza il suo nome originale, Opernplatz. Nel 1947 il nome venne cambiato in onore di August Bebel, il co-fondatore e leader del Partito Socialista Democratico (SPD).

PORTA DI BRANDEBURGO Cartina p350
Pariser Platz; Raum der Stille; ingresso gratuito; ⏲ 11-18 aprile-ottobre, 11-17 novembre e gennaio-marzo, 11-16 dicembre; S-Bahn Unter den Linden, autobus n.100, 200

La famosa Brandenburger Tor (Porta di Brandeburgo), restaurata di recente, simbolo di divisione durante la guerra fredda, oggi rappresenta la riunificazione della Germania. Fu al cospetto di essa che nel 1987 l'allora presidente degli Stati Uniti Ronald Reagan pronunciò le parole ormai famose: 'Signor Gorbaciov, abbatta questo Muro'. Due anni più tardi il Muro sarebbe effettivamente caduto. La storia della Porta ebbe inizio un paio di secoli prima. Progettata da Carl Gotthard Langhans, era considerata la più bella delle 18 porte della città. La **Quadriga** di Johann Gottfried Schadow, la scultura della dea alata della Vittoria che guida un carro trainato da cavalli, si erge orgogliosa sopra un tendaggio di colonne doriche. Durante l'occupazione napoleonica, nel 1806, la scultura venne trafugata e tenuta a Parigi per anni, ma ritornò trionfalmente nel 1814 per opera di un baldo generale prussiano.

Nell'ala nord della porta si trova la **Raum der Stille** (Stanza del Silenzio), dove è possibile sedersi e raccogliersi in meditazione. Nell'ala sud c'è un **ufficio turistico del BTM** (p303).

La facciata principale della Porta di Brandeburgo domina **Pariser Platz** (p84) e fiancheggia a ovest la piazza che è stata chiamata **Platz des 18. März** per commemorare il bagno di sangue che ebbe luogo durante una dimostrazione popolare il 18 marzo 1848.

DEUTSCHE GUGGENHEIM BERLIN
Cartina p350

☎ 202 0930; www.deutsche-guggenheim.de; Unter den Linden 13-15; interi/ridotti €3/2, lunedì gratuito; 🕐 11-20 da venerdì a mercoledì, 11-22 giovedì; U-Bahn Französische Strasse, autobus n. 100, 200

Chi fosse stato in uno degli altri musei Guggenheim, in particolar modo in quello di New York o di Bilbao, potrebbe rimanere deluso da questa piccola galleria minimalista – una joint venture tra la Deutsche Bank e la Fondazione Guggenheim. I curatori allestiscono varie mostre nell'arco dell'anno alle quali partecipano noti artisti contemporanei come Tom Sachs, Richard Artschwager e Gerhard Richter. Ogni giorno alle 18 è possibile partecipare a visite gratuite. All'interno si trovano un bel negozio e un ottimo bar.

DEUTSCHES HISTORISCHES MUSEUM E IM PEI BAU Cartina p350

☎ 203 040; www.dhm.de; Museum Unter den Linden 2, IM Pei Bau Hinter dem Giesshaus 3; ingresso €2, più costoso in caso di mostre particolari, minori di 18 anni gratuito; 🕐 10-18 da martedì a domenica; stazione U-Bahn Hausvogteiplatz o autobus n.100 e 200 fermano all'entrata

L'edificio rosa di fronte al **Kronprinzenpalais** (p84) è la **Zeughaus**, in stile barocco, un'ex armeria che fu completata nel 1706. Ospita il Museo Storico Tedesco, che dovrebbe riaprire nel corso del 2005 dopo un radicale restauro. Nel frattempo le mostre vengono allestite nella nuova ala, la **IM Pei Bau** del 'mandarino del Modernismo' I. M. Pei. È un luogo che incute soggezione, crudamente geometrico ma pervaso dalla luminosità che gli deriva dall'ampio atrio e dalle molte vetrate.

MONUMENTO ALLE VITTIME DELLA SHOÀ Cartina p350

Lungo Ebertstrasse; www.holocaust-mahnmal.de; S-Bahn Unter den Linden

A sud della Porta di Brandeburgo, dietro la futura ambasciata americana, nell'agosto del 2003 iniziò finalmente la costruzione del monumento alla memoria degli ebrei europei, il Monumento alle Vittime della Shoà. Si può seguire l'avanzamento dei lavori dalle apposite piattaforme lungo Ebertstrasse. La visione dell'architetto newyorkese Peter Eisenman consiste in una vasta griglia di colonne di cemento di varie altezze posizionate su un terreno leggermente ondulato, una specie di interpretazione astratta di un campo di grano che ondeggia al vento. I visitatori potranno accedervi in qualsiasi punto e visitarlo individualmente. Un **centro informazioni sotterraneo** illustra il contesto storico e rende il ricordo più puntuale con la storia personale di alcune delle vittime. La sua inaugurazione è prevista per l'8 maggio 2005, sessantesimo anniversario della fine della seconda guerra mondiale.

HUMBOLDT UNIVERSITÄT Cartina p350

☎ 209 30; Unter den Linden 6; U-Bahn Friedrichstrasse, autobus n. 100, 200

Gli studenti e i professori della Humboldt Universität, la più antica università di Berlino, devono sostenere l'illustre eredità della loro alma mater. Marx ed Engels studiarono qui, e nella lunga lista degli insegnanti famosi figurano i fratelli Grimm e premi Nobel del calibro di Albert Einstein, Max Planck e lo scienziato nucleare Otto Hahn.

I top five tra gli edifici storici

- Reichstag (p102)
- Porta di Brandeburgo (p82)
- Schloss Charlottenburg (p111)
- Altes Museum (p89)
- Olympia Stadion (p119)

Distretti – Mitte

84

L'università fu fondata nel 1810 dall'avvocato e uomo politico Wilhelm von Humboldt nell'ex palazzo del fratello di Federico il Grande, Heinrich. Dedicata a Humboldt nel 1949, divenne la più importante istituzione accademica della RDT. Statue del fondatore e del suo famoso fratello esploratore, Alexander, fiancheggiano l'entrata principale.

KOMISCHE OPER Cartina p350

☎ 4799 7400; Unter den Linden 41; S-Bahn Unter den Linden, autobus n. 100, 200

La Komische Oper (operetta) è uno dei tre teatri lirici di Berlino. In questo punto sorgeva un teatro già nel 1764, ma il nucleo dell'edificio attuale risale al 1892.

Dopo la seconda guerra mondiale gli originali interni – una stravaganza barocca riccamente decorata – furono restaurati e oggi contrastano con la facciata anni '60 decisamente funzionale.

KRONPRINZENPALAIS Cartina p350

Unter den Linden 3; autobus n.100, 200

Il Kronprinzenpalais (Palazzo dei Principi Ereditari) era una semplice casa di città fino a quando Philipp Gerlach, nel 1732, non la trasformò nella residenza del principe ereditario e futuro re Federico il Grande. Vari altri membri della famiglia reale risiedettero qui fino alla destituzione della monarchia, avvenuta nel 1918.

Successivamente l'edificio divenne la sede della National Gallery. La gente faceva ressa per ammirare le opere dei migliori artisti del momento – fra cui Lovis Corinth, Otto Dix e Paul Klee – finché i nazisti proibirono le mostre nel 1937. 'Arte degenerata', sostenevano, mentre di nascosto non sottraevano i pezzi più pregiati per le loro collezioni private.

L'edificio fu distrutto dai bombardamenti durante la seconda guerra mondiale, ma venne fedelmente ricostruito alla fine degli anni '60 per fungere da foresteria per i dignitari in visita nella RDT.

Il 31 agosto 1990 il palazzo riguadagnò le prime pagine dei giornali in quanto teatro della firma degli accordi che prepararono la strada alla riunificazione della Germania.

Il Palazzo dei Principi Ereditari è in comunicazione con quello che era il **Palazzo delle Principesse**, costruito per le tre figlie di Federico Guglielmo III nel 1811. Oggi è l'**Opernpalais** e ospita un bar-ristorante famoso per la sua varietà di torte, nonché un pub e un cocktail bar. È fantastico d'estate, quando il Bier Garten è molto movimentato.

NEUE WACHE Cartina p350

Unter den Linden 4; ingresso gratuito; ☯ 10-18; autobus n. 100, 200

Costruita da Schinkel nel 1818, la Neue Wache era in origine un posto di guardia reale e ora è un monumento in memoria delle 'vittime della guerra e della tirannia'. Fu la commissione più importante di Schinkel a Berlino ed è un bellissimo edificio neoclassico. Ispirato a una fortezza della Roma classica, ha una doppia fila di colonne che sostengono un timpano adorno di scene allegoriche di guerra che gli conferiscono una certa gravità.

Il cortile interno originale fu coperto nel 1931 e il raggio di luce che vi penetra ora va a colpire la commovente scultura di Käthe Kollwitz Madre con figlio morto, nota anche come Pietà. Ospita le tombe del Milite Ignoto, di un combattente della resistenza e la terra proveniente da nove teatri di guerra e campi di concentramento europei.

PARISER PLATZ Cartina p350

S-Bahn Unter den Linden, autobus n. 100, 200

Pariser Platz, quella che era una volta un semplice campo che languiva all'ombra del Muro di Berlino, sta tornando a essere la 'sala di ricevimento' della città, proprio come alle soglie del glorioso XIX secolo. Le ambasciate francese e inglese sono già tornate nelle loro sedi storiche, e presumibilmente lo farà anche quella americana, vicino alla Porta di Brandeburgo.

Alcuni tra i migliori architetti del mondo hanno lasciato il proprio segno nella 'nuova' Pariser Platz; fra i molti citiamo l'inglese Michael Wolford, il francese Christian de Portzamparc e Frank Gehry di Los Angeles. Quest'ultimo ha progettato l'edificio più spettacolare della piazza, la **DG Bank**, che occupa il lato meridionale. Malgrado abbia accontentato i pianificatori urbanistici con una facciata piuttosto dimessa, Gehry ha avuto l'ultima parola per quanto riguarda gli interni, che riflettono perfettamente il suo talento contorto e all'avanguardia. V. Architettura per ulteriori dettagli sugli edifici della nuova Pariser Platz (p52).

Nell'angolo sud-orientale l'**Hotel Adlon** (ora chiamato Adlon Kempinski, p247) fu il primo edificio a essere restituito alla Pariser Platz nel 1997. Nella sua precedente versione, l'ex 'Grande Dame' degli alberghi di Berlino ospitò celebrità del calibro di Charlie Chaplin, Greta Garbo e Thomas Mann. I critici di architettura hanno storto il naso di fronte a questa fedele copia dell'originale del 1907, ma ciò non sembra disturbare presidenti, diplomatici, attori e componenti del jet set che regolarmente vi fanno la loro

Distretti – Mitte

comparsa. Vi ricordate di Michael Jackson che faceva sporgere il suo bambino dalla finestra? È successo all'Adlon.

REITERDENKMAL FRIEDRICH DES GROSSEN Cartina p350
Unter den Linden; autobus n. 100, 200

Nell'atto di passare in rassegna il suo regno, Federico il Grande appare come un'imponente figura a cavallo in questo famoso monumento del 1850 che tenne Christian Daniel Rauch occupato per una dozzina d'anni.

Sul plinto compaiono una lista di famosi militari, artisti e pensatori tedeschi e scene della vita del re. I primi leader della RDT non avevano una grande opinione di lui e ne esiliarono il monumento a Potsdam fino a che Honecker non lo riportò nel posto che gli spettava, nel 1980.

RUSSISCHE BOTSCHAFT Cartina p350
☎ 226 6320; Unter den Linden 63-65; S-Bahn Unter den Linden, autobus n. 100, 200

La massiccia Russische Botschaft (ambasciata russa) è un mastodonte di marmo bianco costruito nello stile *Zuckerbäckerstil* (stile torta-di-nozze) dell'epoca stalinista. Da un alto Muro si può sbirciare all'interno; se siete interessati a questo tipo di edifici ne troverete molti a Karl-Marx-Allee a Friedrichshain (p130).

SANKT-HEDWIGS-KATHEDRALE
Cartina p350
☎ 203 4810; Behrenstrasse 39; ingresso gratuito; ☺ 10-17 da lunedì a sabato, 11-17 domenica; U-Bahn Hausvogteiplatz, autobus n. 100, 200

Nientemeno che il Pantheon di Roma fornì l'ispirazione per la Cattedrale di Sankt-Hedwigs (1773) la cui gigantesca cupola di rame domina Bebelplatz. Federico il Grande diede alla chiesa il nome del santo patrono della Slesia, da poco conquistata dalla Prussia.

Sankt-Hedwigs fu l'unica chiesa di culto cattolico di Berlino fino al 1854, ed è stata la chiesa madre dell'arcidiocesi di Berlino a partire dal 1929.

Durante la seconda guerra mondiale fu il centro della resistenza cattolica sotto la guida di padre Bernard Lichtenberg (1875–1943), che morì in un carro bestiame diretto al campo di concentramento di Dachau. Come tanti altri edifici della zona la chiesa fu praticamente rasa al suolo durante la seconda guerra mondiale e ora appare relativamente moderna all'interno.

SCHINKELMUSEUM/ FRIEDRICHSWERDERSCHE KIRCHE (SMB) Cartina p350
☎ 208 1323; www.smpk.de; Werderscher Markt; ingresso gratuito; ☺ 10-18; U-Bahn Hausvogteiplatz

Con le sue torri gemelle quadrate e la falange di sottili torrette che ne punteggiano il profilo, la neogotica Friedrichswerdersche Kirche (1830) costituisce una vivace presenza nel Werderscher Markt, che si trova a breve distanza a sud-est di Bebelplatz. Ispirata alle chiese inglesi, fu progettata da Karl Friedrich Schinkel e dal 1987 ospita una mostra di sculture del XIX secolo.

Opere di tutti i più famosi artisti dell'epoca, tra cui Johann Gottfried Schadow, Christian Daniel Rauch e Christian Friedrich Tieck, ne caratterizzano la navata tenuemente illuminata. Il piano superiore ospita una ricca mostra sulla vita e le opere dello stesso Schinkel.

Il grosso edificio che sorge a sud-est, tra l'altro, ospitò la Reichsbank del Terzo Reich e la sede centrale del Sozialistische Einheitspartei Deutschland (SED; Partito di Unità Socialista della Germania) all'epoca della RDT. Nella Germania unita, quest'ultimo, arricchito di una nuova ala, ospita l'**Auswärtiges Amt** (Ministero degli Esteri Federale).

Distretti – Mitte

Sankt-Hedwigs-Kathedrale

STAATSBIBLIOTHEK ZU BERLIN Cartina p350

☎ 2660; www.sbb.spk-berlin.de; Unter den Linden 8; tariffa giornaliera €0,50; ☉ 9-21 da lunedì a venerdì, 9-19 sabato ; U-Bahn Friedrichstrasse, autobus n.100, 200
La partitura originale della Nona Sinfonia di Beethoven, cartine medievali disegnate da Nicolas von Kues, poesie dello scrittore persiano Hafez sono solo un piccolo esempio del patrimonio della Staatsbibliothek (Biblioteca di Stato), che vanta oltre 10 milioni tra libri, periodici e altro materiale stampato. Fondata nel 1661 dal Grande Elettore, il materiale ormai straripa dalla gigantesca sede costruita nel 1914 da Ernst von Ihne. Infatti tutti i libri pubblicati dopo il 1955 sono ospitati nella sede distaccata della biblioteca progettata da Hans Scharoun (p110) vicino a Potsdamer Platz, inaugurata nel 1978. La sede di Unter den Linden ha un graziosissimo cortile interno con un bar. Visite guidate gratuite della durata di 90 minuti partono alle 10.30 ogni primo sabato del mese.

STAATSOPER UNTER DEN LINDEN

Cartina p350

☎ 203 540; www.staatsoper-berlin.org; Unter den Linden 7; U-Bahn Hausvogteiplatz, autobus n.100, 200
Lo Staatsoper (Teatro Lirico di Stato) di Bebelplatz è uno dei primi edifici neoclassici di Berlino. Fu completato nel 1743 come teatro lirico di corte di Federico il Grande secondo il progetto di Georg Wenzeslaus von Knobelsdorff. È difficile credere che questo bellissimo edificio, fronteggiato da una fila di colonne corinzie, sia stato completamente distrutto per tre volte: la prima a causa di un grosso incendio nel 1843 e le altre due durante la seconda guerra mondiale. Oggi è il più prestigioso dei tre teatri lirici di Berlino ed è rinomato in tutta Europa (v. anche p213)

GENDARMENMARKT E DINTORNI

Già sede di un fiorente mercato, la graziosa Gendarmenmarkt è la più bella piazza di Berlino. Le strutture gemelle del Französischer Dom (Duomo Francese) e del Deutscher Dom (Duomo Tedesco) incorniciano la Schauspielhaus di Schinkel (oggi Konzerthaus) per formare un trittico architettonico estremamente armonioso. In anni recenti sono stati costruiti attorno alla piazza diversi alberghi di lusso e ristoranti alla moda, che contribuiscono a conferirle un'atmosfera sempre più metropolitana.

Gendarmenmarkt fu voluta nel 1700 dall'Elettore Federico III, poi re Federico I, per essere il cuore di Friedrichstadt. Il nuovo quartiere fu dapprima abitato dagli ugonotti che erano fuggiti a Berlino dopo essere stati cacciati dalla Francia nel 1685. Gendarmenmarkt deve il suo nome ai Gens D'arms – un reggimento prussiano di soldati ugonotti – di stanza qui nel XVIII secolo.

Una splendida **statua di Friedrich Schiller** spicca nella piazza. Trafugata dai nazisti finì a Berlino Ovest, da dove riattraversò il Muro nel 1988 durante uno scambio di opere d'arte tra le due Germanie.

DEUTSCHER DOM Cartina p350

☎ 2273 0431; Gendarmenmarkt 1; ingresso e visite gratuiti; ☉ 10-22 martedì tutto l'anno, 10-18 da mercoledì a domenica da settembre a maggio, 10-19 da mercoledì a domenica da giugno ad agosto, visite alle 11 e alle 13; U-Bahn Französische Strasse, Stadtmitte
Una delle tre attrattive di Gendarmenmarkt, il Deutscher Dom (Duomo Tedesco) – un'opera del 1708 di Martin Grünberg – non era nulla di memorabile prima della realizzazione della splendida cupola sorretta da colonne disegnata da Carl von Gontard nel 1785. Dal 1996 viene usata per ospitare mostre organizzate dal *Bundestag*, il Parlamento tedesco. Quella attuale, un compendio storico prettamente accademico del parlamentarismo tedesco, regolarmente annoia a morte gli scolari che la visitano.

FRANZÖSISCHER DOM Cartina 350

☎ 229 1760; www.franzoesischer-dom-berlin.de; Gendarmenmarkt 5; interi/ridotti museo €2/1, torre €3/2; ☉ museo 12-17 da martedì a sabato, 11-17 domenica, torre 9-19; U-Bahn Französische Strasse, Stadtmitte
Speculare al Deutscher Dom, il Französischer Dom (Duomo Francese) fu costruito come luogo di culto per gli ugonotti che si insediarono a Berlino alla fine del XVII secolo. Completato nel 1705, segue il modello della chiesa di Charenton, il più importante dei santuari degli ugonotti, che fu distrutta nel 1688. Nel 1785 anch'esso si arricchì della famosa torre a cupola disegnata da Gontard, simile a quella del Deutscher Dom.

Al piano terreno l'**Hugenottenmuseum** (Museo degli Ugonotti) testimonia le vicissitudini di questi protestanti francesi con quadri esplicativi in tedesco e in francese. Se non soffrite di vertigini salite le scale a spirale fino in cima alla **torre**. Qui c'è anche il **carillon**, che suona il suo allegro ritornello varie volte al giorno.

La Stasi – paura e oppressione nella RDT

Costituito sul modello del KGB sovietico, il Ministerium für Staatssicherheit (Ministero di Pubblica Sicurezza dello Stato, 'Stasi' in breve) della RDT fu fondato nel 1950. Era insieme polizia segreta, agenzia centrale di spionaggio e ufficio investigativo contro il crimine. Chiamata 'lo scudo e la spada' del paranoico governo del SED – che la usò come strumento di repressione per controllare la propria base di potere – la Stasi si ingrandì e divenne sempre più potente durante i quattro decenni della sua esistenza. Alla fine dava lavoro a tempo pieno ufficialmente a 91.000 dipendenti e a 173.000 IM (*inoffizielle Mitarbeiter*; informatori non ufficiali) reclutati tra la gente comune al fine di spiare e compiere delazioni ai danni di compagni di lavoro, amici, familiari e vicini di casa. Quando il sistema crollò, le persone schedate erano sei milioni.

L'onnipresenza della Stasi è inimmaginabile per un contemporaneo. L'arbitrarietà dei suoi metodi non aveva limiti: le intercettazioni telefoniche, le riprese video e la violazione della corrispondenza privata erano soltanto le tecniche più convenzionali. La pratica forse più bizzarra in cui si manifestò l'oppressione della Stasi fu la prassi di conservare l'odore corporeo dei presunti nemici. Durante gli interrogatori venivano prelevati dei campioni – di solito strofinando l'inguine della sfortunata vittima con una garza – che venivano poi conservati in barattoli di vetro chiusi ermeticamente. Se c'era la necessità di identificare una persona entravano in azione i cani da fiuto appositamente addestrati chiamati eufemisticamente 'cani da differenziazione olfattiva'.

Potrete saperne di più sull'argomento leggendo **Stasi - Die Ausstellung** (p88), **Gedenkstätte Normannstrasse** (p152) e **Gedenkstätte Hohenschönhausen** (p151).

FRIEDRICHSTADTPASSAGEN Cartina p350
Friedrichstrasse tra Französische Strasse e Mohrenstrasse; U-Bahn Französische Strasse, Stadtmitte

Una équipe internazionale di architetti ha realizzato questi tre complessi commerciali e direzionali (chiamati Quartier) collegati tra loro da sottopassaggi. Quando i Friedrichstadtpassagen aprirono, alla metà degli anni '90, la rinata Friedrichstrasse divenne uno dei viali più eleganti di Berlino, una tradizione di vecchia data che era stata interrotta dalla seconda guerra mondiale e dal regime socialista.

Il **Quartier 207** ospita i grandi magazzini francesi Galeries Lafayette. L'architetto parigino Jean Nouvel ne disegnò la spettacolare decorazione centrale, un imbuto di vetro traslucido che riflette la luce con una particolare intensità. Nel **Quartier 206** l'opera di un gruppo diretto da Henry Cobb, catturando la luce dal soffitto tramite una cortina di vetro, illumina le stupefacenti decorazioni stile art déco fra cui i disegni dei pavimenti di marmo colorato. O. M. Ungers, di Colonia, ideò il **Quartier 205**, il cui luminosissimo cortile è decorato da un'opera di John Chamberlain. Per ulteriori dettagli v. capitolo Shopping (p227).

KONZERTHAUS Cartina p350
☎ **203 090; www.konzerthaus.de; Gendarmenmarkt 2; U-Bahn Französische Strasse, Stadtmitte**

Una delle opere migliori di Schinkel, la Konzerthaus (1821), chiamata in origine Schauspielhaus, sorse dalle ceneri del Teatro Nazionale di Carl Gotthard Langhans. È l'elemento unificante di Gendarmenmarkt, che unisce visivamente il Duomo Tedesco col Duomo Francese. Schinkel conservò i pochi muri esterni e le colonne che non erano stati distrutti dalle fiamme e aggiunse la grandiosa scalinata che conduce al porticato ionico soprastante. La seconda guerra mondiale riscosse ovviamente il suo tributo, ma da quando riaprì, nel 1984, la Konzerthaus è stata di nuovo lo scrigno della cultura tedesca. Si tratta veramente di un edificio favoloso, sia all'interno sia all'esterno, e vale la pena di andarci per assistere a un concerto o per partecipare a una visita guidata (€5 per persona; di solito gratuita il sabato alle 13). V. anche p208.

Konzerthaus

MUSEUM FÜR KOMMUNIKATION

Cartina p350

☎ 202 940; www.museumsstiftung.de; Leipziger Strasse 16; ingresso gratuito; ☾ 9-17 da martedì a venerdì, 11-19 sabato e domenica; U-Bahn Mohrenstrasse

I famosi francobolli rossi e blu di Mauritius, il primo apparecchio telefonico del mondo e tre curiosi robot figurano tra le principali attrazioni del Museum für Kommunikation (Museo delle Comunicazioni). Fondato nel 1898, viene considerato il più antico museo postale del mondo. I pezzi più preziosi sono esposti nella 'stanza del tesoro' nel seminterrato, mentre al piano superiore mostre a tema illustrano il modo in cui i media e le telecomunicazioni hanno influito sulle attività umane. Nelle sale laterali sono esposte vaste collezioni di telefoni, segreterie telefoniche, televisori e altri apparecchi utilizzati per le comunicazioni.

La sontuosa architettura del museo è altrettanto interessante, specialmente il cortile a portico luminoso e pesantemente decorato. Di notte, una sapiente illuminazione rende l'edificio scintillante come un cristallo blu. Sono anche a disposizione un bar, un negozio e l'accesso gratuito a internet.

STASI – DIE AUSSTELLUNG Cartina p350

☎ 2324 7951; www.bstu.de; Mauerstrasse 38; ingresso gratuito; ☾ 10-18; U-Bahn Französische Strasse, Mohrenstrasse

Nascosero piccole telecamere negli innaffiatoi e nei vasi di fiori, rubarono le chiavi ai bambini per installare microspie nelle loro case e raccolsero campioni di odore corporeo dall'inguine dei sospettati. Stasi – Die Ausstellung (Stasi – La Mostra) rivela in modo avvincente come il Ministero per la Pubblica Sicurezza dello Stato della RDT fosse un'entità onnipresente e tentacolare, dotata di un'immaginazione fervida e contorta quando si trattava di controllare, manipolare e reprimere i suoi cittadini.

Purtroppo le spiegazioni sono solo in tedesco, ma è disponibile alla reception un esauriente opuscoletto gratuito in inglese.

MUSEUMSINSEL

Lo **Schlossbrücke** (Ponte del Palazzo), adorno di sculture, conduce alla piccola isola sulla Sprea in cui, nel XIII secolo, sorse il primo insediamento di Berlino. Nella sua metà settentrionale si trova Museumsinsel (Isola del Museo), un favoloso scrigno di opere d'arte,

sculture e oggetti vari ripartiti tra cinque vecchi musei. Attualmente solo tre di essi sono aperti al pubblico, dato che nel complesso, che fu dichiarato Patrimonio dell'Umanità dall'UNESCO nel 1999, è in corso un restauro che dovrebbe durare almeno fino al 2010.

Museumsinsel è il risultato della corrente di pensiero che, alla fine del XVIII secolo, spinse i reali europei a rendere pubbliche le loro collezioni. Anche il Louvre di Parigi, il British Museum di Londra, il Prado di Madrid e la Glyptothek di Monaco risalgono a questo periodo. A Berlino, Federico Guglielmo III e i suoi successori seguirono questi esempi, rendendo possibile in tal modo una delle esperienze più emozionanti in assoluto per chi ama visitare i musei.

ALTE NATIONALGALERIE (SMB)

Cartina p350

☎ 2090 5801; www.smpk.de; Bodestrasse 1-3; interi/ridotti €8/4, minori di 16 anni gratuito, gratuito per tutti le ultime quattro ore di giovedì, consente l'ingresso nella stessa giornata all' Altes Museum e al Pergamon Museum; ☾ 10-18 da martedì a domenica, 10-22 giovedì; autobus n. 100, 200

La Alte Nationalgalerie (Vecchia Galleria Nazionale) di Friedrich August Stüler, un edificio sul modello di un tempio greco coerentemente restaurato, è il contesto elegante in cui trova posto una squisita collezione di arte europea del XIX secolo. È difficile non notare i dipinti a parete intera di Franz Krüger e Adolf Menzel che rendono onore alla potenza militare prussiana, o non soffermarsi sui delicati ritratti di Max Liebermann e Wilhelm Leibl. All'ultimo piano i misteriosi paesaggi di Caspar David Friedrich e Arnold Böcklin occupano due stanze. Nelle altre si trovano opere degli impressionisti francesi, compreso Auguste Renoir, e sculture di Johann Gottfried Schadow e Christian Daniel Rauch. Nella rotonda superiore, splendidamente restaurata, sono esposte le toccanti sculture di Reinhold Begas, mentre le pareti di marmo attorno alle scale circolari sono decorate con un fregio di Otto Geyers che ritrae illustri personalità tedesche.

I top five tra i panorami

- **Berliner Dom** (p89)
- **Fernsehturm** (p92)
- **Osservatorio panoramico** (p104)
- **Reichstag** (p102)
- **Siegessäule** (p103)

ALTES MUSEUM (SMB) Cartina p350

☎ 2090 5254; www.smpk.de; Am Lustgarten; interi/
ridotti €8/4, minori di 16 anni gratuito, gratuito per tutti
le ultime quattro ore di giovedì, consente l'ingresso per
lo stessa giornata all'Alte Nationalgalerie e al Pergamon
Museum; ⊗ 10-18 da martedì a domenica; autobus
n. 100, 200

L'imponente Altes Museum (Vecchio Museo,
1830) di Schinkel fu il primo spazio adibito a
mostre a essere costruito a Museumsinsel. Si
tratta di una monumentale opera neoclassica,
fronteggiata da una falange di colonne ioniche
che lascia spazio a una rotonda decorata con
sculture di Zeus e delle altre divinità dell'Olimpo.
L'arte e la scultura dell'antica Grecia dominano
le gallerie del piano terra, affiancate da alcuni
pezzi romani, tra cui ritratti di Cesare e Cleo-
patra. Il piano superiore è riservato alle mostre
particolari. È previsto che entro l'agosto del
2005 ospiterà il busto di Nefertiti e altri tesori
del Museo Egizio che attualmente si trovano a
Charlottenburg (p114).

BERLINER DOM Cartina p350

☎ 202 690; www.berliner-dom.de; Am Lustgarten;
interi/ridotti €5/3, minori di 14 anni gratuito; ⊗ chiesa
9-20 da lunedì a sabato, 12-20 domenica da aprile a
settembre, chiude alle 19 da ottobre a marzo, visita alle
gallerie 9-20 da aprile a settembre, 9-17 da ottobre
a marzo, cripta 9-18 da lunedì a sabato,12-18 domenica,
ultimo ingresso un'ora prima della chiusura; autobus
n. 100, 200

Una chiesa occupava il sito del Berliner Dom
(Duomo di Berlino) sin dal 1750, ma la versione
attuale fu completata soltanto nel 1905. Costruito in magnifico, sebbene pomposo, stile
del Rinascimento italiano, è il luogo in cui la
famiglia reale prussiana veniva a pregare, nonché il luogo di sepoltura dei suoi membri; il regio
palazzo cittadino si trovava proprio dall'altro lato
della strada a Schlossplatz. I danni bellici fecero
chiudere il Duomo fino al 1993 e i restauri sono
ancora in corso.

Una panoramica delle opere dei migliori
artisti prussiani ne abbellisce l'interno. Cercate
il fonte battesimale di Christian Daniel Rauch, il
mosaico di Pietro di Guido Reni e la pala d'altare
di Friedrich August Stüler. L'organo, un pezzo del
1904 di Wilhelm Sauer, ha oltre 7200 canne che
ne fanno uno dei più grandi della Germania.

Le nicchie nelle absidi settentrionale e meridionale contengono i sarcofagi decorati dei
membri della famiglia Hohenzollern, tra cui
quelli scolpiti da Andreas Schlüter per Federico
I e la sua seconda moglie Sofia Carlotta.

Una cupola centrale in rame copre la colossale struttura le cui dimensioni si apprezzano al
meglio salendo i 270 gradini che conducono
alla **galleria panoramica**. Oltre a godere di una
bella vista su Mitte potrete anche ammirare da
vicino le elaborate decorazioni e alcuni disegni
della chiesa.

Concerti, visite guidate e conferenze hanno
luogo durante tutto l'anno. Chiedete al botte-
ghino oppure controllate nel sito o nei giornali
per avere maggiori informazioni.

BODEMUSEUM Cartina p350

Am Kupfergraben; U-Bahn Hackescher Markt

Situato sulla punta settentrionale di Museumsinsel, il Bodemuseum è chiuso al pubblico per
restauri che dovrebbero durare almeno fino
al 2006. Opera neobarocca di Ernst von Ihne,
autore anche della **Staatsbibliothek zu Berlin** (p86)
di Unter den Linden, fino al 1956 si chiamava
Kaiser Wilhelm Museum. Quando riaprirà i battenti ospiterà la Collezione di Scultura Antica,
il Museo di Arte Bizantina e una raccolta di
monete antiche.

LUSTGARTEN Cartina p350

Am Lustgarten; autobus n. 100, 200

Il Lustgarten (Parco dei divertimenti), di fronte
all'Altes Museum, sembra un pacifico angolino
di verde, ma nel corso della sua storia ha vissuto
alterne vicende. In origine era un orto destinato
a rifornire le vicine cucine del palazzo: tra l'altro
vi vennero coltivate le prime patate di Berlino.
Dopo la guerra dei Trent'anni (1648) il Grande
Elettore ne fece un vero spazio ricreativo, con
tanto di statue, grotte artificiali e grandi fontane.
Tale 'frivolezza' non fu tollerata dal suo austero
nipote, Federico Guglielmo I (il Re Soldato)
che, ovviamente, trasformò il piccolo parco in
un campo per le esercitazioni militari. Toccò a
Schinkel ridisegnarlo completamente nel 1830
per creare un degno complemento all'allora
nuovissimo Altes Museum. Più tardi i nazisti
lo pavimentarono, ma alla fine degli anni '90,
dopo molte discussioni, al giardino fu restituito
l'aspetto che aveva all'epoca di Schinkel.

NEUES MUSEUM Cartina p350

Bodestrasse; autobus n.100, 200

Dato che l'Altes Museum cominciava a porre
problemi di spazio, Friedrich August Stüler ebbe
l'incarico di costruire una seconda galleria, che
aprì nel 1859 con il nome di Neues Museum
(Nuovo Museo). La seconda guerra mondiale
ne decretò la rovina, e attualmente è in corso

una difficile ricostruzione. Questa impresa titanica dovrebbe essere conclusa per il 2009, quando la regina Nefertiti e altre opere del Museo Egizio (attualmente a Charlottenburg, p114, dall'agosto del 2005 nell'Altes Museum, p89) verranno trasferite nella loro nuova sede permanente.

PERGAMON MUSEUM (SMB)

Cartina p350

☎ 2090 5555; www.smpk.de; Am Kupfergraben; interi/ridotti €8/4, minori di 16 anni gratuito, gratuito per tutti le ultime quattro ore di giovedì, compresi guida audio e ingresso per la stessa giornata all'Altes Museum e all'Alte Nationalgalerie; ☺ 10-18 da martedì a domenica, 10-22 giovedì; autobus n. 100, 200

Se aveste tempo per visitare uno soltanto dei musei di Berlino, dovreste a nostro avviso privilegiare il Pergamon. È un vero e proprio trionfo di arte e architettura greco-classica, babilonese, romana, islamica e mediorientale proveniente dagli scavi condotti dagli archeologi tedeschi all'inizio del XX secolo.

Il gigantesco complesso, che fu completato soltanto nel 1930, ospita di fatto tre importanti collezioni sotto lo stesso tetto: la Collezione di Antichità Classiche, il Museo di Antichità del Medio Oriente e il Museo d'Arte Islamica. Ciascuno merita di essere visitato con calma, ma se avete poco tempo a disposizione limitatevi ai reperti più importanti elencati di seguito.

Quello principale – e quello da cui il museo prende il nome – è naturalmente l'**Altare di**

Altare di Pergamo, Pergamon Museum

Pergamo (165 a.C.) proveniente dall'Asia Minore (nell'odierna Turchia). Si tratta di un gigantesco santuario sopraelevato di marmo, circondato da fregi incredibili vividi raffiguranti gli dei che combattono contro i giganti. Dietro l'altare, raggiungibile salendo i suoi stessi gradini, si trova il Fregio di Telefo, che narra la storia del leggendario fondatore di Pergamo.

La stanza che segue contiene un altro reperto cruciale: l'immensa Porta del Mercato di Mileto (II secolo d.C.), un capolavoro di architettura romana. Entrando da quella porta si viaggia a ritroso nel tempo in un'altra cultura, quella della Babilonia del re Nabuccodonosor II (604–562 a.C.).

È impossibile non provare soggezione di fronte alla ricostruzione degli incredibili monumenti di Babilonia come la Porta di Ishtar, la Via Processionale e la facciata della sala del trono. Sono tutte rivestite di mattoni verniciati di colore blu cobalto e ocra. I leoni rampanti, i cavalli e i draghi che rappresentano i principali simboli dei babilonesi sono talmente impressionanti che si può quasi udirne il verso. Molto suggestive, nel Museo delle Antichità del Medio Oriente, sono le intricate facciate del tempio di Uruk, decorate con inserti di argilla colorata e dettagliatissimi bassorilievi.

Infine, nel Museo di Arte Islamica non perdetevi il palazzo del califfo di Mshatta, nell'odierna Giordania, dell'ottavo secolo, simile a una fortezza. Molto visitata è anche la Stanza di Aleppo, del XVII secolo, proveniente dalla casa di un mercante siriano, i cui muri sono interamente ricoperti da complicati pannelli di legno dipinto.

Dovreste dedicare almeno due ore a questo incredibile museo.

SCHLOSSPLATZ

Nessun aspetto dell'odierna Schlossplatz, chiamata Marx-Engels-Platz ai tempi della RDT, richiama alla memoria il magnifico edificio che la contraddistinse dal 1451 al 1951: il Berliner Stadtschloss (Palazzo di Città), per secoli residenza principale della famiglia degli Hohenzollern. Malgrado le proteste della comunità internazionale, il governo della RDT nel 1951 demolì la struttura, che era stata seriamente danneggiata durante la guerra, considerandola un 'simbolo del militarismo prussiano'. Al suo posto sorse il centro nevralgico del governo della RDT, costituito dal Palast der Republik, dallo Staatsratsgebäude e dal Marx Engels Forum. Fu una decisione che persino alcuni dei leader politici di Berlino Est ammisero in seguito di aver rimpianto.

MARSTALL E RIBBECKHAUS

Cartina p350

Breite Strasse; U-Bahn Spittelmarkt, Klosterstrasse

A sud-est di Schlossplatz sorge l'edificio neo-barocco delle **Neuer Marstall** (Nuove Scuderie Reali), un'opera del 1901 di Ernst von Ihne che una volta ospitava i cavalli e le carrozze reali. Durante la Rivoluzione di Novembre del 1918 l'edificio divenne la base dei leader rivoluzionari. I rilievi in bronzo della sua facciata settentrionale richiamano quel periodo storico. Uno dei pannelli rappresenta la famosa proclamazione della repubblica che ebbe luogo dal balcone del palazzo.

Il Neuer Marstall è un'ala dell'**Alter Marstall** (Vecchie Scuderie Reali), costruite da Michael Matthias Smids nel 1670, uno dei più antichi edifici barocchi di Berlino. Si trova a fianco della **Ribbeckhaus**, una preziosa struttura rinascimentale con quattro graziosi abbaini e un decoratissimo portale di arenaria. Questi due edifici oggi ospitano biblioteche pubbliche.

PALAST DER REPUBLIK Cartina p350

Schlossplatz; autobus n. 100, 200

Quando leggerete questa guida, nel luogo in cui sorgeva il Palast der Republik (Palazzo della Repubblica) ci sarà probabilmente un grande spazio vuoto. O magari il palazzo sarà ancora lì, con tutto il suo sfavillare di cemento, acciaio e vetro arancione. Dopo anni di discussioni sul destino del principale edificio del governo della RDT, sembra che la sua demolizione sia oramai inevitabile. In ogni caso nessuno può dire quando ciò avverrà.

Il palazzo della RDT sorge sul sito dello storico Berliner Stadtschloss (Palazzo di Città), demolito nel 1951 dal governo della Germania Est malgrado le proteste internazionali (p90). Fu costruito all'inizio degli anni '70 su iniziativa di Erich Honecker e si meritò anche il soprannome 'Erich's Lampenladen' (negozio di lampadari di Erich) per i molti lampadari.

Questo edificio multifunzionale, che poteva ospitare fino a 5000 persone, divenne ben presto un caposaldo della vita culturale di Berlino Est. Il Parlamento della RDT (il Volkskammer) si riuniva nella Kleiner Saal (Sala piccola), mentre le altre sale erano aperte al pubblico. Personaggi famosi come Harry Belafonte si sono esibiti nella Grosse Halle (Sala grande), usata anche per congressi e balli. Il formidabile atrio ospitava un'esposizione

di opere di artisti contemporanei della RDT, un teatro di varietà e alcuni ristoranti.

Dopo la riunificazione, il palazzo fu subito chiuso, perché venne scoperto dell'amianto tra i materiali impiegati per la sua costruzione. Nel 1993 poco prima che Christo 'incartasse' il Reichstag, un artista francese avvolse l'edificio con fogli di plastica disegnati in modo tale da conferirgli l'aspetto dell'antico Berliner Schloss, suscitando così l'interesse alla ricostruzione dello storico edificio. L'idea guadagnò consensi per un po', ma per il momento l'ambizioso progetto è congelato a causa dei costi proibitivi.

STAATSRATSGEBÄUDE Cartina p350

Schlossplatz 1; ingresso gratuito; ⏱ **9-19.30; U-Bahn Hausvogteiplatz, autobus n. 100, 200**

L'unica parte del Palazzo di città risparmiata dalla demolizione è il portale a volta da cui Karl Liebknecht proclamò la repubblica socialista tedesca nel 1918. In onore del martire marxista i politici della RDT lo fecero incorporare nello Staatsratsgebäude (Palazzo del Consiglio di Stato, 1964) sul lato meridionale di Schlossplatz.

Se le porte sono aperte date una sbirciatina all'atrio con le sue vetrate istoriate alte tre piani che raffigurano scene relative al movimento dei lavoratori della RDT. Dal 1999 al 2001, mentre la sua nuova cancelleria era in costruzione, il cancelliere Gerhard Schröder vi tenne il suo ufficio (p101).

ALEXANDERPLATZ E DINTORNI

Un tempo centro della vita commerciale di Berlino Est, Alexanderplatz – abbreviato in 'Alex' – in origine si chiamava Ochsenmarkt (Piazza dei buoi), ma successivamente cambiò nome in onore dello zar Alessandro I, che visitò Berlino nel 1805. Oggi non è che l'ombra del quartiere popolare che Alfred Döblin, nel suo romanzo del 1929 intitolato *Berlin Alexanderplatz*, definì 'il cuore pulsante di una città cosmopolita'.

Gravemente danneggiata durante la seconda guerra mondiale, acquistò il suo attuale aspetto negli anni '60 ad opera dei pianificatori urbani della RDT. La Torre della televisione, l'**Interhotel** (oggi Park Inn), alto 123 m, e la **Centrum Warenhaus** (oggi Kaufhof), che una volta era il più importante grande magazzino della RDT, risalgono tutti a quei tempi. Tra gli altri monumenti famosi ci sono la **Brunnen der Völkerfreundschaft** (Fontana dell'amicizia tra i popoli) e il **Weltzeituhr** (Orologio mondiale). Di lato si trova la **Haus des Lehrers**

(Casa dell'insegnante) con un fregio di Walter Womacka, che fu sottoposta a restauro per diventare parte del **Berlin Congress Centre**.

Alexanderplatz ebbe un ruolo nella caduta dalla RDT: il 4 novembre 1989 circa 700.000 persone vi si riunirono per protestare contro il regime della RDT. Era una moltitudine pacifica ma rumorosa, e si fece ascoltare: cinque giorni più tardi il Muro di Berlino veniva fragorosamente abbattuto.

AQUADOM E SEALIFE BERLIN
Cartina p350

☎ 992 800; Spandauer Strasse 3; adulti/studenti/bambini €13,50/12,60/10; ⊙ dalle 10, l'orario di chiusura è variabile, a partire dalle 18; S-Bahn Hackescher Markt, autobus n. 100

Tra le nuovissime attrattive di Berlino, questo piccolo ma divertente acquario vi farà compiere un viaggio virtuale lungo i fiumi Sprea, Havel e Elba fino alle gelide acque del Nord Atlantico. Lungo il percorso incontrerete le specie acquatiche che vivono nei vari habitat, ricreati in 30 vasche, tra cui un acquario a 360° dove un gigantesco banco di sgombri nuota placidamente. Tra gli altri beniamini del pubblico ci sono i divertenti cavallucci marini, le stranissime meduse e, in una grande vasca, razze e

Aquadom e Sealife Berlin

piccoli squali. I bambini possono verificare le loro conoscenze partecipando a una specie di quiz lungo il percorso. Tutte le etichette sono in inglese e in tedesco.

Le visite si concludono con quello che viene considerato il pezzo forte del complesso: un ascensore che sale molto lentamente in un acquario cilindrico alto 16 m e pullulante di pesci tropicali. Esso si trova in effetti nell'atrio del nuovissimo Radisson SAS Hotel.

EPHRAIM-PALAIS Cartina p350

☎ 2400 2121; www.stadtmuseum.de; Poststrasse 16; interi/ridotti €3/1,50, gratuito il mercoledì, biglietti cumulativi per Museum Knoblauchhaus e Museum Nikolaikirche interi/ridotti €5/3; ⊙ 10-18 da martedì a domenica; U-Bahn Klosterstrasse

L'Ephraim-Palais, che risale al 1762 e si trova sul lato meridionale del Nikolaiviertel (p95), era originariamente l'abitazione del gioielliere di corte e tesoriere Veitel Heine Ephraim. Viene considerato uno dei più begli edifici di Berlino, soprattutto per la sua facciata rococò elegantemente ricurva, decorata con leggiadri cherubini e impreziosita da balconi in ferro battuto.

La struttura attuale è di fatto assolutamente fedele all'originale, demolito nel 1936 per far posto al ponte di Mühlendamm. Fortunatamente la preziosa facciata venne smantellata e conservata a Berlino Ovest fino a quando, nel 1984, venne restituita a Berlino Est per la costruzione del Nikolaiviertel.

Oggi il palazzo ospita mostre a rotazione incentrate su vari aspetti dell'arte e della storia culturale di Berlino, nonché la collezione di disegni dello Stadtmuseum (Museo Cittadino). Fra le caratteristiche architettoniche più interessanti sono da notare la scalinata ovale e lo Schlüterdecke, un sofitto decorato che si trova al primo piano.

FERNSEHTURM Cartina p350

☎ 242 3333; www.berlinerfernsehturm; Panoramastrasse 1a; adulti/bambini minori di 16 anni €6,50/3; ⊙ 9-13 da marzo a ottobre, 10-24 da novembre a febbraio; U/S-Bahn Alexanderplatz

La Fernsehturm (Torre della televisione), l'edificio più alto di Berlino, svetta verso il cielo per 368 m. Dalla piattaforma panoramica, che si trova alla vertiginosa altezza di 203 m, si possono distinguere i principali punti di riferimento della città, ammirare le dimensioni del parco di Tiergarten e confrontare la struttura urbanistica di quelle che erano la metà est e la metà ovest della città. In cima si trova il Telecafé che serve anche spuntini e pasti completi (da €6 a €13).

Costruita nel 1969, la torre avrebbe dovuto dimostrare la superiorità tecnologica della RDT, ma al contrario divenne per essa fonte di imbarazzo. Illuminata dal sole, la sfera d'acciaio posta sotto l'antenna produce come riflesso un'enorme croce – non certo una vista gradita in un paese ateo – nel quale le croci furono rimosse persino dai campanili delle chiese.

I berlinesi occidentali soprannominarono spiritosamente il fenomeno 'la vendetta del Papa'.

FRANZISKANER KLOSTERKIRCHE

Cartina p350

☎ 636 1213; Klosterstrasse; ingresso gratuito; ☼ durante i lavori 12-18 sabato e domenica; U-Bahn Klosterstrasse

L'esterno di una antica chiesa è tutto ciò che rimane del monastero francescano medievale che sorgeva un tempo in Klosterstrasse. Nel 1534 fu convertito in una prestigiosa scuola d'élite dove allievi come Karl Friedrich Schinkel e Otto von Bismarck vennero preparati alle loro illustri carriere.

Ephraim-Palais

Venne distrutto durante gli ultimi giorni della seconda guerra mondiale e le sue rovine costituirono una silenziosa testimonianza contro la guerra e contro il fascismo all'epoca della RDT. Al momento della stesura di questa guida era in fase di restauro. È uno dei pochi edifici gotici rimasti a Berlino e sarà di nuovo un importante centro di cultura quando verranno tolte le impalcature.

Dietro alle rovine, al n. 12-17 di Littenstrasse, si trova una delle sedi del **Landgericht Berlin** (Palazzo di Giustizia), che vale la pena vedere per le bellissime scale art nouveau.

HISTORISCHER HAFEN BERLIN

Cartina p350

☎ 2147 3257; www.historischer-hafen-berlin.de; Märkisches Ufer; mostra interi/ridotti €2/1, minori di 10 anni gratuito; ☼ 14-18 da martedì a venerdì, 11-18 sabato e domenica da maggio a ottobre; U-Bahn Märkisches Museum

Con tutti i suoi fiumi, canali e laghi, non sorprende che Berlino vanti una lunga tradizione per quanto riguarda la navigazione interna: di fatto il suo fu il più trafficato porto fluviale della Germania fino alla seconda guerra mondiale.

L'Historischer Hafen (Porto Storico), sulla punta meridionale di Museumsinsel, è un museo all'aperto con oltre 20 imbarcazioni di vari tipi, molte delle quali ancora operative. In una di esse d'estate è in funzione un bar, mentre un'altra ospita una piccola mostra che documenta 250 anni di navigazione fluviale sulla Sprea e sull'Havel.

MARIENKIRCHE Cartina p350

☎ 242 4467; Karl-Liebknecht-Strasse 8; ingresso gratuito; ☼ 10-16 da lunedì a venerdì, 12-16 sabato e domenica; U/S-Bahn Alexanderplatz, Hackescher Markt

Resa piccola dalla vicinanza con la Torre della televisione, la Marienkirche (Chiesa di Santa Maria) sorse alla fine del XIII secolo e oggi viene considerata la chiesa più antica di Berlino dopo la Nikolaikirche (p94). Si tratta di un edificio a tre navate (tutte e tre della stessa altezza) pieno di tesori d'arte, di cui il più vecchio è il fonte battesimale in bronzo del 1437. Catturano lo sguardo anche il pulpito barocco in alabastro di Andreas Schlüter (1703) e l'affresco, purtroppo sbiadito, chiamato 'La danza della morte', nel vestibolo, dipinto dopo l'epidemia di peste del 1484. Informatevi sulle visite guidate in inglese, che vengono di solito effettuate alle 13 il sabato e la domenica.

MÄRKISCHES MUSEUM Cartina p350

☎ 308 660; www.stadtmuseum.de; Am Köllnischen
Park 5; interi/ridotti €4/2, mercoledì gratuito; ⊙ 10-18
da martedì a domenica; U-Bahn Märkisches Museum
'Genti di tutto il mondo, guardate questa città!'
esclamò il borgomastro di Berlino Ernst Reuter
nel 1948, facendo appello alla comunità internazionale per chiedere aiuto all'epoca del Ponte
Aereo su Berlino (p69). 'Guardate questa città!'
è anche il motto della mostra permanente di
questo splendido museo pensato per aiutare
i visitatori a capire come il piccolo villaggio di
Berlin-Cölln si sia evoluto nella moderna metropoli che è oggi.

Le sale sono organizzate a tema. L'armeria,
la magnifica Sala delle Corporazioni e una
collezione di sculture religiose, per esempio,
rappresentano il Medioevo. Le mostre sull'epoca
industriale illustrano i passi avanti compiuti in
ambito scientifico e tecnologico e le condizioni
di vita inumane della classe lavoratrice che li
rese possibili.

Da non perdere lo splendido Kaiserpanorama
(letteralmente, il panorama dell'imperatore),
sostanzialmente uno spettacolo di diapositive
tridimensionali che era una sorta di intrattenimento di massa all'inizio del XX secolo. Se
vi capita di andare a visitare questo museo di
domenica fate caso ai curiosi **Automatophone**, storici strumenti musicali meccanici che vengono
fatti suonare ogni domenica alle 15 (biglietto
d'ingresso separato, €2/1).

Il complesso di mattoni rossi che ospita il
museo (1908) è altrettanto interessante. Disegnato da Ludwig Hoffmann, è una sapiente
mescolanza di altri edifici che si trovano effettivamente nella Marca di Brandeburgo. La torre, per
esempio, segue il modello di quella del Palazzo
del Vescovo a Wittstock, mentre la Chiesa di
Santa Caterina della città di Brandeburgo ha
ispirato gli abbaini gotici. Una copia della Statua
di Rolando sta di guardia all'entrata del museo.

MARX-ENGELS-FORUM Cartina p350

Delimitato da Karl-Liebknecht-Strasse, Spandauer
Strasse, Rathausstrasse e dal fiume Sprea; U/S-Bahn
Alexanderplatz, Hackescher Markt
Quando Erich Honecker inaugurò questa austera
piazza nel 1986, dedicò il 'complesso artistico' ai
'più illustri figli del popolo tedesco': Karl Marx e
Friedrich Engels. Una scultura grande il doppio
del reale, simbolo della piazza, raffigura i 'padri
del socialismo' che guardano in direzione della
Torre della televisione. Altri particolari artistici
sono dei bassorilievi che raffigurano alcune persone che vivono felici all'ombra del socialismo e

altre che condannano la mancanza di umanità
del capitalismo.

MOLKENMARKT Cartina p350

Incrocio di Mühlendamm, Stralauer Strasse e Spandauer
Strasse; U-Bahn Klosterstrasse
È difficile credere che la più antica piazza del
mercato di Berlino, il Molkenmarkt, occupasse
una volta la zona a sud-est del Nikolaiviertel,
che oggi appare soffocata dal traffico. Non resta
molto da vedere qui intorno, con un'eccezione
di basso profilo data dal barocco **Palais Schwerin**
(1704) sul lato meridionale di Mühlendamm.
L'unica opera di rilievo dell'edificio adiacente,
il **Münze** (1935), dove sia i nazisti sia il governo
della RDT coniavano le monete, è un fregio
decorativo che raffigura l'evoluzione della me-
tallurgia e del conio delle monete. L'originale di
Johann Gottfried Schadow e Friedrich Gilly una
volta decorava la vecchia zecca di Werderscher
Markt, più a ovest.

L'**Altes Stadthaus**, con la sua elegante torre a
cupola, domina il complesso. Costruita nel 1911
come prolungamento del Rotes Stadthaus, e
più tardi usata dal Ministerrat (Consiglio dei
Ministri) della RDT, ha subito un restauro durato
diversi anni.

MUSEUM KNOBLAUCHHAUS

Cartina p350

☎ 2345 9991; www.stadtmuseum.de; Poststrasse 23;
ingresso €1,50, mercoledì gratuito, biglietti cumulativi
per Museum Nikolaikirche e Ephraim-Palais interi/
ridotti €5/3; ⊙ 10-18 da martedì a domenica; U-Bahn
Klosterstrasse
La Knoblauchhaus del 1761 è il più grande
complesso residenziale del Nikolaiviertel. Era
l'abitazione dell'importante famiglia Knoblauch,
della quale fanno parte uomini politici, il fondatore di una società di pronto soccorso e l'architetto della originale sinagoga di Oranienburger
Strasse (p95). In quanto mecenati, i Knoblauch
invitavano personaggi come Schinkel, Schadow
e Begas in questa stessa casa.

Oggi, quattro stanze d'epoca al primo
piano offrono scorci della vita della borghesia
berlinese nel periodo Biedermeier (inizio del
XIX secolo). Il piano superiore ospita mostre a
rotazione e nel seminterrato c'è un ristorante
enogastronomico.

MUSEUM NIKOLAIKIRCHE Cartina p350

☎ 2472 4529; www.stadtmuseum.de;
Nikolaikirchplatz; ingresso €1,50, mercoledì gratuito,
biglietti cumulativi per Museum Knoblauchhaus

Distretti – Mitte

e Ephraim-Palais interi/ridotti €5/3; ⏱ 10-18
da martedì a domenica; U-Bahn Klosterstrasse

Le guglie gemelle della tardo-gotica Nikolaikirche (1230), la più antica chiesa di Berlino,
dominano il Nikolaiviertel. Uno dei pochi edifici
a essere restaurati anziché ricostruiti dopo la
seconda guerra mondiale, contiene una mostra
relativamente interessante concernente il ruolo
della chiesa nella storia locale. Forse più interessanti sono gli epitaffi barocchi dei berlinesi illustri
incisi sulle sue pareti e colonne.

NEPTUNBRUNNEN Cartina p350

**Spandauer Strasse, tra Marienkirche e Rotes Rathaus;
U/S-Bahn Alexanderplatz, Hackescher Markt**

Questa fontana, attualmente il fulcro del vasto
spazio aperto all'esterno del Rotes Rathaus (in
questa pagina), fu disegnata da Reinhold Begas
nel 1891 e fu posta in origine in Schlossplatz,
tra il palazzo e il Marstall. Raffigura Nettuno
circondato da un quartetto di procaci bellezze
che simboleggiano i fiumi principali: il Reno,
l'Elba, l'Oder e la Vistola.

NIKOLAIVIERTEL Cartina p350

**Delimitato da Rathausstrasse, Spandauer Strasse,
Mühlendamm e dal fiume Spraa; U-Bahn Klosterstrasse**

Dietro al Rotes Rathaus, il patinato quartiere
Nikolai occupa l'area dove s orse il primo insediamento berlinese all'inizio del XIII secolo.
Malgrado una certa atmosfera disneyana, è un
tentativo abbastanza ben riuscito degli architetti della RDT di ricreare il nucleo medievale
di Berlino, un progetto di prestigio intrapreso
per celebrare i 750 anni della città nel 1987.
Il risultato è un dedalo di viuzze acciottolate,
fiancheggiate da edifici storici, alcuni dei quali
originali, molti ricostruiti. La Knoblauchhaus,
l'Ephraim-Palais e la Nikolaikirche ospitano tutti
dei piccoli musei (anch'essi descritti in questo
capitolo).

È un bel posto per passeggiare, anche se
le persone che pubblicizzano i costosi bar,
ristoranti e negozi di souvenir sono un po'
insistenti. Uno dei locali più ricchi di atmosfera
è il ristorante-pub **Zum Nussbaum** (p174), uno dei
preferiti dal leggendario umorista Heinrich Zille
(1858–1929).

ROTES RATHAUS Cartina p350

☎ 902 60; Rathausstrasse 15; ingresso gratuito;
⏱ 9-18 da lunedì a venerdì; U-Bahn Klosterstrasse

L'imponente Rotes Rathaus (Municipio Rosso),
che con la sua vistosa torre dell'orologio è stato
il centro politico di Berlino fin dal 1860, domina il

panorama a ovest di Alexanderplatz. La struttura
neorinascimentale, dove si trovano gli uffici
del borgomastro in carica e del Senato, viene
chiamata 'rossa' per il colore dei mattoni usati
per la sua costruzione.

Da notare il fregio di terracotta (1879) che
percorre l'intera lunghezza dell'edificio e che
ritrae scene della vita della città. Le due sculture
in bronzo all'esterno della facciata principale
sono chiamate *Trümmerfrauen* e *Aufbauhelfer*
e rendono omaggio agli uomini e alle donne
che aiutarono – letteralmente a mani nude
– a ricostruire la città dopo la seconda guerra
mondiale.

SAMMLUNG KINDHEIT E JUGEND

Cartina p350

☎ 275 0383; Wallstrasse 32; interi/ridotti €2/1,
mercoledì gratuito; ⏱ 9-17 da martedì a venerdì,
10-18 sabato e domenica; U-Bahn Märkisches Museum,
Spittelmarkt

Il museo propone un excursus che può essere
divertente, ma in certi momenti anche noioso,
su cosa significhi crescere in Germania e in
particolare a Berlino.

Potrete sedervi dietro i banchi di legno della
ricostruzione di un'aula scolastica del 1912 o
scoprire l'utilità di un *Eselskappe* (cappello da
somaro) che veniva fatto indossare agli alunni
indisciplinati. Nello Scriptorium potrete dimostrare la vostra abilità scrivendo con pennino
e calamaio e altri vecchi strumenti. C'è anche
una grande raccolta di giocattoli dei due secoli
passati.

SCHEUNENVIERTEL

Stuato a nord di Alexanderplatz, lo Sche-
nenviertel (Quartiere dei fienili) è uno dei
posti più vivaci della città, traboccante di
ristoranti, bar e night club, specialmente
intorno all'Hackescher Markt, lungo Oranienburger Strasse e nei complessi restaurati
come gli Hackesche Höfe. Alte Schönhauser
Strasse e Neue Schönhauser Strasse sono
eleganti strade commerciali, fiancheggiate
da decine di negozi esclusivi che propongono
tutte le più recenti creazioni dei fantasiosi
stilisti berlinesi.

Auguststrasse è diventata la strada dell'arte
grazie alle sue gallerie all'avanguardia, tra
le quali Eigen + Art (p229) e Kunst-Werke
Berlin (p97) sono le più frequentate. Dopo
la riunificazione Scheunenviertel ha anche
ripreso il proprio ruolo storico di quartiere
ebraico di Berlino.

GROSSE HAMBURGER STRASSE

Cartina p350

S-Bahn Hackescher Markt

Grosse Hamburger Strasse è una strada cruciale nella storia degli ebrei di Berlino. Il primo cimitero ebraico della città, l'**Alter Jüdischer Friedhof**, una volta occupava lo spiazzo erboso vicino all'angolo con Hackescher Markt. Oltre 12.000 persone furono sepolte qui tra il 1672 e il 1827, tra cui Veitel Heine Ephraim (v. Ephraim-Palais, p92) e il filosofo illuminista Moses Mendelssohn. Quest'ultimo è ricordato da una pietra tombale (purtroppo non originale) che si erge solitaria e silenziosa in memoria delle profanazioni compiute in questo luogo sacro da parte della Gestapo nel 1943.

Qui vicino, in quello che dovrebbe essere il n. 26 di Grosse Hamburger Strasse, una targa ricorda il sito della prima **casa di riposo israelitica** della città. Nel 1942 i nazisti trasformarono l'edificio in un centro di detenzione per gli ebrei destinati alla deportazione. Una inquietante scultura di Will Lammert raffigura un gruppo di donne esauste che attendono rassegnate il loro destino. Le bombe rasero al suolo l'edificio, che non venne più ricostruito. Ogni anno, nel Giorno della Memoria (27 gennaio), i nomi dei 55.696 ebrei berlinesi che morirono per mano dei nazisti vengono letti ad alta voce in questo posto.

L'edificio al n. 27 di Grosse Hamburger Strasse ospitava in origine una **scuola maschile ebraica** fondata nel 1788 su suggerimento di Moses Mendelssohn, che è commemorato con una targa. I nazisti chiusero la scuola, ma l'edificio superò la guerra senza danni. Oggi ragazzi e ragazze, ebrei e no, hanno ripreso a frequentare le sue aule. Dall'altro lato della strada c'è la **Missing House** (1990), un monumento alla memoria ideato dell'artista francese Christian Boltanski. La suddetta 'casa mancante' era un edificio neobarocco che ospitava appartamenti e che sorgeva al n. 15/16 di Grosse Hamburger Strasse finché non fu bombardato e distrutto.

HACKESCHE HÖFE Cartina p350

www.hackesche-hoefe.com; S-Bahn Hackescher Markt

Una delle più conosciute attrazioni turistiche di Berlino, gli Hackesche Höfe (1907), è un complesso di otto cortili ottimamente restaurati, pieni di bar, gallerie, negozi e locali di intrattenimento. Il più bello è l'Hof 1 (entrata da Rosenthaler Strasse), le cui facciate sono decorate con piastrelle, disposte in complicati motivi geometrici in stile art nouveau, dell'artista August Endell. Qui si trova il **Chamäleon Varieté** (p211), che ha adattato la sala da ballo dello storico ristorante Neumann.

Nel secondo cortile, l'**Hackesches Hoftheater** (☎ 283 2587; www.hackesches-hoftheater.de; Rosenthaler Strasse 40/41) si celebra la cultura yiddish con un nutrito programma di teatro e musica. Lo Yiddish Music Summer Festival richiama moltissime persone ogni anno.

Dal settimo cortile si entra nello strano **Rosenhöfe**, un piccolo complesso di cortili, più basso del livello della strada, con un roseto e con alcune balaustre di metallo che paiono fiori e rami veri. Si può accedere a questo cortile anche da Rosenthaler Strasse.

HANDWERKERVEREINSHAUS (SOPHIENSAALE) Cartina p350

☎ 2859 9360; Sophienstrasse 18; U-Bahn **Weinmeisterstrasse**

Questo bell'edificio, che è oggi un locale per spettacoli chiamato **Sophiensaele** (p215), ha giocato un

Lo Scheunenviertel nei secoli

La storia tumultuosa dello Scheunenviertel risale al 1672, quando il Grande Elettore ordinò che tutte le provviste infiammabili fossero immagazzinate fuori dalle mura della città. Rapidamente sorsero circa 30 fienili intorno all'odierna Rosa-Luxemburg-Platz e nelle strade circostanti.

Il quartiere non fu fondato fino al 1737, quando il nipote del Grande Elettore, Federico Guglielmo I (il Re Soldato), costrinse gli ebrei nullatenenti a vivere tra i fienili. All'inizio del XX secolo lo Scheunenviertel assorbì un gran numero di ebrei immigrati dall'Europa orientale e nelle sue strade e negozi iniziò a risuonare la parlata yiddish. La maggior parte dei nuovi venuti era costituita da ebrei chassidici che faticarono a integrarsi con la comunità ebraica preesistente, di costumi più liberali, che viveva lungo Grosse Hamburger Strasse nella Spandauer Vorstadt, pochi isolati più a ovest.

Lo Scheunenviertel presto divenne un quartiere popolare dove fiorirono prostituzione, piccola e grande criminalità e focolai rivoluzionari dalla fine del XIX secolo fino a quando Hitler non prese il potere, nel 1933. Furono i nazisti i primi a chiamare Scheunenviertel – da allora usato in senso dispregiativo – l'intero quartiere ebraico, compresa la parte molto meno degradata di Spandauer Vorstadt intorno a Oranienburger Strasse.

ruolo importante nella storia del movimento dei lavoratori di Berlino. Fu costruito nel 1905 come luogo di ritrovo dello Handwerkerverein, la prima associazione di lavoratori della città, che divenne la cellula germinale del movimento dei lavoratori. La sua grande sala delle assemblee ha ospitato numerose riunioni politiche, specialmente nel primo dopoguerra, quando alcuni membri della lega di Spartaco, tra cui Karl Liebknecht e Wilhelm Pieck, fecero appello ai militari affinché sostenessero la rivoluzione socialista. Questa, come è risaputo, fallì. Liebknecht fu ucciso poco dopo, ma Pieck restò sulla scena e divenne il primo presidente della GDR.

HECKMANNHÖFE Cartina p350
www.heckmann-hoefe.de; Oranienburger Strasse 32; S-Bahn Oranienburger Strasse

A nostro avviso questo è il più accogliente tra i complessi di cortili dello Scheunenviertel. Un restauro radicale ha trasformato questa ex fabbrica di macchinari in un elegante spazio aperto con grandi edifici di mattoni che ospitano negozi raffinati e ristoranti. Al centro c'è un piccolo parco le cui panchine e la graziosa fontana invitano a indugiare.

KUNSTHAUS TACHELES Cartina p350
☎ 282 6185; www.tacheles.de; Oranienburger Strasse 54-56; U-Bahn Oranienburger Tor

'Cosa ci fa quel rudere nel bel distretto di Mitte?' potreste domandarvi passeggiando lungo Oranienburger Strasse. Ma quello che può sembrare un edificio in attesa di essere demolito è di fatto uno dei tesori più preziosi di Berlino: il Tacheles, uno degli spazi artistici e culturali più vivaci della città.

Fu costruito in origine nel 1909 per accogliere il grande magazzino Passage-Kaufhaus, ma fu raso al suolo durante la seconda guerra mondiale e rimase a languire dietro la Cortina di Ferro fino alla riunificazione. All'inizio degli anni '90 una cinquantina di artisti occupò le rovine e cercò di porle sotto la protezione dello stato, il che avvenne nel 1992. Da allora l'edificio è diventato un centro d'arte e cultura alternativa.

Nel corso degli anni il Tacheles ha perso parte della propria anima anarchica, ma rimane caotico, coperto di graffiti, una specie di alveare di studi di artisti e gallerie; ospita anche un cinema, un bar e un Bier Garten. Vi si tengono molto spesso eventi di ogni genere: spettacoli teatrali, conferenze, happening e feste – controllate sui giornali come Zitty o Tip o sul sito indicato più indietro. Quanto riuscirà a sopravvivere quest'at-

mosfera underground nessuno può dirlo. Non per molto, forse: mentre sembra negare tutto ciò che è borghese, il Tacheles oggi ospita un ristorante dalla fama tutt'altro che alternativa, il **Milagro** (p172).

KUNST-WERKE BERLIN Cartina p350
☎ 243 4590; www.kw-berlin.de; Auguststrasse 69; interi/ridotti €4/2,50, minori di 12 anni gratuito; 🕐 12-18 da martedì a domenica; S-Bahn Oranienburger Strasse

Ospitata in una ex fabbrica di margarina, questa istituzione no profit è uno degli spazi artistici contemporanei più dinamici di Berlino. Fondata nel 1990, trainò lo sviluppo dello Scheunenviertel, che divenne uno dei maggiori centri artistici della città. Un cast di artisti internazionali presenta proposte all'avanguardia utilizzando tutte le possibili forme di espressione artistica nel corso di varie mostre. Il Café Bravo, all'interno di un'installazione a forma di doppio cubo opera dell'artista americano Dan Graham, è un posto gradevole per una pausa.

MUSEUM BLINDENWERKSTATT OTTO WEIDT Cartina p350
☎ 2859 9407; www.blindes-vertrauen.de; Rosenthaler Strasse 39; ingresso €1,50; 🕐 12-20 da lunedì a venerdì, 11-20 sabato e domenica; S-Bahn Hackescher Markt

Questo piccolo museo, affiliato allo **Jüdisches Museum** (p127) di Kreuzberg, narra la storia di Otto Weidt, un fabbricante di scope e spazzole che riuscì a proteggere dai nazisti fino al 1943 molti dei suoi operai ebrei ciechi e sordi. Weidt fornì loro cibo, nascondigli e documenti falsi, e arrivò a corrompere alcuni ufficiali della Gestapo affinché liberassero degli ebrei in attesa di deportazione. La mostra, che occupa tre delle stanze del laboratorio originale, è chiamata molto appropriatamente 'Cieca fiducia – Vita in clandestinità all'Hackescher Markt, 1941-43'.

NEUE SYNAGOGUE E CENTRUM JUDAICUM Cartina p350
☎ 2840 1250; www.cjudaicum.de; Oranienburger Strasse 28-30; interi/ridotti €3/2, visite guidate €1,50/1; 🕐 10-20 domenica e lunedì, 10-18 da martedì a giovedì, 10-17 venerdì da maggio ad agosto e 10-18 da domenica a giovedì, 10-14 venerdì da settembre ad aprile, la cupola è chiusa da ottobre a marzo, visite guidate alle 16 mercoledì e domenica, alle 14 domenica; S-Bahn Oranienburger Strasse

La scintillante cupola dorata della Nuova Sinagoga ricostruita svetta come il faro della risorta comunità di Berlino. Progettata in stile moresco-bizantino da Eduard Knoblauch, era la più grande sinagoga della Germania, con oltre 3200 posti a sedere. Bismarck e altri dignitari prussiani presenziarono alla sua inaugurazione nel 1866 e, grazie alla sua bellezza e alla ricchezza delle sue decorazioni, la sinagoga divenne ben presto famosa e iniziò ad attrarre visitatori anche non ebrei.

Durante il pogrom del 1938 chiamato Kristallnacht (Notte dei cristalli), un sovrintendente della polizia locale impedì alle SS di appiccarle il fuoco, un atto di coraggio che viene ricordato con una targa. I nazisti riuscirono comunque a profanarla, sebbene le funzioni si fossero svolte fino al 1940, quando la Wehrmacht (le Forze Armate tedesche all'epoca del Terzo Reich) se ne impadronì per usarla come magazzino. Non subì danni gravi fino a quando non venne bombardata nel 1943.

Con il consenso della piccola comunità ebraica di Berlino Est, il governo della RDT demolì le rovine nel 1958, lasciando in piedi soltanto la facciata principale. In occasione del cinquantesimo anniversario della Kristallnacht, nel 1988 Honecker annunciò la decisione di ricostruire la sinagoga, un progetto che non poté decollare se non dopo la riunificazione. La Nuova Sinagoga fu inaugurata nel maggio 1995. Oggi ospita una comunità e un centro ricerche chiamato Centrum Judaicum, con una mostra permanente sulla storia e l'architettura della sinagoga e sul suo ruolo nella vita di coloro che vi praticavano il loro culto. La prima sala, a forma di dodecaedro, posta sotto la cupola contiene un modellino della sinagoga, un rotolo della Torah e una lampada perpetua proveniente dalla struttura originale che fu scoperta durante gli scavi nel 1989. Una breve scalinata conduce alla principale sala delle mostre, che espone fotografie, documenti e altri oggetti ritrovati durante il restauro. Da questa sala si gode anche di una bella vista sullo spazio vuoto adiacente, dove una volta si trovava la splendida sala principale. Una lastra di pietra la attraversa come una cicatrice. Al piano superiore c'è uno spazio riservato alle mostre particolari e una saletta in cui vengono officiati i servizi della preghiera ebraica.

SOPHIE-GIPS-HÖFE E SAMMLUNG HOFFMANN Cartina p350

☎ 2849 9121; Sophienstrasse 21; visite guidate €6; ☽ 10-16 sabato solo su prenotazione; U-Bahn Weinmeisterstrasse

Poco dopo la **Handwerkervereinshaus** (p96), una sorta di corta galleria immette nel tranquillo e dignitoso Sophie-Gips-Höfe, i cui tre cortili ospitano alcune esposizioni e il popolare bar **Barcomi's** (☎ 2859 8363; Sophienstrasse 21, II cortile; spuntini €2-5; ☽ 9-22). In origine questo bel complesso di mattoni ottocentesco ospitava una fabbrica di macchine per cucire; all'epoca della RDT vi si produceva materiale sanitario. I passaggi tra un cortile e l'altro sono contraddistinti da colorati tubi al neon di Gunda Förster.

Una delle principali attrattive del complesso è la **Sammlung Hoffmann**, una vetrina di arte contemporanea messa insieme da Erika e Rolf Hoffmann in 30 anni di collezionismo. Ogni sabato gli Hoffmann aprono il loro appartamento privato su due piani, adibito a galleria, alle visite guidate. I pezzi esposti per il momento cambiano tutti gli anni, e, in futuro, potrebbero comprendere opere di Frank Stella, Lucio Fontana e vari altri artisti meno noti di tutto il mondo.

SOPHIENKIRCHE Cartina p350

☎ 282 5877; www.sophien.de; Grosse Hamburger Strasse 29; ingresso gratuito; 15-18 mercoledì, 15-17 sabato da maggio a settembre; U-Bahn Weinmeisterstrasse

La barocca Sophienkirche è un semplice edificio a una navata con un delicato soffitto di stucco

Le donne di Rosenstrasse

Rosenstrasse si è guadagnata una menzione nei libri di storia per essere stata teatro di una famosa protesta femminile nel 1943. Il 27 di febbraio le SS arrestarono circa 7000 ebrei berlinesi mentre erano al lavoro nelle fabbriche e li confinarono in un ex ufficio per gli affari ebraici, al numero 2-4 di Rosenstrasse, per deportarli successivamente ad Auschwitz. Gli arrestati avevano tutti una cosa in comune: erano sposati con donne cristiane, uno status che era valso loro un certo grado di protezione fino a quel momento.

Indignate e disperate, le loro mogli e madri si riunirono a centinaia per protestare all'esterno dell'edificio, chiedendo in silenzio e pacificamente, ma con molta decisione, il rilascio dei loro uomini. Rimasero all'addiaccio giorno e notte, affrontando la pioggia e la temperatura polare, finché, miracolosamente, vennero ascoltate: l'11 marzo Goebbels ordinò che tutti i prigionieri fossero rilasciati.

Oggi una scultura in arenaria rossa di Inge Hunzinger, chiamata *Block der Frauen* (Blocco delle donne, 1994), rende onore a questo grande atto di coraggio. Ci sono anche due colonnine informative che ragguagliano sul contesto storico. Nel 2003 la nota regista Margarethe von Trotta ha dedicato a questo episodio un film intitolato *Rosenstrasse*.

e una torre decorata con una copertura di rame. Questa fu la prima chiesa parrocchiale nella Spandauer Vorstadt, completata nel 1713 grazie ai fondi di Sofia Luisa, la terza moglie di re Federico I.

La regina, però, non potè presenziare al servizio inaugurale, essendo stata bandita da Berlino dal suo figliastro, poco dopo essere salito al trono con il nome di Federico Guglielmo I. L'incantevole terreno intorno alla chiesa presenta alcune belle pietre tombali del XVIII secolo.

ORANIENBURGER TOR E DINTORNI

BERLINER MEDIZINHISTORISCHES MUSEUM Cartina pp342-3

☎ 450 536 156; www.bmm.charite.de; Charité Hospital, Schumannstrasse 20-21; interi/ridotti €4/2; ⏱ 10-17 da martedì a domenica, 10-19 mercoledì; U-Bahn Oranienburger Tor

'Sconsigliato ai minori di 16 anni' recita l'avviso sulla porta del Medizinhistorisches Museum (Museo di Storia della Medicina), nel campus del Charité Hospital. Riteniamo che tale avviso vada valutato con la massima serietà.

I pezzi esposti iniziano con un innocente gabinetto dentistico degli anni '20 e con la scrivania del famoso medico, ricercatore e docente Rudolf Virchow (1821-1902). Il campionario delle patologie raccolte da Virchow – essenzialmente un manuale medico in tre dimensioni – esposto nella stanza seguente è invece piuttosto impressionante.

Racchiusi in contenitori di vetro si trovano centinaia di organi devastati dalle malattie: appendici infiammate, polmoni aggrediti dal cancro, tumori della pelle simili a broccoli, un colon delle dimensioni di una proboscide di elefante. Se pensate che già questo sia troppo crudo saltate l'ultima fila, dove si trovano neonati con due teste e feti deformi che nemmeno una fantasia malata sarebbe capace di immaginare.

Virchow mise in mostra questa sorprendente raccolta per la prima volta nel 1899 nello stesso edificio, annesso al suo Istituto di Patologia, che ospita anche la sua sala delle conferenze – che è stata conservata sebbene in rovina – e alcune sale adibite a mostre particolari. Ce n'è una in fase di progettazione sulla storia della medicina dal 1700 ai giorni nostri. Il museo si trova nell'angolo nord-occidentale del campus, che è accessibile da Schumannstrasse, Luisenstrasse e Invalidenstrasse.

BRECHT-WEIGEL GEDENKSTÄTTE

Cartina pp344-5

☎ 283 057 044; Chausseestrasse 125; visite guidate interi/ridotti €3/1,50; visite guidate ogni mezz'ora 10-11.30 da martedì a venerdì, anche 17-18.30 giovedì, 9.30-13.30 sabato, ogni ora 11-18 domenica; U-Bahn Oranienburger Tor

Bertolt Brecht, uno dei più importanti scrittori tedeschi di teatro del XX secolo, visse in questa casa non lontana dal suo teatro, il Berliner Ensemble, dal 1953 fino alla morte, nel 1956. Si può vedere il suo ufficio, la sua nutrita e poliedrica biblioteca e la piccola stanza da letto in cui morì. L'arredamento ha molti pezzi di origine cinese e tutto è stato lasciato com'era, con cappotto e berretto ancora appesi alla porta.

Al piano di sotto si trovano gli appartamenti ingombri di effetti personali di sua moglie, l'attrice Helene Weigel, che continuò a vivere qui fino al 1971, anno della sua morte. Brecht e la consorte sono sepolti nel vicino **Dorotheenstädtischer Friedhof** (v. più avanti).

Telefonate in anticipo per avere informazioni sulle visite guidate in inglese. Il ristorante del seminterrato serve piatti austriaci preparati secondo le ricette della Weigel (portate principali da €9 a €14).

DOROTHEENSTÄDTISCHER FRIEDHOF Cartina p350

Chausseestrasse 126; U-Bahn Oranienburger Tor, Zinnowitzer Strasse

In questo cimitero sono sepolte molte illustri personalità della Germania, dagli architetti Schadow e Schinkel (che hanno disegnato le proprie lapidi), ai compositori Paul Dessau e Hanns Eisler, agli scrittori Heinrich Mann e Bertolt Brecht con la moglie Helene Weigel. Brecht visse in una casa poco distante, a nord di questo cimitero (v. sopra), a quanto pare per essere vicino ai suoi idoli, i filosofi Hegel e Fichte, che riposano qui.

HAMBURGER BAHNHOF (SMB)

Cartina pp342-3

☎ 3978 3412; www.hamburgerbahnhof.de; Invalidenstrasse 50-51; interi/ridotti €6/3, minori di 16 anni gratuito, gratuito per tutti le ultime quattro ore il giovedì, consente l'ingresso nella stessa giornata a Kunstgewerbemuseum, Gemäldegalerie, Kupferstichkabinett e Neue Nationalgalerie, il biglietto comprende anche l'ingresso al Musikinstrumenten-Museum e al Kunstgewerbemuseum presso Schloss Köpenick; ⏱ 10-18 da martedì a venerdì, 11-18 sabato e domenica; S-Bahn Lehrter Stadtbahnhof

Il *Mao* sorridente di Andy Warhol, le luminose astrazioni di Cy Twombly, le opere provocatorie di Joseph Beuys fanno parte della collezione del più importante museo di arte contemporanea di Berlino, che riprende da dove la **Neue Nationalgalerie** (p109) del Kulturforum si interrompe (il 1950 circa).

Gli appassionati di Beuys saranno soddisfatti, dato che l'intera ala occidentale è dedicata all'enfant terrible dell'arte tedesca della fine del XX secolo. Robert Rauschenberg, Roy Lichtenstein, Anselm Kiefer e Keith Haring sono tra gli artisti rappresentati nell'ala orientale. Ci sono anche mostre itineranti, un programma serale di concerti, conferenze, film e incontri con gli artisti.

Molto interessante (per qualcuno anche più delle opere stesse) è l'architettura dell'edificio, una ex stazione ferroviaria neoclassica convertita in galleria da Josef Paul Kleinhues. Il superbo atrio principale, decorato con strutture di ferro, è l'ambientazione perfetta per quadri giganteschi, impianti e sculture. La scintillante facciata bianca esprime grande eleganza, specialmente di notte, quando l'illuminazione curata dall'inventiva di Dan Flavin tinge l'edificio di caleidoscopiche sfumature blu e verdi.

MUSEUM FÜR NATURKUNDE

Cartina pp342-3

☎ 2093 8591; www.museum.hu-berlin.de; Invalidenstrasse 43; interi/ridotti €3,50/2; ☺ 9.30-17 da martedì a venerdì, 10-18 sabato e domenica; U-Bahn Zinnowltzer Strasse

Con oltre 25 milioni di pezzi, la collezione del Museum für Naturkunde (Museo di Storia Naturale) affiliato all'Università Humboldt è una delle più grandi del mondo. È possibile esporne solo una parte, ma si tratta di pezzi di grande richiamo.

La **Sala dei Dinosauri**, la stanza più bella del museo, ospita il più grande scheletro di dinosauro in mostra al mondo, lungo 23 m e alto 12 m. C'è anche un esemplare di archeoptero fossile, la specie che rappresenta l'anello di congiunzione tra i rettili e gli uccelli.

Tra i molti interessanti reperti figurano il più grande pezzo di ambra mai trovato, meteoriti provenienti da Marte e spettacolari diorami.

I bambini rimarranno estasiati da 'Bobby' (1925–35), un gorilla impagliato che fu il primo esemplare allevato in cattività fino all'età adulta.

TIERGARTEN

Pasti pp174-6; Shopping pp232-4; Pernottamento pp250-1

Il distretto di Tiergarten ha languito per decenni ai margini di Berlino Ovest, ma ora è di nuovo una vitale zona di collegamento tra le due parti della città.

Recentemente restaurato, detiene il primato per quanto riguarda le nuove costruzioni e ospita due dei più interessanti megaprogetti di Berlino: il **Regierungsviertel** (Quartiere Governativo) e **Potsdamer Platz**, entrambi punti di grande interesse per i turisti. Altri tesori architettonici, come il **Diplomatenviertel** (Quartiere Diplomatico), risplendono nelle tranquille strade a sud del parco. Più a est, i musei e le gallerie del **Kulturforum** continuano a deliziare gli amanti dell'arte con le loro collezioni di livello mondiale.

Il vero e proprio parco di Tiergarten nacque come riserva di caccia del Grande Elettore Federico Guglielmo (che regnò dal 1640 al 1688) e divenne un parco, sapientemente progettato da Peter Lenné, nel XVIII secolo. Durante il gelido inverno del 1946–47 i berlinesi ne tagliarono praticamente tutti gli alberi per farne legna da ardere.

Potsdamer Platz

Trasporti

Autous Il n. 100 attraversa il parco di Tiergarten fino al quartiere governativo; il n.129 segue Landwehrkanal fino a Kreuzberg; il n. 200 percorre la parte meridionale del parco fino a Potsdamer Platz; il n. 248 collega Potsdamer Platz e il quartiere governativo; il JetExpressBux TXL dall'aeroporto di Tegel ferma vicino al Reichstag.

S-Bahn Linee S1 e S2 per Potsdamer Platz; S5, S7 e S9 fino a Lehrter Bahnhof attraverso il quartiere governativo.

U-Bahn Linee U2 da Potsdamer Platz; U9 per Hansaplatz attraverso la parte nord-occidentale del parco di Tiergarten.

Orientamento

Il distretto di Tiergarten è occupato per buona parte dal parco, che si estende dalla stazione Zoo fino alla Porta di Brandeburgo ed è attraversato da Strasse des 17 Juni. Le sorti della Germania vengono decise nel nuovo Regierungsviertel, a nord-est, mentre il Kulturforum e Potsdamer Platz si trovano oltre il suo angolo sud-orientale. Il Diplomatenviertel è situato più a ovest. Moabit e la Lehrter Zentralbahnhof si trovano oltre i confini settentrionali del parco.

REGIERUNGSVIERTEL E DINTORNI

Il nuovo quartiere governativo di Berlino si è sviluppato lungo un'ansa a ferro di cavallo del fiume Sprea. Chiamato Band des Bundes (letteralmente 'Cintura della Federazione'), comprende vari edifici che si susseguono in direzione est-ovest e simbolicamente uniscono le due parti della città attraverso la Sprea.

BUNDESKANZLERAMT Cartina pp342-3

☎ 01888-400 2526; Willy-Brandt-Strasse 1; chiuso al pubblico; S-Bahn Lehrter Stadtbahnhof

La grande Bundeskanzleramt (Cancelleria Federale), un moderno progetto di Axel Schultes e Charlotte Frank, è l'edificio più appariscente della Band des Bundes. Si tratta di un cubo bianco, alto nove piani, con aperture circolari che hanno ispirato ai berlinesi il nomignolo di 'lavatrice'. Pare che il panorama di cui si gode dai piani superiori, che ospitano gli uffici e gli appartamenti privati del cancelliere, sia stupendo. Qui ci sono anche la sala per le riunioni di gabinetto e un piano con uno speciale accesso di sicurezza.

Due blocchi inferiori che ospitano gli uffici dei collaboratori fiancheggiano il cubo, e, visto dall'alto, il complesso ha una forma a 'H'. Il **Kanzlergarten** (Giardino del Cancelliere) si trova a ovest, sull'altra sponda del fiume.

L'edificio generò un turbine di controversie ancora prima che i nuovi uffici venissero occupati. La discussione è incentrata per lo più sulle dimensioni (troppo grandi) e sul disegno (troppo moderno). Anche il cancelliere Gerhard Schröder all'inizio prese le distanze dal progetto, che era stato invece appoggiato dal suo predecessore Helmut Kohl. La cancelleria è chiusa al pubblico, ma se ne può vedere l'esterno da Moltkebrücke e dalla sponda nord della Sprea.

HAUS DER KULTUREN DER WELT

Cartina pp342-3

☎ 397 870; www.hkw.de; John-Foster-Dulles-Allee 10; costo d'ingresso variabile; ⏰ 10-21 da martedì a domenica; autobus n. 100

La stravagante Haus der Kulturen der Welt (Casa delle Culture del Mondo) di Hugh Stubbins rappresentò il contributo americano all'Interbau del 1957, una mostra architettonica che richiamò a Berlino i più apprezzati talenti internazionali. In origine sala per congressi, il suo elemento di design più sorprendente è il tetto parabolico che, sfidando la forza di gravità, copre l'edificio come una gigantesca razza. I berlinesi l'hanno soprannominato 'ostrica gravida'.

Ebbene, la creatività dell'architetto precorse i mezzi tecnologici dell'epoca, e il tetto crollò in parte nel 1980. Fu ricostruito fedelmente nel 1989, e il complesso divenne un centro culturale forte di un nutrito programma di mostre d'arte, conferenze, seminari, concerti e altri spettacoli. Le 68 campane del **Carillon** di marmo nero e bronzo – il più grande in Europa – che si trova poco più a est suonano alle 12 e alle 18 ogni giorno.

MOABIT Cartina pp342-3

Nei dintorni della stazione U-Bahn Turmstrasse, lungo Alt-Moabit

In origine insediamento degli ugonotti francesi, Moabit si sta lentamente trasformando da quartiere operaio in distretto alla moda, abitato dai funzionari governativi. Il **Bundesinnenministerium** (Ministero degli Interni Federale) occupa il futuristico edificio in riva al fiume al n. 98 di Alt-Moabit, e le nuove costruzioni residenziali come **'Il Serpente'** (p103) accolgono moltissime famiglie. I cambiamenti potranno essere ancora più radicali una volta che la **Lehrter**

I top five di Tiergarten

- La pregevolezza architettonica di **Potsdamer Platz** (p104).
- La fioritura dei rododendri, in primavera, del **Tiergarten Park** (p104).
- Una coraggiosa sfida alle vertigini dalla cima della cupola del **Reichstag** (p102).
- Le migliori opere di pittura rinascimentale alla **Gemäldegalerie** (p107).
- Assistere a un concerto alla **Philharmonie** (p109).

Distretti – Tiergarten

Zentralbahnhof, la futuristica stazione ferroviaria centrale di Berlino, diventerà operativa, il che potrebbe avvenire in tempo per i mondiali di calcio del 2006.

Per il momento le poche bellezze di Moabit sono visibili nel corso di una breve passeggiata. Dalla stazione della U-Bahn Turmstrasse, il cuore della zona commerciale, dirigetevi a nord verso l'**Arminius Markthalle** (Bremer Strasse 9), il più bello dei vecchi mercati coperti di Berlino. Più a sud, lungo la Alt-Moabit, si trova lo **Spree-Bogen Complex**, che ospita il Ministero degli Interni, e la **St Johanniskirche** (1835), una delle opere giovanili di Schinkel, con un pronao all'italiana. Più a est si trova il grande **Justizzentrum** (Palazzo di Giustizia), che comprende il tribunale e una prigione simile a una fortezza in cui sono stati reclusi tra gli altri i terroristi della Rote Armee Fraktion (RAF), Erich Honecker e Erich Mielke, l'ultimo capo della Stasi.

PAUL-LÖBE-HAUS E MARIE-ELISABETH-LÜDERS-HAUS Cartina pp342-3

☎ 2270; Konrad-Adenauer-Strasse e Schiffbauerdamm; S-Bahn Lehrter Stadtbahnhof, Friedrichstrasse

I due nuovissimi edifici che si fronteggiano sulla Sprea, a nord del Reichstag, ospitano sale per conferenze e uffici per i membri del Parlamento e i loro collaboratori. Un doppio ponte li congiunge attraverso il fiume formando un simbolo visivo della riunificazione.

Disegnate da Stefan Braunfels, entrambe le strutture richiamano i temi architettonici del Bundeskanzleramt (Cancelleria Federale; p101) che si trova poco più a ovest. La Paul-Löbe-Haus, alta sette piani, ricorda una enorme pista di bowling, e l'atrio si estende per tutti i 200 m di lunghezza dell'edificio.

L'altrettanto impressionante Marie-Elisabeth-Lüders-Haus ospita la biblioteca parlamentare e altre istituzioni governative. Gli elementi di design che più colpiscono sono una scalinata affusolata, un tetto piatto che si protende come un trampolino su una piazza e un cubo con gigantesche finestre circolari che ospita la sala di lettura della biblioteca.

Alcuni sottopassaggi mettono in comunicazione le due strutture con il Bundestag, che si trova all'interno del Reichstag. Il curioso edificio a nord della Paul-Löbe-Haus ospita l'asilo infantile del centro.

Paul Löbe e Marie-Elisabeth Lüders, tra l'altro, fecero sentire la loro voce in nome della democrazia sia prima sia dopo la seconda guerra mondiale; entrambi furono imprigionati dai nazisti.

Le visite guidate della Paul-Löbe-Haus hanno luogo alle 14 e alle 16 il sabato e la domenica, ma bisogna prenotare. Per informazioni chiamate ☎ 2273 0027 o controllate il sito www.bundestag.de.

REICHSTAG Cartina pp342-3

☎ 2273 2152; www.bundestag.de; Platz der Republik 1; ingresso gratuito; ⏰ ascensore per la cupola 8-24, ultimo ingresso 22; S-Bahn Unter den Linden, autobus n. 100

Situato appena a nord della Porta di Brandeburgo, il Reichstag è la sede del Bundestag, il Parlamento tedesco, dal 1999, quando fu completato il restauro curato da Lord Norman Foster. Il famoso architetto inglese trasformò l'edificio del 1894, costruito da Paul Wallot, in un complesso all'avanguardia, mantenendone soltanto la vecchia struttura e aggiungendovi il più sorprendente dei suoi elementi contemporanei: la scintillante cupola di vetro.

La rapida salita in ascensore fino in cima è un classico per chi visita Berlino, sia per il panorama sulla città, sia per gli impressionanti primi piani dell'imbuto rivestito di specchi che si trova

Visitare il Reichstag

Raggiungere la cupola del Reichstag è semplice, gratuito e non richiede alcuna prenotazione. L'interno, che comprende la Sala Plenaria, è visitabile invece solo su prenotazione. Occasionalmente sono disponibili biglietti last-minute presso il Besucherdienst (servizio visitatori) situato presso l'entrata di sinistra, sul lato occidentale (quello principale) dell'edificio.

Si possono effettuare visite guidate generiche (in tedesco) alle 10.30, 13.30, 15.30 e 19.30 di domenica, lunedì e nei giorni festivi. Sono disponibili anche visite di carattere artistico e architettonico alle 11.30 di domenica, lunedì e nei giorni festivi.

È possibile assistere a una lezione della durata di 45 minuti concernente il Parlamento, l'edificio e la sua storia ogni ora tra le 9 e le 17 (fino alle 18 da aprile a ottobre) nei giorni feriali e alle 10 e alle 16 (fino alle 18 da aprile a ottobre) nei fine settimana. Le lezioni in inglese hanno luogo a mezzogiorno di giovedì. Si può anche assistere a una seduta plenaria.

Tutte le visite guidate e le conferenze sono gratuite, ma bisogna prenotare in anticipo. Per prendere accordi scrivete a Deutscher Bundestag, Besucherdienst, Platz der Republik 1, 11011 Berlin, o inviate un fax allo 2273 0027. Visitate il sito www.bundestag.de (anche in inglese e francese) per avere informazioni complete.

al centro della cupola. L'ascensore deposita i visitatori su una terrazza panoramica all'esterno della base della cupola dove, curiosamente, c'è anche un costoso **ristorante** (9-24). Di qui si può risalire una rampa a spirale all'interno della cupola stessa, che si trova proprio sopra la Sala Plenaria.

Preparatevi a fronteggiare una lunga coda per salire sull'ascensore. Sappiate che la cupola rimane chiusa per manutenzione per diversi giorni quattro volte l'anno.

Il Reichstag è stato al centro di eventi cruciali per la storia tedesca. Dopo la prima guerra mondiale Philipp Scheidemann proclamò la Repubblica da una delle sue finestre. L'incendio del 27 febbraio 1933 permise a Hitler di incolpare i comunisti e di liquidare gli oppositori. Una dozzina d'anni più tardi, la vittoriosa armata sovietica per poco non distrusse l'edificio. Il restauro – esclusa la cupola – si concluse soltanto nel 1972. A mezzanotte del 2 ottobre 1990 da qui venne proclamata la riunificazione della Germania. Nell'estate del 1995 il Reichstag salì ancora alla ribalta delle cronache quando Christo (un artista bulgaro famoso per 'impacchettare' installazioni e monumenti come il Pont Neuf di Parigi o un'isola al largo di Miami) e sua moglie Jeanne-Claude foderarono l'edificio con fogli di plastica per due settimane. Lord Foster si mise al lavoro poco dopo.

SCHLOSS BELLEVUE E BUNDESPRÄSIDIALAMT Cartina pp342-3
200 00; www.bundespraesident.de; Spreeweg 1; chiuso al pubblico; S-Bahn Bellevue, autobus n. 100
Questo palazzo neoclassico color bianco gesso, costruito da Philipp Daniel Boumann nel 1785 per il fratello minore di Federico il Grande, è la residenza berlinese del presidente della repubblica. Il Kaiser Guglielmo II lo trasformò in una scuola, mentre i nazisti vi trasferirono il Museo Etnologico Tedesco. Si trova proprio sulla Sprea, circa 1 km a sud-est della Cancelleria.

Il presidente e i suoi collaboratori hanno i loro uffici nel **Bundespräsidialamt**, del 1998, a sud del palazzo. Questa è essenzialmente la versione tedesca della 'Sala ovale', che in questo caso si riferisce alla forma dell'intero edificio: una morbida ellisse dalle eleganti proporzioni, rivestita di vetro e scintillante granito nero.

A nord-est del palazzo, sull'altra sponda della Sprea, nella zona a est di Paulstrasse, è sorto un complesso residenziale piuttosto insolito, con 718 appartamenti per i funzionari governativi. La maggior parte di essi si trova all'interno di un unico serpeggiante edificio lungo 300 m noto come **'Il serpente'**.

SIEGESSÄULE Cartina pp342-3
391 2961; www.monument-tales.de; Grosser Stern; interi/ridotti €2,20/1,50, minori di 8 anni gratuito; 9.30-18.30 da lunedì a venerdì, 9.30-19 sabato e domenica da aprile a ottobre e 10-17 da lunedì a venerdì, 10-17.30 sabato e domenica da novembre a marzo; autobus n. 100
Come le punte di una stella marina, cinque grandi strade confluiscono nella rotonda chiamata Grosser Stern, nel cuore di Tiergarten. In mezzo a essa troneggia la Siegessäule (Colonna della Vittoria), una colonna trionfale che commemora le conquiste militari prussiane del XIX secolo, in particolare ai danni di Danimarca (1864), Austria (1866) e Francia (1871). La grande signora inghirlandata (alta 8,3 m) rappresenta la dea della Vittoria, sebbene la gente del posto la chiami semplicemente 'Elsa d'oro'. I

Distretti – Tiergarten

Schloss Bellevue

nazisti la spostarono qui dalla sua collocazione precedente, di fronte al Reichstag, nel 1938, e aggiunsero un piano alla colonna, che raggiunse così l'impressionante altezza di 67 m. I biglietti per salire sulla colonna danno diritto anche all'ingresso al piccolo museo e a uno sconto presso il bar e il Bier Garten adiacente.

La Siegessäule è diventata un simbolo della comunità gay di Berlino (la più importante pubblicazione gay prende il nome da essa) e segna l'arrivo dell'annuale Christopher Street Parade. Il parco intorno alla struttura è un popolare ritrovo per omosessuali, specialmente nei dintorni del Löwenbrücke.

Nelle immediate vicinanze si trovano anche alcuni altri **monumenti alla gloria prussiana**, in particolare quello a Otto von Bismarck, disegnato da Reinhold Begas, a nord-est della colonna.

SOWJETISCHES EHRENMAL Cartina pp342-3
Strasse des 17 Juni; S-Bahn Unter den Linden, autobus n. 100

A ovest della Porta di Brandeburgo, il Monumento Sovietico ai Caduti ricorda i soldati dell'Armata Rossa che morirono combattendo nell'epica Battaglia di Berlino. Due carri armati russi, a quanto sembra i primi a entrare in città nel 1945, sono sistemati di fianco al monumento. Pare che il marmo rossiccio provenga dalle rovine della cancelleria di Hitler a Wilhelmstrasse. Un'altra parte di questo materiale riciclato fu usata per realizzare il Monumento Sovietico ai Caduti di Treptower Park (p146).

STRASSE DES 17 JUNI Cartina pp342-3
S-Bahn Unter den Linden, Tiergarten, autobus n. 100

Questo ampio viale originariamente congiungeva il Palazzo di Città di Unter den Linden con lo Schloss Charlottenburg e veniva chiamato Charlottenburger Chaussee. Nel 1937 Hitler fece raddoppiare la sua larghezza trasformandolo in una via trionfale che chiamò Asse Est-Ovest. Il suo nome attuale commemora la sommossa dei lavoratori del 1953 a Berlino Est (p70), che portò la RDT sull'orlo del collasso.

TIERGARTEN PARK Cartina pp342-3
S-Bahn Tiergarten, Bellevue, autobus n. 100

Il 'polmone verde' di Berlino è ricco di grandi alberi ombrosi, sentieri curati, cespugli e prati ed è uno splendido posto per il jogging, i picnic e le passeggiate. Con i suoi 167 ettari è uno dei parchi urbani più grandi del mondo, tagliato in due da **Strasse des 17 Juni** (v. sopra). In primavera, quando i rododendri sono nel pieno della fioritura, la zona attorno a Rousseau Island è

un'oasi di pace nel traffico della città. Nei soleggiati weekend estivi il parco è affollato di gente intenta a preparare giganteschi barbecue.

POTSDAMER PLATZ E DINTORNI

Vetrina del rinnovamento urbano, Potsdamer Platz è forse il simbolo più vistoso della 'Nuova Berlino' e una grande attrazione turistica. Questa storica piazza era un trafficato crocevia che divenne sinonimo di vita metropolitana e divertimento all'inizio del XX secolo. Nel 1924 ospitò il primo semaforo d'Europa (che funzionava manualmente), una copia del quale è stata recentemente posizionata nel luogo di origine. La seconda guerra mondiale risucchiò da Potsdamer Platz tutta la vita e l'intera zona si fossilizzò, tagliata in due dal Muro, fino alla riunificazione.

Negli anni '90 l'amministrazione cittadina ingaggiò i migliori talenti internazionali della moderna architettura, tra cui Arata Isozaki, Rafael Moneo, Richard Rogers e Helmut Jahn, per realizzare 'Potsdamer Platz – parte seconda' su un progetto di massima di Renzo Piano. Costretto dai limiti imposti dal piano regolatore cittadino, il prodotto finale, sebbene non certo all'avanguardia, è gradevole e soprattutto a misura d'uomo.

I berlinesi e i visitatori hanno accettato di buon grado il nuovo quartiere, che è diviso in tre parti: DaimlerCity, completato nel 1998, il Sony Center, inaugurato nel 2000, e il Beisheim Center, ultimato solo parzialmente nel periodo della tesura di questa guida. Per ulteriori informazioni v. Architettura (p52).

Se volete dare uno sguardo dall'alto alla zona potete salire su quello che viene considerato l'ascensore più veloce del mondo e che porta all'**Osservatorio panoramico** (cartina p356; Potsdamer Platz 1; interi/ridotti €3/2; ☺ 11-20 da martedì a domenica), oppure dondolare a 150 m d'altezza su un pallone aerostatico – saldamente ancorato al suolo – con **Berlin Hi-Flyer** (cartina p356; angolo di Ebertstrasse con Vossstrasse; interi/ridotti €19/10; ☺ 10-18, tempo permettendo).

BEISHEIM CENTER Cartina p356
U/S-Bahn Potsdamer Platz

La zona più recente della nuova Potsdamer Platz è il triangolo delimitato da Lenné, Bellevue ed Ebertstrasse, il cosiddetto Lennédreieck (Triangolo Lenné). Qui Otto Beisheim, uno degli uomini più ricchi d'Europa, ha investito 460 milioni di euro per immortalare se stesso nell'acciaio e nella pietra. Il Beisheim Center è un complesso di cinque edifici adibiti ad abitazioni di lusso, uffici e alberghi esclusivi, come il Ritz-Carlton e il Marriott. Il complesso si ispira al disegno classico dei grattacieli americani; il Ritz-Carlton, per esempio, concepito da Hilmer & Sattler e Albrecht, ricalca il modello del Rockefeller Center di New York.

DAIMLERCHRYSLER CONTEMPORARY

Cartina p356

☎ 2594 1420; Weinhaus Huth, Alte Potsdamer Strasse 5; ingresso gratuito; ⏰ 11-18; U/S-Bahn Potsdamer Platz

I cultori dell'arte astratta, concettuale e minimalista del XX secolo dovrebbero fare un salto in questa galleria che assomiglia a un loft, uno spazio tranquillo ed elegante al quarto piano dello storico **Weinhaus Huth** (p106). Per entrare occorre suonare il campanello. Mostre a rotazione espongono le nuove acquisizioni o selezioni della collezione permanente della DaimlerChrysler Corporation, che spazia da artisti della scuola Bauhaus come Oscar Schlemmer e Max Bill a grandi nomi internazionali come Andy Warhol e Jeff Koons.

DAIMLERCITY Cartina p356

Tra Potsdamer Strasse, Landwehrkanal e Linkstrasse; U/S-Bahn Potsdamer Platz

DaimlerCity, che si estende a sud di Potsdamer Strasse, è stato il primo dei tre megacomplessi di Potsdamer Platz a essere completato. Inaugurato nel 1998, è una bella costruzione, con una piazza aperta, la **Marlene-Dietrich-Platz**, e un'architettura interessante cui hanno contribuito tra gli altri Rafael Moneo, Arata Isozaki e Renzo Piano. Il grande stagno che si trova sulla sua estremità meridionale è perfetto per trovare un po' di refrigerio nelle calde giornate estive.

DaimlerCity ospita un grande centro commerciale, il **Potsdamer Platz Arkaden** (p232), e pullula di locali per il tempo libero, compreso un teatro per il musical, un casinò, vari locali notturni, cinema e una moltitudine di ristoranti e bar.

Qui si trova anche lo storico **Weinhaus Huth** (p106) con la galleria d'arte contemporanea **DaimlerChrysler Contemporary** (v. a fianco).

La DaimlerChrysler ha sponsorizzato anche le otto **sculture** intorno a DaimlerCity. Fra queste figurano The Boxers di Keith Haring in Eichhornstrasse, Balloon Flower di Jeff Koons sulla Marlene-Dietrich-Platz, Galileo di Mark Di Suvero nel laghetto, Gelandet di Auke de Vries in Schellingstrasse e The Riding Bikes di Robert Rauschenberg sulla Fontaneplatz.

Altre tre sculture si trovano nell'atrio del DaimlerChrysler Building: Méta Maxi di Jean Tinguely, Light Blue di François Morellet e Nam Sat di Nam June Paik.

FILMMUSEUM BERLIN Cartina p356

☎ 300 9030; www.filmmuseum-berlin.de; Potsdamer Strasse 2; interi/ridotti € 6/4; ⏰ 10-18 da martedì a domenica, 10-20 giovedì; U/S-Bahn Potsdamer Strasse

Un viaggio multimediale attraverso la storia del cinema tedesco e uno sguardo dietro le quinte agli effetti speciali è quanto attende i visitatori al Filmmuseum Berlin. Il museo termina in una stanza rivestita di specchi provenienti dal set de Il Gabinetto del dottor Caligari (1920).

Distretti – Tiergarten

I fantasmi di Vossstrasse

Oggi non lo si direbbe, ma Vossstrasse, a nord-est di Potsdamer Platz, era un tempo il centro nevralgico della Germania nazista. La Neue Reichskanzlei (Nuova Cancelleria; 1938) di Hitler era dislocata lungo oltre 400 m, quasi l'intera lunghezza della strada. Il responsabile del progetto, Albert Speer, costrinse circa 4000 persone a turni massacranti di 24 ore al giorno, riuscendo a completare il massiccio edificio in soli 11 mesi, con due giorni di anticipo sulla data prevista.

Per il palazzo vennero utilizzati i migliori materiali da costruzione: per inciso, gli interni finirono con l'essere un'opulenta accozzaglia di marmo, bronzo, vetro e mosaici. Dopo la guerra i russi rimossero tutto il marmo, che venne riciclato nei monumenti ai caduti a Treptower Park e in Strasse des 17 Juni.

Il leggendario Führerbunker, dove il 30 aprile 1945 ebbe luogo il suicidio di Hitler, di Eva Braun e della famiglia Goebbels, si trovava appena più a ovest. Hitler fece costruire il bunker nel 1943, ma vi trascorse soltanto le ultime sei settimane di vita. Il rifugio era molto profondo e vi si accedeva attraverso un sotterraneo costruito nel 1935, chiamato Vorbunker. La volta del soffitto si trovava 1 m sotto il livello del suolo e il tetto stesso consisteva in blocchi di cemento spessi 30 cm e sormontati da 20 cm di terra.

Dopo la guerra i sovietici tentarono di farlo saltare, ma il cemento resistette agli esplosivi, cosicché lo incendiarono e poi lo allagarono. Si dice che il soffitto fu fatto saltare pezzo dopo pezzo fino al crollo definitivo. Il sito fu coperto di detriti durante la costruzione di un edificio adiacente nel 1988.

In questo museo vengono celebrati anche film considerati pionieri del loro genere, come l'epico *Metropolis* (1926) di Fritz Lang, *Olympia* (1936) di Leni Riefenstahl, un film dell'epoca nazista capace di incutere soggezione (v. anche riquadro di p32), e lavori del secondo dopoguerra. Come nella sua vita reale, la *femme fatale* che ruba il centro della scena è Marlene Dietrich, della quale sono esposti alcuni costumi provenienti dalla sua collezione privata, abiti da sera personali, fotografie e documenti.

Il museo fa parte della **Filmhaus**, che ospita anche una scuola di cinematografia, i cinema **Arsenal** (p216), una biblioteca, un negozio e il bistro Billy Wilder a livello della strada.

LEIPZIGER PLATZ Cartina p356
U/S-Bahn Potsdamer Platz

Proprio come Potsdamer Platz, anche questa storica piazza sta ritornando al proprio antico splendore. Leipziger Platz, le cui origini risalgono al 1734, divenne una delle piazze più famose di Berlino grazie agli urbanisti Schinkel e Lenné. La piazza manterrà l'originale struttura ottagonale e sarà fiancheggiata da moderni edifici che rispetteranno lo storico limite di 35 m di altezza. Fra gli architetti che collaborano al progetto figurano

Axel Schultes, creatore della **Bundeskanzleramt** (Cancelleria Federale; p101), e Jan Kleihues, figlio di Josef Paul Kleihues. Gli edifici ospiteranno appartamenti di lusso, uffici, ristoranti, negozi e, inoltre, l'ambasciata canadese.

SONY CENTER Cartina p356
www.sonycenter.de; Tra Potsdamer Strasse, Entlastungsstrasse e Bellevuestrasse; U/S-Bahn Potsdamer Platz

Progettato da Helmut Jahn, il Sony Center è uno dei più spettacolari nuovi complessi di Berlino. Il suo nucleo è costituito da una piazza centrale impreziosita da un tetto di vetro a forma di tenda, sostenuto da steli d'acciaio che si dipartono come i raggi della ruota di una bicicletta. Con il buio viene illuminato con colori che cambiano continuamente.

Dotata di molti posti per sedere e di una curiosa fontana, la piazza è diventata uno dei luoghi classici dove andare a bighellonare e a guardare il viavai della gente. Gli edifici che la circondano ospitano ristoranti, grandi magazzini, un cinema multiplex, il **Filmmuseum** (v. più indietro) e il quartier generale europeo della Sony.

Integrata nel complesso c'è anche l'opulenta **Kaisersaal**, l'unica stanza sopravvissuta dell'Hotel Esplanade, di epoca prebellica, l'ex regina di Bellevuestrasse. Fu spostata di 75 m, fino alla sua attuale posizione, con l'aiuto di una tecnologia stupefacente ed è stata completamente restaurata per farne un ristorante da gourmet (p250).

WEINHAUS HUTH Cartina p356
Alte Potsdamer Strasse 5; U/S-Bahn Potsdamer Platz

Questo complesso edificio, che sembra piccolo se paragonato a quelli postmoderni che lo affiancano, è l'unico testimone oculare della Potsdamer Platz delle origini. Progettato nel 1912 da Conrad Heidenreich e Paul Michel, fu uno dei primi edifici della città con struttura in acciaio a travi portanti ed è sopravvissuto miracolosamente sia alla seconda guerra mondiale sia al Muro. Dietro alla facciata di arenaria c'è un altro ristorante, **Dieckmann im Weinhaus Huth** (p175), e al quarto piano si trovano le ariose gallerie del **DaimlerChrysler Contemporary** (p105).

Statua delle biciclette davanti al Weinhaus Hut

KULTURFORUM E DINTORNI
Questo complesso di splendidi musei e sale da concerto, situato all'estremità sud-orientale di Tiergarten, fu progettato negli anni '50 da Hans Scharoun, uno degli architetti più fa-

mosi dell'epoca. La maggior parte degli edifici non fu completata prima degli anni '80.

BAUHAUS ARCHIV/MUSEUM FÜR GESTALTUNG Cartina pp352-3

☎ 254 0020; www.bauhaus.de; Klingelhöferstrasse 14; interi/ridotti €4/2; ☽ 10-17 da mercoledì a lunedì; U-Bahn Nollendorfplatz; autobus n. 100

Da lontano le file parallele di scintillanti tetti bianchi spioventi somigliano un po' alle ciminiere di un transatlantico. La sorprendente struttura dell'Archivio/Museo del Design Bauhaus è stato un punto fisso nel panorama culturale di Berlino sin dal giorno in cui venne inaugurato, nel 1979. Walter Gropius in persona, il fondatore della Scuola Bauhaus (1919–33), produsse questo disegno d'avanguardia, anche se non visse abbastanza da vederlo realizzato.

Dietro le pareti ondulate, varie mostre documentano l'enorme influenza che la scuola Bauhaus esercitò su tutti gli aspetti dell'architettura e del design moderni. Nella collezione rientrano documenti di tutti i tipi, dagli appunti della fase di studio a lavori in corso d'opera, a foto, modelli, progetti e documenti di artisti che abbracciarono lo stile Bauhaus: Klee, Kandinskij, Schlemmer, Feininger e molti altri. I pezzi più importanti della collezione comprendono il modello originale dell'edificio di Gropius in stile Bauhaus del 1925 a Dessau e una ricostruzione del *Licht-Raum-Modulator* (Modulatore-luce-spazio) di László Moholy-Nagy, una scultura cinetica unica nel suo genere che combina colore, luce e movimento.

DIPLOMATENVIERTEL Cartina pp352-3

A sud di Tiergarten tra Stauffenbergstrasse, Klingelhöferstrasse e Landwehrkanal; autobus n. 200

Dopo la prima guerra mondiale molte ambasciate si trasferirono nel tranquillo quartiere a sud di Tiergarten, da lungo tempo prediletto dall'élite culturale di Berlino; i fratelli Grimm e il poeta Hoffman von Fallersleben furono tra coloro che risiedettero qui nel XIX secolo. Fu il capo degli architetti di Hitler, Albert Speer, a coniare il termine Diplomatenviertel e a organizzarvi il trasferimento delle ambasciate di vari paesi, tra cui quella italiana e quella giapponese. La seconda guerra mondiale praticamente cancellò questo quartiere, che rimase in uno stato di tranquillo abbandono mentre tutte le ambasciate si stabilirono a Bonn. Con la riunificazione e l'avvio del boom edilizio il quartiere è diventato una vetrina della migliore architettura contemporanea. Per ulteriori dettagli v. Architettura, p52.

I top five tra i siti della seconda guerra mondiale

- Gedenkstätte Deutscher Widerstand (in questa pagina)
- Holocaust Memorial (Monumento in memoria delle Vittime della Shoà; p83)
- Museum Berlin-Karlshorst (p152)
- Sowjetisches Ehrenmal (Monumento Sovietico ai Caduti; p146)
- Topographie des Terrors (p129)

GEDENKSTÄTTE DEUTSCHER WIDERSTAND Cartina p356

☎ 2699 5000; Stauffenbergstrasse 13-14; ingresso gratuito; ☽ 9-18 da lunedì a venerdì, 9-20 giovedì, 10-6 sabato e domenica; U-Bahn Mendelssohn-Bartholdy-Park, autobus n. 200

La mostra alla memoria della resistenza tedesca ricorda un aspetto importante, e spesso trascurato, delle vicende del Terzo Reich: il movimento interno di resistenza contro il regime nazista. Fotografie, documenti e pannelli esplicativi mostrano come anche tra i tedeschi ci fu chi rischiò la vita per opporsi alla follia di Hitler: ricordiamo artisti come Ernst Barlach e Käthe Kollwitz, scienziati come Carl von Ossietzky, teologi come Dietrich Bonhoeffer, scrittori esuli come Thomas Mann e studenti universitari come Hans e Sophie Scholl.

La mostra è allestita nel Bendlerblock, un vasto complesso che ospitò il quartier generale della Wehrmacht dal 1935 al 1945 e che accoglie ora il Ministero della Difesa tedesco. In questo edificio, un gruppo di ufficiali guidati da Claus Schenk Graf von Stauffenberg progettò l'audace tentativo di assassinare Hitler nel 1944, che però fallì. Stauffenberg e decine di altri cospiratori vennero uccisi quella stessa notte nel cortile dell'edificio. Un monumento alla memoria rende onore al loro tentativo di salvare la Germania dal disastro.

In seguito al fallimento del loro golpe oltre 600 persone vennero arrestate e 110 uccise, molte delle quali alla Plötzensee Prison, ora sito commemorativo Gedenkstätte Plötzensee (p137): le loro foto ricoprono una intera parete. Tutti i pannelli esplicativi sono in tedesco, ma sono disponibili gratuitamente ottime guide audio in inglese di cui ci si può servire lasciando la carta d'identità o una cauzione in denaro.

GEMÄLDEGALERIE (SMB) Cartina p356

☎ 266 2951; www.smpk.de; Matthäikirchplatz 8; interi/ridotti €6/3, minori di 16 anni gratuito,

Distretti – Tiergarten

gratuito per tutti le ultime quattro ore di giovedì, consente l'ingresso nella stessa giornata anche a Kunstgewerbemuseum, Kupferstichkabinett, Neue Nationalgalerie e Hamburger Bahnhof, Musikinstrumenten-Museum e Kunstgewerbemuseum presso Schloss Köpenick; ☷ 10-18 da martedì a domenica, 10-22 giovedì; U/S-Bahn Potsdamer Platz

Se avete poco tempo per visitare i musei del Kulturforum, scegliete la Gemäldegalerie (Galleria dei Dipinti), una spettacolare vetrina della pittura europea dal XIII al XVIII secolo, con oltre 300 opere esposte. Ha aperto i battenti nel giugno del 1998 in un sontuoso edificio progettato dagli architetti contemporanei Hilmer e Sattler.

La collezione è famosa per le sue eccezionali qualità e dimensioni. I pezzi più importanti sono quelli dei maestri fiamminghi e olandesi fra cui Van Dyk e Rubens; ci sono anche dipinti di autori tedeschi come Cranach, Dürer e Holbein, italiani come Botticelli, Raffaello, Tiziano e altri, francesi come Watteau e de la Tour, inglesi come Gainsborough e Reynolds, spagnoli come Goya e Velázquez. Il museo possiede una delle più vaste collezioni di Rembrandt del mondo, con 16 dipinti in mostra fra i quali il famoso *Uomo dall'elmo d'oro*.

Si accede alle gallerie dall'imponente Sala Grande, il fulcro dell'edificio, che ha le dimensioni e la solennità di una cattedrale. Due file di colonne bianche la dividono in tre corridoi inondati dalla luce solare che filtra delicatamente da lucernari circolari. È un contesto opportunamente elegante per le sculture che vi sono esposte, in attesa che venga completato il **Bodemuseum** (p89) a Museumsinsel.

Il biglietto d'ingresso comprende l'uso dell'audioguida in tedesco e in inglese con commenti su alcuni dipinti selezionati. Calcolate di dedicarvi almeno due ore.

KUNSTGEWERBEMUSEUM (SMB)

Cartina p356

☎ 266 2951; www.smpk.de; Tiergartenstrasse 6; interi/ridotti €6/3, minori di 16 anni gratuito, gratuito per tutti le ultime quattro ore di giovedì, consente l'ingresso nella stessa giornata anche a Gemäldegalerie, Kupferstichkabinett, Neue Nationalgalerie, Hamburger Bahnhof, Musikinstrumenten-Museum e Kunstgewerbemuseum presso Schloss Köpenick; ☷ 10-18 da martedì a venerdì, 11-18 sabato e domenica; U/S-Bahn Potsdamer Platz

L'enorme Kunstgewerbemuseum (Museo di Arti Applicate) trabocca di oggetti decorativi prodotti tra il Medioevo e i giorni nostri. Le vaste collezioni vanno dai reliquiari incastonati di gemme alle ceramiche in stile art déco e ai manufatti moderni.

Se vi interessa esplorare il museo cronologicamente iniziate dalla sezione medievale al piano terra, dove dominano gli arredi sacri. Tra i pezzi più preziosi di questa sezione ci sono il famoso Tesoro Guelfo, con un reliquiario a cupola che si dice contenesse la testa di san Giorgio, e il fonte battesimale dell'imperatore Federico Barbarossa. Da non perdere anche la collezione di argenteria incredibilmente decorata che una volta apparteneva ai ricchi consiglieri della città di Lüneburg nella Germania settentrionale.

Sullo stesso piano, il Rinascimento è rappresentato dai delicati vetri veneziani, dalle terrecotte dai vivaci colori dette maioliche, dai ricchi arazzi, dall'elegante mobilio e da altri oggetti che riflettono il sontuoso stile di vita delle corti e delle famiglie patrizie.

Di qui si va al piano superiore, dove si trovano ancora alcuni oggetti rinascimentali ma soprattutto dei periodi barocco, neoclassico, art nouveau e art déco. Si tratta di una collezione eclettica che comprende scacchiere storiche, incredibili manufatti di avorio e porcellana usciti dalle mani degli straordinari artigiani di Meissen e Nymphenburg. La Sala Cinese di Palazzo Graneri di Torino è un altro dei pezzi forti.

Il seminterrato ospita la cosiddetta Nuova Collezione, nella quale sono esposti oggetti in vetro, ceramica, gioielli e suppellettili di varie provenienze del XX e XXI secolo, tra cui mobili di Michael Thonet, Charles Eames, Philippe Starck e altri.

KUPFERSTICHKABINETT (SMB)

Cartina p356

☎ 266 2951; www.smpk.de; Matthäikirchplatz 8; interi/ridotti €6/3, minori di 16 anni gratuito, gratuito per tutti le ultime quattro ore di giovedì, consente l'ingresso nella stessa giornata anche a Kunstgewerbemuseum, Gemäldegalerie, Neue Nationalgalerie, Hamburger Bahnhof, Musikinstrumenten-Museum e Kunstgewerbemuseum presso Schloss Köpenick; ☷ 10-18 da martedì a venerdì, 11-18 sabato e domenica; U/S-Bahn Potsdamer Platz

Il Kupferstichkabinett (Museo di Stampe e Disegni) possiede una delle più belle e imponenti collezioni al mondo di arti grafiche, tra cui libri illustrati a mano, manoscritti miniati, disegni e stampe prodotti nei più importanti paesi europei dal XIV secolo in poi. Sono rappresentati tutti i grandi nomi, da Dürer a Botticelli, da Rembrandt a Schinkel, da Picasso a Giacometti.

A causa della fragile natura di questi oggetti, che risentono dell'esposizione alla luce, solo una piccola parte della collezione può essere presentata di volta in volta in mostre speciali. Questa è anche la ragione della presenza degli involucri protettivi in vetro e della luce schermata.

MATTHÄUSKIRCHE Cartina p356

☎ 261 3676; Matthäikirchplatz; ingresso alla torre €1; 🕙 12-18 da martedì a domenica; U/S-Bahn Potsdamer Platz

Un po' in disparte all'interno del Kulturforum, la Matthäuskirche è un edificio neoromanico progettato da Friedrich August Stüler nel 1846. La sua bella facciata presenta strisce alternate di mattoni rossi e piastrelle color ocra. Durante il Terzo Reich avrebbe dovuto essere smantellata e trasferita a Spandau per far posto alla Germania di Albert Speer (v. lettura, p66). Fortunatamente la guerra – e la storia – presero una piega differente. Salite sulla torre per godere di un bel panorama sul Kulturforum e su Potsdamer Platz.

MUSIKINSTRUMENTEN-MUSEUM

Cartina p356

☎ 2548 1178; www.mim-berlin.de; Tiergartenstrasse 1; interi/ridotti €3/1,50, minori di 16 anni gratuito, gratuito per tutti le ultime quattro ore di giovedì, consente l'ingresso nella stessa giornata anche a Kunstgewerbemuseum, Gemäldegalerie, Neue Nationalgalerie, Kupferstichkabinett, Hamburger Bahnhof, Kunstgewerbemuseum presso Schloss Köpenick; 🕙 9-15 da lunedì a venerdì, 10-17 sabato e domenica; U/S-Bahn Potsdamer Platz

Clavicembali, trombe medievali, pive e altri strumenti storici possono non richiamare una ressa di visitatori, ma che dire del flauto di Federico il Grande che viene suonato per intrattenere i visitatori? O del piano con cui Carl Maria von Weber compose Il franco cacciatore? O del cembalo di Johann Sebastian Bach?

La superba collezione del Musikinstrumenten-Museum (Museo degli Strumenti Musicali) di Berlino comprende tutto questo e inoltre centinaia di tesori dal XVI secolo a oggi. Ci sono dipinti storici e statuette di porcellana, pianoforti Steinway e curiosità come bastoni da passeggio musicali. Nelle molte stazioni d'ascolto ci si può fermare a sentire il suono di alcuni dei più strani e antichi strumenti.

Uno dei pezzi preferiti dal pubblico è il Mighty Wurlitzer (1929), un organo con un numero incredibile di bottoni e leve. Le dimostrazioni hanno luogo a mezzogiorno di sabato. Sempre di sabato, alle 11 il museo offre visite guidate (€2). I concerti di musica classica, molti dei quali

gratuiti, hanno luogo tutto l'anno (richiedete il programma gratuito o controllate sul sito).

NEUE NATIONALGALERIE (SMB)
Cartina p356

☎ 266 2651; www.smpk.de; Potsdamer Strasse 50; interi/ridotti €6/3, minori di 16 anni gratuito, gratuito per tutti le ultime quattro ore di giovedì, consente l'ingresso nella stessa giornata anche a Kunstgewerbemuseum, Kupferstichkabinett, Gemäldegalerie, Hamburger Bahnhof, Musikinstrumenten-Museum e Kunstgewerbemuseum presso Schloss Köpenick; 🕙 10-18 da martedì a venerdì, 10-22 giovedì, 11-18 sabato e domenica; U/S-Bahn Potsdamer Platz

Il primo dei musei del Kulturforum, la Neue Nationalgalerie (Nuova Galleria Nazionale), aprì i battenti nel 1968 per essere la più grande miniera di opere d'arte visiva di Berlino incentrata sulle opere degli artisti europei dei primi 60 anni del XX secolo. Vi sono rappresentate tutte le correnti principali: cubismo (Picasso, Gris, Léger), surrealismo (Dalì, Miró, Max Ernst), nuova oggettività (Otto Dix, George Grosz), Bauhaus (Klee, Kandinsky) e, soprattutto, espressionismo tedesco (Kirchner, Schmitt-Rottluff, Heckel e altri membri del Die Brücke, un gruppo di artisti dell'inizio del XX secolo).

Fra i vari capolavori figurano gli stravolti ritratti di Otto Dix (per esempio Altes Liebespaar; 1923), le splendide figure rapate di George Grosz e la caotica Potsdamer Platz (1914) di Kirchner popolata da un'umanità minore di prostitute e perdigiorno. Gli 11 dipinti di Max Beckmann offrono un'esauriente panoramica del lavoro dell'artista tra il 1906 e il 1942.

Mentre le gallerie del seminterrato ospitano la collezione permanente, al piano terra – rivestito di vetro – di solito si trovano le esposizioni temporanee. Il giardino, ricco di pregevoli sculture, è una vera e propria oasi di quiete.

L'edificio in cui trova posto il museo è di per se stesso un'opera d'arte. Fu progettato da Ludwig Mies van der Rohe poco prima della morte nel suo tipico stile, che predilige le semplici forme geometriche.

PHILHARMONIE E KAMMERMUSIKSAAL Cartina p356

☎ 2548 8132; www.berliner-philharmoniker.de; Herbert-von-Karajan-Strasse 1; visite guidate gratuite; 🕙 visite guidate 13 tutti i giorni (in tedesco); U/S-Bahn Potsdamer Platz

La più importante sala per i concerti classici di Berlino, la Philharmonie progettata da Hans Scha-

Distretti – Tiergarten

roun, vanta un'acustica a dir poco eccezionale, ottenuta grazie alla complicata pianta a tre livelli pentagonali che si intrecciano e salgono verso il podio centrale dell'orchestra.

Il pubblico siede in palchi a terrazza, dai quali si gode di una visuale e di un'acustica perfette.

Dall'esterno, questo edificio del 1963 appare vagamente come una casa da tè cinese postmoderna. Nel 1981 fu aggiunta la facciata di alluminio color miele. Questa è la sede permanente dei Berliner Philharmoniker, una delle principali orchestre del mondo (p207).

Adiacente, la **Kammermusiksaal** (Sala per la Musica da Camera), anch'essa su disegno di Scharoun, è essenzialmente una versione più piccola della Philharmonie, alla quale è collegata tramite il foyer. Fu inaugurata nel 1987.

SHELL-HAUS Cartina p356
Reichspietschufer 60; U-Bahn Mendelssohn-Bartholdy-Park

Simile a una scalinata gigantesca, la vistosa Shell-Haus è uno dei più famosi palazzi per uffici della Repubblica di Weimar. Progettata da Emil Fahrenkamp nel 1931, fu una delle prime strutture di Berlino a travi portanti in acciaio rivestite da uno strato di travertino.

Il suo stravagante profilo si apprezza al meglio dalla sponda meridionale del Landwehrkanal. Recentemente restaurata, oggi è il quartier generale dell'azienda del gas di Berlino, la GASAG.

Shell-Haus

STAATSBIBLIOTHEK ZU BERLIN
Cartina p356

☎ 2660; www.sbb.spk-berlin.de; Potsdamer Strasse 33; tariffa d'ingresso giornaliera €0,50; ☯ 9-21 da lunedì a venerdì, fino alle 19 sabato ; visite guidate gratuite della durata di 90 minuti 10.30 terzo sabato del mese; U/S-Bahn Potsdamer Platz

L'irregolare costruzione situata tra il Kulturforum e Potsdamer Platz ospita la seconda parte della Biblioteca di Stato e contiene i libri pubblicati dopo il 1955, riprendendo quindi laddove la collezione della sede principale di Unter den Linden (p82) si interrompe. L'edificio, il cui nome viene abbreviato in 'Stabi', fu progettato da Hans Scharoun ed è aperto dal 1978. Si tratta di una biblioteca accademica per consultazioni e prestiti, con grandi sale di lettura al suo interno.

CHARLOTTENBURG

Pasti pp176-9; Shopping pp232-4; Pernottamento pp251-5

Prima del crollo del Muro, Charlottenburg era il posto più visitato dai turisti. È qui che si concentravano gli alberghi, i ristoranti, i negozi e la vita notturna. Negli anni '90, quando tutta l'attenzione converse su Mitte e Prenzlauer Berg, Charlottenburg perse a poco a poco la propria popolarità, ma ciò non significa che non meriti di essere visitata. Gli alberghi di questa zona, sebbene un po' datati, sono tuttora di buon livello. C'è anche la possibilità di fare buoni acquisti ,e qualche edificio di nuova concezione movimenta il dimesso panorama urbano del dopoguerra. Charlottenburg nacque in seguito alla tragica e precoce morte di una regina molto amata. Quando Sofia Carlotta, moglie del re Federico I, morì nel 1705, il re concesse lo status di città al piccolo borgo che era sorto attorno al palazzo d'estate della regina e lo ribattezzò così in onore di lei.

L'inizio del XX secolo vide la fondazione della Technische Universität (1884) e dell'Hochschule der Künste (Università delle Arti, 1902). Durante gli anni di Weimar, Charlottenburg divenne l'epicentro culturale di Berlino, con teatri, cabaret, jazz club e caffè letterari che fiancheggiavano la sua strada culturale più frequentata, Kurfürstendamm. Di fatto, gran parte della creatività e della decadenza dei 'dorati Anni '20' affonda qui le proprie radici. Sebbene molto più tranquilla di un tempo, ancora oggi Charlottenburg rimane una parte vivace e interessante della città.

Orientamento

Charlottenburg, che forma un'unità amministrativa con Wilmersdorf, situata più a sud, è un grande distretto che si estende fino allo Stadio Olimpico a ovest e alla stazione Zoo a est. Confina con Spandau a ovest e Tiergarten e Schöneberg a est. L'aeroporto di Tegel si trova oltre i suoi confini settentrionali. Tra le sue arterie principali figurano Kurfürstendamm, la famosa via dei negozi e dei divertimenti, Kantstrasse, che culmina presso il Funkturm e il terreno della fiera, Hardenbergstrasse e il suo proseguimento, Otto-Suhr-Allee, che porta diritto a Schloss Charlottenburg nel nord di Charlottenburg. L'area dello Stadio Olimpico si trova all'estremità orientale del distretto, a circa 6 km di distanza dalla stazione Zoo.

I top five di Charlottenburg

- Immaginatevi di essere re o regine per un giorno mentre gironzolate per **Schloss Charlottenburg** (in questa pagina).
- Scoprite un nuovo modo di imparare la storia allo **Story of Berlin** (p118).
- Innamoratevi delle grazie di Nefertiti all'**Ägyptisches Museum** (p114).
- Buttatevi a capofitto nella follia dello shopping lungo la **Kurfürstendamm** (p115).
- Godetevi una panoramica del genio creativo di Picasso allo **Sammlung Berggruen** (p114).

SCHLOSS CHARLOTTENBURG

Schloss Charlottenburg è uno squisito palazzo barocco nonché uno dei pochi posti rimasti a Berlino che ancora riflettano il passato splendore della dinastia Hohenzollern. Il grandioso edificio che si vede oggi ha origini piuttosto modeste, in quanto era una piccola residenza estiva costruita per Sofia Carlotta, moglie dell'Elettore Federico III. Chiamata in origine Schloss Lietzenburg, fu progettata da Arnold Nering e ampliata sul modello di Versailles da Johann Friedrich Eosander dopo che l'Elettore divenne re Federico I nel 1701. Più tardi i reali dedicarono molte attenzioni al palazzo: in particolar modo Federico il Grande incaricò Georg Wenzeslaus von Knobelsdorff di costruire la spettacolare Neuer Flügel (Nuova Ala, 1746). Negli anni '80 del XVIII secolo Carl Gotthard Langhans vi aggiunse lo Schlosstheater (Teatro di Palazzo), che ora ospita il Museo Preistorico e di Storia Antica.

La ricostruzione divenne una priorità dopo la seconda guerra mondiale; quando fu completata, nel 1966, la **statua equestre del Grande Elettore** (1699) di Andreas Schlüter, anch'essa restaurata, venne ricollocata nel cortile di fronte all'ingresso principale. Schloss Charlottenburg si trova circa 3 km a nord-ovest della stazione Zoo, con alle spalle un parco lussureggiante circondato da molti interessanti musei (v. Dintorni di Schloss Charlottenburg, p113). Ciascuno degli edifici che costituiscono il palazzo richiede un biglietto d'entrata a sé stante, ma la **Kombinationskarte Charlottenburg** (interi/ridotti per un giorno

Trasporti

Autobus Gli autobus n. 100 e 200 (p288), ideali per visitare la città, partono dalla stazione Zoo; gli autobus n. 109, 110, 119, 129 e 219 servono Kurfürstendamm; il n. 145 e il n. X9 vanno a Schloss Charlottenburg; il n. 149 al Funkturm e alla fiera (via Kantstrasse).

S-Bahn Le linee S5, S7 e S9 servono la stazione Zoo da Friedrichshain, Alexanderplatz e Scheunenviertel.

U-Bahn La stazione Zoo è lo snodo principale servito dalla linea U2 da Mitte, Tiergarten, Schöneberg, Schloss Charlottenburg e Olympic Stadium; la U2 e la U7 da Spandau e Kreuzberg/Schöneberg si intersecano a Bismarckstrasse; la U9 per Hansaplatz si dirige verso la parte nord del Tiergarten Park.

€7/5, per due giorni €12/9) consente di visitare tutto all'infuori del piano inferiore dell'Altes Schloss. Per vedere l'intero complesso è necessario almeno un giorno. Nei weekend e durante le vacanze estive diventa piuttosto affollato, quindi andateci di buon'ora.

ALTES SCHLOSS Cartina pp342-3

☎ 320 911; Spandauer Damm; www.spsg.de; interi/ridotti compresa visita gratuita ai piani superiori €8/5, solo piani superiori €2/1,50; ☉ 9-17 da martedì a venerdì, 10-17 sabato e domenica, ultima visita alle 16; U-Bahn Sophie-Charlotte-Platz, Richard-Wagner-Platz, autobus n. 109, 210, 145

Noto anche come Edificio Nering-Eosander, dal nome dei due architetti che rispettivamente lo progettarono e ampliarono, questa è la parte centrale – e anche la più vecchia – del palazzo. Al piano inferiore ci sono gli appartamenti barocchi di Federico I e Sofia Carlotta, che si possono visitare soltanto in gruppo con un giro di 50 minuti (spiegazioni solo in tedesco, ma sono disponibili alcuni opuscoli in inglese).

Ogni stanza è decorata in modo opulento con stucchi e broccati. Quelle più famose sono la Galleria di Quercia (stanza 120), una sala per le feste le cui pareti sono ricoperte interamente da pannelli in legno e ritratti di famiglia; la deliziosa Sala Ovale (stanza 116), con vista sui giardini alla francese e il **Belvedere** (in questa pagina); la Sala delle Udienze (stanza 101), ricoperta di arazzi belgi; la stanza da letto di Federico I, con la prima stanza da bagno mai allestita in un palazzo barocco (stanza 96); la favolosa Camera delle Porcellane (stanza 95), stipata di porcellane cinesi e giapponesi dal pavimento al soffitto; la Cappella Eosander (stanza 94), con le sue arcate a trompe l'œil.

Prima e dopo la visita di gruppo sarete liberi di esplorare il piano superiore, che era l'appartamento di Federico Guglielmo IV. Ci sono moltissimi quadri, vasi, arazzi, armi, porcellane Meissen e altri oggetti a testimonianza di uno stile di vita veramente regale. Da non perdere le Silberkammern (Camere d'Argento), dove potrete ammirare alcuni pezzi di un servizio da tavola d'argento che ne comprendeva 2600, regalo di nozze per il principe ereditario Guglielmo. Completato nel 1914, la prima guerra mondiale e la deposizione della monarchia fecero sì che nessun membro della famiglia reale potesse usarlo.

BELVEDERE Cartina pp340-1

☎ 3209 1285; Spandauer Damm; www.spsg.de; interi/ridotti € 2/1,50; ☺ 10-17 da martedì a domenica da aprile a ottobre, 12-16 da martedì a venerdì, 12-17 sabato e domenica da novembre a marzo; U-Bahn Sophie-Charlotte-Platz, Richard-Wagner-Platz, autobus n. 109, 210, 145

Questo minuscolo palazzo situato nell'angolo nord-orientale dei giardini del castello fu iniziato nel 1788 per essere la sala da tè di Federico Guglielmo II. Qui egli si ritirava per leggere, ascoltare musica da camera e partecipare a incontri spirituali. Oggi, la visione tardo-rococò di Carl Gotthard Langhans ne fa lo sfondo elegante di una preziosa collezione di porcellane storiche – tazze da tè, servizi da tavola, vasi – dell'artigiano reale KPM.

MAUSOLEUM Cartina pp340-1

☎ 3209 1280; Spandauer Damm; www.spsg.de; ingresso €1; ☺ 10-17 da martedì a domenica da aprile a ottobre, chiuso 12-13; U-Bahn Sophie-Charlotte-Platz, Richard-Wagner-Platz, autobus n. 109, 210, 145

Circondato dagli alberi, vicino al laghetto delle carpe nel giardino del palazzo, il neoclassico Mausoleum (1810) è il luogo dove riposano le spoglie della regina Luisa, per la quale Christian Daniel Rauch concepì un sarcofago di marmo particolarmente decorato.

La struttura simile a quella di un tempio fu ingrandita due volte per far spazio alla sepoltura di altri membri della famiglia reale, tra cui il consorte di Luisa, Federico Guglielmo III che riposa in una tomba anch'essa concepita da Rauch. Il kaiser Guglielmo I e la sua seconda moglie Augusta sono anch'essi sepolti nella cripta.

Schlossgarten Charlottenburg (p113)

MUSEUM FÜR VOR- UND FRÜHGESCHICHTE (SMB) Cartina pp340-1

☎ 3267 4811; Spandauer Damm; www.smpk.de; interi/ridotti €6/3, minori di 16 anni gratuito, gratuito per tutti le ultime quattro ore di giovedì, consente l'ingresso nella stessa giornata anche a Sammlung Berggruen e Ägyptisches Museum; ☺ 9-17 da martedì a venerdì, 10-17 sabato e domenica; U-Bahn Sophie-Charlotte-Platz, Richard-Wagner-Platz, autobus n. 109, 210, 145

L'orgoglio del Museum für Vor- und Frühgeschichte (Museo Preistorico e di Storia Antica) sono i reperti dissotterrati nel 1870 da Heinrich Schliemann nell'antica città di Troia nell'odierna Turchia. Dopo la seconda guerra mondiale l'Armata Rossa saccheggiò il museo, trasferendo in Russia, dove rimangono ancora oggi, tutti gli oggetti d'oro e d'argento. I berlinesi fecero delle copie dei pezzi più importanti, attualmente esibite accanto ai vasi originali in terracotta ben conservati, alle armi, ai gioielli, agli utensili e agli altri oggetti che i russi risparmiarono.

Nelle altre sale del museo, recentemente restaurato, che occupa l'ex teatro del palazzo (Edificio Langhans), importanti reperti di tutto il 'mondo antico' illustrano l'evoluzione culturale della regione dall'inizio dell'Età della pietra al Medioevo.

NEUER FLÜGEL Cartina pp342-3

☎ 320 911; Spandauer Damm; www.spsg.de; interi/ridotti compresa audioguida €5/4; ☺ 10-18 da martedì a venerdì, 11-18 sabato e domenica; U-Bahn Sophie-Charlotte-Platz, Richard-Wagner-Platz, autobus n. 109, 210, 145

Durante il regno di Federico il Grande venne aggiunta, nel 1746, la Neuer Flügel (Nuova Ala) disegnata da Knobelsdorff.

Qui si trovano alcune delle più belle sale del palazzo, tra cui la Sala Bianca, che era una sala per banchetti, la Galleria d'Oro, una fantasia rococò di pareti color verde mela, specchi e dorature, e la Sala dei Concerti, ricca di dipinti del XVIII secolo di maestri francesi come Watteau, Boucher e Pesne.

A destra della scalinata si trovano le Winterkammern (Stanze Invernali) di Federico Guglielmo II in uno stile neoclassico relativamente austero. Da notare gli arazzi Gobelin e la stanza da letto della regina Luisa disegnata da Schinkel.

Si può visitare liberamente, ma vale la pena di seguire la visita audioguidata inclusa nel prezzo del biglietto.

NEUER PAVILLON (SCHINKEL PAVILLON) Cartina pp342-3

☎ 3209 1212; Spandauer Damm; www.spsg.de; interi/ridotti con visita guidata (solo d'estate) €2/1,50, senza visita guidata (solo d'inverno) €1,50/1; ☺ 10-17 da martedì a domenica; U-Bahn Sophie-Charlotte-Platz, Richard-Wagner-Platz, autobus n. 109, 210, 145

Considerato modesto fra i re prussiani, Federico Guglielmo III, che regnò dal 1797 al 1848, commissionò a Schinkel il progetto di questo piccolo palazzo d'estate ispirato a una villa napoletana. Oggi ospita opere di artisti berlinesi dell'inizio del XIX secolo tra cui Carl Blechen, Eduard Gaertner e lo stesso Schinkel, assieme ad arredi, porcellane e sculture dello stesso periodo.

SCHLOSSGARTEN CHARLOTTENBURG Cartina pp340-1

Spandauer Damm; ingresso gratuito; U-Bahn Sophie-Charlotte-Platz, Richard-Wagner-Platz, autobus n. 109, 210, 145

Il lungo parco dietro lo Schloss Charlottenburg è una meta amata dai berlinesi e dai turisti per passeggiare, fare jogging o trascorrere un pigro pomeriggio estivo. Allestito in origine in stile barocco francese, venne modificato all'inizio del XVIII secolo, quando vennero di moda i giardini naturali inglesi. Dopo la seconda guerra mondiale si trovò un compromesso: la zona adiacente al palazzo sarebbe stata in stile francese e il giardino all'inglese si sarebbe esteso oltre il laghetto delle carpe. Gli edifici esterni al palazzo – il Belvedere, il Mausoleum e il Neuer Pavillon – sono descritti più indietro in questo paragrafo.

DINTORNI DI SCHLOSS CHARLOTTENBURG

Nelle immediate vicinanze di Schloss Charlottenburg ci sono cinque musei, un paio dei quali meriterebbero la vostra attenzione.

ABGUSS-SAMMLUNG ANTIKER PLASTIK BERLIN Cartina pp342-3

☎ 342 4054; www.abguss-sammlung-berlin.de; Schlossstrasse 69b; ingresso gratuito; ☺ 14-17 da giovedì a domenica; U-Bahn Sophie-Charlotte-Platz, Richard-Wagner-Platz, autobus n. 109, 210, 145

Se vi appassiona la scultura classica andate senza indugi a visitare questa piccola collezione. Attraverso opere che spaziano nell'arco di 3500 anni, a partire dall'epoca micenea, potrete apprezzare l'evoluzione di questa antica forma d'arte.

Distretti – Charlottenburg

ÄGYPTISCHES MUSEUM (SMB)

Cartina pp342-3

☎ 3435 7311; www.smpk.de; Schlossstrasse 70; interi/ridotti €6/3, minori di 16 anni gratuito, gratuito per tutti le ultime quattro ore di giovedì, consente l'ingresso nella stessa giornata anche a Sammlung Berggruen e Museo Preistorico e di Storia Antica; ☉ 10-18; U-Bahn Sophie-Charlotte-Platz, Richard-Wagner-Platz, autobus n. 109, 210, 145

La stella incontrastata del famoso Ägyptisches Museum (Museo Egizio) di Berlino – nonché l'opera che tutti vengono ad ammirare – è il **busto della regina Nefertiti**, dal lungo collo aggraziato e dallo sguardo penetrante (anche dopo tutti questi anni – circa 3300, secolo più secolo meno).

Il busto faceva parte del tesoro ritrovato dagli archeologi tedeschi tra il 1911 e il 1914 tra la polvere nei dintorni della città nilotica di Armana, la residenza reale fondata dallo sposo di Nefertiti, Ekhnaton (nome assunto dal faraone Amenofi IV, che regnò dal 1353 al 1336 a.C.) in onore del dio del sole Aton. Una statua del re attira l'attenzione dei visitatori nella sala principale, dall'illuminazione tenue e raccolta. È circondato da figure di animali totemici, bassorilievi in pietra provenienti da antichi templi, statue di divinità e altri busti dei membri della famiglia reale. Oggetti di uso comune illustrano vari aspetti del culto e della cultura di questa antica civiltà.

Tra i reperti più importanti relativi a periodi successivi figurano anche la cosiddetta Testa verde di Berlino (500 a.C.), una scultura ricavata da una pietra verde, e la monumentale Porta di Kalabsha (datata 20 a.C. circa). All'epoca della stampa di questa guida era previsto che il Museo Egizio venisse trasferito al piano superiore

---

I top five tra le attrattive gratuite di Berlino

- Le belle vedute della città e l'imbuto coperto di specchi della cupola del **Reichstag** (p102).
- Un rilassante picnic presso il laghetto delle carpe dello **Schlossgarten Charlottenburg** (p113).
- Una visita all'epicentro della Guerra Fredda: **Checkpoint Charlie** (p125).
- Il meglio dell'architettura contemporanea passeggiando per il distretto di **Tiergarten** (p160).
- Dentro e fuori dai musei, dal **Museum für Kommunikation** (p88) allo **Stasi – Die Ausstellung** (p88) fino alla **Haus der Wannsee-Konferenz** (p148).

---

dell'Altes Museum a Museumsinsel a Mitte (p89) entro l'agosto del 2005.

BRÖHAN MUSEUM Cartina pp340-1

☎ 3269 0600; www.broehan-museum.de; Schlossstrasse 1a; interi/ridotti €4/2; ☉ 10-18 da martedì a domenica; U-Bahn Sophie-Charlotte-Platz, Richard-Wagner-Platz, autobus n. 109, 210, 145

Karl Bröhan (1921-2000) era un appassionato di arti decorative e design relativi agli stili art nouveau, art déco e funzionalista. Questi stili decorativi erano molto in voga durante il periodo che va dal 1889 al 1939 e sono per questo considerati alle origini del moderno design. Bröhan era anche un uomo estremamente generoso: in occasione del suo sessantesimo compleanno donò alla città tutta la sua preziosa collezione.

Al piano terra si possono visitare incredibili stanze d'epoca completamente ammobiliate e decorate con lampade, porcellane, vetri, argenteria, tappeti e altri oggetti di noti designer come Hector Guimard, Jacques-Émile Ruhlmann e Peter Behrens.

Al piano superiore, la galleria di quadri presenta opere dei pittori appartenenti alla Berliner Sezession tra cui Hans Baluschek, Willy Jaeckel e Walter Leistikow. V. Arti per saperne di più sulla Berliner Sezession (p26). Una stanza all'ultimo piano è dedicata all'eclettico artista belga della corrente art nouveau Henry van de Velde (1863-1957) e viene utilizzata anche in occasione per mostre particolari.

HEIMATMUSEUM CHARLOTTENBURG-WILMERSDORF

Cartina pp342-3

☎ 902 913 201; www.heimatmuseum-charlottenburg-wilmersdorf.de; Schlossstrasse 69; ingresso gratuito; ☉ 10-17 da martedì a venerdì, 11-17 sabato e domenica; U-Bahn Sophie-Charlotte-Platz, Richard-Wagner-Platz, autobus n. 109, 210, 145

Questo museo di storia locale allestisce almeno 10 mostre a rotazione ogni anno, dedicate alle tradizioni, agli edifici e alle persone che hanno caratterizzato questo distretto. Le mostre di Pasqua e Natale sono quelle che richiamano il maggior numero di visitatori.

SAMMLUNG BERGGRUEN (SMB)

Cartina pp340-1

☎ 3269 5811; www.smpk.de; Schlossstrasse 1; interi/ridotti €6/3, minori di 16 anni gratuito, gratuito per tutti le ultime quattro ore di giovedì, consente l'ingresso nella stessa giornata anche a Ägyptisches Museum e Museo Preistorico e di Storia Antica; ⊗ 10-18 da martedì a domenica; U-Bahn Sophie-Charlotte-Platz, Richard-Wagner-Platz, autobus n. 109, 145, 210

Una chicca per i fan di Pablo Picasso, la piccola ma deliziosa Collezione Berggruen espone quadri, disegni e sculture relative alle varie fasi creative dell'artista catalano. I primi periodi blu e rosa (per esempio *Arlecchino seduto*, 1905) cedono il passo alle audaci tele cubiste (per esempio il ritratto di George Braque, 1910) e alle morbide creazioni dei suoi ultimi anni (*Il maglione giallo*, 1939).

Al piano superiore si entra nel delicato mondo emotivo di Paul Klee, con una serie di opere create tra il 1917 e il 1940. Figurano anche alcune opere di Cézanne e di Van Gogh accanto a oggetti d'arte africana, che ispirò sia Klee sia Picasso. Vi sono inoltre opere di altri artisti dell'epoca, come Braque e Giacometti. È disponibile un'ottima visita audioguidata, della durata di 50 minuti, purtroppo soltanto in tedesco (€3,50/2,50).

KURFÜRSTENDAMM E DINTORNI

Arteria principale di Charlottenburg, questa via di negozi lunga 3,5 km nacque come sentiero percorribile a cavallo per raggiungere la riserva reale di caccia della foresta del Grunewald. Chiamato comunemente Ku'damm, questo viale assunse il proprio aspetto attuale intorno al 1880 grazie ai miglioramenti apportati da Bismarck, che lo fece ampliare, pavimentare e fiancheggiare da begli edifici residenziali.

Gli alberghi e i negozi di lusso, le gallerie d'arte, i ristoranti, i teatri e gli altri locali che tutt'ora lo caratterizzano risalgono al 1920 circa. Recenti lavori hanno introdotto anche moderne opere architettoniche, tra cui il Neues Kranzler Eck di Helmut Jahn.

BAHNHOF ZOO Cartina p354
U/S-Bahn Zoologischer Garten

Sono passati i tempi in cui la più grande stazione ferroviaria di Berlino era meta di spacciatori di droga e prostitute bambine, un'epoca raccontata nel libro e nell'omonimo film *Noi, i ragazzi dello Zoo di Berlino*, la biografia del 1980 dell'adolescente Christiane F. Alcuni anni più tardi questa stazione ispirò agli U2 la canzone 'Zoo Station', presente nell'album *Achtung Baby*. A parte la presenza di alcuni personaggi poco rassicuranti, Bahnhof Zoo ha veramente cambiato aspetto e ora è piena di bar e negozi, molti dei quali sono aperti anche la domenica fino a tardi.

BERLINER ZOO E AQUARIUM Cartina p354
☎ 254 010; adulti/studenti/bambini zoo o acquario €9/7/4,50, entrambi €14/11/7; U/S-Bahn Zoologischer Garten

Entrate nello **Zoo di Berlino** (www.zoo-berlin.de; Hardenbergplatz 8; ⊗ 9-18.30 da aprile a settembre, fine alle 18 in ottobre, fino alle 17 da novembre a febbraio, fino alle 17.30 in marzo) attraverso la monumentale 'Porta degli elefanti'. Il più vecchio giardino zoologico della città ospita circa 14.000 esemplari provenienti da tutto il mondo. Fondato dal re Federico Guglielmo IV nel 1844, ospitava animali che facevano parte dello zoo privato della famiglia reale di **Pfaueninsel** (v. p150).

Oggi vi abitano, per la gioia dei visitatori, grossi orangutan, rinoceronti a rischio di estinzione, simpatici pinguini, giraffe, zebre ed elefanti. Bao Bao, un raro esemplare di panda gigante donato dalla Cina, è diventato una celebrità tra i frequentatori dello zoo.

Vale una visita anche il vicino **Aquarium** (www.aquarium-berlin.de; Budapester Strasse 32; ⊗ 9-18 tutto l'anno), dislocato su tre piani, con pesci, anfibi, insetti e rettili e la famosa sala dei coccodrilli. Potrete anche vedere un 'Nemo' a grandezza naturale nella vasca dei pesci finti.

EROTIK MUSEUM Cartina p354
☎ 886 06 66; Joachimstaler Strasse 4; interi/ridotti € 5/4, solo maggiori di 18 anni; ⊗ 9-24; U/S-Bahn Zoologischer Garten

L'Erotik Museum di Berlino si deve a Beate Uhse, l'ultima regina del gadget porno della Germania. Vetrine sofisticate e ben illuminate narrano la storia della sessualità dell'uomo nel tempo. La mostra comprende pipe di schiuma scolpite con motivi antichi come il mondo, divertenti rotoli giapponesi del XIX secolo, idoli della fertilità balinesi, libri licenziosi ed esilaranti film porno risalenti agli albori della cinematografia. La collezione di cinture di castità del XVII secolo suscita sempre gustose risate, soprattutto da parte delle donne. Sono esposti anche oggetti che riguardano l'attività del pioniere del movimento gay Magnus Hirschfeld e della stessa Frau Uhse.

EUROPA-CENTER Cartina p354
Breitscheidplatz; U-Bahn Kurfürstendamm

L'Europa-Center, uno svettante complesso di negozi, ristoranti e uffici, era il primo grattacielo di Berlino quando fu inaugurato, nel 1965. Questo tempio del commercio sorge dove si trovava il Romanische Café, un leggendario ritrovo di

Distretti – Charlottenburg

Distretti – Charlottenburg

Erotik Museum (p115)

artisti e intellettuali – da Brecht a Sinclair Lewis e George Grosz – all'epoca dei 'ruggenti anni '20'. Entrate a dare un'occhiata all'**orologio che mostra lo scorrere del tempo** di Bernard Gitton, vagamente psichedelico, che scandisce le ore, i minuti e i secondi tramite una serie di fiale e di bocce di vetro che si riempiono di un liquido verde fosforescente. C'è un **ufficio turistico della BTM** (p303) al piano terra del lato nord del centro, quello che si affaccia su Budapester Strasse. Il complesso fiancheggia la brulicante **Breitscheidplatz**, dove tutti, dai turisti agli stagionati artisti di strada, si riuniscono attorno alla curiosa **Weltbrunnen** (Fontana del Mondo, 1983) di Joachim Schmettau. Costruita in granito rossiccio, presenta un mappamondo aperto in due con sculture di uomini e animali raggruppati in varie scene. Naturalmente i berlinesi le hanno trovato un nomignolo: *Wasserklops* (polpetta d'acqua).

FASANENSTRASSE Cartina p332
U-Bahn Uhlandstrasse
Gallerie, boutique di alta moda e fantasiosi ristoranti fiancheggiano Fasanenstrasse, una delle strade più alla moda di Berlino, specialmente tra Kurfürstendamm e Lietzenburger Strasse. In questo viale alberato fiancheggiato di palazzi sopravvive, come in nessun altro luogo, l'atmosfera di grandeur borghese della Charlottenburg di fine secolo. Sbirciate dentro gli atri dei palazzi per vedere i soffitti decorati, i romantici dipinti murali, i caminetti di marmo e gli ascensori di ferro battuto o di ottone che sembrano gigantesche gabbie per uccelli.

Al n. 23 di Fasanenstrasse si trova la **Literaturhaus**, dove potrete assistere a conferenze, visitare la galleria, passare in rassegna le librerie o prendere qualcosa al **Café Wintergarten** (p176). Da non perdere il vicino **Käthe-Kollwitz-Museum** (p117).

JÜDISCHES GEMEINDEHAUS Cartina p354
☎ 880 280; Fasanenstrasse 79-80; U-Bahn Uhlandstrasse
Lo Jüdisches Gemeindehaus (Centro della Comunità Ebraica) è stato una meta fissa a Berlino sin dal 1959, in virtù del suo nutrito calendario culturale che comprende conferenze, letture, concerti e anche un festival della cinematografia ebraica che si tiene in giugno. Potrete sfogliare periodici ebraici – tedeschi e internazionali – nella biblioteca, navigare in rete all'Internet bar e gustare la cucina kasher al ristorante **Arche Noah** del piano superiore (p176). Il centro sorge dove si trovava la maestosa sinagoga moresca distrutta dai nazisti nel pogrom della Kristallnacht del 9 novembre 1938. È sopravvissuto soltanto il portale. Un monumento nel cortile commemora le vittime dell'Olocausto.

KAISER-WILHELM-GEDÄCHTNISKIRCHE Cartina p354
☎ 218 5023; Breitscheidplatz; ingresso gratuito;
✪ Sala Commemorativa 10-16 o 17 da lunedì a sabato, Sala di Culto 9-19.30; U/S-Bahn Kurfürstendamm, Zoologischer Garten
La Chiesa in Memoria dell'Imperatore Guglielmo (1895) si erge tranquilla e dignitosa in mezzo al

traffico di Breitscheidplatz e Kurfürstendamm. Fu distrutta nel 1943 dalle bombe alleate e le rovine della torre occidentale della neoromanica chiesa rimangono uno dei punti di riferimento più inquietanti e indelebili di Berlino. Oggi ospita una **Gedenkhalle** (Sala Commemorativa), con mosaici, bassorilievi in marmo, oggetti liturgici e fotografie di prima e dopo il bombardamento che illustrano la passata opulenza della chiesa.

L'adiacente **sala di culto** ottagonale, aggiunta nel 1961, presenta vetrate di un intenso colore blu notte e una gigantesca statua dorata del Cristo che sembra fluttuare sopra l'altare.

KANTDREIECK Cartina p354
Kantstrasse 155; U-Bahn Uhlandstrasse
Il 'Triangolo di Kant' di Josef Paul Kleihues, vincitore di un premio nel 1994, è la sua opera più famosa a Berlino. Questo palazzo per uffici è composto da una base triangolare, alta cinque piani, in vetro e ardesia e da una torre quadrata alta 36 m. In cima, ben riconoscibile, una 'vela' triangolare ondeggia al vento come una gigantesca banderuola.

KÄTHE-KOLLWITZ-MUSEUM
Cartina p354
☎ 882 5210; www.kaethe-kollwitz.de; Fasanenstrasse 24; interi/ridotti €5/2,50; ⏲ 11-18 da mercoledì a lunedì; U-Bahn Uhlandstrasse
Questo delizioso piccolo museo è dedicato a Käthe Kollwitz (1867-1945), una delle più grandi artiste tedesche (v. lettura p118). Litografie, xilografie, disegni e sculture costituiscono il nucleo di questa suddetta collezione privata. Raccolta dal pittore e gallerista Hans Pels-Leusden, essa illustra l'opera dell'artista socialista in tutta la sua inquietante complessità. Fra i pezzi più famosi vi sono la litografia contro la fame *Brot* (Pane; 1924) e la serie di xilografie sulla guerra *Krieg* (Guerra; 1922-23). Anche la maternità e la morte sono temi ricorrenti, spesso intrecciati fra loro in opere nelle quali la morte viene vista come una sorta di nutrice che culla le proprie vittime. La collezione comprende anche sculture, autoritratti e una copia del monumento dedicato all'artista da Gustav Seitz, il cui originale si trova in **Kollwitzplatz** (p133). Due o tre mostre speciali ogni anno integrano la collezione permanente.

Sono disponibili alcune audioguide (in inglese, francese e tedesco) al costo di €3.

LUDWIG-ERHARD-HAUS Cartina p354
Fasanenstrasse 83-84; U/S-Bahn Zoologischer Garten
Struttura, spazio, rivestimenti: la filosofia costruttiva dell'architetto inglese Nicholas Grimshaw è perfettamente illustrata nella sua Ludwig-Erhard-Haus del 1997, uno dei primi esempi di bio-architettura. Il design high-tech si ispira a un armadillo, con la sua 'cassa toracica' di stecche d'acciaio racchiusa in una 'pelle' di vetro. Ospita la Borsa Valori e La Camera di Commercio di Berlino.

MUSEUM FÜR FOTOGRAFIE
Cartina p354
Jebensstrasse 2; U/S-Bahn Zoologischer Garten
Helmut Newton, considerato uno dei migliori fotografi di moda del mondo, donò una cospicua collezione di sue opere alla città di Berlino poco prima di morire in un incidente d'auto nel gennaio del 2004. Esse costituiscono il nucleo della mostra del nuovissimo Museo della Fotografia, inaugurato nel giugno 2004, in quella che era una biblioteca d'arte vicino alla stazione Zoo. Newton nacque a Berlino nel 1920 e studiò fotografia con la famosa fotografa YVA prima di fuggire dalla Germania nazista nel 1938. Per gli orari e le tariffe d'ingresso rivolgetevi agli uffici turistici (v. p303).

NEUES KRANZLER ECK Cartina p354
Angolo di Kurfürstendamm e Joachimstaler Strasse; U-Bahn Kurfürstendamm
Helmut Jahn, architetto del Sony Center (p106), concepì anche questo complesso di uffici e negozi (2000), uno svettante palazzo di vetro con una fredda geometria a spigoli. È attraversato da un camminamento pedonale che collega Ku'damm e Kantstrasse e che porta anche a un

Distretti – Charlottenburg

Ludwig-Erhard-Haus

Käthe Kollwitz

Le opere di Käthe Kollwitz (1867–1945) sono in grado di catturare la profondità della sofferenza umana suscitando una commozione tanto intensa da arrivare in fondo al cuore. Attraverso le sue sculture e i suoi lavori grafici l'artista esprime un forte coinvolgimento nei confronti dei poveri e degli oppressi in una forma espressiva al di fuori del tempo.

Käthe Schmidt nacque a Königsberg (l'odierna Kaliningrad, in Russia) e, incoraggiata dal padre, frequentò scuole d'arte a Berlino, Monaco, Firenze e Parigi. Tornata a Berlino nel 1891 sposò Karl Kollwitz, un medico che aveva un ambulatorio a Weissenburger Strasse (oggi Kollwitzstrasse), proprio nel cuore del quartiere operaio di Prenzlauer Berg.

La visione della vita della Kollwitz e il suo approccio all'arte furono fortemente influenzati dalla miseria e dalla povertà che poteva vedere tutti i giorni aiutando il marito o semplicemente camminando per strada. A questo si aggiunsero tragedie personali quali la morte del figlio nei campi di battaglia della prima guerra mondiale e quella del nipote durante la seconda guerra mondiale.

La Kollwitz fece parte della Berlin Sezession (p26) e, nel 1919, si unì alla prestigiosa Accademia dell'Arte. I nazisti la costrinsero a dimettersi nel 1933, ma continuarono a usare alcune delle sue opere a scopi propagandistici. Malgrado fosse pacifista convinta e socialista impegnata rimase a Berlino fino a quando non fu costretta a sfollare nei monti Harz, nel maggio del 1943. Morì nel 1945, poco prima della fine della seconda guerra mondiale.

---

bel cortile con due gigantesche voliere. Dello storico Café Kranzler, che una volta si trovava qui, rimane soltanto la rotonda.

STORY OF BERLIN Cartina p354

☎ 8872 0100; www.story-of-berlin.de; Kurfürstendamm 207-208; adulti/studenti/bambini €9,30/7,50/3,50; ☽ 10-20, ultimo ingresso 18 ; U-Bahn Uhlandstrasse

All'interno del centro commerciale Ku'damm Karree, lo Story of Berlin è un museo di storia locale con un piglio high-tech da XXI secolo. Sarete forniti di auricolari (in inglese o in tedesco accompagnati da effetti sonori) che si attivano automaticamente nel momento in cui entrerete in ciascuna delle 25 sale della mostra.

Ognuna di esse è dedicata a un'epoca differente dell'affascinante storia della città, dalla sua fondazione nel 1237 ai giorni in cui era la capitale prussiana, ai favolosi anni '20 e alla seconda guerra mondiale.

Il periodo della Guerra Fredda si insinua silenziosamente tra i temi trattati durante la visita di un bunker antiatomico ancora funzionante che si trova sotto l'edificio. Calcolate almeno due ore per visitare questa mostra multimediale.

DAS VERBORGENE MUSEUM

Cartina p354

☎ 313 3464; Schlüterstrasse 70; interi/ridotti €1,50/0,50; ☽ 15-19 giovedì e venerdì, 12-16 sabato e domenica soltanto durante le mostre; S-Bahn Savignyplatz

Fondato da una coppia di artiste, femministe, e storiche dell'arte, il piccolo Verborgene Museum (Museo Nascosto) non è chiamato così perché sia situato in un luogo oscuro, ma per via delle sue preferenze artistiche: le opere in gran parte dimenticate delle artiste donne di Berlino degli inizi del XX secolo, relegate nell'ombra o costrette all'esilio o alla morte dai nazisti.

Le mostre del passato hanno prediletto la fotografia della maestra di Helmut Newton YVA (il suo vero nome era decisamente più banale: Else Ernestine Neuland) e le opere dell'artista Gertrud Arndt, esponente dello stile Bauhaus, e dell'architetto Lucy Hillebrand. Telefonate o controllate sui giornali per sapere quali mostre siano visitabili.

CHARLOTTENBURG OCCIDENTALE

FUNKTURM

☎ 3038 2996; Hammarskjöldplatz; ☽ 10-23 da martedì a domenica, 11-21 lunedì; interi/ridotti €3,60/1,80; U-Bahn Kaiserdamm

La Funkturm (Torre della Radio), soprannominata 'Langer Lulatsch' dai berlinesi, è di gran lunga l'edificio più visibile della parte occidentale di Charlottenburg. Il suo profilo di filigrana, che ricorda quello della Torre Eiffel di Parigi, svetta per 138 m nel cielo di Berlino. La torre trasmette dal 1926.

Dalla terrazza panoramica posta a 125 m di altezza o dal ristorante, a 55 m, si gode di un panorama che spazia sul Grunewald e sulla città occidentale, nonché sull'AVUS, il primo autodromo della Germania che aprì nel 1921; AVUS sta per Automobil-, Verkehrs- und Übungsstrecke (pista di automobilismo, circolazione ed esercitazione). I nazisti la inglobarono nel circuito autostradale, del quale fa parte ancora oggi.

GEORG KOLBE MUSEUM

☎ 304 2144; Sensburger Allee 25; www.georg-kolbe-museum.de; ⊙ 10-17 da martedì a domenica; interi/ridotti €4/2,50, minori di 12 anni gratuito; S-Bahn Heerstrasse

Georg Kolbe (1877–1947) fu uno dei più influenti scultori della Germania della prima metà del XX secolo. Membro del gruppo Berlin Sezession, prese le distanze dalla scultura tradizionale e divenne uno dei principali esponenti del nudo idealizzato. Dopo la morte della moglie, nel 1927, le figure di Kolbe presero un aspetto più solenne ed emotivo, mentre i suoi ultimi lavori sono focalizzati su atletiche figure maschili, un approccio che incontrò il favore dei nazisti.

Il bel museo, ospitato nell'ex studio di Kolbe, presenta sculture relative a tutte le fasi della vita dell'artista, con mostre temporanee spesso ricavate dalla sua stessa ricca collezione personale di sculture e dipinti del XX secolo. Il giardino, con molte sculture, è un'oasi di tranquillità. Vi si trova anche un grazioso bar.

LE CORBUSIER HAUS

Flatowallee 16; U-Bahn Theodor-Heuss-Platz, poi autobus n. 149

Anche se ora sembra un tipico complesso abitativo senz'anima, questo enorme alveare una volta era considerato una vetta dell'architettura moderna. Circa 575 appartamenti sono stipati nella struttura di 17 piani appoggiata su colonne, il cui monotono esterno è illuminato solo da alcuni accenti di colore.

Questo fu il contributo dell'architetto francese Le Corbusier (1887–1965) alla Mostra Internazionale di Architettura (Interbau) del 1957, e rappresentò un nuovo tipo di edilizia comunale che avrebbe aiutato ad arginare la carenza di abitazioni che affliggeva tutta l'Europa del secondo dopoguerra.

Fu il terzo di una serie di complessi che egli chiamò 'unité d'habitation' (unità abitativa); gli altri due si trovano a Marsiglia e a Nantes.

Il progetto originale di Le Corbusier immaginava il complesso come un villaggio verticale autonomo, con tanto di ufficio postale, negozi, una scuola e altre infrastrutture. A Berlino, però, questo non venne mai realizzato per mancanza di fondi, e l'architetto più tardi prese le distanze dal progetto.

OLYMPIA-STADION

☎ 301 1100; Olympischer Platz 3; mostra ⊙ 10-18 mercoledì e domenica, Glockenturm 9-18 da aprile a ottobre o con il bel tempo (chiamate ☎ 305 8123 per informazioni); stadio visite guidate €5, interi/ridotti mostra €2,50/1,50, Glockenturm €2,50/1; U-Bahn Olympia-Stadion

Lo Stadio Olimpico, costruito per i giochi olimpici del 1936, ben rappresenta l'architettura monumentalista dell'epoca nazista.

Il velocista afro-americano Jesse Owens vinse qui quattro medaglie d'oro, facendo a pezzi la teoria di Hitler sulla superiorità della razza ariana. Progettata dai fratelli Walter e Werner March, la struttura, simile al Colosseo, andò a rimpiazzare uno stadio preesistente completato dal loro padre Otto nel 1913.

Oggi lo stadio è ancora utilizzato per il calcio, l'atletica e varie manifestazioni sportive. Alcune parti sono chiuse per i lavori di ammodernamento in previsione dei mondiali di calcio del 2006.

Secondo il progetto dovrebbe essere costruito un tetto trasparente che andrebbe a coprire i 76.000 posti a sedere. Per vederne un'anteprima si può visitare la **Olympia-Stadion – Die Ausstellung**, una mostra multimediale con fredde animazioni al computer.

C'è anche una piccola sezione che documenta la storia, in alcuni periodi turbolenta, dello stadio. Si può prenotare una visita guidata: vengono accettati gruppi di almeno 10 persone

Il **Maifeld**, un grande campo a ovest dello stadio, veniva usato per le parate dei nazisti (poteva contenere oltre mezzo milione di persone) e più tardi diventò il campo per le esercitazioni delle forze d'occupazione inglesi che, fino al 1994, avevano nelle vicinanze il loro quartier generale. Oggi in questo spazio vi si tengono concerti pop.

All'estremità occidentale dalla **Glockenturm** (Torre dell'Orologio) alta 77 m, si può godere di un bel panorama sullo stadio, la città e lo Havel. Cercate la campana dell'epoca nazista, che pesa 2,5 tonnellate e che venne suonata solo due volte: i suoi rintocchi segnalarono l'inizio e la fine dei giochi olimpici.

A nord-ovest di qui, all'angolo di Glockenturmstrasse e Passenheimer Strasse, la **Waldbühne** è un bell'anfiteatro all'aperto costruito in origine per le gare olimpiche di ginnastica. In estate ospita concerti, proiezioni cinematografiche e altre manifestazioni culturali (v. p210).

Distretti – Charlottenburg

WILMERSDORF

Pasti pp179-80; Pernottamento pp255-6

Wilmersdorf non ha molto da offrire in termini di siti turistici tradizionali, ma si riscatta grazie al grande Grunewald. L'ex riserva di caccia reale è ora una foresta incolta e un fantastico luogo delimitato dal fiume Havel. I berlinesi infreddoliti abbatterono circa il 70% degli alberi per sopravvivere durante i rigidi inverni della seconda guerra mondiale e del blocco sovietico, quindi quello che si vede oggi è per lo più la foresta ricresciuta di recente.

Orientamento

Wilmersdorf è un distretto cresciuto disordinatamente, delimitato da Charlottenburg a nord e Zehlendorf a sud. La foresta del Grunewald ne occupa circa la metà. Alberghi, ristoranti e bar abbondano nella sua parte orientale, dove Wilmersdorf si congiunge con Charlottenburg e Schöneberg.

Trasporti

Autobus Il n. 218 attraversa la foresta del Grunewald tra le stazioni della S-Bahn Heerstrasse e Wannsee.

S-Bahn La linea S7 collega le stazioni di Charlottenburg e Wannsee attrverso la foresta del Grunewald; le linee circolari S41 e S42 fermano a Halensee e Hohenzollerndamm.

U-Bahn Servita dalle linee U1 da Friedrichshain, Kreuzberg e Schöneberg; U9 dalla stazione Zoo; U7 da Spandau, Kreuzberg e Schöneberg.

GRUNEWALDTURM

☎ 304 1203; Havelchaussee 61; salita alla torre €0,50; ⏱ 10-tramonto, d'estate a volte fino alle 24; S-Bahn per Wannsee, poi autobus n. 218

Con le sue torrette e i suoi smerli la neogotica Grunewaldturm, alta 56 m, vicino al fiume Havel, offre una languida atmosfera, sebbene fosse stata in origine dedicata al poco romantico imperatore Guglielmo I. Fu progettata nel 1899 da Franz Schwechter per celebrare quello che sarebbe stato il centesimo compleanno dell'imperatore (una statua in marmo è presente nella sala superiore a volta della torre). Vale la pena di salire i 204 gradini fino alla cima per godere della vista che spazia sul fiume, sui sobborghi di Gatow e Kladow, e fino alla **Pfaueninsel** (p150). Se lo stomaco reclama, il ristorante alla base della torre serve piatti piuttosto gradevoli.

TEUFELSBERG

Teufelsseechaussee; S-Bahn Kaiserdamm

La Teufelsberg (Montagna del Diavolo), alta 115 m e situata nella parte settentrionale della foresta del Grunewald, è il più alto dei tumuli costruiti dai berlinesi, per la maggior parte donne, per ripulire la loro città devastata dalle bombe dopo la seconda guerra mondiale. Occorsero vent'anni per ammassare 25 milioni di metri cubi di detriti.

Kammergericht con il Königskolonnaden in primo piano, Schöneberg (p122)

La collina nata dalla distruzione è oggi un luogo di divertimento, specialmente durante gli inverni nevosi quando frotte di bambini schiamazzano scendendo dalle sue pendici con le slitte e con gli sci. I più grandi si cimentano sca-landola a piedi o con le mountain bike, mentre in autunno colorati aquiloni fluttuano nell'aria come sciami di farfalle. Il laghetto ai piedi della collina è il **Teufelssee** (è vietata la balneazione). A nord del lago c'è la brughiera, Teufelsfenn.

SCHÖNEBERG

Pasti pp180-3; Shopping pp234-6; Pernottamento pp256-7

Schöneberg è una gradevole zona di transizione tra la tranquilla Wilmersdorf a ovest e la caotica Kreuzberg a est. Condomini del XIX secolo restaurati con gusto fiancheggiano le strade residenziali, molte delle quali traboccano di pub, bar e ristoranti da villaggio globale. La zona più movimentata è quella attorno a Winterfeldtplatz, che richiama giovani e meno giovani, alternativi e borghesi con il suo mercato rurale che si tiene il mercoledì e il sabato.

È difficile credere che Schöneberg – specialmente la zona intorno a Winterfeldtplatz – fosse una roccaforte degli squatter durante gli anni '80. Cacciati da un aggressivo imborghesimento, sono stati rimpiazzati da trentenni agiati e anche da parecchie famiglie. Schöneberg è alla moda e moderatamente chic, abitato com'è da persone che hanno i mezzi e la cultura necessari per apprezzare le cose belle della vita.

Schöneberg è stato anche un attivo centro del movimento gay sin dagli anni '20, un periodo che è stato vividamente descritto da Christopher Isherwood, che vi risiedette, nel romanzo *Addio a Berlino* (Garzanti, Milano 1999). Numerosissimi locali gay si trovano dalle parti di Nollendorfplatz e lungo Motzstrasse e Fuggerstrasse.

La figlia più famosa di Schöneberg fu Marlene Dietrich, cresciuta in Leberstrasse e sepolta al Friedhof Stubenrauchstrasse. Un altro nome famoso legato a questo distretto è quello di John F. Kennedy. Fu proprio nel municipio di Schöneberg che pronunciò la famosa frase: '*Ich bin ein Berliner*' (io sono berlinese).

Orientamento

Schöneberg è delimitata da Charlottenburg e Wilmersdorf a ovest, Tiergarten a nord, Steglitz a sud e Kreuzberg a est. Le stazioni più strategiche della U-Bahn sono Wittenbergplatz, dove il grande centro commerciale KaDeWe funge da magnete, e Nollendorfplatz, che si infila nella zona dei ristoranti e dei locali attorno a Winterfeldtplatz nonché nel 'triangolo gay' tra Eisenacher- Motz- e Fuggerstrasse. Le strade principali, Potsdamer Strasse e Hauptstrasse, hanno un'atmosfera multiculturale e vagamente trasandata.

ALTER ST MATTHÄUS-KIRCHHOF

Cartina pp352-3

☎ 781 1297; Grossgörschenstrasse 12; ☺ 8-19;
S-Bahn Yorckstrasse

Questo bel cimitero, risalente al 1856, era uno dei preferiti dalla borghesia berlinese della fine del XIX secolo ed è ricco di tombe opulente e monumenti alla memoria. Tra i personaggi famosi

Trasporti

Autobus I n. 119 e 219 vanno da Ku'damm al KaDeWe; il n. 119 prosegue per la parte occidentale di Kreuzberg, compreso l'aeroporto di Tempelhof.

S-Bahn Le linee S41 e S42 fermano alle stazioni di Schöneberg e Innsbrucker Platz.

U-Bahn Nollendorfplatz è lo snodo principale servito dalle linee U1 da Wilmersdorf e Friedrichshain/Kreuzberg, U2 da Charlottenburg e Prenzlauer Berg/Mitte, e dalla breve U4 che attraversa Schöneberg.

che sono sepolti qui figurano i fratelli Grimm e il medico e uomo politico Rudolf Virchow. Una lapide ricorda Claus Schenk Graf von Stauffenberg e gli altri cospiratori giustiziati dai nazisti dopo il fallito attentato a Hitler del 1944. Le loro spoglie furono in un primo momento sepolte qui, ma alcuni membri delle SS le fecero riesumare e cremare e ne dispersero le ceneri.

Distretti – Schöneberg

I top three di Schöneberg

- Una sostanziosa colazione al bar nei giorni di mercato a **Winterfeldtplatz** (p236).
- Rendere omaggio alla primadonna del cinema tedesco: **Marlene Dietrich** (p122).
- Consumare la carta di credito nel grande magazzino **KaDeWe** (p235).

Chiedete al responsabile del cimitero la piantina sulla quale figurano le tombe dei berlinesi illustri.

TOMBA DI MARLENE DIETRICH

Cartina pp340-1

☎ 7560 6898; Stubenrauchstrasse 43-45; U-Bahn Friedrich-Wilhelm-Platz

Per rendere omaggio a Marlene Dietrich (1901–92) dovrete recarvi al piccolo **Friedhof Stubenrauchstrasse** nella parte meridionale di Schöneberg. È qui che riposa 'l'Angelo azzurro', in un luogo non troppo vistoso non lontano da dov'è sepolta sua madre. Sulla lapide è scritto semplicemente 'Marlene' e: 'Riposo qui sul segnalibro dei miei giorni'. Cercate la cartina all'entrata del cimitero per localizzare la tomba che si trova vicino al lato nord, quello che dà su Fehlerstrasse. Dalla stazione della U-Bahn proseguite per circa 400 m in direzione nord-ovest lungo Görresstrasse, attraversate verso Südwestkorso, poi proseguite a nord lungo Stubenrauchstrasse; l'entrata si trova sul lato occidentale della strada.

KAMMERGERICHT Cartina pp352-3

☎ 901 50; www.kammergericht.de; Elssholzstrasse 30-33; U-Bahn Kleistpark

A ovest di Kleistpark, l'imponente Kammergericht (Palazzo di Giustizia) del 1913 è il luogo in cui si svolse il famigerato processo-farsa del Volksgerichtshof (Tribunale del popolo) nei confronti dei partecipanti – veri e presunti – all'attentato a Hitler del luglio del 1944. Presieduto dal fanatico giudice nazista Roland Freisler, si concluse con la condanna a morte di centinaia di persone che furono poi giustiziate nella prigione di Plötzensee, oggi il **sito commemorativo Gedenkstätte Plötzensee** (p137). Freisler morì schiacciato da una trave dello stesso tribunale che crollò durante un bombardamento aereo nel febbraio del 1945; sarebbe stato tra i principali imputati al Processo di Norimberga.

Dopo la guerra gli Alleati confiscarono l'edificio e lo usarono dapprima come sede del Consiglio di Controllo Alleato e poi, fino al 1990, come quartier generale del Controllo Aereo Alleato. Dal 1997, dopo complessi restauri, è di nuovo un palazzo di giustizia.

KÖNIGSKOLONNADEN Cartina pp352-3

Potsdamer Strasse; U-Bahn Kleistpark

Poco a nord della stazione della U-Bahn Kleistpark, l'aggraziato Königskolonnaden (Colonnato Reale) in arenaria costituisce una vista incongruente elegante lungo questo tratto decisamente mediocre di Potsdamer Strasse. Riccamente decorato con sculture di angeli e divinità, fu disegnato nel 1780 da Carl von Gontard (famoso per le cupole delle chiese di Gendarmenmarkt, p86) e sorgeva originariamente in Königstrasse, oggi Rathausstrasse, tra quello che è l'odierno Rotes Rathaus e Alexanderplatz. Nel 1910 il tracciato di una strada ne rese necessario il trasferimento a Schöneberg, e precisamente al Kleistpark, che un tempo era un orto botanico.

NOLLENDORFPLATZ Cartina pp352-3

U-Bahn Nollendorfplatz

I quadri e le fotografie di inizio secolo ritraggono Nollendorfplatz come una trafficata piazza urbana ricca di caffè, teatri e persone eleganti. Fu proprio quest'atmosfera liberale e libertina ad attrarre l'autore inglese Christopher Isherwood, i cui scritti ispirarono il film *Cabaret*, in questa zona negli anni '20. L'edificio, non lontano dalla piazza dove Isherwood affittò una modesta stanzetta, esiste ancora, al n. 17 di Nollendorfstrasse.

Per Isherwood 'Berlino significava ragazzi', e poteva trovarne in quantità nei famosi bar come l'Eldorado, patria di un mondo a sé stante del quale facevano parte anche Marlene Dietrich e la cantante Claire Waldorff. I nazisti, ovviamente, misero fine al divertimento, ma non per sempre. Sebbene l'Eldorado sia definitivamente scomparso, la zona a sud di Nollendorfplatz riprese nel dopoguerra il suo ruolo centrale per la comunità gay di Berlino, ruolo che continua ad avere ancora oggi.

Dal 1989, una **targa triangolare di granito rosa** posta all'ingresso meridionale della stazione della U-Bahn Nollendorfplatz ricorda le vittime omosessuali del Terzo Reich. Gli omosessuali soffrirono moltissimo durante il nazismo, periodo in cui dovettero subire un durissimo ostracismo sociale e furono costretti ad appuntare un triangolo rosa sui loro vestiti. Molti vennero imprigionati, deportati nei campi di concentramento, torturati e uccisi.

Uno dei pochi edifici di Nollendorfplatz che sopravvive sin dai 'ruggenti anni '20' è il **Metropol**

Theater, che aprì i battenti nel 1906 come Neue Schauspielhaus (Teatro Nuovo) e fu in seguito diretto da Erwin Piscator (p34). Da notare il fregio ornato che decora la sua facciata che si può ammirare al meglio di sera, quando è illuminato. Recentemente il teatro è stato adibito a locale per festeggiamenti (p202).

Da Nollendorfplatz, una breve passeggiata in direzione sud lungo Maassenstrasse porta a **Winterfeldtplatz**, dove si svolge un popolare mercato rurale il mercoledì e il sabato. Ci sono molti bar e ristoranti attorno alla piazza e lungo le strade laterali, nonché un eclettico assortimento di negozietti. Per suggerimenti v. Pasti (p180) e Shopping (p234). La **St-Matthias-Kirche** si affaccia sulla piazza.

RATHAUS SCHÖNEBERG Cartina pp352-3
John-F-Kennedy-Platz; U-Bahn Rathaus Schöneberg
Dal 1948 al 1990, il Rathaus Schöneberg (Municipio) fu la sede del governo di Berlino Ovest, ma è per via di un particolare giorno del 1963 che l'edificio è famoso. John F. Kennedy, il trentacinquesimo presidente degli Stati Uniti, si trovava in città e doveva tenere un discorso. Dai gradini del Rathaus, l'abile oratore criticò aspramente le forze delle tenebre dell'Est e plaudì a quelle della luce dell'Ovest, e concluse con le famose parole: 'Tutti gli uomini liberi, dovunque essi vivano, sono cittadini di Berlino. È perciò che, da uomo libero, sono orgoglioso di dire: Ich bin ein Berliner (io sono un berlinese)'. Una folla

I top five per i bambini

- Le chiacchiere con Bao Bao, l'orsetto panda e gli altri beniamini dei bambini allo Zoo di Berlino (p115).
- I bottoni da schiacciare, le manopole da tirare e gli esperimenti cui assistere al **Deutsches Technikmuseum** (p125).
- Gli sguazzi nelle piscine e lungo gli scivolosi pendii del parco acquatico al coperto **Blub Badeparadies** (p222).
- Un tuffo indietro nel tempo nel **Freilichtmuseum Domäne Dahlem** (p148), il parco a tema che propone la ricostruzione di una fattoria.
- L'incontro con l'esotico cast di marionette del **Puppentheater-Museum Berlin** (p144).

di mezzo milione di persone salutò con una ovazione questo discorso.

Ma c'è un legame ancora precedente tra il municipio e gli Stati Uniti. Nel 1950 il generale Lucius D. Clay, comandante delle Forze Armate americane in Germania, donò alla città una copia della **Campana della libertà** affinché fosse installata nella torre dell'orologio del municipio. Per realizzare questa copia dell'originale di Philadelphia contribuirono con le loro offerte oltre sette milioni di americani.

Un popolare **mercato delle pulci** ha luogo nei weekend all'esterno del municipio (p227).

KREUZBERG
Pasti pp183-6; Shopping pp236-8; Pernottamento p257
Per molte persone è sinonimo di caos, di disordinata enclave di squatter militanti, di violenti punk travestiti da colorati mohicani e di artisti anarchici. I cliché sono difficili da estirpare, ma la realtà rivela che i radicali oggi stazionano a Friedrichshain, gli artisti a Mitte e che i punk sono scomparsi ormai da qualche tempo.

È stata la riunificazione a generare questo brusco cambiamento e a fare di Kreuzberg il pacifico sobborgo che è oggi. Non più trascurato distretto di periferia, la scomparsa del Muro di Berlino lo ha posto di nuovo nel cuore della città. L'imborghesimento è stato inevitabile, anche se non ha ancora coinvolto l'intero distretto. La parte occidentale attorno a Viktoriapark è diventata piuttosto costosa in anni recenti. I suoi appartamenti ben restaurati negli edifici del XIX secolo sono molto apprezzati dalle famiglie della classe media e dai giovani professionisti.

Gli affitti sono meno cari e le case meno belle nella parte orientale di Kreuzberg, un mosaico multiculturale dove i turchi costituiscono circa un terzo dei residenti. La zona attorno a Kottbusser Tor è praticamente la 'Little Istanbul' di Berlino, un calderone che brulica di caffè turchi, chioschi di kebab e negozi che osservano i loro orari particolari. Quello che di alternativo rimane a Kreuzberg si trova in questa parte della città, specialmente a Oranienstrasse, la via della vita notturna, e nelle sue diramazioni laterali.

Orientamento

Kreuzberg forma un'unità amministrativa con Friedrichshain, sull'altra sponda della Sprea, che una volta separava Berlino Est da Berlino Ovest. Gli altri distretti limitrofi sono Mitte a nord, Schöneberg a ovest e Tempelhof e Neukölln a sud. Due dei più conosciuti punti d'interesse di Berlino, il Checkpoint Charlie e il Museo Ebraico, si trovano nella parte settentrionale di Kreuzberg, vicino al suo confine con Mitte.

Il distretto è diviso in due dal Landwehrkanal, meta di gradevoli escursioni così come le strade residenziali poste a sud della stazione della U-Bahn Mehringdamm. Le zone di Viktoriapark, Bergmannstrasse e Chamissoplatz sono particolarmente indicate per godere dell'atmosfera della parte occidentale di Kreuzberg. Kottbusser Damm, per contro, è il centro della zona turca di Kreuzberg. Poco più a nord, Oranienstrasse è ricca di locali notturni che non hanno del tutto perduto il loro piglio alternativo.

Trasporti

Autobus N. 129 da Potsdamer Platz per Checkpoint Charlie e Oranienstrasse; n.143 per lo Jüdisches Museum da Alexanderplatz.

S-Bahn Le linee S1 e S2 fermano a Yorckstrasse nella parte occidentale di Kreuzberg.

U-Bahn Linee U1 da Wilmersdorf, Schöneberg e Friedrichshain; U6 e U8 da Mitte; U7 da Schöneberg.

I top five di Kreuzberg

- L'impatto visivo ed emotivo dello straordinario **Jüdisches Museum** (p127).
- La rivisitazione della storia della Guerra Fredda presso il **Checkpoint Charlie** (p125).
- La scoperta del lato esotico di Berlino al **Türkenmarkt** (mercato turco; p238).
- La caccia ai tesori unici dei negozi di oggetti d'epoca in **Bergmannstrasse** (in questa pagina).
- L'atmosfera creata dai suoni acquatici del **Liquidrom** (p224).

ABGEORDNETENHAUS Cartina pp348-9

☎ 2325 2325; www.parlament-berlin.de; Niederkirchner Strasse 5; ingresso gratuito; ⏰ 9-15 da lunedì a venerdì; U/S-Bahn Potsdamer Strasse

L'imponente edificio neorinascimentale di fronte al **Martin-Gropius-Bau** (p128) è stato un centro del potere politico sin dalla fine del XIX secolo, quando divenne sede del Parlamento prussiano.

Durante il nazismo funse da Corte di Giustizia prima di essere convertito da Hermann Göring in un circolo per gli ufficiali dell'aviazione, il cui ministero si trovava a pochi passi (v. ex Reichsluftfahrtsministerium, p126). Dopo la riunificazione divenne la sede del Parlamento Statale di Berlino.

Nell'atrio e nel mezzanino vengono ospitate alcune mostre temporanee gratuite che espongono opere degli artisti emergenti di Berlino.

ANHALTER BAHNHOF Cartina pp348-9
Askanischer Platz; S-Bahn Anhalter Bahnhof

Dell'Anhalter Bahnhof, quella che era una delle più belle e animate stazioni ferroviarie di Berlino, circondata da alberghi di lusso e caffè molto frequentati, rimane soltanto un modesto frammento del portale d'entrata. Marlene Dietrich partì da questa stazione per recarsi a Hollywood, mentre il re d'Italia e lo zar di Russia vi arrivarono durante le loro visite ufficiali. Sebbene durante bombardata durante la seconda guerra mondiale, Anhalter Bahnhof rimase operativa per anni, fino a che non venne eclissata dalla Ostbahnhof. Le sentite proteste dei berlinesi non riuscirono ad impedirne la demolizione, che avvenne nel 1960.

BERGMANNSTRASSE Cartina pp348-9
U-Bahn Platz der Luftbrücke, Gneisenaustrasse, Südstern

Bergmannstrasse, che corre da Mehringdamm a Südstern, è una strada divertente che trabocca di esercizi che vendono articoli di seconda mano, di bei negozi, librerie, ristoranti e bar. Un pomeriggio trascorso qui è ben speso. Passate per **Chamissoplatz** (p124) prima di proseguire per Marheinekeplatz, la cui maggiore attrattiva è il **Marheineke Markthalle** (p238), uno dei pochi storici mercati coperti rimasti a Berlino. La **Passionskirche** di mattoni rossi, anch'essa in questa piazza, spesso ospita concerti di musica classica e jazz.

Più a est si oltrepassa un gruppo di **cimiteri** del XVIII e XIX secolo. Tra gli illustri personaggi che vi riposano, Gustav Stresemann, cancelliere durante la Repubblica di Weimar, è uno dei più noti. Sono sepolti qui anche l'architetto Martin

Gropius, lo scultore Adolf Menzel e la fidanzata di Schiller, Charlotte von Kalb.

CHAMISSOPLATZ Cartina pp348-9
U-Bahn Platz der Luftbrücke
Questa deliziosa piazza, con il suo parco e i grandi edifici del XIX secolo, fu quasi completamente risparmiata dalla seconda guerra mondiale. Camminando in questi paraggi ci si sente trasportare in un'altra epoca, un effetto che non è sfuggito ai registi cinematografici che spesso usano queste strade come ambientazione per i loro film. Un **Café Achtec** (vespasiano) restaurato, di forma ottagonale e dipinto di color verde acido, aggiunge un altro tocco di autenticità. Di sabato tutto il circondario si anima per un mercato di prodotti biologici che si tiene sulla piazza dalle 8 alle 14.

CHECKPOINT CHARLIE Cartina pp348-9
Incrocio di Friedrichstrasse e Zimmerstrasse; U-Bahn Kochstrasse
Alpha, Bravo, Charlie... L'alfabeto fonetico americano ispirò il nome del terzo checkpoint alleato nella Berlino del dopoguerra. Simbolo della Guerra Fredda, il Checkpoint Charlie era il principale punto di passaggio per gli Alleati, i diplomatici e gli altri stranieri tra le due Berlino dal 1961 al 1990. Fu qui che i carri armati americani e sovietici si fronteggiarono nell'ottobre del 1961, portando il mondo sull'orlo della terza guerra mondiale.

Per ricordare questo storico punto, il Checkpoint Charlie è stato parzialmente ricostruito. C'è una guardiola dell'esercito americano (quella originale si trova all'Alliierten Museum, p147) e una copia del famoso cartello che avvertiva 'State lasciando il settore americano' in inglese, russo, francese e tedesco. Ci sono anche grandi fotografie di un soldato americano che guarda verso est e di un russo rivolto verso ovest. Per saperne di più sul posto e sul periodo visitate l'**Haus am Checkpoint Charlie Museum** (p126).

Un nuovo quartiere di uffici, i cui edifici sono stati progettati da Philip Johnson e da altri architetti internazionali, è sorto attorno a quella che era la zona proibita.

DEUTSCHES TECHNIKMUSEUM BERLIN Cartina pp352-3
☎ 902 540; www.dtmb.de; Trebbiner Strasse 9; interi/ridotti €3/1,50; ⏰ 9-17.30 da martedì a venerdì, 10-16 sabato e domenica; U-Bahn Möckernbrücke, Gleisdreieck
Il gigantesco Museo Tedesco della Tecnologia è un posto fantastico per intrattenere i bambini per ore avvalendosi di stazioni interattive, dimostrazioni e mostre che prendono in esame le evoluzioni tecnologiche nel tempo.

Nei suoi 14 settori si trovano locomotive d'epoca, storici torchi da stampa, i primi proiettori cinematografici, vecchi modelli di televisori e di telefoni e molto altro. Una delle maggiori attrattive è la ricostruzione del primo computer del mondo, lo Z1 (1938) di Konrad Zuse. Durante la visita avrete molte occasioni di interagire guidati dal cortese personale del museo che spiega il funzionamento dei vari macchinari. Potrete anche stampare il vostro biglietto da visita, fabbricare la carta, macinare il granturco o parlare al microfono di un finto studio televisivo.

Un nuovo edificio, inaugurato nel dicembre del 2003, ospita una vasta collezione relativa alla navigazione. Il piano inferiore è dedicato alla navigazione in acque interne, ma se siete di fretta andate direttamente a quello superiore dedicato al mare aperto. Vengono trattate in modo coinvolgente le prime esplorazioni marine ma anche temi controversi come la caccia alle balene e la tratta degli schiavi. Ci sono molti modellini di navi e anche imbarcazioni originali, compreso un 'Biber' della seconda guerra mondiale, un U-Boat che aveva un solo uomo di equipaggio con il compito di attraccare, il che era di fatto una missione suicida: il 70% dei soldati che prese parte a questo tipo di missioni, infatti, morì.

All'esterno, nel vasto **Museumspark**, si possono esplorare mulini a vento funzionanti, la ruota di un mulino ad acqua e una storica birreria.

Molto interessante è infine il vicino **Spectrum** (entrata da Möckernstrasse n. 26; ingresso compreso nel biglietto). In questo favoloso centro scientifico potrete prendere parte a circa 250 esperimenti che spiegano, in modo semplice, le leggi della fisica e altri principi scientifici.

Distretti – Kreuzberg

I top five tra i siti della Guerra Fredda
- **Alliierten Museum** (Museo degli Alleati; p147)
- **Checkpoint Charlie** (in questa pagina)
- **East Side Gallery** (p130)
- **Gedenkstätte Hohenschönhausen** (Prigione della Stasi; p151)
- **Gedenkstätte Normannenstrasse** (Museo della Stasi; p152)

FLUGHAFEN TEMPELHOF Cartina pp348-9

Tempelhofer Damm e Columbiadamm; U-Bahn Platz der Luftbrücke

Quando smetterà di essere operativo, nel corso del 2005, il Flughafen Tempelhof (Aeroporto di Tempelhof) potrà guardare al proprio passato con meritatissimo orgoglio. I velivoli hanno cominciato ad alzarsi in volo da Tempelhof sin da quando arrivò in città, nel 1909, il pioniere dell'aviazione Orville Wright. Il primo aeroporto commerciale entrò in funzione nel 1923, e negli anni '30 Tempelhof era considerato una delle più importanti piste d'atterraggio d'Europa. L'enorme edificio che si vede oggi è opera dell'architetto nazista Ernst Sagebiel, che progettò anche il Ministero dell'Aviazione di Göring (di seguito).

Tempelhof visse il proprio periodo di gloria durante il ponte aereo su Berlino, quando gli aerei degli Alleati vi decollavano e atterravano a distanza di pochi minuti (v. anche Luftbrückendenkmal, p128, e la lettura Il ponte aereo di Berlino, p69)

REICHSLUFTFAHRTSMINISTERIUM

Cartina pp348-9

Leipziger Strasse 5-7; U-Bahn Kochstrasse

Una breve passeggiata a ovest del Checkpoint Charlie (tecnicamente a Mitte) conduce al gigantesco edificio che una volta ospitava il Ministero dell'Aviazione del Reich di Hermann Göring. Progettato da Ernst Sagebiel, è uno dei pochi edifici architettonici del Terzo Reich che passò agli Alleati relativamente intatto. Ci volle meno di un anno per costruire questo grande complesso, simile a un alveare, dove sono stipati oltre 2000 uffici. Dopo la guerra l'edificio ospitò vari ministeri della RDT e nel 1990 divenne il quartier generale della Treuhand-Anstalt, l'agenzia incaricata di privatizzare le compagnie e le proprietà della Germania Est. Oggi ospita il Ministero Federale delle Finanze.

FRIEDHÖFE VOR DEM HALLESCHEN TOR Cartina pp348-9

☎ 622 1063; delimitato da Mehringdamm, Blücherstrasse, Zossener Strasse e Baruther Strasse; ingresso gratuito; ☽ 8-tramonto; U-Bahn Mehringdamm

Fondato nel 1735, è il più vecchio complesso cimiteriale di Berlino, uno dei più pittoreschi, ricco di belle lapidi, molte delle quali artistiche. Fra i berlinesi famosi che sono sepolti qui figurano l'architetto Georg Wenzeslaus von Knobelsdorff, il pittore Antoine Pesne, la scrittrice nonché

animatrice di un salotto letteraio Henriette Herz, il poeta e pittore ETA Hoffmann e il compositore Felix Mendelssohn-Bartholdy.

GRUSELKABINETT BERLIN Cartina pp348-9

☎ 2655 5546; www.gruselkabinett-berlin.de; Schöneberger Strasse 23a; adulti/bambini €7/5; ☽ 10-19 da domenica a martedì e giovedì, 10-20 venerdì, 12-20 sabato; U-Bahn Gleisdreieck, Mendelssohn-Bartoldy-Park, S-Bahn Anhalter Bahnhof

Questa 'camera degli orrori' ospitata in un rifugio antiaereo della seconda guerra mondiale faceva parte di una rete di bunker – compreso quello di Hitler – che si estendeva per molti chilometri sotto la città. Una piccola mostra nel seminterrato è dedicata alla storia del rifugio e comprende una serie di oggetti personali lasciati qui da coloro che vi si rintanavano durante i bombardamenti. Una sezione del Muro ne rivela i 2,13 m di spessore.

Gli altri oggetti esposti sono più impressionanti che storici. Al piano terra, manichini che si lamentano vengono sottoposti a operazioni chirurgiche con tecniche medievali, e al piano superiore oscuri personaggi si materializzano dal buio. Il tutto potrebbe risultare scioccante per i bambini piccoli.

HAUS AM CHECKPOINT CHARLIE

Cartina pp348-9

☎ 253 7250; www.mauer-museum.de; Friedrichstrasse 43-45; interi/ridotti €9,50/5,50; ☽ 9-22; U-Bahn Kochstrasse

In questo museo privato si trova un coinvolgente resoconto degli anni della Guerra Fredda, con una forte enfasi sulla storia e sugli orrori del Muro di Berlino. Commovente è la sezione che narra il coraggio e l'ingenuità di alcuni cittadini della RDT che tentarono di passare all'Ovest usando palloni aerostatici, gallerie, scomparti nascosti delle automobili e persino un sottomarino con un solo uomo di equipaggio.

Per il resto il museo è focalizzato sugli eventi storici che segnarono la vita della città, compresi il ponte aereo, la sollevazione operaia del 1953, la costruzione del Muro e la riunificazione.

Conoscerete anche fatti che hanno coinvolto il Checkpoint Charlie in particolare, come lo scontro tra i carri armati americani e sovietici e la morte di Peter Fechtner, ferito mentre tentava di fuggire e lasciato morire dissanguato sotto gli occhi delle sentinelle della RDT. I pannelli esplicativi sono in varie lingue, compreso l'inglese, e nel museo c'è anche un bar.

JÜDISCHES MUSEUM Cartina pp348-9

☎ 2599 3300; www.jmberlin.de; Lindenstrasse 9-14;
interi/ridotti €5,50/2,50; ☼ 10-22 lunedì, 10-20
da martedì a domenica, ultimo ingresso un'ora prima
della chiusura; U-Bahn Hallesches Tor

Lo Jüdisches Museum (Museo Ebraico) di
Berlino, una delle visite da non mancare,
narra la cronaca di 2000 anni di storia ebraica
in Germania e del contributo della comunità
nel campo della cultura, dell'arte, della scienza
e quant'altro. Il tutto è proposto in modo
coinvolgente con stazioni audio, video, documenti 'nascosti' nei cassetti e altri congegni
multimediali.

Le sue 14 sezioni coprono tutti i principali periodi dall'epoca romana al Medioevo, all'Illuminismo, all'emancipazione e all'Olocausto e, infine,
al riemergere di una nuova comunità ebraica in
Germania. Ci sono mostre su singoli personaggi,
come il filosofo Moses Mendelssohn, e altre che
riguardano intere famiglie o tradizioni.

Una sola sezione tratta direttamente l'Olocausto, e i suoi orrori fortemente riflessi
nell'architettura. Progettato da Daniel Libeskind,
il museo ha un disegno che è una metafora
della storia tortuosa del popolo ebraico. Pareti
ricoperte di zinco si innalzano verso il cielo
seguendo una pianta a zig-zag che è l'interpretazione astratta di una stella. Al posto delle
finestre, aperture irregolari perforano il lucido
rivestimento dell'edificio.

Il simbolismo visivo continua anche all'interno. Non c'è un'entrata diretta, ma si accede
al museo dall'adiacente edificio barocco. Una
ripida scala scende fino a tre spogli camminamenti che si intersecano, ognuno dei quali
rappresenta un 'asse'.

L'Asse dell'Esilio conduce al **Giardino del-
l'Esilio e dell'Emigrazione**, un campo di colonne
di cemento ricoperte di piastrelle che lascia
disorientati. L'Asse dell'Olocausto porta alla
Torre dell'Olocausto, uno dei vari 'vuoti' del
museo – spazi vuoti simili a tombe che simboleggiano la perdita di umanità, cultura e vita.
Solamente l'Asse della Continuità conduce
alla mostra vera e propria, ma anch'esso è
un tragitto opprimente, in salita e con varie
rampe di scale.

L'architettura di Libeskind procura sensa-
zioni veramente potenti.

Nel prezzo del biglietto è compreso anche
l'ingresso al **Museum Blindenwerkstatt Otto Weidt** a
Mitte (p97). Informatevi per le visite guidate
in inglese (€3). Nell'edificio principale c'è
un bar-ristorante e il museo è accessibile
ai disabili.

KREUZBERG E VIKTORIAPARK

Cartina pp348-9

**Tra Kreuzbergstrasse, Methfesselstrasse, Dudenstrasse
e Katzbachstrasse; U-Bahn Platz der Luftbrücke**

Molti conoscono Karl Friedrich Schinkel come
uno dei più influenti architetti di Berlino, ma
pochi si rendono conto che è a lui che Kreuzberg
deve il suo nome. Dopo che i prussiani ebbero
sconfitto Napoleone nel 1815, a Schinkel venne
commissionato un monumento per commemorare questo trionfo, il **Monumento Commemorativo
di Kreuzberg**, che avrebbe dovuto essere eretto
in cima a una collina chiamata Tempelhofer
Berg. Egli produsse una pomposa guglia di
ferro battuto, decorata pesantemente con
scene di battaglia e supportata da una base a
forma di croce, 'Kreuz' in tedesco, ed è così che
venne ribattezzata la collina e di conseguenza
il distretto.

Dalla fine del XIX secolo, gran parte della
collina di Kreuzberg, alta 66 m, è occupata
dall'irregolare Viktoriapark. La sua caratteristica
principale è una **cascata** artificiale che precipita in
uno stretto canale fiancheggiato da rocce nella
parte settentrionale del parco. Questo si getta in
uno stagno al centro del quale svetta una **fontana**

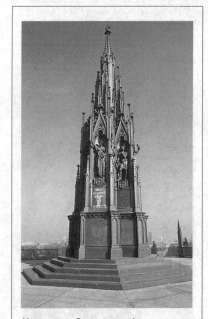

*Monumento Commemorativo
di Kreuzberg*

con una statua di Nettuno e una ninfa marina. Di questi tempi, date le ristrettezze economiche, è raro che funzioni lo spettacolo acquatico. Il decrepito gazebo verde che si trova lì vicino è uno dei pochi vespasiani rimasti della fine del XIX secolo. I berlinesi li hanno soprannominati **Café Achteck** (caffè ottagonale) per la loro forma.

Quando il tempo è bello, il parco è un ottimo posto per riposarsi, per far divertire i bambini al parco-giochi o rilassarsi al **Golgatha Bier Garten** (p197). A capodanno tutta la collina è in festa, con fuochi d'artificio e festeggiamenti fino all'alba.

KREUZBERG MUSEUM Cartina pp348-9

☎ 5058 5233; Adalbertstrasse 95a; www.kreuzbergmuseum.de; ingresso gratuito; ⏱ 12-18 da mercoledì a domenica; U-Bahn Kottbusser Tor, autobus n. 129, 140, 141

Ancora in corso d'opera, questo museo narra la storia delle alterne vicende di uno dei più pittoreschi quartieri di Berlino, con mostre, almeno per il momento, temporanee. Mostre recenti erano dedicate alla comunità omosessuale di Kreuzberg e alla sua tradizione di quartiere incline alla protesta. C'è anche una piccola mostra permanente sulla locale industria della stampa, costruita attorno a una vera stamperia, ma bisogna avvisare prima per poterla visitare.

Martin-Gropius-Bau

KÜNSTLERHAUS BETHANIEN Cartina pp348-9

☎ 616 9030; www.bethanien.de; Mariannenplatz 2; il prezzo d'ingresso varia, spesso gratuito; ⏱ 14-19 da mercoledì a domenica; U-Bahn Görlitzer Bahnhof

Questo splendido edificio, disegnato da tre studenti di Schinkel, entrò in funzione nel 1847 come ospedale; vi lavorò anche, in qualità di farmacista, quello che sarebbe diventato lo scrittore e poeta Theodor Fontane. Oggi è allo stesso tempo un santuario e un laboratorio creativo per artisti emergenti di tutto il mondo, con 25 studi e tre spazi per le mostre. Controllate sui giornali le eventuali mostre o manifestazioni in corso.

LUFTBRÜCKENDENKMAL Cartina pp348-9

Platz der Luftbrücke; U-Bahn Platz der Luftbrücke

Hunkerharke (rastrello della fame) è il soprannome che i berlinesi hanno dato al Luftbrückendenkmal, il monumento che ricorda coloro che sfamarono e liberarono la città durante il ponte aereo del 1948 (v. lettura, p69). Sorge all'esterno dell'aeroporto di Tempelhof, che ebbe un ruolo cruciale in quella vicenda. I tre chiodi rappresentano i tre corridoi aerei degli Alleati, mentre i nomi dei 79 aviatori e delle altre persone che morirono in questa incredibile vicenda sono incisi nel plinto.

MARTIN-GROPIUS-BAU Cartina pp348-9

☎ 254 860; Niederkirchner Strasse 7; il prezzo e gli orari d'ingresso sono variabili; U/S-Bahn Potsdamer Platz

Il Martin-Gropius-Bau, uno dei migliori spazi espositivi di Berlino, aprì i battenti nel 1881 come Museo delle Arti e Mestieri e oggi è un locale utilizzato per grandi mostre itineranti internazionali. Progettato dal prozio del fondatore dello stile Bauhaus, Walter Gropius, è un cubo a tre piani ispirato all'eleganza e alla simmetria dei palazzi rinascimentali italiani. L'atrio pieno di luce e la facciata riccamente decorata con mosaici e bassorilievi in terracotta sono le sue caratteristiche principali. Gravemente danneggiato durante la seconda guerra mondiale, l'edificio languì all'ombra del Muro (un piccolo tratto del quale corre ancora in direzione est lungo Niederkirchner Strasse) fino a che fu restaurato, appena in tempo per il suo centesimo anniversario.

SCHWULES MUSEUM Cartina pp348-9

☎ 693 1172; www.schwulesmuseum.de; Mehringdamm 61; interi/ridotti €5/3; ⏱ 14-18 da mercoledì a lunedì, 14-19 sabato; U-Bahn Mehringdamm

Il Museo gay gestito da un'associazione no-profit è uno spazio per mostre, centro di ricerca e luogo d'incontro nello stesso tempo. Dal 1985 alcuni volontari hanno raccolto, catalogato e messo in mostra materiale sulla storia, l'arte e la cultura omosessuale.

Una mostra permanente è ancora ai suoi albori, ma ci sono eccellenti mostre temporanee su temi molto seri come la persecuzione nazista degli omosessuali o celebrazioni di omosessuali famosi come come Oscar Wilde o Rainer Werner Fassbinder.

L'archivio del museo e la biblioteca al piano superiore comprendono molte pubblicazioni in inglese. Controllate sui giornali per eventuali conferenze, incontri letterari e altre manifestazioni.

Il museo si trova nel cortile posteriore; l'entrata è a sinistra del Café Melitta Sundström.

TOPOGRAPHIE DES TERRORS

Cartina pp348-9

☎ 2548 6703; www.topographie.de; Niederkirchner Strasse 8; ingresso gratuito; ⏱ 10-20 da maggio a settembre, 10-tramonto da ottobre ad aprile; U-Bahn Potsdamer Platz, Kochstrasse

A ovest del Checkpoint Charlie, lungo Niederkirchner Strasse, si trovava una volta una delle più temute istituzioni del Terzo Reich: il quartier generale della Gestapo, il comando centrale delle SS, il servizio di sicurezza delle SS e, dopo il 1939, l'Ufficio centrale di Sicurezza del Reich. Dalle loro scrivanie, i nazisti progettarono l'Olocausto ed emisero mandati d'arresto per gli oppositori politici; molti di questi vennero torturati e uccisi nella famigerata prigione interna della Gestapo.

Oggi gli edifici sono scomparsi e un'atmosfera funesta aleggia sugli spogli terreni in abbandono, il cui aspetto sinistro è accentuato dal piccolo tratto di Muro ancora in piedi lungo Niederkirchner Strasse.

Dal 1997, questa è l'ambientazione di una mostra all'aperto chiamata Topographie des Terrors (Topografia del Terrore), che è essenzialmente dedicata al Terzo Reich, con particolare attenzione all'importanza storica di questo sito e alle brutali istituzioni che lo occuparono.

I pannelli esplicativi sono in tedesco ma presso il chiosco delle informazioni, che vende anche un ottimo catalogo (€3), è disponibile un'audioguida gratuita in inglese. Sappiate che alcune delle fotografie della mostra potrebbero essere troppo crude per i bambini.

È in progetto da molti anni l'apertura di uno spazio per una mostra permanente; forse, ciò potrebbe accadere nel corso del 2005.

FRIEDRICHSHAIN

Pasti pp186-8; Shopping pp238-40; Pernottamento pp257-9

Friedrichshain è oggi ciò che Mitte e Prenzlauer Berg sono stati all'inizio alla metà degli anni '90: un distretto operaio che sta per innalzare il proprio livello. Gli affitti sono bassi, gli edifici avrebbero bisogno di rinfrescare le facciate e i ristoranti, i bar e i locali mantengono un aspetto piacevolmente poco raffinato. Quartiere tradizionalmente operaio, sta ora diventando di moda tra gli studenti, gli artisti e altri bohémien.

Anche Friedrichshain ha conosciuto recenti migliorie. I 'palazzoni operai' lungo Karl-Marx-Allee sono stati restaurati, quasi tutti gli squatter di Rigaer Strasse si sono trasferiti altrove e nuovi sviluppi urbani sono sorti lungo la Sprea.

La Universal Music Germany, infine, ha aggiunto un tocco decisamente più alla moda quando ha trasferito il proprio quartier generale da Amburgo in un vecchio magazzino appositamente riconvertito vicino all'Oberbaumbrücke nel 2002. Poco più a nord, inoltre, una ex fabbrica di lampadine luccica di nuovo, trasformata nella Oberbaumcity, un complesso di begli uffici e loft di tendenza.

Tuttavia, è improbabile che Friedrichshain emuli in pieno Mitte o Prenzlauer Berg, dal momento che gli mancano la bellezza architettonica e la pregnanza storica degli altri due quartieri. Non ci sono molte belle cose da vedere, ma certamente troverete qualcosa da fare in Simon-Dach-Strasse, l'epicentro della vivace scena notturna che gradualmente si sta allungando verso est fino alla stazione della S-Bahn Ostkreuz. I patiti dell'Ostalgie (tutto ciò che riguarda l'Est) non dovrebbero tralasciare Karl-Marx-Allee, la vetrina dell'architettura socialista della RDT, e il più lungo tratto del Muro di Berlino, la East Side Gallery.

Orientamento

Friedrichshain è il quartiere più piccolo di Berlino. È delimitato a sud dalla Sprea ed è accoppiato amministrativamente con Kreuzberg, sull'altra sponda. Il Volkspark Friedrichshain si trova sul suo confine settentrionale con Prenzlauer Berg, mentre l'arteria principale, il monumentale Karl-Marx-Allee, lo congiunge con i quartieri di Mitte a nord-ovest e di Lichtenberg più a est.

La zona dei divertimenti, attorno a Simon-Dach-Strasse, si trova a est di Warschauer Strasse, una grossa strada in direzione nord-sud che culmina all'Oberbaumbrücke che porta a Kreuzberg. La Oberbaumcity si trova a nord-est del ponte, mentre, dall'altro lato, la East Side Gallery corre parallela alla Sprea.

Trasporti

Autobus N. 140 da Volkspark Friedrichshain a Kreuzberg via Ostbahnhof e Strausberger Platz; n. 240 per Simon-Dach-Strasse dalla Ostbahnhof.

S-Bahn Le linee S3, S5, S7 e S9 fermano alla Ostbahnhof, a Warschauer Strasse e Ostkreuz; la S8, la S41 e la S42 fermano a Frankfurter Allee e Ostkreuz.

Tram Servito dai n. 6 e 7 da Alexanderplatz via Mollstrasse e Landsberger Allee; n. 8 da Scheunenviertel; n. 20 da Prenzlauer Berg; prendete il n. 23 dalla stazione U/S Warschauer Strasse per Boxhagener Platz.

U-Bahn Servito dalla linea U1 da Wilmersdorf, Schöneberg e Kreuzberg; U5 da Alexanderplatz lungo Karl-Marx-Allee.

CAFÈ SYBILLE Cartina pp344-5

☎ 2935 2203; Karl-Marx-Allee 72; ☺ 10-20; ingresso gratuito; U-Bahn Weberwiese

Uno dei più popolari caffè di Berlino Est fino alla caduta del Muro, il Café Sybille, chiuse nel 1997, ma riaprì nel 2001, quando fu preso in gestione dai Förderverein Karl-Marx-Allee (Amici di Karl-Marx-Allee). Più che un semplice locale dove andare a prendere un caffè e una fetta di torta, funge da centro informazioni per tutto quello che riguarda Karl-Marx-Allee; ospita anche una mostra sulla storia della strada. Il gruppo ha installato 39 colonnine informative, che ne illustrano tutte le tappe cruciali, su entrambi i lati della strada tra Strausberger Platz e Proskauer Strasse. Alcune sono state distrutte da atti di vandalismo, ma rimangono un ottimo strumento per compiere un'escursione autoguidata lungo questo viale storico. Poco lontano, la **Karl-Marx-Buchhandlung** (p239) ha libri sulla RDT, sul movimento dei lavoratori e sull'architettura.

EAST SIDE GALLERY Cartina pp348-9

Mühlenstrasse; U/S-Bahn Warschauer Strasse

La East Side Gallery è il tratto più lungo, meglio conservato e più interessante del Muro di Berlino, qualcosa che vale certamente la pena di vedere. Parallelo alla Sprea, questo tratto lungo 1300 m è una galleria d'arte all'aperto, creata nel 1990 da artisti di fama internazionale. Sebbene sia stato parzialmente restaurato nel 2000, il Muro è stato danneggiato dai vandali, dalle intemperie e dal tempo. Vale comunque la pena di andare a dare un'occhiata al suo eclettico guazzabuglio di slogan politici, disegni surreali e scorci di arte varia. Tra i quadri famosi

figurano quello di Birgit Kinder intitolato *Trabi Test the Best,* che mostra una Trabi che scoppia attraverso il Muro, e *The Mortal Kiss* di Dimitrij Vrubel, che raffigura Erich Honecker e Leonid Brezhnev nell'atto di abbracciarsi.

KARL-MARX-ALLEE Cartina pp344-5

Tra Alexanderplatz e Frankfurter Tor; U-Bahn Alexanderplatz, Schillingstrasse, Strausberger Platz, Weberwiese, Frankfurter Tor

Il monumentale Karl-Marx-Allee, che conduce a sud-est da Alexanderplatz, è una delle vestigia più impressionanti di quella che era Berlino Est. Fu il 'primo viale socialista' della RDT, fonte di grande orgoglio nazionale. Vi si trovavano appartamenti moderni per migliaia di persone, e serviva anche da sfondo per le parate militari. Fino all'inizio degli anni '70 era anche la 'Ku'damm dell'Est', con caffè, negozi, ristoranti e l'elegante **Kino Kosmos** (p217), con 1000 posti a sedere.

Oggi, restaurato di recente e protetto come monumento storico, Karl-Marx-Allee sta vivendo una certa rinascita, con nuovi bar e negozi che gli infondono nuova vita. Ciò che più di ogni altra

I top three di Friedrichshain

- Una passeggiata lungo il viale del tramonto della **East Side Gallery** (in questa pagina).
- Il sorprendente monumentalismo socialista della **Karl-Marx-Allee** (in questa pagina).
- Il sorgere del sole dopo una nottata nei locali notturni (p191).

cosa lo rende importante è il fatto di essere una vetrina all'aperto dell'architettura della RDT e una perfetta metafora del tronfio atteggiamento autocelebrativo del suo passato regime.

La passeggiata può dimostrarsi un po' lunga, ma certamente il modo migliore per apprezzare questo viale unico è di percorrerlo a piedi. Se siete di fretta camminate per circa 1 km a est di Strausberger Platz. Le colonnine informative che troverete lungo il percorso vi daranno ottime informazioni storiche in tedesco e in inglese. Il **Café Sybille** (p130) è un altro buon posto dove andare per saperne di più su questa strada.

OBERBAUMBRÜCKE Cartina pp348-9
U-Bahn Schlesisches Tor, U/S-Bahn Warschauer Strasse
Uno dei più bei ponti di Berlino, l'Oberbaumbrücke (1896) collega Kreuzberg e Friedrichshain attraverso la Sprea. Con torri, pinnacoli, mura merlate e camminamenti ad arco, sembra quasi il ponte levatoio di un castello medievale fortificato. Dal lato di Friedrichshain si trova la **East Side Gallery** (p130), il più lungo tratto del Muro ancora in piedi. A sud del ponte si innalza dal fiume una gigantesca scultura di alluminio, chiamata **Molecule Man**, opera dell'artista americano Jonathan Borofsky (p145).

OBERBAUMCITY Cartina pp348-9
Lungo Rotherstrasse tra Warschauer Platz e Ehrenbergstrasse; U/S-Bahn Warschauer Strasse
Guardando verso est dall'Oberbaumbrücke è difficile non vedere la torre incappucciata da un cubo di vetro che di notte luccica di colori vivaci

come un gig[...]
il centro dell'O[...]
uffici high-tech [...]
di lampadine. For[...]
dapprima Osram e p[...]
RDT; oltre 5000 operai v[...]
luci del paese potessero ri[...]
a quando la fabbrica chiuse [...]
riunificazione.

Come centro servizi la Oberbau[...]
ancora decollata quanto i pianifica[...]
vano, e per il momento molti dei suo[...]
lusso sono vuoti. In ogni caso il compless[...]
le sue arcate, le sue facciate di mattoni decor[...]
e i suoi cortili interni vale comunque almen[...]
una rapida occhiata.

VOLKSPARK FRIEDRICHSHAIN
Cartina pp344-5
Su Friedrichshain e Friedenstrasse; autobus n. 100, 200
Il più vecchio parco pubblico di Berlino fu creato negli anni '40 del XVIII secolo per il proletariato di Friedrichshain da Gustav Meyer, un allievo dell'architetto di paesaggi Peter Joseph Lenné. Rimane ancora oggi un classico parco di periferia con varie aree-giochi, campi da tennis e una pista di pattinaggio ed è sede di una serie di manifestazioni tra cui un cineforum estivo all'aperto.

La caratteristica più bella del parco è la deliziosa **Märchenbrunnen** (Fontana delle Fate) del 1913. Si tratta di una fantasia neobarocca in pietra con varie vasche d'acqua e oltre 100 statue di arenaria raffiguranti tartarughe, rane e

I 'palazzi' della RDT

Quando il governo della RDT decise di costruire una strada dal forte impatto rappresentativo non scelse il prestigioso Mitte come contesto, bensì l'umile quartiere operaio di Friedrichshain, per motivi a un tempo storici e pratici. Fu infatti lungo l'odierno Karl-Marx-Allee che l'Armata Rossa si aprì la strada per entrare a Berlino alla fine della seconda guerra mondiale, distruggendola quasi completamente.

Karl-Marx-Allee, o piuttosto Stalinallee, com'era chiamato fino al 1961, fu costruito in due fasi tra il 1952 e il 1965. Una squadra di sei architetti guidata da Hermann Henselmann progettò la prima sezione, quella più interessante dal punto di vista architettonico, tra Strausberger Platz e la Frankfurter Tor. Secondo i dettami della RDT, venne emulato uno stile detto 'tradizione nazionale', che fondeva il cosiddetto Zuckerbäckerstil (stile torta nuziale), allora in gran voga a Mosca e a Leningrado, con elementi più classici, ispirati alle opere di Schinkel.

Ne risultò un viale ampio 90 m fiancheggiato da *Volkspaläste* (palazzi del popolo), alveari di cemento lunghi anche 300 m stipati di appartamenti che vantavano acqua corrente e riscaldamento centralizzato in un'epoca nella quale molta gente viveva ancora nello squallore del dopoguerra. Bizzarre piastrelle di Meissen, che avrebbero fatto maggiore impressione se non avessero continuato a staccarsi, ricoprivano le facciate. I primi abitanti, che vi si installarono il 7 gennaio 1953, erano simpatizzanti del partito SED e operai che avevano lavorato alla costruzione dei palazzi.

La parte di Karl-Marx-Allee (1959–65) costruita nella seconda fase - tra Strausberger Platz e Alexanderplatz - ha un aspetto decisamente più moderno e segnò l'inizio dell'uso su vasta scala delle costruzioni dette Plattenbauten in blocchi prefabbricati che avrebbero in seguito imperversato in tutta la RDT.

be dei
...ana è

...sag-
...n la
...on-
...dl
...di
...si
...3

...mcity non è
...ori spera-
...uffici di:
...con

...antesco cubo di Rubik. La torre è
...berbaumcity, un complesso di
...ato dai resti di una fabbrica
...data nel 1906, si chiamò
...i NARVA all'epoca della
...lavoravano affinché le
...manere accese, fino
...alle soglie della

131

...e der 1848,

un'epoca di disordini ricordata anche sulla piazza
a ovest della Porta di Brandeburgo (p82).

Anche due monumenti commemorativi
dell'epoca della RDT sono sopravvissuti alla
riunificazione. A sud-est della fontana, lungo
Friedenstrasse, il **Denkmal der Spanienkämpfer** (Monumento Commemorativo per i Combattenti di
Spagna) ricorda i soldati tedeschi che persero
la vita combattendo contro il fascismo nella
guerra civile spagnola (1936–39). Nell'angolo
nord-orientale il **Deutsch-Polnisches Ehrenmal** (Monumento Commemorativo Tedesco-polacco)
rende onore alla battaglia dei soldati tedeschi e
polacchi per la resistenza tedesca contro i nazisti
nella seconda guerra mondiale.

PRENZLAUER BERG

Pasti pp188-90; Shopping pp240-2; Pernottamento pp259-60

Prenzlauer Berg si è evoluto in anni recenti dal sobborgo
operaio che era in uno dei quartieri più graziosi e alla moda di
Berlino. Le facciate che una volta recavano i segni della guerra
sono state restaurate a ritmo frenetico. Nello stesso tempo sono
sorti molti bellissimi bar e pub. Giovani e audaci imprenditori
hanno aperto negozi, studi, gallerie e uffici portando l'energia,
le idee e l'ottimismo necessari a infondere nuova vita e nuovo
colore a questo quartiere.

Anche durante i giorni della RDT Prenz'lberg – come lo chiamano i berlinesi – era un
quartiere speciale. Sotto molti aspetti era l'immagine speculare di Kreuzberg. Erano entrambi
quartieri di frontiera, schiacciati contro il Muro, abbandonati a se stessi e traboccanti di vecchi
e claustrofobici edifici. Entrambi attiravano persone in cerca di uno stile di vita alternativo:
artisti d'avanguardia, scrittori, omosessuali e attivisti politici. Anche molti squatter arrivarono
in questo distretto.

Oggi Prenzlauer Berg ha ancora qualcosa del suo lato sperimentale, sebbene la zona attorno a
Kollwitzplatz si sia imborghesita fin troppo. Per vedere alcuni sobborghi meno raffinati (almeno
per il momento) dirigetevi verso Helmholtzplatz a nord di Danziger Strasse. Attualmente la
zona più alla moda è lungo Kastanienallee e la sua laterale Oderberger Strasse, entrambe fiancheggiate da caffè bohémien e dagli atelier dei
designer berlinesi. Anche la zona attorno alla
stazione della U-Bahn Schönhauser Allee è
molto movimentata.

Orientamento

Prenzlauer Berg, che fu assorbito nel distretto amministrativo di Pankow nel 2001,
confina con Mitte e Friedrichshain a sud e
Wedding a ovest. Ci sono tre strade principali: Greifswalder Strasse, Prenzlauer Allee
e Schönhauser Allee. Quest'ultima non solo
è la più interessante, ma è anche quella che
permette di accedere alla maggior parte dei
luoghi di interesse turistico, compresi la
zona di Kollwitzplatz, il Kulturbrauerei e
Kastanienallee.

Trasporti

Autobus Il n. 143 collega la stazione della U-Bahn
Senefelderplatz con Alexanderplatz, il Nikolaiviertel e
lo Jüdisches Museum.

S-Bahn Le linee S8, S41 e S42 fermano a Schönhauser
Allee, Prenzlauer Allee, Greifswalder Strasse,
Landsberger Allee e Storkower Strasse.

Tram Servita dal n. 1 da Scheunenviertel via
Prenzlauer Allee; n.13 da Scheunenviertel via
Kastanienallee; n. 20 da Friedrichshain.

U-Bahn La linea U2 per/da Charlottenburg,
Schöneberg e Mitte ferma a Senefelderplatz,
Eberswalder Strasse e Schönhauser Allee.

Distretti – Prenzlauer Berg

BERLINER PRATER Cartina pp344-5

☎ 247 6772; Kastanienallee 7-9; U-Bahn Eberswalder Strasse

Il Berliner Prater offre birra e intrattenimenti dal 1852, quando rappresentava una classica fermata per chi andava a trascorrere una giornata in campagna. All'inizio del XX secolo il Prater divenne uno dei luoghi caldi del movimento dei lavoratori. August Bebel e Rosa Luxemburg erano tra coloro che arringavano la folla qui. Oggi il Prater viene adibito a palco secondario della Volksbühne, con i suoi provocatori spettacoli. D'estate il Bier Garten è uno dei più belli della città (p199).

GETHSEMANEKIRCHE Cartina pp344-5

☎ 445 7745; Stargarder Strasse 77; U-Bahn Schönhauser Allee

Questa imponente chiesa di mattoni rossi è un'opera neogotica del 1893 di August Orth, uno dei più importanti progettisti di chiese della fine del XIX secolo. Fu una delle 53 chiese finanziate dal governo prussiano a quell'epoca nella speranza di creare un 'baluardo per arginare la democrazia sociale', specialmente nei quartieri operai come Prenzlauer Berg.

Almeno nel caso della chiesa di Gethsemane questa intenzione non fu coronata da successo. La sua congregazione ha un'orgogliosa tradizione di dissenso, viva sia durante il Terzo Reich sia all'epoca della RDT. La chiesa occupò le prime pagine dei giornali nel 1989, quando vi si tenne una pacifica riunione di oppositori del regime che fu brutalmente repressa dalla Stasi.

Oggi si trova al centro di una sempre più vivace zona di Prenzlauer Berg ed è circondata da negozi, bar e locali particolari.

HUSEMANNSTRASSE Cartina pp344-5

U-Bahn Eberswalder Strasse

La nostalgia del passato spinse il governo di Berlino Est a restaurare l'intera strada per farla diventare un museo vivente della Berlino del XIX secolo, con tanto di negozietti di cianfrusaglie, un ufficio postale d'epoca e pub ricchi di atmosfera. Il progetto fu portato a termine in coincidenza con il 750° anniversario della città, nel 1987.

Malgrado fosse considerata un successo, la brillante ricostruzione non fece altro che mettere ancora più in evidenza la dimessa condizione delle strade circostanti. Husemannstrasse, che deve il proprio nome a un partigiano della resistenza, è ancora oggi un bel posto dove andare a passeggiare, anche se molti dei negozi

della zona hanno un aspetto dichiaratamente turistico e commerciale.

JÜDISCHER FRIEDHOF Cartina pp344-5

☎ 441 9824; Schönhauser Allee 23-25; ingresso gratuito; ☻ 10-16 da lunedì a giovedì, 10-13 venerdì; U-Bahn Senefelderplatz

Questo storico cimitero ebraico di forma triangolare nasconde il suo terreno alberato dietro uno spesso muro lungo Schönhauser Allee. Fu creato nel 1827 come secondo cimitero ebraico di Berlino dopo che quello di Grosse Hamburger Strasse (p96) aveva esaurito la propria capienza; l'ultima sepoltura vi ebbe luogo nel 1976. Molti berlinesi illustri sono sepolti qui, compresi il compositore Giacomo Meyerbeer e l'artista Max Liebermann. I nazisti lo profanarono e le bombe fecero il resto, ma è stato attentamente restaurato ed è ricco di suggestive lapidi e solenni monumenti.

Anche il cosiddetto **Judengang**, un sentiero largo 10 m attraverso il quale le processioni funebri entravano nel cimitero, è stato restaurato. Corre per 400 m tra Kollwitzplatz e Senefelder Platz lungo il Muro orientale del cimitero (entrata da Kollwitzplatz).

KOLLWITZPLATZ Cartina pp344-5

U-Bahn Senefelderplatz

Circondata da bar e ristoranti alla moda, questa piazza alberata deve il suo nome a Käthe Kollwitz che visse nei paraggi per oltre 40 anni (v. lettura, p118). Una statua in bronzo dell'artista, realizzata da Gustav Seitz nel 1958, si trova al centro del piccolo parco della piazza. Non è particolarmente adulatoria, dato che ritrae la Kollwitz anziana e stanca, anche se piena di dignità. I bambini spesso lasciano il bellissimo parco giochi che si trova lì vicino per salire sulla grande statua e sedersi sul suo grembo materno. La Kollwitz, che produsse intere serie di disegni di madri con bambini, ne sarebbe probabilmente felice.

I top four di Prenzlauer Berg

- Un morso al miglior *Currywurst* della città al **Konnopke Imbiss** (p190).
- Uno spettacolo o una cena al **Kulturbrauerei** (p134).
- Un esempio di 'archeologia urbana' al **Flohmarkt am Arkonaplatz** (p227).
- Un tuffo tra i giovani alla moda lungo **Kastanienallee** (p240).

Distretti – Prenzlauer Berg

KULTURBRAUEREI Cartina pp344-5
www.kulturbrauerei-berlin.de; Knaackstrasse 97;
U-Bahn Eberswalder Strasse

Torri, torrette, abbaini e archi; queste forme non sono in genere caratteristiche dei siti industriali. Ma quando nel 1889 il noto architetto Franz Schwechten (che costruì anche la Anhalter Bahnhof di Kreuzberg, p124, e la chiesa commemorativa dell'imperatore Guglielmo a Charlottenburg, p116) ricevette la commissione per una nuova fabbrica di birra decise di sbizzarrirsi. Il risultato fu un vasto complesso di 20 edifici rossi e gialli, assolutamente gradevole.

L'ultima bottiglia di birra fu riempita nel 1967 e questo posto rimase più o meno inattivo fino al 1991, quando rinacque come Kulturbrauerei (letteralmente 'birreria culturale'), un centro per manifestazioni culturali e di intrattenimento. Dopo un restauro completo, quello che si vede oggi è una miscellanea di locali per rappresentazioni teatrali, concerti, spettacoli di danza, gallerie d'arte, un locale notturno, ristoranti, un cinema multiplex e perfino un supermercato.

La **Sammlung Industrielle Gestaltung** (Collezione di Design Industriale; ☎ 4431 7868; interi/ridotti €2/1; ⏰ 13-20), vicino all'entrata principale su Knaackstrasse, nei pressi di Danziger Strasse, espone prodotti di design della Germania Est che risalgono agli inizi degli anni '50.

MAUERPARK E BERNAUER STRASSE
Cartina pp344-5
Tra Eberswalder Strasse, Schwedter Strasse, Gleimstrasse e Malmöer Strasse; ingresso gratuito; ⏰ 24 ore; U-Bahn Eberswalder Strasse

Diverso dalle solite oasi urbane, il Mauerpark (Parco del Muro) occupa una zona proprio su quello che era il confine tra Berlino Est e Ovest. Un piccolo tratto del Muro è diventato una tavolozza per artisti che eseguono graffiti, ma anche le panchine del parco e i cestini per i rifiuti sembrano essere molto apprezzati per questo scopo. Dietro la montagnola che si trova alla sua estremità meridionale c'è il **Friedrich-Jahn-Stadion**, dove il capo della Stasi Erich Mielke andava a fare il tifo per la sua squadra di calcio preferita, la Dynamo. Poco più a nord, la nuova **Max-Schmeling-Halle** è la sede della fortissima squadra di basket maschile dell'Alba.

Il Muro correva lungo Schwedter Strasse, poi proseguiva a ovest lungo Bernauer Strasse. Alcuni dei più spettacolari tentativi di fuga avvennero proprio qui. Tra quelli coronati da successo ve ne fu uno nel 1964 durante il quale riuscirono a fuggire ben 57 persone. Altri però furono meno fortunati: fu qui che Ida Siekmann, disperata, si suicidò gettandosi da una finestra. Pannelli in diverse lingue ricordano questo e altri momenti storici. Per saperne di più sul Muro vale la pena di visitare il Gedenkstätte Berliner Mauer (p137), circa 1 km a ovest del Mauerpark.

PRENZLAUER BERG MUSEUM
Cartina pp344-5
☎ 4240 1097; www.kunst-und-kultur.de/museumsdatenbank; Prenzlauer Allee 75; U-Bahn Senefelderplatz

Questo museo di storia locale era in restauro all'epoca della stesuta di questa guida, e ha riaperto i battenti nel corso del 2004. Per avere notizie aggiornate telefonate o chiedete agli uffici turistici.

SYNAGOGE RYKESTRASSE Cartina pp344-5
☎ 880 280; Rykestrasse 53; ⏰ soltanto durante le funzioni (18 venerdì in inverno, 19 in estate e 9.30 sabato); U-Bahn Senefelderplatz

Questa grande sinagoga, costruita nel 1904 in stile neoromanico, è la più grande della Germania: può ospitare circa 2000 fedeli. Fu l'unica casa di culto ebraica a sopravvivere sia alla Kristallnacht del 1938 sia ai bombardamenti alleati, per lo più grazie alla sua posizione defilata in un cortile interno.

I soldati riuscirono comunque a devastarne l'interno e più tardi ne fecero stalle per i cavalli. Restaurata dopo la guerra, rimase l'unica sinagoga della piccola congregazione di Berlino Est. È possibile visitare la sinagoga su prenotazione o durante le funzioni, ma si può dare un'occhiata all'interno attraverso i cancelli di ferro battuto.

VITRA DESIGN MUSEUM Cartina pp344-5
www.design-museum.de/berlin

Questo museo del design chiuse le sue porte su Kopenhagener Strasse nel gennaio del 2004. Se tutto andrà secondo i piani dovrebbe riaprire nel corso del 2005 inglobato nel complesso culturale Pfefferberg in Schönhauser Allee n. 176, nel sud di Prenzlauer Berg. Controllate negli uffici turistici o nei siti.

WASSERTURM Cartina pp344-5
Angolo tra Knaackstrasse e Rykestrasse; U-Bahn Senefelder Platz

La gente del posto chiama affettuosamente 'Dicker Hermann' (Hermann il grasso) questa bella torre-serbatoio in mattoni, risalente al 1873, che conobbe nella sua storia anche dei periodi oscuri.

Subito dopo l'ascesa al potere di Hitler, la torre e l'adiacente sala macchine vennero usate come campo di concentramento improvvisato dove comunisti, ebrei e oppositori del regime venivano imprigionati e torturati. Una targa ricorda questo periodo di indicibile terrore. Dopo la guerra il complesso fu restaurato e trasformato in appartamenti; la sala macchine oggi è un asilo infantile.

ZEISS GROSSPLANETARIUM
E DINTORNI Cartina pp344-5

☎ 4218 4512; www.astw.de; Prenzlauer Allee 80; interi/ridotti €5/4; ⊙ gli orari degli spettacoli sono varabili; S-Bahn Prenzlauer Allee

Gli abitanti di Berlino Est non potevano vedere cosa succedeva al di là del Muro, ma almeno potevano fissare le stelle dell'intero universo in questo planetarium all'avanguardia. Al mo-mento della sua apertura, nel 1987, lo Zeiss Grossplanetarium era uno dei più moderni e grandi d'Europa.

Oggi presenta un fantasioso repertorio di tradizionali programmi divulgativi (in tedesco), di classici 'musica sotto le stelle' e di spettacoli per i bambini.

Il planetarium è vicino a un paio di interessanti complessi abitativi. A est della sua riconoscibile cupola argentata, l'**Ernst-Thälmann-Park** ospita un grattacielo costruito per l'élite della RDT a metà degli anni '80. Più a nord, tra Sültstrasse e Sodtkestrasse, si trova la **Flamensiedlung** (Colonia fiamminga) del 1930.

Ispirandosi all'architettura olandese, Bruno Taut e Franz Hillinger cercarono di creare grandi complessi abitativi che non avessero la soffocante densità e lo squallore che caratterizzano i casermoni popolari. Vi aggiunsero cortili erbosi, terrazze e altri elementi di design per interromperne la monotonia e per creare spazi aperti vivibili.

DISTRETTI SETTENTRIONALI

PANKOW

Pankow, il quartiere più settentrionale di Berlino, era una volta il centro dell'élite di governo della Germania Est. Dal 2001 ha incorporato anche i vecchi distretti di Prenzlauer Berg (p132) e Weissensee.

Pankow ha conservato una gradevole atmosfera da piccola cittadina, ma non presenta grandi attrattive per i visitatori. Parte del suo fascino sta nelle foreste e nei parchi che occupano quasi un terzo della sua superficie.

Orientamento

Il cimitero ebraico di Pankow si trova in Weissensee, proprio al confine con Prenzlauer Berg, al capolinea dell'autobus n. 100. Niederschönhausen sorge all'estremità settentrionale di Pankow, circa 6 km a nord di Alexanderplatz.

Trasporti

Autobus Il n.143 va da Wedding a Kreuzberg via Alexanderplatz e il Museo Ebraico; il n. 245 va dalla stazione Zoo a Bernauer Strasse.

S-Bahn La linea S8 collega Pankow e l'aeroporto di Schönefeld via Prenzlauer Berg e Friedrichshain; la S2 collega Pankow con Mitte e Kreuzberg.

Tram I n. 50 e 52 collegano Pankow con Prenzlauer Berg e Mitte; le linee principali che attraversano Wedding sono la 23 e la 24 per Rudolf-Virchow-Klinikum.

U-Bahn Pankow è il capolinea più settentrionale della linea U2; Wedding è servito dalla U8.

JÜDISCHER FRIEDHOF WEISSENSEE

Cartina pp340-1

☎ 925 0833; Herbert-Baum-Strasse 45; ☽ 8-17
da domenica a giovedì da maggio a ottobre, 8-16
da domenica a giovedì da novembre ad aprile, 8-13
venerdì tutto l'anno; autobus n. 100

Tracciato nel 1880, il più grande cimitero
ebraico d'Europa è ora il luogo dove riposano
oltre 115.000 persone, molte delle quali uccise
durante il Terzo Reich.

Accanto all'entrata principale, oltre il muro
di mattoni gialli, un monumento rende onore
alle vittime dell'Olocausto. Una piantina indica
il luogo di sepoltura di alcuni personaggi illustri,
tra cui il pittore Lesser Ury e l'editore Samuel
Fischer.

MAJAKOWSKIRING

All'epoca della RDT, questa strada ad anello di
forma ovale, a sud-est di **Schloss Niederschönhausen**
(di seguito), era la zona in cui gli esponenti del
partito SED vivevano fianco a fianco con artisti
importanti, scienziati e scrittori tra i quali Christa
Wolf, Arnold Zweig e Hanns Eisler.

Soprannominata 'Städtchen' (la cittadella), era
completamente blindata, affinché nessuno potesse vedere le ville opulente e il lusso sfrenato
nel quale vivevano i governanti che negavano
ai propri concittadini beni di consumo durevoli
come l'automobile o il telefono. Il primo presidente della RDT Wilhelm Pieck visse al n. 29 di
questa via.

SCHLOSS NIEDERSCHÖNHAUSEN

Ossietzkystrasse; castello chiuso; ☽ parco
8-tramonto; U/S-Bahn Pankow, poi tram n. 52 o 53
per Tschaikowskystrasse

Se si riuscisse a riportare il Palazzo Niederschönhausen al suo aspetto originale, si ve-
drebbe una modesta casa di campagna su due
piani costruita nel XVII secolo. L'Elettore Federico

*Tratto dell'ex Muro di Berlino,
Gedenkstätte Berliner Mauer*

III (il futuro re Federico I), lo acquistò nel 1691 e
lo fece ingrandire dagli architetti Nering e Eosander, gli stessi che più tardi avrebbero costruito
lo Schloss Charlottenburg.

Dal 1740 al 1797 qui visse la consorte di
Federico il Grande, Elisabetta Cristina, che morì
strangolata, e circa 150 anni dopo divenne la
residenza di Wilhelm Pieck, il primo presidente
della RDT. Il castello divenne successivamente
una foresteria di stato per le personalità in
visita: ci dormirono anche Mikhail Gorbaciov
e Fidel Castro.

Dopo il crollo della RDT fu teatro di molte
tavole rotonde che prepararono la via all'unificazione.

In definitiva si tratta dunque di un luogo
storico, ma sfortunatamente, almeno per ora,
lo Schloss rimane chiuso al pubblico.

Lo si può vedere dall'esterno – anche se
appare piuttosto in rovina –, ma quantomeno è possibile godersi una passeggiata
per lo Schlosspark – disegnato da Peter
Lenné – dove scorre il piccolo fiume Panke.
Si dice che alcuni dei suoi alberi abbiano più
di 1000 anni.

I top two dei distretti settentrionali

- L'esplorazione dei bunker umidi e bui
  della seconda guerra mondiale durante
  un'escursione con **Berliner Unterwelten**
  (p80).
- Riscoprire le fasi della costruzione del Muro
  di Berlino al **Gedenkstätte Berliner Mauer**
  (p137).

Il Muro di Berlino

Poco dopo la mezzanotte del 13 agosto 1961 iniziò la costruzione di una barriera che avrebbe diviso Berlino per 28 anni. Il Muro di Berlino fu la disperata misura presa dal governo di una RDT sull'orlo del collasso economico e politico per arginare l'esodo della sua gente: nei dodici anni precedenti 2,6 milioni di persone erano già passate a ovest.

Chiamato eufemisticamente 'barriera di protezione antifascista', questo sinistro simbolo di oppressione lungo 160 km aveva fatto di Berlino Ovest un'isola di democrazia nel mare del socialismo. Continuamente rinforzato e rifinito nel tempo, era costituito da freddi blocchi di cemento – che solo nella parte occidentale si potevano toccare o decorare – e confinava con una pericolosa terra di nessuno protetta da filo spinato, mine, cani da guardia e torri di guardia presidiate da sentinelle pronte ad abbattere chiunque tentasse di fuggire.

Oltre 5000 persone tentarono la fuga, ma riuscirono a passare soltanto in 1600 circa; la maggioranza dei fuggiaschi venne catturata e 191 di essi furono uccisi – il primo cadde appena pochi giorni dopo il 13 agosto. Fino a che punto il sistema fosse crudele divenne lampante il 17 agosto 1962, quando il diciottenne Peter Fechtner fu colpito mentre tentava di fuggire e venne lasciato morire dissanguato sotto gli occhi delle sentinelle tedesco-orientali.

Alla fine della Guerra Fredda questo potente simbolo venne smantellato con autentico furore. Molte persone presero alcuni pezzi per ricordo e intere sezioni andarono a finire nei musei di tutto il mondo. Gran parte del Muro venne invece riciclata per costruire strade. Oggi ne rimane in piedi un pezzo lungo poco più di 1,5 km.

WEDDING

Quando Wedding venne associato a Tiergarten e Mitte, nel 2001, ne risultò un matrimonio piuttosto male assortito. A differenza dei due distretti meridionali, questa zona operaia non venne quasi toccata dal rinnovamento: è infatti priva sia di grandi edifici storici, sia di locali di intrattenimento. Chi fosse interessato al Muro, che passava proprio di qui, o alla seconda guerra mondiale, troverà comunque qualche spunto interessante anche a Wedding.

Orientamento

Il Muro di Berlino correva lungo Bernauer Strasse, che oggi separa Wedding da Mitte e prosegue verso est fino a Prenzlauer Berg. Plötzensee si trova a circa 4,5 km a nord-ovest di essa.

ANTI-KRIEGS-MUSEUM Cartina pp342-3

☎ 4549 0110; www.anti-kriegs-museum.de; Brüsseler Strasse 21; ingresso gratuito; ✇ 16-20; U-Bahn Amrumer Strasse

Il Museo contro la guerra è piccolo, ma porta un messaggio grande e attuale. Erich Friedrich, che lo fondò nel 1925, era un appassionato pacifista e autore del libro *War against War* (1924). Dopo che i nazisti ebbero distrutto il museo, nel 1933, egli emigrò in Belgio e si unì alla resistenza francese. Suo nipote Tommy Spree riaprì il museo nel 1982, arricchendolo con reperti delle due guerre mondiali. Una scala raggiunge un rifugio antiaereo equipaggiato con letti a cuccetta, respiratori e apposite culle antigas per i bambini. La Galleria della Pace ospita mostre temporanee.

GEDENKSTÄTTE BERLINER MAUER

Cartina pp342-3

☎ 464 1030; www.berliner-mauer-dokumentations-zentrum.de; Bernauer Strasse 111; ingresso gratuito; ✇ 10-17 da mercoledì a domenica; U-Bahn Bernauer Strasse

Il Monumento commemorativo del Muro di Berlino riunisce un centro di documentazione, un tratto originale del Muro e una cappella che ricorda la divisione della città e rende onore alle vittime. La piccola mostra altamente tecnologica del **centro di documentazione** fa uso di materiale d'archivio e di audioguide per ricostruire i giorni della costruzione della barriera.

Dall'altro lato della strada, il **monumento commemorativo** vero e proprio è un'interpretazione artistica della zona vietata, costruita attorno a un tratto del Muro, che non riesce tuttavia a esprimere appieno la natura disumana di questo confine. Con una breve passeggiata verso est lungo Bernauer Strasse si arriva alla **Versöhnungskapelle** (Cappella della Riconciliazione), degna di nota per il suo disegno semplice ma radioso. Sorge sul sito di una chiesa che fu distrutta nel 1985 per ingrandire la zona vietata.

GEDENKSTÄTTE PLÖTZENSEE

Cartina pp342-3

☎ 344 3226; www.gedenkstaette-ploetzensee.de; Hüttigpfad; ingresso gratuito; ✇ 9-17 da marzo a ottobre, 9-16 da novembre a febbraio; U-Bahn Turmstrasse, poi autobus TXL

Quasi 3000 persone, all'epoca del Terzo Reich, vennero giustiziate nella prigione di Plötzensee. La stanza in cui avevano luogo le decapitazioni e le impiccagioni costituisce oggi un inquietante monumento alla memoria. Situata in un semplice capannone di mattoni, ospita solamente una barra d'acciaio con otto uncini.

Di fianco, una mostra documenta il perverso sistema giudiziario nazista, che faceva delle esecuzioni sommarie il proprio tratto distintivo. Parte della prigione originale accoglie oggi un riformatorio.

La crudeltà delle guardie carcerarie (che ricevevano dei premi a ogni esecuzione) non aveva limiti: in una sola notte del 1943, in seguito a un raid aereo, vennero impiccati qui 186 prigionieri, per impedire che fuggissero dalla prigione parzialmente distrutta.

Un anno dopo, molti dei cospiratori che avevano preso parte al fallito tentativo di assassinare Hitler il 20 luglio 1944 – oltre ai loro familiari e amici, per lo più non coinvolti, per

un totale di 86 persone – vennero impiccati in questo luogo: sembra che il Führer avesse ordinato che le esecuzioni venissero riprese con le telecamere.

Un ottimo opuscolo gratuito in inglese è disponibile presso il banco.

ZUCKER MUSEUM Cartina pp342-3

☎ 3142 7574; www.dtmb.de/zucker-museum; Amrumer Strasse 32; interi/ridotti €2,30/1; ☼ 9-16.30 da lunedì a giovedì, 11-18 domenica; U-Bahn Amrumer Strasse

Ai golosi interesserà dare un'occhiata al curioso Zucker Museum (Museo dello Zucchero), che ha festeggiato il suo centesimo compleanno nel 2004, la più vecchia mostra al mondo di questo genere. Imparerete tutto sulle origini dello zucchero e sulla sua lavorazione; scoprirete che viene usato per produrre aceto, pesticidi e persino rivestimenti interni per le automobili e verrete a conoscenza anche del suo sorprendente ruolo nella tratta degli schiavi.

DISTRETTI OCCIDENTALI

SPANDAU

La parte più occidentale di Berlino è occupata da un unico grande distretto chiamato Spandau. Le sue origini medievali sono evidenti ancora oggi nella ben conservata Altstadt (città vecchia), con tanto di strade acciottolate, una tradizionale piazza per il mercato, una chiesa medievale e, da ultimo, una cittadella del XVI secolo quasi completamente intatta. Per circa 800 anni Spandau visse come città indipendente, fino a che non venne assorbita nella Grande Berlino nel 1920. I suoi abitanti, tuttavia, mantengono un carattere fieramente indipendente, tanto che ancora oggi, quando escono dal loro distretto, usano l'espressione 'andare a Berlino'.

Orientamento

Il centro di Spandau dista circa 10 km a nord-ovest dalla stazione Zoo. La maggior parte dei luoghi di interesse è concentrata nella graziosa Altstadt, facilmente raggiungibile con la linea U-Bahn. L'interessante Luftwaffenmuseum si trova 9 km più a sud, nel sobborgo di Gatow.

Trasporti

Autobus Il n. 145 collega Schloss Charlottenburg con il centro di Spandau.

S-Bahn La linea S75 serve il centro di Spandau dalla stazione della S-Bahn Charlottenburg via Olympiastadion.

U-Bahn Linea U7 per il centro di Spandau.

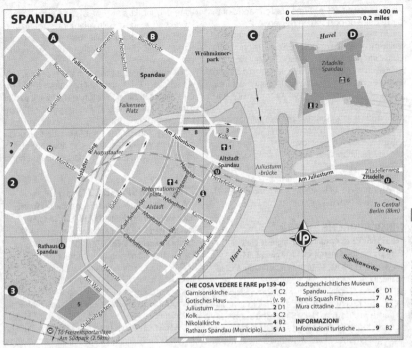

SPANDAU

Wröhmänner-park

Spandau

Falkenseer Platz

Kolk

Altstadt Spandau

Reformations-platz

Altstadt

Rathaus Spandau

Freizeitsportanlage Am Südpark (2.5km)

Havel

Zitadelle Spandau

Juliusturm-brücke

Am Juliusturm

Zitadellenweg Zitadelle

To Central Berlino (8km)

Havel

Spree

Sophienwerder

CHE COSA VEDERE E FARE pp139-40	
Garnisonskirche	1 C2
Gotisches Haus	(v. 9)
Juliusturm	2 D1
Kolk	3 C2
Nikolaikirche	4 B2
Rathaus Spandau (Municipio)	5 A3
Stadtgeschichtliches Museum Spandau	6 D1
Tennis Squash Fitness	7 A2
Mura cittadine	8 B2
INFORMAZIONI	
Informazioni turistiche	9 B2

GOTISCHES HAUS Cartina p139

☎ 333 9388; Breite Strasse 32; ingresso gratuito;
🕑 10-17 da lunedì a venerdì, 10-13 sabato; U-Bahn
Altstadt Spandau

Gemma della Altstadt, la Casa Gotica splendidamente restaurata è un raro esempio di abitazione, in una città medievale, interamente di mattoni (anziché in legno). Considerato il più vecchio edificio residenziale di Berlino, ospita l'ufficio turistico di Spandau e alcune mostre temporanee. Apprezzate il soffitto gotico a volta, finemente decorato.

KOLK Cartina p139

U-Bahn Altstadt Spandau

La parte più vecchia della Altstadt di Spandau si trova a nord della trafficata Strasse am Juliusturm. Piccole case, alcune delle quali molto belle, metà in mattoni metà in legno, orlano questa rete di tranquille strade serpeggianti. La **Garnisonskirche** (Chiesa della Guarnigione), nota anche come Marienkirche, risale al 1848, ma fu distrutta durante la seconda guerra mondiale e venne ricostruita nel 1964. Più a ovest si erge un tratto lungo 78 m di ciò che resta delle **mura cittadine** medievali.

LUFTWAFFENMUSEUM

☎ 3687 2604; www.luftwaffenmuseum.de; Flugplatz Gatow, Gross Glienicker Weg; ingresso gratuito; 🕑 9-17 da martedì a domenica, ultimo ingresso alle 16; U-Bahn Rathaus Spandau, poi autobus n. 134 fino a Gross Glienicker Weg, quindi autobus n. 334 fino al Luftwaffenmuseum

Circa 9 km a sud di Altstadt Spandau, il Museo dell'Aviazione Tedesca occupa il terreno dell'ex aeroporto militare di Berlino-Gatow. Costruito nel 1934-35 come accademia aeronautica nazista, finì sotto il controllo degli inglesi dopo la guerra ed ebbe un ruolo importante all'epoca del ponte aereo (v. lettura, p69). Quando gli Army Air Corps se ne andarono, nel 1994, la Bundes-

I top two dei distretti occidentali

- Improvvisarsi dame e cavalieri tra gli imponenti bastioni della **Zitadelle Spandau** (p140).
- Un'occhiata ai piani militari della Germania Ovest, degli Alleati, dei sovietici e della RDT al **Luftwaffenmuseum** (sopra).

wehr ne assunse la gestione, trasformando gran parte dell'aeroporto in un museo.

Un vecchio hangar ospita il corpo centrale della mostra, che riassume l'evoluzione della Luftwaffe dagli inizi fino a oggi. Altre sale sono incentrate sulla storia dell'aeroporto stesso oppure ospitano mostre temporanee a tema. Nella vicina torre sono esposte uniformi e altri cimeli.

I patiti di aerei saranno impegnati per tutta la giornata, visto che sono oltre 100 i velivoli di tutte le epoche e provenienti da vari paesi esposti nell'hangar e sulle piste. Biplani della prima guerra mondiale, un MiG-21 di fabbricazione russa, il Messerschmidt ME-163 Komet e un Antonov An-14 usati dall'aviazione della RDT sono solo alcuni dei pezzi forti.

NIKOLAIKIRCHE Cartina p139

☎ 333 5639; Reformationsplatz; ingresso gratuito, torre €1; ☼ 10-16 mercoledì, 10-17 giovedì, 14-18 venerdì, 11-15 sabato, 14-16 domenica; U-Bahn Altstadt Spandau

La graziosa Nikolaikirche (Chiesa di San Nicola), nel cuore dell'Altstadt, ebbe un ruolo cruciale durante la Riforma. Nel 1539, ospitò il primo servizio liturgico protestante nel Brandeburgo, il cui governante, l'Elettore Gioacchino II, aveva abbracciato quella fede. La statua in bronzo all'esterno della chiesa raffigura appunto Gioacchino II.

La prima menzione della Nikolaikirche è contenuta in un documento del 1240, ma la struttura odierna è del XV secolo. I muri della torre ovest, che fungeva anche da fortezza e

L'ultimo prigioniero

Al di fuori della Germania, Spandau è nota soprattutto per la prigione in cui gli Alleati rinchiusero i criminali di guerra e dove finirono molti dei nazisti condannati al processo di Norimberga. Fu progettata per essere una prigione 'di frontiera', amministrata da tutte e quattro le potenze alleate che si ripartivano i compiti a rotazione con cadenza mensile. Una bandiera indicava quale fosse il paese cui toccava la responsabilità. A dispetto di una prassi tanto complicata, il carcere di Spandau ebbe soltanto sette ospiti, tra i quali Karl Dönitz, Albert Speer e Rudolf Hess. Dopo la liberazione di Speer, nel 1966, Hess rimase l'unico prigioniero (morì nel 1987 all'età di 91 anni). Per scongiurare il pericolo che diventasse un tempio neonazista l'edificio venne demolito subito dopo la morte del più longevo dei gerarchi.

torre di guardia, sono spessi circa 3 m. Durante i weekend vengono saltuariamente organizzate visite guidate gratuite alla torre: si può arrivare fino in cima, da cui si gode di uno splendido panorama.

La chiesa vera e propria ha la pianta gotica a tre navate ed è ricca di importanti tesori tra cui il **fonte battesimale** in bronzo (1398) e il **pulpito barocco** (1714). Il suo orgoglio, però, è l'**altare** tardo-rinascimentale (1582) il cui pannello centrale ritrae l'ultima cena. Durante la seconda guerra mondiale un Muro che era stato eretto attorno all'altare lo protese dai bombardamenti del 1944.

ZITADELLE SPANDAU Cartina p139

☎ 354 944 200; www.zitadelle-spandau.de; Strasse am Juliusturm; interi/ridotti €2,50/1,50, compresi museo e torre; ☼ 9-17 da martedì a venerdì, 10-17 sabato e domenica; U-Bahn Zitadelle

La Zitadelle Spandau (Cittadella di Spandau, 1594), situata su un'isoletta del fiume Havel, è una delle fortezze rinascimentali più importanti e meglio conservate del mondo. Un fossato la protegge su tre lati, mentre il quarto affaccia sul fiume.

La sua pianta è da manuale: una piazza con gli angoli protetti da un bastione a forma di freccia. Il suo profilo si apprezza al meglio d'inverno quando lo si può scorgere attraverso i rami spogli degli alberi del parco circostante.

Il suo elemento caratteristico principale – e il più antico – è la Juliusturm del XIII secolo, la torre merlata che si trova al suo angolo sud-occidentale. Ci si può salire per godere di una bella vista sui fiumi Havel e Sprea e sull'Altstadt. Dal 1873 al 1919 nella torre venne conservato, in parte, il 'tesoro imperiale di guerra', cioè il risarcimento che la Francia dovette pagare alla Prussia dopo aver perso la guerra del 1870–81.

I patiti di storia che desiderino saperne di più su Spandau dovrebbero fare un salto al **Stadtgeschichtliches Museum Spandau** (Museo Storico della Città di Spandau), nella Nuova Armeria. La fortezza ospita anche numerosi studi di artisti e laboratori creativi. Due gallerie, una nel **Bastion Kronprinz**, l'altra nel **Palas** (ex ala residenziale), ospitano mostre temporanee tutto l'anno.

La cittadella è anche molto gradita ai **pipistrelli**, migliaia dei quali trascorrono il gelido inverno berlinese nelle sue catacombe. La Berliner Artenschutz Team, un'organizzazione che protegge le specie in pericolo, organizza visite guidate in estate. È necessario prenotare (☎ 3675 0061).

DISTRETTI MERIDIONALI

KÖPENICK

All'estremità sud-orientale di Berlino, Köpenick è stata accorpata amministrativamente con Treptow (p145) nel 2001. Lussureggianti foreste e suggestive laghi occupano quasi i due terzi del suo territorio. A Köpenick si trova il più grande lago, (Müggelsee), la più grande foresta (Köpenicker Stadtforst) e l'altura naturale più elevata (Müggelberge, 115 m) di Berlino.

Svariate sono poi le opportunità di andare in barca, nuotare e praticare vela, windsurf, canottaggio ed escursionismo.

Köpenick, il terzo insediamento medievale della zona dopo Spandau e Berlino, ottenne lo status di città nel 1232, trent'anni prima di Berlino, dalla quale venne inglobata solo nel 1920. Gli appassionati di architettura troveranno molto interessanti l'Altstadt, interamente tutelata, il palazzo barocco e l'antico villaggio di pescatori di Kietz.

Facilmente raggiungibile con la S3 da tutte le maggiori stazioni centrali della S-Bahn di Berlino, Köpenick costituisce un'ottima meta per una pausa dal caos della grande città. Per ulteriori informazioni passate all'**ufficio turistico** (☎ 6548 4340; www.berlin-tourismus-online.de; Alt-Köpenick 34; ☻ 9-18 da lunedì a venerdì). Alle 10 di ogni sabato partono le visite guidate alla Altstadt, della durata di un'ora (€5).

Orientamento

L'Altstadt di Köpenick si trova presso la convergenza dei fiumi Sprea, Dahme e Müggelspree, circa 1,5 km a sud della stazione della S-Bahn Köpenick lungo Bahnhofstrasse e Lindenstrasse, ed è servita dai tram n. 62 e 68. Schloss Köpenick è poco distante, su un'isoletta del fiume Dahme, e il villaggio di pescatori di Kietz è visibile dalla sponda guardando verso est. Friedrichshagen e il Müggelsee distano circa 3,5 km dalla Altstadt, in direzione est.

> ## Trasporti
>
> **Autobus** A Neukölln, il n.171 serve Gropiusstadt da Hermannplatz; il n.104 Treptow da Charlottenburg, Schöneberg e Kreuzberg; a Zehlendorf n.115 lungo Clayallee, n. 116 per Schloss Glienicke, n. 218 per Pfaueninsel.
>
> **S-Bahn** Linea S3 per Köpenick; S8, S9, S41, S42 per Treptow; S1 per Zehlendorf.
>
> **Tram** Dalla stazione della S-Bahn Köpenick: n. 62 e 68 per Altstadt, n. 60 e 61 per Müggelsee; il n. 62 prosegue per Mahlsdorf.
>
> **U-Bahn** Linea U7 per Neukölln, U1 per Zehlendorf.

Distretti – Distretti meridionali

ALTSTADT

Rathaus: ☎ 6172 3351; Alt-Köpenick 21; ingresso gratuito; ☻ 8-18 da lunedì a venerdì, 10-18 sabato; S-Bahn Köpenick, poi tram 62, 68

Gran parte dell'Altstadt di Köpenick è stata restaurata di recente, ma molte delle sue antiche strade acciottolate seguono ancora la pianta medievale originale. La via più vecchia è Böttcherstrasse, ma la maggior parte delle case storiche si trova lungo Strasse Alt-Köpenick, che è fiancheggiata da begli edifici del XVIII secolo di recente restaurati.

Sulla stessa strada si trova anche il **Rathaus** (1904, municipio), una fantasiosa costruzione neogotica in mattoni rossi con varie torrette e una torre alta 54 m. Da notare anche la facciata con gli abbaini, tipica dell'architettura del nord della Germania. Una statua del leggendario Hauptmann von Köpenick sta di guardia all'entrata principale e una piccola mostra che lo riguarda è allestita all'interno. Più a sud, Alt-Köpenick conduce allo Schloss (p143).

GEDENKSTÄTTE KÖPENICKER BLUTWOCHE

☎ 657 1467; Puchanstrasse 12; ingresso gratuito; ☻ 10-16.30 martedì e mercoledì, 10-18 giovedì, 14-18 sabato; S-Bahn Köpenick

All'inizio del XX secolo Köpenick era una tradizionale roccaforte dei comunisti e dei socialdemocratici. Quando Hitler salì al potere i lavoratori del posto innalzarono per sfida la bandiera rossa. I nazisti, naturalmente, non lasciarono impunita tale provocazione. Nella settimana dal 21 al 26 giugno 1933, centinaia di lavoratori vennero arrestati e torturati e circa 90 di essi vennero

Rathaus, Köpenick (p141)

uccisi: il più giovane aveva appena 18 anni, il più vecchio 65. Molti altri morirono poi in seguito alle ferite. Tali atrocità vengono ricordate come *Köpenicker Blutwoche* (Settimana di sangue di Köpenick). Gran parte delle violenze vennero inflitte nella prigione dell'**Amtsgericht Köpenick** (Palazzo di Giustizia di Köpenick), che oggi ospita una piccola mostra commemorativa, compresa la ricostruzione di una cella. Un **monumento** dell'epoca della RDT (1969), che mostra un pugno chiuso sollevato nel tipico stile del socialismo reale, rende onore alle vittime della Blutwoche; si trova in Platz des 23 April, situata poco più a sud. Il pugno chiuso, però, ha innescato molte discussioni in seno al governo locale, alcuni membri del quale ne chiedevano la rimozione. Alla fine del 2003 è stato infine deciso di conservare il pugno chiuso, ma di ridisegnare il monumento in modo da renderlo meno enfatico. La piazza, per inciso, commemora la data del 1945, anno in cui l'Armata Rossa arrivò a Köpenick.

GROSSER MÜGGELSEE E DINTORNI
Stern und Kreis Schiffahrt ☎ 536 3600; S-Bahn Friedrichshagen, poi tram 60, 61

Il Müggelsee viene chiamato appropriatamente 'Grosser' (grande): con i suoi 4 km di lunghezza e 2,5 km di larghezza è il lago più grande di Berlino. **Friedrichshagen**, il sobborgo che si trova sulla sua sponda settentrionale, risale al 1753, quando Federico il Grande ordinò a 100 famiglie boeme di stabilirsi in questa zona per coltivare alberi di gelso per nutrire i bachi da seta. Alla fine del XIX secolo vi si riuniva anche un circolo letterario del quale faceva parte, tra gli altri, Gerhart Hauptmann.

Da maggio a ottobre diverse imbarcazioni della Stern und Kreis Schiffahrt partono dai moli d'attracco, situati nel punto in cui la Sprea si immette nel lago, e compiono il tragitto di mezz'ora fino alla sponda meridionale coperta di boschi e ricca di sentieri.

D'estate si può nuotare nel lago presso alcuni stabilimenti balneari: **Seebad Friedrichshagen**, a est dell'imbarcadero sulla sponda settentrionale, e **Strandbad Müggelsee** sulla sponda orientale nel villaggio medievale di pescatori di Rahnsdorf.

GRÜNAUER WASSERSPORTMUSEUM
☎ 674 4002; Regattastrasse 191; ingresso gratuito; ☾ 14-16.30 sabato; S-Bahn Grünau, poi tram 68 per Wassersportallee

Il Museo degli Sport acquatici si trova nel sobborgo di Köpenick chiamato **Grünau**, una bella colonia fondata nel 1749 sulla riva occidentale del fiume Dahme, circa 4 km a sud della Altstadt. Questo tratto del fiume, chiamato **Langer See**, è il luogo in cui si svolsero le regate olimpiche nel 1936, uno dei temi principali della mostra del museo. Con la sua variegata collezione di bandiere, medaglie, abiti, articoli di giornali, fotografie, imbarcazioni e relativi accessori, il museo racconta in generale la storia degli sport acquatici nella regione.

I top five dei distretti meridionali

- Il fascino romantico e l'incanto della **Pfaueninsel** (p150).
- Uno sguardo in profondità all'animo russo presso il **Monumento Sovietico ai Caduti** (p146).
- Capire come gli alleati si trasformarono da occupanti in amici visitando il **Museo Alleato** (p147).
- Un viaggio nello spazio e nel tempo al **Museen Dahlem** (p149).
- Una fuga dal traffico cittadino trascorrendo una giornata presso il più grande lago di Berlino, il **Müggelsee** (p142).

HEIMATMUSEUM KÖPENICK

☎ 6172 3351; www.heimatmuseum-koepenick.de; Alter Markt 1; ingresso gratuito; ⏰ 10-16 martedì e mercoledì, 10-18 giovedì, 14-18 sabato; S-Bahn Köpenick, poi tram 62, 68

Lo Heimatmuseum Köpenick, nella parte est della Altstadt, occupa una casa del XVII secolo, metà di mattoni e metà di legno, che ha retto nel tempo in modo sorprendente. Il museo scandisce i momenti importanti della storia della città e mette anche in mostra reperti archeologici portati recentemente alla luce in occasione di lavori di costruzione.

KIETZ

Wäschereimuseum: ☎ 651 6424; www.omas -waschkueche.de; Luisenstrasse 23; visite guidate interi/ ridotti €1,60/0,60; ⏰ visite guidate 15-18 solo il primo venerdì del mese; S-Bahn Köpenick, poi tram 62

Pochi passi a sud-est della Altstadt, sulla riva occidentale del fiume Dahme, Kietz è il tradizionale villaggio di pescatori di Köpenick che ha origini medievali.

Le sue piccole vie sono fiancheggiate da case ben restaurate ma modeste dove fino al XVIII secolo vivevano i pescatori.

Kietz ospita, unico nel suo genere, il **Wäschereimuseum** (Museo della Lavanderia) che ricorda il periodo all'inizio del XX secolo quando Köpenick era considerata la lavanderia di Berlino, con oltre 400 imprese del settore attive nel 1914. L'eclettica collezione del museo comprende tavole per lavare, ferri da stiro a gas, antichi mangani e lavatrici a vapore.

Le visite guidate (in tedesco) sono improntate al buon umore e alle battute di spirito, ma purtroppo hanno luogo solo una volta al mese (o su prenotazione per gruppi di minimo sei persone).

SCHLOSS KÖPENICK (SMB)

☎ 266 2951; www.smpk.de; Schlossinsel; interi/ridotti €6/3, minori di 16 anni gratuito, gratuito per tutti le ultime quattro ore di giovedì, consente l'ingresso per la stessa giornata a Gemäldegalerie, Kupferstichkabinett, Neue Nationalgalerie, Hamburger Bahnhof,

Schloss Köpenick

Musikinstrumenten-Museum e Kunstgewerbemuseum al Kulturforum; ⏰ 10-18 da martedì a venerdì, 11-18 sabato e domenica; S-Bahn Köpenick, poi tram 62, 68

Il semplice ma grazioso Palazzo di Köpenick, eretto in stile barocco olandese tra il 1677 e il 1682, sorge sulla Schlossinsel, un'isola sul fiume Dahme. Era la residenza di Federico III, il futuro re Federico I, e prima di diventare un museo, nel 1963, fu adibito per alcuni periodi a prigione e a seminario.

Dal 1990 è una sede distaccata del Kunstgewerbemuseum (Museo di Arti Applicate) presso il Kulturforum (p106). Dopo un restauro durato anni ha riaperto i battenti nel maggio del 2004 con una mostra che accompagna i visitatori in un viaggio nel design domestico attraverso tre secoli e vari stili, dal Rinascimento al barocco al rococò. Tra gli oggetti in mostra figurano mobili, arazzi, carta da parati in pelle, porcellane, argenteria e vetri.

Da non perdere la **Wappensaal** (Sala delle Armature), una sala restaurata, al secondo piano, decorata in modo pesante. Fu proprio qui che, nel 1730, si riunì una corte militare che emise una discutibile sentenza contro due soldati accusati entrambi di diserzione. Il verdetto? La ghigliottina per il capitano Hans e il trono per il capitano Friedrich, che aveva *solo* la fortuna di essere il figlio del re Federico Guglielmo I!

NEUKÖLLN

Neukölln, il distretto più popolato di Berlino, ha due personalità. La parte nord, al confine con Kreuzberg, è sempre stata una roccaforte del proletariato e continua a essere abitata dai berlinesi meno abbienti e dagli immigrati.

La sua arteria principale, Karl-Marx-Strasse, è una strada trafficata frequentata da personaggi male in arnese e fiancheggiata da negozi di merce d'importazione di basso prezzo e da grandi magazzini di modesta qualità.

I sobborghi meridionali di Britz, Buckow e Rudow, al contrario, hanno conservato il tranquillo carattere della piccola città, con viali alberati, casette singole e una popolazione per lo più appartenente alla classe media. Fa eccezione Gropiusstadt, un massiccio complesso abitativo di appartamenti sorto per l'urgenza di costruire abitazioni a Berlino Ovest dopo la costruzione del Muro.

Orientamento

La parte nord di Neukölln è sostanzialmente il proseguimento della 'Little Istanbul' di Kreuzberg, con Hermannplatz al centro. A sud-ovest di essa si trova il Volkspark Hasenheide, una grande distesa di verde ideale per i picnic e i barbecue. Karl-Marx-Strasse, l'arteria principale, si diparte da qui in direzione sud e cambia nome un paio di volte prima di arrivare ai grattacieli di Gropiusstadt dopo circa 4,5 km. A nord-est si trova il sobborgo molto più a misura d'uomo di Britz.

GROPIUSSTADT

U-Bahn Johannisthaler Chaussee, Lipschitzallee, Wutzkyallee, Zwickauer Damm

Gropiusstadt, nella zona sud di Neukölln, è uno dei più grandi complessi nati a Berlino Ovest dopo la seconda guerra mondiale. Costruito tra il 1963 e il 1973, è una giungla di vetro e cemento con 17.000 appartamenti per 50.000 persone. Il guru dello stile Bauhaus Walter Gropius immaginò una città modello con molte zone verdi e spazi aperti, ma poi ci fu la costruzione del Muro e con essa la necessità di creare immediatamente nuove abitazioni.

Quando il Senato di Berlino approvò i progetti, Gropius stentò a riconoscerli. La sua comunità ricca di vie pedonali, zone verdi, spazi aperti e costruzioni alte fino a quattro piani al massimo era diventata una foresta di grattacieli – alcuni anche di 31 piani – talmente vicini gli uni agli altri che gli abitanti avrebbero potuto vedere i vicini che si lavavano i denti.

Non c'è niente di veramente interessante qui per i visitatori, ma se volete farvi un'idea del posto scendete a una qualsiasi delle quattro stazioni della U-Bahn a sud di Johannisthaler Chaussee con il suo famoso centro commerciale Gropius Passagen.

HUFEISENSIEDLUNG

Lowise-Reuter-Ring; U-Bahn Parchimer Allee, poi 250 m in direzione nord

Una ghiottoneria per gli appassionati di architettura moderna, la Colonia a Ferro di Cavallo è una innovativa comunità abitativa della fine degli anni '20 nel sobborgo meridionale di Neukölln Britz. Gli architetti che la progettarono, Bruno Taut e Martin Wagner, furono tra i primi a compiere ciò che sembrava impossibile: umanizzare i complessi abitativi ad alta densità. Blocchi individuali alti tre piani sono disposti a ferro di cavallo attorno a un parco sapientemente

disegnato, che comprende anche un laghetto. I circa 1000 appartamenti sono piccoli, ma tutti hanno terrazzini che si affacciano sul parco e ogni sezione ha il suo piccolo orto. Il tutto appare pulito, lindo e abbastanza bello.

Date un'occhiata anche alla strada chiamata **Hüsung** poco più a ovest del Lowise-Reuter-Ring. Vi troverete file ininterrotte di casette unifamiliari a due piani che seguono l'andamento romboidale della strada.

I giardinetti sul davanti sono separati dalla strada da siepi tutte alla stessa altezza; gli alberi sono stati piantati a distanza regolare di 10 m l'uno dall'altro. La sorprendente simmetria e omogeneità di questo complesso è un po' opprimente ma allo stesso tempo interessante dal punto di vista visivo.

PUPPENTHEATER-MUSEUM BERLIN

Cartina pp348-9

☎ 687 8132; www.puppentheater-museum.de; Karl-Marx-Strasse 135, edificio posteriore; adulti/bambini €2,60/2,10; ◷ 9-16 da lunedì a venerdì, 11-17 domenica; spettacoli €5; U-Bahn Karl-Marx-Strasse

Fantastico e diversivo, non solo per i bambini, il Museo del Teatro dei Burattini vi trasporterà in un mondo di fantasia abitato da un cast internazionale di burattini, marionette, personaggi del teatro delle ombre, statuette di legno e bambole di qualsiasi tipo, draghi e diavoli. Molti di loro appaiono in regolari spettacoli rivolti sia ai bambini sia agli adulti.

SCHLOSS BRITZ

☎ 6097 9230; www.schloss-britz.de; Alt-Britz 73; interi/ridotti €2/1; ◷ visite guidate 14-17.30 mercoledì, parco 9-tramonto; U-Bahn Parchimer Allee, poi circa 500 m in direzione ovest

Non un vero e proprio palazzo, ma una grande tenuta residenziale: Schloss Britz è diventato un punto centrale per la cultura di questa parte della città.

Ospita frequentemente mostre e concerti nelle sue storiche stanze, nelle ex scuderie e nel parco. Le visite guidate all'interno permettono di farsi un'idea dello stile di vita di una famiglia benestante della fine del XIX secolo. Se il tempo è bello, il parco è un buon posto dove rilassarsi con una passeggiata o un picnic.

La tenuta risale al XVI secolo e per centinaia di anni è stata la residenza della famiglia Britzke. Ha subito numerosi interventi di restauro e, in seguito a quello del 1880, ha assunto un aspetto da Rinascimento francese.

Dopo la seconda guerra mondiale fu adibita a orfanotrofio, ma un approfondito restauro cui è stata sottoposta intorno al 1980 le ha conferito un'eleganza ottocentesca.

TREPTOW

Treptow, che si estende parallela alla sponda occidentale della Sprea, è per molti sinonimo di Treptower Park, una vasta area ricreativa che prosegue più a sud nel Plänterwald. È una deliziosa area verde – con molti alberi, sentieri ombreggiati e prati ideali per i picnic – dove sorge una delle principali attrattive per i turisti, il Monumento Sovietico ai Caduti. Le imbarcazioni della Stern und Kreis (p80) salpano dai moli d'attracco sulla Sprea e nei weekend si svolge, in un vecchio magazzino, un popolare mercato delle pulci (p227).

Ex zona manifatturiera, Treptow punta ora sull'high-tech. Produzioni televisive e cinematografiche hanno rilevato i vecchi studi televisivi della RDT nel sobborgo meridionale di Adlershof, che ospita anche un buon centro scientifico e tecnologico.

Più a nord, dove il Landwehrkanal incontra la Sprea, il Treptowers è un nuovo complesso di uffici che ospita, tra l'altro, la Torre Allianz, che con i suoi 30 piani è la struttura più alta di Berlino.

L'artista americano Jonathan Borowsky ha disegnato la svettante Molecule Man, una scultura che sembra galleggiare sul fiume. Essa mostra i contorni di tre corpi abbracciati, un simbolo dell'unione dei tre distretti di Kreuzberg, Friedrichshain e Treptow.

Orientamento

La vasta distesa del Treptower Park e del Plänterwald domina la parte nord di Treptow. I terreni alberati si estendono verso sud per parecchi chilometri, oltrepassando il Monumento Sovietico ai Caduti e l'Osservatorio Archenhold. Costeggiando la Sprea si oltrepassano il Treptowers, il ristorante tradizionale Zenner e la Insel der Jugend (Isola della Gioventù), collegata alla terraferma da un ponticello. Adlershof si trova circa 6,5 km a sud della stazione della S-Bahn Treptower Park.

ANNA SEGHERS GEDENKSTÄTTE

☎ 677 4725; Anna-Seghers-Strasse 81; interi/ridotti €2/1; ☾ 10-16 martedì e mercoledì, 10-16 giovedì; S-Bahn Adlershof

Chi ama la scrittrice Anna Seghers (1900–83) sarà interessato a visitare la piccola mostra a lei dedicata in quello che era il suo appartamento.

Lo stretto soggiorno e l'ufficio con la sua preziosa biblioteca sono ancora lì a documentare la sua vita e il suo lavoro. Comunista impegnata, la Seghers (il cui vero nome era Netty Radvanyi, nata Reiling) trascorse gli anni della seconda guerra mondiale in Messico, per poi scegliere di andare a vivere a Berlino Est al ritorno dall'esilio.

La sua opera più famosa è *Das siebte Kreuz* (1941), un resoconto agghiacciante degli orrori del regime nazista.

ARCHENHOLD-STERNWARTE

☎ 534 8080; www.astw.de; Alt-Treptow 1; museo interi/ridotti €2,50/2, visite guidate €4/2; ☾ 14-16.30 da mercoledì a domenica, visite guidate ☾ 20 giovedì, 15 sabato e domenica; S-Bahn Plänterwald

L'osservatorio astronomico più vecchio della Germania, nell'angolo sud-occidentale di Treptower Park, è noto per essere il luogo dove Albert Einstein illustrò per la prima volta la sua teoria della relatività, nel 1915. Ma ciò che veramente rende famoso l'osservatorio è il **telescopio di rifrazione** che con i suoi 21 m è il più lungo del mondo. Costruito nel 1896 dall'astronomo Friedrich Simon Archenhold (1861–1939) per una dimostrazione, ebbe un tale successo che gli venne dedicato uno spazio permanente, che diventò poi l'osservatorio. Il telescopio rimane ancora oggi una grande attrazione, specialmente il secondo venerdì del mese, quando viene aperto agli astronomi dilettanti (tempo permettendo). Le mostre allestite nell'atrio riguardano temi astronomici e la storia dell'osservatorio.

GRENZWACHTURM Cartina pp348-9
Schlesischen Busch, angolo Pushkinallee e Schlesische Strasse; U-Bahn Schlesisches Tor

Questa è l'unica torre di guardia di confine originale della RDT sopravvissuta alla caduta del Muro: è stata conservata come monumento alla memoria. Il piccolo parco che la circonda era parte della zona di confine interdetta ai berlinesi.

SOWJETISCHES EHRENMAL Cartina pp340-1
Treptower Park; ingresso gratuito; ⏱ 24 ore; S-Bahn Treptower Park

Il principale punto di interesse di Treptow è il grande Monumento Sovietico ai Caduti (1949) che si trova proprio nel cuore di Treptower Park. Si tratta di un complesso gigantesco che testimonia sia l'immenso numero dei caduti della seconda guerra mondiale, sia la tronfia autocelebrazione del regime stalinista.

Circa 5000 soldati che caddero nella battaglia di Berlino sono sepolti sotto il monumento. Un'epica statua della Madre Russia che piange i propri figli morti è il primo particolare che i visitatori notano avvicinandosi al monumento.

Due muri imponenti con alcuni soldati inginocchiati fiancheggiano l'entrata principale: si suppone che il marmo rosso utilizzato per la loro costruzione sia stato ricavato dalle rovine della cancelleria di Hitler. Da qui si accede a un ampio piazzale orlato di sarcofagi che rappresentano le allora 16 repubbliche sovietiche. Le figure in rilievo propongono scene di guerra e riportano citazioni di Stalin (in russo e in tedesco).

All'estremità, sopra una collinetta, c'è un mausoleo con una statua, alta 13 m, che raffigura un soldato russo nell'atto di afferrare un bambino, con la sua grande spada appoggiata sopra una svastica strappata. Il mosaico del plinto, in stile realista-socialista, mostra alcuni russi – lavoratori, contadini e appartenenti ad alcune minoranze dell'Asia centrale – che rendono onore ai caduti.

Per arrivare al monumento dalla stazione della S-Bahn dirigetevi verso sud per circa 750 m lungo Puschkinallee, poi entrate nel parco dal cancello di pietra.

Sowjetisches Ehrenmal

ZEHLENDORF

Zehlendorf è uno dei distretti più verdi di Berlino (solo Köpenick lo supera), essendo la metà circa del suo territorio coperta di foreste, fiumi e laghi. Gli eleganti sobborghi di Dahlem e Wannsee, ricchi di ville e tenute, conferiscono a Zehlendorf un particolare aspetto da piccola città.

Il distretto ha molto da offrire sia ai visitatori sia alla gente del posto. La metà inferiore della foresta del Grunewald e il lago di Wannsee sono zone splendide per le attività all'aria aperta, mentre numerosi musei offrono interessanti stimoli intellettuali. Un paio di palazzi, importanti siti storici, un'università e gradevoli giardini contribuiscono ad aumentare il fascino di questa zona.

Orientamento

Zehlendorf è un grande distretto, ma la maggior parte dei punti di interesse, compresi vari musei e l'Orto Botanico, è concentrata nel sobborgo settentrionale di Dahlem, che confina con Wilmersdorf a nord e abbraccia anche le propaggini sud-orientali della foresta del Grunewald. Nell'angolo sud-occidentale, vicino al confine con Potsdam, si trovano il sobborgo di Wannsee, proprio sull'Havel, e il lago con lo stesso nome, la cui maggiore attrazione è la Pfaueninsel.

ALLIIERTEN MUSEUM

☎ 818 1990; www.alliiertenmuseum.de; Clayallee 135; ingresso gratuito; ⏰ 10-18 da giovedì a martedì; U-Bahn Oskar-Helene-Heim, poi un autobus qualsiasi o una passeggiata di 10 minuti in direzione nord lungo Clayallee

L'Alliierten Museum (Museo degli Alleati) documenta la storia e le sfide affrontate dagli Alleati occidentali a Berlino dopo la seconda guerra mondiale e durante la Guerra Fredda. I pezzi sono esposti in ordine cronologico in due edifici e nel cortile centrale. Iniziate la visita dal **cinema** per le truppe americane, dove l'attenzione è focalizzata sul ponte aereo del 1948 (v. lettura, p69). Procedete quindi con gli anni della Guerra Fredda, presentati in tutta la loro drammaticità nella vicina **Nicholson Memorial Library**. Interessante è la ricostruzione parziale del Berlin Spy Tunnel, costruito nel 1953–54 dai servizi di intelligence americani e inglesi per introdursi nel sistema telefonico centrale sovietico. Largo 2 m e lungo 450 m, permise di registrare mezzo milione di telefonate tra il maggio del 1955 e il 1956, fino a quando un agente doppiogiochista non informò i sovietici. Il museo termina con una panoramica degli eventi che portarono al crollo del comunismo e alla caduta del Muro.

Alcuni degli oggetti più interessanti si trovano nel cortile del museo. Tra essi figurano la guardiola originale del Checkpoint Charlie, un aeroplano 'Hastings' utilizzato per il ponte aereo, il vagone ristorante di un treno militare francese, una piccola sezione del Muro e una torre di guardia della RDT. Tutti i pannelli esplicativi sono in tedesco, inglese e francese. Ci sono buone strutture per i disabili.

BOTANISCHER GARTEN E MUSEUM

☎ 8385 0100, 8385 0027 per messaggio registrato (in tedesco); www.bgbm.org; Königin-Luise-Strasse 6-8, entrata da Unter den Eichen o Königin-Luise-Platz; interi/ridotti giardini e museo €5/2,50, solo museo €2/1; ⏰ giardino 9-tramonto, ultimo ingresso ⏰ 21; museo 10-18; S-Bahn Botanischer Garten

L'incredibile Orto Botanico di Berlino è una sinfonia di profumi e di colori. Inaugurato più di cent'anni fa, vanta oltre 22.000 specie di piante provenienti da tutto il mondo splendidamente disposte su 43 ettari di terreno. Da non perdere l'ampio laghetto circondato da piante acquatiche e le 16 serre traboccanti di orchidee, bambù, cactus e altre piante esotiche. I visitatori non vedenti possono visitare uno speciale giardino tattile e olfattivo. Vicino all'entrata di Königin-Luise-Platz, il **Botanisches Museum** (Museo Botanico) fa da complemento al giardino fornendo informazioni scientifiche sulle piante.

Sia il giardino sia il museo dipendono dalla **Freie Universität Berlin** (in questa pagina).

I top five per evadere dalla città

- Botanischer Garten (p147)
- Müggelsee (p142)
- Pfaueninsel (p150)
- Potsdam (p264)
- Tiergarten Park (p104)

BRÜCKE MUSEUM

☎ 831 2029; www.bruecke-museum.de; Bussard-steig 9; interi/ridotti €4/2; ⏰ 11-17 da mercoledì a lunedì; U-Bahn Oskar-Helene-Heim, poi autobus n. 115 per Pücklerstrasse

Nel 1905 Karl Schmidt-Rottluff, Erich Heckel e Ernst Ludwig Kirchner fondarono un gruppo artistico che si proponeva di rompere con le tradizionali convenzioni che venivano insegnate nelle accademie d'arte. Battezzato Die Brücke (Il Ponte, 1905–13), il gruppo accolse ben presto anche artisti di rilievo come Emil Nolde e Max Pechstein, e iniziò a studiare un nuovo approccio artistico di rottura che aprì la strada all'espressionismo tedesco.

Le forme e le figure che tendono all'astratto – senza tuttavia arrivarci mai – i colori vivaci e ricchi di emozione e una insolita prospettiva caratterizzano lo stile di Die Brücke. I nazisti, naturalmente, considerarono queste opere sovversive e ne distrussero gran parte. Fortunatamente alcune di esse sono sopravvissute, tra cui circa 400 dipinti e migliaia di schizzi e acquerelli di tutti i maggiori esponenti del gruppo, con i quali vengono allestite le mostre temporanee di questo museo. Si trova in un elegante edificio in stile Bauhaus, progettato nel 1967 da Werner Düttmann, ai margini orientali della foresta del Grunewald.

FREIE UNIVERSITÄT BERLIN

☎ 8381; www.fu-berlin.de; Kaiserwerther Strasse 16-18 (amministrazione), Garystrasse 35-39 (Henry-Ford-Bau); U-Bahn Dahlem-Dorf, Thielplatz

La Libera Università è la più grande e giovane istituzione del sistema educativo di Berlino. Fu fondata nel 1948 in reazione alle sempre maggiori restrizioni imposte alla libertà accademica presso l'Università Humboldt nel settore sovietico. Gli studenti e gli insegnanti venivano

Distretti – Distretti meridionali

forzati in misura sempre maggiore ad adottare una visione del mondo marxista-leninista. Coloro che si opponevano rischiavano l'espulsione, se non addirittura l'arresto. Con il consenso del comandante delle forze americane Lucius Clay, una 'libera' università iniziò a tenere lezioni nella primavera del 1949, inizialmente nelle ville in disuso di Dahlem, poi nella sua prima struttura permanente, donata nel 1955 dalla Fondazione Henry Ford. Oggi il campus comprende oltre 200 edifici sparsi per tutto il territorio di Dahlem.

La nuova università, con mentalità riformista e libertà di pensiero, rifiutò molti elementi dell'antiquato sistema educativo tedesco. Ebbe uno dei primi consigli studenteschi del paese e abolì le organizzazioni reazionarie come le vecchie confraternite goliardiche i cui membri ancora si sfidavano a duello. Negli anni '60 ebbe un ruolo guida nel movimento studentesco che innescò contestazioni non solo in ambito accademico ma anche nel campo delle riforme politiche (p73).

FREILICHTMUSEUM DOMÄNE DAHLEM

☎ 666 3000; www.domaene-dahlem.de; Königin-Luise-Strasse 49; interi/ridotti €2/1, gratuito mercoledì e per i minori di 14 anni; ☽ 10-18 da mercoledì a lunedì; U-Bahn Dahlem-Dorf

Meta favorita dei più piccoli, questa grande tenuta agricola, diventata un museo all'aria aperta, vi ricondurrà al tempo della Berlino preindustriale. È un grande complesso storico annesso a una fattoria i cui prodotti biologici – verdura, uova, carne ecc. – vengono venduti in un piccolo spaccio all'interno. La mostra principale occupa un maniero restaurato del 1560, uno dei più vecchi edifici di Berlino, ed è dedicata alla storia dell'agricoltura in questa regione, ai manufatti rurali e all'apicoltura. Troverete anche laboratori dove alcuni volontari offrono dimostrazioni di filatura, tessitura, lavorazione della terracotta, restauro di mobili e altri antichi mestieri. Il mercoledì dalle 12 alle 18 e il sabato dalle 8 alle 13 si tiene un mercato dei suddetti prodotti biologici. Il museo ospita anche festival molto apprezzati. Controllate sul sito o telefonate per informazioni sulle manifestazioni in programma.

GLIENICKER BRÜCKE

www.glienicker-bruecke.de; S-Bahn Wannsee, poi autobus n. 116

Questo ponte, lungo 125 m, attraversa il fiume Havel e congiunge Berlino con Potsdam. Ma il Ponte Glienicke è famoso in tutto il mondo soprattutto per essere il punto convenuto per gli scambi degli agenti segreti sovietici e americani durante la Guerra Fredda. Nonostante la sua fama e la grande rilevanza attribuitagli in molti romanzi e film di spionaggio, il ponte fu teatro di soli tre scambi: nel 1962, nel 1985 e nel 1986.

TOMBA DI HEINRICH VON KLEIST

Bismarckstrasse tra il n. 2 e il n. 4; S-Bahn Wannsee

Il poeta romantico Heinrich von Kleist (1777–1811) e la sua compagna Henriette Vogel (1780–1811) si suicidarono il 21 novembre 1811 lungo la sponda meridionale del Kleiner Wannsee, poco a sud del Wannseebrücke. La tomba di Kleist si trova su un'altura più o meno a metà tra la strada e il lago. Kleist, oggi una delle figure più apprezzate della letteratura tedesca, morì povero e rifiutato dalla sua famiglia, che avrebbe desiderato per lui la carriera militare. Henriette, sposata con un funzionario civile prussiano, era malata di cancro.

HAUS DER WANNSEE KONFERENZ

☎ 805 0010; www.ghwk.de; Am Grossen Wannsee 56-58; ingresso gratuito; ☽ 10-18 da lunedì a venerdì, 14-18 sabato e domenica; S-Bahn Wannsee, poi autobus n. 114

Nel gennaio del 1942 un gruppo di alti ufficiali nazisti si incontrò in una grande villa sul lago di Wannsee per discutere la cosiddetta 'soluzione finale', cioè il piano per deportare e annientare sistematicamente gli ebrei europei. Lo stesso edificio oggi ospita l'inquietante mostra commemorativa sulla Conferenza di Wannsee.

Si può accedere alla stanza dove avvenivano le discussioni, studiare i verbali (stesi da Adolf Eichmann) e osservare le foto dei gerarchi, molti dei quali poterono godersi una tranquilla vecchiaia. Le altre stanze narrano, in modo approfondito ed efficace, gli orrori che vennero perpetrati prima e durante la Shoà. Si possono chiedere in prestito opuscoli in inglese presso la biglietteria che vende anche libri sull'argomento.

JAGDSCHLOSS GLIENICKE

☎ 805 010; Königstrasse 36b; S-Bahn Wannsee, poi autobus n. 116

Come il nome stesso suggerisce, lo Jagdschloss era originariamente una palazzina di caccia, fatta costruire dal Grande Elettore nel 1684 e più tardi adibita a ospedale militare e persino a fabbrica di carta di pata di carta. Il principe Carlo, che viveva nel vicino **Schloss Glienicke** (p150), fece restaurare la costruzione in stile neobarocco francese nel 1859. Dal 1962 lo Jagdschloss è diventato un centro congressi.

JAGDSCHLOSS GRUNEWALD

☎ 969 4202, 813 3442; Hüttenweg 10; interi/ridotti €2/1,50; ⏱ 10-17 da martedì a domenica da metà maggio a metà ottobre; visite guidate 11, 13 e 15 domenica da metà ottobre a metà maggio; U-Bahn Fehrbelliner Platz, poi autobus n. 115 per Pücklerstrasse, quindi a piedi in direzione ovest

Il Grunewald era il terreno di caccia preferito dei governanti prussiani fino almeno agli inizi del XX secolo. La tradizione iniziò con l'Elettore Gioacchino II che fece costruire questo palazzo rinascimentale nel 1542, la più antica residenza reale in città. Si trova in una bella posizione vicino alle sponde del Grunewaldsee. Veniva chiamato 'Haus am Grünen Walde' (Casa nei boschi verdi): da questa espressione deriva il nome della foresta e di tutta la zona.

Dal 1932 il palazzo ospita una collezione di dipinti tedeschi e olandesi del periodo che va dal XV al XVIII secolo. Tra le splendide opere figurano oli di Lucas Cranach il vecchio, un altare dell'inizio del XV secolo e una tela dell'olandese Jan Lievens. Sono esposti anche trofei e dipinti con scene di caccia. Da qui si può iniziare una piacevole passeggiata attorno a Grunewaldsee.

LIEBERMANN-VILLA AM WANNSEE

☎ 8058 3830; www.im-netz.de/liebermann; Colomierstrasse 3; interi/ridotti €3/2; ⏱ 11-17 sabato e domenica; S-Bahn Wannsee, poi autobus n. 114

Dal 1910 fino alla morte, che avvenne nel 1935, il pittore Max Liebermann trascorse le sue estati in questa bellissima casa con un lussureggiante giardino affacciato sul Wannsee. Il giardino in particolare, con il suo gazebo, le panchine, le aiuole e la meridiana, ispirò all'artista circa 400 soggetti fra oli, pastelli e incisioni. Le mostre in programma riguardano il lavoro di Liebermann come artista, uomo politico e figura illustre della comunità ebraica di Berlino.

MUSEEN DAHLEM (SMB)

☎ 830 1438; www.smpk.de; Lansstrasse 8; interi/ridotti €4/2, minori di 16 anni gratuito, gratuito per tutti le ultime quattro ore di giovedì, consente l'ingresso per la stessa giornata a Museum Europäischer Kulturen; ⏱ 10-18 da martedì a venerdì, 11-18 sabato e domenica; U-Bahn Dahlem Dorf

Il grande complesso che ospita il museo racchiude tre straordinarie collezioni sotto lo stesso tetto. L'**Ethnologisches Museum** (Museo Etnologico) ospita una delle più grandi e prestigiose collezioni al mondo di oggetti artistici e di tutti i giorni, non europei, dell'epoca pre-industriale. Concedetevi almeno due ore per girovagare

nel suo labirinto di sale – è talmente interessante che non vi renderete conto del tempo che passa.

La mostra sull'Africa è particolarmente impressionante, con una quantità di maschere, ornamenti, vasi, strumenti musicali e altri oggetti cerimoniali e di uso comune provenienti per lo più da Camerun, Nigeria e Benin. Da notare l'alto livello artigianale per esempio del trono incastonato donato all'imperatore Guglielmo II dal re Njoya del Camerun. Un'altra sala molto apprezzata dal pubblico è quella dedicata ai Mari del Sud, con vari oggetti di culto, canoe e altre imbarcazioni delle isole della Nuova Guinea e Tonga.

Il **Museum für Indische Kunst** (Museo di Arte Indiana) esibisce oggetti d'arte dell'India, del Sud-est asiatico e dell'Asia centrale dal II secolo a.C. ai giorni nostri. Osservate le squisite terracotte, le sculture di pietra, i bronzi nonché i dipinti e le sculture ritrovati nei templi di roccia lungo la Via della Seta.

Qui c'è anche il **Museum für Ostasiatische Kunst** (Museo d'Arte Orientale), che espone ceramiche, bronzi, lacche, oggetti di giada e disegni provenienti dalla Cina, dal Giappone e dalla Corea. Una sala da tè giapponese è soltanto uno dei suoi molti gioielli.

L'intero complesso del museo è attrezzato per i disabili.

MUSEUM EUROPÄISCHER KULTUREN (SMB)

☎ 8390 1295; www.smpk.de; Winkel 6-8; interi/ridotti €4/2, minori di 16 anni gratuito, gratuito per tutti le ultime quattro ore di giovedì, consente l'ingresso per la stessa giornata al Museum Dahlem; ⏱ 10-18 da martedì a venerdì, 11-18 sabato e domenica; U-Bahn Dahlem Dorf

'Contatti culturali in Europa: il fascino della pittura' è il nome della mostra permanente del Museum Europäischer Kulturen (Museo delle Culture Europee) o, in termini più semplici: 'Un quadro dice più di mille parole'.

Il museo cerca di dimostrare come l'immagine e la raffigurazione siano state un fattore determinante nel dar forma all'eredità e all'identità dei paesi del Vecchio Mondo. Le immagini, più delle parole, trascendono il tempo, i confini e le barriere linguistiche e uniscono i popoli.

La collezione unisce i pezzi dell'ex Museo del Folklore e quelli della sezione europea del Museo Etnologico per documentare l'influenza transculturale che l'immagine ha avuto in Europa. Ciò si traduce in una mostra abbastanza interessante ed eclettica che comprende anche mobili e piastrelle, fotografie, film e filmati televisivi, statue raffiguranti la Madonna, schizzi architettonici e cartelloni pubblicitari.

MUSEUMSDORF DÜPPEL

☎ 802 6671; Clauertstrasse 11; interi/ridotti €2/1; ⌚ 15-19 giovedì, 10-17 domenica da aprile all'inizio di ottobre, ingresso fino a un'ora prima della chiusura; S-Bahn Zehlendorf, poi autobus n. 115

Scoprite che aspetto potesse avere un villaggio medievale della zona di Berlino visitando il Museumsdorf Düppel (Museo-Villaggio Düppel). Una decina di edifici in mattoni dal tetto di paglia sono stati ricreati sul sito in cui sorgeva un insediamento del XII secolo circondato da campi e boschi. I volontari del museo coltivano specie di piante in via di estinzione, come l'orzo di Düppel, e allevano animali ormai rari come lo Skudde (una specie di pecora) e il Düppeler Weideschwein (maiale da pascolo di Düppel). La domenica è possibile assistere a dimostrazioni di antichi mestieri come quello del fabbro o del vasaio.

PFAUENINSEL

☎ 805 3042; www.spsg.de; interi/ridotti compresi palazzo e traghetto €3/2,50, solo traghetto €1; ⌚ 8-20 da maggio ad agosto, 8-18 aprile e settembre, 9-17 ottobre, 10-16 da novembre a marzo; palazzo in stile medievale ⌚ 10-17 da martedì a domenica da aprile a ottobre; S-Bahn Wannsee, poi autobus n. 216 ogni ora

La romantica Pfaueninsel (Isola dei Pavoni), sul fiume Havel, è uno dei luoghi più incantevoli di Berlino e una delle mete migliori per evadere dalla città. L'isola è il risultato della romantica fantasia del re Federico Guglielmo II che, nel 1797, affidò all'architetto di corte Johann Gottlieb Brendel l'incarico di costruire un **palazzo in stile medievale**, perfetto per trascorrervi piacevolmente il tempo in compagnia della sua amante, lontano dagli occhi indiscreti della corte. L'esotismo dell'esterno dell'edificio, bianco come la neve, si ritrova anche all'interno (aperto al pubblico).

Dedicate un po' del vostro tempo al bellissimo **parco**, con i suoi alberi secolari e deliziosi sentieri. Fu progettato dal fantasioso Peter Lenné attorno al 1822 e in origine era il rifugio di molti animali domestici. Questi ultimi divennero i primi beniamini del nuovo Zoo di Berlino, anch'esso progettato da Lenné nel parco di Tiergarten a Charlottenburg. Per fortuna, gli splendidi pavoni che danno il nome all'isola vi incedono orgogliosi ancora oggi.

Tra gli edifici che avrete modo di ammirare segnaliamo la **Kavaliershaus**, più o meno nel cen-

Particolare di Schloss Glienicke

tro dell'isola, che ospitava i reali e i loro visitatori. Nel 1824 Schinkel vi aggiunse la facciata gotica che aveva precedentemente abbellito una casa patrizia di Gdansk. Altrettanto interessante, nella parte nord dell'isola, è la **Meierei** (latteria), un rudere artificiale in stile gotico. Dal momento che l'intera isola è una riserva naturale, la lista dei *verboten* è piuttosto lunga: è infatti vietato fumare, andare in bicicletta, nuotare, introdurre animali e ascoltare la radio. I picnic sono invece ammessi, anche perché qui non troverete né bar né ristoranti.

SCHLOSS GLIENICKE

☎ 805 3041; www.spsg.de; Königstrasse 36; interi/ridotti visita compresa €3/2,50, senza visita €2/1,50, casino €1; ⌚ 10-17 sabato e domenica da metà maggio a metà ottobre; S-Bahn Wannsee, poi autobus n. 116

Il Palazzo Glienicke, all'estremità sud-occidentale di Berlino, venne concepito durante un viaggio che un rampollo reale compì in Italia. Il principe Carlo di Prussia (1801–83), uno dei figli di Federico Guglielmo III, aveva soltanto 22 anni quando ritornò a Berlino, non desiderando altro che costruire la villa in stile italiano dei suoi sogni. Comprò una tenuta già esistente e affidò a Schinkel l'incarico di trasformarla in un elegante complesso ispirato all'architettura classica. Il palazzo è immerso in un romantico parco disegnato da Peter Joseph Lenné, che viene considerato un maestro dell'architettura dei giardini del XIX secolo.

Schinkel ampliò la residenza esistente facendola diventare un piccolo castello e decorandola con marmo colorato, legni preziosi e mobili di classe. Trasformò anche un ex capanno adibito al gioco del biliardo nel **Kasino**, una villa in stile italiano con un doppio pergolato. Nell'angolo sud-occidentale del giardino costruì la **Grosse Neugierde** (letteralmente la 'grande curiosità') una struttura simile a un gazebo ispirata al monumento a Lisicrate di Atene. È situata in una posizione panoramica con vista sul fiume Havel, sullo Schloss Babelsberg e sui sobborghi di Potsdam.

Una passeggiata nel parco è una vera delizia, dal momento che dietro ogni curva si aprono scorci magnifici. Il principe Carlo era anche un avido collezionista di antichità e molti degli oggetti che si vedono oggi, provenienti da Pompei e Cartagine, furono portati (qualcuno potrebbe dire trafugati) personalmente dal principe a Berlino.

Il castello vero e proprio è aperto alle visite guidate nei weekend estivi e ospita mostre temporanee e concerti. C'è anche un ristorante con una deliziosa terrazza.

DISTRETTI ORIENTALI

LICHTENBERG-HOHENSCHÖNHAUSEN

Nel 2001 il distretto di Lichtenberg ha assorbito il vecchio quartiere di Hohenschönhausen, più a nord. Sebbene sia piccolo e non sia trattato in questa guida, questo distretto dovrebbe essere una meta interessante per chiunque sia affascinato dal lato oscuro della storia della RDT. Era dal quartier generale di Lichtenberg che il Ministero per la Pubblica Sicurezza dello Stato, l'onnipresente Stasi, allungava i propri tentacoli in tutto il paese. Ed era nella vicina Hohenschönhausen che la Stasi teneva una delle sue più spaventose prigioni, dove migliaia di persone vennero incarcerate e torturate. Entrambe le località sono state preservate e costituiscono un'agghiacciante prova delle macchinazioni dell'apparato repressivo della RDT. Ancora oggi la vita non è facile a Lichtenberg-Hohenschönhausen, dove l'alto tasso di disoccupazione e il pessimismo riguardo al futuro sono risultati essere un terreno fertile per i simpatizzanti del neonazismo. Ghetti di casermoni nel classico stile prefabbricato della RDT caratterizzano ampie zone del distretto, speciale a Hohenschönhausen. Alcune oasi gradevoli comprendono il giardino zoologico, che è più grande dello Zoo di Charlottenburg anche se ospita meno animali, e un bel palazzetto barocco.

Orientamento

Lichtenberg si trova a ovest di Friedrichshain e si congiunge a nord con Hohenschönhausen. Il quartier generale della Stasi si trova alla fine di Frankfurter Allee, che conduce a Tierpark Friedrichsfelde e a Karlshorst, nella parte sud di Lichtenberg. Più a nord, Landsberger Allee attraversa Hohenschönhausen.

Trasporti

Autobus N. 195 per Erholungspark, Marzahn e Mahlsdorf.

S-Bahn Linea S5 per Hellersdorf; S5, S7, S75 per Lichtenberg; S7 per Marzahn.

Tram N. 6 e n. 7 da Mitte per Hohenschönhausen e Marzahn via Landsberger Allee; n. 8 per Lichtenberg e Alt-Marzahn via Herzbergstrasse e Allee der Kosmonauten.

U-Bahn Linea U5 per Lichtenberg; U5 per Hellersdorf.

GEDENKSTÄTTE HOHENSCHÖNHAUSEN (PRIGIONE DELLA STASI)

☎ 9860 8230; www.stiftung-hsh.de; Genslerstrasse 66; interi/ridotti visite guidate €3/1,50, mercoledì gratuito, ingresso gratuito alla mostra; ⏰ 9-18, visite guidate (in tedesco) 11 e 13 da lunedì a venerdì, ogni ora 10-16 sabato e domenica; S-Bahn Landsberger Allee, poi tram n. 6 o n. 7 per Genslerstrasse

Questo sito commemorativo ospitato nell'ex temutissima prigione della Stasi ricorda le soffe-renze di migliaia di vittime della persecuzione politica operata nella Germania Est dopo la seconda guerra mondiale. Visite guidate del complesso, condotte da ex prigionieri, rivelano in tutti gli aspetti l'indicibile grado di terrore dell'epoca e le crudeltà perpetrate su migliaia di persone. Nell'immediato dopoguerra i russi utilizzarono questo luogo per processare i prigionieri destinati ai Gulag. Oltre 3000 persone – fra uomini, donne e bambini – internate qui morirono (per lo più di freddo nelle celle non riscaldate) prima dell'intervento degli Alleati nell'ottobre del 1946.

Distretti – Distretti orientali

I top four dei distretti orientali

- Scoprire il 'selvaggio est' al volante di una **Trabi** (p81).
- La sensazione della sinistra presenza della Stasi durante la visita al **Museo della Stasi** (in questa pagina) e alla **Prigione della Stasi** (p151).
- L'incontro con i cuccioli di elefante del **Tierpark Friedrichsfelde** (p152).
- La curiosa collezione del **Gründerzeit Museum** (p154).

I russi ne fecero poi una prigione istituzionale, tristemente nota soprattutto per il suo 'U-Boat', un braccio di celle sotterranee umide e senza finestre equipaggiate solo con una panca di legno e un secchio. I prigionieri erano soggetti a lunghissimi interrogatori, venivano percossi, privati del sonno e torturati con l'acqua.

Nel 1951 i russi consegnarono la prigione ai membri del Ministero per la Pubblica Sicurezza dello Stato (Stasi), che adottarono di buon grado i metodi dei loro mentori. I sospetti nemici del regime, compresi coloro che parteciparono alla sollevazione operaia del 1953, vennero rinchiusi nell'U-Boat fino a che negli anni '50 non fu costruito, con l'utilizzo di manodopera forzata, un nuovo e più grande blocco di celle. La tortura psicologica sostituiva ora quella fisica: i prigionieri non avevano idea di cosa sarebbe loro capitato e vivevano in totale isolamento. Solo il crollo della RDT nel 1989 e lo scioglimento della Stasi misero fine all'orrore.

GEDENKSTÄTTE NORMANNENSTRASSE (MUSEO DELLA STASI)

☎ 553 6854; www.stasimuseum.de; Ruschestrasse 103, Edificio 1; interi/ridotti €3,50/2,50; ⏱ 11-18 da lunedì a venerdì, 14-18 sabato e domenica; U-Bahn Magdalenenstrasse

Chiunque fosse interessato alla storia della RDT, e a quella della Stasi in particolare, non dovrebbe tralasciare di visitare questo museo – ospitato nel vero e proprio quartier generale del Ministero per la Pubblica Sicurezza dello Stato. Molto interessante è 'la tana del leone', gli uffici dai quali Erich Mielke, che fu a capo della Stasi dal 1957 al 1989, esercitava il suo potere. Mielke non solo sapeva tutto su qualunque cittadino della RDT, ma era anche in possesso di dossier segreti sulle più eminenti personalità del governo, compreso Honecker, il che spiega la sua longevità alla

guida dell'ufficio. L'arredamento è semplice, funzionale e, soprattutto, originale.

Le stanze del piano inferiore ospitano cimeli della Stasi, compresi gli ingegnosi apparecchi per la sorveglianza, e ci sono anche esposizioni che illustrano il sistema politico della RDT. Il camioncino originale per il trasporto dei prigionieri, con cinque cellette senza luce, esposto nell'atrio è veramente agghiacciante.

MUSEUM BERLIN-KARLSHORST

☎ 5015 0810; www.museum-karlshorst.de; Zwieseler Strasse 4, angolo Rheinsteinstrasse; ingresso gratuito; ⏱ 10-18 da martedì a domenica; S-Bahn Karlshorst

L'8 maggio 1945 nell'edificio che oggi ospita il Museum Berlin-Karlshorst venne firmata la resa incondizionata della Wehrmacht. Venne così ratificato l'accordo di capitolazione concluso il giorno precedente con il generale Eisenhower a Reims, in Francia. La seconda guerra mondiale era finita.

Dal 1945 al 1949 l'edificio fu la sede dell'amministrazione militare sovietica. Gli uffici del maresciallo Zhukov, il comandante supremo sovietico, sono ancora nella Sala Grande in cui fu firmata la resa. Nel 1949 questo edificio fu teatro di un altro evento importante, la dichiarazione da parte dei sovietici dello stato della RDT. Le altre stanze ospitano un'interessante mostra che prende in esame tutte le fasi dei rapporti tedesco-sovietici dal 1917 alla riunificazione. Documenti, fotografie, uniformi e vari oggetti fanno riferimento a temi come il Patto Molotov-Ribbentrop, la vita di tutti i giorni di un soldato della seconda guerra mondiale e il destino dei civili russi durante la guerra. All'esterno si trova una batteria di armi sovietiche che comprende anche un cannone Howitzer e il terribile lanciarazzi multiplo *Katjuscha*, noto anche come 'l'organo di Stalin'. Il museo si trova a circa 10-15 minuti di cammino dalla stazione della S-Bahn; prendete l'uscita Treskowallee, poi girate a destra in Rheinsteinstrasse.

TIERPARK E SCHLOSS FRIEDRICHSFELDE

Tierpark: ☎ 515 310; www.tierpark-berlin.de; adulti/studenti/bambini €9/7/4,50; ⏱ 9-17 da novembre a febbraio, 9-18 marzo, 9-20 da aprile a settembre, 9-19 ottobre, la biglietteria chiude un'ora prima Schloss: ☎ 6663 5035; www.stadtmuseum.de; Am Tierpark 125; ingresso €0,50 in aggiunta al biglietto per Tierpark; ⏱ 10-18 da martedì a domenica; U-Bahn Tierpark

Tierpark Friedrichsfelde aprì nel 1955 e all'ultimo censimento contava almeno 10.000 animali di oltre 1000 specie, gran parte dei quali vive in habitat aperti protetti da fossati. Tra gli ospiti più interessanti segnaliamo cavalli allo stato brado e alcuni rari ungulati, orici e cervi sika vietnamiti, oggi estinti in natura. Non mancate di visitare l'**Alfred-Brehm-Haus** con le sue tigri e leoni; la **Dick-häuterhaus** dove si trovano gli elefanti (compresi alcuni piccoli nati in cattività) e i rinoceronti e la **Schlangenfarm**, uno splendido rettilario.

Prima di diventare uno zoo, il Tierpark era il parco di **Schloss Friedichsfelde**, progettato da Peter Lenné. Questo piccolo e gradevole luogo nasce dalla fantasia di Benjamin Raulé e fu completato nel 1695 in stile tardo-barocco e modificato e ingrandito varie volte dai successivi proprietari. Nel 2003, dopo un restauro completo, ha di nuovo riaperto i battenti. Le mostre all'interno sono ancora in allestimento, con mobili d'epoca e quadri che riempiono le stanze decorate con carte da parati d'epoca. C'è anche una collezione mista di oggetti d'arte e artigianato che comprende vetri barocchi, porcellane dipinte a mano, argenteria e altri oggetti che potrebbero essere appartenuti ai proprietari del palazzo.

Ricordate che non si può visitare il palazzo senza pagare anche il biglietto per il Tierpark.

MARZAHN-HELLERSDORF

Marzahn e Hellersdorf sono delle vere e proprie 'città in provetta', sorte negli anni '70 e all'inizio degli anni '80 per far fronte alla forte carenza di abitazioni a Berlino Est. Sono caratterizzate da file e file di giganteschi complessi abitativi prefabbricati – i cosiddetti *Plattenbauten* – alcuni dei quali raggiungono addirittura i 21 piani. La sola Marzahn vanta 62.000 appartamenti per 160.000 persone. Questi *Arbeiterschliessfächer* (armadi per lavoratori), come vennero soprannominati questi alveari, erano di fatto molto richiesti, tanto era il desiderio dei cittadini di avere bagni privati, riscaldamento centrale, ascensori e parcheggi.

Dopo la riunificazione rimasero in questi casermoni soltanto gli anziani e le persone socialmente disagiate. Negli ultimi anni la città di Berlino ha investito molto per migliorare l'aspetto di Marzahn-Hellersdorf. Gli edifici sono stati rinnovati, sono stati aggiunti dei terrazzini ed è stata rinfrescata la pittura. Nuovi parchi pubblici e centri culturali sono sparsi per il distretto, ma la riqualificazione di Marzahn è appena all'inizio.

Orientamento

Marzahn-Hellersdorf, situato all'estremità orientale di Berlino, è circondato dalla regione del Brandeburgo a est, da Köpenick a sud, da Lichtenberg a ovest e da Hohenschönhausen a nord. Si trova circa 9 km a est di Alexanderplatz passando per Landsberger Allee. L'Erholungspark Marzahn, l'unica macchia verde del distretto, si trova proprio nel centro.

Plattenbauten

ERHOLUNGSPARK MARZAHN

☎ 546 980; www.erholungspark-marzahn.de; Eisenacher Strasse 98; interi/ridotti €2/1; ⏱ parco: 9-16 da novembre a febbraio, 9-17 marzo e ottobre, 9-19 aprile, 9-20 da maggio a settembre; Giardino giapponese: a partire dalle 13 da lunedì a venerdì, a partire dalle 9 sabato e domenica da metà aprile a ottobre, orari di chiusura come per il parco; S-Bahn Marzahn, poi autobus n. 195 direzione Mahlsdorf

Questo grande parco, che fu aperto nel 1987 per festeggiare il 750° anniversario della fondazione di Berlino, rappresenta un alito d'aria fresca nei sobborghi orientali di Berlino densamente popolati. Si può passeggiare in mezzo ai rododendri, ci sono spazi in cui i bambini possono giocare, ma il richiamo più forte è rappresentato dai tre giardini esotici. Il **Giardino cinese** è il più grande in Europa (2,7 ettari) nel suo genere e nasce da

Charlotte von Mahldorf – la 'Grande Dame' della RDT

Forse ancora più interessante di quanto è esposto al Gründerzeit Museum è la storia della sua eccentrica fondatrice, Charlotte von Mahlsdorf, la più famosa figura di transessuale della RDT. Sin da bambino Lothar Berfelde (questo il suo vero nome) aveva manifestato una passione per gli abiti e i ninnoli, causando non poco imbarazzo a suo padre, membro del partito nazista, che cercò, con una dura disciplina, di farne un vero uomo. Egli reagì all'età di 15 anni ferendolo a morte con il suo stesso revolver.

Dopo la seconda guerra mondiale, gli ultimi anni della quale aveva trascorso in prigione, Charlotte si dedicò completamente alla sua passione per i mobili e gli oggetti d'arte, aprendo nel 1960 il suo primo museo in due delle stanze del suo castello. Alle fine le stanze divennero 23 ma, inquisita dalle autorità fiscali della Germania Est, all'inizio degli anni '70 Charlotte preferì regalare agli amici gran parte della sua collezione piuttosto che vedersela confiscare. Il riconoscimento arrivò per lei nel 1992, quando Rosa von Praunheim le dedicò il film dedicò il film *Ich bin meine eigene Frau* (1992; noto anche con il titolo *I am my Own Woman*) ed ella venne insignita con la Croce al Merito da parte del governo tedesco. Nello stesso anno, però, la sua proprietà subì delle aggressioni da parte di gruppi neonazisti ed ella si convinse a trasferirsi in Svezia. La sua reputazione venne rovinata negli ultimi anni dalla rivelazione che era stata un'informatrice della Stasi. Morì in seguito a un attacco cardiaco durante una visita a Berlino due giorni dopo aver completato la registrazione della sua autobiografia, che fu pubblicata nel 2002 con il titolo *Ich bin meine eigene Frau*.

un gemellaggio tra le città di Berlino e Pechino. Disegnato da artisti cinesi specializzati in esterni, ospita al centro un grande lago immerso in un paesaggio collinoso. Nella casa da tè, autentica, potrete assaggiare tè verde o partecipare a una tradizionale cerimonia del tè (è richiesta la prenotazione; ☎ 0179-394 5564).

Il **Giardino giapponese**, disegnato dal sacerdote e professore di Yokohama Shunmyo Masuno, utilizza l'acqua, la roccia e le piante per creare un'oasi di tranquillità e spiritualità.

Il **Giardino balinese**, il più nuovo dei tre, si trova all'interno di una serra dov'è ricostruita un'abitazione tradizionale in mezzo alla giungla, con tanto di liane, orchidee e alberi di frangipani.

GRÜNDERZEIT MUSEUM

☎ 567 8329; www.gruenderzeitmuseum.de; Hultschiner Damm 333; interi/ridotti €4,10/3,10; ☾ 10-18 mercoledì e domenica; S-Bahn Mahlsdorf, poi tram n. 62 per 2 fermate

Ospitato nella Mahlsdorfer Gutshaus del XVIII secolo, questo museo presenta una serie di stanze in stile tardo XIX secolo che permettono di farsi un'idea dello stile di vita del periodo dei primi anni dell'impero tedesco, vale a dire la Gründerzeit (circa 1870–90). Questo museo è figlio di Charlotte von Mahlsdorf (1928–2002), nato Lothar Berfelde, il più famoso transessuale della GDR (v. lettura, in questa pagina). Oltre a sei soggiorni completamente arredati ospita una cucina, il quartiere della servitù e, una vera chicca, il Mulackritze, un famoso bar gay che in origine si trovava al n. 15 di Mulackstrasse nello Scheunenviertel.

HANDWERKSMUSEUM E FRISEURMUSEUM

☎ 541 0231; www.stadtmuseum.de; Alt-Marzahn 31; interi/ridotti €2/1; ☾ 10-18 martedì, mercoledì, sabato e domenica; S-Bahn Springpfuhl, poi tram n. 8, n. 18

Questi piccoli e curiosi musei sono nascosti in una vecchia fattoria di Alt-Marzahn, la ricostruzione di un villaggio medievale con tanto di strade di ciottoli, una chiesetta e un mulino a vento di legno. Sebbene sorga sul sito di un effettivo insediamento del XIII secolo, risulta alquanto singolare in mezzo ai moderni grattacieli di Marzahn.

Il **Friseurmuseum** (Museo dell'Acconciatura), situato nell'edificio principale, espone un assortimento di forbici, macchinette per tagliare o arricciare i capelli, tinture e altri oggetti del mestiere. Una mostra a parte presenta un'appassionata introduzione ai misteri della 'messa in piega', mentre gli ammiratori dell'artista Henry van de Velde si potranno deliziare con l'arredamento art nouveau da lui disegnato per un salone di bellezza di Berlino. Le ex scuderie oggi ospitano lo **Handwerksmuseum** (Museo dei Mestieri), con la sua collezione di attrezzi, laboratori nonché scettri e bandiere cerimoniali delle corporazioni. Occupa il posto d'onore la grande collezione di serrature e chiavi, alcune delle quali appartenevano al Palazzo di Città (ora demolito).

Escursioni
a piedi

Escursioni a piedi

Visitare Berlino a piedi è molto piacevole: si tratta infatti di una città piuttosto compatta e divisa in distretti chiaramente definiti, ciascuno dei quali raggruppa molti luoghi di interesse. Questo capitolo delinea sei possibili escursioni a piedi da effettuare senza l'accompagnamento di una guida (per quelle organizzate v. p79). 'Il meglio di Berlino' è perfetta per chi visita la città per la prima volta, poiché include tutti i siti 'classici'. 'Vita ebraica nello Scheunenviertel' è un'affascinante esplorazione dei luoghi del passato e del presente legati alla vita della comunità ebraica. Per rendervi conto di come sia cambiato il paesaggio urbano dopo la riunificazione seguite l'itinerario denominato 'Architettura contemporanea'. Altre tre escursioni vi porteranno invece nel cuore dei sobborghi più affascinanti e interessanti – Charlottenburg, Kreuzberg e Prenzlauer Berg.

IL MEGLIO DI BERLINO

Berlino in breve: questo itinerario a piedi tocca i luoghi di Mitte che sono stati resi famosi dal cinema, a partire dal Reichstag, proseguendo poi lungo Unter den Linden in direzione est fino a Museumsinsel, per finire nel cuore dello Scheunenviertel. Lungo il percorso sarete gratificati da scorci fantastici, edifici favolosi e una serie di luoghi di cui probabilmente avrete letto sui libri di storia.

Iniziate dall'imponente **Reichstag** ❶ (p102), dove vale la pena di affrontare l'inevitabile coda per salire in ascensore fino alla famosa cupola di vetro. Fate quindi un rapido giro dei nuovissimi edifici governativi prima di dirigervi a est lungo Scheidemannstrasse e

Notizie sull'itinerario

Partenza Reichstag (S-Bahn Unter den Linden)
Arrivo Hackesche Höfe (S-Bahn Hackescher Markt)
Distanza 5 km
Durata 2-3 ore, escluse le visite ai musei

Gendarmenmarkt (p86)

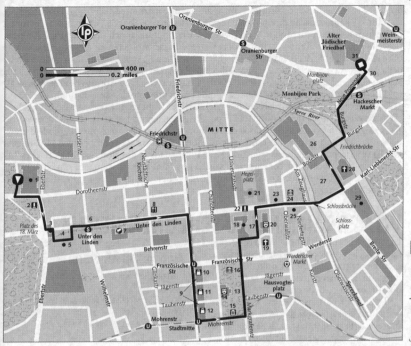

poi a sud lungo Ebertstrasse. In questo modo oltrepasserete il commovente **Monumento alla memoria delle Vittime del Muro** ❷, che ricorda coloro che morirono cercando di sfuggire all'apparato repressivo della RDT. Poco più avanti sorge la maestosa **Porta di Brandeburgo** ❸ (p82), forse il più efficace simbolo della riunificazione della Germania. Si trova al centro di **Pariser Platz** ❹ (p84), ricostruita di recente: fate una capatina alla **DG Bank** ❺ (p84) e chiedete se sia possibile dare un'occhiata all'incredibile atrio disegnato e decorato da Frank Gehry.

Pariser Platz dà su **Unter den Linden** ❻ (p82), il viale più grandioso di Berlino. Sulla destra scorgerete subito l'**ambasciata russa** ❼ (p85), un monumentale edificio in marmo bianco. Lì vicino, l'elegante **Café Einstein** ❽ (p181) è l'ideale per una sosta raffinata. Camminando ancora un po' in direzione sud lungo Friedrichstrasse arriverete ai lussuosissimi **Friedrichstadtpassagen** ❾ (p87), dove si trova il cono scintillante concepito da Jean Nouvel all'interno delle **Galeries Lafayette** ❿ (p229); notevolissime sono anche le decorazioni in marmo colorato di Henry Cobb e IM Pei nel **Quartier 206** ⓫ (p231). Potrete rifocillarvi in uno dei ristoranti del **Quartier 205** ⓬ (p231).

Procedete svoltando a sinistra lungo Mohrenstrasse fino a **Gendarmenmarkt** ⓭ (p86), la più bella piazza di Berlino, i cui edifici più famosi sono il **Konzerthaus** di Schinkel ⓮ (p87) e le torri svettanti del **Deutscher Dom** ⓯ (p87) e del **Französischer Dom** ⓰ (p86).

Dirigetevi a nord lungo Markgrafenstrasse, poi a est lungo Behrenstrasse fino a **Bebelplatz** ⓱ (p82), dove nel 1933 ebbe luogo il famigerato rogo di libri operato dai nazisti. Tre grandi edifici del XVIII secolo circondano la piazza: la **Alte Königliche Bibliothek** ⓲ (p82), la **Sankt-Hedwigs-Kathedrale** ⓳ (p85) e la **Staatsoper Unter den Linden** ⓴ (p86).

A questa altezza Unter den Linden è fiancheggiata da begli edifici storici, fra i quali la famosa **Humboldt Universität** ㉑ (p83) e per la **Neue Wache** ㉒ di Schinkel (p84). Date anche un'occhiata all'epica statua di Christian Daniel Rauch **Reiterdenkmal Friedrich des Grossen** ㉓ (statua del re Federico il Grande; p85). L'edificio rosa situato più a est è lo Zeughaus, un'armeria che è stata trasformata nel **Deutsches Historisches Museum** ㉔ (riapertura prevista nel 2005; p83). La nuova ala dietro l'edificio principale, progettata da I. M. Pei, è stata inaugurata in pompa magna nel 2003. Di fronte, sul lato meridionale di Unter den Linden, si trova il **Kronprinzenpalais** ㉕ (p84). Poco dopo lo Zeughaus, lo Schlossbrücke – con le sue sculture marmoree di dei e guerrieri disegnate da Schinkel – attraversa un piccolo canale e porta a **Museumsinsel** ㉖ (p88), un complesso di musei di livello mondiale in cui sono custoditi oggetti d'arte, sculture, antichità classiche e altri reperti provenienti da tutto il mondo. Prima di arrivare ai musei scorgerete una cattedrale a cupola oltre la distesa verde del **Lustgarten** ㉗ (p89): è il **Berliner Dom** ㉘ (p89), dal quale si gode, a livello della galleria, di una splendida veduta della città. Il palazzo reale sorgeva poco più a sud, sulla Schlossplatz, nel sito in cui il governo della RDT ha fatto costruire il brutto **Palast der Republik** ㉙ (p91), che all'epoca della stesura di questa guida era in procinto di essere demolito.

Per godere di una bella visuale sul retro del Berliner Dom seguite Bodestrasse in direzione est attraverso la Sprea fino a Burgstrasse, poi dirigetevi a nord per arrivare allo **Scheunenviertel** ㉚ (p95), lo storico quartiere ebraico di Berlino, oggi una delle zone più alla moda e vivaci della città, ricca di ottimi ristoranti, negozi e locali notturni. Da non perdere è lo **Hackesche Höfe** ㉛ (p96), che si raggiunge seguendo Neue Promenade in direzione est fino a Hackescher Markt: un buon posto per concludere il vostro giro. Chi non fosse ancora stanco potrebbe continuare con una minuziosa esplorazione dello Scheunenviertel seguendo l'itinerario **Vita ebraica nello Scheunenviertel.**

VITA EBRAICA NELLO SCHEUNENVIERTEL

La vita della comunità ebraica a Berlino, tornata vivacissima dopo gli orrori della guerra, è concentrata, più che in qualsiasi altro luogo, nello Scheunenviertel, il tradizionale quartiere ebraico della città.

Il punto di partenza dell'escursione è la bellissima **Neue Synagogue** ❶ (p97), il simbolo più evidente della rinascita della comunità ebraica berlinese, che ospita un piccolo museo chiamato Centrum Judaicum. Di fianco alla

Notizie sull'itinerario

Partenza Neue Synagogue (S-Bahn Oranienburger Strasse)
Arrivo Hackesche Höfe (S-Bahn Hackescher Markt)
Distanza 2,25 km
Durata 1ora e mezzo, escluse le visite ai musei

sinagoga, a sud, si trova l'**Oren** ❷ (p172), luogo ideale per un pranzo o una cena eleganti, e a nord la **Jüdische Galerie** ❸ (p230), che espone opere di artisti ebrei contemporanei. Dirigetevi quindi a nord-ovest e svoltate a sinistra su Tucholskystrasse dove, al n. 9, si trova la **Leo-Baeck-Haus** ❹.

Hackeshe Höfe (p96)

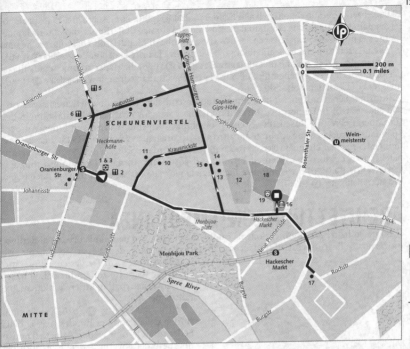

Originariamente centro di formazione rabbinico, l'edificio del 1907 ospita oggi il Consiglio Centrale degli Ebrei Tedeschi, nonché la sede editoriale di un settimanale ebraico. Deve il proprio nome all'ultimo direttore del collegio, sopravvissuto al campo di concentramento di Theresienstadt e morto a Londra nel 1956.

Ritornate verso nord in Tucholskystrasse fino al n. 40, sede del quartier generale della congregazione ebraica ortodossa di Berlino, Adass Jisroel. La stessa istituzione gestisce anche il **Beth Cafè** **5** (p174), che è situato al piano terra dell'edificio e serve pietanze kasher, nonché il **Kolbo** **6**, un negozietto che vende articoli da drogheria kasher, cosmetici israeliani, Menorah e altri articoli. Per arrivare al Kolbo ritornate sui vostri passi lungo Auguststrasse, svoltate a destra e raggiungete il n. 77.

L'itinerario prosegue verso est lungo Auguststrasse, che un tempo ospitava diverse istituzioni ebraiche. L'edificio al n. 11/13 è stato una **scuola femminile ebraica** **7** dal 1930 al 1942, mentre quello al n. 14/16 era in origine l'**ospedale ebraico** **8** e più tardi ha ospitato varie istituzioni, tra cui un giardino per l'infanzia e una clinica odontoiatrica. La Gestapo lo usò come centro di detenzione per ebrei anziani o malati destinati allo sterminio.

Seguite Auguststrasse fino a Grosse Hamburger Strasse e svoltate verso nord in Koppenplatz, dove vedrete un tavolo e due sedie, una delle quali rovesciata, su un pavimento di bronzo che sembra un parquet. È un'opera di Karl Biedermann chiamata **Der verlassene Raum** **9** (la stanza deserta). Le parole incise sul listello che incornicia il 'pavimento' sono espunte da una raccolta di poesie pubblicata nel 1947 dal premio Nobel Nelly Sachs.

Dirigetevi verso sud lungo Grosse Hamburger Strasse, poi svoltate a destra su Krausnick-strasse dove, al n. 6, una **targa** **10** indica la casa del primo rabbino donna del mondo – Regina Jonas – che morì ad Auschwitz nel 1944. Sull'altro lato della strada, presso il **Tabularium** **11** (☎ 280 8203; Krausnickstrasse 23; ☼ 11-20 da lunedì a sabato), si trovano in vendita articoli di tutti i tipi, tra cui libri, incisioni di musica Klezmer e vino kasher.

Seguite Krausnickstrasse fino a Oranienburger Strasse, poi svoltate a sinistra e ancora a sinistra su Grosse Hamburger Strasse per rendere omaggio a Moses Mendelssohn e agli altri

12.000 ebrei che erano sepolti nell'**Alter Jüdischer Friedhof** ⑫ (p96). La Gestapo, nel 1943, profanò selvaggiamente quello che era stato il primo cimitero ebraico di Berlino. Una solitaria lapide si erge nel punto in cui si pensa che si trovasse la tomba di Mendelssohn. Ci sono anche una targa e una scultura che indicano il luogo dove sorgeva la prima **casa di riposo israelitica** ⑬ (p96). L'edificio al n. 27, in origine una **scuola maschile ebraica** ⑭ (p96), ha riaperto come scuola mista per bambini di tutte le religioni. Sull'altro lato della strada vedrete la **Missing House** ⑮ (p96), un'opera di Christian Boltanski.

Ritornate verso sud, poi svoltate a sinistra su Rosenthaler Strasse, dove il **Museum Blindenwerkstatt Otto Weidt** ⑯ (p97) narra la storia di un uomo coraggioso che salvò la vita di molti dei suoi operai ebrei. In Rosenstrasse, che si raggiunge dirigendosi verso sud lungo An-der-Spandauer-Brücke, viene celebrato un altro atto di coraggio avvenuto nel 1943: una scultura di Inge Hunzinger chiamata **Block der Frauen** ⑰ (p98) ricorda la protesta di molte donne gentili per l'arresto dei loro mariti ebrei. Terminate il vostro giro tornando verso nord fino agli **Hackesche Höfe** ⑱ (p96) dove potrete concludere la giornata assistendo a uno spettacolo allo **Hackesches Hoftheater** ⑲ (p96).

ARCHITETTURA CONTEMPORANEA

Il boom edilizio post-riunificazione ha cambiato per sempre il panorama urbano di Berlino, e lo ha posto alle frontiere della moderna architettura. Questa tendenza è particolarmente evidente nel distretto di Tiergarten. L'itinerario che segue tocca tre zone principali: il quartiere governativo, il quartiere diplomatico e Potsdamer Platz.

Partite dal **Reichstag** ❶ (p102), il simbolo storico della Band des Bundes (Fascia della Federazione), come viene chiamato il nuovo quartiere del governo federale. A nord del venerabile edificio si trova l'ultramoderna **Paul-Löbe-Haus** ❷ (p102), collegata da un doppio ponte sulla Sprea all'ancora più futuristica **Marie-Elisabeth-Lüders-Haus** ❸ (p102). A ovest di questo complesso si trova l'enorme **Bundeskanzleramt** ❹ (p103), dove il cancelliere e il suo gabinetto discutono i piani per il futuro del paese. A nord, al n. 4 di Otto-von-Bismarck-Allee, l'**ambasciata svizzera** ❺ ha ampliato la sua originale sede storica con un'ala postmoderna.

Dirigetevi a sud verso John-Foster-Dulles-Allee, oltrepassando la **Haus der Kulturen der Welt** ❻ (p101), che con il bizzarro profilo del suo tetto fece parlare di sé nel 1957. All'interno si trova un bar. Proseguendo verso ovest date uno sguardo sull'altra sponda della Sprea, dove si trova un nuovo megacomplesso di abitazioni per impiegati governativi chiamato

Bauhaus Archiv (p107)

Notizie sull'itinerario

Partenza Reichstag (S-Bahn Unter den Linden)
Arrivo Potsdamer Platz (U/S-Bahn Potsdamer Platz)
Distanza 5,5 km
Durata 2 ore e mezzo, escluse le visite ai musei

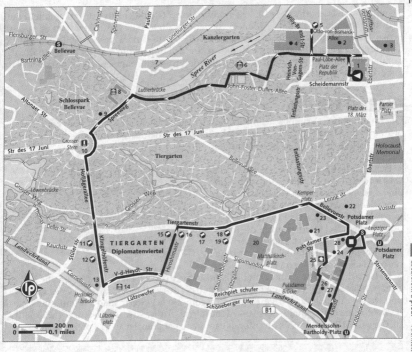

'Il Serpente' ❼ (p103) per via della dislocazione ondeggiante. Svoltate a sinistra su Spreeweg, oltrepassate **Schloss Bellevue** ❽ (p103), la residenza del presidente tedesco, fino all'edificio di forma ovale che ospita il suo ufficio, il **Bundespräsidialamt** ❾ (p103).

Andate quindi verso sud fino alla rotonda chiamata Grosser Stern con la **Siegessäule** ❿ (p103) al centro, quindi proseguite in direzione sud lungo Hofjägerallee, da dove scorgerete la facciata turchese delle **ambasciate dei paesi nordici** ⓫ (p54). Il complesso è molto suggestivo di notte, quando viene illuminato come un gigantesco cristallo. A fianco si trova l'altrettanto impressionante **ambasciata messicana** ⓬ (p54), che ha davanti una cortina di colonne di cemento inclinate. Segue il nuovo **quartier generale nazionale della CDU** ⓭, uno dei principali partiti politici tedeschi. Lo stravagante edificio assomiglia a un transatlantico racchiuso in un guscio di vetro a forma di incudine.

Sull'altro lato della strada si trova il **Bauhaus Archiv** ⓮ (p107), disegnato dal 'padrino' dell'architettura moderna Walter Gropius. Vale la pena di dare un'occhiata all'interno del museo e magari fermarsi a bere qualcosa nella sua caffetteria prima di proseguire in direzione est lungo Von-der-Heydt-Strasse. Svoltate a nord su Hiroshimastrasse, dove si trovano l'**ambasciata giapponese** ⓯ (p54), di colore beige, e l'**ambasciata italiana** ⓰ (p54), dipinta di rosa. Entrambe risalgono all'epoca nazista, il che spiega le loro monumentali proporzioni.

Proseguite in direzione est lungo Tiergartenstrasse oltrepassando la nuova **ambasciata sudafricana** ⓱, al n. 18, fino a Stauffenbergstrasse e all'**ambasciata austriaca** ⓲ (p54). Subito a sud di questa si trova l'**ambasciata egiziana** ⓳ (p54), facilmente riconoscibile dalle iscrizioni che decorano la sua facciata marrone-rossiccia.

Più avanti, il quartiere diplomatico cede il passo al **Kulturforum** ⓴ (p106), una vetrina architettonica creata tra il 1961 e il 1987. L'escursione prosegue verso **Potsdamer Platz** ㉑ (p104), un vero scrigno di tesori dell'architettura contemporanea. Entrateci da Bellevue Avenue, dove il **Beisheim Center** ㉒ (p104), ispirato ai grattacieli americani degli anni 1950 circa, si materializzerà alla vostra sinistra. Sulla destra invece si trova il **Sony Center** ㉓ (p106), con la sua spettacolare piazza coperta e lo svettante grattacielo di vetro di Helmut Jahn. A sud di Potsdamer Strasse, il complesso di **DaimlerCity** 24 (p105) è l'espressione del talento creativo di vari architetti noti in tutto il mondo, quali Rafael Moneo, che ha progettato il lussuoso **Grand Hyatt** 25 (p250), Renzo Piano, ideatore del **DaimlerChrysler Building** 26, Arata Isozaki, responsabile dell'edificio della **Berliner Volksbank** 27 e Hans Kollhoff, padre dell'imponente **Kollhoff-Haus** 28 (p53), dal caratteristico manto di mattoni di color marrone-rossiccio. Sappiate che Potsdamer Platz trabocca di ristoranti e bar.

CHARLOTTENBURG

Questo itinerario si sviluppa nel nucleo occidentale della città. È studiato per consentire di provare l'atmosfera delle zone commerciali e residenziali del distretto e conduce nei più famosi musei e luoghi storici, ma anche nel quartiere degli acquisti e del design.

La **stazione Zoo** 1 (p115) prende il nome dal Berlin Zoo 2 (p115), un interessantissimo giardino zoologico che si trova a est della stazione, lungo Budapester Strasse. Sul percorso incontrerete lo **Zoo-Palast** 3, il cinema che una volta ospitava il Festival Internazionale, e le rovine della **Kaiser-Wilhelm-Gedächtniskirche** 4 (p116), un simbolo inquietante delle devastazioni causate dalla seconda guerra mondiale.

Notizie sull'itinerario

Partenza Stazione Zoo (U/S-Bahn Zoologischer Garten)
Arrivo Stazione Zoo (U/S-Bahn Zoologischer Garten)
Distanza 4 km
Durata 2 ore, escluse le visite ai musei

La Gedächtniskirche si affaccia su **Breitscheidplatz** 5 (p116), una vivace piazza che ha nella curiosa **Weltbrunnen** 6 (p116) un popolare punto di ritrovo. Il moderno **Europa-Center** 7 (p115), uno svettante complesso di negozi e ristoranti edificato nel 1965 (è stato il primo grattacielo di Berlino), fa da contrappunto alla chiesa. Al suo interno si trovano tra l'altro un **ufficio turistico BTM** 8 (p303) e il **First Floor** 9 (p177), un ristorante raffinato per pranzi d'affari a prezzi ragionevoli.

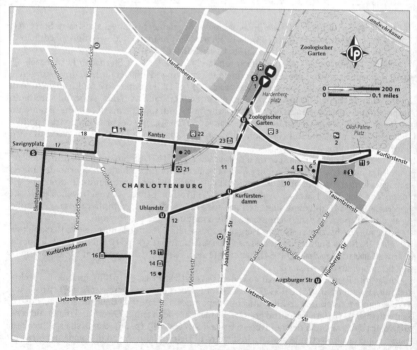

Escursioni a piedi – Architettura contemporanea

Neues Kranzler Eck (p117)

Breitscheidplatz è il capolinea orientale della principale via dello shopping di Berlino, **Kurfürstendamm** ❿ (p115) – meglio nota come Ku'damm. Percorretela in direzione ovest fino all'angolo di Joachimstaler Strasse, dove il **Neues Kranzler Eck** ⓫ (p117) di Helmut Jahn svetta verso il cielo luccicante di vetrate. Questo complesso di uffici e negozi ha rimpiazzato il venerabile Café Kranzler, una delle tradizionali caffetterie della parte occidentale della città, di cui rimane soltanto la rotonda all'ultimo piano.

Continuate lungo Ku'damm, poi piegate a gomito verso sud nell'elegante **Fasanenstrasse** ⓬ (p116), dove si allineano fantasiose gallerie e boutique di alta moda e dove un gruppo imponente di tre ville è noto collettivamente con il nome di Wintergarten Ensemble. La Literaturhaus, al n. 23, ospita letture e dibattiti letterari, nonché una galleria, una libreria e il sofisticato **Café Wintergarten** ⓭ (p176). Di fianco si trova il **Käthe-Kollwitz-Museum** ⓮ (p117), seguito dalla Villa Grisebach, sede della prestigiosa **Galerie Pels-Leusden** ⓯ e di una casa d'aste. Notate le particolari grate di ferro

Escursioni a piedi – Architettura contemporanea

battuto e le torrette a cappello di strega che caratterizzano questo edificio.

Proseguite in direzione sud fino a Lietzenburger Strasse, poi a ovest per un isolato e quindi a nord fino a Uhlandstrasse dove, sul lato sinistro della strada, si trova l'ingresso del Ku'damm Karree. Il principale motivo di interesse di questo centro commerciale è l'ottimo **Story of Berlin** ⓰ (p118), che presenta la storia della città con un approccio multimediale istruttivo e insieme divertente. Uscite dal centro commerciale su Ku'damm e camminate per altri due isolati verso est prima di tagliare a nord, lungo Bleibtreustrasse, fino al **Savignypassage** ⓱. Negli anni '80 questa fu la primissima zona di Berlino dove le arcate di supporto dei binari della metropolitana di superficie S-Bahn furono trasformate in gallerie, negozi e ristoranti, un'iniziativa poi ripetuta un po' in tutte le altre zone della città, specialmente a Mitte. Percorrete il passaggio pedonale oltrepassando numerosi ristoranti, bar e negozi fino all'estremità meridionale di **Savignyplatz** ⓲. Questa distesa verde, tagliata in due dalla rombante Kantstrasse, era per eccellenza il luogo dei ristoranti e dei locali notturni di Charlottenburg già molto prima del crollo del Muro. Più a est, lungo Kantstrasse, si trova il piccolo quartiere del design d'interni il cui fulcro è **Stilwerk** ⓳ (p234), un centro commerciale a più piani, sede di aziende che si occupano di design ad alto livello, oltre che di un ristorante e un jazz club.

Proseguite in direzione est lungo Kantstrasse, dove ben presto scorgerete il caratteristico edificio di Josef Paul Kleihues chiamato **Kantdreieck** ⓴ (p117), con la sua inconfondibile 'vela' metallica. Una rapida deviazione verso sud lungo Fasanenstrasse vi porterà allo **Jüdisches Gemeindehaus** ㉑ (p116), costruito sul sito in cui sorgeva una sinagoga che venne distrutta durante la Kristallnacht del 1938. Ritornati su Kantstrasse, passate accanto al **Theater des Westens** ㉒ (p211) del 1896, che appare maestoso sebbene sia una congerie architettonica di elementi barocchi, neoclassici e art nouveau. I maggiorenni potranno visitare la mostra presso l'**Erotik Museum** ㉓ (p115), poco più a est. A questo punto manca soltanto un isolato per arrivare di nuovo alla stazione Zoo e alla fine dell'itinerario.

KREUZBERG

Anche se questo itinerario non vi condurrà a visitare siti turistici convenzionali, vi farà comunque conoscere le molte e interessanti sfaccettature di Kreuzberg. Si parte dalla zona occidentale del distretto, l'affascinante quartiere del ceto medio che sorge attorno alla collina di

Kreuzberg, e si procede attraverso Südstern fino al cuore della parte orientale di Kreuzberg, il quartiere turco. Si conclude in Oranienstrasse, una vivace strada multiculturale e allegramente anticonvenzionale.

Dalla stazione della U-Bahn Mehringdamm dirigetevi verso sud e poi verso ovest lungo Yorckstrasse oltrepassando le appuntite torri gemelle della **Bonifatiuskirche** ❶, una chiesa neogotica incastonata in una fila di condomini. Individuate i due giganti che sostengono un balcone sopra un cancello di ferro battuto: fanno parte del bel **Hotel Riehmers Hofgarten** ❷ (p257), un complesso che occupa

Notizie sull'itinerario

Partenza Stazione della U-Bahn Mehringdamm
Arrivo Oranienstrasse (U-Bahn Görlitzer Bahnhof)
Distanza 6 km
Durata 2 ore e mezzo-3 ore

un intero isolato attorno a un cortile adorno di alberi e di sculture. Prestigiosa residenza privata nel XX secolo, ora ospita un delizioso albergo. Per dare un'occhiata più da vicino entrate nel cortile attraverso il cancello di ferro. Uscite dall'altro lato (quello sud) in Hagelberger Strasse, svoltate a destra e poi a sinistra su Grossbeerenstrasse (se il cancello è chiuso camminate fino all'angolo di Grossbeerenstrasse e Yorckstrasse e poi svoltate a sinistra).

Ancora pochi passi e vi troverete ai piedi della Kreuzberg, la collina che dà il nome al distretto e che è ricoperta dal vasto e piuttosto disordinato **Viktoriapark** ❸ (p127). Raggiungete la cima per vedere da vicino il **monumento ai caduti di Kreuzberg** ❹ (p127), ideato da Schinkel, e per godervi un bel panorama della città (soprattutto in inverno quando gli alberi sono spogli). Scendete lungo la pendice orientale e prendete per Methfesselstrasse in direzione sud fino a Duden-strasse, poi svoltate a sinistra per arrivare in Platz der Luftbrücke, riconoscibile dalla presenza del **Luftbrückendenkmal** ❺ (p128), che ricorda il Ponte Aereo su Berlino del 1948-9 e coloro che morirono per realizzarlo. L'**aeroporto di Tempelhof** ❻ (p126), che si trova dietro al monumento e risale all'epoca nazista, fu il fulcro di questa operazione. Al momento della stesura di questa guida la chiusura dell'aeroporto era programmata per il 2005.

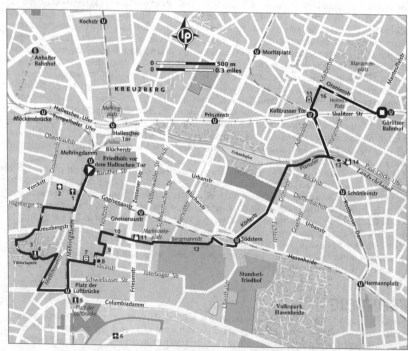

Dirigetevi a nord lungo Mehringdamm, poi svoltate a destra su Fidicinstrasse, oltrepassate la sede del teatro di lingua inglese **Friends of Italian Opera** ❼ (p214) e il serbatoio per l'acqua, costruito in mattoni e privo di finestre, chiamato **Wasserturm** ❽ (torre dell'acqua). Assomiglia molto alla torre di Rapunzel, e ora ospita un centro culturale di quartiere.

Svoltate a sinistra su Kopischstrasse e seguitela fino a **Chamissoplatz** ❾ (p215), una graziosissima piazza caratterizzata da un piccolo e tranquillo parco e circondata da grandi edifici del XIX secolo con balconi di ferro battuto. Un isolato più a nord, **Bergmannstrasse** ❿ (p124) è l'arteria principale della zona occidentale di Kreuzberg. È una strada vivace, con molti ristoranti, bar e negozi di libri e vestiti usati, che sfocia in Marheinekeplatz. A questo punto non mancate di tuffarvi nella confusione di **Marheineke Markthalle** ⓫ (p238), uno dei pochi mercati coperti di Berlino attivi dal XIX secolo. Proseguite in direzione est lungo Bergmannstrasse oltrepassando un gruppo di **cimiteri** ⓬. Uno dei più illustri tra i

Marheineke Markthalle (p238)

vari personaggi che vi sono sepolti è Gustav Stresemann, cancelliere della Repubblica di Weimar. Da Südstern seguite Körtestrasse, poi Grimmstrasse fino a Planufer, che corre parallela a un tratto particolarmente panoramico del Landwehrkanal. Entrambe le sue sponde sono fiancheggiate da edifici dell'inizio del XX secolo restaurati con gusto e, col bel tempo, una gran folla si ritrova lungo il canale o nei bar e ristoranti circostanti.

Seguendo Planufer in direzione est arriverete ben presto a **Kottbusser Damm** ⓭, la brulicante arteria principale del quartiere turco di Kreuzberg. Ai suoi lati, una serie di drogherie, negozi di fornai, supermercati, magazzini e caffè emanano un'atmosfera decisamente orientale. Il martedì e il venerdì le sponde del canale nel tratto di Maybachufer si animano in occasione del colorato **Türkenmarkt** ⓮ (p238).

Dalla stazione della U-Bahn Kottbusser Tor dirigetevi verso nord lungo Adalbertstrasse, oltrepassate il **Kreuzberg Museum** ⓯ (p128) fino a **Oranienstrasse** ⓰, la via dei locali notturni più famosa (non sempre in senso positivo) di Kreuzberg, che è anche ricca di caffè, chioschi di doner kebab e negozi di articoli di seconda mano. Concludete qui il vostro giro con una passeggiata per assaporare l'atmosfera del posto e magari per mangiare qualcosa.

PRENZLAUER BERG

Questo itinerario vi guiderà attraverso uno dei più bei quartieri di Berlino, le cui origini come sobborgo operaio del XIX secolo sono poco più che un ricordo. Vi farete un'idea della sua storia, visiterete siti interessanti e luoghi che definiscono lo stile di vita della gente di qui e troverete parecchi locali di ristoro. Partite da **Senefelderplatz** ❶ (prendete l'uscita meridionale della U-Bahn), una zona verde di forma triangolare che prende il nome dall'inventore della litografia, Aloys Senefelder (1771–1834): nel piccolo parco della piazza c'è un monumento che lo ricorda. Qui sopravvive uno degli ultimi vespasiani della fine del XIX secolo, soprannominati Cafè Achteck in virtù della loro forma ottagonale. Fate una veloce deviazione verso nord lungo Schönhauser Allee fino allo **Jüdischer Friedhof** ❷ (p133), creato nel 1827 come secondo cimitero della comunità

Notizie sull'itinerario

Partenza Stazione della U-Bahn Senefelderplatz
Arrivo Stazione della U-Bahn Eberwalder Strasse
Distanza 7 km
Durata 3 ore

Escursioni a piedi – Architettura contemporanea

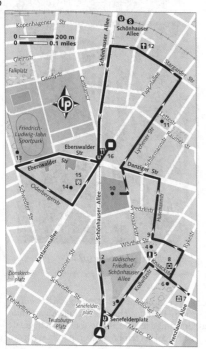

ebraica di Berlino. Tornate indietro e svoltate verso est su Metzer Strasse, poi verso nord su Kollwitzstrasse. Sulla sinistra, al n. 35, si trova un insolito parco giochi ❸, dove i bambini possono divertirsi sorvegliati da un educatore. Aperto fin dal 1990, questo moderno progetto fu il primo di tale genere a essere realizzato nella Berlino orientale dopo la riunificazione.

Proseguite in direzione nord fino a Kollwitzplatz ❹ (p133), il cuore di Prenzlauer Berg. Questa piazza, che fino a pochi anni fa era ancora circondata da palazzi cadenti segnati dalle ferite della guerra, è stata completamente risanata. Vi transitano continuamente autobus di turisti e i ristoranti e bar alla moda sono ormai una miriade. Una scultura di bronzo ❺ che raffigura la madrina della piazza, l'artista Käthe Kollwitz, si trova al centro del piccolo parco.

Proseguite in direzione est lungo Knaackstrasse, dove incontrerete una fila di bar che guardano sulla statuaria Wasserturm ❻ (p134), un punto di riferimento di questa località, ora restaurata e occupata da appartamenti. Per saperne di più sulla storia del distretto seguite Knaackstrasse fino a Prenzlauer Allee e al Prenzlauer Berg Museum ❼ (p134). In alternativa potete girare a nord su Rykestrasse e oltrepassare la Synagoge Rykestrasse ❽ (p134), la più grande casa di culto ebraica della Germania. Svoltate a sinistra su Wörther Strasse per tornare a Kollwitzplatz, poi proseguite in direzione nord su Husemannstrasse ❾ (p133), che alla fine degli anni '80 fu tirata a lucido dal governo della Germania Est: è fiancheggiata da graziosi negozi e ristoranti. Percorrendo Husemannstrasse fino a Danziger Strasse e svoltando poi a destra arriverete al Kulturbrauerei ❿ (p134). Questa enorme ex fabbrica di birra del XIX secolo è stata trasformata nel più interessante centro culturale di Prenzlauer Berg, con vari palcoscenici, un museo, un ristorante e un cinema multiplex.

Attraversate Danziger Strasse e percorrete Lychener Strasse in direzione nord fino a Helmholtzplatz ⓫, una piazza che sembra un parco, frequentata a un estremo da famiglie e all'altro da barboni. Le strade circostanti pullulano di bar e ristoranti.

Proseguite in direzione nord su Lychener Strasse, poi svoltate a sinistra su Stargarder Strasse, una deliziosa strada fiancheggiata da bei negozi, bar e panchine che invitano alla sosta. Si oltrepassa la Gethsemanekirche ⓬ (p133), una bella chiesa di mattoni rossi circondata da magnifici edifici del XIX secolo restaurati. Alla fine degli anni '80 era uno dei centri del dissenso che portò al collasso il governo della Germania Est.

Con una breve passeggiata in direzione ovest arriverete a Schönhauser Allee, un'arteria brulicante di vita e di negozi. Percorretela in direzione sud, poi svoltate a destra su Eberswalder Strasse, che conduce al Mauerpark ⓭ (p134), un piccolo parco dove si trova uno dei pochi tratti superstiti originali del Muro di Berlino. Proseguite in direzione sud-est lungo Oderberger Strasse, un'altra bella strada fiancheggiata da negozi che vendono ninnoli di fabbricazione locale, vestiario e accessori. Questa si immette su Kastanienallee, dove troverete altri negozi dello stesso genere. Se la porta al n. 12 di Kastanienallee è aperta, date un'occhiata all'Hirschhof ⓮, un parco in miniatura con a guardia la bizzarra scultura di un cervo assemblata con materiale riciclato. Si trova nell'ultimo di tre cortili consecutivi. Poco più a nord troverete il Berliner Prater ⓯ (p133), una sala da teatro con un superbo Bier Garten estivo. Concludete l'itinerario alla stazione della U-Bahn Eberswalder Strasse con un succulento Currywurst al Konnopke Imbiss ⓰ (p190).

Pasti

Pasti

La pessima fama di Berlino nel campo della ristorazione non è più tale da quando una nuova generazione di chef, molti dei quali con esperienza all'estero, ha dato nuovo impulso al panorama gastronomico della città. I piatti sono diventati più leggeri, più sani e anche più originali. Ingredienti freschi, pochi grassi e menu stagionali sono i punti di forza dei ristoranti della città.

I ristoranti asiatici, in particolare, si sono moltiplicati, e anche se la quantità di spezie, aromi e ingredienti è in genere calibrata per assecondare i gusti tradizionali della clientela locale, si possono ancora gustare discreti *pad Thai*, *Madras curry* o involtini di tonno preparati secondo le ricette tradizionali. I vegetariani saranno contenti di notare che tofu, tempeh e seitan sono finalmente entrati a far parte delle abitudini alimentari locali. Anche i severissimi ispettori della Michelin hanno assegnato le loro prestigiose stelle a più di un ristorante di Berlino.

Una delle piccole gioie della vita, a nostro avviso, è una prima colazione di tutto rispetto, e i berlinesi hanno perfezionato quest'arte, soprattutto la domenica, quando molti caffè allestiscono sontuosi buffet. Una menzione particolare merita la carne di maiale: come in altre regioni della Germania, è un ingrediente base tipico della cucina berlinese, e non vorrete certo lasciare la città senza aver gustato l'*Eisbein mit Sauerkraut* (stinco di maiale con crauti) o almeno un classico *Currywurst* (fette di salsiccia immerse in una forte salsa al curry) o *Boulette* (polpette di carne) in uno degli *Imbiss* (snack bar) diffusi in tutta la città. La specialità da fast food più popolare a Berlino, comunque, è il *döner* (doner kebab) inventato qui circa 20 anni fa da un immigrato turco (v. il riquadro p169). Se conoscete il tedesco procuratevi le guide annuali ai ristoranti pubblicate da *Zitty* e *Tip*, disponibili in edicola per circa €5.

Orari di apertura

Caffè e ristoranti in genere sono aperti sette giorni su sette, ma alcuni osservano un *Ruhetag* (giorno di chiusura), di solito la domenica o il lunedì, quando c'è meno affluenza. La maggior parte dei ristoranti è aperta a pranzo e a cena, tranne i cosiddetti templi per buongustai, che di solito si limitano ad aprire per cena. L'orario tipico di apertura a pranzo va da mezzogiorno

Yosoy (p173)

alle 15, mentre quello della cena oscilla dalle 19.30 alle 22. Le cucine restano aperte almeno fino alle 21.30 e spesso anche oltre, soprattutto durante il fine settimana. Anche dopo mezzanotte si trova sempre un chiosco di *döner* o di falafel al servizio dei numerosi nottambuli affamati. Tranne dove diversamente indicato, i locali menzionati in questo capitolo servono pranzo e cena e rimangono aperti almeno fino a mezzanotte.

I caffè sono ottimi per la prima colazione e negli alberghi è possibile consumarla di solito fino alle 10.

Quanto costa?

In questo capitolo abbiamo incluso diverse opzioni che possono soddisfare tutti i gusti e i budget, con un occhio di riguardo alla fascia media di prezzi in cui un pasto caldo e una bevanda costano tra €15 e €25. Nei migliori ristoranti di Berlino preparatevi a pagare da €25 in su per una portata principale o a partire da €60 per un menu degustazione da tre o quattro portate, vino escluso. I posti più economici, tra cui *Imbiss*, negozi di *döner* e takeaway, dove si può mangiare in abbondanza con €10 o anche meno, sono indicati alla voce 'Se il budget è limitato' nelle sezioni relative ai singoli distretti.

Prenotare un tavolo

La maggior parte dei ristoranti accetta prenotazioni a pranzo e a cena, perciò telefonate in anticipo se desiderate assicurarvi un tavolo. In questa guida segnaliamo la necessità di prenotazione per quei ristoranti che tendono a essere quasi sempre al completo.

Mance

Il conto al ristorante comprende il servizio, perciò non è obbligatorio lasciare la mancia. Se siete soddisfatti del servizio, potete aggiungere al conto una mancia che va dal 5% al 10%. È consuetudine lasciare la mancia pagando direttamente alla cassa: per esempio dite '30, *bitte*' se il conto è di €28 e desiderate lasciare una mancia di €2. In alternativa dite semplicemente '*Stimmt so*' (va bene così).

Dove fare la spesa

Ci sono circa mezza dozzina di importanti catene di supermercati con punti vendita sparsi in tutta la città. Kaiser's e soprattutto Reichelt vendono carne fresca e formaggi, gastronomia e, in genere, anche il pane. Tra le catene di discount figurano Aldi, Lidl, Plus e Penny Markt, che offrono prodotti di buona qualità e un assortimento discreto, anche se in un ambiente spesso un po' squallido e disordinato. Per quanto riguarda la qualità, il reparto gastronomia del grande magazzino KaDeWe (p235) è assolutamente imbattibile, ma i prezzi sono elevati. I mercati di frutta e verdura e i piccoli negozi turchi 'dell'angolo' sono altre valide soluzioni per acquistare frutta fresca, olive, pane, formaggi e altri prodotti gustosi.

Delizie dalla Turchia

Che cosa mangiano i berlinesi quando vogliono fare uno spuntino veloce? Non necessariamente un hamburger, e nemmeno una salsiccia tedesca, ma piuttosto un corposo doner kebab. In tutta la città troverete takeaway in cui giganteschi coni di carne speziata ruotano infilzati su uno spiedo verticale. Verranno a poco a poco tagliati a fettine sottili, destinate a farcire il tipico pane turco chiamato pita, leggermente tostato, insieme a insalata e salsa di yogurt all'aglio. È un vero e proprio pasto completo e in genere non costa più di €2,50.

In Turchia, la carne viene preparata in questo modo da quasi due secoli, ma l'idea di servirla nei panini è nata a Berlino. Benché non esistano prove inoppugnabili in proposito, l'invenzione viene attribuita a Mehmed Aygün, un intraprendente immigrato turco che nel 1971, a soli 16 anni, aprì il suo primo chiosco di *döner* a Neukölln. Il successo del gustoso panino di Aygün fu tale che egli in breve tempo si ritrovò alla guida della piccola catena di ristoranti turchi Hasir.

Dopo oltre 30 anni, si calcola che oggi a Berlino esistano 1500 chioschi e locali specializzati nella preparazione del doner kebab, e che il volume complessivo delle vendite si aggiri intorno ai 100 milioni di porzioni l'anno. Tra i nostri preferiti segnaliamo:

- **Grill & Schlemmerbuffet Zach** (p174)
- **Hasir** (p171)
- **Hisar** (p183)
- **Sesam** (p186)
- **Turkiyem Imbiss** (p186)

Pasti

I posti indicati di seguito osservano un orario di apertura prolungato e sono aperti anche di domenica.

Edeka (cartina p350; S-Bahnhof Friedrichstrasse; ◔ 6-22 da lunedì a sabato, 8-22 domenica)

Lidl (cartina pp352-3; stazione della U-Bahn Innsbrucker Platz; ◔ 8-21)

Minimal (cartina pp348-9; Ostbahnhof; ◔ 7-21)

Ullrich (cartina p354; Hardenbergstrasse 25; ◔ 9-22 da lunedì a sabato, 11-19 domenica; U/S-Bahn Zoologischer Garten)

MITTE

Non c'è che l'imbarazzo della scelta nel panorama gastronomico di Mitte, che vanta un repertorio internazionale di ristoranti, caffè e fast food. Una squadra di giovani chef rampanti dirige le cucine dei templi della buona tavola intorno a Gendarmenmarkt e lungo l'estremità occidentale di Unter den Linden. Lo Scheunenviertel ospita moltissimi locali divertenti, vivaci e informali, mentre il Nikolaiviertel attira una clientela più composta con la sua atmosfera 'vecchia Berlino' e la sua robusta cucina tedesca. Benché in molti ristoranti di Mitte i turisti siano più numerosi della gente del posto, la concorrenza mantiene elevato il livello qualitativo generale dei locali della zona.

BOCCA DI BACCO

Cartina p350 *Cucina italiana*
☎ 2067 2828; Friedrichstrasse 167; portate principali €17-25; ◔ chiuso domenica a pranzo;
U-Bahn Französische Strasse

La nave scuola di **Charlottenburg** (cartina pp344-5; ☎ 211 8687; Marburger Strasse 5; U-Bahn Wittenbergplatz) ha una clientela fedele da ben 35 anni, ma anche questa nuova filiale si è velocemente guadagnata il proprio fan club. L'ottimo menu dello chef Lorenzo Pizzetti si concentra soprattutto su carni tenere, pasta fatta in casa, salse complicate e verdure freschissime. L'elegante sala da pranzo abbellita da tele vivaci è una festa per gli occhi. È essenziale la prenotazione.

BORCHARDT

Cartina p350 *Cucina franco-tedesca*
☎ 2039 7117; Französische Strasse 47; portate principali €10-20; U-Bahn Französische Strasse
Frequentato soprattutto da politici, attori e VIP, Borchardt è una specie di angolo di Beverly Hills nel cuore di Berlino. La sala da pranzo, con soffitti elevati quanto le ambizioni dello chef, è un po' rumorosa e potrebbe rendere difficile concentrarsi sulla cucina: un vero peccato. È essenziale la prenotazione.

I top five tra i ristoranti di Mitte

- **Margaux** (p172)
- **Maxwell** (p172)
- **Monsieur Vuong** (p174)
- **Pan Asia** (p172)
- **Vau** (p173)

CAFÉ NÖ

Cartina p350 *Enoteca-caffè*
☎ 201 0871; Glinkastrasse 23; portate principali €6-12; ◔ chiuso sabato a pranzo e domenica;
U-Bahn Mohrenstrasse
Non c'è niente di trendy in questa enoteca dall'ambiente gradevolmente ingombro di oggetti e sempre affollata. È tuttavia molto frequentata per i suoi ottimi vini, i formaggi stagionati al punto giusto e l'appetitosa cucina francese. La proposta-degustazione (cinque tipi di vini, formaggio e baguette) costa ben €14. All'ora di pranzo il locale viene invaso da impiegati dei vicini uffici governativi per il piatto del giorno a €7.

CANTAMAGGIO

Cartina p350 *Cucina italiana*
☎ 283 1895; Alte Schönhauser Strasse 4; portate principali €11-20; ◔ cena da lunedì a sabato; U-Bahn Rosa-Luxemburg-Platz
L'ambiente piuttosto spartano di questa trattoria conviviale non distrae i commensali dai deliziosi piatti di pasta fatta in casa e dalle più sostanziose portate principali a base di ingredienti freschissimi. Rinomato già prima che i turisti 'scoprissero' lo Scheunenviertel, è sempre affollato, non di rado da attori e registi provenienti dalla vicina Volksbühne. Si consiglia la prenotazione.

ENGELBRECHT

Cartina p350 *Cucina francese*
☎ 2859 8585; Schiffbauerdamm 6/7; portate principali €15-25; ◔ da lunedì a sabato; U-Bahn Friedrichstrasse
Bertolt Brecht era un assiduo cliente di questo locale quando ancora era il leggendario

ristorante Trichter, e probabilmente avrebbe apprezzato anche questa nuova versione. Mobili in ebano, pareti color avorio e dipinti a colori vivaci costituiscono lo scenario classico per la cucina semplice ma molto curata di Wolfgang Petri. Il menu presenta sapori francesi spesso associati a qualche divagazione italiana e addirittura asiatica.

GOOD TIME

Cartina pp344-5   *Cucina thailandese*

☎ 2804 6015; Chausseestrasse 1; portate principali €8-18; U-Bahn Oranienburger Tor

Entrando in questo ristorante conviviale si ha la sensazione di ritrovarsi improvvisamente in Thailandia, per via della sua miscela vincente di ottima cucina tradizionale, dell'arredo che invita a sognare località esotiche e del personale discreto ma efficiente. Alcuni piatti tradiscono influenze indonesiane (*satay* di pollo e altre specialità), ma il suo piatto forte è costituito dai curry al cocco.

HASIR

Cartina p350   *Cucina turca*

☎ 2804 1616; Oranienburger Strasse 4; portate principali €19-28; S-Bahn Hackescher Markt

La casa madre di questa piccola catena di ristoranti turchi è un bazar affascinante nascosto in un cortile, subito dopo gli Hackesche Höfe. La cucina sforna un trionfo di sapori, dai cuori di carciofo ripieni di feta al cosciotto di agnello in casseruola e pagnotte di *kuver*, un pane non lievitato al sesamo servito fumante direttamente dal forno.

Ci sono filiali più piccole e informali a **Wilmersdorf** (cartina p354; ☎ 217 7774; Nürnberger Strasse 46; U-Bahn Augsburger Strasse), **Schöneberg** (cartina pp352-3; ☎ 215 6060; Maassenstrasse 10; U-Bahn Nollendorfplatz) e **Kreuzberg** (cartina pp348-9; ☎ 614 2373; Adalbertstrasse 10; U-Bahn Kottbusser Tor).

HONIGMOND

Cartina pp344-5   *Cucina dell'Europa centrale*

☎ 2844 5512; Borsigstrasse 28; pranzo a buffet €6, portate principali €7-12,50; ☺ pranzo da lunedì a domenica, prima colazione sabato e domenica; U-Bahn Oranienburger Tor

Affascinante ristorante attivo fin dagli anni '20, era sempre affollato di dissidenti all'epoca della DDR finché la Stasi non lo costrinse a chiudere nel 1987. Riaperto nel 1995, oggi è conosciutissimo per l'economico pranzo a buffet, ma

non è male anche a cena, quando *Königsberger Klopse* (polpette di carne con salsa di capperi) e *fondue* di formaggi impreziosiscono la lista delle specialità.

KASBAH

Cartina p350   *Cucina marocchina*

☎ 2759 4361; Gipsstrasse 2; portate principali €8-15; ☺ a cena; U-Bahn Weinmeisterstrasse

Un invitante melange di cumino, coriandolo, cannella e altre spezie aleggia sulla sala da pranzo dalle luci soffuse e dai morbidi cuscini che circondano bassi tavolini rotondi. Ordinate un tè alla menta per preparare il palato a portate tipiche come *tajine*, uno stufato aromatico di carne, verdure e frutta secca, o *b'stilla* (a base di mandorle, pollo ed erbe aromatiche).

KOKEBE

Cartina pp344-5   *Cucina etiope*

☎ 4849 3578; Anklamer Strasse 38; portate principali €6,50-12; ☺ a cena; U-Bahn Bernauer Strasse

Wat è il tipico piatto etiope, uno stufato con pezzi di pollo o di manzo che galleggiano in una salsa speziata, servito con *injera*, un piatto che assorbe la salsa. Ottimo posto anche per i vegetariani. Si trova nel secondo cortile del Weiberwirtschaft, un complesso di esercizi gestiti da donne.

KUCHI

Cartina p350   *Cucina sushi e asiatica*

☎ 2838 6622; Gipsstrasse 3; portate principali €7-23; U-Bahn Weinmeisterstrasse

I puristi del sushi potrebbero scuotere la testa per le creazioni 'estreme' del Kuchi, ma gli artisti o presunti tali che invadono con regolarità questo posto le gustano con avidità. (Cosa ne dite di riso fritto, salsa piccante, cetriolo e salmone?)

Fortunatamente il menu compie anche brevi escursioni in territori più conosciuti con *yakitori*, tempura, fritti, *donburi* e saporite zuppe di tagliolini. Presente anche a **Charlottenburg** (cartina p354; ☎ 3150 7815; Kantstrasse 30; S-Bahn Savignyplatz).

MALETE

Cartina p350   *Cucina turca*

☎ 280 7759; Chausseestrasse 131; portate principali €6-13; U-Bahn Oranienburger Tor

Piccolo e allegro ristorante, il cui nome significa 'casa nostra', dove servono deliziose specialità turche che vanno ben oltre il consueto *döner*. Gli amanti della carne devono assaggiare l'agnello, mentre i vegetariani possono per esempio fare una scelta invitante come *soslu enginar*, un misto di carciofi saltati con funghi, peperoni e altre verdure affogate in una salsa alla panna con erbe aromatiche (€8,50).

MARGAUX

Cartina p350   *Cucina francese*

☎ 2265 2611; Unter den Linden 78; portate principali €24-40; ☽ chiuso domenica a pranzo; S-Bahn Unter den Linden

A Michael Hoffman è stato sufficiente un solo anno per aggiudicarsi una stella della notoriamente esigente guida Michelin. Grazie alla menzione, il Margaux è immediatamente diventato un posto molto 'in'. Le interpretazioni d'avanguardia di Hoffman della cucina francese più classica sono veramente ottime. Gli interni – pareti in onice con illuminazione scenografica, pavimenti di marmo e panche rosso scuro – attirano decisamente l'attenzione.

MAXWELL

Cartina pp344-5   *Cucina internazionale*

☎ 280 7121; Bergstrasse 22; portate principali €16-20; ☽ a cena; U-Bahn Rosenthaler Platz

Lou Reed, Oliver Stone e l'*enfant terrible* del panorama artistico Damien Hirst (amico del proprietario) sono alcune delle celebrità che frequentano questa ex fabbrica di birra del 1895, in mattoni rossi, sontuosamente restaurata. È stata l'opera di Hirst che presenta due anatre incassate nel plexiglas di colore blu (sulla parete che conduce al piano superiore) a ispirare il piatto forte: petto d'anatra e *confit* in salsa di pepe nero. D'estate ci si accomoda nell'idilliaco cortile interno.

MILAGRO

Cartina p350   *Cucina mediterranea*

☎ 2758 2330; Oranienburger Strasse 54-56, all'interno di Tacheles; portate principali €7-15; ☽ 10-2; U-Bahn Oranienburger Tor

Coloro che ricordano il Tacheles come ritrovo di squatter e artisti anarchici si troveranno spaesati in questo ristorante a livello strada con le sue belle panche di pelle verde, grandi specchi e soffitto dorato. La cucina è soprattutto mediterranea con qualche tocco di nouvelle cuisine tedesca. C'è anche una buona scelta per la prima colazione e un giardino grazioso.

La sede originaria di **Kreuzberg** è più informale (cartina pp348-9; ☎ 692 2303; Bergmannstrasse 12; U-Bahn Gneisenaustrasse).

NOLA'S AM WEINBERG

Cartina pp344-5   *Cucina internazionale*

☎ 440 40766; Veteranenstrasse 9; portate principali €8-15; U-Bahn Rosenthaler Platz

Eccezionale la posizione di questo locale. Immediatamente a nord della confusione dello Scheunenviertel, questo ristorante di classe, collocato in un padiglione anni '50, è un'isola di quiete al centro di un piccolo e meraviglioso parco. In estate la terrazza è una vera tentazione, come pure gli originali accoppiamenti di sapori nell'elegante ambiente rétro all'interno.

OREN

Cartina p350   *Cucina ebraica e mediorientale*

☎ 282 8228; Oranienburger Strasse 28; portate principali €6-15; S-Bahn Oranienburger Strasse

Dalla fusione di un elegante design moderno con una clientela eclettica si ottiene questo locale proprio accanto alla Neue Synagoge. Benché questo posto abbia perso parte della sua notorietà, il piatto di antipasti Orient-Express (€10) costituisce ancora un'ottima scelta. Tra gli altri piatti, tutti vegetariani, ci sono pasticci, pesce in salamoia e pasta. Il menu è scritto in ebraico, inglese e tedesco.

PAN ASIA

Cartina p350   *Cucina asiatica*

☎ 2790 8811; Rosenthaler Strasse 38; portate principali €6-13; S-Bahn Hackescher Markt

Film manga, installazioni video e lunghe tavole in comune sono alcune delle attrattive di tendenza di questo ristorante (con tavoli all'aperto in estate) accanto agli Hackesche Höfe. Come suggerisce il nome, il menu spazia dalla Thailandia alla Cina al Giappone al Vietnam e ritorno, per lo più con risultati convincenti. Le spezie sono calibrate secondo i gusti della clientela tedesca, ma lo chef è felice di usarne con meno parsimonia su richiesta.

RESTAURANT KÜRBIS

Cartina pp344-5   *Cucina austriaca*

☎ 5365 5960; Ackerstrasse 155; portate principali €12-18; ☽ a cena; U-Bahn Rosenthaler Platz

Con le zucche in primo piano sul menu e in tavola, non è necessaria una particolare conoscenza della lingua tedesca per capire il significato della parola *Kürbis*. All'interno dell'incantevole albergo Andechser Hof (p246), questo ristorante di un'eleganza rustica prepara la tipica Wiener Schnitzel oltre a creazioni più attuali come, appunto, risotto di zucca. Accompagnate il tutto con l'ottima birra bavarese Andechser.

ROSMINI PASTA-MANUFAKTUR

Cartina pp344-5 *Cucina italiana*

☎ 2809 6844; Invalidenstrasse 151; portate principali €9-16; 🕒 a pranzo da lunedì a venerdì, a cena tutti i giorni; U-Bahn Rosenthaler Platz

Da linguine a rigatoni e fusilli; tutto è fresco e fatto in casa in questa trattoria informale dall'arredo quasi monastico. Lo chef Massimo ha una fantasia infinita nell'abbinare la pasta con verdure, carne, pesce e salse: ecco perché ogni giorno c'è un menu diverso. Ricordate di assaggiare l'ottima birra Teresianer importata dall'Italia.

SCHWARZENRABEN

Cartina p350 *Cucina italiana*

☎ 2839 1698; Neue Schönhauser Strasse 13; portate principali €19-23; 🕒 10-2; U-Bahn Weinmeisterstrasse

Locale da cui si leva un gran brusio, frequentato da chi ama osservare ed essere osservato. Il cibo non è un granché e il servizio è poco sollecito, ma bisogna ammettere che la sua storica sala (in origine una cucina della fine del XIX secolo), con ampie finestre ad arco e arredo moderno, è notevole almeno per quanto riguarda l'estetica.

STÄV

Cartina p350 *Cucina tedesca*

☎ 282 3965; Schiffbauerdamm 8; portate principali €6-12; U-Bahn Friedrichstrasse

Questo posto fu inaugurato come un'isola di *joie de vivre* tutta renana da parte di politici nostalgici di Bonn e del loro entourage. Qui servono specialità berlinesi e renane. Il suo strano nome, a proposito, è l'acronimo di *Ständige Vertretung*, l'eufemismo utilizzato nell'ex DDR in riferimento all'ambasciata della Germania Occidentale.

THEODOR TUCHER

Cartina pp342-3 *Cucina tedesca*

☎ 2248 9464; Pariser Platz 6a; portate principali €6,50-16; 🕒 9-1; S-Bahn Unter den Linden

Un unico locale in Pariser Platz riunisce sotto lo stesso tetto, sostenuto da minuscole colonne color rame, un ristorante, un caffè e un salotto letterario. Lo chef Deff Haupt trasforma piatti ordinari, come lo stinco di maiale e la fricassea di pollo, in capolavori dell'arte culinaria, che hanno deliziato addirittura George W. Bush durante la sua visita di stato del 2002. Il caffè al secondo piano, che sembra una biblioteca e che offre comode poltrone, è perfetto per una sosta durante una giornata di visite turistiche.

Theodor Tucher

UNSICHT-BAR

Cartina pp344-5 *Cucina internazionale*

☎ 2434 2500; Gormannstrasse 14; menu da 3/4 portate €40/45; 🕒 a cena; U-Bahn Weinmeisterstrasse

Una cena in questo ristorante è una delizia per tutti i sensi tranne uno: la vista. La sala da pranzo è immersa in un'oscurità completa. Al bando sono i telefoni cellulari, le sigarette e qualsiasi altra fonte luminosa, anche se minima. Dopo aver scelto tra i numerosi menu nella zona reception (illuminata), si viene condotti al tavolo. V. anche p214.

VAU

Cartina p350 *Cucina internazionale*

☎ 202 9730; Jägerstrasse 54; a pranzo €12 a portata; a cena portate principali €35, menu a prezzo fisso a partire da €75; 🕒 12-14.30 e 19-22.30 da lunedì a sabato; U-Bahn Hausvogteiplatz

Nello stesso locale in cui Rahel Varnhagen teneva i suoi salotti letterari un paio di secoli fa, contrassegnato da una stella sulla guida Michelin, lo chef Kolja Kleeberg oggi vizia la sua clientela agiata con le sue originali creazioni culinarie. Gli ingredienti di stagione, attentamente selezionati, vengono impiegati per realizzare specialità come petto di piccione con polenta o pettini con bietole rosse. Per abbandonarvi al piacere totale scegliete il menu degustazione.

YOSOY

Cartina p350 *Cucina spagnola*

☎ 2839 1213; Rosenthaler Strasse 37; tapas €2-5, portate principali €7,50-15; S-Bahn Hackescher Markt

Questo grazioso tapas bar ricorda l'Andalusia con le sue pareti luminose, le piastrelle in stile moresco e un'allegra miscela di turisti, cittadini spagnoli e berlinesi ispanofili. C'è un invitante

Pasti – Mitte

menu di portate principali, tra cui il *filete de toro* (filetto di toro), ma i clienti più affezionati preferiscono sorseggiare uno sherry mentre gustano classiche *tapas* come prosciutto Serrano, peperoni ripieni di tonno e *tortilla* di patate.

ZUM NUSSBAUM

Cartina p350   *Cucina tedesca*
☎ 242 3095; Am Nussbaum 3; portate principali €6-9; U/S-Bahn Alexanderplatz

Questo semplice pub nel Nikolaiviertel è il posto giusto per respirare un'aria berlinese d'altri tempi. È la riproduzione esatta dell'originale del 1571, che sorgeva sulla vicina Fischerinsel prima che i bombardamenti della seconda guerra mondiale lo distruggessero. Soffitti bassi, pareti rivestite di pannelli di lucido mogano e un menu semplice ed essenziale ricreano perfettamente i tempi passati. Malgrado la costante invasione di turisti è ancora confortevole e autentico.

SE IL BUDGET È LIMITATO
BAGELS & BIALYS

Cartina p350   *Gastronomia*
☎ 283 6546; Rosenthaler Strasse 46-48; piatti €2-5; ☯ fino alle 5; S-Bahn Hackescher Markt

Questo posticino ha dimostrato di saper resistere in una città in cui le tendenze possono durare lo spazio di un mattino. Impiegati d'ufficio, turisti e amanti della vita notturna accorrono qui per rifocillarsi con *bagel*, insalate, zuppe, *shwarma* e altri stuzzichini. Molte proposte sono preparate su ordinazione, perciò dovrete preparavi a una certa attesa.

BETH CAFÉ

Cartina p350   *Cucina kasher*
☎ 281 3135; Tucholskystrasse 40; portate principali €2-9; ☯ 12-20 da domenica a giovedì; U-Bahn Oranienburger Strasse

Si tratta di un caffè-bistrò conveniente in cui è proibito fumare, con un grazioso cortile interno in cui ci si gode in tutta tranquillità un pranzo

I top five tra i ristoranti di cucina tedesca

- Alte Meierei (p175)
- Altes Zollhaus (p184)
- Fritz Fischer (p187)
- Offenbach Stuben (p189)
- Stäv (p173)

a base di salmone affumicato con pane tostato, varie insalate, gefilte fish o altre specialità della cucina ebraica. È legato alla congregazione di Adass Jisroel, che gestisce anche il **Kolbo** (cartina p350; Auguststrasse 77-78), un piccolo mercato kasher.

GRILL & SCHLEMMERBUFFET ZACH

Cartina pp344-5   *Cucina mediorientale*
☎ 283 2153; Torstrasse 125; piatti €1,10-5; ☯ 24 ore su 24; U-Bahn Rosenthaler Platz

Questo minuscolo takeaway ottiene il nostro riconoscimento come miglior doner kebab della città. Le porzioni sono gigantesche, la carne (vitello o pollo) è leggera e tagliata a fettine sottili, il pane è tostato alla perfezione, le insalate sono freschissime e la salsa di yogurt ha la giusta quantità di aglio. Tra i suoi numerosi clienti ci sono frequentatori di locali notturni, tassisti e gente della zona.

MONSIEUR VUONG

Cartina p350   *Cucina asiatica*
☎ 3087 2643; Alte Schönhauser Strasse 46; portate principali €6,40; U-Bahn Rosa-Luxemburg-Platz

Nonostante le pareti di un rosso vivace, la clientela raffinata e la tavola apparecchiata con cura, questo animato locale è costoso solo in apparenza. Le specialità vietnamite – zuppe e due o tre portate principali al giorno – sono preparate su ordinazione e sono sempre deliziose, come le macedonie di frutta fresca e i tè esotici. Non si accettano prenotazioni, perciò rassegnatevi a una lunga attesa.

PICCOLA ITALIA

Cartina p350   *Cucina italiana*
☎ 283 5843; Oranienburger Strasse 6; piatti €3-7; ☯ fino all'1 da domenica a giovedì, fino alle 3 venerdì e sabato; S-Bahn Hackescher Markt

Questa pizzeria solo da asporto, appena girato l'angolo dagli Hackesche Höfe, è sempre zeppa di clienti che apprezzano i suoi piatti gustosi. Le mini-pizze costano da €1,50 in su.

TIERGARTEN

La maggior parte dei ristoranti di Tiergarten, un quartiere molto frequentato da diplomatici, politici e uomini d'affari, è di ottimo livello. La qualità, però, non sempre giustifica i prezzi molto alti, soprattutto nei locali di Potsdamer Platz. Fortunatamente ci sono alcuni autentici tesori da scoprire, leggermente appartati rispetto ai posti più noti.

ALTE MEIEREI

Cartina pp342-3   *Cucina tedesca moderna*

☎ 399 200; Alt-Moabit 99; portate principali €14-17; ☾ 11-15; U-Bahn Turmstrasse

Solo a pranzo si può gustare la cucina sopraffina dello chef televisivo tedesco Rainer Strobel. L'ambiente, in quelle che erano le stalle di un piccolo caseificio storico, è molto elegante, con un soffitto di mattoni rossi sostenuto da colonne scure in ghisa. La cucina, a base di ingredienti locali leggeri e sani, è deliziosa. Il jazz brunch della domenica attira molti clienti.

ANGKOR WAT

Cartina pp342-3   *Cucina cambogiana*

☎ 393 3922; Paulstrasse 22; portate principali €10-16; ☾ a cena; S-Bahn Bellevue

In questo ampio ed esotico locale potrete assaggiare la 'fonduta cambogiana': seguirete voi stessi la cottura dei pezzetti di carne e verdura in una pentola fumante sistemata al tavolo (€35 per due persone). Gli altri piatti, molti dei quali sono a base di latte di cocco, presentano una interessante miscela di sapori. Il personale è disponibile e molto sorridente.

CAFÉ AM NEUEN SEE

Cartina pp352-3   *Caffè*

☎ 254 4930; Lichtensteinallee 2; portate principali €7-12; ☾ tutti i giorni da marzo a ottobre, sabato e domenica da novembre a febbraio; U/S-Bahn Zoologischer Garten

Grande birreria all'aperto sul lago nel parco del Tiergarten, un posto caratteristico in cui rilassarsi in una calda serata estiva. Se volete qualcosa di sostanzioso ordinate salsicce bavaresi, *pretzel* e pizze. Si può anche affittare una barca per compiere un romantico giro sul lago.

DIEKMANN IM WEINHAUS HUTH

Cartina p356   *Cucina francese*

☎ 2529 7524; Alte Potsdamer Strasse 5; portate principali €14-20; U/S-Bahn Potsdamer Platz

Le ostriche sono la specialità di questo raffinato ristorante all'interno dell'unico edificio di Potsda-

I top three tra i ristoranti di Tiergarten

- Angkor Wat (in questa pagina)
- Edd's (in questa pagina)
- Kaisersaal (in questa pagina)

mer Platz costruito prima della guerra. Se non amate questi molluschi, potreste iniziare con un piatto di *bouilli* (un saporito consommé), seguito da *coq au vin* e da una *crème brûlée* davvero ottima. Il pranzo a €10 nei giorni feriali (una portata principale, acqua minerale ed espresso) è molto conveniente.

EDD'S

Cartina pp352-3   *Cucina thailandese*

☎ 215 5294; Lützowstrasse 81; portate principali €8-16; ☾ a cena; U-Bahn Kurfürstenstrasse

I ristoranti thailandesi si sono moltiplicati negli ultimi annui, ma Edd's, uno dei primi della città, è ancora il numero uno. Il proprietario, da cui prende nome il locale, dirige personalmente la cucina quasi tutte le sere e prepara vere delizie come l'anatra arrostita due volte e il pollo al vapore in foglie di banana. Anche i curry sono memorabili. È necessaria la prenotazione.

KAISERSAAL

Cartina p356   *Cucina franco-tedesca*

☎ 2575 1454; Bellevuestrasse 1; portate principali €25-30; ☾ a cena; U/S-Bahn Potsdamer Platz

L'imperatore Guglielmo II era solito cenare in questa magnifica sala neo-rococò quando essa faceva ancora parte dell'Hotel Esplanade, il più imponente tra gli alberghi di un tempo che si affacciavano su Potsdamer Platz. Oggi fa da sfondo alle fantastiche creazioni di Mario Mauthner, chef austriaco che si avvale della sua creatività per trasformare piccioni, anatre o pesce spada in vere delizie da buongustai.

SE IL BUDGET È LIMITATO
ASIA PAVILLON

Cartina p356   *Cucina cinese*

Potsdamer Platz Arkaden; pasti €3,50-9,50; ☾ 9-20; U/S-Bahn Potsdamer Platz

Avanti con lo shopping! Ma prima di cedere alla stanchezza, fermatevi in questo animato self-service di cucina cinese, che serve specialità di tutto rispetto: piccanti, economiche e abbondanti. Pare che le gustose zuppe (circa €2) siano l'ideale per combattere un raffreddore.

SALOMON BAGELS

Cartina p356   *Gastronomia*

☎ 2529 7626; Potsdamer Platz Arkaden; piatti €2-4; ☾ 9-20; U/S-Bahn Potsdamer Platz

L'ordinario bagel diventa paradisiaco in questo elegante caffè nel centro commerciale (i proprietari in effetti li considerano come 'saggezza da mangiare'). Spalmate su un semplice bagel marmellata o Nutella, oppure scegliete un gusto salato, dalla crema di avocado alla più classica crema al formaggio e ovviamente al salmone affumicato. Buone anche zuppe e insalate. C'è una seconda sede a **Charlottenburg** (cartina p354; ☎ 881 8196; Joachimstaler Strasse 13; U-Bahn Kurfürstendamm).

CHARLOTTENBURG

Mitte potrà forse detenere lo scettro per quanto riguarda i locali 'in' e gli chef ambiziosi, ma senza dubbio alcuni dei ristoranti più raffinati si trovano ancora a Charlottenburg.

Molti posti sono rinomati e possiedono una clientela fedele costituita in genere da agiati professionisti locali per i quali mangiare fuori è un gradevole passatempo. Un gruppo di ristoranti e caffè interessanti si trova lungo Kurfürstendamm, Kantstrasse e le strade laterali. I locali più alla moda sorgono intorno a Savignyplatz, anche se le strade residenziali intorno a Sophie-Charlotte-Platz, a sud dello Schloss Charlottenburg, celano tesori da scoprire.

ALT-LUXEMBURG

Cartina pp352-3 *Cucina franco-tedesca*
☎ 323 8730; Windscheidstrasse 31; portate principali €24-28, pasto da 4/5 portate €65/72; ☽ a cena da lunedì a sabato; U-Bahn Sophie-Charlotte-Platz
Come un buon vino, questo ristorante elegante ma stranamente senza pretese – tempio dell'arte culinaria da più di due decenni – sembra migliorare con l'età. I piatti forti dello chef-proprietario Karl Wannemacher sono il *foie-gras* e l'aragosta, ma propone anche ottime specialità a base di verdure e di carne di qualità. Il servizio è veloce e attento.

ARCHE NOAH

Cartina p354 *Cucina kasher*
☎ 882 6138; Fasanenstrasse 79; portate principali €10-17, buffet €18; ☽ 11.30-15.30 e 18.30-23; U/S-Bahn Zoologischer Garten
Il più vecchio ristorante kasher certificato di Berlino è un posto piccolo e vecchio stile al secondo piano della Casa Comunitaria Ebraica. Il menu presenta molte specialità tradizionali, come *kreplach*, *gefilte fish* e punta di manzo. Si deve prenotare un tavolo per il leggendario

I top five tra i ristoranti di Charlottenburg

- **Alt-Luxemburg** (in questa pagina)
- **Cassambalis** (in questa pagina)
- **First Floor** (p177)
- **Jules Verne** (p178)
- **Mar y Sol** (p178)

buffet del martedì sera, uno smorgasbord di 30 saporite portate calde e fredde dell'Europa e del Medio Oriente.

BORRIQUITO

Cartina p354 *Cucina spagnola*
☎ 312 9929; Wielandstrasse 6; portate principali €7-13; ☽ 19-5; S-Bahn Savignyplatz
Non stupitevi se all'ora di cena troverete questo posto praticamente vuoto. Quasi ogni sera 'l'asinello' non si anima prima di mezzanotte, quando gli appassionati di flamenco, sherry e tipica cucina spagnola (molte portate principali a base di carne) danno inizio alla fiesta, spesso con chitarra dal vivo.

CAFÉ WINTERGARTEN IM LITERATURHAUS

Cartina p354 *Caffè*
☎ 882 5414; Fasanenstrasse 23; portate principali €10-16; ☽ 9.30-1; U-Bahn Uhlandstrasse
Intellettuali, artisti e amanti dello shopping si ritrovano in questa gradevole villa art nouveau lungo una delle strade più esclusive di Berlino. Quando il tempo lo consente, il giardino idilliaco è l'ideale per un pranzo leggero o un tranquillo spuntino pomeridiano con torta e caffè. In perfetto contrasto, i mobili neri e gli stucchi al soffitto all'interno trasudano un'aria intellettuale.

CASSAMBALIS

Cartina p354 *Cucina mediterranea*
☎ 885 4747; Grolmanstrasse 35; portate principali €9-24; U-Bahn Uhlandstrasse
Il proprietario Costas Cassambalis sposa le sue passioni per l'arte e la cucina nel simpatico ristorante molto noto sia all'ambiente intellettuale di Charlottenburg sia agli ospiti dell'adiacente Hecker's Hotel (p251). I clienti più affezionati adorano il pesce spada alla griglia e la morbida *roulade* di manzo, anche se siamo rimasti veramente colpiti dall'imponente buffet (portate calde e

Cassambalis

fredde a pranzo, antipasti la sera). È essenziale la prenotazione.

DIE ZWÖLF APOSTEL

Cartina p354   *Cucina italiana*
☎ 312 1433; Bleibtreustrasse 49; pizza €9-12, portate principali €15-18; ☷ 24 ore su 24; S-Bahn Savignyplatz

Questo locale, con il suo 'celestiale' décor di cherubini, affreschi e sfarzosi lampadari, è sempre affollato di gente che apprezza le sue ottime, anche se costose, pizze cotte nel forno a legna che prendono il nome dagli apostoli. Un vero miracolo trovare un tavolo libero nei giorni feriali, quando il pranzo d'affari costa solo €5. Anche a **Mitte** (cartina p350; ☎ 201 0222; Georgenstrasse 2; S-Bahn Hackescher Markt).

ENGELBECKEN

Cartina pp340-1   *Cucina bavarese*
☎ 615 2810; Witzlebenstrasse 31; portate principali €8-16; ☷ 16-1 da lunedì a sabato, 12-1 domenica; U-Bahn Sophie-Charlotte-Platz

Non si tratta di una birreria di Monaco, ma questo ristorante d'angolo con ampie vetrate e piccoli tavoli di legno serve quella che molti considerano la migliore cucina bavarese di Berlino. Il menu presenta tutti i soliti piatti tipici, come *Weisswürste* con *pretzel*, arrosto di maiale con gnocchetti e cavolo rosso, e *Apfelstrudel* con panna. Utilizzano solo carne biologica.

FIRST FLOOR

Cartina p354   *Cucina francese*
☎ 2502 1020; primo piano, Palace Hotel, Europa-Center, Budapester Strasse 45; portate principali €30-38; ☷ chiuso sabato a pranzo; U/S-Bahn Zoologischer Garten

Michael Buchholz è una stella nascente nel firmamento della scena gastronomica di Berlino. Giovane e ambizioso, sposa ottimi ingredienti e tecniche classiche di cottura che si traducono in piatti ricercati come pollo di Bresse e filetto di selvaggina avvolto nel filo. Per i buongustai che vanno di fretta c'è anche una colazione d'affari di tre portate (€40).

GOOD FRIENDS

Cartina p354   *Cucina cinese*
☎ 313 2659; Kantstrasse 30; portate principali €7-19; S-Bahn Savignyplatz

Le anatre esposte in vetrina tradiscono immediatamente l'autenticità di questo ristorante cantonese, dove si possono gustare delizie come 'uova vecchie di mille anni con meduse' e 'cetriolo di mare con ventre di pesce'. Se vi sembra una prova troppo impegnativa potete sempre ordinare il pollo *kung pao*.

HARD ROCK CAFÉ

Cartina p354   *Cucina americana*
☎ 884 620; Meinekestrasse 21; portate principali €8-16; U-Bahn Uhlandstrasse, Kurfürstendamm

Venite in questo locale per consumare un ottimo hamburger o per procurarvi la maglietta del ristorante da aggiungere alla vostra eventuale collezione. Si tratta del solito prevedibile mix di oggetti rock, musica a tutto volume e servizio veloce.

HITIT

Cartina pp340-1   *Cucina turca*
☎ 322 4557; Knobelsdorffstrasse 35; portate principali €7,50-15; ☷ a cena, anche domenica a pranzo; U-Bahn Sophie-Charlotte-Platz

Bassorilievi e fontane creano un ambiente elegante e rilassato in questo popolare ristorante

Pasti – Charlottenburg

I top five tra i bar per la prima colazione

- **Buddha Lounge** (p188)
- **Jules Verne** (p178)
- **Milagro** (p172)
- **Morgenland** (p185)
- **Tomasa** (p182)

turco lontano dagli itinerari turistici. La combinazione di antipasti caldi e freddi è assolutamente invitante, come pure le portate principali a base di agnello alla griglia e i pasticci di verdure.

JULES VERNE

Cartina p354 *Cucina internazionale*

☎ 3180 9410; Schlüterstrasse 61; prima colazione €4-10, portate principali €5-15; ☢ 8-1; S-Bahn Savignyplatz

Questo ristorante, che porta il nome del famoso scrittore francese, presenta un menu internazionale. Si può gustare il *couscous* del Nord Africa, un *Flammekuche* francese o una Schnitzel austriaca. Le sontuose prime colazioni (servite fino alle 15) prendono il nome dai romanzi di Verne, come per esempio *20.000 Leghe sotto i mari* e *Il giro del mondo in 80 giorni*.

LA CALETA

Cartina p354 *Cucina spagnola*

☎ 8862 7475; Wielandstrasse 26a; portate principali €10-18; ☢ a cena da lunedì a sabato; S-Bahn Savignyplatz

In spagnolo le *caletas* sono piccole baie in cui si rifugiano i pesci, una piacevole sensazione che il proprietario, il Señor Bonfiglio, si augura provino i suoi ospiti. In due belle sale da pranzo si gustano specialità tipiche di tutta la Penisola Iberica. Il pesce spada in crosta di sale è una delle specialità (€17), ma La Caleta serve anche una non irresistibile *paella valenciana* (€13). C'è anche una lista dei vini di tutto rispetto.

LA PETITE FRANCE

Cartina pp340-1 *Cucina francese*

☎ 325 8242; Knobelsdorffstrasse 27; portate principali €14-18; ☢ a cena da mercoledì a lunedì; U-Bahn Sophie-Charlotte-Platz

Questo posto è così spiccatamente francese che potrebbe addirittura indurre a scambiare la vicina Funkturm per la Tour Eiffel, soprattutto dopo aver bevuto in abbondanza il suo ottimo Côte du Lubéron. La cucina è deliziosa ma presentata e servita senza la solita maniera leziosa tipica dei ristoranti francesi. Facilmente raggiungibile a piedi da Schloss Charlottenburg.

MAR Y SOL

Cartina p354 *Cucina spagnola*

☎ 313 2593; Savignyplatz 5; tapas €2-4, portate principali €10-18; ☢ a cena; S-Bahn Savignyplatz

In una serata tiepida riservate un tavolino nel patio decorato con piastrelle e, gustando

manchego (formaggio di capra), chorizo, *jamón serrano* (prosciutto salato), *gambas* (gamberi), *albondigas* (polpette di carne) e altre tapas appetitose, potreste anche immaginare di essere a Siviglia. In inverno ci si accomoda nella vasta ed elegante sala da pranzo. Si consiglia la prenotazione.

PARIS BAR

Cartina p354 *Cucina francese*

☎ 313 8052; Kantstrasse 152; portate principali €13-25; U-Bahn Uhlandstrasse

È un locale decorato con oggetti d'arte e frequentato da personaggi celebri. David Bowie, Jack Nicholson e Madonna hanno contribuito alla notorietà di questo ritrovo leggendario. I normali clienti non ricevono le stesse attenzioni, e questo consente loro di guardarsi intorno con maggiore libertà. La cucina sembra quasi essere di secondaria importanza.

STELLA ALPINA

Cartina pp352-3 *Cucina italiana*

☎ 322 2805; Suarezstrasse 4; portate principali €6-16; U-Bahn Sophie-Charlotte-Platz

La semplice pizza diventa un piatto delizioso in questo ritrovo esclusivo in cui gustare anche un buon pasto dopo un'intensa giornata dedicata ai musei intorno a Schloss Charlottenburg. I cortesi camerieri italiani saranno pronti a consigliarvi, anche se noi spezziamo una lancia a favore della pizza Stella con spinaci e gorgonzola, salame e, come *pièce de résistance*, un bel gambero. Ottimo anche il menu proposto a pranzo.

WOOLLOOMOOLOO

Cartina pp342-3 *Cucina australiana*

☎ 3470 2777; Röntgenstrasse 7; portate principali €10-19; ☢ a cena; U-Bahn Richard-Wagner-Platz

Gradite un assaggio di canguro? Vi andrebbe alla griglia, fritto, con contorno di fichi o con l'insalata? Al Woolloomooloo propongono una cucina australiana moderna e autentica, preparata con ingredienti freschissimi e di ottimo sapore. Innaffiate il tutto con una pinta di birra Foster's o con ottimo vino australiano. Il nome, per inciso, fa riferimento a un quartiere di Sydney.

YVA-SUITE

Cartina p354 *Cucina europea*

☎ 8872 5573; Schlüterstrasse 52; portate principali €9-18; ☢ 18-3 da domenica a giovedì, fino alle 5 venerdì e sabato; S-Bahn Savignyplatz

Combinazione trendy di bar-lounge-ristorante per avventori ricchi e famosi. Ottimi piatti ispirati alla cucina europea in una sala da pranzo dalle luci soffuse, oppure oltre 1000 whiskey da sorseggiare al bar. Il posto prende il nome da YVA, un fotografo di moda negli anni '30 ucciso dai nazisti (v. anche Hotel Bogota, p252).

SE IL BUDGET È LIMITATO

GOSCH

Cartina p354 *Specialità di pesce*
☎ 8868 2800; Kurfürstendamm 212; panini €2-3,50, portate principali €6-15; U-Bahn Uhlandstrasse
Solo il veloce vento del Mare del Nord manca in questo elegante bistrò di pesce, il cui modello originale si trova sull'isola di Sylt, in Frisia. Si viene qui per un veloce panino da portare via oppure si sceglie al banco il proprio *poisson* (pesce) e si aspetta che venga cucinato. Ha una sede anche in **Potsdamer Platz** (cartina p356; ☎ 2529 6820; Alte Potsdamer Strasse 1; U/S-Bahn Potsdamer Platz).

MARCHÉ

Cartina p354 *Cucina internazionale*
☎ 882 7578; Kurfürstendamm 14-15; pasti €5-10;
☾ da lunedì a sabato; U-Bahn Kurfürstendamm
Se avete bisogno di una sosta durante lo shopping in Ku'damm, trasportate i vostri pacchi fino a questo informale bistrò a self-service, dove troverete insalate, verdure, pasta e torte a buffet, ma anche diversi piatti caldi preparati al momento. La cucina non merita un premio speciale, ma il locale è pulito, gli ingredienti sono freschi e i prezzi contenuti. Ci sono anche zone per non fumatori e uno spazio giochi per bambini.

PICCOLA TAORMINA

Cartina p354 *Cucina italiana*
☎ 881 4710; Uhlandstrasse 29; pizze €3-12; ☾ 10-2;
U-Bahn Uhlandstrasse
Unitevi alla folla dei negozi di Ku'damm, residenti italiani, famiglie e impiegati che si ritrovano qui per le sue ottime pizze sottili, ben guarnite di funghi, peperoni e altre prelibatezze. È un self-service, perciò procuratevi un piatto, trovate un posto a sedere nel labirintico locale dalle pareti azzurre e gustatevi la pizza con sottofondo di musica leggera italiana.

SCHWARZES CAFÉ

Cartina p354 *Caffè*
☎ 313 8038; Kantstrasse 148; piatti €4,50-9; ☾ 24 ore su 24; U/S-Bahn Zoologischer Garten, Savignyplatz
Questo originale locale venne fondato nel 1978 da un gruppo di 15 donne. Per un certo periodo fu imposto agli uomini il pagamento di un 'biglietto d'ingresso' di un marco (€0,50). I proventi di questa operazione erano destinati a un centro di accoglienza per donne in difficoltà. Schwarzes Café è senza dubbio un ottimo posto per mangiare qualcosa, bere una birra o per la prima colazione. È aperto a tutte le ore del giorno e della notte.

WILMERSDORF

Wilmersdorf non è una zona particolarmente nota per la buona cucina, ma se desiderate hamburger o nachos potete recarvi nei pressi di Pariser Strasse. A ovest di Ludwigkirchplatz è concentrata la maggior parte dei locali americani e delle cantine tex-mex della città. I ristoranti a est della piazza, lungo Ludwigkirchstrasse, sono frequentati soprattutto da residenti a Wilmersdorf, persone chic e tranquille.

DIE QUADRIGA

Cartina p354 *Cucina francese*
☎ 2140 5650; Eislebener Strasse 14, all'interno di Brandenburger Hof; portate principali €20-35, menu degustazione €55-90; ☾ a cena da lunedì a venerdì;
U-Bahn Augsburger Strasse
Un intimo tempio dell'arte culinaria, in cui lo chef Wolfgang Nagler si dedica ai classici della cucina francese autentica (per esempio pollo di Bresse, calamari con ripieno di gamberi), ricevendo l'approvazione anche dagli esperti della guida Michelin. L'ambiente ricorda un elegante salotto degli anni '20, con tanto di sedie di Frank Lloyd Wright e sottofondo di pianoforte dal vivo dopo le 19. Al Die Quadriga è essenziale la prenotazione.

JIMMY'S ASIAN DINER

Cartina p354 *Cucina americana e cinese*
☎ 882 3141; Pariser Strasse 41; portate principali €6,50-10; U-Bahn Spichernstrasse, Uhlandstrasse
Il più vecchio diner di Berlino ha cambiato il proprio look variando i colori dal rosso al verde

Pasti – Wilmersdorf

I top three tra i ristoranti di Wilmersdorf

- Die Quadriga (p179)
- QBA (p180)
- Sushi Imbiss (p180)

menta e ampliando il proprio menu per includere pollo *kung pao* e altre specialità asiatiche. Fortunatamente, non sono cambiati i grandi e succulenti hamburger.

MANZINI

Cartina p354   *Cucina italiana*

☎ 885 7820; Ludwigkirchstrasse 11; prima colazione €6-10, portate principali €10-17; ☒ 8-2; U-Bahn Spichernstrasse

Elegante ambiente dall'aspetto vagamente art déco, una sorta di tunnel in cui clienti affezionati e benestanti si concedono un'ottima prima colazione o uno dei piatti creativi a base di ingredienti di stagione. Comodi i divanetti in pelle. Molto apprezzati i risotti.

QBA

Cartina p354   *Cucina cubana*

☎ 8855 1754; Konstanzer Strasse 1; tapas €2-5,50, portate principali €7-14; ☒ a cena; U-Bahn Adenauerplatz

I ventilatori si muovono pigramente dal soffitto macchiato dal fumo, l'arredo ha visto giorni migliori e Fidel e il Che 'osservano' dall'alto quel che succede in sala. Il QBA fa decisamente leva sui tipici cliché di Cuba, ma fortunatamente offre anche una cucina piuttosto saporita, buoni cocktail e un assortimento di sigari di tutto rispetto. Anche a **Mitte** (cartina p350; ☎ 2804 0505; Oranienburger Strasse 45; U-Bahn Oranienburger Tor).

ROUTE 66

Cartina p354   *Cucina americana*

☎ 883 16 02; Pariser Strasse 44; portate principali €5-12; ☒ 10-2 da domenica a giovedì, 10-4 venerdì e sabato; U Bahn Spichernstrasse

Dal nome della leggendaria highway, il Route 66 è quasi una parodia di un locale americano anni '50 con luccicanti separé di vinile, insegne al neon e poster di film d'epoca. È noto soprattutto per gli hamburger, ma si possono ordinare vari piatti in un'atmosfera da *American Graffiti*. Un elemento divertente: jukebox in miniatura al tavolo (€0,50 per due canzoni).

SCARABEO

Cartina p354   *Cucina egiziana*

☎ 885 0616; Ludwigkirchstrasse 6; portate principali €12-16; ☒ a cena; U-Bahn Spichernstrasse

Le statue di Nefertiti e di altri reali e divinità egiziane rasentano il kitsch, ma la cucina è degna di un faraone. Si può iniziare con *baba*

ghanoush o *kibbe* (polpettine di carne), poi deliziare il palato con succulente e speziate carni di agnello o pollo. Durante il fine settimana le danzatrici del ventre contribuiscono a creare un'atmosfera esotica.

SUSHI IMBISS

Cartina p354   *Sushi*

☎ 881 2790; Pariser Strasse 44; nigiri €2-3, maki €3-8; ☒ 12-24 da lunedì a sabato, 16-23 domenica; U-Bahn Spichernstrasse, Uhlandstrasse

Questo locale nulitissimo sostiene di essere il più vecchio fornitore di sushi di Berlino, in affari dal 1991. Ciò che importa veramente, però, è che i bocconcini di pesce sono freschissimi, tagliati con mano esperta e venduti a prezzi accettabili. Risparmierete qualcosa ordinando i piatti misti (da €11,50 a €20).

SE IL BUDGET È LIMITATO
CURRY 195

Cartina p354   *Specialità salsicce*

☎ 881 8942; Kurfürstendamm 195; spuntini €2-3,50; ☒ 11-5; U-Bahn Uhlandstrasse

Locale molto amato, questo negozio di salsicce è frequentato dei berlinesi benestanti che possono permettersi di innaffiare le loro salsicce con una bottiglia di Dom Perignon (€150). È anche un noto ritrovo di chef che spesso si intrattengono nel locale fino alle ore piccole.

SCHÖNEBERG

Se non avete precise esigenze culinarie prendete la U-Bahn per Nollendorfplatz e iniziate a camminare verso sud. Sicuramente tra la stazione e Hauptstrasse troverete almeno un paio di dozzine di locali che vi attireranno. Non vi aspettate però una cucina raffinata; si tratta per lo più di locali informali stile caffè, dove potrete sfamarvi senza spendere una fortuna. Ci sono diversi ristoranti indiani in Goltzstrasse, immediatamente a sud di Winterfeldtplatz, e alcuni locali con cucina greca più a sud.

AUGENSCHMAUS

Cartina pp352-3   *Cucina internazionale*

☎ 7889 0781; Vorbergstrasse 10; portate principali €5,50-11; U-Bahn Eisenacher Strasse

È soprattutto la gente del quartiere a frequentare questo ristorante dalle tinte vivaci il cui nome significa 'festa per gli occhi'. Il menu comprende piatti quali *coq au vin* e fritti di verdure. Col bel tempo si può mangiare sulla terrazza.

BAMBERGER REITER

Cartina p354 *Cucina austriaca*

☎ 218 4282; Regensburger Strasse 7; portate principali €18-30, menu €37-55; ✆ a cena da martedì a sabato; U-Bahn Viktoria-Luise-Platz

Ristorante di un'eleganza rustica, una delle mete gastronomiche più ambite di Berlino già molto tempo prima della caduta del Muro. Gli affezionati raccomandano la Wiener Schnitzel e il pollo arrosto, ma ci sono anche altre ottime scelte meno scontate, come la terrine di funghi di bosco e gli gnocchetti di spinaci. Valida lista dei vini e grazioso giardino.

CAFÉ BERIO

Cartina pp352-3 *Caffè*

☎ 216 1946; Maassenstrasse 7; prima colazione €4-12, piatti €3-7; ✆ 8-1; U-Bahn Nollendorfplatz

Caffè dislocato su due piani in cui servono squisite torte con sottofondo di musica classica. In affari da più di 50 anni, il suo arredo quasi barocco e l'atmosfera da caffè viennese sono da molto tempo apprezzati dalla comunità gay, anche se tutti sono clienti graditi.

CAFÉ EINSTEIN

Cartina pp352-3 *Cucina austriaca*

☎ 261 5096; Kurfürstenstrasse 58; prima colazione €4-13, portate principali €10-20; U-Bahn Nollendorfplatz

Schnitzel con tagliolini e strudel caldo: li troverete in questo classico caffè viennese all'interno di una villa sontuosa con giardino. Tavolini con piano in marmo, grandi specchi e divani creano un ambiente elegante, anche se personale e clientela sono un po' altezzosi.

La villa un tempo era di proprietà di Henny Porten, una delle prime dive cinematografiche tedesche, che fuggì dalla Germania nazista dopo aver rifiutato di divorziare dal marito ebreo. Anche a **Mitte** (cartina p350; ☎ 204 3632; Unter den Linden 42; U/S-Bahn Friedrich-strasse).

I top five tra i ristoranti di Schöneberg

- **Bamberger Reiter** (in questa pagina)
- **La Cocotte** (in questa pagina)
- **Storch** (p182)
- **Tomasa** (p182)
- **Witty's** (p183)

FEINBECKEREI

Cartina pp352-3 *Cucina sveva*

☎ 784 5158; Vorbergstrasse 2; portate principali €5,50-10,50; ✆ 12-2; U-Bahn Kleistpark

Questo intimo locale in un panificio degli inizi del XX secolo è specializzato in piatti tipici della Svevia. In una fredda serata invernale piatti robusti come *Maultaschen* (ravioli svevi), *Kässpätzle* (pasta sveva al formaggio) e *Zwiebelröstbraten* (arrosto di maiale con cipolle) sono l'ideale. I posti più gradevoli sono nella *Backstube* (sala del forno) con il suo grande forno a piastrelle per il pane.

HAKUIN

Cartina pp352-3 *Cucina vegetariana*

☎ 218 2027; Martin-Luther-Strasse 1; portate principali €15-19; ✆ a cena da martedì a domenica, a pranzo domenica; U-Bahn Wittenbergplatz

Non importa quanto sia stata pesante la giornata: non appena si entra in questo ristorante Zen a gestione buddhista, lo stress svanisce come per incanto.

La cucina non prevede carne e fa ampio uso di ingredienti biologici. I piatti portano nomi poetici come Surabaya (un *rijsttafel* indonesiano) o Kabuki (uno *smorgasbord* di leccornie giapponesi). È proibito fumare. Si consiglia la prenotazione.

LA COCOTTE

Cartina pp352-3 *Cucina francese*

☎ 7895 7658; Vorbergstrasse 10; portate principali €12-16; ✆ a cena; U-Bahn Eisenacher Strasse

L'aspetto del locale e le specialità esclusivamente francesi potrebbero indurvi quasi a dimenticare di essere a Berlino.

Il menu è più di campagna che *haute* con piatti dai sapori intensi come *coq au vin* o maiale affumicato con *Sauerkraut* cotti nello champagne. Si trova in un incantevole edificio art nouveau con una piccola terrazza esterna. Si consiglia la prenotazione.

NEMESIS

Cartina pp352-3 *Cucina greca*

☎ 781 1590; Hauptstrasse 154; portate principali €9-15; ✆ a cena; U-Bahn Kleistpark

Pur trovandosi in un tratto decisamente poco trendy di Schöneberg, il Nemesis ogni sera è affollato per la sua ottima cucina greca. Le robuste porzioni di *souvlaki* alla griglia e di agnello arrosto sono adatte alle fredde serate invernali; gustosi anche i pasticci di verdure.

OUSIES

Cartina pp352-3 *Cucina greca*

☎ 216 7957; Grunewaldstrasse 16; piatti €2,60-7; ☺ a cena; U-Bahn Eisenacher Strasse

Non si tratta della tipica taverna greca ma di una cosiddetta *ouzeria*, una specie di tapas bar in stile greco dove il pasto si compone principalmente di piccoli assaggi di piatti caldi e freddi. Ottimo per i vegetariani o per chi voglia mantenere la linea. Ordinate l'ottimo piatto misto (€8) e ne sarete entusiasti. Si consiglia la prenotazione.

PAN Y TULIPAN

Cartina pp352-3 *Cucina spagnola*

☎ 2191 3014; Winterfeldtstrasse 40; piatti €1,80-13; U-Bahn Nollendorfplatz

Un aroma appetitoso che fluttua dalla cucina aperta vi accoglie non appena mettete piede in questo caffè conviviale nei pressi di Winterfeldtplatz.

Il ricco menu presenta le classiche tapas più una buona scelta di invitanti portate principali. Il piatto del giorno a pranzo costa solo €5. Nei giorni di mercato (mercoledì e sabato) si fa la fila per entrare.

PETITE EUROPE

Cartina pp352-3 *Cucina italiana*

☎ 781 2964; Langenscheidtstrasse 1; portate principali €4,50-10; ☺ a cena; U-Bahn Kleistpark

Una sera dopo l'altra, i tavoli di questo semplice posticino si riempiono di commensali amanti della pasta fatta in casa e delle pizze cotte nel forno a legna. Forse non sarà il miglior pasto che farete a Berlino, ma probabilmente ricorderete questo posto per l'ambiente tranquillo e ricco di charme, per il servizio cortese e le porzioni generose. Non è male prenotare.

STORCH

Cartina pp352-3 *Cucina alsaziana-francese*

☎ 784 2059; Wartburgstrasse 54; flammekuche €8, portate principali €14-20; ☺ a cena; U-Bahn Eisenacher Strasse

I pavimenti in legno sono consumati dagli innumerevoli clienti che frequentano questo locale per i pasti informali a base di *Flammekuche* (la versione alsaziana di una pizza sottile) o portate principali più robuste come oca ripiena o ragù di cinghiale. Il proprietario Volker Hauptvogel, le cui maniere garbate non tradiscono il suo passato di punk-rocker, spesso accoglie di persona i clienti con il suo fascino disarmante.

TIM'S CANADIAN DELI

Cartina pp352-3 *Caffè*

☎ 2175 6960; Maassenstrasse 14; portate principali €5-17; ☺ 8-1; U-Bahn Nollendorfplatz

Uno dei posti migliori per iniziare la giornata è questo caffè d'angolo, con tavolini all'aperto, che si affaccia su Winterfeldtplatz. In altri momenti della giornata sono gli hamburger di verdure, i bagel, le bistecche e altri sani piatti ad attirare i clienti.

TOMASA

Cartina p354 *Cucina internazionale*

☎ 213 2345; Motzstrasse 60; prima colazione €5-15, portate principali €10-20; ☺ 8-1; U-Bahn Viktoria-Luise-Platz

Qui servono pranzo e cena, ma è soprattutto la prospettiva della squisita prima colazione di Tomasa che invoglia ad alzarsi relativamente presto. Da non perdere il brunch servito individualmente al tavolo, ciascuno un mosaico diverso di tentazioni culinarie classiche e innovative. È essenziale prenotare, soprattutto la domenica.

C'è un'altra filiale a **Schöneberg** (cartina pp352-3; ☎ 7895 8888; Salzburger Strasse 19; U-Bahn Bayerischer Platz) e una a **Charlottenburg** (cartina p354; ☎ 312 8310; Knesebeckstrasse 22, S-Bahn Savignyplatz).

TRATTORIA Á MUNTAGNOLA

Cartina pp352-3 *Cucina italiana*

☎ 211 6642; Fuggerstrasse 27; pizza €5,50-9,50, pasta €9,50-11,50, portate principali €15,50-20; ☺ a cena; U-Bahn Viktoria-Luise-Platz, Wittenbergplatz

I proprietari sono originari della Basilicata, le cui colline baciate dal sole producono prodotti dagli aromi esuberanti. La pizza è discreta, la pasta fatta in casa è ottima, ma sono i piatti a base di carne (soprattutto lo stufato di agnello) che vi attireranno ancora in questo ristorante. I bambini sono ospiti graditi.

SE IL BUDGET È LIMITATO
BAHARAT FALAFEL

Cartina pp352-3 *Cucina mediorientale*

☎ 216 8301; Winterfeldtstrasse 37; piatti €2-5; ☺ 11-2; U-Bahn Nollendorfplatz

L'umile falafel diventa una leccornia in questo localino di prodotti da asporto. Il proprietario saluta gli ospiti con un gran sorriso e le note appassionate di Cesaria Evora si diffondono nella sala dalle graziose decorazioni. Gradevole è anche la spremuta fresca di carote, un concentrato di vitamine.

Tomasa

EINHORN

Cartina p354   *Cucina vegetariana*

☎ 218 6347; Wittenbergplatz 5-6; porzioni a buffet €1,20 per 100 g, portate principali €5-7,50; ⌚ 11-17 da lunedì a sabato; U-Bahn Wittenbergplatz

L'ideale per riprendersi dopo un pomeriggio di shopping in Ku'damm, con un delizioso assortimento di piatti a base di verdure, freschi e veloci. Servitevi da soli all'invitante buffet degli antipasti, oppure sedetevi nel bistrò per un rapido pranzo – con un menu che cambia tutti i giorni – a base di *fusilli* con salsa di capperi e limone, verdure marocchine con *couscous* al profumo di menta ecc. Presente anche a **Charlottenburg** (cartina p354; ☎ 881 4241; Mommsenstrasse 2; S-Bahn Savignyplatz).

HISAR

Cartina pp352-3   *Cucina mediorientale*

S-Bahnhof Yorkstrasse; piatti €2,50-5; ⌚ 10-24; U/S-Bahn Yorckstrasse

In una strana posizione, l'Hisar è probabilmente uno dei migliori posti della città per il doner kebab.

RANI

Cartina pp352-3   *Cucina indiana*

☎ 215 2673; Goltzstrasse 32; piatti €3,50-7; ⌚ 11-1; U-Bahn Nollendorfplatz

Questo self-service si distingue dagli altri ristoranti indiani a sud di Winterfeldtplatz. Si ordina al banco, si prendono le posate, si trova un tavolo, quindi si soddisfa l'appetito con i grandi piatti di riso basmati coperto di carne o verdure al curry. In estate i tavolini sul marciapiede e gli intensi *lassi* (bevande a base di yogurt) vengono presi di mira.

WITTY'S

Cartina p354   *Salsicce*

☎ 853 7055; Wittenbergplatz; spuntini €2-4; ⌚ 11-1; U-Bahn Wittenbergplatz

Anonimo, ma ottimo, locale che serve salsicce di fronte all'imponente grande magazzino KaDeWe. Mordete una delle salsicce biologiche con certificazione di Witty e scoprirete perché sia un vero oggetto di culto per il suo seguito fedele. Ottime sono anche le fragranti patatine fritte e le salse fatte in casa (tra cui maionese, salse alle arachidi e all'aglio).

KREUZBERG

I berlinesi stanno riscoprendo Kreuzberg, una fucina multietnica che presenta un invitante mosaico di atmosfere e sapori. Caffè bohémien sorgono accanto ai tipici pub tedeschi di un tempo, snack bar mediorientali si trovano a ridosso dei templi della buona tavola. Bergmannstrasse, l'arteria principale nel settore occidentale del distretto, è fiancheggiata da caffè eleganti e ristoranti informali, mentre Oranienstrasse, l'equivalente nel settore orientale di Kreuzberg, conserva ancora in parte la vecchia atmosfera anarchica. Entrambe le strade sono l'ideale per mangiare, bere e divertirsi.

ABENDMAHL

Cartina pp348-9   *Cucina vegetariana*
☎ 612 5170; Muskauer Strasse 9; portate principali €9-16; ✆ a cena; U-Bahn Görlitzer Bahnhof
I vegetariani venerano questo ristorante esclusivo – il cui nome significa 'Ultima Cena' – anche se sul menu compare il pesce. Circondati da oggetti sacri, di gusto kitsch, assaggerete piatti dai nomi curiosi come 'Venere Calda in Terra' (conchiglie di pasta ripiene di ricotta e spinaci) o 'Inferno Fiammeggiante' (un curry thailandese di pesce).

ALTES ZOLLHAUS

Cartina pp348-9   *Cucina tedesca moderna*
☎ 692 3300; Carl-Herz-Ufer 30; pasti da 2/3/4/5 portate €25/33/37/39; ✆ a cena da martedì a sabato; U-Bahn Prinzenstrasse
Un tempo ufficio della dogana, questo gioiello di ristorante è stato restaurato con gusto e in parte rivestito di legno. Sorge in un punto stupendo, direttamente sul Landwehrkanal. Con il suo charme rustico, è l'ambiente perfetto per una cucina tedesca esclusiva e all'avanguardia, con qualche tocco mediterraneo, preparata dallo chef Günter Beyer. Chi lo prova per la prima volta non sbaglierà ordinando l'anatra arrosto.

AMRIT

Cartina pp348-9   *Cucina indiana*
☎ 612 5550; Oranienstrasse 203; portate principali €7-11; U-Bahn Görlitzer Bahnhof
Con i suoi massicci tavoli di pino e le sue tele a colori vivaci, l'Amrit ricorda il soggiorno di un appartamento svedese, anche se la cucina è autenticamente indiana e di ottima qualità. Le porzioni sono generose, aromatiche e arrivano fumanti al tavolo. Sia questa sede, sia la filiale di

---

I top five tra i ristoranti di Kreuzberg

- **Altes Zollhaus** (in questa pagina)
- **Austria** (in questa pagina)
- **Café Jacques** (in questa pagina)
- **Le Cochon Bourgeois** (p185)
- **Osteria No 1** (p185)

Mitte (cartina p350; ☎ 2888 4840; Oranienburger Strasse 45; U-Bahn Oranienburger Tor) sono sempre affollate la sera; si consiglia di prenotare.

AUSTRIA

Cartina pp348-9   *Cucina austriaca*
☎ 694 4440; Bergmannstrasse 30; portate principali €13-18; ✆ a cena; U-Bahn Gneisenaustrasse
Con la sua collezione di corna di cervo, i poster di Romy Schneider alle pareti e i pavimenti rustici, questo posto sembra un capanno di caccia progettato a Hollywood. A parte i cliché, la *Wiener Schnitzel* – sottile, tenera, enorme – meriterebbe davvero un Oscar e viene esaltata da una buona birra Kapsreiter ghiacciata.

BAR CENTRALE

Cartina pp348-9   *Cucina italiana*
☎ 786 2989; Yorckstrasse 82; antipasti e pasta €9-12, portate principali €13-20; U-Bahn Mehringdamm
Creatività italiana (non servono pizza) a prezzi decisamente onesti è la parola d'ordine di questo gradevole locale. Gran parte della fantasia dello chef si concentra sugli antipasti, tra cui pettini alla griglia, gamberi con salsa di aragosta e rucola, o filetto d'anatra con salsa di pinoli.

CAFÉ JACQUES

Cartina pp348-9   *Cucina mediterranea*
☎ 694 1048; Maybachufer 8; portate principali €7-13; ✆ a cena; U-Bahn Schönleinstrasse
Se, dopo un giro al mercato turco, aveste appetito, vi suggeriamo di fare visita a questo grazioso caffè di quartiere. Dietro a un sipario di piante verdi vi aspetta un menu, segnato su una lavagna, ricco di piatti mediterranei, molti con aromi mediorientali. Il *couscous* è ottimo e il 'piatto misto vegetariano da favola' è semplicemente divino. Innaffiate il tutto con una bottiglia di rosso della casa (€11).

CHANDRA KUMARI

Cartina pp348-9   *Cucina dello Sri Lanka*
☎ 694 1203; Gneisenaustrasse 4; portate principali €5-13; U-Bahn Mehringdamm
Il bouquet di spezie esotiche, che caratterizza la cucina, è così intenso da sembrare quasi inebriante. Solo verdure a coltivazione biologica e carni provenienti da allevamenti biologici vengono impiegate nei curry ricchi di aromi e nei piatti a base di riso. Se volete concedervi qualcosa di speciale, ordinate l'*Hochzeitsmenu* (un 'menu di nozze'), un banchetto per due persone che costa €50.

LE COCHON BOURGEOIS

Cartina pp348-9 *Cucina francese*

☎ 693 0101; Fichtestrasse 24; portate principali €16-22; 🕑 a cena da martedì a sabato; U-Bahn Südstern

Sale semplici, fiori freschi e una robusta cucina con qualche incursione originale sono gli ingredienti del successo del 'Maiale Borghese'. Lo chef Hannes Behrmann si è conquistato la fiducia di moltissimi clienti fedeli, tra cui qualche personalità del mondo della politica, del cinema o del teatro. Il menu cambia tutti i giorni, ma non mancano mai l'arrosto di agnello e la *tarte tatin*.

MORGENLAND

Cartina pp348-9 *Caffè*

☎ 611 3183; Skalitzer Strasse 35; portate principali €5-12; 🕑 9.30-2; U-Bahn Görlitzer Bahnhof

Un'istituzione per la prima colazione nella parte orientale di Kreuzberg, soprattutto la domenica, quando nottambuli dagli occhi cerchiati di rosso e fedeli della messa domenicale invadono questo caffè per il brunch. Per il resto è un caffè tranquillo con una cucina che si ispira a ricette di tutta Europa: piatti di pasta, agnello, pesce fritto ecc.

NATURKOST SEEROSE

Cartina pp348-9 *Cucina vegetariana*

☎ 6981 5927; Mehringdamm 47; piatti €3-7; 🕑 10-22 da lunedì a sabato, 12-21 domenica; U-Bahn Mehringdamm

I vegetariani frequentano volentieri questo piccolo caffè che solletica i palati con deliziosi pasticci, zuppe, insalate, piatti di pasta e spremute di frutta fresca. Si ordina al banco.

OSTERIA NO 1

Cartina pp348-9 *Cucina italiana*

☎ 786 9162; Kreuzbergstrasse 71; portate principali €7-16; U-Bahn Mehringdamm

In attività da 25 anni, questo ristorante con locandine cinematografiche alle pareti e tovaglie bianche è molto apprezzato anche da celebrità come Wim Wenders e Nastassia Kinski. I bambini sono i benvenuti e a loro disposizione c'è anche un parco giochi nel giardino, all'ombra delle palme. Antipasti, pasta, carne, pesce: è tutto ottimo.

SALE E TABACCHI

Cartina pp348-9 *Cucina italiana*

☎ 2529 5003; Kochstrasse 18; portate principali €15-22; 🕑 9-2 da lunedì a venerdì, 10-2 sabato e domenica; U-Bahn Kochstrasse

Con un po' di fortuna potreste cogliere qualche notizia intrigante in questo vivace bistrò molto frequentato dai giornalisti del *taz*, il quotidiano con sede nello stesso edificio. Lo chef ama proporre creazioni personali con ingredienti raffinati come coda di aragosta, cuori di carciofo e cotolette di vitello. Sul menu figurano anche ottimi antipasti, ma il servizio potrebbe essere più cortese.

SUMO

Cartina pp348-9 *Cucina giapponese*

☎ 6900 4963; Bergmannstrasse 89; portate principali €7-11; U-Bahn Gneisenaustrasse

Con il suo look elegante e di classe (mobili neri, pareti rosse e oggetti d'arte) e una cucina giap-

Pasti – Kreuzberg

Austria

ponese di alta qualità, non c'è da stupirsi se il Sumo è uno dei ristoranti preferiti nel panorama gastronomico di Kreuzberg.

Il sushi nelle sue varianti infinite è ovviamente la star dello spettacolo, ma le scodelle giganti di zuppa di tagliolini *udon* e il salmone o il tonno *teriyaki* sono proposte altrettanto indovinate.

WELTRESTAURANT MARKTHALLE

Cartina pp348-9   *Cucina tedesca*
☎ 617 5502; Pücklerstrasse 34; portate principali €8-15; ☘ 9-2 (almeno); U-Bahn Görlitzer Bahnhof
Ogni momento della giornata è giusto per fare un salto in questo accogliente pub di Kreuzberg con una storia che va indietro di un secolo e una notorietà acquisita più di recente in quanto location di *Herr Lehmann*, il film di successo presentato nel 2003. Attrae una clientela mista: anziani alternativi, gente del quartiere amante della cucina semplice o coloro che cercano un ambiente rilassato e senza pretese. Nel seminterrato c'è un locale notturno aperto il venerdì e il sabato.

SE IL BUDGET È LIMITATO

GASTHAUS DIETRICH HERZ

Cartina pp348-9   *Cucina tedesca*
☎ 693 7043; Marheinekeplatz 15; portate principali €6-9; ☘ 8-24; U-Bahn Gneisenaustrasse
Se ritenete che una Schnitzel (cotoletta impanata) sia solo una Schnitzel (con le scuse per Gertrude Stein), recatevi in questa istituzione vecchio stile di Kreuzberg e vedrete che non è così. Qui troverete decine di variazioni sul tema (tra cui la *Braumeister* con birra, cipolle e pancetta, e la *Zigeuner* con salsa di pomodoro piccante, e la *Jäger* con funghi), tutte al costo di €6, talmente grandi che il piatto non basta a contenerle. Anche la prima colazione (da €3 a €5, caffè compreso) è un vero affare.

HABIBI

Cartina pp348-9   *Cucina mediorientale*
☎ 6165 8346; Oranienstrasse 30; spuntini €2,50-5; ☘ 10-3; U-Bahn Kottbusser Tor
I locali di questa piccola catena sono i precursori dei loro omologhi di Berlino che vendono *falafel* e *shwarma*. È l'ideale per rifocillarsi nel corso di una serata trascorsa tra un locale notturno e l'altro. Troverete altre due sedi di Habibi a **Schöneberg** (cartina pp352-3; Winterfeldtplatz 24 e Akazienstrasse 9; U-Bahn Nollendorfplatz e Kleistpark).

SCHLOTZKY'S DELI

Cartina pp348-9 *Cucina americana e gastronomia*
☎ 2233 8899; Friedrichstrasse 200; panini €3,50-5; ☘ 10-19; U-Bahn Stadtmitte
È certo un posto per turisti, ma la filiale berlinese di questa catena americana vicino al Checkpoint Charlie prepara panini freschi e a buon mercato, per non dire veramente buoni, e offre anche un secondo giro gratuito di bibite.

SESAM

Cartina pp348-9   *Cucina mediorientale*
☎ 694 6801; Gneisenaustrasse 22; piatti €2-5; ☘ 12-3; U-Bahn Gneisenaustrasse
In un quartiere, monopolizzato dai locali che vendono falafel e shwarma, il Sesam è capace di distinguersi. Le pareti color papaia e i mosaici di piastrelle blu sono vivaci e accoglienti, ma è il gustoso trio di salse (allo yogurt aromatizzata all'aglio, gialla in agrodolce e rossa speziata) che accompagna tutti i piatti ad attirare una folta clientela a tutte le ore.

TURKIYEM IMBISS

Cartina pp348-9   *Cucina mediorientale*
Schlesische Strasse 1; piatti €2,50-5; ☘ 10-3; U-Bahn Schlesisches Tor
Accanto alla stazione della U-Bahn, è un altro ottimo posto che propone *döner*, con grandi tasche di squisito *pita* ricolme di carne perfettamente speziata (si consiglia in particolare il pollo) e verdure fresche condite con una salsa dall'aroma intenso.

FRIEDRICHSHAIN

Indubbiamente sono i bar a fare la parte del leone a Friedrichshain, ma i tempi cambiano e la recente apertura di alcuni ristoranti che possono tener testa a molti locali di Mitte e Charlottenburg ha dato inizio a una nuova era in un quartiere un tempo considerato gastronomicamente depresso. I prezzi, se messi a confronto con quelli di altre zone, sono ancora bassi, ma presto cambieranno

---

I top three tra i ristoranti di Friedrichshain

- Aotearoa (p187)
- Fritz Fischer (p187)
- Noi Quattro (p187)

perché la trasformazione di Friedrichshain da quartiere popolare a quartiere residenziale di lusso richiederà il suo inevitabile tributo.

AOTEAROA

Cartina pp340-1 *Cucina neozelandese*
☎ 2977 0582; Weichselstrasse 26a; portate principali €7-15; ☯ 9-1; U-Bahn Frankfurter Allee

Aotearoa, la Terra della Lunga Nuvola Bianca, è il nome con cui i maori chiamano la Nuova Zelanda, una terra in cui le pecore sono molto più numerose degli esseri umani. Perciò non c'è da sorprendersi se il menu è monopolizzato dalla carne di agnello, anche se compaiono 'fish and chips', accompagnati da una salsa piccante. Al secondo piano c'è un angolo riservato ai bambini.

FRITZ FISCHER

Cartina pp348-9 *Cucina tedesca moderna*
☎ 520 072 202; Stralauer Allee 1; portate principali €13-20; ☯ a cena; U/S-Bahn Warschauer Strasse

Friedrichshain difficilmente viene associata a una zona di ristoranti eleganti, ma un'eccezione come Fritz Fischer, nello stesso edificio della Universal Music, mette in dubbio tale percezione. Tra le sue caratteristiche ci sono una posizione invidiabile accanto all'Oberbaumbrücke, l'interno elegante e proposte di sicuro successo di cucina tedesca moderna. In estate, nella birreria all'aperto e sulla terrazza è come partecipare a un beach party.

NOI QUATTRO

Cartina pp344-5 *Cucina italiana*
☎ 2404 5622; Strausberger Platz 2; portate principali €9-18; U-Bahn Strausberger Platz

Nuova cucina italiana di alto livello con vista sui 'palazzi proletari'. Noi Quattro non è un esempio di arredo ricercato, ma al contrario si concentra su ingredienti di qualità e creazioni deliziose, anche se talvolta azzardate. Alcune tipiche voci del menu sono formaggio di capra al caramello, linguine con gamberi e cavolo rapa, e terrine di fagiano con uva da grappa.

PAPAYA

Cartina pp348-9 *Cucina thailandese*
☎ 2977 1231; Krossener Strasse 11; portate principali €6-12; U/S-Bahn Warschauer Strasse

Questo vivace caffè è uno dei locali preferiti dall'ambiente artistico di Friedrichshain, pronto a sperimentare i diversi pub e cocktail bar della zona. Zuppe *tom ka* a base di cocco e deliziosamente speziate, tagliolini *pad Thai* dall'aroma intenso, invitante pollo thailandese al basilico e altre tipiche specialità thailandesi sono tutti buoni motivi per visitare questo locale.

PI-BAR

Cartina pp348-9 *Cucina vegetariana e pesce*
☎ 2936 7581; Gabriel-Max-Strasse 17; portate principali €7-17; ☯ 16-2 (almeno), dalle 10 la domenica; U/S-Bahn Warschauer Strasse

Non c'è voluto molto al Pi-Bar per crearsi un fedele seguito di residenti e visitatori di Friedrichshain. I cuochi preparano ottimi pasticci, risotti e fritti, oltre a composizioni invitanti come funghi ripieni di spinaci e gamberetti saltati in una salsa al gorgonzola (€7,50). Sul retro si trova un cocktail bar.

SHISHA

Cartina pp348-9 *Cucina mediorientale*
☎ 2977 1995; Krossener Strasse 19; portate principali €6-10; ☯ 11-2 (almeno); U/S-Bahn Warschauer Strasse

Si *può* fumare con il *shisha* (naghilè) in questo intimo ristorante, anche se lo si frequenta soprattutto per la buona cucina. Il pane pita e la salsa di semi di sesamo vengono serviti a volontà mentre studiate il menu, ricco in particolare di antipasti (il piatto misto a €9 è sufficiente per due persone).

Il servizio può essere messo un po' a dura prova quando il locale è affollato.

TRIANGOLO

Cartina pp348-9 *Cucina italiana*
☎ 9700 2520; Grünberger Strasse 69; portate principali €12-17; ☯ a cena da lunedì a sabato, a pranzo domenica; U/S-Bahn Warschauer Strasse

Con le ampie vetrate che vanno dal soffitto al pavimento, i lucidi mobili neri e le pareti color giallo limone, il Triangolo ha un aspetto quasi troppo serio per l'eccentrica Friedrichshain. Ma i tempi stanno cambiando e i tavolini sono quasi sempre al completo, con i clienti impegnati a gustare invitanti specialità sarde come risotto al nero di calamari o pesce spada in crosta di mandorle.

UMSPANNWERK OST

Cartina pp344-5 *Cucina tedesca moderna*
☎ 4280 9497; Palisadenstrasse 48; portate principali €8-16; U-Bahn Weberwiese

Questa storica centrale elettrica è stata trasformata in un ristorante industrial-chic, i cui chef preparano nella cucina a vista piatti come sella d'agnello marinata o fettuccine nere al salmone in salsa di zafferano. Le luci sono soffuse, c'è un buon bar e dalla galleria al piano superiore si gode di un'ottima vista sulla clientela trendy.

SE IL BUDGET È LIMITATO

NIL

Cartina pp348-9   *Cucina sudanese*
☎ 2904 7713; Grünberger Strasse 52; ⌚ 12-24;
U/S-Bahn Warschauer Strasse

Accogliente snack bar gradevolmente diverso dai soliti locali che servono *döner* e falafel. Se vi piacciono le arachidi siete fortunati, perché in questo ristorante l'umile nocciolina è presente in ogni genere di piatto, dalle zuppe alle ottime salse.

SAUERKRAUT UND BULGUR

Cartina pp344-5   *Cucina pan-europea*
☎ 293 518; Strasse der Pariser Kommune 35; portate principali €3-10; ⌚ 7.30-2; S-Bahn Weberwiese

Sauerkraut e *bulgur* sono gli ingredienti di una robusta zuppa armena, ma il nome di questo ristorante informale sta a significare l'area geografica delle sue specialità: dalla Germania al Medio Oriente. Dato che fa parte del Pegasus Hostel, la clientela è internazionale come il suo menu e il locale è sempre animato, dalla prima colazione fino a mezzanotte.

TIGRIS

Cartina pp348-9   *Cucina mediorientale*
☎ 2935 1212; Simon-Dach-Strasse 11; ⌚ 11-1;
U/S-Bahn Warschauer Strasse

I gustosi falafel e i panini *shwarma* del Tigris sono il giusto antidoto a una sbornia. In estate, i tavolini sul marciapiede sono un buon posto per osservare il via vai della gente.

PRENZLAUER BERG

Distretto alla moda, con molti ottimi ristoranti, il cui fascino considerevole raggiunge la punta massima d'estate, quando i marciapiedi sono ingombri di tavolini e un'aria quasi mediterranea spira lungo i suoi viali alberati. Ci sono caffè e ristoranti per turisti in abbondanza intorno a Kollwitzplatz e alle strade residenziali più a nord. I prezzi scendono improvvisamente a nord di Danziger Strasse, come l'età media dei clienti. Helm-

holtzplatz, Schliemannstrasse e Lychener Strasse presentano tutte ottime possibilità di scelta.

BELLUNO

Cartina pp344-5   *Cucina italiana*
☎ 441 0548; Kollwitzstrasse 66; portate principali €6-10; ⌚ 10-1; U-Bahn Senefelderplatz

Una pizzetta, un bicchiere di vino rosso, una risata e la buona compagnia: che cosa si potrebbe desiderare di più dalla vita? In estate, sedetevi sulla terrazza al sole che dà sul marciapiede a osservare la gente che passa. La Dolce Vita con vista su Kollwitzplatz.

BUDDHA LOUNGE

Cartina pp344-5   *Cucina asiatica*
☎ 4471 6024; Stargarder Strasse 60; portate principali €10-13; ⌚ a cena da lunedì a venerdì, dalle 10 sabato e domenica; U/S-Bahn Schönhauser Allee

Questa graziosa e piccola combinazione di bar-ristorante asiatico si anima nei fine settimana quando prepara un grandioso buffet di sushi vegetariano, satay di pollo, risotto thailandese e altre leccornie.

DIE DREI

Cartina pp344-5   *Cucina californiana*
☎ 4473 8471; Lychener Strasse 30; portate principali €11-16; ⌚ a cena; U-Bahn Eberswalder Strasse

Bar, lounge e ristorante sotto lo stesso tetto (da cui deriva il nome 'i tre'), questo posto di grido ha preso sul serio l'impegno di far risaltare la zona settentrionale di Prenzlauer Berg nel panorama gastronomico della città.

Il menu è ricco di voci interessanti che sposano ingredienti biologici a tecniche di cottura a basso contenuto di grassi. Un tipico primo piatto è il salmone alla griglia con purè di *wasabi* (€13). Sicuramente ha tutta l'approvazione dei patiti della dieta. Presente anche a **Charlottenburg** (cartina p354; ☎ 5471 0271; Savignyplatz 2; S-Bahn Savignyplatz).

I top five tra i ristoranti di Prenzlauer Berg

- **Gugelhof** (p189)
- **Konnopke Imbiss** (p190)
- **Mao Thai** (p189)
- **Miro** (p189)
- **Trattoria Paparazzi** (p190)

Pasti – Prenzlauer Berg

FRIDA KAHLO

Cartina pp344-5   *Cucina messicana*
☎ 445 7016; Lychener Strasse 37; prima colazione
€4-8, portate principali €10-15; ☾ 9.30-2; U-Bahn
Eberswalder Strasse

Il look di questo noto ritrovo di quartiere si ispira
probabilmente alla casa di Città del Messico
della famosa pittrice. Il menu va abbastanza sul
sicuro, anche se i piatti tipici messicani come
guacamole, *enchiladas* e *fajitas* sono talmente invitanti che il locale quasi ogni sera è al completo.
Il brunch della domenica è leggendario.

GUGELHOF

Cartina pp344-5   *Cucina alsaziana francese*
☎ 442 9229; Knaackstrasse 37; portate principali €8-14;
☾ a cena da lunedì a venerdì, 10-24 sabato
e domenica; U-Bahn Senefelderplatz

Bill Clinton è stato qui e anche il sindaco di
Berlino Klaus Wowereit apprezza questo locale.
Fondue ai formaggi, *choucroute* (un piatto a base
di *Sauerkraut*) e *tarte flambé* troneggiano nel
menu di spirito alsaziano del Gugelhof.

MAO THAI

Cartina pp344-5   *Cucina thailandese-cinese*
☎ 441 9261; Wörther Strasse 30; portate principali
€10-18; U-Bahn Senefelderplatz

Il menu è interessante quanto le statuette
e gli altri pezzi originali di arte orientale che
decorano i due piani di questo ristorante di
classe. Anche i curry più semplici diventano
straordinari qui, sebbene lo chef dia il meglio
di se stesso soprattutto con i piatti a base
di anatra. Le guarnizioni artistiche dei piatti
(uccelli di ravanelli, rose di carote) strappano
sempre un sorriso ai nuovi clienti. Si consiglia
la prenotazione.

Appartiene alla stessa gestione anche il **Ka-
mala** (cartina p350; ☎ 283 2797; Oranienburger
Strasse 69; U-Bahn Oranienburger Strasse), a
Mitte.

MIRO

Cartina pp344-5   *Cucina turca*
☎ 4473 3013; Raumerstrasse 29; portate principali
€8-15; S-Bahn Offenbach Strasse

Se non conoscete affatto la cucina turca, questo
è il posto giusto per scoprirla. Miro, che significa
'eroe' in turco, serve deliziosi piatti originari della
provincia orientale dell'Anatolia. Specializzato in
carne fritta o alla griglia, non manca di ottime
alternative vegetariane. Generosi piatti di antipasti misti.

OFFENBACH STUBEN

Cartina pp344-5   *Cucina tedesca*
☎ 445 8502; Stubbenkammerstrasse 8; portate
principali €8-17; ☾ a cena; S-Bahn Prenzlauer Allee

Jacques Offenbach, *bon vivant* e compositore
di operette, ha prestato il suo nome a questo
monumento della DDR, che deve la sua notorietà all'arredo decorato con vecchi attrezzi di
scena. Può sembrare soffocante ma conserva
un certo stile, e i nomi dei piatti sono ispirati ai
personaggi di Offenbach. Provate il succulento
agnello alle erbe aromatiche con carotine e
gratin di patate.

OSTWIND

Cartina pp344-5   *Cucina cinese*
☎ 441 5951; Husemannstrasse 13; portate principali
€6,50-13; ☾ a cena, anche a pranzo la domenica;
U-Bahn Eberswalder Strasse

Da molto tempo apprezzato dalla gente del
posto, è un labirinto sotterraneo a colori pastello
dove potrete sedere a tavola normalmente oppure assumere la posizione del loto su cuscini in
séparé rialzati. La cucina è creativa, decisamente
al di sopra della media e autentica come può
essere la cucina cinese al di fuori della madre
patria. La specialità della casa è la fonduta cinese
(€12/21 per una/due persone).

PASTERNAK

Cartina pp344-5   *Cucina russa*
☎ 441 3399; Knaackstrasse 22; portate principali
€8-15; U-Bahn Senefelderplatz

Lo spettacolare arredo di questo locale ricorda il
palco di una commedia di Čechov: grandi divani
e lampadari inclusi. La nostalgia russa contagia
anche la cucina di questo rinomato ristorante
con vista sulla storica torre dell'acqua. Specialità
scontate ma sempre buone (*borscht*, *pelmeni*,
manzo *stroganoff*) dominano il menu, tuttavia lo
chef spesso si avventura in qualche indovinato
piatto a sorpresa.

SALSABIL

Cartina pp344-5   *Cucina araba*
☎ 4403 3846; Raumerstrasse 14; portate principali
€5-7; ☾ a cena; U-Bahn Eberswalder Strasse

Questo locale accogliente e rilassato è l'ambiente perfetto in cui concludere una giornata
di visite alla città. Il dolce aroma di mele aleggia
dai narghilè e si mischia all'aroma fragrante del-
l'agnello succulento, del soffice couscous e delle
verdure cotte con spezie misteriose. Per sentirsi
fino in fondo un pascià, arrendetevi all'aspetto

languidamente sontuoso delle alcove private con morbidi cuscini e tavolini bassi.

SODA

Cartina pp344-5 *Cucina internazionale*

☎ 4405 6071; Schönhauser Allee 36-39; portate principali €8-15; U-Bahn Eberswalder Strasse

Combinazione alla moda di bar-club-ristorante circondata dal fascino di mattoni rossi della Kulturbrauerei, con un menu che importa ricette da tutto il mondo. Potete andare sul sicuro ordinando una pizza, mahi-mahi e ravioli, oppure immaginare di partecipare a *Survivor* e ordinate cavallette al curry con *couscous*.

TRATTORIA PAPARAZZI

Cartina pp344-5 *Cucina italiana*

☎ 440 7333; Husemannstrasse 35; portate principali €8-15; ☺ a cena; U-Bahn Eberswalder Strasse

Quando Doris Burneleit inaugurò il suo primo ristorante nel 1987 a Köpenick, nella parte più lontana di Berlino Est, non era mai stata in Italia e non aveva mai frequentato un corso di cucina. Tuttavia si rivelò talmente brava che anche l'ambasciatore italiano ne divenne un ammiratore entusiasta.

Oggi a Prenzlauer Berg continua ad attirare clienti con gustosi piatti di pasta e specialità originali come i *malfatti* (gnocchetti di formaggio e spinaci con burro e salvia). È essenziale la prenotazione.

WEITZMANN

Cartina pp344-5 *Cucina internazionale*

☎ 442 7125; Husemannstrasse 2; breakfast €3-10, portate principali €6,50-13,50; ☺ 9-1; U-Bahn Senefelderplatz

Caffè arredato con meticolosità dai proprietari Frauke e Christian, appassionati del Bauhaus. Con la bella stagione, però, i clienti prediligono i tavolini all'aperto, perfetti per godersi tranquillamente la prima colazione e per osservare la gente che passa. A cena servono bistecche, ratatouille, hamburger, pasta e altri ottimi piatti.

SE IL BUDGET È LIMITATO

INTERSOUP

Cartina pp344-5 *Cucina internazionale*

☎ 2327 3045; Schliemannstrasse 31; zuppe €4-6; ☺ 12-3; S-Bahn Prenzlauer Allee

In questo noto locale si ascoltano successi musicali internazionali mentre si gusta una zuppa (almeno una decina tra cui scegliere). La versione della casa, una miscela esotica thai-indonesiana, è perfetta per rimettersi in forma dopo una sbornia o per combattere il freddo invernale. Cercate le lanterne rosse riutilizzate dall'ormai decadente Café Kranzler. Self-service.

KONNOPKE IMBISS

Cartina pp344-5 *Specialità salsicce*

☎ 442 7765; Schönhauser Allee 44a; salsiccia €1-2; ☺ 5.30-20 da lunedì a venerdì; U-Bahn Eberswalder Strasse

Erano tempi duri quando Max e Charlotte Konnopke inaugurarono il loro primo punto vendita di salsicce sotto le rotaie sferraglianti della U-Bahn nel 1930. Da allora la famiglia ha superato la guerra e la DDR vendendo milioni di quello che molti considerano il miglior *Currywurst* della città. Un vero classico berlinese.

RICE QUEEN

Cartina pp344-5 *Cucina asiatica*

☎ 4404 5800; Danziger Strasse 13; portate principali €5-9; ☺ a cena; U-Bahn Eberswalder Strasse

Pareti dipinte a colori vivaci e mobili modernisti fanno da sfondo alle creazioni dello chef Garry Chan. Il suo ottimo gusto e la sua infinita immaginazione producono interessanti ricette dagli aromi originali che traggono ispirazione dalle cucina di Malaysia, Cina, Thailandia e Indonesia. Il servizio è cortese, veloce e attento.

Divertimenti

Divertimenti

Berlino è una delle capitali della cultura europea. La scelta, la varietà e l'accessibilità delle arti e dei divertimenti sono tali da innalzare Berlino allo stesso livello di Londra o New York, e anche se la città deve la propria notorietà soprattutto a un panorama alternativo radicale e alla sua vivace vita notturna, gli amanti di generi più tradizionali come l'opera, la danza e il teatro non rimarranno delusi.

La vita notturna cittadina assume caratteristiche diverse a seconda del distretto in cui si dipana. A ovest, Charlottenburg e Tiergarten si rivolgono a una clientela tendenzialmente anziana e benestante, con molti bar e teatri eleganti; Wilmersdorf e Schöneberg sono leggermente meno raffinati, ma presentano una concentrazione maggiore di locali; Kreuzberg ha conservato il tono più punk e alternativo che l'ha resa famosa negli anni '60, con alcuni dei bar e dei locali notturni più frequentati della città, soprattutto intorno a Oranienstrasse.

Sul lato orientale della città, Mitte sta rapidamente diventando un distretto diviso in due parti distinte. A sud di Oranienburger Tor sono concentrati i ritrovi esclusivi e i centri culturali, come il Deutsches Theater, che attirano turisti, celebrità e un pubblico addirittura più benestante di quello di Tiergarten. Più a nord ci sono i locali meno elitari, ma ugualmente alla moda, della *Szene* (scena) berlinese, e anche moltissimi posti popolari che arrivano fino al vivace distretto sperimentale di Prenzlauer Berg.

La rivelazione del momento per i turisti, però, è Friedrichshain, un tempo un brutto distretto scelto dai giovani zaino in spalla perché decisamente a buon mercato. Oggi è invece la zona giusta per trascorrere tutta la notte a divertirsi. Qui i prezzi sono ancora contenuti rispetto agli standard di Berlino, e la zona a sud di Frankfurter Allee ha visto improvvisamente nascere i locali notturni più caldi della città, con nuovi bar e club. Lo spirito originale del distretto ancora sopravvive intorno a Rigaer Strasse, dove gli squatter più ostinati gestiscono alcuni bar-club anarchici. Si tratta di locali alternativi senza un orario preciso, la cui esistenza è costantemente sotto la minaccia delle irruzioni della polizia. **Fischladen** (cartina pp344-5; Rigaer Strasse 83) e **Schizzotempel** (cartina pp344-5; Rigaer Strasse 77) sono fra quelli più vecchi. Forse la vera caratteristica che distingue il panorama dei divertimenti di Berlino, tuttavia, è l'impiego originale

Cabaret al Wintergarten Varieté (p211)

degli spazi più improbabili. Gli anni dei rave, degli squatter e dei party illegali hanno esercitato un'influenza tuttora visibile, e siti particolari come fabbriche di birra, cantine, piscine, negozi di kebab e addirittura vecchi tunnel della U-Bahn sono divenuti luoghi di intrattenimento.

Informazioni sugli avvenimenti cittadini

Zitty (€2,40) e *Tip* (€2,60) sono le migliori riviste per informazioni sugli eventi e sui locali della città, con molti suggerimenti e articoli a tinte vivaci. *Tip* tende a essere più tradizionale, mentre *Zitty* si rivolge a un pubblico più giovane e d'avanguardia. *Berlin Programm* (€1,60) e *Kultur Pur* (annuale; €5) si concentrano invece sulle manifestazioni artistiche. Ci sono anche decine di riviste gratuite che trattano ogni genere di divertimento, dalla vita notturna ai film alla letteratura; provate *030*, *Partysan* o *Fresh* per notizie sui locali notturni e gli spettacoli musicali. La pubblicazione gratuita *Siegessäule* è un punto di riferimento per tutto quello che riguarda il mondo gay e lesbico di Berlino, e pubblica due volte l'anno la guida *Kompass*. *Sergej* è 'strictly for men'. Tutte queste pubblicazioni sono in tedesco, ma dovreste riuscire a cavarvela anche con una conoscenza sommaria della lingua.

I top five dei divertimenti per omosessuali

- Cocktail e brunch della domenica allo **Schall und Rauch** (p199)
- Film e party di tendenza al **Kino International** (p216)
- Confusione multietnica al club **SO36** (p203)
- La parata di **Christopher Street Day** (p9)
- I ragazzi e le ragazze del **Barbie Bar** (p196) di Kreuzberg

---

Biglietti e prenotazioni

I punti vendita di biglietti per gli spettacoli e gli eventi sportivi sono sparsi in tutta la città e in genere occorre pagare una commissione del 15% sul prezzo. Hektiket (v. di seguito) offre biglietti teatrali a metà prezzo a partire dalle 16 per spettacoli del giorno stesso; la scelta è ovviamente limitata ai biglietti rimasti invenduti.

Box Office Theaterkasse (cartina pp352-3; ☎ 2101 6960; Nollendorfplatz 7, Schöneberg; U-Bahn Nollendorfplatz)

Hektiket Charlottenburg (cartina p354; ☎ 230 9930; www.hektiket.de; Hardenbergstrasse 29d, Charlottenburg; ✆ 10-20 da lunedì a sabato, 14-18 domenica; U/S-Bahn Zoologischer Garten)

Hektiket Mitte (cartina p350; ☎ 2431 2431; www.hektiket.de; Karl-Liebknecht-Strasse 12, Mitte; ✆ 12-19 da martedì a venerdì, 10-20 sabato; U/S-Bahn Alexanderplatz)

KOKA 36 (cartina pp348-9; ☎ 6110 1313; www.koka36.de; Oranienstrasse 29, Kreuzberg; U-Bahn Kottbusser Tor)

Spectrum Theaterkasse Friedrichshain (☎ 427 9119; Ring-Center, Frankfurter Allee 111, Friedrichshain; U/S-Bahn Frankfurter Allee)

Spectrum Theaterkasse Mitte (cartina p350; ☎ 2463 8811; Berlin-Carré, Karl-Liebknecht-Strasse 13, Mitte; U/S-Bahn Alexanderplatz)

Theaterkasse Centrum (cartina p354; ☎ 882 7611, Meinekestrasse 25, Charlottenburg; U-Bahn Uhlandstrasse, Kurfürstendamm)

Theaterkasse Friedrichstrasse (cartina p350; ☎ 2840 8155; S-Bahnhof Friedrichstrasse, Mitte; ✆ 8-20 da lunedì a venerdì, 10-18 sabato)

Berlino per gli omosessuali

Berlino è la città con la comunità gay e lesbica più numerosa di tutta la Germania, e fa concorrenza addirittura ad Amsterdam con strutture esclusive e miste. L'attività si concentra in quattro distretti: intorno a Nollendorfplatz a Schöneberg; in Oranienstrasse a Kreuzberg 36; lungo Mühlenstrasse a Friedrichshain; nei dintorni dell'estremità settentrionale di Schönhauser Allee a Prenzlauer Berg. Per informazioni sugli eventi che riguardano il mondo omosessuale contattate **Mann-O-Meter** (cartina pp352-3; ☎ 216 8008; Bülowstrasse

Divertimenti

106, Schöneberg) e visitate il sito www.
berlin.gay-web.de per le ultime novità, i
party più 'in' e gli aspetti positivi e negativi
del panorama *lesbigay* berlinese.

LOCALI

A Berlino non si è mai troppo lontani da
un locale di qualsiasi genere. Il boom della
moda del cocktail ha visto fiorire numerosi
nuovi locali in tutta la città, soprattutto in
stile lounge, spesso con esibizioni di DJ.
In effetti, il risultato più evidente della
nuova popolarità di Friedrichshain è stata
l'esplosione di nuovi cocktail e lounge bar
nelle zone intorno a Simon-Dach-Strasse e
Boxhagener Platz, che stanno rendendo
sempre più eleganti queste aree un tempo
spiccatamente alternative.

A differenza dei pub in stile inglese, qui è
diffuso il servizio al tavolo e vige l'abitudine
di pagare il conto alla fine delle consumazioni
invece che a ogni giro.

La maggior parte dei bar apre nel tardo pomeriggio, tra le 17 e le 20, salvo naturalmente
quelli che servono i pasti principali durante
la giornata. L'happy hour è un'usanza in
vigore praticamente ovunque, in genere
tra le 17 e le 21; il sito www.bartime.de ha
un comodo motore di ricerca dedicato agli
sconti nei locali.

MITTE

925 LOUNGE BAR Cartina p350
☎ 2018 7177; Taubenstrasse 19; 🕒 16-2; U-Bahn
Hausvogteiplatz
A prima vista questo cocktail lounge dalle
pareti rosse non sembra esclusivo come i suoi
omologhi di Gendarmenmarkt, ma fareste bene
a prestare attenzione al bancone: pesa ben 70
kg e pare sia d'argento massiccio.

AMBULANCE BAR/SILBERSTEIN
Cartina p350
☎ 281 2095; Oranienburger Strasse 27; 🕒 a partire
dalle 16 da lunedì a venerdì, dalle 18 sabato e domenica;
S-Bahn Oranienburger Strasse
Si tratta di due bar molto diversi tra loro. L'Am-
bulance Bar è una tribuna per i DJ, con luci
rosse, schermi video e suoni da lounge bar,
mentre sedie di design e sculture d'avanguardia
caratterizzano il Silberstein, che ha anche un
piccolo sushi bar.

I top five tra i bar e i pub

- Galerie Bremer (p196)
- Kurvenstar (in questa pagina)
- Prater (p199)
- Trompete (p195)
- Zur letzten Instanz (p199)

ERDBEER Cartina pp344-5
Max-Beer-Strasse 56; 🕒 a partire dalle 18; U-Bahn
Rosa-Luxemburg-Platz
Il suo nome significa 'fragola' e anche il colore
rosso e le pinte di daiquiri da €7 lo rendono
dolce come questo frutto; l'ambiente senza
pretese lo differenzia da molti cocktail bar dello
stesso tipo.

GREENWICH Cartina p350
☎ 2909 5566; Gipsstrasse 5; U-Bahn
Weinmeisterstrasse
Non ci sono bar più comodi del Greenwich, che
presenta rivestimenti morbidi su quasi tutte le
superfici (utile quando ci si deve stringere l'uno
all'altro per entrare o per uscire nei fine settimana). Nelle serate più tranquille ci si accomoda
su uno sgabello a osservare il lungo acquario.

KURVENSTAR Cartina p350
☎ 2472 3115; Kleine Präsidentenstrasse 4;
🕒 da martedì a sabato; S-Bahn Hackescher Markt
Ambiente rétro tra i nostri preferiti, questo
bar-ristorante-locale notturno somma tutti i
cliché ispirati agli anni '60 e '70. Il programma
è ugualmente cool, con sfumature soul e
specialità provenienti da tutto il mondo. Si può
anche ballare.

NEWTON Cartina p350
☎ 2061 2990; Charlottenstrasse 57; 🕒 18-4; U-Bahn
Französische Strasse, Stadtmitte
Nudi di Helmut Newton, il celebre fotografo,
ornano le pareti di questo locale molto chic
frequentato da clienti trendy. In realtà, il nome
del locale si riferisce a Sir Isaac Newton.

O&G Cartina p350
☎ 2576 2667; Oranienburger Strasse 48-49; U-Bahn
Oranienburger Tor
Retro con gusto? Sì, è possibile: le strisce e i
quadri in tinta pastello potrebbero essere considerati senza ironia cool. È uno dei primi bar del
dopo-*Wende* (svolta) e, con il suo l'interno un po'
cambiato, attira una simpatica folla di giovani.

REINGOLD Cartina pp344-5

☎ 2838 7676; Novalisstrasse 11; U-Bahn Oranienburger Tor

Il rivestimento esterno in metallo è piuttosto aggressivo, ma all'interno è un lounge alla moda con la tipica opulenza anni '30. La musica è dominata da profondi suoni house e latini, e vi si tengono conferenze il martedì.

ROBERTA/HOTELBAR Cartina pp344-5

☎ 4432 8577; Zionskirchstrasse 5-7; ☼ 17-6; U-Bahn Rosenthaler Platz

Lo stretto bar-bistrò Roberta, decorato con piastrelle, è giustamente popolare, con chef ospiti e qualche apparizione di DJ. Da mercoledì a sabato, tuttavia, è poco più che una tappa di riscaldamento per il più elegante e spazioso Hotelbar nel seminterrato.

RUTZ Cartina pp344-5

☎ 2462 8760; Chausseestrasse 8; ☼ da lunedì a sabato; U-Bahn Oranienburger Tor

I veri enofili dovrebbero far visita a questa enoteca e ristorante di classe, con una cantina con non meno di 1001 vini di qualità provenienti da ogni parte del mondo. Un bicchiere di ottimo vino può costare fino a €11,50; il personale è a disposizione per consigliare al meglio sulle scelte.

SEVEN LOUNGE Cartina pp344-5

☎ 2759 6979; Ackerstrasse 20; U-Bahn Rosenthaler Platz

Molto confortevole, questo elegante lounge bar in cui predomina il colore beige è di proprietà di Mo Asumang, un tempo star di uno show erotico televisivo. Si trova a poca distanza dagli studi di MTV, perciò potrete incontrarvi visi ben noti.

TIERGARTEN

BAR AM LÜTZOWPLATZ Cartina pp352-3

☎ 262 6807; Lützowplatz 7; ☼ 14-4; U-Bahn Nollendorfplatz

Il suo interminabile bancone non sembra mai passare di moda. Questo classico cocktail bar è ancora un punto fermo nell'ambiente benestante berlinese. Da quando il concorrente Trompete ha aperto proprio accanto, l'happy hour si è trasformato in sette ore di felicità (dalle 14 alle 21).

KUMPELNEST 3000 Cartina pp352-3

☎ 8891 7960; Lützowstrasse 23; ☼ 17-5; U-Bahn Kurfürstenstrasse

Il Kumpelnest è quanto di più lontano possa esistere dalla studiata eleganza di Lützowplatz:

un tempo era una casa di appuntamenti, famosa a partire dagli anni '80 per le sue notti selvagge e senza inibizioni che attiravano un pubblico molto vario. Gran parte dell'arredo è originale d'epoca.

TROMPETE Cartina pp352-3

☎ 2300 4794; Lützowplatz 9; ☼ a partire dalle 18 giovedì, dalle 21 venerdì e sabato; U-Bahn Nollendorfplatz

La concorrenza a Tiergarten è così accanita che, per spiccare, è indispensabile proporre qualcosa di davvero innovativo: proprio quanto è riuscito a fare il Trompete. I proprietari sono Dimitri Hegemann del Tresor e l'attore Ben Becker, la cui notorietà è tale da garantire un afflusso costante di persone, soprattutto perché pare sia il miglior cliente del bar (anche se non il suo miglior cantante). Non è da sottovalutare nemmeno il ricco programma di iniziative.

VICTORIA BAR Cartina pp352-3

☎ 2575 9977; Potsdamer Strasse 102; ☼ 18-2; U-Bahn Kurfürstenstrasse

Può capitare di passare accanto a questo locale senza notarlo, ma se ciò dovesse succedere sarebbe un vero peccato. Il proprietario Stefan Weber ha vinto vari premi per la sua abilità nel preparare cocktail. Qui tutto è al top, dai drink al décor. Ricordate, però, che la perfezione non è mai a buon mercato.

CHARLOTTENBURG

GAINSBOURG Cartina p354

☎ 313 7464; Savignyplatz 5; S-Bahn Savignyplatz

Un American bar rivolto a una clientela intellettuale sui trent'anni. Rilassatevi nella sua atmosfera calda e soffusa, sorseggiando uno dei cocktail pluripremiati (con copyright).

LOUNGE 77 Cartina p354

Knesebeckstrasse 77; ☼ da martedì a domenica; S-Bahn Savignyplatz

La clientela di questo confortevole, raffinato ma (relativamente) poco pretenzioso cocktail bar e champagne lounge è costituita soprattutto da persone benestanti di Savignyplatz di lingua inglese. Il personale del bar sembra essere in buona parte americano.

ZEITLOS Cartina p354

☎ 323 1681; Schlüterstrasse 60; ☼ 19-3; S-Bahn Savignyplatz

Uno degli straordinari 'beach bar' a tema tropicale di Berlino: ha la sabbia sul pavimento, falsi pannelli

Divertimenti – Locali

di bambù e oggetti etnici non meglio specificati. Frequentato da giovani che bevono grandi quantità di cocktail immaginando forse di essere in un vero bar tropicale. Ci sono altri due locali identici poco distanti, in **Sybelstrasse 16** (cartina p354) e in **Franklinstrasse 10** (cartina pp342-3).

WILMERSDORF

GALERIE BREMER Cartina p354

☎ 881 4908; Fasanenstrasse 37; ☾ bar 20-2 da lunedì a sabato; U-Bahn Spichernstrasse

Gli amanti dell'arte non possono rinunciare a una visita in questa galleria d'arte-bar, il cui proprietario Rudolf van der Lak dal 1955 serve in egual misura drink sofisticati e arte modernista. La galleria prende il nome dalla moglie del titolare, l'artista Anja Bremer, che tornò dagli Stati Uniti nel 1946 per inaugurare una galleria d'arte e morì nel 1985.

IL CALICE Cartina p354

☎ 324 2308; Walter-Benjamin-Platz 4; ☾ 12-24 da lunedì a sabato, 17-2 domenica; U-Bahn Adenauerplatz

Si tratterebbe in realtà di un bar-ristorante, ma la straordinaria lista dei vini eclissa completamente la cucina mediocre di questo locale italiano di classe. Il chiosco sulla terrazza e l'ambiente familiare sono altri elementi che indeboliscono la sua immagine sofisticata.

LEIBNIZ BAR Cartina pp352-3

☎ 3276 4699; Leibnizstrasse 57; U-Bahn Adenauerplatz

Locale gestito da americani per gli americani, ma non fatevi per questo scoraggiare: con 240 cocktail sul menu, questo vivace bar è un'interruzione gradevole nella serie di locali trendy della zona. È forse un po' caro: noi vi consigliamo un Leibniz Killer a €10.

SCHÖNEBERG

GREEN DOOR Cartina pp352-3

☎ 215 2515; Winterfeldtstrasse 50; U-Bahn Nollendorfplatz

Uno dei classici cocktail bar berlinesi, gestito da Stefan Weber prima che si dedicasse al Victoria Bar (p195); l'attuale titolare Heike Heyse ne mantiene comunque la classe. Occorre suonare per essere ammessi nella sua atmosfera esclusiva.

HAFEN Cartina pp352-3

☎ 214 1118; Motzstrasse 19; U-Bahn Nollendorfplatz

L'Hafen, locale in cui non servono cocktail, è in genere il posto in cui si ritrovano molti yuppy omosessuali prima di trasferirsi al Tom's Bar (p202) per proseguire la serata.

HAR DIE'S KNEIPE Cartina p354

☎ 0172-302 3068; Ansbacher Strasse 29; ☾ 12-3; U-Bahn Wittenbergplatz

Il successore dell'amato Andreas Kneipe fa di tutto per mantenere l'atmosfera conviviale in questo locale, il posto giusto per incontrare la gente del posto, anche di giorno. Nasce come un'istituzione gay, ma tutti gli avventori sono i benvenuti.

MISTER HU Cartina pp352-3

☎ 217 2111; Goltzstrasse 39; U-Bahn Nollendorfplatz

L'arredo in stile Età della Pietra non è certamente un gran richiamo, ma Mister Hu riesce ancora a essere popolare fra i suoi numerosi clienti all'ultima moda che si trattengono a sorseggiare cocktail fino alle ore piccole quasi ogni mattina.

PRINZKNECHT Cartina pp354

☎ 2362 7444; Fuggerstrasse 33; ☾ a partire dalle 15; U-Bahn Wittenbergplatz

Accanto al Connection (p202), questo american-bar chic frequentato da omosessuali presenta pareti in mattoni a vista, lampade cromate e poster di Georgia O'Keefe. La clientela non è sempre all'altezza dell'ambiente elegante.

KREUZBERG

ANKERKLAUSE Cartina pp348-9

☎ 693 5649; Kottbusser Damm 104; U-Bahn Kottbusser Tor

Esteticamente un po' insignificante, ma con brillanti proposte, questo locale molto amato di Kreuzberg si trova su un vecchio attracco lungo il Landwehrkanal. Prima colazione in terrazza, caffè dopo lo shopping al mercato turco, ritrovo per bere tutta la sera: questo posto è sempre affollato.

BARBIE BAR Cartina pp348-9

☎ 6959 8610; Mehringdamm 77; ☾ a partire dalle 16; U-Bahn Mehringdamm

Amanti del kitsch di tutto il mondo, questo è il bar che fa per voi. Pareti rosa, pezzi di bambole alle pareti e serate dedicate allo scambio di Barbie creano un ambiente unico. Forse non c'è da sorprendersi se è frequentato da una clientela gay mista.

Divertimenti – Locali

GOLGATHA Cartina pp352-3

☎ 785 2453; Dudenstrasse 48-64; ☺ da aprile
a ottobre; U/S-Bahn Yorckstrasse

Questa tranquilla birreria all'aperto nel cuore del
Viktoriapark c'è da sempre ed è un luogo gradevole per consumare spuntini alla griglia e bibite
fresche. Un DJ dà il via alle danze dopo le 22.

KONRAD TÖNZ Cartina pp348-9

☎ 612 3252; Falckensteinstrasse 30; ☺ da martedì
a domenica; U-Bahn Schlesisches Tor

Konrad Tönz, un'altra istituzione della scena
notturna berlinese, sembra tenere molto all'atmosfera, con mobili kitsch anni '70, carta da
parati panoramica e probabilmente l'ultimo
mono DJ in Europa.

MÖBEL OLFE Cartina pp348-9

☎ 6165 9612; Reichenberger Strasse 177;
☺ da martedì a domenica; U-Bahn Kottbusser Tor

In questo pub minimalista si possono trascorrere
un paio d'ore dopo la chiusura degli altri locali.
Molto gradevoli le vetrate panoramiche. C'è
sempre qualcuno che gioca a calciobalilla, la
birra è ottima e la clientela decisamente mista.

SCALA Cartina pp348-9

☎ 693 3662; Nostitzstrasse 38; ☺ a partire alle 16
da lunedì a venerdì, a partire dalle 12 sabato
e domenica; U-Bahn Gneisenaustrasse

Tappa obbligatoria per i patiti dell'happy hour: i
cocktail classici costano tutti €4,50 dalle 18 a mezzanotte. È possibile acquistare oggetti d'arte.

WALDOHREULE Cartina pp348-9

☎ 3974 2060; Köpenicker Strasse 194; U-Bahn
Schlesisches Tor

Dal nome di un tipo di civetta, questo bar accogliente è affollato da una clientela costituita da

Barbie Bar

studenti, bevitori regolari e avventori occasionali
che ammirano l'arredo armonioso, la minuscola
pista da ballo o i vecchi slogan della DDR alle
pareti (chiedete a qualcuno di tradurvi *Hoden-
Entzündung*).

WÜRGEENGEL Cartina pp348-9

☎ 615 5560; Dresdener Strasse 122; U-Bahn
Kottbusser Tor

'L'Angelo della morte' rende omaggio a un
film di Luis Buñuel del 1962. Il suo scenografico
arredo in velluto rosso sangue e il particolare
soffitto di piastrelle ricordano un bordello Belle
Epoque, ma molta gente lo trova irresistibile. I
cocktail sono eccezionali e il locale si affolla nel
momento stesso in cui finiscono gli spettacoli
dell'adiacente cinema Babylon.

FRIEDRICHSHAIN

ABGEDREHT Cartina pp344-5

☎ 294 6808; Karl-Marx-Allee 140; U-Bahn
Frankfurter Tor

Per essere un pub studentesco a tema, questo
locale è molto meno noioso di quanto ci si
possa aspettare. L'arredo apparentemente
raffazzonato ha un che di affascinante (molto
singolari, per esempio, i tavoli ricavati da vecchie macchine da cucire), film e serate con DJ
attirano i clienti e il buffet della domenica è un
affare a €7,77.

ASTRO BAR Cartina pp348-9

☎ 2966 1615; Simon-Dach-Strasse 40; U/S-Bahn
Warschauer Strasse

Diverso dai locali di recente apertura, questo bar
richiama le fantasie spaziali degli anni '60, con
robot giocattolo ormai dimenticati alle pareti
e DJ che ogni sera fanno scatenare la folla a
partire dalle 22.

BLOONA Cartina pp348-9

☎ 0179-490 9514; Gärtnerstrasse 12; U-Bahn
Samariterstrasse

L'elemento migliore di questo lounge bar-ristorante sono i cocktail un po' insoliti: provate un
Hello Kitty, una caipirinha all'assenzio o un Bitch
Wallbanger. Anche la caipi da quattro sorsi (€5)
è fortissima.

DACHKAMMER Cartina pp348-9

☎ 296 1673; Simon-Dach-Strasse 39; U/S-Bahn
Warschauer Strasse

La doppia personalità di questo locale si esprime
in un pub dal tipico look rustico al piano infe-

Divertimenti – Locali

Aperti a tutte le ore

La maggior parte dei bar di Berlino denuncia un orario di chiusura 'senza limiti', ma in realtà ciò di solito significa tra l'1 e le 3 durante i giorni feriali e verso le 5 nei fine settimana. Quindi cosa fare, una volta messi alla porta dal personale del bar ormai stanco?

La soluzione è a portata di mano: ci sono ancora alcuni bar a Berlino che non chiudono mai, mantenendo viva la grande tradizione dell'apertura 24 ore su 24.

Sotto l'Hackescher Markt S Bahn, **am to pm** (cartina p350; Am Zwirngraben 2, Mitte) è un bar-club originale aperto 24 ore su 24, 7 giorni su 7, con la fama di essere il migliore e con musiche anni '80 che attirano clienti tutta la notte. Sempre sotto un'arcata della ferrovia c'è il **Besen-Kammer-Bar** (cartina p350; ☎ 242 4083; S-Bahnhof Alexanderplatz, Mitte). È stranamente tetro per essere un pub frequentato da gay, ma la clientela provvede a ravvivarlo.

Dall'altro lato della città, il **Graffiti** (cartina p354; ☎ 8800 1764; Kurfürstendamm 69, Wilmersdorf; U-Bahn Adenauerplatz) è un cocktail bar-ristorante abbastanza tipico. **Voltaire** (cartina p354; ☎ 324 5028; Stuttgarter Platz 14, Charlottenburg; S-Bahn Charlottenburg) si autodefinisce un 'caravanserraglio': si può gustare una cucina araba insolita insieme ai soliti drink. Per chi ama gli ambienti da salotto, infine, l'ideale per tirare tardi e iniziare bene la giornata dovrebbero essere le sessioni 'Good Morning Vietnam' di **Delicious Doughnuts** (p200), che hanno inizio alle 5 sia il giovedì sia durante il fine settimana.

---

riore, con snack sostanziosi e pile di riviste, e in un cocktail bar elegante in stile anni '50 al piano superiore, o un ambiente alternativo sul balcone.

DIE TAGUNG Cartina pp348-9

☎ 292 8756; Wühlischstrasse 29; U/S-Bahn Warschauer Strasse

Cimeli della DDR – bandiere, busti di Lenin e vecchie pubblicità – vi riporteranno in un'atmosfera nostalgica pre-Wende. L'ex Cube Club, nello scantinato, ha chiuso i battenti: oggi si chiama Octopussy (p205) e propone un programma di musica alternativa.

FEUERMELDER Cartina pp348-9

Krossener Strasse 21; ☺ a partire dalle 15 da lunedì a sabato, dalle 12 domenica; U/S-Bahn Warschauer Strasse

Punk, rocker e altri clienti vestiti di pelle si radunano in questo bar rumoroso per bere birra e giocare a flipper, biliardo, calcetto o alle vecchie slot machine. È molto frequentato dai membri dell'attivo movimento antifascista di Berlino.

HABANA Cartina pp348-9

☎ 2694 8661; Grünberger Strasse 57; U-Bahn Frankfurter Tor

L'Habana è uno dei bar cubani di Berlino più eleganti e autentici, con un'illuminazione sgargiante, decorazioni di piastrelle, un'ottima cucina e l'imprescindibile tocco di vera classe latina. L'happy hour è dalle 15 alle 21 e ancora dall'1 alle 2.

STEREO 33 Cartina pp348-9

☎ 9599 9433; Krossener Strasse 24; ☺ da lunedì a sabato; U/S-Bahn Warschauer Strasse

Collegato al lezioso Shark Bar di Kreuzberg, lo Stereo 33 è sicuramente il bar più cool di Friedrichshain, e attira una clientela trendy che appartiene all'ambiente teatrale. Il moderno design minimalista, DJ esperti e sushi a prezzi contenuti sono altri motivi del suo successo.

SUPAMOLLI

☎ 2900 7294; Jessnerstrasse 41; ☺ 20-7 da martedì a domenica; U-Bahn Frankfurter Tor

Un tempo ritrovo degli squatter, si è trasformato in un pub rispettabile (quantomeno secondo gli standard di Friedrichshain) con un programma eclettico di concerti dal vivo, spettacoli teatrali e film.

PRENZLAUER BERG

DRUIDE Cartina pp344-5

☎ 4849 4777; Schönhauser Allee 42; U-Bahn Eberswalder Strasse

Con 300 cocktail, 40 tipi diversi di assenzio e DJ nei fine settimana, c'è di che lasciarsi a lungo sprofondare nei divani in cinz di questo bar un po' deprimente.

FREIZEITHEIM Cartina pp344-5

☎ 0174-402 6444; Schönhauser Allee 157; ☺ da martedì a domenica; U-Bahn Eberswalder Strasse

Immediatamente accanto al club nbi (p205) c'è un ambiente retro simile ma più pittoresco, con due piani di arredi proto-hippy e cocktail. Il giovedì ha luogo una magica serata a tema lesbo.

GRAND HOTEL Cartina pp344-5
☎ 4432 7963; Schliemannstrasse 37; 🕙 17-3
da lunedì a sabato, a partire dalle 15 domenica; U-Bahn
Eberswalder Strasse
Non sono molti i bar con un look che ricordi la
lobby di un albergo, e il Grand Hotel se ne fa un
vanto, creando un'atmosfera a cinque stelle (c'è
addirittura lo 'champagne del giorno'). I giganteschi ventilatori sono puramente decorativi.

LA BODEGUITA DEL MEDIO Cartina pp344-5
☎ 4403 2760; Husemannstrasse 10; 🕙 18-2
da domenica a giovedì, 18-3 venerdì e sabato; U-Bahn
Eberswalder Strasse, Senefelderplatz
Fondato nel 1942 all'Avana, il locale preferito
da Hemingway ha esteso la propria attività a
Berlino nel 1993, importando da Cuba cibo,
sigari, rum e tequila seri, per la gioia di una
clientela rumorosa.

PRATER Cartina pp344-5
☎ 448 5688; www.pratergarten.de; Kastanienallee
7-9; 🕙 a partire dalle 16 da lunedì a venerdì, dalle 12
sabato, dalle 10 domenica; U-Bahn Eberswalder Strasse
La più vecchia birreria all'aperto di Berlino è
anche una delle più graziose, piacevole per
fermarsi a bere sotto i castagni. Il complesso
comprende un piccolo palco che fa capo al

Volksbühne, un cocktail bar, un ristorante vecchio stile e le leggendarie serate organizzate dal
club Bastard@Prater.

RAZZIA IN BUDAPEST Cartina pp344-5
☎ 4862 3620; Oderberger Strasse 38; U-Bahn
Eberswalder Strasse
Prenzlauer Berg incontra Kreuzberg: locale di
tendenza a cavallo tra i gusti sofisticati retro e il
kitsch più totale, con lampade decorate, chaiselongue ed electro DJ. Non chiedetevi cosa c'entri
tutto ciò con la capitale dell'Ungheria.

SCHALL UND RAUCH Cartina pp344-5
☎ 443 3970; Gleimstrasse 23; 🕙 9-2; U/S-Bahn
Schönhauser Allee
Bistrò di giorno, questo locale gay trendy si
trasforma in un cocktail bar elegante quando
cala la sera, con design ricercato e una clientela
giovane. Il brunch domenicale (€7) è a dir poco
eccezionale.

SCHWARZE PUMPE Cartina pp344-5
☎ 449 6939; Choriner Strasse 76; 🕙 9-1; U-Bahn
Senefelderplatz
Ideale per bere qualcosa in tutta tranquillità,
lontano dalla confusione delle strade principali.
Questo posto offre un ambiente semi tradizio-

Le Kneipen di Berlino

Le *Kneipen* (taverne) vecchio stile di Berlino hanno alle spalle una tradizione tutta particolare per quanto riguarda l'ospitalità:
birra economica, forti Schnapps, piatti sostanziosi e un umorismo bizzarro, il tutto servito in un ambiente rustico e pieno di
fumo. Potrà capitarvi di trovare una vera *Kiezkneipe*, che i residenti del quartiere – in genere rudi uomini panciuti oppure
litigiosi ex rocker – hanno eletto a luogo d'incontro privato: questo fa parte del colore locale, ma in qualità di estranei
probabilmente vi divertireste di più da qualche altra parte.

Dicke Wirtin (cartina p354; ☎ 312 4952; Carmerstrasse 9, Charlottenburg; 🕙 a partire da mezzogiorno; S-Bahn
Savignyplatz) Se la 'Grassa Ostessa' potesse parlare sicuramente definirebbe 'da effeminati' i locali chic della vicina
Savignyplatz – si tratta della *Kneipe par excellence*, frequentata non unicamente dalla gente del posto grazie alla sua
posizione elegante. Molto in voga anche fra gli studenti che vogliono spendere poco.

E&M Leydicke (cartina pp352-3; ☎ 216 2973; Mansteinstrasse 4, Schöneberg; 🕙 a partire dalle 16; U/S-Bahn
Yorckstrasse) Fondata nel 1877, questa taverna e rivendita di vino vecchio stile imbottiglia in sede i propri Schnapp
aromatici e i distillati di frutta.

Gambrinus (cartina p350; ☎ 282 6043; Linienstrasse 133, Mitte; 🕙 12-4 da lunedì a sabato, 15-4 domenica;
U-Bahn Oranienburger Tor) Per via della sua ubicazione centrale, inevitabilmente è una Kneipe un po' turistica, ma i
clienti regolari sono veri berlinesi e la vasta collezione di fotografie che documentano Mitte a cavallo del secolo è molto
interessante. In omaggio agli anni '80 potete addirittura acquistare il vino di Helmut Kohl.

Zur letzten Instanz (cartina p350; ☎ 242 5528; Waisenstrasse 14, Mitte; U-Bahn Klosterstrasse) Come suggerisce
il menu scritto in *legalese*, il nome di questa taverna storica – 'all'ultima istanza' – fa riferimento alla presenza del
tribunale che sorge di fronte, anche se circolano alcune storielle sull'origine di questo nome. Il locale è autenticamente
berlinese come il Currywurst e il cabaret.

nale da pub e ogni genere di insegne e oggetti associati con il lavoro in miniera su cui riflettere (il nome deriva da quello di una cittadina mineraria nella regione di Niederlausitz).

SONNTAGS CLUB Cartina pp344-5
☎ 449 7590; Greifenhagener Strasse 28; U/S-Bahn Schönhauser Allee

Questo caffè-bar per omosessuali, accogliente e tranquillo, è aperto a tutti e spesso organizza manifestazioni interessanti. C'è anche un pianoforte a disposizione dei clienti.

ULURU RESORT Cartina pp344-5
☎ 4404 9522; Rykestrasse 17; U-Bahn Senefelderplatz

Simpatico pub in stile prettamente australiano, con musica dal vivo e atmosfera esuberante. Non sentirete parlare molto tedesco qui.

WOHNZIMMER Cartina pp344-5
☎ 445 5458; Lettestrasse 6; ⏰ 10-4; U/S-Bahn Schönhauser Allee

Il 'Soggiorno' è un po' grande per far parte di un'abitazione, ma l'atmosfera rilassante e quasi casalinga attira l'ambiente culturale di Prenzlberg per un caffè, una fetta di torta e un cocktail. Nella sala sul retro ci sono comodi sofà e un arredo casual.

DISTRETTI MERIDIONALI

LORETTA AM WANNSEE
☎ 803 5156; Kronprinzessinnenweg 260; ⏰ 9-24 da ottobre a marzo, 9-1 da aprile a settembre; S-Bahn Wannsee

Questa grande birreria all'aperto ha più di 1000 posti a sedere, l'ideale per terminare una calda giornata estiva trascorsa sulle rive del lago.

LUISE
☎ 832 8487; Königin-Luise-Strasse 40-44; ⏰ 10-1; U-Bahn Dahlem-Dorf

Leggendario ritrovo studentesco con 700 posti a sedere all'aperto.

LOCALI NOTTURNI

Berlino è la scena più vivace della vita notturna della Germania. Francoforte, Monaco e anche Rostock tentano di farle concorrenza, ma la reputazione di Berlino si fonda su una combinazione imbattibile di qualità, quantità e varietà. Qualunque sia il genere musicale da voi preferito, house, techno, drum and bass, punk, Britpop, da ballo, musica leggera, ska,

folk o liscio, troverete sicuramente un posto in cui divertirvi quasi ogni sera della settimana. Per individuare il meglio del night-clubbing in programma consultate le riviste specializzate (troverete almeno 130 diverse iniziative ogni sabato) oppure sfogliate i numerosi volantini promozionali delle serate distribuiti nei negozi, nei caffè e nei bar.

È più facile entrare nei locali notturni dell'informale Berlino che in quelli della maggior parte delle città europee. Anche nei pochi locali in cui è richiesto l'abito elegante la creatività di solito prevale sull'ostentazione di capi firmati, quindi gettatevi nella mischia senza porvi tanti problemi di griffe. Dovunque, però, la vita notturna comincia non prima di mezzanotte e si trascina fino all'alba.

MITTE

COOKIES Cartina p350
All'angolo tra Charlottenstrasse e Unter den Linden; ⏰ a partire dalle 24 martedì e giovedì; U/S-Bahn Friedrichstrasse

Questo locale notturno e champagne-bar aperto a metà settimana è molto frequentato dai gruppi più scatenati di intellettuali e di gente alla moda di Mitte, e notoriamente osserva una rigidissima politica di selezione all'ingresso.

COX ORANGE Cartina p350
☎ 0160-9585 1766; Dircksenstrasse 40; ⏰ a partire dalle 20 giovedì, dalle 22 venerdì e sabato; S-Bahn Hackescher Markt

Locale notturno nel seminterrato, con un pubblico più maturo, in cui si ascolta musica rock, funk e disco dagli anni '60 agli anni '90. È un posto cool, rilassato, da esplorare sorseggiando un cocktail.

DELICIOUS DOUGHNUTS Cartina pp344-5
☎ 2809 9279; Rosenthaler Strasse 9; ⏰ a partire dalle 22 da giovedì a sabato; U-Bahn Weinmeisterstrasse

Altro caposaldo della vita notturna di Mitte, il Doughnuts è un posto tranquillo, con un intimo look da lounge. È un locale accogliente con pista da ballo animata, calciobalilla e la tendenza a rimanere aperto fino alle prime ore dell'alba.

GRÜNER SALON Cartina p350
☎ 2859 8936; www.gruener-salon.de; Volksbühne, Rosa-Luxemburg-Platz; ingresso €3-15; ⏰ martedì, da giovedì a sabato; U-Bahn Rosa-Luxemburg-Platz

Raffinatezza e nostalgia regnano nell'intimo 'Salotto verde' di Volksbühne, un elegante richiamo ai peccaminosi anni '20. Le sue serate ai ritmi di salsa, tango e swing sono leggendarie e spesso precedute da lezioni di ballo. *Chansons*, commedia, opere teatrali e conferenze completano il panorama delle offerte culturali.

KAFFEE BURGER Cartina pp344-5

☎ 2804 6495; www.kaffeeburger.de; Torstrasse 60; ingresso €3-5; ⏰ a partire dalle 19 da domenica a giovedì, dalle 21 venerdì e sabato; U-Bahn Rosa-Luxemburg-Platz

Pietre miliari nel panorama alternativo della capitale, il Kaffee Burger e l'adiacente Burger Bar sono decorati nello stile tipico della DDR degli anni '60, con mobili da salotto e carta da parati. I party indie, rock e punk e le serate di improvvisazione sono spesso precedute da letture letterarie, organizzate da gruppi come i Surfpoeten; da rilevare soprattutto il fatto che è la sede della leggendaria Russendisko (discoteca russa).

KOPIERBAR Cartina pp344-5

☎ 2859 8116; www.kopier-bar.de; Rosenthaler Strasse 71; ⏰ 13-22 da lunedì a giovedì, a partire dalle 13 venerdì, dalle 20 sabato; U-Bahn Rosenthaler Platz

Camuffato copisteria, in realtà è un negozio di dischi, un internet bar, un lounge bar, un locale notturno e un negozio di servizi multimediali, il tutto sotto lo stesso tetto. Vi si tiene un'iniziativa lesbigay ogni mese.

MUDD CLUB Cartina p350

☎ 2759 4999; www.muddclub.de; Grosse Hamburger Strasse 17; ⏰ a partire dalle 21.30 da mercoledì a domenica; S-Bahn Hackescher Markt

Rende omaggio all'omonimo e leggendario locale di Soho, centro della cultura underground newyorkese negli anni '70 e '80. Situato in fondo a una ripida scala, è un po' nascosto rispetto alla strada, ma i giovani berlinesi amanti del rock e dell'indie non sembrano avere difficoltà a trovarlo. Molto frequentato da russi e slavi.

OXYMORON Cartina p350

☎ 2839 1886; www.oxymoron-berlin.de; Rosenthaler Strasse 40-41; ingresso €5-10; ⏰ club venerdì e sabato; S-Bahn Hackescher Markt

Questo locale all'interno dell'Hackesche Höfe si trasforma col volgere delle ore. Caffè-ristorante di giorno, si trasforma in un locale notturno elegante dopo le 23, che coniuga senza difficoltà serate retro ed elettroniche con qualche 'extra' occasionale come le ballerine go-go. L'ambiente richiede un abito casual elegante.

ROTER SALON Cartina p350

☎ 2406 5806; www.roter-salon.de; Volksbühne, Rosa-Luxemburg-Platz; ⏰ lunedì e martedì, da giovedì a sabato; U-Bahn Rosa-Luxemburg-Platz

Il 'Salotto rosa' mette da parte le raffinatezze per abbracciare un'atmosfera retro più chiassosa, in cui vengono organizzate letture, concerti dal vivo e party danzanti (compresa una grandiosa nottata con tanto di influenza nordica). Le feste che seguono alcune prime teatrali sono molto ben frequentate.

SAGE CLUB Cartina p350

☎ 2787 6948; www.sage-club.de; Köpenicker Strasse 76; ingresso €4-10; ⏰ da giovedì a domenica; U-Bahn Heinrich-Heine-Strasse

Principale locale notturno di Berlino per la musica house, non è particolarmente esclusivo, anche se i controlli alla porta sono severi nelle serate particolarmente affollate. Merita una visita anche solo per il drago con lingue di fuoco che volteggia sulla pista e per lo straordinario giardino estivo (con piscina); non sono male anche la musica a tutto volume e il pubblico elegante.

Il tema del giovedì notte è 'il rock incontra i ritmi elettronici'.

SOPHIENCLUB Cartina p350

☎ 282 4552; www.sophienclub.de; Sophienstrasse 6; ingresso €3-10; ⏰ a partire dalle 22 martedì, e da giovedì a sabato; U-Bahn Weinmeisterstrasse

Anche dopo 20 anni il Sophienclub sostiene bene il suo ruolo di locale trendy. La sua atmosfera va benissimo per un pubblico in età scolare che vi si reca con regolarità per ascoltare i motivi di successo degli anni '60-'90, funk, soul e Britpop.

TRESOR/GLOBUS Cartina pp348-9

☎ 609 3702; www.tresorberlin.de; Leipziger Strasse 126a; ingresso €3-15; ⏰ a partire dalle 23 mercoledì, venerdì e sabato; U/S-Bahn Potsdamer Platz

I suoni della house vi avvolgono non appena entrate al Globus, al piano terra di questo leggendario locale. Al piano inferiore, nel sotterraneo di un ex grande magazzino culla della rivoluzione techno berlinese, si trova il Tresor.

La presenza occasionale del leggendario DJ di Detroit Jeff Mills è di grande richiamo. Tuttavia, i lavori sulla Leipziger Platz potrebbero presto coinvolgere questo locale: verificate sulle riviste specializzate prima di andarci.

Divertimenti – Locali notturni

WMF Cartina pp344-5

☎ 2838 8850; www.wmfclub.de; Karl-Marx-Allee 34; ingresso €6-12; ☾ a partire dalle 23 venerdì e sabato; U-Bahn Schillingstrasse

Un classico berlinese, costretto a trasferirsi più di una volta, si trova ora nella sua sesta sede, uno spazioso lounge nell'ex caffè Moskau, con tanto di elementi del design anni '60 tipico della DDR. La musica è soprattutto elettronica d'avanguardia, ma spesso varia con iniziative speciali. Le apparizioni regolari dei Jazzanova, le stelle del remix, e di altre guest stars caratterizzano le serate.

XMF Cartina p350

☎ 2758 2682; www.2be-club.de; Ziegelstrasse 23; ☾ a partire dalle 23 venerdì e sabato; S-Bahn Oranienburger Strasse

Chiamato anche 2BE, era la sede precedente del WMF (v. sopra). Al 2BE si ascoltano esclusivamente brani hip-hop e ballabili, con qualche serata speciale animata da nomi di richiamo.

TIERGARTEN

DIE 2 Cartina pp342-3

☎ 3983 8969; www.die2-berlin.de; Rathenower Strasse 19; ☾ da mercoledì a sabato; S-Bahn Westhafen

Lesbiche di tutte le età frequentano le serate da discoteca e seguono i programmi più tranquilli del giovedì, con esposizioni e conferenze. Gli appassionati di cani di piccola taglia si incontrano qui una volta al mese (no, non stiamo scherzando).

POLAR.TV Cartina pp342-3

☎ 2462 95320; www.polar.tv; Heidestrasse 73; ☾ a partire dalle 23 mercoledì e sabato; S-Bahn Lehrter Stadtbahnhof

Sede del club No UFOs, questo locale d'avanguardia in un vecchio deposito si è creato una fama consolidata tra i giovani per i migliori sound elettronici e techno. Si registra alla consolle la presenza regolare di Westbam. In estate si può stare all'aperto e c'è anche un club consociato leggermente più tranquillo, lo **Sternradio** (cartina p350; ☎ 2462 95320; Alexanderplatz 5; U-Bahn Alexanderplatz).

CHARLOTTENBURG

ABRAXAS Cartina p354

☎ 312 9493; Kantstrasse 134; ingresso €3-5; ☾ a partire dalle 22 da martedì a sabato; S-Bahn Savignyplatz

Dall'esterno può sembrare un sexy shop, ma all'interno questo piccolo locale notturno è un vivace centro di salsoul, hip-hop e funk. La pista da ballo è affollata a partire dall'una circa.

SCHÖNEBERG

90 GRAD Cartina pp352-3

☎ 2300 5954; www.90grad.de; Dennewitzstrasse 37; ingresso €8-10; ☾ a partire dalle 23 venerdì e sabato; U-Bahn Kurfürstenstrasse

Anonimo all'esterno, questo cubo nero in realtà è trendy come tutti i locali di Mitte, con una selezione ugualmente elitaria alla porta e una lista di visitatori celebri: da George Clooney a Heidi Klum.

CONNECTION Cartina p354

☎ 218 1432; www.connection-berlin.de; Fuggerstrasse 33; ☾ venerdì e sabato; U-Bahn Wittenbergplatz

Questo noto ritrovo è una delle discoteche gay più popolari della città, famosa per il labirinto di stanze sotterranee mal illuminate. Ai piani superiori troverete una pista da ballo a specchi e musica techno a tutto volume.

METROPOL Cartina pp352-3

☎ 2173 6811; www.metropol-berlin.de; Nollendorfplatz 5; ☾ venerdì e sabato; U-Bahn Nollendorfplatz

Il vecchio teatro di Erwin Piscator, con la facciata decorata con seducenti sculture di nudi, ha ospitato locali diversi e al momento offre notti a tema gay molto vivaci.

TOM'S BAR Cartina pp352-3

☎ 213 4570; Motzstrasse 19; U-Bahn Nollendorfplatz

Serio ritrovo gay con una buona cantina. Se siete OFB ('out for business', ossia 'fuori per affari'), non arrivate prima di mezzanotte.

KREUZBERG

AQUALOUNGE Cartina pp348-9

www.aqua-lounge.net; Ohlauer Strasse 11; ingresso €2-11; ☾ a partire dalle 22 sabato; U-Bahn Görlitzer Bahnhof

Un tempo 'Fish & Friends', questo club alla moda è noto per la sua accurata selezione all'entrata e per i prezzi d'ingresso, che vengono stabiliti gettando i dadi. Invece della pista da ballo c'è una grande piscina riscaldata a 32°C, e si possono anche prendere lezioni di tuffi prima dei party! Ovviamente l'opportunità di mettersi in posa in costume da bagno attira moltissima gente.

Locali di spettacoli hard

L'edonismo degli anni '20 sta vivendo una nuova rinascita: nella Berlino di oggi succede di tutto, e intendiamo dire proprio di *tutto*. I locali notturni con scene esplicite di sesso sono più comuni nell'ambiente gay, ma ci sono anche diversi posti misti o per eterosessuali che si rivolgono ad adulti consenzienti più che a clienti che pagano cifre astronomiche solo per assistere agli spettacoli. Le notti più folli hanno luogo solo una o due volte al mese, spesso in locali diversi.

Club Culture Houze (cartina pp348-9; ☎ 6170 9669; www.club-culture-houze.de; Görlitzer Strasse 71, Kreuzberg; ⊙ chiuso il martedì; U-Bahn Görlitzer Bahnhof) Il CCH è aperto a ogni tendenza e gusto, con due party misti e quattro party hardcore gay a settimana, più un party per lesbiche al mese. Verificate il programma molto attentamente prima di partecipare.

Greifbar (cartina pp344-5; ☎ 444 0828; Wichertstrasse 10, Prenzlauer Berg; S-Bahn Schönhauser Allee) Semplice ritrovo in cui si va per trovare compagnia, con un'animata darkroom dove ci si può ritirare in cabine separate per un po' d'intimità. Attira una clientela più matura di gay attivi oltre i 30 anni.

KitKat Club (☎ 7889 9704; www.kitkatclub.de; Bessemer Strasse 2-14, Schöneberg; €10-15; ⊙ da giovedì a domenica; S-Bahn Papestrasse) Noto luogo di decadenza ancora molto in auge, oggi si è trasferito in una nuova sede con il club principale al piano inferiore. La maggior parte dei party è aperta a ogni genere di clienti, che devono sottostare a un preciso codice di abbigliamento erotico.

DÖNER LOUNGE Cartina pp348-9
www.doenerlounge.de; Schlesische Strasse; ⊙ giovedì
Non siamo in grado di dire molto su questo locale. Cercate la sala sul retro di un certo negozio di kebab e troverete uno dei migliori locali notturni top-secret di Berlino.

PRIVATCLUB Cartina pp348-9
☎ 611 3302; www.monosound.de; Markthalle, Pücklerstrasse 34; ⊙ venerdì e sabato; U-Bahn Görlitzer Bahnhof
Nel seminterrato del Weltrestaurant Markthalle, un gruppo poco appariscente di persone amanti dei party si immerge nel sound alternativo di musica soul, funk, easy, trash pop e indie in questo ambiente kitsch ma di tendenza. Qualche serata con proiezioni di film e concerti a metà settimana movimentano il solito programma del weekend.

SCHWUZ Cartina pp348-9
☎ 693 7025; www.schwuz.de; Mehringdamm 61; ⊙ mercoledì, venerdì e sabato; U-Bahn Mehringdamm
Venite in questo locale per osservare le vistose drag queen e scatenarvi sulle due piste da ballo.

SO36 Cartina pp348-9
☎ 6140 1306; www.so36.de; Oranienstrasse 190; U-Bahn Kottbusser Tor
Questo posto, il cuore punk di Kreuzberg, tiene vivo l'ethos alternativo del distretto con il suo cartellone di concerti dal vivo e serate a tema non convenzionali. Le manifestazioni omosessuali organizzate qui sono di grande richiamo, soprattutto Gayhane, un party mensile 'homoriental' con pop turco e tedesco, travestiti e danza del ventre.

WATERGATE Cartina pp348-9
☎ 6128 0394; www.water-gate.de; Falckensteinstrasse 49a; ingresso €10; ⊙ a partire dalle 23 venerdì e sabato; U-Bahn Schlesisches Tor
Uno dei più caldi locali inaugurati di recente a Berlino, Watergate ha una posizione fantastica, con un lounge al piano inferiore che si affaccia sulla Sprea, di fronte al logo cangiante dell'edificio della Universal Music.

È possibile entrare alle 8 e trovare ancora la gente della sera prima. Al piano superiore, il principale, si ripetono le serate dure di drum and bass del WMF, mentre il sabato hanno luogo manifestazioni più tranquille, ma di uguale livello. Talvolta il lounge apre anche il giovedì.

FRIEDRICHSHAIN

BLACK GIRLS COALITION Cartina pp340-1
☎ 6953 4300; Samariterstrasse 32; ⊙ a partire dalle 22 lunedì, mercoledì e giovedì; U-Bahn Samariterstrasse
Non vi lasciate fuorviare dalla parola 'girls'; si tratta di lupi in abiti costosi travestiti da pecorelle.

I fan riconosceranno la proprietaria Miss Paisley Dalton che è apparsa in *Sex and the City*. Per i molti clienti affezionati che affollano questo spazio minuscolo, comunque, il massimo è la Roots Night, il party più trash di Berlino, che ha luogo una volta al mese.

Divertimenti – Locali notturni

CASINO Cartina pp348-9

☎ 2900 9799; Mühlenstrasse 26-30; ingresso €10-14;
Ⓥ da venerdì a domenica; U/S-Bahn Warschauer Strasse
Questa è la pista da ballo della megastar Paul van Dyk, perciò le code sono assicurate in occasione delle sue serate una volta al mese. In altri momenti è un po' più facile entrare, con qualche serata casuale di reggae e addirittura di punk. Le lounge session in prima serata di domenica sono un buon modo per terminare il weekend (o iniziare la settimana).

CONSULAT Cartina pp344-5

☎ 4208 0780; Karl-Marx-Allee 133-135; Ⓥ da martedì a sabato; U-Bahn Frankfurter Tor
Non ci si aspetterebbe di trovare un club-cocktail bar così di classe a Friedrichshain, un distretto tenacemente alternativo, ma il Consulat in qualche modo riesce a attrarre persone che desideravano indossare abiti eleganti e pavoneggiarsi in questo ambiente raffinato.

DIE BUSCHE Cartina pp348-9

☎ 296 0800; www.diebusche.de; Mühlenstrasse 11-12; ingresso €3,50-5; Ⓥ 22-5 mercoledì e domenica, 22-6 venerdì e sabato; U/S-Bahn Warschauer Strasse
I fantasmi del comunismo sono stati da lungo tempo esorcizzati in quella che era l'unica discoteca gay nella Berlino della DDR. Musica a tutto volume, stanze con pareti a specchio, superalcolici e una clientela mista di giovani che ballano sono gli elementi che caratterizzano i suoi eccitanti party.

LAUSCHANGRIFF Cartina pp344-5

☎ 4221 9626; www.lauschangriff-berlin.de; Rigaer Strasse 103; ingresso €2; Ⓥ a partire dalle 22 da venerdì a lunedì; U-Bahn Frankfurter Tor
Il nome di questo ex club di squatter, ora in regola con la legge, significa 'operazione di intercettazione telefonica'. Il venerdì è dedicato a suoni elettronici hard, il sabato alla musica etnica, la domenica alle conferenze e il lunedì ha luogo la serata reggae.

MARIA AM UFER Cartina pp348-9

☎ 2123 8190; www.clubmaria.de; Stralauer Platz 33-34; ingresso €5-10; Ⓥ a partire dalle 22 venerdì e sabato; S-Bahn Ostbahnhof
Dopo la chiusura del vicino Ostgut, il Maria non teme più concorrenti: i DJ che lavorano qui sono solitamente tra i migliori per qualunque genere musicale (breakbeat, down-tempo, techno o qualche altra variazione di musica elettronica). Spesso nei giorni feriali si organizzano concerti dal vivo.

Party

Alcune delle notti più folli di Berlino sono indipendenti dal luogo in cui si svolgono – possono infatti essere itineranti – anche se in genere hanno una sede presso la quale 'esplodono' con cadenza settimanale o mensile.

C'è anche una fiorente attività di party illegali, conosciuti grazie al passaparola e spesso organizzati in edifici al di fuori dei distretti centrali.

!K7 Flavour (☎ 202 0957; www.k7.com) L'etichetta di pionieri va al !K7, che organizza alcune serate al mese in cui presenta i propri eclettici artisti.

Kachelklub (cartina pp344-5; ☎ 449 4598; www.stadtbad-oderberger.de) Con la tipica inqegnosità berlinese, i più vecchi stabilimenti balneari municipali di Prenzlauer Berg (Oderberger Str 57-59; U-Bahn Eberswalder Strasse) vengono talvolta utilizzati per feste che servono a finanziare il loro restauro. La pista da ballo principale in realtà è generalmente la prosciugata piscina centrale.

Karrera Club (☎ 7895 8410; www.karreraclub.de) I DJ Tim, Christian e Spencer devono essere i più gran lavoratori del vinile di tutta Berlino per organizzare quasi ogni sera party con musica indie e Britpop. I luoghi in cui hanno luogo tali feste con regolarità sono il Kaffee Burger, il Mudd Club e il Sophienclub.

Sally's (☎ 6940 9663; www.sallys.net) Oltre a sponsorizzare ogni genere di improvvisazione rock, la rivista di musica *Uncle Sally's* organizza due volte al mese i propri party musicali nel **club Silver Wings** (cartina pp348-9; Columbiadamm 8, Tempelhof).

Yaam (☎ 615 1354; www.arena-berlin.de) Antenata di tutti i party estivi, questa sessione caraibica domenicale ha luogo da diversi anni fuori dell'Arena di Berlino (p209): si mangia, si beve e si ascolta musica reggae a volontà. Grazie alla sua popolarità ora vengono organizzate anche feste invernali in posti quali il Casino e l'MS Hoppetosse, nell'Arena.

rock. È come passare da un locale all'altro a scatola chiusa.

PRENZLAUER BERG

ICON Cartina pp344-5
☎ 4849 2878; www.iconberlin.de; Cantianstrasse 15; ingresso €8-10; ☾ a partire dalle 23 venerdì e sabato; U-Bahn Eberswalder Strasse

Insieme a Watergate, questo spazio che ricorda una grotta è il top a Berlino per il drum and bass duro. Istituzione locale del sabato è Recycle. Il venerdì in genere è dedicato a hip-hop, ballabili o manifestazioni speciali. Non bisogna mancare alle serate del singolare gruppo londinese Ninja Tune.

KNAACK Cartina pp344-5
☎ 442 7060; www.knaack-berlin.de; Greifswalder Strasse 224; biglietti €5-18; ☾ a partire dalle 18 lunedì, dalle 21 mercoledì, venerdì e sabato; U-Bahn Senefelderplatz, tram 2/3/4

In parte luogo di manifestazioni musicali, in parte locale notturno, è noto per i suoi concerti rock e punk di grande richiamo (ha ospitato anche The Stranglers, leggenda degli anni '80). Molto frequentati anche i party che si svolgono con regolarità su cinque piani.

NBI Cartina pp344-5
☎ 4405 1681; www.neueberlinerinitiative.de; Schönhauser Allee 157; ☾ a partire dalle 22; U-Bahn Senefelderplatz

Per essere un locale nuovo, qui l'arredo è decisamente poco curato, ma fa parte del suo fascino leggermente retro – sprofondate nei grandi divani e assaggiate l'ottima *Schwarzbier* (birra scura) mentre i DJ mandano gli ultimi successi di musica house ed elettronica.

La pista da ballo in realtà è un passaggio per raggiungere il bar, ma nessuno sembra preoccuparsene.

SODA Cartina pp344-5
☎ 4431 5155; Kulturbrauerei, Schönhauser Allee 36; ingresso €3-10; ☾ da giovedì a lunedì; U-Bahn Eberswalder Strasse

Sofisticato club-lounge che propone una selezione musicale mista, con tango e salsa nei giorni feriali e tendenza a R&B e motivi house nei fine settimana, oltre a un po' di reggae/ballabili e parecchi successi anni '80. Il venerdì è la serata dedicata alle donne.

NARVA LOUNGE Cartina pp348-9
☎ 2935 1111; Warschauer Platz 18; ingresso €6-8; ☾ a partire dalle 22 venerdì e sabato; U/S-Bahn Warschauer Strasse

Con accanto il più convenzionale Matrix, questo è un nuovo posto raffinato e 'in' sotto la stazione di Warschauer Strasse. Proiezioni colorate caratterizzano l'ambiente, classici di musica house, black e successi anni '80 attirano la gente in pista, e l'illuminazione vivace assicura di vedere e di essere visti. Non è un'imposizione, tuttavia una tenuta elegante è senz'altro consigliabile.

OCTOPUSSY
www.octopussy-club.de; Gürtelstrasse 36; ingresso €3-4; ☾ a partire dalle 21 da giovedì a sabato, a partire dalle 14 domenica; U/S-Bahn Frankfurter Allee

Un tempo noto con il nome di Cube Club, questo locale a tema sottomarino di recente si è trasferito nel seminterrato di Die Tagung (v. p198) per offrire serate alternative a un pubblico più vasto.

ROSIS Cartina pp348-9
www.rosis-berlin.de; Revaler Strasse 29; ingresso €3-5; ☾ da giovedì a sabato; S-Bahn Ostkreuz

Questa costruzione conserva l'atmosfera vibrante di Friedrichshain - illuminazione debole, cemento onnipresente, generi musicali alla rinfusa (country, karaoke, soul, nu jazz, happy hardcore...) calciobalilla e una pista automobilistica in miniatura rappresentano un ulteriore richiamo per i giovani.

TRAFO Cartina pp348-9
www.trafo-berlin.de; Libauer Strasse 1; ☾ a partire dalle 22 da mercoledì a sabato; U/S-Bahn Warschauer Strasse

Trafo è il posto ideale per chi ama ascoltare musica non commerciale a tutto volume: serate a cadenza regolare con musica jungle, ballabili e da discoteca si svolgono accanto a sessioni dal vivo di punk'n'roll, tribal funk e psycho-hillbilly

Divertimenti – Locali notturni

CENTRI CULTURALI

I centri culturali sono una componente importante della scena dei divertimenti di Berlino e offrono varie forme di intrattenimento, con manifestazioni di respiro locale e internazionale, spesso d'avanguardia. Questi spazi polivalenti in genere occupano strutture insolite, come edifici abbandonati o ex edifici industriali, e ospitano spettacoli di ogni genere: ogni sera potrete trovare proiezioni cinematografiche, danza, musica dal vivo, teatro, arte, letteratura e perfino spettacoli circensi. Spesso all'interno della stessa struttura si trovano anche bar, caffè e ristoranti.

ACUD Cartina pp344-5

☎ 449 1067; www.acud.de; Veteranenstrasse 21, Mitte; U-Bahn Rosenthaler Platz

Situato in una casa abbandonata, questo centro d'arti alternative ospita spettacoli teatrali, esposizioni, party e un programma superbo di cinema d'essai di tutto il mondo in lingua originale.

BEGINE Cartina pp352-3

☎ 215 1414; www.begine.de; Potsdamer Strasse 139, Schöneberg; U-Bahn Bülowstrasse

la situazione si è fatta più distesa dall'epoca in cui questo edificio storico venne occupato da un gruppo di squatter femministe militanti. Oggi ha assunto la veste di un caffè e centro culturale in piena regola per donne, soprattutto lesbiche, con un programma culturale che prevede concerti, conferenze e film.

INSEL DER JUGEND

☎ 5360 8020; www.insel-berlin.com; Alt-Treptow 6, Treptow; S-Bahn Plänterwald

L'Isola della Gioventù sorge in un ex centro giovanile della DDR all'interno di un finto castello medievale su un'isola sulla Sprea. Ci sono manifestazioni per tutti i gusti, da laboratori a concerti rock dal vivo, cinema all'aperto (da giugno a settembre) e party danzanti con musica di ogni genere. Ospita anche, nei fine settimana, un caffè per famiglie dove i genitori possono rilassarsi mentre i bambini si divertono nei laboratori di manualità o al teatro delle marionette.

KALKSCHEUNE Cartina p350

☎ 5900 4340; www.kalkscheune.de; Johannisstrasse 2, Mitte; S-Bahn Oranienburger Strasse

Non esiste niente di più eclettico: non si tratta di un vero centro culturale, ma il Kalkscheune presenta un programma molto più vario di tutti i centri presi in esame in queste pagine. Segnaliamo, tra i molti avvenimenti, serate danzanti, improvvisazioni jazzistiche dal vivo, sfilate di moda, serate per single e, infine, uno dei migliori brunch con Kabarett di tutta Berlino.

KULTURBRAUEREI Cartina pp344-5

☎ 484 9444; www.kulturbrauerei-berlin.de; Schönhauser Allee 36, Prenzlauer Berg; U-Bahn Eberswalder Strasse

La ex fabbrica di birra Schultheiss, del XIX secolo, è stata trasformata in un grande complesso d'arte, shopping e vita notturna che vanta una gamma grandiosa di spazi di intrattenimento. Tra questi c'è un cinema multisala, una sala da biliardo, una galleria d'arte, due locali notturni, tre spazi per esibizioni dal vivo e due teatri di repertorio.

KUNSTHAUS TACHELES Cartina p350

☎ 282 6185; www.tacheles.de; Oranienburger Strasse 54-56, Mitte; U-Bahn Oranienburger Tor

Se volete una prova della trasformazione di Mitte in quartiere residenziale signorile basta che osserviate la facciata del complesso Tacheles: un ristorante splendido e nuovo dall'aspetto insolitamente tradizionale è sorto nel centro di questo ex grande magazzino in rovina. Fortunatamente lo spirito squatter del centro si è conservato intatto e rimane un riferimento anticonvenzionale per cinema, danza, jazz, cabaret, conferenze, laboratori, arte, teatro ecc.

Cercate di partecipare a una serata Bomb-o-drom, scandita da musica hard techno non priva di sfumature politiche.

PFEFFERBERG Cartina pp344-5

☎ 4438 3342; www.pfefferberg.de; Schönhauser Allee 176, Prenzlauer Berg; U-Bahn Senefelderplatz

Sorto dalle ceneri di una ex fabbrica di birra, il Pfefferberg è più rude e alternativo del Kulturbrauerei, e promuove una serie di progetti antifascisti e interculturali. Al momento della stesura di questa guida era in fase di ristrutturazione.

PODEWIL Cartina p350

☎ 247 496; www.podewil.de; Klosterstrasse 68-70, Mitte; U-Bahn Klosterstrasse

All'interno di un palazzo restaurato risalente al 1704, questo posto offre un articolato programma di film, danza, teatro e musica dal vivo e ospita anche un caffè. C'è anche un teatro delle marionette che funziona tutto l'anno e una birreria all'aperto solo nella bella stagione.

TRÄNENPALAST Cartina p350

☎ 2061 0011; www.traenenpalast.de; Reichstagsufer 17, Mitte; U/S-Bahn Friedrichstrasse

Allocato in un edificio un tempo adibito ai controlli di frontiera, il 'Palazzo delle Lacrime' offre vaste possibilità di intrattenimento con un taglio multiculturale, dal jazz africano al rock russo, per arrivare al folk norvegese e alla danza polacca passando per il cabaret tedesco e qualche spettacolo di 'comedy blues'.

UFA-FABRIK

☎ 755 030; www.ufafabrik.de; Viktoriastrasse 10-18, Tempelhof; U-Bahn Ullsteinstrasse

Un altro centro multimediale si è installato negli ex studi cinematografici dell'UFA. Un programma eclettico di musica, teatro, danza, cabaret e circo rimane in cartellone tutto l'anno. Da giugno a settembre gli spettacoli si tengono su un palcoscenico all'aperto.

URANIA Cartina pp352-3

☎ 218 9091; www.urania-berlin.de; An der Urania 17, Schöneberg; conferenze €5; U-Bahn Nollendorfplatz

In contrasto con la prospettiva culturale della maggior parte degli altri centri, l'Urania è un punto di riferimento importante, con un'agenda di appuntamenti molto seri, tra i quali conferenze di esperti provenienti da tutto il mondo su un vasto spettro di discipline. Il 'Caffè Filosofico' è un importante momento di dibattito molto frequentato, con un programma cinematografico e teatrale di ampio respiro.

MUSICA DAL VIVO
CLASSICA

A Berlino gli appassionati di musica classica hanno a disposizione una vasta scelta di appuntamenti praticamente ogni sera, tranne durante il periodo estivo (in genere in luglio e agosto). Un concerto alla Philharmonie o alla Konzerthaus è davvero qualcosa di speciale, così come interessanti sono i concerti che si svolgono regolarmente nei castelli di Berlino (per informazioni ☎ 4360 5390). Chi ha meno di 27 anni e pensa di rimanere a lungo in città, o comunque di ritornarvi con una certa frequenza, potrebbe acquistare la Classic Card (www.classiccard.de).

BERLINER PHILHARMONIE Cartina p356

☎ 2548 8132; www.berliner-philharmoniker.de; Herbert-von-Karajan-Strasse 1, Tiergarten; biglietti €8-61; U/S-Bahn Potsdamer Platz

Grazie alla sua acustica straordinaria, la Philharmonie è indubbiamente il luogo migliore di Berlino per l'ascolto della musica sinfonica. L'attuale direttore è il famoso Sir Simon Rattle, che è stato oggetto di diverse polemiche; preparatevi a pagare fino a €110 per assistere a un concerto della Berliner Philharmoniker da lui diretta. L'adiacente **Kammermusiksaal** (biglietti €5-40), molto più piccola, è riservata ai concerti di musica da camera, con un pianista di sede nominato ogni anno. Non c'è un solo posto con un'acustica mediocre in nessuna delle due sale.

BERLINER SYMPHONIKER

☎ 325 5562; www.berliner-symphoniker.de; Christstrasse 30, Charlottenburg; biglietti €7-30

Fondata nel 1966, la Berliner Symphoniker non ha una sede permanente e si esibisce prevalentemente alla Philharmonie e alla Konzerthaus. Suo attuale direttore è l'israeliano Lior Shambadal.

C. BECHSTEIN CENTRUM Cartina p354

☎ 3151 5200; www.bechstein.de; Stilwerk, Kantstrasse 17, Charlottenburg; biglietti €16; S-Bahn Savignyplatz

Il più prestigioso fabbricante di pianoforti di tutta la Germania organizza circa otto concerti all'anno nel suo negozio principale nel centro Stilwerk, e invita musicisti di levatura internazionale ad esibirsi con i suoi strumenti. La sua fama è tale che un'ulteriore serie di concerti si è tenuta nelle principali sale di tutto il paese (tra cui la Philharmonie e la Konzerthaus) per il 150° anniversario della ditta, nel 2003.

DEUTSCHES SYMPHONIE-ORCHESTER

☎ 2029 8711; www.dso-berlin.de; Charlottenstrasse 56, Mitte; biglietti €10-55

L'orchestra, diretta da Kent Nagano, discende dalla RIAS Symphonie Orchester, fondata nel 1946 e finanziata dagli Stati Uniti fino al 1953. Come la Symphoniker, non ha una propria sede permanente e si esibisce regolarmente alla Philharmonie, alla Konzerthaus, al Tempodrom e su altri palcoscenici importanti.

HOCHSCHULE FÜR MUSIK HANNS EISLER Cartina p350

☎ 9026 9700; www.hfm-berlin.de; Charlottenstrasse 55, Mitte; U-Bahn Stadtmitte

A questa accademia musicale di alto livello fanno capo diverse orchestre, un coro e una

Divertimenti – Musica dal vivo

grande banda musicale, che mettono in scena annualmente circa 400 spettacoli. Molti sono gratuiti o a prezzi modici.

KONZERTHAUS BERLIN Cartina p350

☎ 203 090; www.konzerthaus.de; Gendarmenmarkt 2, Mitte; biglietti €5-40; U-Bahn Stadtmitte/Französische Strasse

La sontuosa Konzerthaus, progettata da Schinkel, è una delle più importanti sale da concerto di Berlino. L'orchestra è la celebre Berliner Symphonie Orchester, diretta da Eliahu Inbal. Vi sono due auditorium e una sala più piccola per eventi letterari e spettacoli per bambini.

UNIVERSITÄT DER KÜNSTE Cartina p354

☎ 3185 2374; www.hdk-berlin.de; Hardenbergstrasse 33, Charlottenburg; U-Bahn Ernst-Reuter-Platz

La sala concerti dell'Università delle Arti era in via di ristrutturazione al momento della redazione di questa guida. Il fitto programma di concerti proposto durante la stagione musicale non dovrebbe cambiare quando riaprirà i battenti con il nome di Karajan-Konzertsaal. Nel frattempo, tenete d'occhio i concerti di beneficenza.

JAZZ

Gli amanti del jazz non avranno difficoltà a trovare spettacoli di loro gusto a Berlino. Ci sono diversi locali alla moda a Charlottenburg, cui fanno concorrenza alcuni posti gradevolmente malsani più a est.

Dovunque andiate troverete proposte jazzistiche di tutto rispetto, con un mix di musicisti locali, ma anche di talenti internazionali che presentano interpretazioni diverse di questo genere musicale.

A-TRANE Cartina p354

☎ 313 2550; www.a-trane.de; Bleibtreustrasse 1, Charlottenburg; ingresso €5-20; ☿ 21-2 da lunedì a giovedì e domenica, dalle 21 venerdì e sabato; S-Bahn Savignyplatz

Tutto quello che ci si aspetta da un club di jazz: intimo, affollato e con musica a tutto volume. I musicisti che si esibiscono qui sono sempre di alto livello e, nonostante i tavolini intimi, tutti si ritrovano in piedi alla fine della serata. L'ingresso è libero il lunedì e il martedì, quando suona il musicista locale Andreas Schmidt, e il sabato dopo mezzanotte e mezzo, per la jam session.

B-FLAT Cartina p350

☎ 283 3123; www.b-flat-berlin.de; Rosenthaler Strasse 13, Mitte; ingresso €4-10; ☿ a partire dalle 20; U-Bahn Weinmeisterstrasse

I ritmi latini sono entrati a far parte del programma, anche se il jazz è ancora il genere musicale dominante di questo locale sempre più versatile, con abbondanza di libere improvvisazioni e ritmi Cajun a integrare il jazz tradizionale. Il mercoledì è la serata acustica (ingresso libero), mentre le proiezioni cinematografiche hanno luogo il giovedì.

FLÖZ Cartina pp352-3

☎ 861 1000; www.floez.com; Nassauische Strasse 37, Wilmersdorf; ☿ a partire dalle 20; U-Bahn Berliner Strasse

Modern jazz, folk e rock figurano sul programma musicale di questa vecchia cantina, frequentata da una clientela non proprio giovanissima. A metà settimana l'ingresso al Flöz è spesso libero, mentre il biglietto in genere costa circa €5.

JUNCTION BAR Cartina pp348-9

☎ 694 6602; www.junction-bar.de; Gneisenaustrasse 18, Kreuzberg; ingresso €3-6; U-Bahn Gneisenaustrasse

Musica dal vivo 365 giorni l'anno: cercate di non pensare alla salute dei vostri polmoni e delle vostre orecchie scendendo in questa cantina, dove verrete accolti da generi di ogni sorta, dal jazz tradizionale al blues, fusion, hip-hop e crossover. Ogni sera i DJ si esibiscono dopo i gruppi dal vivo. Il caffè-bar al piano superiore è leggermente più tranquillo.

QUASIMODO Cartina p354

☎ 312 8086; www.quasimodo.de; Kantstrasse 12a, Charlottenburg; ingresso €7,50-13; ☿ a partire dalle 21; U/S-Bahn Zoologischer Garten

Sotto il cinema Delphi, è il più vecchio jazz club di Berlino e attira musicisti nazionali e internazionali di alto livello. Le sue dimensioni ridotte consentono di trattenersi vicino al palco, ma il soffitto basso, le pareti dipinte di nero e l'aria viziata dal fumo lo rendono un luogo un po' claustrofobico. Più spazioso il caffè al piano superiore.

SCHLOT Cartina pp344-5

☎ 448 2160; www.kunstfabrik-schlot.de; Chausseestrasse 18, Mitte; ingresso €5-10; U-Bahn Zinnowitzer Strasse

Schlot, che significa 'comignolo', è un locale senza pretese: nato subito dopo la riunificazione, si è guadagnato una rapida fama per il suo buon jazz e gli spettacoli di cabaret. Gestito da due maratoneti, offre un interessante ed eclettico mix di eventi e stili diversi presentati in un ambiente spazioso, in buona parte ricostruito tra il 2003 e il 2004.

SOULTRANE Cartina p354

☎ 2309 9333; www.soultrane.de; Stilwerk, Kantstrasse 17, Charlottenburg; biglietti a partire da €15; ⏱ 10-19 lunedì, 10-2 da martedì a giovedì, a partire dalle 10 venerdì e sabato, 19-1 domenica; S-Bahn Savignyplatz

Questo elegante posto per mangiare e ballare, nel raffinato centro Stilwerk, è in realtà una specie di riproduzione di un jazz club di vecchia scuola, anche se il pubblico ben vestito ha un comportamento troppo ineccepibile. Se non potete entrare all'A-Trane, sappiate che la jam session e il party danzante del sabato sera che si tengono qui sono assolutamente invitanti.

UMSPANNWERK OST Cartina pp344-5

☎ 4208 9323; Palisadenstrasse 48, Friedrichshain; ⏱ a partire dalle 11.30; U-Bahn Weberwiese

Strano ma vero, questa struttura di classe venne costruita come centrale elettrica, a cavallo del XX secolo, per ospitare enormi trasformatori. Oggi è sede di un ristorante, del Berliner Kriminal Theater (p214) e di questo jazz club situato nella cantina ricca di fascino.

VOLLMOND Cartina pp344-5

☎ 614 2912; Oranienstrasse 160, Kreuzberg; ⏱ a partire dalle 16.30 da domenica a venerdì, dalle 18 sabato; U-Bahn Kottbusser Tor

Vero blues, R&B e jazz fluiscono liberamente come la birra al Vollmond, un bar musicale non raffinato ma piacevole.

GRANDI SPAZI PER CONCERTI

Le superstar internazionali e le grandi produzioni di transito in città in genere si esibiscono in uno dei grandi spazi indicati di seguito. Anche le compagnie in tournée come *Lord of the Dance* e il Cirque de Soleil hanno fatto tappa qui.

ARENA Cartina pp348-9

☎ 533 2030; www.arena-berlin.de; Eichenstrasse 4, Treptow; S-Bahn Treptower Park

Sulla riva meridionale della Sprea, l'Arena di Berlino, di medie dimensioni, è leggermente fuori mano, ma tiene testa agli altri grandi spazi, in particolare quando viene utilizzata la grande area aperta lungo il fiume. L'adiacente **Glashaus** ospita improvvisazioni jazzistiche di portata inferiore e spettacoli teatrali; fanno parte del complesso anche il **Club der Visionäre** e il bar del **MS Hoppetosse**.

COLUMBIAHALLE Cartina pp348-9

☎ 698 0980; www.columbiahalle.de; Columbiadamm 13-21, Tempelhof; U-Bahn Platz der Luftbrücke

Esattamente di fronte all'aeroporto di Tempelhof, questa sala poco ricercata ospita ogni genere di spettacoli, da artisti di fama internazionale a festival punk e improvvisazioni metal. Immediatamente accanto, nel più piccolo **Columbia Fritz**, vengono organizzate serate con party e iniziative sperimentali.

MAX-SCHMELING-HALLE Cartina pp344-5

☎ 443 045; www.max-schmeling-halle.de; Am Falkplatz, Prenzlauer Berg; U-Bahn Eberswalder Strasse

Questa sala da 8500 posti a sedere, completata nel 1997, è sede della squadra di pallacanestro professionistica di Berlino e ospita anche concerti, spettacoli teatrali e conferenze.

OLYMPIA-STADION

☎ 300 633; Olympischer Platz 3, Charlottenburg; U-Bahn Olympia-Stadion, S-Bahn Olympiastadion

Grazie ai lavori di ristrutturazione, il cui completamento è previsto per la fine del 2004, lo storico Stadio Olimpico dovrebbe essere riportato alla gloria passata e ospitare le principali manifestazioni sportive e musicali che si svolgono a Berlino.

TEMPODROM Cartina pp348-9

☎ 695 3385; www.tempodrom.de; Möckernstrasse 10, Kreuzberg; S-Bahn Anhalter Bahnhof

All'interno di una gigantesca struttura a forma di tenda, dove un tempo sorgeva l'Anhalter Bahnhof, il Tempodrom offre un vasto repertorio di concerti, spettacoli, musical, esibizioni circensi e iniziative simili. L'adiacente centro termale Liquidrom (p224) è un altro luogo divertente.

TIPI Cartina pp342-3

☎ 390 6650; www.tipi-das-zelt.de; Grosse Querallee, Tiergarten; biglietti €18,50-42; autobus 100

Questo nuovo e ampio tendone tra la Haus der Kulturen der Welt e la Cancelleria ospita vari musical e spettacoli teatrali tradizionali. Pagando un extra di €30 vi verrà servito un pasto di quattro portate.

Tempodrom (p209)

VELODROM Cartina pp344-5

☎ 443 045; www.velomax.de; Paul-Heyse-Strasse 26, Lichtenberg; S-Bahn Landsberger Allee

Importanti gare ciclistiche e altre manifestazioni sportive e musicali, ma anche conferenze, si tengono al Velodrom, capace di 11.000 posti a sedere e gestito dalla stessa società della Max-Schmeling-Halle.

WALDBÜHNE

☎ 810 750; Am Glockenturm, Charlottenburg; ☽ da maggio a settembre; U-Bahn Olympia-Stadion, S-Bahn Pichelsberg

Questo vasto anfiteatro all'aperto è molto caro ai berlinesi: può ospitare fino a 22.000 persone in occasione di concerti rock, pop e classici. Molto apprezzate sono anche le serate con proiezioni cinematografiche, anche se la visuale è migliore in un IMAX.

OPERA E MUSICAL

Con tre teatri finanziati dallo stato (e oggetto di numerose controversie), l'opera ha sempre occupato una posizione di primo piano a Berlino, e gli appassionati possono assistere qui ad alcuni degli spettacoli più grandiosi e importanti del paese – solo la Semperoper di Dresda (p277) gode di una fama maggiore. Curiosamente, però, questo interesse non si è mai tradotto in un grande successo di pubblico per i musical, perciò a Berlino non si trova alcun equivalente del West End di Londra. I fan di Lloyd Webber faranno bene a visitare i dintorni di Ku'damm e Potsdamer Platz.

DEUTSCHE OPER Cartina pp352-3

☎ 343 8401; www.deutscheoperberlin.de; Bismarckstrasse 35, Charlottenburg; biglietti €10-112; U-Bahn Deutsche Oper

Il più grande teatro dell'opera di Berlino può apparire poco aggraziato, ma la sua supremazia musicale è fuori questione. Wagner è il compositore più apprezzato dalla sua orchestra: il direttore Christian Thielemann è specializzato nei lavori di questo compositore. Tutte le opere vengono rappresentate in lingua originale.

KOMISCHE OPER Cartina p350

☎ 4799 7400; www.komische-oper-berlin.de; Behrenstrasse 55-57, biglietteria Unter den Linden 41, Mitte; biglietti €8-93; S-Bahn Unter den Linden

Musical, opera 'leggera', operetta e danza sono i cavalli di battaglia di questo teatro lirico. Qui l'ambiente è meno elitari rispetto alla Deutsche Oper: le produzioni sono tratte da periodi storici diversi e sono tutte cantate in tedesco.

MUSICAL THEATER AM POTSDAMER PLATZ Cartina p356

☎ 01805-114 131; Marlene-Dietrich-Platz 1, Tiergarten; biglietti €42-110; U/S-Bahn Potsdamer Platz

Modernissimo teatro lirico all'interno del complesso DaimlerCity, inaugurato nel giugno del 1999 con la prima mondiale de *Il gobbo di Notre Dame*. Tra le produzioni di musical successive ricordiamo *Cats* e il Blue Man Group. Tutte le rappresentazioni sono in tedesco e rimangono in cartellone per diversi mesi.

NEUKÖLLNER OPER Cartina pp348-9

☎ 688 9070; www.neukoellner-oper.de; Karl-Marx-Strasse 131-133, Neukölln; biglietti €9-21; U-Bahn Karl-Marx-Strasse

Questo teatro è molto più d'avanguardia di quanto il suo nome non suggerisca. Il repertorio decisamente poco elitario comprende spettacoli per bambini e produzioni sperimentali accanto a opere secondarie di Mozart e Schubert. Il tutto viene messo in scena con un budget ridotto e molta capacità creativa in un'ex sala da ballo d'anteguerra.

STAATSOPER UNTER DEN LINDEN Cartina p350

☎ 2035 4438, biglietti ☎ 2035 4555; www.staatsoper-berlin.de; Unter den Linden 5-7, Mitte; biglietti €8-120; U-Bahn Französische Strasse

Il più antico teatro lirico di Berlino si leva orgoglioso in Unter den Linden, un tempio delle arti in stile neoclassico. Felix Mendelssohn-Bartholdy ne diresse l'orchestra. L'attuale direttore, Daniel Barenboim, privilegia la rappresentazione sfarzosa di opere barocche e di autori più recenti. Tutte le opere vengono rappresentate in lingua originale.

THEATER DES WESTENS Cartina p354

☎ 319 030; www.theater-des-westens.de; Kantstrasse 12, Charlottenburg; biglietti €27-85; U/S-Bahn Zoologischer Garten

È il palcoscenico tradizionale di Berlino per produzioni in lingua tedesca di musical interpretati da grandi nomi, e ospita compagnie locali o spettacoli in tournée. La qualità delle rappresentazioni varia considerevolmente da una serata all'altra. Dai posti più economici non si gode di una grande visuale.

CABARET

Dopo il successo all'estero del film-commedia *Cabaret*, il genere ha conquistato la ribalta berlinese: moltissimi teatri e locali stanno cercando di dare nuova vita ai sontuosi spettacoli di varietà dei 'dorati anni '20'. Le serate comprendono esibizioni di ballerini, cantanti, giocolieri, acrobati e intrattenitori di ogni genere, ciascuno impegnato in un breve numero. Spesso è possibile cenare al tavolo e godersi l'intero spettacolo.

BAR JEDER VERNUNFT Cartina p354

☎ 883 1582; www.bar-jeder-vernunft.de; Schaperstrasse 24, Wilmersdorf; biglietti €14-30; U-Bahn Spichernstrasse, Uhlandstrasse

Gli artisti che si esibiscono in questo meraviglioso locale sono oggetto di un vero e proprio culto e gli spettacoli – spesso con una nota ironica e stravagante – registrano in genere il tutto esaurito. In parte, ad attirare il pubblico è il fascino raffinato dell'ambiente in stile art nouveau. Non perdetevi gli spettacoli in cui compaiono Irmgard Knef e Désirée Nick.

CHAMÄLEON VARIETÉ Cartina p350

☎ 282 7118; www.chamaeleon-variete.de; Rosenthaler Strasse 40-41, Mitte; biglietti €4-27; ☺ spettacoli 20.30 da lunedì a sabato, 24 venerdì e sabato, 19 domenica; S-Bahn Hackescher Markt

Un locale intimo situato negli Hackesche Höfe, in una ex sala da ballo. Oggi le compagnie fanno del loro meglio per riportare il locale ai suoi antichi fasti. Godetevi lo spettacolo dal vostro tavolino, a lume di candela.

FRIEDRICHSTADTPALAST Cartina p350

☎ 2326 2203; www.friedrichstadtpalast.de; Friedrichstrasse 107, Mitte; biglietti €12-59; U-Bahn Oranienburger Tor

Il Friedrichstadtpalast è il teatro più grande nel suo genere in Europa e spesso, con i suoi 2000 posti a sedere, registra il tutto esaurito. Sfavillanti produzioni stile Las Vegas, con un corpo di ballo di 80 ballerine, orchestra e cantanti di prim'ordine assicurano una serata di grande divertimento.

SCHEINBAR VARIETÉ Cartina pp352-3

☎ 784 5539; www.scheinbar.de; Monumentenstrasse 9, Schöneberg; biglietti €6-11; ☺ spettacoli 20.30; U/S-Bahn Yorckstrasse

Dire che lo Scheinbar è piccolo è un eufemismo, ma a l'intimità del locale permette di vedere bene il palcoscenico e magari di fare una chiacchierata con gli artisti dopo l'esibizione. Spesso tali artisti cominciano la loro carriera qui prima di passare a teatri più famosi come il Wintergarten.

WINTERGARTEN VARIETÉ Cartina pp352-3

☎ 2500 8888; www.wintergarten-variete.de; Potsdamer Strasse 96, Tiergarten; biglietti €18-53; U-Bahn Kurfürstenstrasse

È un posto elegante che ricrea la tradizione del vaudeville. L'ambiente è caratterizzato da ottoni e velluti, e ogni sera abilissimi prestigiatori, clown, acrobati e artisti di tutto il mondo compaiono sotto la volta stellata del teatro. Il programma rimane in cartellone pochi mesi e la qualità non è sempre omogenea, ma vale certamente la pena passarci una serata.

KABARETT

Il cabaret non va confuso con il 'Kabarett', che è uno spettacolo di satira politica messo in scena da un gruppo di *Kabarettisten* in una serie di monologhi o brevi scenette. L'umorismo oscilla tra il mordace e il surreale, e gli spettacoli possono essere irresistibili. Per apprezzarli appieno, tuttavia, è fondamentale una certa conoscenza del tedesco.

BERLINER KABARETT ANSTALT

Cartina pp348-9

☎ 202 2007; www.bka-luftschloss.de; Mehringdamm 32-34, Kreuzberg; biglietti €5-26; U-Bahn Mehringdamm

Nonostante il suo nome, il Kabarett è solo una piccola parte del programma di questo doppio

Bar jeder Vernunft (p211)

locale. Il BKA Theater originale ospita spettacoli di vario genere (commedie, teatro, riviste, danza, concerti di musica classica e jazz), mentre il più grande **BKA Luftschloss** (cartina p350; Schlossplatz, Mitte) è un tendone in cui si tengono improvvisazioni di jazz dal vivo e anche spettacoli scadenti da locale notturno.

DIE WÜHLMÄUSE
☎ 3067 3011; www.wuehlmaeuse.de; Pommernallee 2-4, Charlottenburg; biglietti €11,50-32; U-Bahn Theodor-Heuss-Platz

Quella de 'I Topi di campagna' è una delle compagnie più professionali di Berlino: presenta una serie di spettacoli di alto livello.

DR SELTSAMS FRÜHSCHOPPEN
www.dr-seltsams-fruehschoppen.de; Kalkscheune, Johannisstrasse 2, Mitte; ☒ 13 domenica; S-Bahn Oranienburger Strasse

Il 'Brunch liquido del Dr. Stranamore' è una vecchia istituzione del Kabarett, con sette artisti satirici, tra cui la celebrità locale Horst Evers, più gli ospiti che si incontrano per sorseggiare birra, scambiarsi battute politiche e leggere (o cantare) testi umoristici. Prima di venire qui informatevi su Roland Koch. L'ingresso è libero, ma è gradita un'offerta.

QUATSCH COMEDY CLUB Cartina p350
☎ 3087 85685; www.quatschcomedyclub.de; Friedrichstadtpalast, Friedrichstrasse 107, Mitte; biglietti €13-20; ☒ spettacoli 20.30

Situato nel seminterrato del Friedrichstadtpalast, il Quatsch è l'equivalente berlinese del London Comedy Store e ha anche un proprio show televisivo, diretto dall'ospite übercamp Thomas Hermanns.

Aspettatevi di vedere i migliori talenti tedeschi esibirsi fianco a fianco con artisti emergenti.

CASINÒ

CASINO BERLIN Cartina p350
☎ 2389 4144; www.casino-berlin.de; Park Inn Hotel, Alexanderplatz; ingresso €5, slot machine €1; ☒ 11-3; U/S-Bahn Alexanderplatz

Al trentasettesimo piano di questo importante albergo dell'ex DDR si può giocare alle carte e a quasi tutti i tipici giochi da casinò. C'è anche un'area separata per le slot machine, al piano terra.

SPIELBANK BERLIN Cartina p356
☎ 255 990; www.spielbank-berlin.de; Marlene-Dietrich-Platz 1, Tiergarten; Casino Royal ingresso €5; ☒ 11.30-3; U/S-Bahn Potsdamer Platz

Lo Spielbank ambisce al titolo di più grande casinò di tutta la Germania, con tavoli da gioco e slot machine sparsi su tre piani e bingo quasi ogni sera. Le aree da gioco sono suddivise fra Casino Leger (sufficiente un abbigliamento informale) e Casino Royal (necessario l'abito da sera). Ingresso consentito solo ai maggiorenni.

TEATRO

È l'attività di punta della scena culturale di Berlino, e le sue produzioni di altissima qualità non hanno rivali in tutta la Germania. Con oltre cento teatri e un panorama particolarmente ricco di compagnie sperimentali, non vi sarà difficile trovare qualcosa di vostro gradimento; non è necessario vestirsi eleganti per assistere a uno spettacolo.

Molti teatri sono chiusi il lunedì e da metà luglio alla fine di agosto. I botteghini sono in genere aperti nei normali orari di ufficio nei giorni in cui non sono previsti spettacoli. È possibile trovare dei buoni posti anche la sera stessa della rappresentazione: in genere i biglietti rimasti dopo le prenotazioni vengono venduti mezz'ora prima dell'inizio.

Può capitare che altri spettatori cerchino di vendervi un biglietto: di solito non si rischia nulla ad accettare, ma occorre sempre verificare che il biglietto sia effettivamente valido e stare attenti ai bagarini. Alcuni teatri offrono sconti fino al 50% a studenti e anziani.

I teatri si raggruppano intorno a Friedrichstrasse e a Kurfürstendamm; consultate le riviste specializzate per informazioni sui teatri sperimentali più piccoli presenti in altre zone della città.

PRINCIPALI PALCOSCENICI

BERLINER ENSEMBLE Cartina p350

☎ 2840 8155; www.berliner-ensemble.de; Bertolt-Brecht-Platz 1, Mitte; biglietti €4-32; U/S-Bahn Friedrichstrasse

Fondato da Bertolt Brecht, dal 1999 questo prestigioso teatro è diretto dal celebre regista viennese Claus Peymann. Vi vengono rappresentati molti autori austriaci, classici tedeschi e opere di Shakespeare. L'edificio in sé è spettacolare e in genere si trovano biglietti a prezzi molto accessibili.

DEUTSCHES THEATER Cartina p350

☎ 2844 1225; www.deutschestheater.de; Schumannstrasse 13a, Mitte; biglietti €4-42; U-Bahn Oranienburger Tor

Questo teatro di grande tradizione (lo diresse tra gli altri il grande Max Reinhardt) dopo la riunificazione non è riuscito a entrare in sintonia con le nuove esigenze del pubblico. Anche il nuovo direttore Bernd Wilms, proveniente dal più piccolo Maxim Gorki Theater, non è riuscito a fare molto per dare nuovo impulso al suo repertorio. Wilms ha, tuttavia, portato con sé una giovane compagnia molto dinamica che recita anche al più piccolo Kammerspiele (Teatro da camera), nell'edificio contiguo.

HEBBEL AM UFER Cartina pp348-9

☎ 2590 0427; www.hebbel-am-ufer.de; biglietteria Halleshes Ufer 32, Kreuzberg; biglietti €6-15; U-Bahn Halleshes Tor

Nel 2003 l'Hebbel Theater (Stresemannstrasse 29) è stato assorbito dai vicini Theater am Halleshes Ufer (Halleshes Ufer 32) e Theater am Ufer (Tempelhofer Ufer 10) per creare l'HAU. Privilegiando il teatro drammatico moderno e sperimentale e la danza in tutti e tre i palcoscenici, questa nuova istituzione fa già sentire la propria autorevole presenza nell'ambito del teatro d'avanguardia.

MAXIM GORKI THEATER Cartina p350

☎ 2022 1115; Am Festungsgraben 2, Mitte; biglietti €12-26; U/S-Bahn Friedrichstrasse

Il più piccolo e meno sovvenzionato tra i teatri finanziati dallo stato, il Gorki mette in scena un insieme interessante di opere moderne e tradizionali. Il direttore Volker Hesse ama i drammaturghi contemporanei e collabora con altri gruppi innovativi. Giovani registi e attori, come Ben Becker, spesso si esibiscono qui, e la qualità è sempre alta.

SCHAUBÜHNE AM LEHNINER PLATZ Cartina pp352-3

☎ 890 023; www.schaubuehne.de; Kurfürstendamm 153, Wilmersdorf; biglietti €10-30; U-Bahn Adenauerplatz

Il teatro di rottura va in scena in questo ex cinema degli anni '20, diretto dal coreografo di fama internazionale Sasha Waltz e dal regista Thomas Ostermeier. Chiamata a rinnovare un repertorio ormai scontato, la coppia ha messo in scena diversi generi, da Buñuel a Büchner, con grande entusiasmo.

Un programma così vario punta a fare concorrenza al Volksbühne molto più che al Deutsches Theater.

VOLKSBÜHNE AM ROSA-LUXEMBURG-PLATZ Cartina p350

☎ 247 6772; www.volksbuehne-berlin.de; Rosa-Luxemburg-Platz, Mitte; biglietti €10-21; U-Bahn Rosa-Luxemburg-Platz

Anticonformista, radicale e provocatorio: il direttore del Volksbühne, Frank Castorf, non vuole

Divertimenti – Teatro

uscire da questa linea, cui aderiscono anche i giovani registi da lui richiamati. L'ethos attuale, in stile trash-politico-post-pop, trova risonanza soprattutto tra i giovani di Berlino Est: gran parte del pubblico è di età compresa fra i 15 e i 35 anni. Su questo palcoscenico si registrano momenti di autentico genio intervallati da frequenti polemiche. Spettacoli minori, più innovativi, vanno in scena al **Volksbühne am Prater** (cartina pp344-5; Kastanienallee 7-9, Prenzlauer Berg).

TEATRO IN INGLESE
FRIENDS OF ITALIAN OPERA

Cartina pp348-9

☎ 691 1211; www.thefriends.de; Fidicinstrasse 40, Kreuzberg; interi/ridotti €14/8; U-Bahn Platz der Luftbrücke

Questo teatro, nonostante il nome, non ha niente a che vedere con l'Italia (in realtà è il nome in codice usato per indicare la mafia in *A qualcuno piace caldo*). È stato il primo teatro di Berlino a mettere in scena spettacoli in inglese. Compagnie berlinesi e straniere in tournée si esibiscono quasi ogni sera davanti a un pubblico di 60 spettatori (repertorio moderno). Il martedì tutti i biglietti costano €7.

SPETTACOLI TEATRALI PARTICOLARI
BAMAH JÜDISCHES THEATER

Cartina pp352-3

☎ 251 1096; www.bamah.de; Hohenzollerndamm 177, Wilmersdorf; biglietti €22; U-Bahn Fehrbelliner Platz

Il Teatro Ebraico di Berlino mette in scena, davanti a un pubblico competente, opere tradizionali e moderne di autori ebrei e pièce di rilievo.

BERLINER KRIMINAL THEATER Cartina pp344-5

☎ 4799 7488; www.kriminaltheater.de; Palisadenstrasse 48, Friedrichshain; biglietti €19-35; U-Bahn Weberwiese

All'interno dell'edificio dell'Umspannwerk Ost, il BKT è specializzato in gialli e opere teatrali legate a crimini. Ovviamente viene spesso rappresentato *Die Mausefalle* (Trappola per topi).

FREIE THEATERANSTALTEN Cartina pp340-1

☎ 325 5023; www.freietheateranstalten.de; Klausenerplatz 19, Charlottenburg; 🕑 20.30 martedì e mercoledì, da venerdì a domenica; S-Bahn Westend

L'FT è stato diretto quasi sempre dal fondatore, direttore e factotum Hermann van Harten a

partire dal 1977. Negli ultimi 15 anni ha messo in scena oltre 3000 spettacoli del proprio *Ich bin's nicht, Adolf Hitler ist es gewesen* (Non sono stato io, è stato Hitler), affrontando la questione della responsabilità collettiva in una maniera non molto ortodossa ma efficace.

THEATERDISCOUNTER Cartina p350

☎ 4404 8561; www.theaterdiscounter.de; Packhalle, Monbijoustrasse 1, Mitte; S-Bahn Oranienburger Strasse

Questo teatro ha imparato negli anni a fare di necessità virtù allestendo spettacoli con un budget limitato. Sta diventando rapidamente una tappa obbligata per nuove commedie sperimentali, e i biglietti costano di rado più di €9,99.

UNSICHT-BAR Cartina pp344-5

☎ 2434 2500; www.unsicht-bar-berlin.de; Gormannstrasse 14; biglietti €12-15; 🕑 a partire dalle 18; U-Bahn Weinmeisterstrasse

Questo ristorante, in cui si mangia nell'oscurità più totale (p173), ha anche un palco buio su quale si tengono letture, Kabarett, concerti e commedie. Il bar rimane aperto dopo lo spettacolo. Si consiglia di prenotare.

TEATRO PER BAMBINI E RAGAZZI
CABUWAZI

☎ 530 0040; www.cabuwazi.de; Bouchéstrasse 75; adulti €4,50-8, bambini €2,50-6

Il nome, di per sé piuttosto misterioso, sta per 'Chaotisch-Bunter WanderZirkus' (Caotico e colorato circo viaggiante), un'iniziativa senza fini di lucro che insegna le arti circensi a ragazzi da 10 ai 17 anni e che organizza spettacoli in vari punti della città. Per informazioni sugli spettacoli telefonate o consultate le riviste specializzate.

CARROUSEL

☎ 557 752; www.carrousel.de; Parkaue 29, Friedrichshain; adulti/bambini €11/7; U/S-Bahn Frankfurter Allee

Questo teatro, situato nella parte orientale della città, ha un programma stimolante di autori classici e nuovi per adolescenti e adulti, con un settore dedicato ai bambini.

GRIPS THEATER Cartina pp342-3

☎ 397 4740; www.grips-theater.de; Altonaer Strasse 22, Tiergarten; biglietti €3,50-15; U-Bahn Hansaplatz

Il migliore, e più noto, teatro per bambini di Berlino è il Grips, che mette in scena spetta

Die Schaubude

Il balletto classico tradizionale va in scena alla Staatsoper Unter den Linden (p210) e alla Deutsche Oper (p210), mentre altre ballerine si esibiscono in abiti succinti al Friedrichstadtpalast (p211).

DOCK 11 STUDIOS Cartina pp344-5
☎ 448 1222; www.dock11-berlin.de; Kastanienallee 79, Prenzlauer Berg; ☺ spettacoli da mercoledì a domenica; U-Bahn Eberswalder Strasse
Oltre a esibizioni di vario genere, Dock 11 organizza durante la settimana corsi e laboratori, con lezioni di numerose discipline, dal balletto classico alla street dance, fino al rock acrobatico.

SOPHIENSAELE Cartina p350
☎ 2859 9360; www.sophiensaele.com; Sophienstrasse 18, Mitte; biglietti €13; S-Bahn Hackescher Markt
Sotto la direzione di Sasha Waltz, Sophiensaele era diventato il teatro più importante di Berlino per la danza sperimentale e d'avanguardia. Oggi che Waltz non c'è più, la tendenza è un ritorno al teatro e alle arti dello spettacolo, anche se tuttavia vengono ancora organizzati interessanti spettacoli di danza.

TANZFABRIK BERLIN Cartina pp352-3
☎ 786 5861; www.tanzfabrik-berlin.de; Möckernstrasse 68, Kreuzberg; spettacoli €10; U/S-Bahn Yorckstrasse
Come il Dock 11, anche la 'Fabbrica della danza' propone spettacoli e corsi di danza.

coli di alta qualità che interessano anche gli adolescenti. Le regolari produzioni del musical del direttore Volker Ludwig *Linie 1*, ispirato alla U-Bahn, sono un vero successo.

Teatro dei burattini
DIE SCHAUBUDE Cartina pp344-5
☎ 423 4314; Greifswalder Strasse 81-84, Prenzlauer Berg; adulti €5,50-12,50; bambini €3,60; S-Bahn Greifswalder Strasse
Non solo per i più piccini: i burattinai prendono sul serio la loro arte e gli spettacoli serali in genere sono destinati a un pubblico adulto.

PRENZLKASPER Cartina pp344-5
☎ 4430 8244; Dunckerstrasse 90, Prenzlauer Berg; biglietti €4,50; U-Bahn Eberswalder Strasse
Il palco in miniatura è nascosto nei pressi di Danziger Strasse, per il divertimento di bambini e adolescenti.

PUPPENTHEATER FIRLEFANZ Cartina p350
☎ 283 3560; Sophienstrasse 10, Mitte; ☺ mercoledì, da venerdì a domenica; U-Bahn Weinmeisterstrasse
Burattini e marionette tradizionali fanno divertire un pubblico di tutte le età.

DANZA
Con il nuovo Hebbel Am Ufer (p213) che promuove coreografie sperimentali e Sasha Waltz responsabile della Schaubühne (p213), la danza indipendente a Berlino non è mai stata così forte. Molti teatri oggi ospitano spettacoli di danza: sfogliate le riviste specializzate per informarvi sulle manifestazioni in corso.

CINEMA
Andare al cinema a Berlino è piuttosto costoso: il sabato sera, nelle grandi multisala, il prezzo del biglietto può arrivare a €9. Quasi tutti i cinema, inoltre, applicano un *Überlängezuschlag* (sovrapprezzo di durata) da €0,50 a €1 per film di durata superiore ai 90 minuti. Si possono risparmiare fino a €4 approfittando del *Kinotag* (giorno del cinema, in genere dal lunedì al mercoledì) oppure assistendo a uno spettacolo prima delle 17. Le più piccole sale indipendenti di quartiere sono di solito più economiche e talvolta offrono sconti per studenti. I grandi cinema proiettano soprattutto le prime visioni di Hollywood doppiate in tedesco. Molti cinema più piccoli, invece, proiettano film in lingua originale, contrassegnati dall'acronimo 'OF' (*Originalfassung*) oppure 'OV' (*Originalversion*); se invece la sigla è

Divertimenti – Danza

'OmU' (*Original mit Untertiteln*) significa che ci sono i sottotitoli in tedesco.

Chi fosse in compagnia di bambini piccoli potrebbe andare agli **Spatzenkino** (☎ 449 4750; www.spatzenkino.de), schermi particolari, gestiti dal Servizio di Cultura Giovanile, presenti in vari cinema sparsi per tutta la città.

ARSENAL Cartina p356

☎ 2695 5100; Sony Center, Potsdamer Strasse 21, Tiergarten; adulti/bambini €6/3; U/S-Bahn Potsdamer Platz

Film di tutto il mondo estranei ai circuiti tradizionali, in genere doppiati in inglese, si possono vedere in quest'ottimo teatro nella Filmhaus.

BABYLON Cartina pp348-9

☎ 6160 9693; www.yorck.de; Dresdener Strasse 126, Kreuzberg; interi/ridotti €7,50/5,50; U-Bahn Kottbusser Tor

Il popolare Babylon è uno dei 13 cinema di Berlino che costituiscono il pacchetto artistico di grande attrattiva della famiglia Yorcker: ne fanno parte anche il **Central Cinema** (cartina p350) in Hackesche Höfe e il vasto **Delphi-Filmpalast** (cartina p354) in Kantstrasse.

CINEMAXX POTSDAMER PLATZ

Cartina p356

☎ 4431 6316; www.cinemaxx.de; Voxstrasse 2, Tiergarten; interi/ridotti €7,30/4,50; U/S-Bahn Potsdamer Platz

Questo megacomplesso accoglie il Berliner Film Festival, con film in programma a ogni ora del giorno; le proiezioni di maggior richiamo spesso sono in lingua originale.

CINESTAR IM SONY CENTER Cartina p356

☎ 2606 6260; www.cinestar.de; Potsdamer Strasse 4, Tiergarten; interi/ridotti €6,90/4,50, IMAX €7,90/6,70; U/S-Bahn Potsdamer Platz

Un altro grande multisala situato in Potsdamer Platz. Possiede schermi sia standard sia IMAX, e ha in programma le più importanti prime internazionali.

DISCOVERY CHANNEL IMAX THEATER

Cartina p356

☎ 2592 7259; www.imax-berlin.de; Marlene-Dietrich-Platz 4, Tiergarten; interi €7-8, ridotti €5,50-6,70; U/S-Bahn Potsdamer Platz

Grande cinema a cupola che proietta i soliti film IMAX e documentari su viaggi, spazio e natura,

molti in 3D. Non sono previsti sottotitoli, ma con un deposito di €20 si ottiene un apparecchio per ascoltare la versione inglese.

EISZEIT Cartina pp348-9

☎ 611 6016; Zeughofstrasse 20, Kreuzberg; biglietti €6; U-Bahn Görlitzer Bahnhof

La programmazione cambia ogni giorno. Film poco conosciuti, alternativi e sperimentali vanno in scena in questa minuscola sala cinematografica di vecchia data.

FILMKUNSTHAUS BABYLON

Cartina p350

☎ 242 5076; Rosa-Luxemburg-Strasse 30, Mitte; interi/ridotti €6,50/5,50; U-Bahn Rosa-Luxemburg-Platz

Da non confondersi con il Babylon di Kreuzberg: si tratta di un altro fantastico cinema di respiro internazionale, con un cartellone molto vario.

FSK Cartina p350

☎ 614 2464; www.fsk-kino.de; Segitzdamm 2, Kreuzberg; biglietti €6; U-Bahn Kottbusser Tor

Nei pressi di Oranienplatz, è un teatro d'essai molto importante che proietta diversi film europei.

INTIMES Cartina p350

☎ 2966 4633; Niederbarnimstrasse 15, Friedrichshain; adulti/bambini €6/2,50; U-Bahn Samariterstrasse

Questa è la sala più alternativa del più alternativo distretto di Berlino. Ulteriore bonus è il suo cocktail bar dall'aria vagamente araba.

KINO INTERNATIONAL Cartina pp344-5

☎ 2475 6011; Karl-Marx-Allee 33, Mitte; interi/ridotti €7,50/5,50; U-Bahn Schillingstrasse

Il gioiello della famiglia Yorcker: con i lampadari in cristallo di Boemia, i rivestimenti in legno, le tende scintillanti e il pavimento in parquet, il Kino International costituisce già di per sé uno spettacolo. Il lunedì sera si tiene il 'MonGay', con classici a tema omosessuale e cinema d'essai, mentre qualche volta, di sabato, si organizzano party gay o lesbici.

KLICK Cartina pp352-3

☎ 323 8437; www.klick-kino.de; Windscheidstrasse 19, Charlottenburg; biglietti €6; S-Bahn Charlottenburg

Con una sala a schermo unico piuttosto modesta, il Klick sembra fuori posto nell'elegante Charlottenburg, ma la selezione cinematografica in genere è piuttosto buona.

KOSMOS Cartina pp344-5

☎ 422 0160; Karl-Marx-Allee 131a, Friedrichshain; biglietti €6,80-7,50; U-Bahn Weberwiese

Il Kosmos era il più grande cinema squatter di Berlino Est quando venne costruito, nel 1961, e oggi è un edificio tutelato dai beni culturali. Il programma è per lo più tradizionale, con qualche variazione interessante.

MOVIEMENTO Cartina pp348-9

☎ 692 4785; www.moviemento.de; Kottbusser Damm 22, Kreuzberg; interi/ridotti €6/5,50; U-Bahn Hermannplatz

Questa sala indipendente a tre schermi proietta una buona gamma di film tradizionali, anche se non di cassetta, e film tedeschi.

NEUE KANT Cartina p354

☎ 319 9866; www.neuekantkinos.de; Kantstrasse 54, Charlottenburg; adulti/bambini €7/3; U-Bahn Wilmersdorfer Strasse

Costruito nel 1912, il Kant-Kino originale fu salvato dal fallimento nel 2001 da un gruppo di professionisti dell'industria cinematografica, tra cui il regista Wim Wenders, e oggi ha in cartellone numerosi film di successo e produzioni locali.

XENON Cartina pp352-3

☎ 782 8850; www.xenon-kino.de; Kolonnenstrasse 5-6, Schöneberg; biglietti €6; U-Bahn Kleistpark

Il secondo più vecchio cinema della città proietta prevalentemente film lesbigay, per lo più di importazione. Tenete d'occhio Dykescreen, la sua occasionale rassegna di cinema a tema saffico.

SPORT, GINNASTICA E FITNESS

Come la maggior parte dei tedeschi, anche i berlinesi hanno un atteggiamento piuttosto ambivalente nei confronti di sport e fitness: camminando per le strade ci si imbatte in numerosi fisici palestrati ai quali fanno da contraltare altrettanti ventri prominenti, gonfi di birra, e benché palestre, terme e solarium abbiano molto successo, nessuno nota la contraddizione di gustare un *Currywurst* immediatamente dopo aver fatto ginnastica. Detto questo, Berlino è in genere molto recettiva nei confronti delle tendenze più recenti in fatto di esercizi fisici.

In termini di servizi la città è ben fornita, come ci si potrebbe aspettare da una grande capitale europea, anche se per le strutture più ampie e specializzate ci si deve recare nei distretti periferici. Per un elenco esaustivo delle attività disponibili a Berlino consultate il *Fitness & Wellness Directory* (€7,90), inserto annuale della rivista *Tip*.

MANIFESTAZIONI SPORTIVE
Atletica
BERLIN MARATHON

☎ 302 5370; www.berlin-marathon.com

Nel mese di settembre avrete la possibilità di assistere o di partecipare alla più importante maratona della Germania. Il percorso comincia dalla Charlottenburger Tor e termina alla Gedächtniskirche. Nel 2003 il kenyota Paul Tergat ha stabilito lungo questo tracciato il nuovo primato del mondo.

ISTAF

☎ 3038 4444; Olympia-Stadion

Questa manifestazione internazionale di atletica si tiene ogni anno agli inizi di settembre, poco prima della Maratona di Berlino.

Bicicletta
BERLINER SECHSTAGERENNEN

☎ 4430 4430; www.sechstagerennen-berlin.de; Velodrom/Berlin Arena; biglietti €26-40

In gennaio la 'Corsa di sei giorni' di Berlino attira oltre 75.000 appassionati di ciclismo per circa una settimana.

Calcio

Sicuramente il calcio è lo sport in assoluto più seguito in Germania, e Berlino non fa eccezione. Questa disciplina gode di grande seguito a ogni livello, dalle compagini di professionisti alle squadre dilettantesche e amatoriali.

DEUTSCHER FUSSBALL-BUND

☎ 896 9940; www.dfb.de; Humboldtstrasse 8a, Wilmersdorf

La DFB (Associazione Calcistica Tedesca) è l'equivalente della nostra FIGC. L'evento principale è il popolare *DFB-Pokalendspiel*, la finale della coppa di Lega, che si gioca all'Olympia-Stadion: i biglietti sono quasi introvabili e devono essere prenotati con mesi di anticipo. In gennaio, inoltre, c'è il campionato annuale di calcio indoor che si gioca alla Max-Schmeling-Halle.

HERTHA BSC

☎ 01805-189 200; www.herthabsc.de; Olympia-Stadion; biglietti €8-51

La squadra berlinese di maggiore tradizione partecipa alla Bundesliga, il campionato nazionale, ed è uno dei club più prestigiosi del paese, con una tifoseria calorosa e affezionata. Il calcio d'inizio delle partite all'Olympia-Stadion è in genere alle 15.30 del sabato.

Per gli incontri di cartello, per esempio contro il Bayern Monaco, lo stadio è gremito; in occasione di partite meno interessanti i biglietti si possono acquistare senza problemi anche il giorno stesso.

UNION BERLIN

☎ 656 6880; www.fc-union-berlin.de; Stadion an der Alten Försterei, An der Wuhlheide, Köpenick; biglietti €7,50-22; S-Bahn Köpenick

L'ex orgoglio di Berlino Est è oggi relegato in fondo alla seconda divisione tedesca, ma può ancora contare sulla devozione dei suoi sostenitori. Lo stadio, con 18.000 posti a sedere, si trova nel quartiere operaio di Köpenick, un ambiente molto pittoresco.

Corse di cavalli

GALOPPRENNBAHN HOPPEGARTEN

☎ 03342-389 313; Goetheallee 1, Dahlwitz-Hoppegarten; biglietti €4-12; ☽ corse 13 domenica da aprile a ottobre; S-Bahn Hoppegarten

Costruito nel 1867 a nord-est della città, è uno degli ippodromi più belli d'Europa.

TRABRENNBAHN KARLSHORST

☎ 5001 7121; Treskowallee 129, Lichtenberg; biglietti €1; ☽ corse 18 mercoledì; S-Bahn Karlshorst

Questo ippodromo risale al 1862, ma fu completamente distrutto durante la seconda guerra mondiale. Nel dopoguerra era l'unica pista da trotto della DDR. Le corse talvolta hanno luogo anche il venerdì e la domenica.

TRABRENNBAHN MARIENDORF

☎ 740 1212; Mariendorfer Damm 222-298, Tempelhof; biglietti €2,50 (solo domenica); ☽ corse 18 mercoledì e venerdì, 13.30 domenica; U-Bahn Alt-Mariendorf

Fondato nel 1913, è un ippodromo da trotto frequentato da politici e uomini d'affari.

Football americano

BERLIN THUNDER

☎ 3006 4400; www.berlin-thunder.de; Olympia-Stadion; biglietti €8-31,50

La squadra dei Thunder, che ha vinto due World Bowl, gode di un seguito sempre maggiore a Berlino, nonostante il football americano sia molto meno popolare del calcio in Germania. Il recente trasferimento all'Olympia-Stadion ha portato un incremento di pubblico che tocca il 23%. Il match clou della stagione è quello contro i Frankfurt Galaxy, detentori del titolo 2003.

Hockey su ghiaccio

L'hockey è uno sport molto seguito a Berlino, con due squadre impegnate nel campionato nazionale. Gli impianti sono piccoli se confrontati con quelli di molti altri sport, il tifo accanito del pubblico è un vero spettacolo: l'entusiasmo sale alle stelle soprattutto in occasione dei derby.

BERLIN CAPITALS

☎ 3081 1829; www.berlin-capitals.de; Deutschlandhalle, Messedamm 26, Charlottenburg; biglietti €8,50-16,50; S-Bahn Eichkamp

La squadra di Berlino Ovest, i Caps, gioca in uno stadio più grande e gode di una fama più consolidata rispetto ai rivali dell'Est, anche se nelle ultime stagioni non ha dato il meglio di sé.

EHC EISBÄREN

☎ 9718 4040; www.eisbaren.de; Sportforum Berlin, Steffenstrasse, Hohenschönhausen; biglietti €15-30; S-Bahn Hohenschönhausen

Gli Ice Bears sono riusciti a rimanere in testa alla classifica nella stagione 2003-4 e stanno diventando rapidamente la prima forza della capitale. Potreste sentirvi un po' a disagio assistendo alle partite senza indossare la maglietta o la sciarpa della squadra!

Pallacanestro

ALBA BERLIN

☎ 300 9050; www.albaberlin.de; Max-Schmeling-Halle, Prenzlauer Berg; biglietti €6,50-47

La squadra di pallacanestro di Berlino, da anni ai vertici non solo in Germania, non ha alle spalle una tradizione di prestigio: è stata infatti fondata nel 1990. Gli incontri casalinghi di campionato in genere cominciano alle 15 il sabato.

Pallanuoto

WASSERFREUNDE SPANDAU 04

☎ 304 6866; www.spandau04.net; Deutsches
Sportforum, Olympia-Stadion; biglietti €6; S-Bahn
Olympiastadion

Negli ultimi 20 anni lo Spandau 04 ha dominato
il campionato tedesco di *Wasserball*. Cercate di
assistere a un derby (i loro grandi rivali sono
l'SG Neukölln).

Tennis

OPEN FEMMINILI DI GERMANIA

☎ 0180-517 0517; www.mastercard-german-open.
de; Rot-Weiss Tennis Club, Grunewald; biglietti €16-55;
S-Bahn Grunewald

È una manifestazione molto seguita che ha
luogo ogni anno in maggio nel complesso
vicino al lago di Hundekehlesee. In genere vi
partecipano giocatrici di altissimo livello (tra
le vincitrici delle passate edizioni figurano
Martina Hingis, Conchita Martinez e Justine
Henin-Hardenne).

L'organizzazione del torneo ha dovuto
fronteggiare problemi finanziari, ma il Senato
di Berlino ha promesso di intervenire per con-
sentirne la prosecuzione. I biglietti, soprattutto
per le finali, sono difficili da trovare.

ATTIVITÀ ALL'APERTO

Bicicletta

Le campagne che circondano il centro di
Berlino offrono molti gradevoli itinerari da
percorrere in bicicletta. Nelle migliori librerie
troverete guide che descrivono in maniera
particolareggiata questi percorsi; v. p290 per
informazioni sui centri di noleggio biciclette
e la possibilità di trasportare la vostra bicicletta sui mezzi pubblici.

ADFC BERLIN Cartina pp344-5

☎ 448 4724; Brunnenstrasse 28, Mitte; ☼ 12-20
da lunedì a venerdì, 10-16 sabato; U-Bahn Rosenthaler
Platz

L'Allgemeiner Deutscher Fahrradclub (Club
tedesco della bicicletta) è un'ottima fonte di
informazioni per i ciclisti e pubblica la cartina
Radwegekarte (cartina sui circuiti turistici;
€7,80), sulla quale figurano tutte le piste ciclabili
di Berlino. Gli associati sono automaticamente
coperti da un'assicurazione di responsabilità
civile.

Corsa

Berlino, ricca com'è di parchi e di giardini, è
la città ideale per andare a correre. Il parco più
amato dai berlinesi è senza dubbio il Tiergarten
(cartina pp342-3) – non potrebbe essere altrimenti, considerate le sue vaste dimensioni e la
sua posizione così centrale –, ma anche il Volkspark Hasenheide (cartina pp348-9) a Neukölln e
il Grunewald a Wilmersdorf/Zehlendorf sono
molto apprezzati. Il circuito spettacolare
intorno allo Schlachtensee è lungo 5 km. Se
amate gli scenari storici visitate i giardini
dello Schloss Charlottenburg (cartina pp342-3),
insufficienti però per mettere alla prova la
resistenza dei corridori più allenati.

Golf

È naturale che, in una grande città come
Berlino, i maggiori campi da golf si trovino
fuori dall'abitato, ma ci sono un paio di
campi più piccoli in posizione centrale,
come l'Airport-Golf-Berlin (☎ 4140 0300; Kurt-
Schumacher-Damm 176, Reinickendorf;
U-Bahn Jakob-Kaiser-Platz), con driving,
chipping, pitching e putting green, e il Golf-
Zentrum Berlin-Mitte driving range (cartina pp342-3;
☎ 2804 7070; Chausseestrasse 94-98; U-
Bahn Schwarzkopffstrasse). Inoltre, in due
circoli si pratica il 'golf estremo': per informazioni consultate i siti di Natural Born Golfers
(www.naturalborngolfers.com) e Turbogolfer
(www.turbogolfer.de).

Nuoto

Per la città di Berlino, così lontana dal mare,
una delle grandi risorse dell'estate sono i
numerosi laghi. Nuotare nei laghi è permesso,
ma se preferite godere di qualche comodità
provate una delle piscine pubbliche sulle
loro rive. Le piscine all'aperto in genere
sono in funzione tutti i giorni dalle 8 alle 20
da maggio a settembre, sempre che il tempo
lo consenta. Per informazioni sulle piscine
coperte v. p222.

SOMMERBAD KREUZBERG

☎ 616 1080; Prinzenstrasse 113-119, Kreuzberg;
U-Bahn Prinzenstrasse

La piscina all'aperto più centrale, multietnica e
popolare di Berlino, meglio nota con il nome
di Prinzenbad (Piscina dei principi), è spesso
affollata di giovani e adolescenti. Ci sono due
piscine olimpioniche di 50 m, uno scivolo e un
settore riservato ai nudisti.

Divertimenti – Sport, ginnastica e fitness

In bicicletta lungo la Sprea

SOMMERBAD OLYMPIA-STADION
☎ 3006 3440; Osttor, Olympischer Platz, Charlottenburg; U-Bahn Olympia-Stadion

Fu costruita per i Giochi Olimpici del 1936. Qui potrete fare le vostre vasche nella piscina di 50 m in cui nuotarono gli atleti olimpionici, sovrastati da gigantesche sculture e da quattro enormi orologi.

STRANDBAD HALENSEE
☎ 891 1703; Königsallee 5a/b, Wilmersdorf; S-Bahn Halensee

Situata in una foresta, è una piscina molto apprezzata da chi ama nuotare *au naturel*. Talvolta è chiusa per via dell'acqua non troppo pulita.

STRANDBAD WANNSEE
☎ 803 5612; Wannseebadweg 25, Zehlendorf; S-Bahn Nikolassee

Definita la più vasta piscina lacustre d'Europa, il 'Lido di Berlino' fu inaugurato nel 1907 e il suo chilometro di spiaggia di sabbia è affollato quanto il suo omonimo veneziano. Si possono noleggiare barche, seguire corsi di ginnastica, mangiare e bere nei diversi ristoranti o rilassarsi sulle gigantesche sedie in vimini tipiche delle stazioni balneari tedesche. L'acqua è ragionevolmente pulita.

Pattinaggio in linea e skateboard

L'uso di pattini in linea e di skateboard rimane appannaggio esclusivo dei giovani berlinesi. Nelle zone periferiche della città ci sono moltissimi piani inclinati, condotti altri luoghi adatti a questi sport. Per conoscerne la posizione visitate il sito www.skate-spots.de. I posti migliori si trovano presso la vecchia **Radrennbahn** di Weissensee, al **Grazer Platz** di Schöneberg, al **Gartenschau** di Marzahn e al **Räcknitzer Steig** di Spandau.

Pattinaggio su ghiaccio
Ogni anno, nel periodo natalizio, in varie zone della città vengono allestite piste di pattinaggio su ghiaccio temporanee in aree pubbliche, spesso all'interno dei mercatini di Natale, con musica, vin brulé e cappelli di Santa Klaus.

I punti più noti sono Unter den Linden, Potsdamer Platz e Alexanderplatz, ma ci sono anche piste meno affollate nascoste in angoli meno noti come per esempio Wilmersdorfer Strasse.

In genere si può pattinare su queste piste a titolo gratuito, mentre il noleggio dei pattini costa circa €2,50.

La Technische Universität (TU) possiede una propria **Inline-Skating Halle** (cartina pp342-3; ☎ 3142 7810; Franklinstrasse 5-7, Charlottenburg; €2).

Sport vari
FREISPORTANLAGE AM SÜDPARK
☎ 361 5201; Am Südpark 51, Spandau; ☻ 10-20 da maggio a settembre; S-Bahn Spandau, autobus 131/134

Rara soluzione per gli appassionati di sport all'aperto, questa struttura di 10.000 mq è completamente gratuita e comprende campi da tennis, da pallavolo, da pallacanestro e da beach volley, una zona per pattinaggio in linea e pingpong. Per i meno sportivi ci sono anche un caffè e un minigolf (€2). Ci vuole un po' per arrivarci con i mezzi di trasporto pubblico, perciò dedicate a questo posto almeno una mezza giornata.

SALUTE E FITNESS
Centri ginnici e di fitness
Per poter frequentare alcune palestre di Berlino occorre versare una quota associativa, firmare un contratto (in genere annuale), garantire la frequenza a un corso introduttivo, versare una ulteriore quota di iscrizione e pagare delle rate mensili. Se non avete intenzione di fermarvi in città per un periodo lungo non vale la pena di affrontare tutto ciò. Nei posti meno complicati viene rilasciato un pass giornaliero per circa €25; alcune palestre offrono la possibilità di effettuare una prova gratuita prima dell'iscrizione. Vale la pena chiedere. Gli orari in genere vanno dalle 8 circa alle 23, leggermente più brevi nei fine settimana.

CONDITIONS Cartina p354
☎ 892 1009; www.conditionsclub.de; Kurfürstendamm 156, Charlottenburg; U-Bahn Adenauerplatz

Palestra per sole donne all'estremità di Ku'damm: offre tutti i corsi standard più alcune varianti interessanti come aerobica in acqua.

ELIXIA Cartina p350
☎ 2063 5300; Behrenstrasse 48, Mitte; U-Bahn Französische Strasse

L'Elixia offre 2500 mq in posizione centrale, con ampio cardio training, uso gratuito dei pesi e zona di trattamenti termali. Ci sono altre otto filiali sparse per la città.

FITNESS COMPANY Cartina p350
☎ 279 0770; www.fitcom.de; Panoramastrasse 1a, Mitte; U/S-Bahn Alexanderplatz

Una delle principali società di tutta la Germania in questo campo, Fitcom possiede altri otto centri tra Berlino città e le aree periferiche, tra cui un health club con l'intera gamma di trattamenti e un centro con piscina per uomini d'affari. Un altro dei suoi club in posizione centrale sorge a **Neukölln** (cartina pp348-9; ☎ 627 3963; Karl-Marx-Strasse 64-72; U-Bahn Hermannplatz).

GOLD'S GYM Cartina pp344-5
☎ 443 7940; www.goldsgymberlin.de; Immanuelkirchstrasse 3-4, Prenzlauer Berg; U-Bahn Senefelderplatz

La palestra preferita da Arnold Schwarzenegger ha aperto i battenti a Berlino nel 1991; oggi offre una sala pesi, lezioni di aerobica, sauna e solarium.

HOLMES PLACE LIFESTYLE CLUB
Cartina p350
☎ 2062 4949; www.holmesplace.de; Quartier 205, Friedrichstrasse 67-71, Mitte; U-Bahn Französische Strasse

Ultima nata di questa catena di lusso britannica, vanta una posizione esclusiva e uno spazio doppio rispetto al più vicino concorrente Elixia, per non menzionare tutta una gamma di corsi all'insegna del 'fisico perfetto'.

JOPP FRAUEN FITNESS Cartina p354
☎ 210 111; www.jopp.de; Tauentzienstrasse 13a, Charlottenburg; U-Bahn Kurfürstendamm, Zoologischer Garten

Di proprietà della Fitness Company, gestisce altre sei palestre per sole donne con un intenso programma di corsi, attrezzature e altri servizi, tra cui una a Mitte (cartina p350; ☎ 2434 9355; Karl-Liebknecht-Strasse 13, Mitte; U/S-Bahn Alexanderplatz).

MOVEO Cartina pp348-9
☎ 6950 5254; Am Tempelhofer Berg 7d, Kreuzberg; lezioni €5-11; ☻ 17-23 da lunedì a venerdì, 10-11.30 e 15.30-19 sabato, 10-11.30 e 16-19 domenica; U-Bahn Platz der Luftbrücke

Vari tipi di tecniche yoga (tra cui iyengar, asthanga, power-yoga) garantiscono benessere fisico e spirituale in un'atmosfera rilassante; alcuni corsi vengono tenuti in inglese.

Centri sportivi

Nei sobborghi periferici troverete numerosi e grandi complessi sportivi che comprendono piscine, campi da squash e da tennis, centri di fitness, saune e così via.

FEZ WUHLHEIDE

☎ 5307 1504; www.fez-berlin.de, An der Wuhlheide 197, Köpenick; ingresso €2, nuoto €3,50; S-Bahn Wuhlheide

Un po' lontano dal centro, il FEZ di Köpenick è un ottimo centro, con una pista da BMX, scuola di ballo e corsi vari oltre alle solite strutture di fitness e nuoto. Ulteriore particolarità è il training in una stazione spaziale virtuale, che non troverete in molte palestre.

SPORT- UND ERHOLUNGSZENTRUM

Cartina pp344-5

☎ 4208 7920; Landsberger Allee 77, Friedrichshain; S-Bahn Landsberger Allee

Attualmente sottoposto a massicci lavori di ristrutturazione, alcuni settori di questo vasto complesso vanno via via riaprendo al pubblico, con piste da bowling e palazzetto dello sport già terminati e la zona fitness a seguire. Il completamento dell'area piscine è previsto per il 2007.

Club sportivi

Se siete interessati ai giochi di squadra, l'unica possibilità in genere è quella di iscrivervi a un'associazione sportiva. Il modo migliore per trovarne una è quello di consultare le riviste locali e le bacheche di informazioni.

ROLLSTUHLSPORT

CHARLOTTENBURG Cartina pp340-1

☎ 753 7497; Neue Kantstrasse 23, Charlottenburg; 16-21 lunedì e martedì, 16-20 giovedì; S-Bahn Witzleben

Badminton e basket in carrozzina sono gli sport principali organizzati da questo club agonistico.

VORSPIEL Cartina pp352-3

☎ 4405 7740; www.vorspiel-berlin.de; Naumannstrasse 33, Schöneberg; 17-20 martedì, 10-13 giovedì; S-Bahn Papestrasse

Il club sportivo lesbigay di Berlino non è certo esclusivo, ma offre un'ampia gamma di attività per giocatori di ogni genere e livello. Sappiate che si possono fare quattro prove gratuite prima di iscriversi.

Nuoto

Berlino possiede moltissime piscine indoor in ciascun distretto. Alcune talvolta sono chiuse al pubblico di mattina quando si svolgono i corsi scolastici; altre sono riservate a gruppi specifici – donne, uomini, nudisti, anziani – in determinati giorni della settimana. I biglietti per quasi tutte le piscine municipali costano €4/2,50 interi/ridotti (€2,50 prima delle 8 e dopo le 20). Gli orari di apertura variano a seconda del giorno, della piscina e della stagione. Per informazioni contattate il BBB (☎ 01803-102 020; www.berlinerbaeder-betriebe.de) oppure procuratevi un opuscolo di una delle varie piscine. Per informazioni sulle piscine all'aperto e i laghi v. p219.

BAD AM SPREEWALDPLATZ

Cartina pp348-9

☎ 6953 5210; Wiener Strasse 59h, Kreuzberg; interi/ridotti €5/4, sauna €9/7; U-Bahn Görlitzer Bahnhof

Molto apprezzata da un pubblico locale, ha una piscina con onde, cascate artificiali, Jacuzzi, uno scivolo più una piscina di 25 m.

BLUB BADEPARADIES

☎ 606 6060; Buschkrugallee 64, Neukölln; €10,70-13,30; 10-23; U-Bahn Grenzallee

Moderna struttura 'per divertirsi' con molte attrazioni, tra cui una piscina con le onde artificiali, una cascata, uno scivolo altissimo, una piscina con acqua salata, idromassaggio caldo, sauna e ristoranti.

STADTBAD CHARLOTTENBURG

Cartina pp342-3

Alte Halle ☎ 3438 3860, Neue Halle ☎ 3438 3865; Krumme Strasse 10; sauna €11; U-Bahn Bismarckstrasse

La Alte Halle (Vecchia sala) è un monumento tutelato. Uno dei pochi del genere ancora in uso, con soffitto art nouveau e piastrelle colorate che risalgono al 1898, ha le caratteristiche di un museo. Nelle sere in cui si nuota senza costume, la piscina di 25 m, con acqua a una temperatura di 28°C, e la sauna attirano una gran folla di uomini gay. La moderna Neue Halle (Nuova sala) è più adatta per i veri sportivi con la sua piscina di 50 m.

STADTBAD MITTE Cartina pp344-5

☎ 3088 0910; Gartenstrasse 5; interi/ridotti €4/2,50; S-Bahn Nordbahnhof

Un'altra opzione per gli appassionati di edifici architettonici insoliti. La sua piscina di 50 m si trova all'interno di una struttura del Bauhaus del 1928 rinnovata: si ha l'impressione di nuotare in un cubo di vetro.

STADTBAD NEUKÖLLN Cartina pp348-9

☎ 6824 9812; Ganghoferstrasse 5; sauna interi/ridotti €14/11; U-Bahn Rathaus Neukölln

Definita la più bella piscina d'Europa all'epoca della sua inaugurazione, nel 1914, è una delle istituzioni balneari più imponenti di Berlino, decorata con mosaici, affreschi, marmi e ottoni. Ci sono piscine di 25 m e di 20 m. L'area della sauna ha anche una sauna asciutta, bagni russo-romani e un bagno turco.

Pattinaggio su ghiaccio

Oltre alle piste all'aperto, allestite in città nel periodo natalizio, Berlino dispone di parecchie piste di pattinaggio municipali indoor ben tenute, aperte in genere da metà ottobre agli inizi di marzo. Il prezzo è di circa €3,30/1,65 adulti/bambini, più il noleggio dei pattini da €2,60 a €3,60. Ci sono tre orari di apertura, e il tempo concesso per pattinare varia da una pista all'altra, ma solitamente è di tre ore.

EISSTADION NEUKÖLLN

☎ 6280 4403; Oderstrasse 182, Neukölln; U-Bahn Hermannstrasse

Lunedì e mercoledì sono 'Happy Days' qui, con uno sconto del 50% su ogni sessione.

ERIKA-HESS-EISSTADION

Cartina pp342-3

☎ 2009 45551; Müllerstrasse 185, Mitte; U-Bahn Reinickendorfer Strasse

Verso Wedding, è un'altra valida pista di pattinaggio su ghiaccio.

HORST-DOHM-EISSTADION

Cartina pp352-3

☎ 824 1012; Fritz-Wildung-Strasse 9, Wilmersdorf; U-Bahn Heidelberger Platz

La più vasta pista di pattinaggio su ghiaccio della città, con una pista esterna di 400 m che circonda una seconda area di pattinaggio. Il biglietto d'ingresso consente di pattinare per due ore.

Saune e centri benessere

Solitamente nelle saune tedesche si sta nudi e spesso non esiste alcuna separazione fra uomini e donne, perciò si consiglia di verificare alla reception. Vi sono però determinate fasce orarie riservate alle donne, quindi, se vi interessa, telefonate in anticipo. Le saune che costano di meno sono quelle delle piscine pubbliche. Gli stabilimenti privati offrono maggiori comodità e possono essere anche molto lussuosi. Gli uomini devono anche prestare attenzione alla distinzione tra saune 'normali' e saune 'solo per uomini' (vale a dire gay), che tendono a fungere anche da luoghi di incontro.

APOLLO-CITY-SAUNA Cartina p354

☎ 213 2424; Kurfürstenstrasse 101, Schöneberg; ☾ 13-7 da lunedì a giovedì, 24 ore su 24 da venerdì a domenica; U-Bahn Wittenbergplatz

Questa tipica sauna gay ha bagni turchi e cabine in cui è possibile fare incontri. È famosa per le sue saune con infusioni di Slivovitz.

ARS VITALIS Cartina pp352-3

☎ 788 3563; www.ars-vitalis.de; Hauptstrasse 19, Schöneberg; pass giornaliero €25; U-Bahn Kleistpark

Questa combinazione di palestra e trattamenti termali è uno dei luoghi più accoglienti di questo genere a Berlino. Offre una vasta gamma di corsi (tra cui danza jazz, yoga, t'ai chi e Pilates), un'area separata per le signore, tre tipi diversi di sauna, un drappello di massaggiatori esperti e, in estate, la possibilità di prendere il sole sulla terrazza sul tetto.

GATE SAUNACLUB Cartina p350

☎ 229 9430; Wilhelmstrasse 81, Mitte; ingresso €8-11; ☾ 11-7 da lunedì a giovedì, 24 ore su 24 da venerdì a domenica; U-Bahn Mohrenstrasse

È una delle più grandi e attive saune gay della città, immediatamente a sud-est della Brandenburger Tor. Due piani di saune moderne e bagni turchi, un bar, un ristorante e una sala video.

Il benessere, soprattutto

Wellness è una parola molto diffusa a Berlino: si tratta di un concetto molto alla moda in Germania, che in qualche modo comprende tutto, dal fitness allo sport e alla ginnastica, fino alle cure termali, all'abbronzatura artificiale, al cibo biologico, ai massaggi, alla meditazione e alle terapie alternative. Sappiate, però, che in alcuni luoghi 'wellness area' può semplicemente significare 'disponiamo di una sauna più o meno funzionante'.

HAMAM Cartina pp348-9

☎ 615 1464; Mariannenstrasse 6, Kreuzberg; tre ore €12; ⏱ 15-23 lunedì, 12-23 da martedì a domenica; U-Bahn Kottbusser Tor, Görlitzer Bahnhof

Signore di ogni condizione sociale frequentano questo bagno turco di Kreuzberg per sole donne, che fa parte del centro Schokofabrik, per rilassarsi o affidarsi ai trattamenti di fitness e bellezza.

LIQUIDROM Cartina pp348-9

☎ 7473 7171; Tempodrom, Möckernstrasse 10, Kreuzberg; per 2 ore €15; ⏱ 10-22 da domenica a giovedì, 10-24 venerdì e sabato, plenilunio 10-2; S-Bahn Anhalter Bahnhof

Rilassante, sensuale e un po' surreale: una piscina indoor futuristica completa di 'sistema di suoni liquidi' che trasmette il canto delle balene in sottofondo. Effetti psichedelici soft, il bar, la sauna, il bagno turco e la Jacuzzi completano questa esperienza particolare.

SURYA VILLA Cartina pp344-5

☎ 4849 5780; www.ayurveda-wellnesszentrum.de; Rykestrasse 3, Prenzlauer Berg; giornata intera €165; ⏱ 10.30-21; U-Bahn Eberswalder Strasse

Con quattro piani dedicati a massaggi, bagni, saune, yoga, qi gong, meditazione, cucina biologica e altri trattamenti, questo centro Ayurveda è l'ideale per combattere le tensioni e lo stress.

THERMEN AM EUROPA-CENTER Cartina p354

☎ 257 5760; www.thermen-berlin.de; Nürnberger Strasse 7, Schöneberg; un'ora €9,20, pass giornaliero €17,90; U-Bahn Wittenbergplatz

Se ormai vi annoiano le solite strutture svedesi, recatevi in questo ambiente elegante vicino alla Gedächtniskirche. Comprende piscine all'aperto e indoor con acqua termale ricca di sali minerali, sale di fitness, trattamenti di bellezza, ristoranti, una terrazza solarium e nove saune, con ogni genere di fragranza tra cui scegliere.

TREIBHAUS SAUNA Cartina pp344 5

☎ 448 4503; Schönhauser Allee 132, Prenzlauer Berg; tre ore €9,50; ⏱ 13-7 da lunedì a giovedì, 24 ore su 24 da venerdì a domenica; U-Bahn Eberswalder Strasse

Una delle più gradevoli saune gay della città; Nel prezzo del biglietto è compreso anche il un drink nell'ampio bar.

Tennis e squash

FITFUN Cartina p354

☎ 312 5082; Uhlandstrasse 194, Charlottenburg; squash €6 all'ora; U/S-Bahn Zoologischer Garten

Solo per gli appassionati di squash, è una scelta valida e centrale, con 13 campi e un centro di fitness.

TENNIS SQUASH FITNESS Cartina p139

☎ 333 4083; Galenstrasse 33, Spandau; U-Bahn Rathaus Spandau

Campi da tennis e da squash indoor, più sauna, solarium e un centro di fitness.

TSB CITY SPORTS

Cartina pp352-3

☎ 873 9097; Brandenburgische Strasse 53, Wilmersdorf; U-Bahn Konstanzer Strasse

Una delle strutture più grandi e più centrali. I prezzi variano a seconda del campo, dell'ora e del giorno.

Shopping

Shopping

Zone dello shopping

Dai più parsimoniosi ai patiti per gli acquisti, tutti avranno modo di fare acquisti soddisfacenti a Berlino. A differenza però di Londra, con Oxford Street, o di New York, con la Fifth Avenue, i negozi nella capitale tedesca non sono concentrati in un'unica zona centrale. Ciascun quartiere è caratterizzato in maniera diversa, con un amalgama unico di negozi calibrati a seconda dei gusti e delle possibilità dei residenti.

Questo spiega perché nella lussuosa Charlottenburg le firme internazionali della moda si trovino più facilmente che altrove, mentre nell'eccentrica Kreuzberg furoreggiano i negozi di abiti usati. A Mitte, l'elegante Friedrichstrasse ha un'aria cosmopolita, mentre nell'intimo Scheunenviertel e Prenzlauer Berg sono emersi numerosi designer locali di tendenza. Schöneberg ospita il grande magazzino KaDeWe, ma nelle strade secondarie si trovano discreti negozi specializzati.

I berlinesi in genere preferiscono servirsi presso esercizi medio-piccoli e sono inoltre abbastanza abitudinari. Le catene di negozi, che in molte città monopolizzano il commercio, sono per lo più concentrate in particolari aree, come per esempio Kurfürstendamm, e nei centri commerciali veri e propri. Questi ultimi recentemente si sono moltiplicati in tutta la città, e in particolare nelle vicinanze delle stazioni della U-Bahn e della S-Bahn. Ciò vale soprattutto nei distretti più periferici, ma ci sono alcuni centri commerciali anche in zone centrali, come Potsdamer Platz Arkaden a Tiergarten e Schönhauser Allee Arkaden a Prenzlauer Berg.

Oltre allo shopping tradizionale, a Berlino si trovano in vendita anche moltissimi articoli insoliti, come porcellane di altissima qualità e oggetti legati all'ex DDR. Personaggi originali creano inoltre indumenti unici, scarpe, cappelli, borse, accessori per la casa e così via. Molti oggetti sono realizzati a mano e riflettono quella particolare linea urbana, quasi industriale, tipica del design berlinese. Il panorama artistico contemporaneo della città è molto esteso e gli appassionati potrebbero facilmente trascorrere un'intera settimana passando da una galleria d'arte all'altra. Interessanti e naturalmente più economici sono i mercatini delle pulci (v. il riquadro): trascorrendo un paio d'ore tra le bancarelle potreste riuscire a trovare qualche oggetto prettamente berlinese. Chi è in grado di leggere in tedesco può consultare le edizioni dedicate allo shopping pubblicate dalle riviste specializzate *Zitty*, *Tip* e *Prinz*, disponibili in qualsiasi edicola. Sappiate che molti negozi, soprattutto quelli più piccoli, non accettano carte di credito.

KaDeWe (p235)

A caccia di tesori urbani

I mercatini delle pulci sono fantastici per scovare oggetti di ogni genere, e potrebbe anche capitarvi di trovare qualche tesoro in mezzo a notevoli moli di paccottiglia. Di seguito riportiamo un breve elenco dei mercatini più interessanti:

Flohmarkt am Arkonaplatz (cartina pp344-5; Arkonaplatz, Prenzlauer Berg; 🕙 10-16 domenica; U-Bahn Bernauer Strasse) Questo mercatino delle pulci alimenta l'attuale moda per gli oggetti rétro, con molti mobili, accessori, capi di abbigliamento, dischi e libri che risalgono agli anni '60 e '70. Brulica di berlinesi alla ricerca di oggetti di tendenza ed è anche il posto giusto per scovare qualche souvenir della ex DDR.

Flohmarkt am Boxhagener Platz (cartina pp348-9; Boxhagener Platz, Friedrichshain; 🕙 9-16 domenica; U/S-Bahn Warschauer Strasse) È un mercato molto vivace che rischia di essere vittima del proprio successo, poiché le sue dimensioni ridotte non sono in grado di assecondarne la popolarità. Vi si trovano oggetti grandiosi per i fanatici dello stile rétro o in preda all'Ostalgie (nostalgia della Germania dell'Est). Fa parte della tradizione prendere un caffè o fare la prima colazione in un bar del quartiere.

Flohmarkt Moritzplatz (cartina pp348-9; Moritzplatz, Kreuzberg; 🕙 8-16 sabato e domenica; U-Bahn Moritzplatz) Piuttosto scadente, ma i prezzi stracciati garantiscono un certo risparmio. Tenete gli occhi aperti alla ricerca del perfetto oggetto ricordo di Berlino.

Flohmarkt Rathaus Schöneberg (cartina pp352-3; John-F-Kennedy-Platz, Schöneberg; 🕙 9-16 sabato e domenica; U-Bahn Rathaus Schöneberg) Venditori professionisti e no si confondono in questo mercato di quartiere, dove potrete mettere alla prova le vostre abilità di contrattazione. Non è uno dei mercati più alla moda, ma si possono fare buoni affari su vestiti e libri di seconda mano.

Flohmarkt Strasse des 17 Juni (cartina pp342-3; lungo Strasse des 17 Juni, a ovest della stazione della S-Bahn di Tiergarten; 🕙 10-17 sabato e domenica) Il più grande mercatino delle pulci di Berlino è anche il più amato dai turisti, perciò è molto difficile fare buoni affari. Tuttavia, offre una buona varietà di cimeli berlinesi, oltre a gioielli e mobili della nonna, per cui curiosare è sempre un divertimento.

Hallentrödelmarkt Treptow (cartina pp348-9; Eichenstrasse 4, Treptow; 🕙 10-16 sabato e domenica; U-Bahn Schlesisches Tor, S-Bahn Treptower Park) Mercato al coperto con montagne di oggetti strani e di ciarpame: è necessario possedere una certa competenza per individuare i non moltissimi articoli davvero interessanti. Qui si trova di tutto: dagli abiti alla moda ai proverbiali acquai da cucina, accanto a piccoli elettrodomestici nuovi ed economici e oggetti d'importazione cinese.

Trödelmarkt Museumsinsel (cartina p350; all'angolo tra Am Zeughaus e Am Kupfergraben, Mitte; 🕙 11-17 sabato e domenica; U/S-Bahn Friedrichstrasse) Nel centro storico di Berlino, questo mercatino delle pulci è probabilmente il più pittoresco della città, ma difficilmente vi troverete dei berlinesi alla ricerca di qualcosa di interessante da acquistare. I collezionisti di libri antichi avranno di che sbizzarrirsi, e ci sono anche molti mobili, oggetti bric-à-brac e cimeli della ex DDR.

Shopping – Mitte

Orari di apertura

Grazie a un recente prolungamento degli orari degli esercizi commerciali, i negozi possono rimanere aperti fino alle 20 da lunedì a sabato. In effetti, però, solo i grandi magazzini, i negozi all'interno dei distretti commerciali più importanti, come per esempio lungo Kurfürstendamm, e quelli nei centri commerciali traggono vantaggio da questo cambiamento; questi negozi in genere aprono alle 9.30 circa. La maggior parte degli esercizi più piccoli osserva un orario flessibile, con apertura talvolta anche a metà mattina e chiusura alle 19 nei giorni feriali e alle 16 nel fine settimana.

MITTE

Lo shopping a Mitte è un fenomeno esploso in anni recenti grazie all'apertura di negozi particolarmente interessanti. Non ci sono problemi a pagare con la carta di credito lungo Friedrichstrasse, soprattutto nell'ele-gante Friedrichstadtpassagen, e alle Galeries Lafayette. I vicoli dello Scheunenviertel consentono di curiosare alla ricerca di boutique alla moda, concentrate in particolare lungo Alte Schönhauser Strasse e Neue Schönhauser Strasse e all'interno degli Hackesche Höfe. Alcune delle gallerie d'arte più d'avanguardia

Le top five tra le strade dello shopping

- **Alte e Neue Schönhauser Strasse, Mitte** (p227) – le tendenze locali più alla moda, dal produttore al consumatore
- **Bergmannstrasse, Kreuzberg** (p236) – abiti d'epoca, accessori chic per la casa e motivi di successo
- **Friedrichstrasse, Mitte** (p227) – tutti i grandi nomi internazionali riuniti lungo la strada più glamour
- **Kastanienallee e Oderberger Strasse, Prenzlauer Berg** (p240) – articoli moderni di buon gusto
- **Kurfürstendamm, Charlottenburg** (p232) – le catene di abbigliamento tradizionali incontrano la *haute couture*

della città fiancheggiano Auguststrasse. Il Nikolaiviertel è il luogo giusto per acquistare gradevoli souvenir, mentre in Alexanderplatz sorgono grandi negozi più tradizionali.

AMPELMANN GALERIE SHOP

Cartina p350   *Souvenir e articoli da regalo*

☎ 4404 8801; Hackesche Höfe, Corte 5; ⏰ 10-20; S-Bahn Hackescher Markt

È stata necessaria una forte contestazione popolare per salvare il piccolo Ampelmann, l'amato omino del semaforo che ha aiutato generazioni intere di tedeschi dell'Est ad attraversare la strada. Oggi figura di culto, la sua immagine riempie un intero negozio di magliette, asciugamani, portachiavi, palette per dolci e molti altri articoli.

BERLIN STORY

Cartina p350   *Libri*

☎ 2045 3842; Unter den Linden 10; autobus 100

Questo negozio centrale possiede un assortimento incredibile di cartine, video, riviste e libri di ogni genere, tutti dedicati a Berlino (guide, storia, architettura, ricette e così via). Molte pubblicazioni sono in inglese e in altre lingue.

BERLINER ANTIKMARKT

Cartina p350   *Oggetti antichi e da collezione*

☎ 208 2655; Georgenstrasse 190-203; ⏰ 11-18 da mercoledì a lunedì; U/S-Bahn Friedrichstrasse

Pur rivolgendosi a una clientela di turisti benestanti, questo 'mercato' coperto – in effetti si tratta piuttosto di una serie di negozi – è un luogo divertente in cui girovagare fra gioielli, lampade, oggetti d'arte, porcellane, cimeli militari e altri oggetti antichi.

BERLINER BONBONMACHEREI

Cartina p350   *Dolciumi*

☎ 4405 5243; Oranienburger Strasse 32, Heckmann-Höfe; ⏰ 12-20 da mercoledì a sabato; S-Bahn Oranienburger Strasse

L'arte perduta dei dolci realizzati a mano è stata riportata in vita in maniera mirabile in questo negozietto seminterrato, con la cucina a vista. Entrate a osservare i 'maestri caramellai' Katja e Hjalmar mentre utilizzano utensili antichi e ricette tradizionali per produrre dolci delizie come le gocce dall'intenso sapore aspro o verdi *Maiblätter* (foglie di maggio), una specialità locale.

BUTTENHEIM LEVIS STORE

Cartina p350   *Abbigliamento*

☎ 2759 4460; Neue Schönhauser Strasse 15; ⏰ 12-20 da lunedì a venerdì, 12-17 sabato; U-Bahn Weinmeisterstrasse

La moda è volubile, ma alcune linee sono eterne. I jeans, per esempio, furono inventati nel 1873 a San Francisco da Levi Strauss, un emigrato tedesco originario del paesino di Buttenheim. Questa rivendita rende omaggio all'inventore e al suo prodotto con un'ampia gamma di modelli e accessori d'epoca.

CLAUDIA SKODA

Cartina p350   *Abbigliamento*

☎ 280 7211; Alte Schönhauser Strasse 35; ⏰ 12-20 da lunedì a venerdì, 11-18 sabato; U-Bahn Weinmeisterstrasse

Claudia Skoda, berlinese doc, è una presenza costante sulla scena del design cittadino fin dagli anni '70, quando viveva con David Bowie e Iggy Pop. Il suo materiale preferito è la maglia, talvolta in colori sgargianti, con la quale realizza abiti innovativi che tuttavia si possono indossare anche nella vita di tutti i giorni.

I top five tra i designer

- **Berlinomat** (p238)
- **Claudia Skoda** (in questa pagina)
- **Lisa D** (p230)
- **Molotow** (p238)
- **Yoshiharu Ito** (p232)

La cioccolateria Leysieffer, Charlottenburg

DNS RECORDSTORE

Cartina p350 *Musica*
☎ 247 9895; Alte Schönhauser Strasse 39-40;
⏲ 11-20 da lunedì a venerdì, 11-18 sabato; U-Bahn Weinmeisterstrasse

Questo negozio apprezzato dai DJ è il più rifornito per quanto riguarda la musica elettronica su vinile (da drum and bass e techno a trip-hop e acid). Una serie di giradischi è a disposizione per una prova di ascolto.

DUSSMANN – DAS KULTURKAUFHAUS

Cartina p350 *Musica e libri*
☎ 2025 2400; Friedrichstrasse 90; ⏲ 10-22 da lunedì a sabato; U/S-Bahn Friedrichstrasse

È facile perdere la cognizione del tempo mentre si curiosa tra gli scaffali su quattro piani di Dussmann, stipati di libri, DVD e CD di ogni genere. Nel servizio – davvero eccezionale – sono compresi il noleggio di occhiali da lettura e lettori CD, oltre a un caffè, collegamento a internet (€1 per 10 minuti) e programmi culturali molto invitanti.

FISHBELLY

Cartina p350 *Lingerie*
☎ 2804 5180; Sophienstrasse 7a, Hackesche Höfe;
⏲ 12.30-19 da lunedì a venerdì, 12-17 sabato; S-Bahn Hackescher Markt

'Abbigliamento sexy per donne sexy' è il motto dell'elegante negozio di biancheria intima di Jutta Teschner. Qui troverete slip, reggiseno, baby doll ecc. firmati da grandi nomi della moda (da Christian Dior a Versace) e creazioni realizzate dalla stessa Teschner.

GALERIE EIGEN + ART

Cartina p350 *Galleria d'arte*
☎ 280 6605; Auguststrasse 26; ⏲ 11-18 da martedì a sabato; S-Bahn Oranienburger Strasse

Il leggendario commerciante d'arte Gerd Harry Lybke ha un vero fiuto per i nuovi talenti tedeschi, che egli stesso porta al successo internazionale. La collezione della galleria comprende opere di Carsten e Olaf Nicolai, Jörg Herold e Uwe Kowski. Lybke è stato anche co-promotore delle popolari passeggiate alla scoperta delle gallerie d'arte di Mitte, che regolarmente attirano molti appassionati e semplici curiosi.

GALERIE WOHNMASCHINE

Cartina p350 *Galleria d'arte*
☎ 3087 2015; Tucholskystrasse 35; ⏲ 11-18 da martedì a sabato; S-Bahn Oranienburger Strasse

Fondata in un soggiorno privato nel 1988, Wohnmaschine è una delle migliori gallerie d'arte del distretto. Ispirata a un concetto architettonico di Le Corbusier, rappresenta importanti artisti berlinesi, come Florian Merkel e Anton Henning, insieme a una nuova generazione di artisti giapponesi tra cui Rika Noguchi e Yoshihiro Suda.

GALERIES LAFAYETTE

Cartina p350 *Grande magazzino*
☎ 209 480; Friedrichstrasse 76; ⏲ 10-20 da lunedì a sabato; U-Bahn Französische Strasse

La filiale di Berlino di questa raffinata catena francese merita una visita se non altro per ammirare lo spettacolare cono di luce centrale, ideato da Jean Nouvel, che brilla in un arcobaleno di colori. Troverete tre piani di abbigliamento e accessori di pregio, più un salone gastronomico nel seminterrato con una fiabesca esposizione di formaggi, torte, cioccolato e altre leccornie.

JÜDISCHE GALERIE BERLIN

Cartina p350 *Galleria d'arte*
☎ 282 8623; Oranienburger Strasse 31; ☻ 10-18.30 da lunedì a giovedì, 10-17 venerdì, 11-15 domenica; S-Bahn Oranienburger Strasse

Questa galleria d'arte accanto alla Neue Synagogue costituisce un'eccellente introduzione alla produzione degli artisti ebrei del XX secolo, molti dei quali, originari della Russia e delle ex repubbliche sovietiche, oggi risiedono a Berlino.

KOCHLUST

Cartina p350 *Libri*
☎ 2463 8883; Alte Schönhauser Strasse 36-37; ☻ 12-20 da lunedì a venerdì, 11-16 sabato; U-Bahn Weinmeisterstrasse

Se siete appassionati di gastronomia, Kochlust vi conquisterà. Minuscolo ma pieno zeppo di libri di cucina, offre ricette per ogni piatto possibile e immaginabile, dalla torta di mele alla bistecca di zebra. C'è anche un buon assortimento di biografie di cuochi famosi, guide ai ristoranti e itinerari gastronomici. Iscrivetevi tempestivamente se desiderate partecipare a uno dei corsi di cucina organizzati dal negozio.

LISA D

Cartina p350 *Abbigliamento*
☎ 283 4354; Hackesche Höfe, cortili 4 e 5; ☻ 12-18.30 da lunedì a sabato; S-Bahn Hackescher Markt

Quartier 206

Lisa D è lo pseudonimo della stilista austriaca Elisabeth Prantner, una delle più azzardate designer di moda di Berlino.

I suoi abiti riflettono la sua inclinazione per lo sfarzo e la spettacolarità, particolarmente evidenti nelle sue sfilate, che vengono presentate due volte l'anno in occasione del lancio delle nuove collezioni. Il negozio nel cortile n. 5 propone un assortimento leggermente meno costoso.

MEISSENER PORZELLAN

Cartina p350 *Porcellane di qualità*
☎ 2267 9028; Unter den Linden 39b; ☻ 10-20 da lunedì a venerdì, 10-18 sabato; U-Bahn Französische Strasse

Meravigliose da guardare ma dal costo proibitivo, le porcellane di Meissen sono le più raffinate del mondo: ogni pezzo viene prodotto artigianalmente con grande maestria e dipinto a mano.

Qui sono esposti piatti, vasi e tazze eleganti accanto a bizzarre statuine di gusto non proprio tradizionale: immaginate una scimmia che suona l'arpa in tutù con sorriso attonito stampato sul muso. Il prezzo: €1545.

MISS SIXTY

Cartina p350 *Abbigliamento*
☎ 9700 5113; Neue Schönhauser Strasse 16; ☻ 11.30-20 da lunedì a venerdì, 10.30-18 sabato; U-Bahn Weinmeisterstrasse

La Barbie sarebbe a suo agio in questo psichedelico negozio, i cui abiti femminili e divertenti celebrano la moda degli anni '60. Sicuramente non si passa inosservate con i pantaloni in denim a vita ultra bassa, i top seducenti o le camicette tie-dye con una sola spallina.

Presente anche a **Charlottenburg** (cartina p354; ☎ 2360 9940; Tauentzienstrasse 15; U-Bahn Wittenbergplatz).

NIX

Cartina p350 *Abbigliamento e accessori*
☎ 281 8044; Oranienburger Strasse 32, Heckmann-Höfe; ☻ 11-19 da lunedì a venerdì, 12-18 sabato; S-Bahn Oranienburger Strasse

Il nome sta per New Individual X-tras, una linea femminile disegnata dalla stilista berlinese Barbara Gebhardt, che conosce le esigenze delle donne in carriera: abiti confortevoli ma eleganti per passare con disinvoltura dall'ufficio al party. Ha anche una linea di abiti per uomo e bambino, tutti a prezzi abbordabili.

O.K.

Cartina p350   *Souvenir e articoli da regalo*
☎ 2463 8746; Alte Schönhauser Strasse 36-37;
🕑 12-20 da lunedì a venerdì, 12-16 sabato; U-Bahn
Weinmeisterstrasse

Negozio di articoli di importazione con qualcosa di diverso. Invece delle solite sedie in rattan o delle maschere africane, l'O.K. vende un potpourri di articoli quotidiani provenienti da ogni parte del mondo, soprattutto realizzati con materiali semplici nei paesi in via di sviluppo.

Posacenere ricavati da pneumatici riciclati del Marocco, annaffiatoi in latta dipinti a mano provenienti dall'India e carta da regalo thailandese a motivi floreali sono alcuni esempi delle insospettabili potenzialità dei materiali più comuni.

QUARTIER 205

Cartina p350   *Centro commerciale*
☎ 2094 5100; www.q205.com; Friedrichstrasse 67;
🕑 10-20 da lunedì a sabato; U-Bahn Stadtmitte

Parte degli esclusivi Friedrichstadtpassagen, nel Quartier 205 si possono acquistare borse italiane di lusso da Da Vinci, un nuovo paio di occhiali da sole da Brille 54, belle candele fatte a mano in Sud Africa da Kapula e fragranti miscele di tè da Der Teeladen. Il *Tower of Clythe* di John Chamberlain monopolizza il piano terra con le sue piacevoli proposte gastronomiche.

QUARTIER 206

Cartina p350   *Centro commerciale*
☎ 2094 3000; Friedrichstrasse 70; 🕑 10-20 da lunedì a sabato; U-Bahn Französische Strasse

Questa straordinaria costruzione art déco in vetro e marmo, progettata da Henry Cobb e I. M. Pei, è il degno scenario per firme di lusso come Gucci, Yves Saint Laurent, Cerruti e per la lingerie della Perla. Se vi occorre una valigia in più per portare a casa i vostri acquisti, fate un salto da Louis Vuitton. Un bel caffè e numerose poltrone di pelle nera sono a disposizione di chi desideri riposare un po'.

SATURN

Cartina p350   *Musica ed elettronica*
☎ 247 516; Alexanderplatz 8; 🕑 10-20 da lunedì a sabato; U/S-Bahn Alexanderplatz

Questo grande negozio di elettronica propone CD di successo a prezzi competitivi e anche moltissime occasioni. Strano ma vero, si può ascoltare *qualsiasi* CD semplicemente scannerizzando il codice a barre in uno dei punti di ascolto del negozio.

Presente anche in Potsdamer Platz Arkaden a **Tiergarten** (cartina p356; ☎ 259 240; Alte Potsdamer Strasse 7; U/S-Bahn Potsdamer Platz).

STERLING GOLD

Cartina p350   *Abbigliamento vintage*
☎ 2809 6500; Oranienburger Strasse 32, Heckmann-Höfe; 🕑 12-20 da lunedì a venerdì, 12-18 sabato; S-Bahn Oranienburger Strasse

Vi sentirete quasi una principessa indossando uno degli stupendi abiti da sera, da cocktail o da sposa venduti in questo sontuoso negozio. Ogni capo è di gran classe e c'è anche una sarta a disposizione per le eventuali modifiche necessarie. Possibilità di noleggio per una singola serata.

TAGEBAU

Cartina p350   *Abbigliamento e accessori*
☎ 2839 0890; Rosenthaler Strasse 19;
🕑 11-20 da lunedì a venerdì, 11-18 sabato; U-Bahn
Weinmeisterstrasse

Questo spazio, grande come un magazzino, ha un look da galleria d'arte e ospita una cooperativa innovativa di giovani stilisti locali. Il gruppo non è sempre lo stesso, ma tra i fondatori ci sono Angela Klöck, con la sua linea di stravaganti cappelli, ed Eva Sörensen, nota per le sue delicate collane. Vale la pena di dare un'occhiata al reparto arredamento, abbigliamento e accessori.

TENDERLOIN

Cartina p350   *Abbigliamento e accessori*
☎ 4201 5785; Alte Schönhauser Strasse 30;
🕑 12-20 da lunedì a venerdì, 11-18 sabato; U-Bahn
Weinmeisterstrasse

Non altrettanto particolare come il distretto di San Francisco da cui prende il nome, il Tenderloin di Berlino vende abbigliamento unisex, spesso a colori psichedelici secondo la moda da discoteca. Sugli scaffali è esposto un interessante mix di marche locali e internazionali, tra cui Stoffrausch, che ha sede a Friedrichshain, e Skunk Funk, di provenienza spagnola. Grande collezione di parrucche.

WAAHNSINN BERLIN

Cartina p350   *Abbigliamento vintage*
☎ 282 0029; Rosenthaler Strasse 17; 🕑 12-20 da lunedì a sabato; U-Bahn Rosenthaler Platz

Dovrete avere uno strano senso dell'estetica e una buona dose di umorismo per creare un insieme vincente in questo negozio di moda

Shopping – Mitte

vintage dalle linee estreme. Ma farete di sicuro un figurone nel circuito dei party. Anche arredamento per la casa.

YOSHIHARU ITO

Cartina p350   *Abbigliamento maschile*
☎ 4404 4490; Auguststrasse 19; ☼ 12-20 da lunedì a sabato; S-Bahn Oranienburger Strasse

Tagli classici con un tocco originale sono le caratteristiche di questo stilista di Tokyo. I suoi abiti maschili a tre pezzi dalle linee pulite sono al momento in voga tra i giovani professionisti berlinesi.

TIERGARTEN

Non ci sono molte tentazioni in questo distretto, *eccezion fatta* per il miglior centro commerciale di Berlino sulla trafficata Potsdamer Platz.

POTSDAMER PLATZ ARKADEN

Cartina p356   *Centro commerciale*
☎ 255 9270; Alte Potsdamer Strasse; ☼ 10-20 da lunedì a sabato; U/S-Bahn Potsdamer Platz

Piacevole centro commerciale in stile americano, zeppo di negozi che appartengono a catene famose come H&M, Mango, Esprit (abbigliamento), Mandarina Duck (borse e valige), Hugendubel (libri) e Saturn (elettronica e musica). All'interno troverete anche piccoli negozi che vendono di tutto, dagli occhiali ai sigari agli smoking. Nel seminterrato ci sono i supermercati Kaiser's e Aldi e diversi fast food. Al piano terra è operativo un ufficio postale, mentre al primo piano la grande attrazione è Caffé & Gelato, una gelateria italiana molto popolare.

CHARLOTTENBURG

Kurfürstendamm è il principale viale dello shopping nella parte occidentale della città. Ospita più punti vendita di H&M, Mango, Zara e altre catene internazionali che ven-

Le top five tra le librerie

- Another Country (p236)
- Berlin Story (p228)
- Books in Berlin (in questa pagina)
- Hugendubel (p233)
- Marga Schoeller Bücherstube (p233)

dono abiti e accessori alla moda a prezzi per lo più abbordabili. I negozi più esclusivi, come quelli di *haute couture*, porcellane e scarpe italiane, si trovano in strade laterali come Fasanenstrasse e Bleibtreustrasse. Anche l'area intorno a Savignyplatz è ricca di negozi specializzati e di alto livello, mentre lungo la vicina Kantstrasse sono concentrate le sale esposizioni di architettura d'interni.

BERLINER ZINNFIGUREN

Cartina p354   *Oggetti da collezionismo*
☎ 315 7000; www.zinnfigur.com; Knesebeckstrasse 88; ☼ 10-18 da lunedì a venerdì, 10-15 sabato; U-Bahn Ernst-Reuter-Platz, S-Bahn Savignyplatz

In questo negozio a gestione familiare, inaugurato nel 1934, potrete procurarvi i pezzi necessari a ricostruire in miniatura numerosi reggimenti dell'esercito prussiano. Oltre 30.000 statuine di stagno (più della metà soldatini) sono esposte sugli scaffali e nelle bacheche di vetro. Ogni soldatino è realizzato e dipinto a mano con precisione e cura per i dettagli storici. Ci sono anche migliaia di libri e video che trattano la storia militare.

BOOKS IN BERLIN

Cartina p354   *Libri*
☎ 313 1233; Goethestrasse 69; ☼ 12-20 da lunedì a venerdì, 10-16 sabato; U-Bahn Ernst-Reuter-Platz

In questo piccolo ma ben fornito negozio di letteratura inglese potrete trovare libri di ogni genere, dai grandi classici ai più recenti best-seller. In caso di difficoltà il personale, molto competente, sarà felice di aiutarvi a trovare quello che cercate.

GALERIE BROCKSTEDT

Cartina p354   *Galleria d'arte*
☎ 885 0500; Mommsenstrasse 59; ☼ 10-18 da martedì a venerdì, 10-14 sabato; S-Bahn Savignyplatz

Questa galleria d'arte si è fatta un nome trattando opere di artisti moderni, soprattutto quelli che hanno operato tra le due guerre, tra cui Otto Dix, George Grosz e Franz Radziwil. Un secondo gruppo appartiene ai realisti del dopoguerra, come Isabel Quintanilla e Francesco Lopez, e agli astrattisti tedeschi, come Willi Baumeister ed Ernst Wilhelm Nay.

GALERIE MICHAEL SCHULTZ

Cartina p354   *Galleria d'arte*
☎ 324 1591; Mommsenstrasse 34; ☼ 11-19 da martedì a venerdì, 10-16 sabato; U-Bahn Adenauerplatz

Esposizione di pittori e scultori tedeschi contemporanei di alto livello, tra cui Markus Lüpertz, Georg Baselitz, Jörg Immendorf e A. R. Penck. Armando e Luciano Castelli appartengono al gruppo minore di artisti internazionali rappresentati qui.

GLASKLAR Cartina p354 *Articoli in vetro*

☎ 313 1037; Knesebeckstrasse 13-14; ☾ 11-18.30 da lunedì a venerdì, 11-16 sabato; U-Bahn Ernst-Reuter-Platz

Bicchieri da vino, da acqua, da tè, da grappa, da champagne e da Martini. Bicchieri capaci per un ambiente rustico e delicati per una tavola raffinata. Da Glasklar si trovano solo scaffali a tutta parete ricolmi di bicchieri di varietà infinite ed eterne, con un piccolo assortimento di vasi, posacenere, teiere e scodelle. I prezzi partono da meno di €1.

HARRY LEHMANN

Cartina p354 *Profumi*

☎ 324 3582; Kantstrasse 106; ☾ 9-18.30 da lunedì a venerdì, 9-14 sabato; U-Bahn Wilmersdorfer Strasse

In un amato scorcio della 'Vecchia Berlino', Harry Lehmann produce profumi creati dalla famiglia dal 1926. Le essenze floreali, come il fiore di lavanda, il gelsomino e l'acacia, sono conservate in grandi vasi di vetro e quindi versate in contenitori più piccoli e vendute a peso. Il flacone più piccolo costa €4,50. Da notare: si trova all'interno di un altro negozio che vende fiori di seta.

HAUTNAH Cartina p354 *Articoli erotici*

☎ 882 3434; Uhlandstrasse 170; ☾ 12-20 da lunedì a venerdì, 11-16 sabato; U-Bahn Uhlandstrasse

I tre piani di Hautnah sono provvisti di tutto quello che l'immaginazione può concepire per una notte un po' fuori dall'ordinario: da boa di piume a oggetti fetish, più vari giocattoli erotici e molti altri articoli non descrivibili.

HEIDI'S SPIELZEUGLADEN

Cartina p354 *Giocattoli*

☎ 323 7556; Kantstrasse 61; ☾ 9.30-18.30 da lunedì a venerdì, 9.30-14 sabato; U-Bahn Wilmersdorfer Strasse

In un'epoca in cui i bambini tendono a trascorrere gran parte del proprio tempo libero davanti ai videogames, Heidi's può sembrare un anacronismo. Da circa 30 anni è specializzata in giocattoli di qualità a basso contenuto tecnologico, come trenini in legno e teneri peluche, oltre a libri educativi per bambini. Heidi's propone

anche bellissime case per le bambole, cucine e negozi giocattolo per stimolare l'immaginazione dei bambini e aiutarli a socializzare.

HUGENDUBEL

Cartina p354 *Libri*

☎ 214 060; Tauentzienstrasse 13; ☾ 10-20 da lunedì a sabato; U-Bahn Kurfürstendamm

Questa ottima catena di librerie, presente in tutto il paese, dispone di una selezione molto ampia di libri, fra cui anche romanzi in inglese e guide della Lonely Planet. È possibile sfogliare i volumi, magari seduti su comodi divani che invitano alla lettura, oppure fermarsi nella zona caffè all'interno del negozio. Presente anche a **Mitte** (cartina p350; Friedrichstrasse 83; U-Bahn Französische Strasse) e **Tiergarten** (cartina p356; Potsdamer Platz Arkaden; U/S-Bahn Potsdamer Platz).

KARSTADT SPORT

Cartina p354 *Articoli sportivi*

☎ 880 240; Joachimstaler Strasse 5-6; ☾ 10-20 da lunedì a sabato; U/S-Bahn Zoologischer Garten

Un grande magazzino a quattro piani che vende articoli sportivi e attrezzatura per ogni tipo di sport, dal tennis al calcio alla speleologia.

LEHMANN'S COLONIALWAREN

Cartina p354 *Oggetti antichi e collezionismo*

☎ 883 3942; Grolmanstrasse 46; ☾ 14-18.30 da martedì a venerdì, 11-14 sabato; S-Bahn Savignyplatz

Il curioso assortimento di manufatti coloniali di questo negozio rievoca il tempo in cui viaggiare significava attraversare l'Atlantico sulla *Queen Mary* o discendere il Nilo su una chiatta. Pesanti valige in pelle, cappelliere, antichi globi terrestri, pubblicità e libri di viaggi sono tutti mezzi per fare un viaggio avventuroso indietro nel tempo.

LEYSIEFFER

Cartina p354 *Cioccolato*

☎ 885 7480; Kurfürstendamm 218; ☾ 10-20 da lunedì a sabato; U-Bahn Uhlandstrasse

Leysieffer produce da quasi un secolo cioccolato di qualità irresistibile. I suoi tartufi allo champagne, i nougat, il cioccolato fondente e altre tentazioni, tutti esposti con arte nel loro negozio principale, possono essere un regalo di buon gusto.

MARGA SCHOELLER BÜCHERSTUBE

Cartina p354 *Libri*

☎ 8862 9329; Knesebeckstrasse 33; ☾ 9.30-19 da lunedì a mercoledì, 9.30-20 giovedì e venerdì, 9.30-16 sabato; U-Bahn Uhlandstrasse

Fondata nel 1929, questa affermata libreria vanta un lungo elenco di clienti illustri (ricordiamo Bertolt Brecht ed Elias Canetti). Il suo assortimento sofisticato è specializzato in particolare in letteratura inglese classica e contemporanea, opere di e su donne, e libri su cinema e teatro.

Il personale molto disponibile può ordinare quanto non sia al momento presente sugli scaffali. Organizzano incontri con l'autore e conferenze.

NIKETOWN

Cartina p354 *Articoli sportivi*

☎ 250 70; Tauentzienstrasse 7b; ⏱ 10-20 da lunedì a sabato; U-Bahn Wittenbergplatz

Due piani in vetro e metallo offrono il giusto ambiente espositivo per l'attrezzatura sportiva hi-tech della Nike. Indipendentemente dallo scopo della visita – golf, calcio o pallacanestro – avrete un aspetto elegante nella vostra tenuta, che prevede orologio e occhiali da sole in pendant.

PAPETERIE HEINRICH KÜNNEMANN

Cartina p354 *Penne e cartoleria*

☎ 881 6363; Uhlandstrasse 28; ⏱ 10-20 da lunedì a sabato; U-Bahn Uhlandstrasse

La bella scrittura forse è un'arte in via di estinzione nell'era delle e-mail e dei messaggi SMS, ma questo negozio elegante si rivolge agli spiriti conservatori. Si può scegliere tra una gamma completa di belle penne stilografiche di marche famose, tra le quali spiccano Pelikan, Mont Blanc e Caran d'Ache. Sono in vendita anche accessori da scrivania e articoli da cartoleria di classe.

PRINZ EISENHERZ

Cartina p354 *Libri*

☎ 313 9936; Bleibtreustrasse 52; ⏱ 10-20 da lunedì a venerdì, 10-16 sabato; S-Bahn Savignyplatz

Questo è uno dei migliori negozi per la letteratura internazionale lesbigay, con libri patinati e riviste. In assortimento anche video e CD.

STEIFF IN BERLIN

Cartina p354 *Giocattoli*

☎ 8872 1919; www.steiffinberlin.de; Kurfürstendamm 220; ⏱ 10-20 da lunedì a sabato; U-Bahn Uhlandstrasse

Che cosa hanno in comune Happy the pig, Hoppel the bunny e Sniffy? Sono tutte creazioni di questa famosa marca di peluche, fondata

nel 1880 da Margarete Steiff. In questo negozio delizioso si incontra l'intera fattoria, che presenta anche una edizione limitata per i collezionisti di questi morbidi animali.

STILWERK

Cartina p354 *Architettura d'interni*

☎ 3151 5500; Kantstrasse 17; ⏱ 10-20 da lunedì a sabato; S-Bahn Savignyplatz

Questo emporio di quattro piani all'insegna del buon gusto propone oggetti per la casa, dai portauova alle lampade alle cucine professionali. Sono rappresentate solo le firme top del design internazionale, tra cui Bang & Olufsen, Alessi, Ligne Roset, Leonardo e Gaggenau. C'è anche un ristorante, il jazz club Soultrane (p209), e talvolta è possibile assistere a un concerto di pianoforte.

WERTHEIM BEI HERTIE

Cartina p354 *Grande magazzino*

☎ 880 030; Kurfürstendamm 231; ⏱ 10-20 da lunedì a sabato; U-Bahn Kurfürstendamm

Per dimensioni viene subito dopo il KaDeWe (p235) ma è considerevolmente meno pretenzioso e meno caro: al Wertheim vanno a fare acquisti i berlinesi. All'ultimo piano c'è un self-service, dove, con il bel tempo, ci si può accomodare all'aperto.

ZWEITAUSENDEINS

Cartina p354 *Musica*

☎ 312 5017; Kantstrasse 41; ⏱ 10-19 da lunedì a mercoledì, 10-20 giovedì e venerdì, 10-16 sabato; U-Bahn Wilmersdorfer Strasse

Gli appassionati di musica poco inclini alle grandi spese affollano questo punto vendita berlinese di un negozio on-line con sede a Francoforte. Libri nuovi, CD, DVD e video sono tutti in vendita a prezzi notevolmente scontati. Probabilmente non troverete esecuzioni molto recenti, ma la selezione di musica classica, internazionale, jazz e rock vi offrirà qualche sorpresa interessante.

SCHÖNEBERG

Schöneberg è il quartiere del KaDeWe, uno dei più grandi magazzini d'Europa e quintessenza dello shopping a Berlino. La vera personalità del distretto, però, si rivela a sud di Nollendorfplatz. L'intera area che va da Maassenstrasse a Winterfeldtplatz, Goltzstrasse e Akazienstrasse è un vero tesoro di boutique originali e divertenti in cui si trova in vendita di tutto, dalle scarpe agli abiti da flamenco, dai gioielli ai libri.

BRUNO'S

Cartina pp352-3 *Articoli per omosessuali*

☎ 2147 3293; Bülowstrasse 106; ⏰ 10-22 da lunedì a sabato; U-Bahn Nollendorfplatz

Questo grazioso negozio vende libri, riviste e video a tema omosessuale, oltre a gingilli di ogni genere. Circa un terzo dello spazio è riservato a video erotici (in vendita e a noleggio).

DORIS IMHOFF SCHMUCK & PERLEN

Cartina pp352-3 *Gioielli*

☎ 7871 6700; Akazienstrasse 26; ⏰ 10.30-20 da lunedì a venerdì, 10.30-16 sabato; U-Bahn Eisenacher Strasse

Oggettini favolosi a prezzi moderati riempiono le vetrine di questo accogliente negozietto lungo la vivace Akazienstrasse. Accanto alle creazioni della proprietaria Doris, troverete le linee affusolate di Thomas Sabo, le allegre collane di Miranda Konstantinidou della Konplott e i pezzi spettacolari di Rodrigo Otazu. C'è anche un bellissimo assortimento di perline di qualità.

GARAGE

Cartina pp352-3 *Abbigliamento vintage*

☎ 211 2760; Ahornstrasse 2; ⏰ 11-19 da lunedì a mercoledì, 11-20 giovedì e venerdì, 10-16 sabato; U-Bahn Nollendorfplatz

Questo magazzino, situato in un seminterrato, è un paradiso per acquisti a prezzi stracciati. Qui si comprano abiti a peso (1kg costa €14). La qualità non è costante e molti capi sono sporchi o parecchio lisi, perciò fate una cernita accurata.

KADEWE

Cartina p354 *Grande magazzino*

☎ 212 10; Tauentzienstrasse 21-24; ⏰ 10-20 da lunedì a sabato; U-Bahn Wittenbergplatz

Gli amanti dello shopping apprezzeranno questo straordinario grande magazzino di sette piani. Il KaDeWe, il cui nome è l'abbreviazione di Kaufhaus des Westens (Grande magazzino dell'Ovest), è il secondo principale tempio del consumatore in Europa, dopo Harrod's a Londra. Non perdetevi il leggendario reparto di gastronomia al sesto piano.

KÖRPERNAH

Cartina pp352-3 *Lingerie*

☎ 215 7471; Maassenstrasse 8; ⏰ 10.30-19.30 da lunedì a giovedì, 10.30-20 venerdì, 10-17 sabato; U-Bahn Nollendorfplatz

Grazioso negozietto con biancheria intima favolosamente trendy, spesso provocatoria, ma mai di cattivo gusto per lui e lei (in tutte le taglie).

Il cortese personale è a disposizione anche del cliente più esigente per consigliare i capi più adatti. Tra le marche rappresentate ci sono Woolford, Cotton Club e Huit per donna, e Body Art, Boss e Homme per uomo.

LUCCICO

Cartina pp352-3 *Scarpe*

☎ 216 6517; Goltzstrasse 34; ⏰ 12-20 da lunedì a venerdì, 11-16 sabato; U-Bahn Nollendorfplatz

'Scarpe fino alla morte', promette Luccico, uno dei più noti fornitori di Berlino di scarpe italiane alla moda. Lo slogan può sembrare un po' sinistro ma, vista l'alta qualità degli articoli in vendita, probabilmente non è completamente infondato. L'assortimento va da stivali di lusso a mocassini classici, decolleté sexy e comodi sandali infradito. Presente anche a **Kreuzberg** (cartina pp348-9; ☎ 691 3257; Bergmannstrasse 8; U-Bahn Gneisenaustrasse) e **Mitte** (cartina p350; ☎ 283 2372; Neue Schönhauser Strasse 18; U-Bahn Weinmeisterstrasse).

MR DEAD & MRS FREE

Cartina pp352-3 *Musica*

☎ 215 1449; Bülowstrasse 5; ⏰ 11-19 da lunedì a venerdì, 11-16 sabato; U-Bahn Nollendorfplatz

Con un pedigree di vent'anni, questo negozio leggendario ha ampliato la sua gamma dai dischi originari di importazione dalla Gran Bretagna e dagli Stati Uniti ai principali successi di tutti i generi – jazz, reggae, soul e anche blues e folk. Moltissimo il vinile con qualche CD nel mucchio.

RAHAUS WOHNEN

Cartina p354 *Architettura d'interni*

☎ 218 9393; Wittenbergplatz; ⏰ 10-20 da lunedì a sabato; U-Bahn Wittenbergplatz

D'accordo, sarà difficile che quel vistoso divano rosso possa entrare in valigia, ma il negozio merita una visita almeno per gli accessori di classe a prezzi accessibili. Molte delle lampade, dei bicchieri da vino, dei portacandele e di altri articoli sono disegnati in esclusiva per questa piccola catena di negozi. Le altre tre filiali sono a Charlottenburg: **Rahaus Country** e **Rahaus Loft** (cartina pp342-3; ☎ 3999 4834; Franklinstrasse 8-14) e **Rahaus Living** (cartina p354; ☎ 313 2100; Kantstrasse, all'angolo di Uhlandstrasse).

Shopping – Schöneberg

SCHROPP Cartina pp352-3 *Libri e cartine*

☎ 2355 7320; Potsdamer Strasse 129; ☺ 9.30-19
da lunedì a venerdì, 10-16 sabato; U-Bahn Bülowstrasse
Schropp tratta il mondo intero nei suoi due piani,
ciascuno traboccante di ogni genere di cartine,
guide di viaggi, dizionari e mappamondo. È
il posto perfetto per pianificare un viaggio o
semplicemente per far lavorare la fantasia.

TUMA BE!

Cartina pp352-3 *Accessori e articoli da regalo*
☎ 216 9414; Goltzstrasse 34; ☺ 12-18.30 da lunedì
a venerdì, 11-16 sabato; U-Bahn Eisenacher Strasse
La proprietaria Andrea Knörr ha un vero talento
per scovare durante i suoi viaggi in Asia e in
Africa oggetti di alto livello che si armonizzano
in quasi tutti gli ambienti. Eleganti piatti da frutta
in legno, belle maschere scolpite, portacandele
in metallo e gioielli sono tutti venduti a prezzi
ragionevoli. Il nome, per inciso, nella lingua del
Mali significa 'è arrivato il momento'.

VAMPYR DE LUXE

Cartina pp352-3 *Abbigliamento e accessori*
☎ 217 2038; Goltzstrasse 39; ☺ 12-19 da lunedì
a venerdì, 12-17 sabato; U-Bahn Eisenacher Strasse,
Nollendorfplatz
Se vi piace anticipare la moda, recatevi in
questo posto pieno zeppo di abiti e accessori
di designer emergenti e di marche già famose,

Winterfeldtmarkt

molti di stilisti locali e pezzi unici. Abbigliatevi
con borse di Tita Berlin, vestiti in pelle molto
trendy di stylesucks.com e biancheria intima
seducente di Vive Maria.

WINTERFELDTMARKT

Cartina pp352-3 *Mercato all'aperto*
Winterfeldtplatz; ☺ 8-14 mercoledì, 8-16 sabato;
U-Bahn Nollendorfplatz
Vera istituzione di Schöneberg, è un luogo
grandioso per fare provviste di frutta e verdura
fresche, uova, carne, fiori e altri generi di prima
necessità. Ci sono anche diverse bancarelle su cui
sono esposte candele, gioielli, sciarpe e altri generi non alimentari. Seguite l'esempio della gente
del posto: coronate gli acquisti con un caffè o la
prima colazione in uno dei locali della zona.

KREUZBERG

Kreuzberg ha un panorama dello shopping
prevedibilmente eclettico. Bergmannstrasse,
nella parte occidentale del distretto, offre un
divertente insieme di negozi di abiti vintage
e d'avanguardia, di musica e di libri, oltre
allo storico mercato coperto di Marheineke.
L'atmosfera multietnica della parte orientale di Kreuzberg si coglie al meglio lungo
Kottbusser Damm e presso il mercato turco.
Vale la pena fare una passeggiata anche in
Oranienstrasse, soprattutto se vi piacciono
gli abiti insoliti e di seconda mano.

ANOTHER COUNTRY

Cartina pp348-9 *Libri*
☎ 6940 1150; Riemannstrasse 7; ☺ 11-20 da lunedì
a venerdì, 11-16 sabato; U-Bahn Gneisenaustrasse
Another Country è l'universo del barbuto ed
eccentrico proprietario inglese Alan Raphae-
line. Competente e sempre disponibile per una
chiacchierata, dirige un negozio/biblioteca con
un assortimento curato di libri usati in lingua
inglese, incluso un vasto settore di fantascienza.
Si può prendere a prestito o acquistare, iscriversi
al club, venire per le proiezioni cinematografiche
e le letture di poesia o semplicemente fermarsi
a curiosare e sedersi sui divani a sfogliare un
volume interessante.

ARZU IMPORT-EXPORT

Cartina pp348-9 *Souvenir e oggetti da regalo*
☎ 693 8934; Maybachufer 1;
☺ 11-20 da lunedì
a sabato; U-Bahn Schönleinstrasse

I shisha bar, dove si può bere una birra fumando il narghilé, fanno oggi tendenza a Berlino. Questo negozietto accanto al mercato turco offre un grande assortimento di hookah in diverse forme e colori, che vanno da €25 a €45.

BAGAGE

Cartina pp348-9 *Borse*
☎ 693 8916; Bergmannstrasse 13; ☽ 11-20 da lunedì a venerdì, 10-16 sabato; U-Bahn Mehringdamm
In questo negozio alla moda una borsa non è semplicemente un mezzo per trasportare qualcosa, ma è una affermazione di tendenza. Centinaia di marche di stilisti noti come Leonca, Tita Berlin, Kultbag e Luma fanno bella mostra sulle pareti e sul pavimento. In buona parte mostrano quel look urbano apprezzato da chi segue le linee più in voga a Berlino, realizzate con gomma riciclata, materassi ad aria o addirittura sacchi postali.

BELLA CASA

Cartina pp348-9 *Arredamento d'interni*
☎ 694 0784; Bergmannstrasse 101; ☽ 11-19 da lunedì a venerdì, 10-16 sabato; U-Bahn Mehringdamm
Il nome evoca l'Italia, ma la collezione di Bella Casa in realtà proviene dalle coste del Nord Africa e addirittura dall'India. Le sue lampade di henna, i cuscini di seta, le piastrelle del Marocco e i *kilim* turchi aggiungeranno un tocco da fiaba esotica alla vostra casa.

BELLA DONNA

Cartina pp348-9 *Cosmetici*
☎ 6904 0333; Bergmannstrasse 103; ☽ 10-19 da lunedì a venerdì, 10-16 sabato; U-Bahn Mehringdamm
Bella Casa sorge accanto a Bella Donna, un negozio di cosmetici naturali che offre un vasto assortimento di rinomati prodotti tedeschi come quelli del Dr. Hauschka, Weleda, Lavera, Logona e Bioturm. Nel piccolo ambiente sul retro ci si può sottoporre a una accurata pulizia del viso (90 minuti, circa €50).

I top five tra i negozi di musica

- DNS Recordstore (p229)
- Mr Dead & Mrs Free (p235)
- Scratch Records (p238)
- Space Hall (p238)
- Vopo Records (p242)

BLINDENANSTALT BERLIN

Cartina pp348-9 *Accessori per la casa*
☎ 2588 6616; Oranienstrasse 26; ☽ 9-17 da lunedì a mercoledì e venerdì, 10-17.30 giovedì; U-Bahn Kottbusser Tor, Görlitzer Bahnhof
Da oltre 120 anni artigiani ciechi realizzano spazzole a mano in questo laboratorio. Di recente, però, l'assortimento è stato ampliato e include modelli di classe e insoliti e anche altri prodotti, come paralumi e porticine di entrata per gatti. Il negozio merita di essere visitato anche solo per il suo interno originale degli anni '20.

CHAPATI

Cartina pp348-9 *Abbigliamento e accessori*
☎ 2904 4023; Simon-Dach-Strasse 37; ☽ 11-19 da lunedì a sabato; U/S-Bahn Warschauer Strasse
Seta, velluto, jacquard e altri tessuti importati dall'India vengono utilizzati per realizzare abiti sinuosi, gonne e camicette messi in vendita in questo emporio esotico con un'atmosfera da 'notti arabe'.

Se non amate il look da hippy, qui potrete trovare anche molte lampade, cuscini e coperletto per abbellire la casa. Altre filiali si trovano a **Kreuzberg** (cartina pp348-9; ☎ 6956 4423; Zossener Strasse 37; U-Bahn Gneisenaustrasse) e **Prenzlauer Berg** (cartina pp344-5; ☎ 447 6507; Stargarder Strasse 2; U/S-Bahn Schönhauser Allee).

COLOURS KLEIDERMARKT

Cartina pp348-9 *Abbigliamento vintage*
☎ 694 3348; primo piano, sul retro di Bergmannstrasse 102; ☽ 11-19 da lunedì a mercoledì, 11-20 giovedì e venerdì, 10-16 sabato; U-Bahn Mehringdamm
In questo enorme loft troverete grandiosi abiti vintage dei primi anni '80, e abiti più attuali per giovani in carriera. La maggior parte degli articoli è in ottime condizioni e in vendita a prezzi abbordabili. C'è anche un buon assortimento di accessori. Si trova nel cortile sul retro, al secondo piano sulla destra.

FRITZ

Cartina pp348-9 *Gioielli*
☎ 615 1700; Dresdner Strasse 20; ☽ 10-19 da lunedì a venerdì, 10-15 sabato; U-Bahn Kottbusser Tor
Manuel Fritz lavora in modo meraviglioso i metalli preziosi. Molte delle sue linee innovative e decisamente portabili meriterebbero di figurare in un museo. Sono proposte in vendita insieme a oggetti preziosi di altri artisti di ogni parte della Germania. Gli anelli nuziali sono il fiore all'occhiello di Fritz.

Shopping – Kreuzberg

HAMMETT Cartina pp348-9 · *Libri*

☎ 691 5834; Friesenstrasse 27; ⏱ 10-20 da lunedì
a venerdì, 10-16 sabato; U-Bahn Gneisenaustrasse

Gli amanti dei gialli non resteranno indifferenti davanti a questo negozio molto fornito di romanzi e thriller classici e contemporanei. Dal nome di Dashiell Hammett, una delle più raffinate scrittrici del genere, dispone anche di un buon assortimento di titoli in lingua inglese, di centinaia di libri usati e di un angolo dedicato alla letteratura per l'infanzia. Organizza conferenze e incontri con gli autori.

MARHEINEKE MARKTHALLE

Cartina pp348-9 · *Mercato coperto*
Marheinekeplatz; ⏱ 7.30-19 da lunedì a venerdì,
7.30-14 sabato; U-Bahn Gneisenaustrasse

È uno dei tre mercati coperti storici ancora presenti a Berlino, molto frequentato anche dalla gente del posto.

Curiosate attraverso corridoi in cui sono esposti in bella mostra frutta e verdura fresca, formaggi e salsicce e altri in cui si trovano prodotti di ogni genere: da calze da escursione a filati a liquirizia. I prezzi sono bassi, ma la qualità può variare, perciò fate molta attenzione.

MOLOTOW

Cartina pp348-9 · *Abbigliamento e accessori*
☎ 693 0818; Gneisenaustrasse 112; ⏱ 14-20
da lunedì a venerdì, 12-16 sabato; U-Bahn Mehringdamm

Il Molotow è da vent'anni una piattaforma di lancio per i prodotti di giovani designer berlinesi. Gli abiti – per uomo e donna – presentano stili molto vari, da misurati a provocanti, con una gamma completa di accessori a completare il look. Nell'insieme, un posto divertente in cui andare a curiosare.

SCRATCH RECORDS Cartina pp348-9 · *Musica*

☎ 6981 7591; Zossener Strasse 31; ⏱ 11-19 da lunedì
a mercoledì, 11-20 giovedì e venerdì, 11-16 sabato;
U-Bahn Gneisenaustrasse

I top five tra i negozi 'caratteristici'

- Berliner Bonbonmacherei (p228)
- Berliner Zinnfiguren (p232)
- Blindenanstalt Berlin (p237)
- Harry Lehmann (p233)
- Mondos Arts (p239)

Un assortimento limitato ma selezionato di musica internazionale, R&B, soul-funk e jazz su vinile e CD, in buona parte d'importazione e difficili da trovare, costituisce il nucleo dei prodotti in vendita da Scratch Records. Lo staff è molto aggiornato e disponibile ad aiutarvi a trovare un nuovo successo.

SPACE HALL

Cartina pp348-9 · *Musica*
☎ 694 7664; www.space-hall.de; Zossener Strasse 33;
⏱ 11-20 da lunedì a venerdì, 11-16 sabato; U-Bahn
Gneisenaustrasse

Situato accanto a Scratch Records, questo negozio è il nirvana per i fan di musica elettronica e tratta qualsiasi genere (da techno a drum and bass, da breakbeat a trance), soprattutto per gli affezionati del giradischi. Circa una decina di apparecchi sono a disposizione per un ascolto prima dell'acquisto.

TÜRKENMARKT

Cartina pp348-9 · *Mercato all'aperto*
Maybachufer; ⏱ 12-18.30 martedì e venerdì; U-Bahn
Schönleinstrasse

Mucchi di frutta e verdura, montagne di pane, secchi ricolmi di olive, una vasta scelta di feta e formaggi vari: il mercato turco di Berlino è solo un piccolo assaggio di Istanbul. La qualità è elevata, i prezzi sono contenuti e la gente è gentile. Fate provviste e prendete in direzione ovest lungo il canale per individuare il posto dove fare un picnic sullo spettacolare Fraenkelufer.

FRIEDRICHSHAIN

Il basso livello demografico del distretto di Friedrichshain non può ancora sostenere un panorama dello shopping di un certo rilievo, ma questa situazione è certamente destinata a mutare. Le strade nei dintorni di Boxhagener Platz sono state testimoni di un netto crescendo di negozi di oggettistica e di designer locali, e anche i 'palazzi proletari' lungo Karl-Marx-Allee stanno registrando un incremento delle attività commerciali.

BERLINOMAT

Cartina pp348-9 · *Abbigliamento e accessori*
☎ 4208 1445; Frankfurter Allee 89; ⏱ 11-20
da lunedì a venerdì, 10-16 sabato; U/S-Bahn
Frankfurter Allee

Questo negozio vivace e spazioso è l'ideale per farsi un'idea delle più recenti tendenze

Berlinomat

della fiorente scena del design berlinese. Più di 30 designer locali che si occupano di arredamento, moda, gioielli e accessori espongono le loro ultime collezioni condividendo lo stesso ambiente. Qui potrete ammirare collane e anelli d'avanguardia di Dreigold, mobili di Flip Sellin e abiti alla moda del marchio Hotinaf realizzati dai fondatori Jörg Wichmann e Theresa Meirer.

DAZU

Cartina pp348-9 *Borse*
☎ 2966 7531, 0178 288 1822; www.ichichich-berlin. de; Kopernikusstrasse 14; ☽ 16-20 giovedì e venerdì, 12-16 sabato o su appuntamento; U/S-Bahn Warschauer Strasse

Lui Gerdes disegna borse grandi e robuste sotto il marchio ironico 'Ichichich' (MeMeMe) vendute in questo negozietto in cui lo spazio viene condiviso con la modista Helena Ahonen. Ogni borsa è realizzata a mano tinte sgargianti, anche se tutte con lo stesso materiale di base: tela impermeabile per camion. Chiedete di vedere i modelli su ordinazione.

KARL-MARX-BUCHHANDLUNG

Cartina pp344-5 *Libri*
☎ 292 3370; Karl-Marx-Allee 78; ☽ 11-19 da lunedì a venerdì, 10-16 sabato; U-Bahn Weberwiese

Chiunque abbia un interesse particolare per la storia del movimento dei lavoratori, la DDR, la Berlino storica o la sua architettura dovrebbe fare un salto in questo negozio che si trova in uno dei 'palazzi proletari' di Friedrichshain. È facile perdersi a curiosare nel vasto assortimento di libri nuovi e usati.

MONDOS ARTS

Cartina pp340-1 *Oggetti legati all'ex DDR*
☎ 4201 0778; Schreinerstrasse 6; ☽ 10-19 da lunedì a venerdì, 11-16 sabato; U-Bahn Samariterstrasse

Il meglio della cultura e del kitsch della ex DDR viene mantenuto vivo in questo negozio particolare, che deve il suo nome alla marca di preservativi un tempo venduta dietro la Cortina di Ferro.

È divertente da visitare anche se non siete cresciuti attraverso la strada con l'*Ampelmann* (omino del semaforo), addormentandovi con il *Sandmännchen* (omino del sonno che getta la sabbia negli occhi dei bambini per addormentarli) o ascoltando il rock dei Puhdys.

RAUMDEKOLLETE

Cartina pp348-9 *Souvenir e articoli da regalo*
☎ 6676 3783; Kopernikusstrasse 21; ☽ 11-19 da lunedì a venerdì, 11-16 sabato; U/S-Bahn Warschauer Strasse

Nei pressi di Simon-Dach-Strasse, questo negozio espone le creazioni originali di artisti e designer berlinesi emergenti.

Divertente e spaziale, elegante e di classe: ogni settimana gli scaffali vengono rinnovati con pezzi curiosi e insoliti. I prezzi sono contenuti.

PRENZLAUER BERG

La zona degli acquisti più 'in' del distretto lungo Kastanienallee e Oderberger Strasse ospita boutique di moda, con linee d'avanguardia e molto popolari realizzate da stilisti locali, oltre a un paio di convenienti negozi di roba usata.

Fermandovi a una stazione ferroviaria successiva, verso nord, arriverete a Schönhauser Allee Arkaden, un vasto centro commerciale con negozi per lo più destinati a una clientela medio-bassa. Le strade nei dintorni di Kollwitzplatz, con una serie di negozi specializzati in accessori da cucina e da bagno, sono una meta divertente per una passeggiata.

BELLY BUTTON

Cartina pp344-5 *Abbigliamento di seconda mano*
☎ 2327 2234; Stargarder Strasse 10; 🕐 11-19 da lunedì a venerdì, 11-16 sabato; U/S-Bahn Schönhauser Allee

Con i suoi scaffali ed espositori ordinati lungo pareti color lavanda, il Belly Button ha un aspetto quasi esageratamente sofisticato per un negozio di abiti usati. I prezzi sono contenuti per marche come H&M e Calvin Klein, e tutti gli articoli da noi ispezionati erano puliti, in ottime condizioni e divisi per taglia. C'è anche un buon assortimento di borsette e di scarpe.

CALYPSO

Cartina pp344-5 *Scarpe*
☎ 281 6165; Oderberger Strasse 61; 🕐 15-20 da lunedì a venerdì, 12-16 sabato; U-Bahn Eberswalder Strasse

Questo negozio trabocca di scarpe 'storiche' da donna. Qui troverete una montagna di stivali con i lacci tipici degli anni '20, tacchi a spillo degli anni '60, scarpe con la zeppa degli anni '70 e altri stili retro. Presente anche a **Mitte** (cartina pp344-5; ☎ 2854 5415; Rosenthaler Strasse 23; 🕐 12-20 da lunedì a sabato; S-Bahn Hackescher Markt).

CLAMOTTI

Cartina pp344-5 *Abbigliamento femminile*
☎ 445 9521; Stargarder Strasse 7; 🕐 11-19 da lunedì a venerdì, 10-18 sabato; U/S-Bahn Schönhauser Allee

La stilista berlinese Susi Feydal realizza dal 1990 abiti divertenti in materiali naturali, importati soprattutto dall'Italia. I suoi vestiti curati, destinati a un target adulto, mantengono un taglio

impeccabile anche su corpi non particolarmente asciutti. Fey confeziona abiti da ballo o da sposa su ordinazione.

COLEDAMPF'S CULTURCENTRUM

Cartina pp344-5 *Accessori da cucina*
☎ 4373 5225; Wörther Strasse 39; 🕐 10-20 da lunedì a venerdì, 10-18 sabato; U-Bahn Senefelderplatz

Per alcune persone cucinare è un piacere, e può essere ancora più divertente se si ha a disposizione utensili graziosi e di buona qualità con cui lavorare. Il vasto assortimento di questo negozio spazia dal funzionale al frivolo. Da minuscole padelle di rame a strumenti taglia-ravioli, da bicchieri per tè ghiacciato a caffettiere per caffè espresso, di sicuro troverete qualcosa di interessante.

C'è un negozio anche a **Wilmersdorf** (cartina p354; ☎ 883 9191; Uhlandstrasse 54/55; 🕐 10-20 da lunedì a venerdì, 10-16 sabato; U-Bahn Spichernstrasse).

EAST BERLIN

Cartina pp344-5 *Abbigliamento e accessori*
☎ 534 4042; Kastanienallee 13; 🕐 14-20 da lunedì a mercoledì, 12-20 giovedì e venerdì, 11-20 sabato; U-Bahn Eberswalder Strasse

La guru del design locale Cora Schwind ha abbandonato la sua griffe Coration e ora riempie questo negozio divertente di abiti trendy per chi ama inseguire la moda.

EISDIELER

Cartina pp344-5 *Abbigliamento e accessori*
☎ 285 7351; Kastanienallee 12; 🕐 12-20 da lunedì a sabato; U-Bahn Eberswalder Strasse

Questo gruppo di cinque persone propone le proprie creazioni ormai famose nel mondo del design berlinese in un'ex gelateria. Curiosate tra gli scaffali pieni di giacche, camicie, magliette, maglioni e pantaloni alla moda e confortevoli mentre venite inondati da suoni elettronici. Gioielli, scarpe, borse, e altri accessori aiutano a completare il vostro look berlinese.

I top five tra i negozi vintage

- **Colours Kleidermarkt** (p237)
- **Falbala** (p241)
- **Sgt Peppers** (p241)
- **Sterling Gold** (p231)
- **Waahnsinn Berlin** (p231)

FALBALA

Cartina pp344-5 *Abbigliamento vintage*

☎ 4405 1082; Knaackstrasse 43; ☒ 13-18 da lunedì a venerdì, 12-15 sabato; U-Bahn Senefelderplatz

Josefine Edle von Krepl, un tempo direttrice di una rivista femminile della DDR, ha la passione per gli abiti vintage che vanno dal 1860 al 1970.

Molti sono in vendita, completi di accessori, nel suo piccolo e accogliente negozio. La qualità e la scelta sono elevate, tanto che talvolta fanno tappa qui anche costumisti cinematografici e televisivi per film di costume.

HASIPOP SHOP

Cartina pp344-5 *Abbigliamento e accessori*

☎ 4403 3491; Oderberger Strasse 39; ☒ 12-20 da lunedì a venerdì, 12-16 sabato; U-Bahn Eberswalder Strasse

Avrete bisogno di tutto il vostro sense of humour per apprezzare gli abiti ideati dal team formato da Esther e Claudia (proprietaria e designer). Il loro logo da cartone animato – un coniglietto tutto ossa – appare su molte delle loro magliette, su abiti e gonne, spesso di color rosa fucsia o blu elettrico. In vendita anche molti gingilli e accessori.

JUGENDMODE – FUCK FASHION

Cartina pp344-5 *Abbigliamento e accessori*

☎ 4471 6932; Schönhauser Allee 72b; ☒ 10-20 da lunedì a venerdì, 10-16 sabato; U/S-Bahn Schönhauser Allee

Giovani che inseguono le mode accorrono in questo negozio pieno zeppo di capi all'ultimo grido. In occasione della nostra ultima visita, abbiamo trovato lingerie di Pussy Deluxe, scarpe di Onitsuka Tiger e camicie di Dragonfly. Una gigantesca bacheca di vetro contiene gioielli in argento per ogni parte del corpo, e c'è anche un grande assortimento di bongos e vari accessori per il fumo.

Presente anche a **Charlottenburg** (cartina p354; ☎ 8871 0491; Joachimstaler Strasse 39/40; U/S-Bahn Zoologischer Garten).

KOLLWITZ 45

Cartina pp344-5 *Arredamento d'interni*

☎ 4401 0413; Kollwitzstrasse 45; ☒ 11-20 da lunedì a venerdì, 11-16 sabato; U-Bahn Senefelder Platz

Katja Wilhelm e Stephan Dass sono 'interior designer' che espongono il loro talento e buon gusto in questa piccola showroom vicino a Kollwitzplatz. Troverete molti articoli dalle linee

essenziali per la casa – da portacandele a posacenere – e mobili di classe e di buona qualità, oltre a lampade e tessuti di marchi esclusivi, tra cui Alias, Casa Milano e Wogg.

LUXUS INTERNATIONAL

Cartina pp344-5 *Articoli da regalo e accessori*

☎ 4432 4877; Kastanienallee 101; ☒ 11-20 da lunedì a venerdì, 11-16 sabato; U-Bahn Eberswalder Strasse

Non si può dire che manchino gli spiriti creativi a Berlino, ma non tutti possono permettersi di aprire un proprio negozio.

Ecco il ruolo di Luxus International, che affitta uno o due scaffali per esporre articoli, come collane, borse, posacenere e lampade. Non si sa mai cosa si trova, ma potete scommettere che si tratta di qualcosa di prettamente berlinese.

MONT K

Cartina pp344-5 *Articoli da campeggio e per attività all'aperto*

☎ 448 2590; Kastanienallee 83; ☒ 10-20 da lunedì a venerdì, 10-16 sabato; U-Bahn Eberswalder Strasse

Se avete deciso di affrontare il Matterhorn o il Kilimanjaro, Mont K vi equipaggerà con tutto il necessario, dagli zaini ai ramponi. Il personale, formato per lo più da giovani, è una miniera di informazioni.

SCHÖNHAUSER ALLEE ARKADEN

Cartina pp344-5 *Centro commerciale*

☎ 4471 1711; Schönhauser Allee 79-80; ☒ 8-20.30 da lunedì a venerdì, 8-16.30 sabato; U/S-Bahn Schönhauser Allee

Questo centro commerciale moderno ha rivitalizzato il distretto dello shopping lungo Schönhauser Allee, un'istituzione che stava per scomparire. Il suo design garbato, con oltre 100 punti vendita, comprende le solite grandi catene, un ufficio postale e un supermercato.

SGT PEPPERS

Cartina pp344-5 *Abbigliamento vintage*

☎ 448 1121; Kastanienallee 91; ☒ 11-19 da lunedì a venerdì, 11-16 sabato; U-Bahn Eberswalder Strasse

Gli anni '60 e '70 sono ancora ruggenti in questo negozio retro lungo Kastanienallee. Accanto a un vivace assortimento di camicie, abiti, pantaloni e giacche, ci sono indumenti nuovi che portano il marchio del negozio.

UHRANUS

Cartina pp344-5 *Articoli da regalo e accessori*

☎ 7072 8400; Kastanienallee 31; ⊙ 12-20 da lunedì a venerdì, 12-16 sabato; U-Bahn Eberswalder Strasse

Orologi della Diesel, occhiali da sole della Funk e borse della Roebuck sono fra gli accessori in vendita da Uhranus. C'è anche una scelta limitata di mobili, vasi e lampade, molti secondo uno stile retro. Sempre a **Prenzlauer Berg** c'è un altro negozio (cartina pp344-5 ☎ 442 4168; Senefelderstrasse 33; S-Bahn Prenzlauer Allee).

VOPO RECORDS

Cartina pp344-5 *Musica*

☎ 442 8004; Danziger Strasse 31; ⊙ 12-20 da lunedì a venerdì, 11-16 sabato; U-Bahn Eberswalder Strasse

I fan del punk, metal e hardcore potrebbero trascorrere ore intere dietro la ricca scelta di questo negozio, ma anche gli appassionati di electronica, hip-hop e ska hanno buone possibilità di fare un robusto bottino. I prezzi sono contenuti e c'è anche il vantaggio di poter ascoltare prima di acquistare.

Pernottamento

Pernottamento

Indipendentemente dal vostro budget, a fronte di un'offerta di oltre 68.000 posti letto troverete sicuramente una sistemazione adatta a voi. Le aperture di alberghi nuovi si susseguono a ritmo molto serrato, specialmente nei distretti di Mitte, ricco di monumenti storici, e di Friedrichshain, caratterizzato da un'intensa vita notturna. Molte proprietà più vecchie, in particolare a Charlottenburg e Wilmersdorf, sono state sottoposte a importanti lavori di ristrutturazione per migliorarne gli standard e far fronte così alla concorrenza. Sono sempre più diffuse le camere o i piani interi riservati ai non fumatori, e quasi tutti gli alberghi più recenti e quelli ristrutturati dispongono di camere in grado di soddisfare le esigenze dei disabili.

Vari generi di alloggio

A Berlino avrete a disposizione una vasta gamma di soluzioni ricettive: sistemazioni private molto spartane, confortevoli alloggi di fascia media e alberghi di lusso appartenenti a catene internazionali. Particolarmente noti sono i cosiddetti *Kunsthotels* (art hotel o alberghi d'arte), progettati da artisti e adorni di numerose opere d'arte.

In città sono diffusi anche piccoli esercizi a gestione familiare chiamati *Hotel-Pension* o semplicemente *Pension*. La differenza consiste nel fatto che gli Hotel-Pension in genere hanno comfort leggermente superiori e dispongono di personale alla reception. La mancanza di comfort spesso è controbilanciata dall'atmosfera, dal colore locale e dalle attenzioni riservate a ciascun singolo ospite. Molte Pension occupano uno o più piani di edifici storici.

Negli alberghi e nelle pensioni più vecchie le camere variano considerevolmente per dimensioni, arredo e comfort. Le stanze più economiche dispongono di un lavandino o sono dotate di un angolo doccia, ma non hanno servizi igienici privati; solo le più costose hanno il bagno privato.

Le possibilità di scelta fra gli ostelli, per chi viaggia con lo zaino in spalla, si sono notevolmente ampiate in anni recenti, con conseguente aumento della concorrenza. Gli ostelli più recenti sembrano fare a gara tra loro per quanto riguarda i comfort, il décor e i servizi. Oltre alle tradizionali camerate, quasi tutti offrono camere private, spesso con bagno annesso, e addirittura appartamentini per coppie o famiglie.

Le top five tra le varie categorie

- **Migliore 'boutique hotel'** – Alexander Plaza Berlin (p245)
- **Migliore ostello** – Circus Hostel Weinbergsweg (p249)
- **Migliore pensione** – Hotel-Pension Art Nouveau (p252)
- **Migliore piscina e centro termale** – Grand Hyatt (p250)
- **Migliori suite** – Hecker's Hotel (p251)

Orari di check-in e check-out

Di norma il check-in in albergo si effettua verso le 16, e intorno alle 11 o a mezzogiorno si deve lasciare libera la camera. È possibile in molti casi fare il check-in più tardi, ma occorre avvisare il personale della reception per evitare che la camera venga assegnata a qualcun altro. Comunicare l'orario di arrivo (e rispettarlo) è importante soprattutto presso le piccole sistemazioni private, dove non sempre c'è personale a disposizione. Una volta fatto il check-in vi verrà consegnato un mazzo di chiavi, in modo tale che possiate entrare e uscire dall'albergo a vostro piacimento.

Prezzi

I prezzi delle stanze a Berlino sono bassi se paragonati a molte altre capitali europee. Le indicazioni riportate in questa guida coprono l'intera gamma di prezzi, e si concentrano in particolare sui posti di livello medio, dove una camera doppia con bagno privato costa tra €70 e €130. Abbiamo incluso alcune opzioni nella sfera alta di prezzi (in genere alberghi internazionali con ogni comfort o alberghi di particolare fascino), ma qui i prezzi possono essere stratosferici. Una selezione dei migliori posti economici di Berlino viene presentata nella sub-categoria 'Se il budget è limitato' alla fine di ogni sezione.

I prezzi riportati in questa guida sono in genere quelli ufficiali comunicati dai singoli esercizi. Non prendono in considerazione alcuna delle promozioni speciali che possono essere introdotte in determinati periodi. Moltissimi alberghi offrono sconti nella stagione invernale (tranne durante le festività), mentre gli alberghi con una clientela costituita prevalentemente da uomini d'affari spesso offrono prezzi speciali nel fine settimana. Può tornare utile anche consultare i siti degli alberghi (indicati alle singole voci se disponibili) per offerte e pacchetti speciali.

I prezzi riportati vanno intesi per camera e, tranne dove indicato diversamente, comprendono la prima colazione, che in genere prevede un buffet all-you-can-eat.

Prenotazioni

È sempre consigliabile prenotare, soprattutto da maggio a settembre, in occasione delle festività principali (p297), durante manifestazioni di particolare rilievo come la Love Parade o la Maratona di Berlino (v. Calendario degli eventi, p7) e quando in città vengono allestite grandi esposizioni fieristiche.

La maggior parte degli alberghi accetta la prenotazione telefonica, via fax oppure, in maniera sempre più diffusa, via internet. Si può prenotare anche attraverso **Berlin Tourismus Marketing** (☎ 250 025; v. anche Uffici turistici, p303), l'ufficio turistico ufficiale della città. Questo servizio è gratuito, ma riguarda soltanto le prenotazioni per gli esercizi affiliati (tra i quali buona parte degli alberghi elencati in questa guida).

Affitti a lungo termine

Se pensate di trattenervi a Berlino per un mese o più potreste affittare una camera o un appartamento attraverso una *Mitwohnzentrale* (agenzia di coabitazione), grazie alla quale chi si assenta dal proprio appartamento per un certo periodo viene messo in contatto con persone che cercano una sistemazione temporanea. Le soluzioni possono essere diverse: da camere in appartamenti condivisi da studenti a case ammobiliate. Tra le agenzie da contattare segnaliamo:

Erste Mitwohnzentrale (cartina p354; ☎ 324 3031; www.mitwohn.com; Sybelstrasse 53, Charlottenburg; U-Bahn Adenauerplatz)

HomeCompany (cartina p354; ☎ 194 45; www.homecompany.de; Joachimstaler Strasse 17, Charlottenburg; U-Bahn Kurfürstendamm)

Wohnagentur am Mehringdamm (cartina pp348-9; ☎ 786 2003; www.wohnung-berlin.de; Mehringdamm 66, Kreuzberg; U-Bahn Mehringdamm)

MITTE

Mitte è la scelta più ovvia per chi voglia pernottare a poca distanza dai principali monumenti di Berlino e dalla sua vivace vita notturna. Nessun altro distretto vanta una tale concentrazione di alberghi nuovi o riattati. Quelli appartenenti alle catene internazionali di lusso si trovano in Gendarmenmarkt o nei dintorni, mentre gli alberghi più piccoli e gli art hotel sorgono a nord di Unter den Linden, in particolare nello Scheunenviertel e nelle vicinanze.

ALEXANDER PLAZA BERLIN

Cartina pp344-5   *Albergo*
☎ 240 010; www.alexander-plaza.com; Rosenstrasse 1; singole €140-195, doppie €150-205; S-Bahn Hackescher Markt

In questo albergo elegante della fine del XIX secolo il glamour è perfettamente integrato con i comfort del nuovo millennio. Sorge in una tranquilla strada laterale vicino alle principali attrazioni turistiche. L'eleganza e l'efficienza si riflettono nelle camere, che presentano poltrone Vitra, lampade Tolomeo e un insieme di toni freschi e brillanti. Il ristorante Wintergarten, nel cortile centrale, serve prima colazione e cena.

ANDECHSER HOF

Cartina pp344-5 *Albergo*

☎ 2809 7844; www.andechserhof.de; Ackerstrasse 155; singole €55-70, doppie €70-90; U-Bahn Rosenthaler Platz

I giovani proprietari stanno facendo del loro meglio per trasformare questo piccolo albergo in un'oasi di charme. Le camere, dislocate in due edifici collegati da un grazioso cortile interno, ideale per la prima colazione in estate, sono suddivise in tre categorie di comfort. Le stanze più graziose sono quelle sul retro, con bagni nuovissimi e arredo in stile country. C'è anche un buon ristorante (v. Restaurant Kürbis, p172). Gay-friendly.

ARTIST RIVERSIDE HOTEL

Cartina p350 *Albergo*

☎ 284 900; www.great-hotel.de; Friedrichstrasse 106; singole €70-100, doppie €100-160, suite €200-280; U/S-Bahn Friedrichstrasse

Oggetti trovati nei mercatini delle pulci, kitsch tipico dell'ex DDR e locandine di film decorano la piacevole hall che, come alcune delle 40 camere, offre un'ampia veduta sulla Sprea. Molto romantiche sono le enormi 'suite termali' di lusso (complete di materasso ad acqua e vasca con idromassaggio) e ordinate la prima colazione con champagne in camera (€19). Si trova a poca distanza a piedi da teatri, boutique, ristoranti e monumenti. Gay-friendly.

ART'OTEL BERLIN MITTE

Cartina p350 *Albergo*

☎ 240 620; www.artotels.de; Wallstrasse 70-73; singole €130-180, doppie €160-210; U-Bahn Märkisches Museum

In posizione dominante sul Porto Storico, sulla punta meridionale dell'Isola dei Musei, questo splendido albergo alla moda combina in maniera armonica un'ala ultramoderna con una residenza di città rococò attraverso un atrio di

Lampada nella hall dell'Artist Riverside Hotel

grande suggestione architettonica (oggi la sala della prima colazione e ristorante). Offre delle vere chicche per gli appassionati di design e dell'arte di Georg Baselitz, le cui opere originali decorano hall, sale comuni e camere. Ben disposti verso i gay e senza barriere architettoniche per molti disabili.

BOARDING HOUSE MITTE

Cartina p350 *Appartamenti in residence*

☎ 2838 8488; www.boardinghouse-mitte.com; Mulackstrasse 1; appartamenti con 1/2 camere a partire da €120/135; U-Bahn Weinmeisterstrasse, Rosa-Luxemburg-Platz

Non sentirete la mancanza dei comfort di casa in questi ariosi appartamenti con la cucina attrezzata, il bagno spazioso, il telefono con linea esterna diretta, il videoregistratore e il lettore CD. Le unità a due livelli offrono vedute meravigliose sui tetti dello Scheunenviertel. I prezzi scendono per i soggiorni superiori ai quattro giorni. Gay-friendly.

DIETRICH-BONHOEFFER-HAUS

Cartina p350 *Albergo*

☎ 284 670; www.hotel-dbh.de; Ziegelstrasse 30; singole €85-115, doppie €125-150; U/S-Bahn Friedrichstrasse, Oranienburger Tor

Ribattezzato con il nome del teologo tedesco assassinato dai nazisti, questo albergo affiliato

I top five tra gli alberghi con vista

- Hotel Adlon Kempinski (p247)
- Dorint Am Gendarmenmarkt (p247)
- Grand Hotel Esplanade (p250)
- Grand Hyatt (p250)
- Park Inn Berlin-Alexanderplatz (p249)

Pernottamento – Mitte

alla chiesa, dove sono ben accolti ospiti di ogni religione, offre una posizione centrale, un'atmosfera accogliente e camere moderne e spaziose piacevolmente arredate. Nel dicembre del 1989 si tenne qui la tavola rotonda che preparò il terreno per le prime elezioni libere della DDR, che avrebbero portato alla riunificazione.

DORINT AM GENDARMENMARKT

Cartina p350 *Albergo*

☎ 203 750; www.dorint.de; Charlottenstrasse 50-52; singole €222-272, doppie €274-324; U-Bahn Französische Strasse

Questo piccolo albergo (ha meno di 100 stanze) emana il fascino di un 'hotel de charme', pur offrendo tutti i servizi di un grande 'hotel de luxe'. Tra gli extra, ad esempio, ricordiamo l'e-mail vocale e un centro termale con bagno turco, sauna e sale per la cromoterapia. Per una veduta panoramica indimenticabile richiedete una camera in uno dei piani superiori che si affacciano su Gendarmenmarkt. Questo albergo è attrezzato per accogliere ospiti disabili.

FRAUENHOTEL INTERMEZZO

Cartina p350 *Hotel-Pension*

☎ 2248 9096; www.hotelintermezzo.de; Gertrud-Kolmar-Strasse 5; singole €45, doppie €70-80, prima colazione €5,50; U-Bahn Potsdamer Platz, Mohrenstrasse

Gestito da tre giovani signore, questo albergo per sole donne si trova a breve distanza da Potsdamer Platz e Unter den Linden. Le camere sono spaziose e presentano un look lineare in stile scandinavo, in gran parte con doccia privata ma servizi igienici in comune. Sono disponibili anche triple e quadruple. Accettano i ragazzi fino ai 13 anni.

HONIGMOND GARDEN HOTEL

Cartina pp344-5 *Albergo*

☎ 2844 5577; www.honigmond-berlin.de; Invalidenstrasse 122; singole €89-109, doppie €109-159; U-Bahn Zinnowitzer Strasse

Non vi preoccupate della posizione apparentemente poco invitante, lungo un'arteria trafficata: questo albergo, in un edificio del 1845 ben restaurato, è semplicemente incantevole. Le camere sono graziose, alcune con mobili selezionati, stucchi al soffitto, letto a baldacchino e pavimenti in legno lucidato. Le stanze più romantiche sono affacciate sull'ampio giardino, una vera isola di tranquillità, con una vasca con i pesci rossi, una fontana e alberi secolari.

HOTEL ADLON KEMPINSKI

Cartina p350 *Albergo*

☎ 2261 1111; www.hotel-adlon.de; Unter den Linden 77; singole €300-600, doppie €350-650, prima colazione €24; S-Bahn Unter den Linden

L'Adlon è il più illustre difensore della grandiosa tradizione di Berlino. Con la sua vista sulla Brandenburger Tor, il sontuoso ambiente 'storico' sapientemente ricostruito e il servizio impeccabile, questo albergo di gran lusso non lascia alcun desiderio insoddisfatto. Le camere sono predisposte anche per apparecchi americani a 110V. Avrete anche buone probabilità di incontrare personaggi famosi. Senza barriere architettoniche.

Hotel Adlon Kempinski

HOTEL GARNI GENDARM

Cartina p350 *Meublé*

☎ 206 0660; www.hotel-gendarm-berlin.de; Charlottenstrasse 61; singole €99-199, doppie €119-199; U-Bahn Stadtmitte

Piccolo albergo nel cuore della Mitte più chic, ma a prezzi sorprendentemente modesti. Con la bella facciata bianca e l'ingresso monumentale, l'edificio si armonizza perfettamente con il quartiere storico che lo circonda ma è, in realtà, completamente nuovo. I motivi a tinte blu, bianche e gialle offrono un ambiente fresco e riposante nelle camere, mentre le suite a due stanze con cucina sono ottime per le famiglie.

HOTEL HACKESCHER MARKT

Cartina p350 *Albergo*

☎ 280 030; www.hackescher-markt.com; Grosse Präsidentenstrasse 8; singole €105-155, doppie €140-205, prima colazione €15; S-Bahn Hackescher Markt

Nonostante la facciata dall'apparenza storica, questo elegante albergo in invidiabile posizione centrale, in realtà risale a pochi anni fa. Offre camere di classe in stile country inglese con alcuni comfort particolari, come i pavimenti del bagno riscaldati: richiedetene una che si affacci sull'incantevole cortile centrale, protetto dal rumore esterno. Gay-friendly.

HOTEL HONIGMOND

Cartina pp344-5 *Albergo*
☎ 284 4550; www.honigmond berlin.de; Tieckstrasse 12; singole €45-70, doppie €90-145, doppie con servizi in comune €65-85, prima colazione non inclusa; U-Bahn Oranienburger Tor

Pensione al primo piano che ottiene un bel '10' nella nostra pagella dello charme. I conigli scorrazzano in giardino, il ristorante al piano inferiore è uno dei più apprezzati della zona e le camere sono state ammodernate con cura e riportate alla loro gloria degli inizi del XX secolo.

Ci sono addirittura alcuni sorprendenti tocchi di lusso, come biancheria da letto in lino di Paloma Picasso.

HOTEL KASTANIENHOF

Cartina pp344-5 *Albergo*
☎ 443 050; www.hotel-kastanienhof-berlin.de; Kastanienallee 65; singole €73-128, doppie €88-113, suite €118-128; U-Bahn Eberswalder Strasse, Rosenthaler Platz

Troverete personale sorridente e gentile in questo albergo piuttosto popolare, in posizione comoda per esplorare a piedi sia Mitte sia Prenzlauer Berg. La maggior parte delle camere è avvolta in un fascino d'altri tempi ed è sufficientemente spaziosa per disporre di una scrivania o di una piccola zona soggiorno. Chi avesse bisogno di uno spazio più grande potrebbe prenotare una delle convenienti suite o un appartamento.

HOTEL KUBRAT

Cartina pp348-9 *Albergo*
☎ 201 1054; www.hotel-kubrat.de; Leipziger Strasse 21; singole €82-112, doppie €95-128; U-Bahn Stadtmitte

Può darsi che questo albergo abbia un aspetto irrimediabilmente legato al decennio della disco music, ma le camere sono abbastanza spaziose e il personale in genere è cortese. Le più grandi (per esempio la n. 405) hanno una zona soggiorno, una scrivania e il bagno privato.

Ovviamente le gradirete ancora di più se apprezzate i mobili bianchi e i copriletto di satin rosa. Il Checkpoint Charlie e lo shopping alla moda di Friedrichstrasse si trovano nelle vicinanze.

HOTEL PRINZALBERT

Cartina pp344-5 *Albergo*
☎ 590 029 420; www.prinzalbert-berlin.de; Veteranenstrasse 10; singole €60-70, doppie €80-100; U-Bahn Rosenthaler Platz

Pur essendo solo un piccolo alloggio sopra un elegante caffè-ristorante-bar, il Prinzalbert ha molto da offrire. Si trova poco distante dalla vivace vita notturna e guarda sul grazioso Weinbergpark, l'ideale per una passeggiata di prima mattina. Le camere pulitissime hanno un look moderno minimalista sottolineato da letti su soppalco, divani in pelle e finestre a tutta parete (la n. 2 e la n. 6 hanno vista sul parco). Gay-friendly.

KÜNSTLERHEIM LUISE

Cartina p350 *Albergo*
☎ 284 480; www.kuenstlerheim-luise.de; Luisenstrasse 19; singole €82-95, doppie €121-139, prima colazione €7; U/S-Bahn Friedrichstrasse

Qualcuno ha definito questo posto unico 'una galleria d'arte con camere'. In effetti potrete dormire in un letto ideato per un gigante (camera n. 107), in compagnia di tute da astronauta (n. 310) o all'interno di un libro di fumetti (n. 306).

Pension Mitart, camera doppia

Ogni camera di questo albergo riflette la visione di un artista diverso, addirittura nella scelta della biancheria da bagno. Oggetti d'arte sono collocati dovunque, dalla hall alla scala fino al ristorante con la sua famosa selezione di vini. Budget limitato? Richiedete una delle camere più piccole senza bagno privato all'ultimo piano. Gay-friendly.

MARITIM PROARTE BERLIN

Cartina p350 *Albergo*
☎ 203 35; www.maritim.de; Friedrichstrasse 151; singole €149-265, doppie €168-278; U/S-Bahn Friedrichstrasse

Grazie a una drastica ristrutturazione, a una gestione accorta e a una collezione d'arte di assoluto pregio, questo albergo degli anni '70 si è completamente liberato del suo passato nella DDR e oggi è solidamente proiettato nel XXI secolo.

La grandiosa hall con il soffitto alto conduce a camere accoglienti, con bagni in marmo e arredi di design. Circa la metà delle camere è riservata ai non fumatori. Chiedete informazioni sulle offerte speciali. Gay-friendly.

PARK INN BERLIN-ALEXANDERPLATZ

Cartina p350 *Albergo*
☎ 238 90; www.parkinn.com; Alexanderplatz; singole €90-190, doppie €90-231; U/S-Bahn Alexanderplatz

Dopo una profonda trasformazione, il massiccio Forum Hotel dei tempi della DDR è rinato come Park Inn e mostra con orgoglio il suo nuovo look. È un grande complesso che offre tutti i servizi, con una esclusiva atmosfera internazionale e una struttura contemporanea vagamente ispirata all'arte asiatica. Le camere godono di una vista indimenticabile e presentano legni pregiati, folti tappeti e lavandini in granito. Tra i servizi ricreativi segnaliamo una sauna, il solarium e il casinò. Gay-friendly.

PENSION MITART

Cartina p350 *Pension*
☎ 2839 0430; mitart@t-online.de; Friedrichstrasse 127; singole €58-88, doppie €88-110; U-Bahn Oranienburger Tor

Gli appassionati di arte moderna con un budget limitato dovrebbero potrebbero soggiornare in una delle cinque belle camere in questa combinazione di pensione e galleria d'arte. Si trova al secondo piano di una tipica residenza di città del XIX secolo con soffitti alti a stucco, attentamente

riportati al loro fasto originale. I servizi sono essenziali, ma sarete circondati da oggetti d'arte e la sontuosa prima colazione biologica a buffet è davvero speciale. Gay-friendly.

TAUNUS HOTEL

Cartina p350 *Albergo*
☎ 283 5254; www.hotel-taunus.de; Monbijouplatz 1; singole €90-130, doppie €110-150; S-Bahn Hackescher Markt

Questo piccolo albergo si trova proprio nel cuore dello Scheunenviertel, in una ex fabbrica di tessuti. Le 18 camere non sono niente di speciale, ma sono pulite e alcune offrono la vista sulla Torre della televisione o sul Berliner Dom. La doccia a idromassaggio è una piacevole sorpresa. Chi ha il sonno leggero potrebbe trovare fastidioso il vicino capolinea del tram.

SE IL BUDGET È LIMITATO
CIRCUS HOSTEL WEINBERGSWEG

Cartina pp344-5 *Ostello*
☎ 2839 1433; www.circus-hostel.de; Weinbergsweg 1a; letti in camerata da 3-8 persone €15-20, singole/doppie €32/48, biancheria €2, appartamenti da 2/4 persone €75/130 con permanenza minima di 2 notti, sconti da novembre a febbraio; U-Bahn Rosenthaler Platz

Insistete per ottenere un posto letto in questo ostello, che oggi propone due ottime sedi che consentono entrambe di raggiungere facilmente i monumenti e il centro della vita notturna.

Camere pulite e dalle tinte vivaci, docce eccellenti, uso gratuito degli armadietti con lucchetto e personale disponibile e competente sono solo alcuni elementi che portano questo ostello in cima alla lista delle opzioni.

Pernottamento – Mitte

Circus Hostel Weinbergsweg

Gli appartamenti mansardati con servizi privati, cucina e terrazza con vista mozzafiato sono particolarmente convenienti. Nel caffè al piano inferiore servono prima colazione e pasti leggeri a prezzi contenuti, e il bar nel seminterrato organizza attività interessanti la sera. Facile accesso anche per le sedie a rotelle.

Il **Circus Hostel Rosa-Luxemburg-Strasse** (cartina p350; ☎ 2839 1433; Rosa-Luxemburg-Strasse 39; U-Bahn Rosa-Luxemburg-Platz) applica gli stessi prezzi con servizi simili.

HOTEL-PENSION MERKUR

Cartina pp344-5   *Hotel-Pension*

☎ 282 8297; www.hotel-merkur-berlin.de; Torstrasse 156; singole €40-78, doppie €60-96; U-Bahn Rosenthaler Platz

Il simpatico personale che gestisce questa piccola pensione, in attività sin dai tempi della DDR, sa di non avere particolari comodità da offrire, tuttavia cerca di mettere gli ospiti il più possibile a proprio agio. La prima colazione, per esempio, non è a buffet, ma viene servita al tavolo con un sorriso.

Le camere sono piccole e solamente quelle sul retro dispongono di bagno completo privato.

MITTE'S BACKPACKER HOSTEL

Cartina pp344-5   *Ostello*

☎ 2839 0965; www.baxpax.de; Chausseestrasse 102; letti in camerata €15-18, singole/doppie €30/46, doppie con bagno privato €56, sconti da novembre a marzo, tranne nei giorni festivi; U-Bahn Zinnowitzer Strasse

Ci è voluta molta immaginazione per mettere a punto il décor di questo noto ostello situato in una ex fabbrica di cappelli. Le camere migliori sono state singolarmente progettate da artisti. Si può scegliere, per esempio, tra la Camera araba, la Camera subacquea e la Suite da Luna di miele (molti cuori, ma perché manca il letto matrimoniale?). Tra gli altri elementi graditi una cucina in comune, noleggio biciclette, accesso a internet, servizio lavanderia e camerate per sole donne.

TIERGARTEN

Tiergarten, il quartiere degli uffici governativi e delle ambasciate, potrebbe riservarvi la sorpresa di farvi trovare fianco a fianco con grandi industriali, star del cinema e uomini di potere. Le sistemazioni più esclusive sono in Potsdamer Platz.

HOTEL ALTBERLIN

Cartina pp352-3   *Albergo*

☎ 260 670; info@altberlin.de; Potsdamer Strasse 67; singole €60-110, doppie €80-145; U-Bahn Kurfürstenstrasse

Se non siete dei nostalgici, vi sembreranno sorpassati i mobili in noce, le lampade in stoffa e i folti tappeti. Tuttavia, le camere sono state tutte ammodernate qualche anno fa e sono spaziose. Non è una delle strade più di tendenza, ma Potsdamer Platz e Unter den Linden si trovano a breve distanza in U-Bahn. Il ristorante dell'albergo è specializzato in cucina tedesca.

GRAND HOTEL ESPLANADE

Cartina pp352-3   *Albergo*

☎ 254 780; www.esplanade.de; Lützowufer 15; singole €250-300, doppie €295-345; U-Bahn Nollendorfplatz

Questo avamposto ultradeluxe e postmoderno, con la sua straordinaria facciata in cristallo a specchio occupa un tratto spettacolare di canale vicino al quartiere delle ambasciate e al Tiergarten Park. Interno all'avanguardia, con mobili dalle linee attuali, alcuni disegnati da Le Corbusier e Marcel Breuer. Rilassatevi dopo una intensa giornata di visite o di lavoro con un cocktail al famoso Harry's New York Bar.

GRAND HYATT

Cartina p352   *Albergo*

☎ 2553 1234; www.berlin.grand.hyatt.com; Marlene-Dietrich-Platz 2; singole €190-235, doppie €220-355; U/S-Bahn Potsdamer Platz

Nel momento stesso in cui metterete piede nella hall di ispirazione Zen dell'Hyatt vi renderete conto di come il lusso caratterizzi ogni angolo, dall'ingresso fino alla piscina e al centro termale mozzafiato sul tetto.

Nel mezzo ci sono 342 sontuose camere, tutte fornite di connessione a internet, begli oggetti d'arte e ogni comfort, tra cui pavimenti riscaldati nel bagno in marmo e fotografie in cornice del Bauhaus. Occupa un edificio del maestro spagnolo Josè Rafael Moneo. Gay-friendly.

MADISON POTSDAMER PLATZ

Cartina p352   *Albergo con suite*

☎ 590 050 000; www.madison-berlin.de; Potsdamer Strasse 3; suite €130-490; U/S-Bahn Potsdamer Platz

È meraviglioso soggiornare in questo albergo super deluxe che sorge in una posizione straordinaria proprio in Potsdamer Platz. Sono disponibili sei tipi di suite, da 40 a 110 mq, tutte dotate del massimo comfort e studiate anche per chi abbia particolari esigenze di lavoro (dovete firmare un importante contratto?). Gay-friendly.

SORAT HOTEL SPREE-BOGEN

Cartina pp342-3   *Albergo*
☎ 399 200; www.sorat-hotels.de/spree-bogen; Alt-Moabit 99; singole €128-230, doppie €170-260; U-Bahn Turmstrasse

Albergo di classe che occupa un ex caseificio sotto tutela delle Belle Arti e combina l'eleganza postmoderna con l'architettura industriale dei prima anni del XX secolo. Sorge lungo un tratto stupendo della Sprea e offre ogni tipo di servizi. Le camere risplendono per arredi di design e gadget hi-tech; le più graziose godono di vista sul fiume.

CHARLOTTENBURG

Forse non sarà più il distretto trendy di una volta, ma troverete in generale un miglior rapporto qualità-prezzo e una più ampia scelta nella fascia media di prezzo a Charlottenburg che in qualsiasi altro distretto cittadino. Qui, in graziose residenze della fine del XIX secolo, sorgono le tradizionali pensioni 'Vecchia Berlino' accanto a lussuosi templi del design apprezzati dal jet set internazionale.

L'ottimo sistema di trasporti pubblici vi consente di raggiungere facilmente ogni luogo di interesse turistico.

CHARLOTTENBURGER HOF

Cartina p354   *Albergo*
☎ 329 070; www.charlottenburger-hof.de; Stuttgarter Platz 14; singole €50-95, doppie €60-150, prima colazione €6; U-Bahn Wilmersdorfer Strasse

Dietro una facciata anonima si cela questo albergo per giovani che potrebbe essere stato progettato da Mondrian. Le tinte brillanti blu, rosse e gialle vi metteranno senza dubbio di buon umore. Le camere sono per lo più spartane, fatta eccezione per il PC a schermo piatto con libero accesso a internet. Con qualche euro in più si può avere la vasca a idromassaggio o un cucinino. Gay-friendly.

CONCEPT HOTEL

Cartina p354   *Albergo*
☎ 884 260; www.concept-hotel.com; Grolmanstrasse 41/43; singole €70-180, doppie €100-180; U-Bahn Uhlandstrasse

Un albergo, due edifici. Le camere dell'ala principale sono piuttosto datate, mentre quelle della struttura riattata e moderna offrono aria condizionata e portali d'accesso dati. Se aveste bisogno di una sosta tra una visita e l'altra potreste prendere un po' di sole sulla terrazza sul tetto oppure, in assenza di sole, fare visita alla sauna e al solarium (€8).

HECKER'S HOTEL

Cartina p354   *Albergo*
☎ 889 00; www.heckers-hotel.de; Grolmanstrasse 35; singole €125-210, doppie €150-220, suite €350-485, prima colazione €15; U-Bahn Uhlandstrasse

Vicinissimo a Ku'damm, questo 'hotel de charme' risplende di classe senza ostentazione e ha un libro degli ospiti che vanta le firme di artisti, attori e *addirittura* persone di buon gusto. Il bar nella hall si ispira all'art déco (e funge anche da sala per la prima colazione) e dà accesso a camere spaziose ed eleganti, alcune con servizi igienici privati. Le doppie deluxe sono adatte alle famiglie, mentre le tre suite a tema (l'elegante

Suite Bauhaus, Hecker's Hotel

Pernottamento – Charlottenburg

Bauhaus, l'intima Tuscany e l'esotica Colonial) sono all'avanguardia per lusso e gadget hi-tech, compresa TV in bagno.

HOTEL ASKANISCHER HOF

Cartina p354   *Albergo*
☎ 881 8033; www.askanischer-hof.de;
Kurfürstendamm 53; singole €95-110, doppie €117-145;
U-Bahn Adenauerplatz

Pesanti porte scolpite danno accesso a camere piuttosto spaziose, arredate in nostalgico stile anni '20. È un mondo di mobili antichi eclettici, tendaggi, lampadari e tappeti orientali insieme alla solita gamma dei più moderni comfort. Fotografie incorniciate di attori tedeschi di un tempo aggiungono un ulteriore tocco di fascino. Alcune camere sono riservate ai non fumatori. Gay-friendly.

HOTEL BLEIBTREU BERLIN

Cartina p354   *Albergo*
☎ 884 740; www.bleibtreu.com; Bleibtreustrasse 31; singole €157-237, doppie €182-262; U-Bahn Uhlandstrasse

In una graziosa strada laterale di Ku'damm, il Bleibtreu sfoggia una spigolosa atmosfera cittadina temperata dal calore del design italiano e dei materiali naturali. Le camere sono piccole ma hanno stile e presentano un originale sistema di illuminazione che può essere controllato a distanza. Ciascun piano ha una sua particolare tonalità e atmosfera. All'interno ci sono anche un negozio di fiori, una gastronomia e un ristorante.

HOTEL BOGOTA

Cartina p354   *Albergo*
☎ 881 5001; www.hotelbogota.de; Schlüterstrasse 45; singole/doppie €72/98, singole/doppie con servizi in comune €44/69; U-Bahn Uhlandstrasse

Situato in un edificio dei primi del Novecento, questo albergo è piuttosto economico e silenzioso. Le camere sono dislocate su quattro piani disposti intorno a un cortile spesso inondato di musica.

Dimensioni e comfort variano molto, perciò fatevi mostrare la camera prima di decidere. Le aree comuni consentono di fare la conoscenza con altri viaggiatori. Visitate anche la sala al quarto piano, un tempo studio di YVA, famoso fotografo di moda degli anni '30 e mentore di Helmut Newton. I bambini alloggiano gratis in camera con i genitori. Gay-friendly.

HOTEL CALIFORNIA GARNI

Cartina p354   *Albergo*
☎ 880 120; www.hotel-california.de; Kurfürstendamm 35; singole €99-170, doppie €119-180; U-Bahn Uhlandstrasse

Palme, arredi particolari e un arcobaleno di colori contribuiscono a ricreare un'allegra atmosfera da west coast. Gli amanti dello shopping potranno curiosare fra le numerose boutique e i centri commerciali nelle vicinanze, e ottimi ristoranti e teatri sono facilmente raggiungibili a piedi. Gay-friendly.

HOTEL GATES

Cartina p354   *Albergo*
☎ 311 060; www.hotel-gates.com; Knesebeckstrasse 8-9; singole €95-210, doppie €120-250, prima colazione €10; U-Bahn Ernst-Reuter-Platz

Un posto molto apprezzato dagli appassionati di internet. I prezzi comprendono accesso veloce illimitato dal PC a schermo piatto in dotazione in ogni camera. Le dimensioni delle camere variano ma sono tutte confortevoli anche se un po' troppo funzionali. Nella sua precedente versione, con il nome di Hotel Windsor, star della portata di Marlon Brando e Claudia Cardinale erano solite soggiornare qui. Gay-friendly.

HOTEL MEINEKE ARTE

Cartina p354   *Albergo*
☎ 889 2120; www.hotel-meineke-berlin.de;
Meinekestrasse 10; singole/doppie €92/140; U-Bahn Kurfürstendamm, Uhlandstrasse

Le opere dell'artista austriaco Günter Edlinger, oli astratti e paesaggi pastorali, aggiungono una macchia di colore alle camere e ai corridoi di questo albergo di 60 camere. Tra i comfort segnaliamo la TV via satellite, telefono con accesso diretto all'esterno, connessioni a internet e bagni completi. È proibito fumare nei due piani superiori.

HOTEL-PENSION ART NOUVEAU

Cartina p354   *Hotel-Pension*
☎ 327 7440; www.hotelartnouveau.de; Leibnizstrasse 59; singole/doppie/suite €95/110/160; U-Bahn Adenauerplatz

Un traballante ascensore in ferro battuto conduce al quarto piano, dove si trova una delle pensioni migliori di Berlino, con un mix unico di tradizione e atmosfera giovanile. Gli affabili proprietari (entrambi parlano un inglese fluente) hanno utilizzato in maniera originale i colori e arredato ogni camera (tutte per non fumatori) con oggetti antichi selezionati e letti favolosi. Altri punti di forza: la luminosa sala della prima colazione e il bar.

HOTEL-PENSION AUGUSTA

Cartina p354   *Hotel-Pension*
☎ 883 5028; www.hotel-augusta.de;
Fasanenstrasse 22; singole €65-95, doppie €95-175; U-Bahn Uhlandstrasse

Sull'esclusiva Fasanenstrasse, l'Augusta è una gradevole combinazione di classe e comfort. Le camere sono state sottoposte a un rigoroso lifting e oggi risplendono di colori vivaci, con un arredo che va dal romantico al moderno. Alcune hanno il balcone, e un piano è riservato ai non fumatori. Chiedete informazioni sulle nuovissime suite.

HOTEL-PENSION DITTBERNER

Cartina p354   *Hotel-Pension*
☎ 884 6950; www.hotel-dittberner.de; Wielandstrasse
26; singole €67-87, doppie €93-118; U-Bahn Adenauerplatz

Non è difficile rimanere incantati da questa elegante pensione, situata al terzo piano, e dalla sua amabile proprietaria, Frau Lange, che gestisce il locale dal 1958. Gli alti soffitti, oltre a tappeti e a moltissimi oggetti artistici originali, diffondono una genuina atmosfera da 'Vecchia Berlino'. Anche salire i tre piani a bordo di un malandato ascensore in legno e ottone pare un autentico 'viaggio'.

HOTEL-PENSION FISCHER

Cartina p354   *Hotel-Pension*
☎ 2191 5566; www.hotel-pension-fischer.de;
Nürnberger Strasse 24a; singole €60-90, doppie €80-125; U-Bahn Augsburger Strasse

I proprietari si sono dati molto da fare per abbellire questo posto, con arredi e decori del nuovo millennio. Sette delle 10 camere hanno ora doccia e servizi igienici privati. Le camere con servizi in comune costano da €20 a €30 in meno rispetto alle altre.

HOTEL-PENSION FUNK

Cartina p354   *Hotel-Pension*
☎ 882 7193; www.hotel-pensionfunk.de;
Fasanenstrasse 69; singole €34-82, doppie €52-112; U-Bahn Uhlandstrasse, Kurfürstendamm

Soffitti decorati a stucco, finestre art nouveau, carta da parati vecchio stile e mobili anni '20 sono alcuni degli autentici elementi rétro di questa romantica pensione che occupa i locali di quella che fu la casa della diva danese del muto Asta Nielsen (1881-1972). Le camere più economiche dispongono di servizi in comune. Questo posto offre un ottimo rapporto qualità-prezzo e, essendo molto conosciuto, richiede una prenotazione con largo anticipo.

HOTEL-PENSION IMPERATOR

Cartina p354   *Hotel-Pension*
☎ 881 4181; Meinekestrasse 5; singole €40-70, doppie
€60-105; U-Bahn Kurfürstendamm

Questa curiosa pensione, al secondo piano, si trova a due passi da Ku'damm, nello stesso edificio che ospita l'ambasciata di Haiti, e ha una hall incredibilmente graziosa e risplendente di stucchi dorati e marmi. Le sue 11 camere spaziose accostano in maniera gradevole mobili antichi e moderni e si dice vi soggiornino attori, musicisti e altri personaggi del mondo dell'arte e dello spettacolo. Le camere più economiche dispongono di servizi in comune.

HOTEL-PENSION NÜRNBERGER ECK

Cartina p354   *Hotel-Pension*
☎ 235 1780; www.nuernberger-eck.de; Nürnberger
Strasse 24a; singole/doppie €60/92, singole/doppie con bagno in comune €45/70; U-Bahn Augsburger Strasse

Pension Kettler (p255)

Se volete rivivere l'atmosfera degli anni '20, alloggiate in questa minuscola pensione al primo piano, che era già in attività negli anni ruggenti del jazz e del cabaret. Le otto camere offrono comfort moderni, ma con accessori e arredi d'epoca accostati con buon gusto. Pregevoli opere d'arte originali, alcune donate da ospiti che hanno soggiornato qui, decorano le zone comuni. Tre camere hanno il bagno in comune.

SE IL BUDGET È LIMITATO

A&O HOSTEL AM ZOO

Cartina p354 *Ostello*

☎ 297 7810, numero verde 0800-222 5722; www.aohostel.com; Joachimstaler Strasse 1-3; letti in camerata con bagno €20-24, letti in camerata con bagno in comune €15-17, prima colazione €4, singole/doppie con bagno privato e prima colazione €70/72, sconti da novembre a febbraio; U/S-Bahn Zoologischer Garten

Di fronte alla stazione Zoo, questo ostello nuovo è un posto dall'atmosfera internazionale e conviviale, con una grande sala comune e un bar divertente immediatamente accanto ai binari del treno: qui i party sono assicurati. Camerate e camere sono luminose, con pavimenti lineari in laminato, letti in metallo e ampi armadietti con lucchetto.

Presente anche a **Friedrichshain** (cartina pp340-1; ☎ 2977 8114; Boxhagener Strasse 73; S-Bahn Ostkreuz) e **nella zona meridionale di Mitte** (cartina pp348-9; ☎ 2977 8115; Köpenicker Strasse 127-129; S-Bahn Ostbahnhof).

HERBERGE GROSSE

Cartina pp352-3 *Pension*

☎ 324 8138; www.herbergegrosse.de; Kantstrasse 71, quarto piano; singole €50-75, doppie €60-83, €12 di sovrapprezzo per pernottamento di una sola notte, prima colazione €8; U-Bahn Wilmersdorfer Strasse

Con sole tre camere, questo posto non si può certo definire *gross* (grande), ma la sua gamma di comfort sicuramente fa concorrenza a molti grandi alberghi: TV via cavo, videoregistratore, telefono con linea esterna diretta, uso gratuito di PC e internet, accappatoi – e tutto ciò solo per iniziare.

Cucina in comune, lavanderia, noleggio biciclette, trasporto gratuito da e per aeroporti e stazioni ferroviarie, mostre d'arte … vi siete fatti un'idea? Gay-friendly.

HOTEL-PENSION CASTELL

Cartina p354 *Hotel-Pension*

☎ 882 7181; www.hotel-castell.de; Wielandstrasse 24; singole €50-80, doppie €60-95; U-Bahn Adenauer Platz

La maggior parte delle camere presenta arredi semplici e lineari decisamente vecchiotti, ma tutto è pulito e ogni camera dispone di doccia e servizi igienici privati. Se cercate un ambiente con molta personalità richiedete la camera con la bella finestra art nouveau. Si trova in una graziosa strada residenziale, non lontano da Ku'damm e dai ristoranti di Pariser Strasse.

HOTEL-PENSION KORFU II

Cartina p354 *Hotel-Pension*

☎ 212 4790; www.hp-korfu.de; Rankestrasse 35; singole €53-79, doppie €67-99, singole/doppie con bagno in comune €33/47, prima colazione €6; U-Bahn Kurfürstendamm

Di fronte alla Gedächtniskirche, propone ottime sistemazioni comode per esplorare la città. Le camere dai colori luminosi e con moquette vantano alti soffitti, mobili in stile scandinavo e maggiori comfort di quanti ci si potrebbe aspettare rispetto al prezzo, come TV via cavo, telefono, asciugacapelli e cassaforte in camera. Ci sono anche alcune camere più semplici con bagno in comune. Uso gratuito di internet per gli ospiti.

HOTEL-PENSION MAJESTY

Cartina p354 *Hotel-Pension*

☎ 323 2061; Mommsenstrasse 55; singole/doppie €40/50, con doccia privata €55/85; S-Bahn Savignyplatz

Da un nome altisonante e un indirizzo prestigioso potreste aspettarvi quanto meno un ambiente sofisticato.

In effetti non è proprio così. I viaggiatori attenti al portafoglio, però, potrebbero apprezzare le camere spaziose, alcune con balcone, e il cortese proprietario Michael Herzog. Le camere sono dotate di telefono e alcune dispongono di doccia.

I top five tra gli art hotel

- **Artist Riverside Hotel** (p246)
- **Art'otel Berlin Mitte** (p246)
- **Künstlerheim Luise** (p248)
- **Pension mitArt** (p249)
- **Propeller Island City Lodge** (p255)

PENSION KETTLER

Cartina p354 *Pension*

☎ 883 4949; Bleibtreustrasse 19; singole €50-75, doppie €60-90; U-Bahn Uhlandstrasse

Se volete entrare in contatto con il vero carattere bizzarro di Berlino, questo piccolo B&B è il posto giusto. La sua proprietaria, Isolde Josipovici, ha creato un rifugio di altri tempi che vi riporterà indietro di un secolo. Nella camera da noi preferita, con il grandioso letto a slitta e la carta da parati a motivi rosa, aleggia il fascino sexy da boudoir. Oggetti e opere d'arte originali sono sparsi in tutta la pensione. La 'caratteristica' più memorabile del posto, però, è la stessa Frau Josipovici. Ex modella, oggi opera instancabile per tutelare le fontane di Berlino ed è famosa come la *Brunnenfee* (fata delle fontane) della città.

WILMERSDORF

Wilmersdorf, immediatamente a sud di Charlottenburg, è un quartiere un po' sonnolento, con poche attrattive, ma è tranquillo, grazioso e ragionevolmente vicino a molti luoghi di interesse turistico. Qui, inoltre, sorge il più 'in' tra gli 'art hotel' sempre più numerosi a Berlino, il Propeller Island City Lodge.

ALSTERHOF BERLIN

Cartina p354 *Albergo*

☎ 212 420; www.alsterhof.com; Augsburger Strasse 5; singole €85-230, doppie €100-250; U-Bahn Augsburger Strasse, Wittenbergplatz

Si tratta di un albergo moderno dotato di molti comfort. Troverete i soliti servizi da grande albergo, ma il moderno 'wellness centre', con le sue attrezzature d'avanguardia, una sauna magnifica (con installazioni di suoni e luci) e il bagno turco aromatico, merita una menzione speciale (€13 al giorno). Gay-friendly.

ART'OTEL CITY CENTER WEST

Cartina p354 *Albergo*

☎ 887 7770; www.artotels.de; Lietzenburger Strasse 85; singole €130-210, doppie €160-240; U-Bahn Adenauerplatz, Uhlandstrasse

Una sistemazione chic che rende omaggio al padre della pop art, Andy Warhol. Oltre 200 opere originali trasformano hall, lounge e camere in una vera galleria d'arte. Il bar è l'ideale per il 'bicchiere della staffa' prima di abbandonarsi ai comfort delle camere ultramoderne

con letti in pelle bianca, lampade di design e qualche macchia di colore rappresentata da una poltrona rosso vivo.

BRANDENBURGER HOF

Cartina p354 *Albergo*

☎ 214 050; www.brandenburger-hof.com; Eislebener Strasse 14; singole €165-285, doppie €240-320; U-Bahn Augsburger Strasse

In uno straordinario insieme di alchimie architettoniche, questo albergo combina armoniosamente una residenza di città del XIX secolo con la spigolosità del 'nuovo oggettivismo' degli anni '20. Dalle camere eleganti al sontuoso centro termale, fino al giardino Zen e all'ottimo ristorante, che ha meritato la stella Michelin, è tutto perfettamente orchestrato. Gay-friendly.

FRAUENHOTEL ARTEMISIA

Cartina p354 *Albergo*

☎ 873 8905; www.frauenhotel-berlin.de; Brandenburgische Strasse 18; singole €59-79, doppie €82-115; U-Bahn Konstanzer Strasse

Dal nome di un'artista italiana del XVI secolo, questo elegante e tranquillo rifugio solo per donne presenta camere personalizzate con mobili moderni, oggetti d'arte e tessuti solari a colori sgargianti. Le camere, salvo due, hanno tutte il bagno privato. La terrazza sul tetto è meravigliosa per la prima colazione, per prendere il sole e per incontrare, come nel bar e nella galleria d'arte, altre ospiti. Gay-friendly.

HOTEL-PENSION WITTELSBACH

Cartina p354 *Hotel-Pension*

☎ 864 9840; www.hotel-pension-wittelsbach. de; Wittelsbacherstrasse 22; singole €66-92, doppie €92-128, suite €140-170, camere per famiglie €80-130; U-Bahn Konstanzer Strasse

In questo albergo c'è un intero piano progettato per accogliere bambini. Le camere hanno una zona gioco a tema (il fortino, il castello medievale, Biancaneve) e i piccoli dormono in letti a forma di Porsche o di Barbie. Alcune camere sono un po' pacchiane, ma i bambini le adorano. Sono disponibili babysitter a €8 all'ora. Gli altri piani offrono sistemazioni più tradizionali.

PROPELLER ISLAND CITY LODGE

Cartina p354 *Guesthouse*

☎ 891 9016 (8-12), 0163-256 5909 (12-20); www. propeller-island.de; Albrecht-Achilles-Strasse 58; singole/doppie €65-110, prima colazione €7; U-Bahn Adenauerplatz

Propeller Island City Lodge

Il più eccentrico degli alberghi di Berlino è stato progettato dall'artista e musicista Lars Stroschen, che ha ideato e realizzato a mano ogni mobile e accessorio delle 30 camere. Il risultato è una serie di ambienti unici, perfetti per chi abbia una spiccata immaginazione e un gran senso dell'avventura.

Che dire di una notte nel 'Letto volante' con pareti inclinate e un letto che apparentemente fluttua al di sopra del pavimento? Oppure nella camera chiamata 'Galleria', con un letto rotante dominato da un soppalco? Non vi aspettate i soliti comfort: non si tratta di un albergo convenzionale, bensì di un'opera d'arte. Gay-friendly.

SE IL BUDGET È LIMITATO
HOTEL-PENSION MÜNCHEN

Cartina pp352-3   *Hotel-Pension*
☎ 857 9120; www.hotel-pension-muenchen-in-berlin. de; Güntzelstrasse 62; singole €40-70, doppie €70-80, appartamento €75-105; U-Bahn Güntzelstrasse

Pensioncina tranquilla di proprietà dell'artista Renate Prasse, della quale si possono ammirare i dipinti, i disegni e le sculture nella zona dell'ingresso e nelle camere.

I mobili sono piuttosto ordinari, ma i comfort, come per esempio bagno privato, TV via cavo e telefono, sono una gradita sorpresa. Da segnalare infine la cortesia della graziosa ospite.

SCHÖNEBERG

La scelta degli alloggi è piuttosto modesta in questa area deliziosa ma prevalentemente residenziale. È un peccato, perché questo distretto è vicino alle più popolari zone della vita notturna e degli acquisti ed è estremamente ben servito dai mezzi di trasporto pubblici.

HOTEL AIR IN BERLIN

Cartina p354   *Albergo*
☎ 212 9920; www.hotelairinberlin.de; Ansbacher Strasse 6; singole €70-125, doppie €85-150; U-Bahn Wittenbergplatz

Questo albergo è un punto di riferimento per gli uomini d'affari in visita a Berlino. Le camere, benché confortevoli e ben equipaggiate, sono arredate in maniera un po' sommaria e anonima. Più curati sono gli appartamenti per famiglie, in cui possono alloggiare fino a otto persone. Gay-friendly.

HOTEL ARTIM Cartina pp352-3   *Albergo*

☎ 210 0250; www.hotel-artim.de; Fuggerstrasse 20; singole/doppie/suite €75/95/149; U-Bahn Wittenbergplatz

In posizione comoda tra la zona dello shopping di Charlottenburg e la vita notturna di Schöneberg, il recente Artim ha belle camere spaziose, quasi tutte decorate a sfumature tenui. Frequentato da comitive turistiche e famiglie che apprezzano le convenienti suite in cui possono alloggiare fino a cinque persone. Ben disposti verso i gay e di facile accesso ai disabili in sedia a rotelle.

HOTEL-PENSION DELTA

Cartina pp352-3   *Hotel-Pension*
☎ 7809 6480; www.cca-hotels.de; Belziger Strasse 1; singole €65-89, doppie €89-109; U-Bahn Kleistpark

Questo bell'albergo in un edificio art nouveau non si trova forse nella parte più trendy della città, ma è vicino a molti ristorantini, negozi interessanti e alla U-Bahn. Le camere hanno soffitti alti, letti confortevoli e piccole scrivanie. La prima colazione a buffet è così generosa che vi sazierà fino all'ora di cena.

SE IL BUDGET È LIMITATO
ENJOY BED & BREAKFAST

Cartina pp352-3   *B&B*
☎ 2362 3610; www.ebab.de; Bülowstrasse 106; ☺ prenotazioni 16.30-21.30; singole €20-30, doppie €35-50; U-Bahn Nollendorfplatz

Questo servizio di riferimento per camere private si rivolge specificamente agli omosessuali. È affiliato al centro informazioni Mann-O-Meter. Consultate il sito per ogni informazione.

KREUZBERG

Kreuzberg è un distretto ottimo per alloggiare, soprattutto verso la metà occidentale intorno al Viktoriapark. Per qualche ragione a noi sconosciuta, però, qui non si trova nessuno dei nuovi alberghi che vanno aumentando di numero in città, ma ci sono solo alcune sistemazioni datate ancorché affidabili.

HOTEL AM ANHALTER BAHNHOF

Cartina pp348-9   *Albergo*

☎ 251 0342; www.hotel-anhalter-bahnhof.de; Stresemannstrasse 36; singole €50-75, doppie €75-105, triple €90-125, quadruple €104-140; S-Bahn Anhalter Bahnhof

Questo albergo, non proprio nuovo, è una buona sistemazione grazie al suo personale poliglotta e disponibile e alla sua vicinanza a Potsdamer Platz e allo Jüdisches Museum. Le camere presentano vari livelli di comfort: quelle più costose, con bagno privato, sono al riparo dai rumori del traffico. Un innovativo sistema computerizzato consente di fare il check-in 24 ore su 24, 7 giorni su 7.

HOTEL RIEHMERS HOFGARTEN

Cartina pp348-9   *Albergo*

☎ 7809 8800; www.riehmers-hofgarten.de; Yorckstrasse 83; singole €98-108, doppie €123-138, prima colazione €14; U-Bahn Mehringdamm

Nel tratto più grazioso di Kreuzberg, vicino al Viktoriapark, questo intimo albergo di 20 camere fa parte di un complesso di edifici ben restaurati risalenti al 1891 ed è disposto intorno a un ussureggiante cortile interno. Le stanze sono arredate con mobili in stile classico-moderno realizzati su misura, mentre numerose opere di arte contemporanea aggiungono un tocco di colore all'insieme. Il ristorante ETA Hoffmann propone una cucina raffinata in un ambiente elegante.

SE IL BUDGET È LIMITATO

GASTHAUS DIETRICH HERZ

Cartina pp348-9   *Pension*

☎ 691 7043; Marheinekeplatz 15; singole €28-53, doppie €45-75; U-Bahn Gneisenaustrasse

Pur non presentando nessuna caratteristica particolarmente originale, questo posto ha innegabilmente una cifra propria. Si trova letteralmente sopra lo storico mercato coperto di Marheineke (munitevi di tappi per le orecchie, perché l'attività inizia intorno alle 7) e i fumi delle Schnitzel, che provengono dal ristorante affiliato al piano inferiore e possono raggiungere le finestre delle stanze. Questo è uno dei pochi posti in cui sia ancora possibile respirare l'umile ma autentica atmosfera della 'Vecchia Berlino'.

MEININGER CITY HOSTELS

Cartina pp348-9   *Ostello*

☎ 6663 6100; www.meininger12.com; Hallesches Ufer 30, Tempelhofer Ufer 10; letti in camerata €13,50, singole/doppie/triple/quadruple €49/66/78/100; U-Bahn Möckernbrücke

Questa piccola e ben gestita catena fa parte della nuova generazione di ostelli di Berlino, con camere moderne e un livello di comfort che fa concorrenza ai piccoli alberghi. Tutte le camere hanno doccia e servizi igienici privati e ci sono molte opzioni gratuite, tra cui prima colazione a buffet all-you-can-eat, parcheggio, biancheria da letto e da bagno e armadietti chiusi a chiave. L'ostello in Hallesches Ufer ha un bar e una terrazza sul tetto, ottima per rilassarsi e fare nuove conoscenze. Quello di Tempelhofer Ufer, in un vicino edificio storico, è più piccolo e tranquillo. La sede di **Schöneberg** (☎ 6663 6100; Meininger Strasse 10; U-Bahn Rathaus Schöneberg) è un po' più economica, meno centrale e frequentata soprattutto da comitive di giovani.

FRIEDRICHSHAIN

La tetra estetica della DDR differenzia Friedrichshain da Mitte e Prenzlauer Berg, trasformate in zone residenziali signorili, e la presenza di vibranti caffè e bar fa di questa zona un punto di partenza divertente e a prezzi ragionevoli. Praticamente tutti gli alberghi e gli ostelli di questo quartiere sono stati inaugurati di recente.

EAST-SIDE HOTEL

Cartina pp348-9   *Albergo*

☎ 293 833; www.eastsidehotel.de; Mühlenstrasse 6; singole €60-100, doppie €70-110; U/S-Bahn Warschauer Strasse

L'East-Side ha camere ultramoderne dalle linee minimaliste. Le singole si affacciano sulla Sprea e sulla East Side Gallery, il tratto più lungo del Muro rimasto in piedi. Le camere deluxe sono molto spaziose, con un divano e sontuosi bagni in marmo. È possibile noleggiare video e PC.

GOLD HOTEL AM WISMARPLATZ

Cartina pp348-9 *Albergo*

☎ 293 3410; www.gold-hotel-berlin.de; Weserstrasse 24; singole €53-68, doppie €73-103; U-Bahn Samariterstrasse

Le camere di questo albergo da poco rinnovate, con copriletto a fiori e mobili dalle linee industriali, sono molto confortevoli anche se non proprio da rivista di arredamento. Materassi di buona qualità e doppi vetri alle finestre sono elementi standard e i party di Friedrichshain sono vicinissimi.

HOTEL 26

Cartina pp348-9 *Albergo*

☎ 297 7780; www.hotel26.de; Grünberger Strasse 26; singole €59-69, doppie €69-79; U-Bahn Warschauer Strasse, Frankfurter Tor

Se non siete più in età da ostello ma non volete spendere troppo per l'alloggio, questo albergo piuttosto recente potrebbe corrispondere alle vostre attese. Le camere sono piuttosto spaziose e piene di luce con un look moderno, bagno privato e buoni comfort, tra cui una scrivania e connessione a internet se avete con voi il vostro portatile. Il caffè nel giardino a terrazze è molto grazioso. Gay-friendly.

NH BERLIN-ALEXANDERPLATZ

Cartina pp344-5 *Albergo*

☎ 422 6130; nhberlinalexanderplatz@nh-hotels.com; Landsberger Allee 26-32; singole €98-173, doppie €126-201; U/S-Bahn per Alexanderplatz, quindi tram 5, 6

Nonostante il nome, questo albergo in realtà sorge di fronte al Volkspark Friedrichshain, un posto grazioso per fare jogging di prima mattina. Le camere sono graziose e confortevoli, anche se un po' anonime con i soliti motivi a tinte naturali. C'è anche un centro di fitness con sauna e bagno turco.

UPSTALSBOOM HOTEL FRIEDRICHSHAIN

Cartina pp348-9 *Albergo*

☎ 293 750; www.upstalsboom-berlin.de; Gubener Strasse 42; singole €85-145, doppie €100-160; U/S-Bahn Warschauer Strasse

Albergo moderno, arioso e ben tenuto che fa parte di una piccola catena di resort tedeschi che

sorgono in località balneari. Le camere, suddivise in quattro categorie, sono arredate con gusto: la più spaziosa è dotata di cucinino. Gli appassionati di fitness possono noleggiare biciclette oppure fare jogging prima di affidarsi alle cure termali dell'albergo (tutto gratuito).

SE IL BUDGET È LIMITATO

HOTEL FRIEDRICHSHAIN

Cartina pp348-9 *Albergo/ostello*

☎ 9700 2030; www.boardinghouse-berlin.com; Warschauer Strasse 57; singole €40-70, doppie €80-95; ☺ personale alla reception 9-18; U/S-Bahn Warschauer Strasse

Cortesia, pulizia e un tranquillo cortile interno sono fra le attrattive di questo posto abbastanza recente. È l'ideale per chi vuole fare la spesa da sé e poi cucinare nelle moderne cucine (una per ogni piano). Le camere hanno due letti, una scrivania e la TV, ma solo le triple hanno il bagno privato. Non ci sono barriere architettoniche. Gay-friendly.

ODYSSEE GLOBETROTTER HOSTEL

Cartina pp348-9 *Ostello*

☎ 2900 0081; www.globetrotterhostel.de; Grünberger Strasse 23; letti in camerata €13-19; singole/doppie con bagno in comune €35/45, doppie con doccia €52, prima colazione €3; U/S-Bahn Warschauer Strasse

Ostello molto attivo e divertente, adatto per ch voglia studiare a fondo la vita notturna di Friedrichshain. Le camere sono arredate con creatività pulite e dotate di armadietti chiusi a chiave. Ne prezzo sono comprese le lenzuola. È possibile fare il check in anche a tarda sera, mentre a bar-lounge si organizzano party leggendari. Una novità è costituita da una grande camerata cor cucina in comune.

PEGASUS HOSTEL

Cartina pp344-5 *Ostello*

☎ 297 7360; www.pegasushostel.de; Strasse der Pariser Kommune 35; letti in camerata €13-19 più €2,50 per la biancheria, singole/doppie con bagno in comune €30/46, doppie con bagno privato €60, sconti da novembre a marzo; U-Bahn Weberwiese

Questo grande ostello occupa i locali di una e: scuola femminile. Le camere sono allegre e il be cortile interno è l'ideale per rilassarsi e fare nuov amicizie, come del resto la cucina in comune e il ristorante. La reception è aperta 24 ore su 24 7 giorni su 7, e il personale potrà assistervi pe qualsiasi esigenza, dai biglietti per la U-Bahn alle tessere telefoniche.

PRENZLAUER BERG

Prenzlauer Berg è uno dei quartieri più gradevoli di Berlino, ancora centrale, ma più tranquillo di Mitte, con begli edifici e una ricca vita notturna. È difficile capire perché molti albergatori non abbiano ancora fatto investimenti, considerato il grande fascino della zona che meriterebbe di essere maggiormente sfruttata.

ACKSEL HAUS

Cartina pp344-5   *Appartamenti in residence*

☎ 4433 7633; www.ackselhaus.de; Belforter Strasse 21; singole €70-100, doppie €55-105; U-Bahn Senefelderplatz
Posto dal forte carisma lungo una graziosa strada residenziale, ha 10 camere e appartamenti confortevoli (la maggior parte per due persone, alcuni fino a quattro, con cucina completa). Ciascuna sistemazione ha un arredo personalizzato a tema come 'safari esotico', 'Toscana deziosa' (con letto a baldacchino), o 'blu cool'. Le più graziose danno su un giardino curato con angolini tranquilli per schiacciare un pisolino in un pigro pomeriggio estivo.

PENSION AMSTERDAM

Cartina pp344-5   *Pension*

☎ 448 0792; www.pension-amsterdam.de; Gleimstrasse 24; sistemazioni per 1/2/3/4 persone €33,50/67/77/85, sconti per soggiorni superiori a tre giorni; ⏰ personale in reception dopo le 15.30, 9 domenica; U-Bahn Schönhauser Allee
C'è molto da dire su questa pensione moderna: la posizione lungo una strada vivace con buoni ristoranti e locali; i grandi appartamenti con eleganti divani in pelle, cucina completa con tanto di tavolo da pranzo; le camere, alcune con romantici letti a baldacchino, e tutte dotate di cucinino; il frequentatissimo caffè al piano inferiore con la sua eclettica clientela 'omnisexual'. Disponibile anche l'accesso gratuito a internet.

EASTSIDE GAYLLERY

Cartina pp344-5   *Guesthouse*

☎ 4373 5484; www.eastside-gayllery.de; Schönhauser Allee 41; camere a partire da €36 a persona; ⏰ check-in 12-20 da lunedì a sabato o su richiesta; U-Bahn Eberswalder Strasse
È una pensione per gay e lesbiche con qualche camera sul retro di un 'gay shop'. La zona dei gay è veramente vicinissima e Ulli, il proprietario, vi darà tutti i ragguagli utili. Informatevi sugli sconti praticati dal lunedì al giovedì.

HOTEL GREIFSWALD

Cartina pp344-5   *Albergo*

☎ 443 5283; www.hotel-greifswald.de; Greifswalder Strasse 211; singole €65-78, doppie €78-88; autobus 100, tram 2, 3, 4
Questo piccolo albergo, in un edificio storico, sembra fatto su misura per chi voglia aderire alla vivace vita notturna di Berlino: la prima colazione viene servita addirittura fino alle 13 in un'atmosfera cortese e tranquilla.

In estate, ci si può anche accomodare fuori e godersi il fascino del giardino sul retro. Gay-friendly.

MYER'S HOTEL Cartina pp344-5   *Albergo*

☎ 440 140; www.myershotel.de; Metzer Strasse 26; singole €80-135, doppie €100-165; U-Bahn Senefelder Platz
In un edificio monumentale del XIX secolo lungo una strada tranquilla, poco distante da Käthe-Kollwitzplatz, il Myer's ha camere con arredo classico a colori pacati e in legno pregiato. Le dimensioni e i comfort variano, ma tutte le stanze sono dotate di bagno privato, TV e telefono. Il bar nella hall, la sala da tè con pareti rosso vivo, il giardino e la terrazza sul tetto sono l'ideale per rilassarsi. Gay-friendly.

SE IL BUDGET È LIMITATO
GENERATOR BERLIN

Cartina pp344-5   *Ostello*

☎ 417 2400; www.the-generator.co.uk; Storkower Strasse 160; letti in camerata €12-16.50, singole/doppie/triple/quadruple con bagno privato €40/27/24/21 a persona, senza €35/23/19/18; S-Bahn Landsberger Allee
Questo ottimo ostello, con 854 posti letto, è molto quotato fra gli ospiti con zaino e sacco a pelo. Ha camere pulite, spaziose e sicure, con materassi superconfortevoli, prima colazione inclusa nel prezzo, armadietti chiusi a chiave in camera, biancheria da letto e da bagno e una vivace atmosfera giovane. L'uso generoso di luce psichedelica al neon blu aggiunge un tocco techno intrigante, e il bar circolare all'ultima moda è ottimo per stringere amicizie. La sua posizione nel 'profondo est', però, significa che dovrete prendere spesso il treno.

LETTE 'M SLEEP Cartina pp344-5   *Ostello*

☎ 4473 3623, 0800-HOSTELS; www.backpackers.de; Lettestrasse 7; letti in camerata €15-19, doppie con bagno in comune €48, appartamento €66, sconti da ottobre a metà maggio; U-Bahn Eberswalder Strasse

Si tratta di un ostello vecchia maniera: tranquillo, low-tech, accogliente, con cucina in comune e un'intima sala per incontrare ed eventualmente confrontarsi con altri viaggiatori con zaino e sacco a pelo.

La posizione sulla Helmholtzplatz, una piazza alla moda, vi pone nel cuore della zona mondana del distretto.

Le camere prevedono da tre a sei posti letto e sono dotate di lavandino, tavolo e cassette di sicurezza.

Alcune camere a due letti hanno frigorifero e fornello. Accesso gratuito a internet e birreria all'aperto in estate.

HOTEL TRANSIT LOFT

Cartina pp344-5   *Albergo e ostello*

☎ 789 0470; www.transit-loft.de; Greifswalder Strasse 219, ingresso da Immanuelkirchstrasse; letti in camerata €19, singole/doppie €59/69; autobus 100, tram 2, 3, 4

Dietro alla facciata di mattoni gialli di una vecchia fabbrica si trova questo modernissimo ibrido tra un ostello e un albergo. La luce naturale invade le camere, con mobili funzionali, bagno privato e soffitti alti. È frequentato da una clientela prevalentemente adulta. I prezzi includono una ricca prima colazione a buffet fino a mezzogiorno. Gay-friendly.

Escursioni

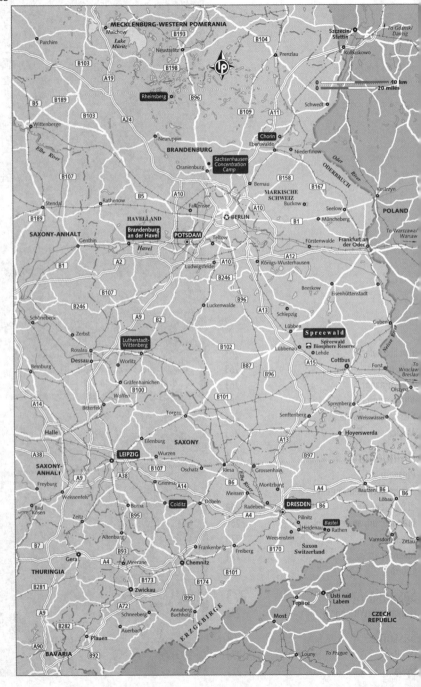

Escursioni

Il Brandeburgo è la zona contigua a Berlino in cui si concentra la maggior parte dei luoghi di interesse per i visitatori. Un'efficiente rete ferroviaria fa sì che anche le città più decentrate, come Lutherstadt-Wittenberg, Dresda e Lipsia, siano facilmente raggiungibili nell'ambito di escursioni della durata di uno o due giorni.

PARCHI E PALAZZI

Pochi luoghi della Germania possono competere con lo splendore della storica città di **Potsdam** (p264). Comodamente raggiungibile con i trasporti locali, costituisce la meta preferita da molti visitatori per un'escursione di un giorno. Coloro che hanno apprezzato il famoso Schloss Sanssouci (Palazzo Sanssouci) possono recarsi anche a nord, al più piccolo ma ugualmente affascinante Schloss di **Rheinsberg** (p272), un edifico dello stesso stile, ma più antico.

ARCHITETTURA

Nonostante il tristemente famoso bombardamento della fine della seconda guerra mondiale, il centro di **Dresda** (p274) è ancora uno scrigno di tesori, ricco di gemme architettoniche tra le quali brilla la Semperoper. Una semplice passeggiata intorno alla Altstadt (città vecchia) potrebbe già soddisfare gli appassionati di architettura. Altri edifici classici si possono ammirare a **Lipsia** (p279).

PELLEGRINAGGI

Come lo stesso nome suggerisce, **Lutherstadt-Wittenberg** (p273) è un grande richiamo per i devoti del Grande Riformatore, Martin Lutero. Chiunque sia interessato alla religione, o a questo periodo storico, troverà molto appagante una visita a questa località.

VITA NOTTURNA

Perché limitarsi alla sola Berlino? Le cene e le degustazioni di vini a **Lipsia** (p279) renderanno le vostre serate piacevolmente vivaci. Non tralasciate di fare una capatina al leggendario Auerbachs Keller, il locale frequentato da Goethe. Per quanto riguarda il numero dei bar, la zona della Neustadt di **Dresda** (p274) è senza dubbio la numero uno. Unitevi, se lo desiderate, ai gruppi di studenti delle due città e ben presto vedrete come la vostra escursione progettata per una giornata possa continuare fino a notte inoltrata.

RISERVA DELLA BIOSFERA

Lo **Spreewald** (p270), l'umida 'Foresta della Sprea' che si estende con i suoi fiumi, canali e torrenti 90 km a sud-est di Berlino, è la zona di villeggiatura più vicina alla città. Le escursioni che partono dai pittoreschi villaggi di Lübben e Lübbenau sono molto popolari d'estate. In alternativa, **Brandenburg an der Havel** (p269), che era una volta una fiorente cittadina commerciale sul fiume, tuttora molto bella con le sue costruzioni di mattoni rossi, sorge su tre isole e ha molto da offrire ai visitatori.

MUSICA

I locali in cui andare ad ascoltare musica classica non mancano certo a Berlino, ma i concerti estivi che si tengono nell'antico monastero di mattoni rossi di **Chorin** (p272) sono noti in tutto il Brandeburgo per la loro eccezionale atmosfera e per la qualità della musica. È un ottimo posto per trascorrere una serata fuori.

BRANDEBURGO

POTSDAM

Potsdam, situata sul fiume Havel, all'estremità sud-occidentale della Grande Berlino, è la capitale dello stato di Brandeburgo. Nel XVII secolo l'Elettore Federico Guglielmo ne fece la sua seconda residenza. Con la creazione del regno di Prussia, Potsdam divenne la sede del re e di una guarnigione. Nella metà del XVIII secolo, Federico II (Federico il Grande) fece costruire molti dei meravigliosi palazzi che oggi attirano migliaia di turisti. Nell'aprile del 1945, i bombardieri della Royal Air Force devastarono il centro storico di Potsdam, compreso il Palazzo di Città di Am Alten Markt, ma fortunatamente la maggior parte degli altri palazzi uscì quasi indenne dalle incursioni.

Il fulcro di Potsdam è il vastissimo **Parco di Sanssouci**, attraversato da sentieri che si intersecano; prendete con voi la cartina gratuita fornita dall'ufficio turistico o rischierete di sbagliare sentiero a ogni incrocio. I vari palazzi sono abbastanza distanziati l'uno dall'altro e l'intero circuito è lungo circa 15 km. Purtroppo andare in bicicletta nel parco è severamente *verboten* (proibito). Iniziate il giro del parco dallo **Schloss Sanssouci** (1747) di Georg Wenzeslaus von Knobelsdorff, il famoso palazzo rococò dai sontuosi interni. L'ingresso è permesso a non più di 2000 visitatori al giorno (una regola stabilita dall'UNESCO), ragione per cui i biglietti sono di solito tutti esauriti già alle 14.30, anche in bassa stagione – farete dunque bene ad arrivare presto e a evitare i weekend e i periodi festivi. Le visite gestite dall'ufficio turistico garantiscono l'entrata.

Tra le varie stanze segnaliamo la vezzosa **Konzertsaal** (Sala dei concerti), in stile rococò, e le stanze da letto della **Damenflügel** (Ala delle dame), in una delle quali dormì Voltaire. Proprio di fronte al palazzo si trova la **Historische Mühle** (Mulino storico), che aveva lo scopo di conferire al palazzo una certa dose di fascino agreste.

Trasporti

Distanza da Berlino 24 km.
Direzione sud-ovest.
Durata del viaggio 33 minuti.
Treno La linea S7 collega il centro di Berlino con la Potsdam Hauptbahnhof (stazione ferroviaria centrale) ogni 10 minuti circa. I treni regionali DB sono più veloci, ma meno frequenti. È necessario il biglietto valido per le zone A, B e C (€2,40).

Il palazzo è fiancheggiato dalle **Neue Kammern** (Nuove camere) gemelle, che venivano usate sia come aranciere, sia come camere per gli ospiti. Di queste fanno parte anche la grande **Ovidsaal**, con ornamenti dorati e pavimenti di marmo bianco e verde, e l'ultima stanza a ovest, che contiene statuette di porcellana Meissen. La vicina **Bildergalerie** (Pinacoteca) fu completata nel 1764 e fu il primo museo d'arte tedesco costruito appositamente per conservare dei dipinti. Contiene una vasta collezione di tele del XVII secolo di Rubens, Van Dyck, Caravaggio e altri grandi maestri.

L'**Orangerie** (Palazzo delle aranciere) in stile rinascimentale, costruito nel 1864 per ospitare i reali stranieri, è il più grande dei palazzi di Sanssouci, ma non il più interessante. Le sei sontuose stanze aperte al pubblico comprendono la **Raphaelsaal**, dove sono esposte copie del XIX secolo di opere del pittore rinascimentale Raffaello, e una torre sulla quale si può salire per ammirare uno stupendo panorama del Neues Palais e del parco. Parte dell'ala ovest viene ancora usata come riparo per alcune piante sensibili al freddo durante i rigidi inverni della Germania settentrionale.

Due edifici interessanti che fanno parte dell'Orangerie sono la **Drachenhaus** (Casa dei draghi, 1770), a forma di pagoda, che ospita un caffè-ristorante, e il **Belvedere** in stile rococò, l'unico edificio del parco che subì danni ingenti durante la seconda guerra mondiale (è stato completamente restaurato nel 1999).

Il **Neues Palais** (Palazzo nuovo), costruito nel 1769 in stile tardo-barocco come residenza reale estiva, è uno degli edifici più imponenti del parco (se il vostro tempo è limitato concentratevi solo su questo sito). La visita comprende una dozzina delle 200 stanze del palazzo, tra cui la **Grottensaal** (Sala delle grotte), un trionfo rococò di conchiglie, fossili e ninnoli vari incastonati sulle pareti e sul soffitto, la **Marmorsaal** (Sala di marmo), una grande sala per banchetti in marmo

POTSDAM

273

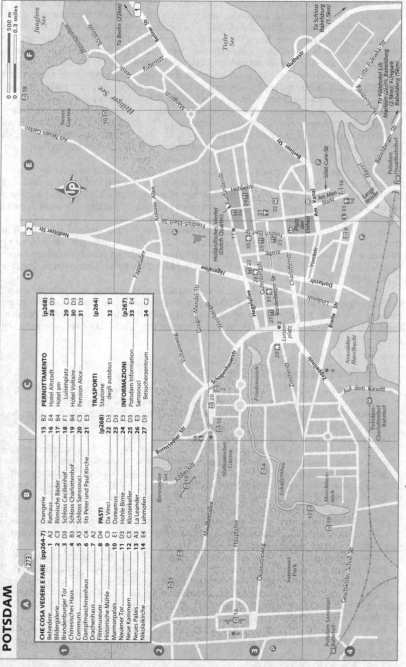

CHE COSA VEDERE E FARE (pp264-7)
Belvedere.....................................**1** A2
Bildergalerie................................**2** C3
Brandenburger Tor.....................**3** D3
Chinesisches Haus.....................**4** B3
Communs.....................................**5** A3
Dampfmaschinenhaus...............**6** C4
Drachenhaus...............................**7** A2
Filmmuseum................................**8** D4
Historische Mühle......................**9** C3
Marmorpalais............................**10** E1
Nauener Tor..............................**11** D3
Neue Kammern.........................**12** C3
Neues Palais.............................**13** A3
Nikolaikirche.............................**14** E4
Orangerie..................................**15** B2
Rathaus......................................**16** E4
Römische Bäder........................**17** B4
Schloss Cecilienhof...................**18** F1
Schloss Charlottenhof..............**19** B4
Schloss Sanssouci....................**20** C3
Sts Peter und Paul Kirche.........**21** E3

PASTI (p268)
Da Vinci.....................................**22** D3
Doreamus..................................**23** D3
Hohle Birne...............................**24** E3
Klosterkeller..............................**25** D3
La Leander................................**26** E3
Lehmofen..................................**27** E4

PERNOTTAMENTO (p268)
Hotel Altstadt...........................**28** D3
Hotel am Luisenplatz................**29** C3
Hotel Voltaire...........................**30** D3
Pension Alice...........................**31** E3

TRASPORTI (p264)
Stazione degli autobus............**32** E3

INFORMAZIONI (p267)
Potsdam Information................**33** E4
Sanssouci Besucherzentrum...**34** C2

500 m
0.3 miles

bianco di Carrara con il soffitto meravigliosamente affrescato, la **Jagdkammer** (Camera della caccia), adorna di trofei di caccia e con le pareti decorate con intagli dorati, e varie altre stanze rivestite di prezioso damasco rosso dal pavimento al soffitto. Lo **Schlosstheater**, nell'ala sud, ospita concerti di musica classica nei fine settimana. Di fronte al Neues Palais si trova il **Communs**, che in origine ospitava la servitù e le cucine e che ora è una delle sedi dell'Università di Potsdam.

Verso l'estremità meridionale del parco, lo **Schloss Charlottenhof** (1826) fu il contributo di Karl Friedrich Schinkel al parco e viene considerato una delle sue opere migliori (vi conviene aspettare se la coda per entrare è troppo lunga). L'esterno, sul modello delle ville romane, è più interessante dell'interno, specialmente il portico dorico e la fontana di bronzo nella parte orientale.

Poco lontano, verso nord-est, sulle sponde del Maschinenteich (Laghetto delle macchine), le **Römische Bäder** (Terme romane) furono costruite nel 1836 da un allievo dello Schinkel, ma non furono mai usate. I mosaici del pavimento e le cariatidi, ispirati a quelli delle terme di Ercolano, sono impressionanti, così come la fontana posta vicino all'entrata, con l'acqua che sgorga dalla bocca di un pesce e si raccoglie in una conchiglia.

Seguite il sentiero che costeggia la sponda occidentale dello Schafgraben in direzione nord fino a Ökonomieweg, poi dirigetevi a est per raggiungere quella che da molti viene considerata la più preziosa gemma del parco, la **Chinesisches Haus** (Casa da tè cinese, 1757), un padiglione circolare con colonne dorate, palme e statuette cinesi raffiguranti musicisti e animali. Si narra addirittura che una delle scimmie ricordi i lineamenti di Voltaire!

Spostandosi nella città vera e propria, la **Brandenburger Tor** (Porta di Brandeburgo, 1770) in stile barocco, che si trova in Luisenplatz, all'estremità occidentale della città vecchia, non è all'altezza della sua omonima di Berlino, però è più antica. Da questa piazza la strada pedonale Brandenburger Strasse corre verso est fino alla **Sts Peter und Paul Kirche** (Chiesa dei Ss. Pietro e Paolo, 1868).

A nord-ovest di qui, delimitato da Friedrich-Ebert-Strasse, Hebbelstrasse, Kurfürstenstrasse e Gutenbergstrasse, lo **Holländisches Viertel** (Quartiere olandese), costituito da 134 case di mattoni rossi con gli abbaini, fu costruito per ospitare i lavoratori olandesi che si trasferirono a Potsdam negli anni '30 del XVIII secolo su richiesta di Federico Guglielmo I. Le case sono state ben

Deviazione: Neuer Garten e Babelsberg

Avventurandovi fuori dal centro di Potsdam troverete il **Neuer Garten**, un parco che serpeggia a fianco della sponda occidentale dello Heiliger See – un bel posto dove rilassarsi dopo il piacevole stordimento d'arte barocca e rococò di Sanssouci. Il **Marmorpalais** (Palazzo di marmo; ☎ 0331-969 4246; interi/ridotti €2,50/1,50; ☻ 10-17 da martedì a domenica da aprile a ottobre, 10-16 sabato e domenica da novembre a marzo), sul lago, costruito nel 1792 su progetto di Carl Gotthard Langhans, ha ricevuto un attento restauro.

Più a nord si trova lo **Schloss Cecilienhof** (☎ 0331-969 4244; visita interi/ridotti €4/3; ☻ 9-17 da martedì a domenica), un rustico maniero in stile inglese che contrasta con gli stravaganti palazzi rococò e i padiglioni di Sanssouci. A Cecilienhof si svolse la Conferenza di Potsdam del 1945, in virtù della quale vennero restituiti alla Polonia i territori annessi dalla Germania durante la guerra: all'interno del palazzo sono esposte grandi foto dei personaggi che vi presero parte - Stalin, Truman e Churchill. Si possono effettuare visite guidate che includono anche la sala dove si svolse la conferenza.

Il neogotico **Schloss Babelsberg** (☎ 0331-969 4250; interi/ridotti €5/4; ☻ 10-17 da martedì a venerdì da aprile a ottobre, 10-16 sabato e domenica da novembre a marzo), progettato da Schinkel, si trova vicino ai laghi. Potete passeggiare nel bel parco dove si trova anche la **Flatowturm** (☎ 0331-969 4249; interi/ridotti €2/1,50; ☻ 10-17 sabato e domenica dal 1° aprile al 15 ottobre), sempre di Schinkel.

Filmpark Babelsberg (☎ 0331-212 755; www.filmpark.de; Grossbeerenstrasse; interi/ridotti/bambini €15/14/9; ☻ 10-18 dal15 marzo al 2 novembre), quella che è stata la Hollywood tedesca, è situata a est della città. È ancora attivo come centro di produzione cinematografica, ma il motivo principale di una visita è il parco a tema che è sorto sul suo territorio. Ogni anno vengono aggiunte nuove attrazioni. Si possono vedere gli animali che vengono addestrati a recitare e si può visitare la tortuosa **Caligari Hall** in stile espressionistico.

Vengono organizzate **visite in tram con guida** (in tedesco) attorno allo stabile per vedere gli studi di produzione, le sale per le prove e quelle dei costumi. Per arrivare al parco prendete la linea S7 per Babelsberg e poi l'autobus n. 690 o 698 fino ad Ahornstrasse. In alternativa scendete dalla S-Bahn a Griebnitzsee e proseguite con l'autobus n. 696 fino alla fermata Drewitz.

Caligari Hall, Filmpark Babelsberg (p266)

restaurate e ora ospitano gallerie, caffè e ristoranti. Più avanti lungo Friedrich-Ebert-Strasse si trova la **Nauener Tor** (Porta di Nauen, 1755), un altro arco monumentale.

Più a sud, oltrepassata l'imponente Platz der Einheit, in Am Alten Markt si erge la grande cupola neoclassica della **Nikolaikirche** (1850), progettata da Schinkel. Sul lato orientale della piazza si trova il vecchio **Rathaus** di Potsdam, che risale al 1753 e che ora ospita varie gallerie al primo piano.

A ovest di Am Alten Markt, in Breite Strasse, il Marstall (1746), le vecchie scuderie reali progettate da Knobelsdorff, ospitano il piccolo **Filmmuseum**. La mostra espone documenti che riguardano la storia degli studi UFA e DEFA di Babelsberg, i costumi di Marlene Dietrich e film d'epoca nazista e della RDT.

Poco oltre la 'baia' dello Havel si trova la fantastica **Dampfmaschinenhaus** (Casa della pompa a vapore), un edificio in stile moresco, chiamata anche *Moschee* (moschea), che fu costruita nel 1842 per convogliare l'acqua alle fontane del palazzo.

Informazioni

Potsdam Information (☎ 0331-275 580; www.potsdam tourismus.de; Neuer Markt 1; ☼ 9-19 da lunedì a venerdì e 10-18 sabato e domenica da aprile a ottobre, 10-18 da lunedì a venerdì e 10-14 sabato e domenica da novembre a marzo)

Che cosa vedere

Che cosa vedere all'interno di **Sanssouci Park** (ingresso gratuito; ☼ dall'alba al tramonto):

Belvedere (ingresso gratuito; ☼ da aprile a ottobre)

Bildergalerie (☎ 0331-969 4202; visite interi/ridotti €3/2,50; ☼ 10-17 da martedì a domenica dal 15 maggio al 15 ottobre)

Chinesisches Haus (☎ 0331-969 4222; ingresso €1; ☼ 10-17 da martedì a domenica dal 15 maggio al 15 ottobre)

Damenflügel (Schloss Sanssouci; interi/ridotti €2/1,50; ☼ 10-17 da martedì a domenica dal 15 maggio al 15 ottobre)

Historische Mühle (☎ 0331-969 4202; interi/ridotti €1,50/0,50; ☼ 10-18 tutti i giorni da aprile a ottobre, 10-18 sabato e domenica da novembre a marzo)

Neue Kammern (visite interi/ridotti €3/2,50; ☼ 10-17 da martedì a domenica dal 15 maggio al 15 ottobre, 10-17 sabato e domenica da aprile al 14 maggio)

Neues Palais (☎ 0331-969 4255; interi/ridotti €5/4; ☼ 10-17 da sabato a giovedì)

Orangerie (☎ 0331-969 4280; visite interi/ridotti €3/2,50, torre €1; ☼ 10-17 da martedì a domenica dal 15 maggio al 15 ottobre)

Römische Bäder (interi/ridotti €2/1,50; ☼ 10-17 da martedì a domenica dal 15 maggio al 15 ottobre)

Escursioni – Brandeburgo

Schloss Charlottenhof (☎ 0331-969 4228; visite interi/ridotti €4/3; 🕙 10-17 da martedì a domenica dal 15 maggio al 15 ottobre)

Schloss Sanssouci (☎ 0331-969 4190; visite interi/ridotti €8/5; 🕙 9-17 da martedì a domenica da aprile a ottobre, 9-16 da martedì a domenica da novembre a marzo)

Altre cose da vedere

Dampfmaschinenhaus (☎ 0331-969 4248; angolo tra Breite Strasse e Zeppelinstrasse; ingresso e visita interi/ridotti €2/1,50; 🕙 10-17 sabato e domenica dal 15 maggio al 15 ottobre)

Filmmuseum (☎ 0331-271 8112; Breite Strasse; ingresso interi/ridotti €2/1, film €4,50/3,50; 🕙 10-18)

Nikolaikirche (Alter Markt; 🕙 14-17 lunedì, 10-17 da martedì a sabato, 12-17 domenica)

Rathaus (Alter Markt; 🕙 14-19 da martedì a domenica)

Pasti

Da Vinci (☎ 0331-280 5189; Dortusstrasse 4; pasta €6,50-11, portate principali €13-19) Famoso e raffinato ristorante italiano, spesso con intrattenimento musicale dal vivo.

Doreamus (☎ 0331-201 5860; Brandenburger Strasse 30/31; portate principali €7,80-13,50) Si gode di uno dei migliori panorami sulla Altstadt accompagnato da buon cibo.

Hohle Birne (☎ 0331-280 0715; Mittelstrasse 19; portate principali €6-13) Cucina tedesca semplice ma gustosa, con una nutrita carta di birre e vini. Il suo nome (letteralmente 'pera vuota') da queste parti è un insulto!

Klosterkeller (☎ 0331-291 218; Friedrich-Ebert-Strasse 94; portate principali €9,45-12,75) Ristorante turistico ma divertente, con wine bar, beer garden e cocktail bar, serve piatti tipici regionali.

La Leander (☎ 0331-270 6576; Benkertstrasse 1; pasti leggeri €3,50-4,75) Caffè nel quartiere olandese con fedele clientela gay.

Lehmofen (☎ 0331-280 1712; Hermann-Elflein-Strasse 10; portate principali €10-17) Molto al di sopra della media rispetto agli altri negozi di doner kebab, serve piatti turchi autentici e gustosi.

Pernottamento

Filmhotel Lili Marleen (☎ 0331-743 200; Grossbeerenstrasse 75; singole €49-65, doppie €65-90) Si trova vicino a Babelsberg.

Hotel Altstadt (☎ 0331-284 990; Dortusstrasse 9/10; singole €60-72, doppie €80-90) L'Altstadt offre stanze di buon livello e una discreta serie di servizi supplementari.

Hotel am Luisenplatz (☎ 0331-971 900; Luisenplatz 5; singole €79-109, doppie €119-139) Accogliente albergo a quattro stelle con grandi stanze, alcune delle quali con balcone che si affaccia sulla Brandenburger Tor.

Hotel Voltaire (☎ 0331-231 70; Friedrich-Ebert-Strasse 88; singole €79-158, doppie €92-181) In ottima posizione di fronte al quartiere olandese, con due ristoranti, una terrazza all'ultimo piano e un'atmosfera elegante.

Pension Alice (☎ 0331-292 304; Lindenstrasse 16; singole /doppie €25/50) L'albergo economico più centrale di Potsdam, con alcune stanze curiose sopra un affollato caffè.

CAMPO DI CONCENTRAMENTO DI SACHSENHAUSEN

Nel 1936 i nazisti trasformarono una fabbrica di birra in disuso presso Sachsenhausen, vicino alla città di Oranienburg, in un campo di concentramento maschile. Nel 1945 circa 220.000 uomini provenienti da 22 paesi erano passati attraverso quei cancelli, che, come ad Auschwitz, recavano la scritta *Arbeit Macht Frei* (il lavoro rende liberi). Circa 100.000 di essi vi trovarono una orribile morte.

Dopo la guerra i sovietici e i leader comunisti della RDT vi allestirono lo Speziallager No 7 (Campo Speciale n. 7). Si stima che tra il 1945 e il 1950 vi siano state internate 60.000 persone, 12.000 delle quali sarebbero morte. Una fossa comune si trova all'interno del campo, e un'altra 1,5 km più a nord.

Il **Monumento alla memoria e Museo di Sachsenhausen** è diviso in varie parti. Ancora prima di entrare vedrete un **monumento alla memoria** dedicato ai 6000 prigionieri che morirono durante la *Todesmarsch* (marcia della morte) dell'aprile del 1945, quando i nazisti tentarono di trasferire sul Baltico i 33.000 prigionieri del campo prima dell'arrivo dell'Armata Rossa.

Circa 100 m all'interno del campo si trova la fossa comune dei 300 prigionieri che morirono nell'infermeria dopo la liberazione, nell'aprile del 1945. Più avanti sorge la casa del comandante del campo e il cosiddetto 'mostro verde', dove le SS venivano addestrate a far funzionare il campo. Alla fine della strada si trova il **Neues Museum** (Nuovo Museo), con interessanti esposizioni. A est del museo ci sono le **Baracche 38** e 39, una ricostruzione delle costruzioni in cui viveva la maggior parte dei 6000 prigionieri ebrei che furono portati a Sachsenhausen dopo la Kristallnacht (novembre 1938). Più a nord si trova la **prigione**, dove i prigionieri subivano trattamenti particolarmente brutali. All'interno del cortile della prigione c'è un **monumento alla memoria** dedicato agli omosessuali che morirono qui, uno dei pochi monumenti che ricordino queste vittime troppo spesso dimenticate (ce n'è un altro a Berlino presso la stazione della U-Bahn Nollendorfplatz, p122).

Per arrivare al **Lagermuseum** (Museo del Campo), che espone reperti consumati dalle tarme sia dell'epoca nazista sia di quella della RDT, camminate in direzione nord lungo il campo da parata, oltrepassando il luogo in cui erano erette le forche per le esecuzioni. Il museo si trova nell'edificio sulla destra, che una volta era la cucina del campo.

Nell'ex lavanderia, di fronte, per tutta la giornata viene proiettato un tetro filmato sulle condizioni del campo dopo la liberazione. A sinistra dell'alto e brutto **monumento** (1961) eretto dalla RDT in memoria dei prigionieri politici internati qui si trovano il **crematorium** e il **sito di sterminio Station Z**, un pozzo dove i prigionieri venivano giustiziati con un colpo alla nuca e dove con un attrezzo di legno si raccoglievano i proiettili che venivano poi riciclati.

La **sala commemorativa**, che si trova sul sito dove sorgevano le camere a gas, è una metafora visiva del 'glorioso' Terzo Reich e del 'paradiso dei lavoratori' della RDT: le pietre del pavimento sono rotte e stanno lentamente cedendo e le tegole del tetto cadono in un punto in cui, a quanto ci è stato detto, si trovano le ceneri di molti deportati.

Che cosa vedere

Monumento alla memoria e Museo di Sachsenhausen
(☎ 03301-200 200; ingresso gratuito; ⏰ 8.30-18 da martedì a domenica da aprile a settembre, fino alle 16.30 da ottobre a marzo)

Trasporti

Distanza da Berlino 35 km.
Direzione nord.
Durata del viaggio 1 ora.
Treno Utilizzate I frequenti treni della linea S1 per Oranienburg (€6,45). Ci sono anche alcuni treni RB da Berlin-Lichtenberg (€6, 30 minuti). Da Oranienburg si impiegano 20 minuti a piedi.

BRANDENBURG AN DER HAVEL

Brandeburgo è la città più antica della Marca di Brandeburgo, con origini che risalgono al VI secolo. Fu un importante diocesi sin dal primo Medioevo, nonché la sede dei margravi fino al loro trasferimento a Berlino nel XV secolo. Si sta gradualmente ponendo rimedio agli ingenti danni causati dalla seconda guerra mondiale e dalla negligenza della RDT. Le chiese barocche, insieme alla bella posizione sul fiume, la rendono una meta molto gradevole per un'escursione riposante di un paio di giorni.

Brandeburgo è divisa in tre sezioni dal fiume Havel, dal Beetzsee e dai loro canali. La Neustadt si trova al centro, su di un'isola, la Dominsel è a nord e la Altstadt, sulla terraferma, a ovest.

Cominciate la vostra passeggiata dalla romanica **Dom St Peter und Paul** (Cattedrale dei Ss. Pietro e Paolo), all'estremità settentrionale di Dominsel.

Iniziato nel 1165 dai monaci premonstratensi e completata nel 1240, questo edificio di mattoni rossi ospita la **Bunte Kapelle** (Cappella colorata) meravigliosamente decorata, con un soffitto a volta affrescato, il **Böhmischer Altar** (Altare boemo) scolpito, del XIV secolo, che si trova nel transetto meridionale, un fantastico **organo** (1723) barocco, che fu restaurato nel 1999 e il **Dommuseum**.

Dalla cattedrale dirigetevi a sud lungo St Petri fino a Mühlendamm. Poco prima di attraversare lo Havel per raggiungere la Neustadt, guardate a sinistra e vedrete lo **Hauptpegel**, che fu eretto per misurare il livello del fiume. Dall'altra parte si trova la **Mühlentorturm** (Torre della porta del mulino), che segnava il confine tra Dominsel e la Neustadt nei giorni in cui queste erano due città separate.

Molkenmarkt, il proseguimento di Mühlendamm, corre parallela al Neustädtischer Markt e porta alla **Pfarrkirche St Katharinen**

Trasporti

Distanza da Berlino 60 km.
Direzione sud-ovest.
Durata del viaggio 1 ora.
Treno Frequenti treni regionali collegano Brandeburgo con la stazione Zoo (€5,70) e Potsdam (€4,50).

Escursioni – Brandeburgo

(Chiesa parrocchiale di S. Caterina). Questa chiesa gotica in mattoni era costituita in origine da due cappelle, la prima delle quali risalente al 1395. Provate a identificare il personaggio che preferite del Nuovo Testamento sull'affresco del soffitto chiamato 'Campo del cielo'.

Per raggiungere la Altstadt risalite la strada pedonale Hauptstrasse e poi svoltate a ovest sullo Jahrtausendbrücke (Ponte del millennio). Oltrepassando il **Glockenspiel** (Ritterstrasse 64; ✆ viene fatto suonare ogni ora dalle 9 alle 19), arriverete allo **Stadtmuseum im Frey-Haus**. Si tratta di un museo di storia locale che dedica molta attenzione alla fabbrica EP Lehmann, produttrice di graziosi giocattoli meccanici e vasellame.

Informazioni

Tourist Information (☎ 03381-585 858; www.stadt
-brandenburg.de; Steinstrasse 66/67; ✆ 8.30-19 da lunedì
a venerdì e 10-15 sabato e domenica da maggio a ottobre, 10-18
da lunedì a venerdì e 10-14 sabato da novembre ad aprile)

Che cosa vedere

Dom St Peter und Paul (☎ 03381-112 221; Burghof 9;
ingresso gratuito; ✆ 10-16 da lunedì a venerdì, 10-17
sabato, 11-17 domenica, mercoledì 10-12 da giugno a
settembre)

Dommuseum (☎ 03381-200 325; Dom St Peter und Paul;
ingresso interi/ridotti €3/2)

Pfarrkirche St Katharinen (ingresso gratuito; ✆ 10-16
da lunedì a sabato, 13-16 domenica)

Stadtmuseum im Frey-Haus (☎ 03381-522 048;
Ritterstrasse 96; ingresso interi/ridotti €3/1,50; ✆ 9-17
da martedì a venerdì, 10-17 sabato e domenica)

Pasti

Bismarck Terrassen (☎ 03381-300 939; Bergstrasse 20;
portate principali a partire da €5,80, menu a prezzo fisso
a partire da €7,50) Per cenare con cucina franco-tedesca nel
ristorante più elegante della città fra una serie di cimeli
di Bismarck.

Kultur-Café (☎ 03381-6660; www.kultur-labor.
de; Ritterstrasse 69; portate principali €6-11)
All'interno dell'affollato centro culturale Kulturlabor,
ha una grande terrazza che dà sullo Havel e sullo
Jahrtausendbrücke.

Marienberg (☎ 03381-794 960; Am Marienberg 1;
portate principali €6,50-12,50) Grande Bier Garten
e ristorante nello Stadtpark, è stato restaurato da poco.
Veniteci per l'Oktoberfest di Brandeburgo recentemente
inaugurata.

Pernottamento

Pension Zum Birnbaum (☎ 03381-527 500; Mittelstrasse
1; singole €34-41, doppie €48-62) In buona posizione
rispetto alla stazione e alla Neustadt, con stanze di buon
livello.

Sorat Hotel Brandenburg (☎ 03381-5970; Altstädtischer
Markt 1; singole €94-120, doppie €110-136) L'albergo più
lussuoso di Brandeburgo e l'unico posto in città attrezzato
per i disabili. Sono compresi nel prezzo lo champagne per
la prima colazione e l'uso della sauna.

SPREEWALD

Lo Spreewald, la 'Foresta della Sprea' (287 kmq), si estende con i suoi fiumi, canali e torrenti 90 km a sud-est di Berlino e ne costituisce la più vicina zona di villeggiatura.

I visitatori vengono qui per le gite fluviali sugli oltre 400 km di canali navigabili, per compiere escursioni lungo gli innumerevoli sentieri nella natura e per pescare in una zona che è stata dichiarata dall'UNESCO Riserva della biosfera nel 1990. Lo Spreewald è anche il posto in cui vive la maggior parte della minoranza indigena dei sorabi, che chiamano questa regione Blota. La zona è rinomata in tutta la Germania per i suoi cetrioli.

È difficile stabilire quale, tra **Lübben** (Lubin in sorabo) e la sua vicina **Lübbenau** (Lubnjow), che distano l'una dall'altra circa 13 km, sia la più pittoresca e storica 'capitale dello Spreewald'. Un'opinione? Lübben, una bella e linda cittadina al centro del più arido Unterspreewald

Trasporti

Distanza da Berlino 80 km.
Direzione sud-est.
Durata del viaggio 1 ora.
Bus Ci sono autobus frequenti tra Lübben e Lübbenau
nei weekend, ma è molto più rapido il treno.
Treno I treni regionali servono Lübben e Lübbenau
ogni due ore da Berlin-Ostbahnhof (€12,80) sul tragitto
per Cottbus.

(Spreewald inferiore), supera Lübbenau. Il suo aspetto è più autentico e la sua storia è più antica di almeno due secoli rispetto alla vicina cittadina. Ciò detto, entrambe le località meritano di essere visitate.

A Lübben è interessante il massiccio Schloss, ma la vera attrazione è una passeggiata (gratuita) nei giardini di Schlossinsel, un arcipelago artificiale nei cui giardini troverete caffè, moli di attracco e ogni tipo di parco-giochi.

Lübbenau, nell'Oberspreewald (Spreewald superiore), è altrettanto graziosa, ma ha più l'aspetto di una cittadina turistica, nonostante che sia considerevolmente più grande. La remota Altstadt è sempre affollata di turisti che danno l'assalto alle imbarcazioni che solcano i canali, dette *Kähne*, l'unico mezzo di trasporto in questi luoghi nei tempi passati. Se volete unirvi a loro dirigetevi al Grosser Hafen (porto grande) o al Kleiner Hafen (porto piccolo). Si possono noleggiare imbarcazioni a partire da €3,50 l'ora.

Informazioni

Spreewaldinformation/Tourismus Lübben (☎ 03546-3090; www.luebben.de; Hafen 1, Ernst-von-Houwald-Damm 15; ☉ 10-18)

Touristinformation Lübbenau (☎ 03542-668; www.spree wald-online.de; Ehm-Welk-Strasse 15; ☉ 9-18 da lunedì a venerdì, 9-13 sabato)

Che cosa vedere

Grosser Hafen (☎ 03542-2225; Dammstrasse 77a, Lübbenau)

Kleiner Hafen (☎ 03542-403 710; Spreestrasse 10a, Lübbenau)

Schloss Lübben (☎ 03546-874 78; Ernst-von-Houwald-Damm 14, Lübben; ingresso interi/ridotti €4/2; ☉ 10-18 da martedì a domenica da maggio a settembre, 10-16 da mercoledì a venerdì e 13-17 sabato e domenica da ottobre ad aprile)

Escursioni a piedi nello Spreewald

Lo Spreewald offre innumerevoli sentieri per passeggiate ed escursioni – gli uffici turistici locali vendono utilissime cartine.

Da Lübbenau gli escursionisti possono seguire un **sentiero nella natura** (30 minuti) in direzione ovest fino a Lehde, la 'Venezia dello Spreewald', dove si trova lo splendido **Freilandmuseum** (☎ 03542-2944; ingresso interi/ridotti €3/2; ☉ 10-18 da aprile al 15 settembre, 10-15 dal 16 settembre a ottobre), di cui fanno parte le tradizionali case con il tetto di paglia e le fattorie dei sorabi.

Un'altra possibilità è il **Leiper Weg**. Inizia vicino al Grosser Hafen e fa parte dell'Europeran Walking Trail E10, che dal Baltico arriva all'Adriatico; questo sentiero in direzione sud-ovest porta a Leipe, città che fino al 1936 era accessibile solo in barca.

Pasti

Bubak (☎ 03546-186 144; Ernst-von-Houwald-Damm 9, Lübben; portate principali €6,40-15,30) Bubak è un ristorante caratteristico a lato della strada che ha preso il nome da uno 'spauracchio' di questi posti. Il servizio comprende anche le esibizioni canore del proprietario.

Dodge City Saloon (☎ 03546-4051; Bergstrasse 1, Lübben; portate principali €6,50-20) Chi mai si aspetterebbe di trovare qui un ristorante in stile 'selvaggio West'?

Strubel's (☎ 03542-2798; Dammstrasse 3, Lübbenau; portate principali €6,50-13,90) Ottimo posto per assaggiare l'anguilla, il luccio e il pesce persico appena pescati nella Sprea.

Pernottamento

Hotel Schloss Lübbenau (☎ 03542-8730; Schlossbezirk 6, Lübbenau; singole €62-82, doppie €104-134) Nel castello della città troverete un gran lusso.

Hotel Spreeufer (☎ 03546-272 60; Hinter der Mauer 4, Lübben; per persona €30-45) Lo Spreeufer è un accogliente e bell'albergo vicino al fiume.

Escursioni – Brandeburgo

RHEINSBERG

Rheinsberg, una deliziosa cittadina che abbraccia le sponde del Grienericksee, offre ai visitatori un affascinante palazzo rinascimentale, passeggiate nel delizioso Schlosspark, varie possibilità di compiere gite in barca e alcuni ristoranti di altissimo livello.

Il primo castello fortificato fu costruito all'inizio del Medioevo, per proteggere il confine settentrionale della Marca di Brandeburgo dai predoni del Meclenburgo. L'attuale Schloss Rheinsberg, però, cominciò a prendere forma soltanto nel 1566, quando il suo proprietario, Achim von Bredow, lo fece ricostruire in stile rinascimentale.

Federico Guglielmo I lo acquistò nel 1734 per il figlio ventiduenne, il principe ereditario Federico (il futuro Federico il Grande), lo ingrandì e migliorò l'assetto della città. Il principe, che trascorse qui quattro anni studiando e preparandosi per salire al trono, ebbe a dire più tardi che quello fu il periodo più felice della sua vita. Volle sovrintendere personalmente al rimodernamento del palazzo e si dice che questa fu una specie di prova generale in vista del più sontuoso Sanssouci (1747) di Potsdam.

La visita del palazzo tocca circa due dozzine di stanze, per lo più vuote, del primo piano, comprese le più vecchie: la **Sala degli specchi**, dove il giovane Federico si esibiva con il flauto; la **Camera della torre**, che più tardi ricreò nel Berlin Schloss nel 1745; la **Stanza di Bacco**, con il soffitto affrescato che ritrae uno stanco Ganimede. Segnaliamo la **Stanza delle lacche**, con le sue cineserie, la **Stanza da letto del Principe Enrico**, che presenta un bellissimo soffitto trompe l'œil, e la **Stanza delle conchiglie** in stile rococò.

Il piano terra dell'ala nord ospita un piccolo **Gedenkstätte** (museo), dedicato alla vita e alle opere dello scrittore Kurt Tucholsky (1890–1935). Egli scrisse un popolare romanzo intitolato *Il castello di Rheinsberg* (Melangolo, Genova 2003), nel quale il giovane innamorato Wolfgang vaga per il castello insieme alla sua amata Claire, facendo entrare il palazzo (e la stessa città di Rheinsberg) a buon diritto nel panorama letterario.

Trasporti

Distanza da Berlino 50 km.
Direzione nord-ovest.
Durata del viaggio 1 ora.
Autobus Due autobus al giorno compiono il tragitto tra Rheinsberg e Oranienburg.
Treno Rheinsberg non è più servita da treni diretti dal centro di Berlino; dirigetevi a nord da Berlin-Spandau o Oranienburg (€8,10) e cambiate a Herzberg.

Informazioni

Infoladen (☎ 033931-395 10; Rhinpassage, Rhinstrasse 19; ✆ 10-18 da lunedì a sabato, 10-16 domenica) Ufficio turistico privato.

Tourist Information (☎ 033931-2059; www.rheinsberg. de; Kavalierhaus, Markt; ✆ 10-17 da lunedì a sabato, 10-16 domenica)

Pasti

Cafe Tucholsky (☎ 033931-343 70; Kurt-Tucholsky-Strasse 30a; portate principali €5,25-10,45) Elegante caffè di fronte allo yacht club, propone spesso musica dal vivo durante i weekend estivi.

Zum Alten Fritz (☎ 033931-2086; Schlossstrasse 11; portate principali €6-13,90) Eccellenti specialità della Germania del nord e pesce.

Zum Fischerhof (☎ 033931-2625; Uferpromenade; portate principali €6-14,50; ✆ da mercoledì a lunedì da aprile a ottobre) Un'autentica *Raucherei* (locale per affumicare il pesce), che serve pesce appena pescato.

Che cosa vedere

Schloss Rheinsberg (☎ 033931-7260; ingresso interi/ridotti €4/3, visita €5/4; ✆ 9.30-17 da martedì a domenica da aprile a ottobre, 10-16 da martedì a domenica da novembre a marzo)

Tucholsky Gedenkstätte (Schloss Rheinsberg; ingresso interi/ridotti €2/1; ✆ 9.30-17 da martedì a domenica da aprile a ottobre, 10-16 da martedì a domenica da novembre a marzo)

Pernottamento

Haus Rheinsberg (☎ 033931-3440; Donnersmarckweg 1; singole €45-65, doppie €85-105) Uno dei pochi alberghi della Germania progettato per ospiti disabili.

Seehof (☎ 033931-4030; Seestrasse 18; singole €65-85, doppie €75-120) Stanze moderne e luminose e cibo superbo.

CHORIN

La piccola città di Chorin non è esattamente un crocevia del turismo, ma il famoso **Kloster Chorin** (Monastero di Chorin), uno degli edifici gotici in mattoni rossi più belli della Germania del nord, è un fortissimo richiamo per i visitatori.

Circa 500 monaci cistercensi lavorarono per oltre sessant'anni a partire dal 1273 per edificare il loro monastero e la relativa chiesa su una base di granito (una tecnica che venne applicata anche dai francescani per costruire la Nikolaikirche e la Marienkirche di Berlino). Il monastero fu secolarizzato nel 1542 e cadde in rovina dopo la guerra dei Trent'anni. Il restauro è andato avanti in modo piuttosto trascurato fino all'inizio del XIX secolo.

L'entrata al monastero passa attraverso la facciata orientale riccamente decorata e porta direttamente al chiostro centrale e al deambulatorio. A nord si vede la **Klosterkirche**, un edificio del primo gotico dai meravigliosi portali scolpiti e dalle lunghe finestre a ogiva.

I famosi concerti della **Choriner Musiksommer** (Estate musicale di Chorin) hanno luogo nel chiostro del monastero il sabato e la domenica da giugno ad agosto e ospitano anche grandi interpreti. Dalla fine di maggio ad agosto, alle 16 della domenica, spesso si tengono dei concerti di musica da camera nella chiesa che si dice abbia un'acustica quasi perfetta. Se avete voglia di camminare, il monastero è raggiungibile in meno di 30 minuti dalla stazione attraverso un grazioso sentiero segnato che taglia per i boschi.

Trasporti

Distanza da Berlino 60 km.
Direzione nord-est.
Durata del viaggio 50 minuti.
Treno Chorin è servita dai treni regionali da Berlin-Ostbahnhof (€6,90) ogni due ore circa. Il Kloster Chorin dista 3 km a sud-est della stazione lungo la strada.

Che cosa vedere

Choriner Musiksommer (☎ 03334-657 310; Schickelstrasse 5, Eberswalde-Finow)

Kloster Chorin (☎ 033366-703 77; Amt Chorin 11a; ingresso adulti/bambini €2,50/1,50, parcheggio €2,50; ⏱ 9-18 da aprile a ottobre, 9-16 da novembre a marzo)

SASSONIA-ANHALT

LUTHERSTADT-WITTENBERG

Wittenberg, una fra le mete più popolari della Sassonia-Anhalt, è generalmente conosciuta per essere il centro da cui, nel 1517, ebbe inizio la Riforma protestante. Pellegrini, studiosi, ammiratori di Joseph Fiennes (protagonista del film *Luther*, 2003) e semplici curiosi vengono qui per ripercorrere le orme di Martin Lutero, il cui zelo religioso cambiò il volto dell'Europa e il corso della storia. Bizzarra e pittoresca, Wittenberg può essere visitata in una giornata. La città è molto affollata in giugno, durante il Festival per le Nozze di Lutero, e il 31 ottobre, l'anniversario della pubblicazione delle 95 Tesi.

Se volete visitare soltanto uno dei vari musei dedicati al padre della Riforma, optate per il **Lutherhaus**. La mostra, ospitata in quella che era la casa di Lutero, fu rinnovata nel 2003 con una spesa di 17,5 milioni di euro, e anche i profani saranno attratti dalla sua esposizione di oggetti personali del riformatore, dipinti di Cranach e pannelli multimediali. C'è anche una stanza originale arredata da Lutero nel 1535, decorata con graffiti reali dello zar di Russia Pietro il Grande nel 1702.

La **Luthereiche** (Quercia di Lutero), il luogo in cui nel 1520 Lutero bruciò una copia della bolla papale che minacciava la sua scomunica, si trova all'angolo di Lutherstrasse e Am Bahnhof.

Secondo la leggenda Lutero, il 31 ottobre 1517, affisse le sue 95 Tesi sulla porta della **Schlosskirche** (Chiesa del Castello). Non ci sono prove che ciò sia in effetti accaduto, anche perché la porta in questione fu distrutta in un incendio nel 1760. Al suo posto sorge un impressionante **monumento alla memoria** (1858) in bronzo, con incise le Tesi in latino. All'interno della chiesa la lapide tombale di Lutero è posta di fronte a quella dal suo amico e compagno Filippo Melantone.

Se presso la Schlosskirche ebbe luogo il primo atto della Riforma, la **Stadtkirche St Marien** (Chiesa Cittadina di Santa Maria) fu il luogo in cui ebbe inizio la rivoluzione ecumenica con il primo servizio di culto protestante del mondo officiato nel 1521. Fu sempre qui che Lutero tenne i suoi sermoni 'Lectern' nel 1522 e tre anni più tardi sposò la ex suora Katharina von Bora. Al centro si trova il grande **altare**, disegnato da Lucas Cranach il Vecchio

Trasporti

Distanza da Berlino 100 km.
Direzione sud-ovest.
Durata del viaggio 1 ora e mezzo.
Treno Wittenberg si trova lungo la linea RE tra Berlin-Ostbahnhof (€16,20) e l'aeroporto di Schönefeld. Assicuratevi di salire sul treno per 'Lutherstadt-Wittenberg', poiché c'è anche una Wittenberge a ovest di Berlino.

Escursioni – Sassonia-Anhalt

insieme con il figlio. Il lato di fronte alla navata mostra Lutero, Melantone e altri artefici della Riforma, tra cui lo stesso Cranach, in scene tratte dalla bibbia. Dietro a esso, sul gradino più basso, vedrete un dipinto raffigurante il paradiso e l'inferno, apparentemente sfregiato. Gli studenti del Medioevo incidevano le proprie iniziali sulla rappresentazione del paradiso in caso di successo negli esami, su quella dell'inferno in caso contrario.

Il Martin Luther Gymnasium di Wittenberg viene chiamato anche Scuola Hundertwasser, in onore del famoso artista e architetto viennese Freidenreichs Hundertwasser che ne ha curato la ristrutturazione. Nel 2000 egli fece rimodellare una serie di blocchi di cemento della Germania Est per dar forma all'edificio che si presenta ora con molte curve, colori brillanti, spruzzi d'oro, cupole simili a quelle delle moschee e vegetazione sul tetto. La scuola si trova a 20 minuti di cammino dal centro in direzione nord-est. È possibile vederne l'esterno in ogni momento, ma per le visite bisogna formare un gruppo di almeno quattro partecipanti. Purtroppo, al momento in cui si scriveva questa guida, la moderna e funzionale scuola rischiava di essere chiusa.

A fianco del Lutherhaus, le ex case di altri due riformatori sono diventate dei musei. La Galerie im Cranachhaus è dedicata all'artista Lucas Cranach il Vecchio, mentre la Melanchthon Haus illustra la vita del docente universitario e umanista Filippo Melantone. Esperto in lingue antiche, Melantone aiutò Lutero a tradurre la bibbia in tedesco dal greco e dall'ebraico, e durante questo lavoro divenne amico intimo del predicatore e il suo più acceso sostenitore.

Informazioni

Wittenberg-Information (☎ 03491-498 610; www. wittenberg.de; Schlossplatz 2; ☿ 9-18 da lunedì a venerdì, 10-15 sabato, 11-16 domenica)

Che cosa vedere

Galerie im Cranachhaus (☎ 03491-420 1911; Markt 4; ingresso interi/ridotti €3/2; ☿ 10-17 da lunedì a sabato, 13-17 domenica)

Hundertwasser School (☎ 03491-881 131; Strasse der Völkerfreundschaft 130; visite €1; ☿ 13.30-17 da martedì a venerdì, 10-16 sabato e domenica)

Lutherhaus (☎ 03491-420 30; Collegienstrasse 54; ingresso interi/ridotti €5/3; ☿ 9-18 tutti i giorni da aprile a ottobre, 10-17 da martedì a domenica da novembre a marzo)

Melanchthon Haus (☎ 03491-403 279; Collegienstrasse 60; ingresso interi/ridotti €2,50/1,50; ☿ 9-18 da martedì a domenica da aprile a ottobre, 9-17 da martedì a domenica da novembre a marzo)

Schlosskirche (ingresso gratuito; ☿ 10-17 da lunedì a sabato, 11.30-17 domenica)

Stadtkirche St Marien (ingresso gratuito; ☿ 9-17 da lunedì a sabato, 11.30-17 domenica)

Pasti

Café Hundertwasserschule (☎ 03491-410 685; Markt 15; portate principali €4-14) Caffè moderno e salutista, fautore di una politica contro il fumo, serve piatti vegetariani e succhi di frutta.

Tante Emmas Bier-und Caféhaus (☎ 03491-419 757; Markt 9; portate principali €8,50-14) Cucina rustica tedesca con piatti tradizionali.

Zur Schlossfreiheit (☎ 03491-402 980; Coswigerstrasse 24; portate principali €6,50-10,50) Locale arredato con legno scuro, caldo e accogliente; cucina quasi simile a quella del precedente locale, serve anche il Lutherschmaus (anatra in salsa piccante con uva sultanina).

Pernottamento

Best Western Stadtpalais (☎ 03491-4250; Collegienstrasse 56/57; singole €90-100, doppie €110-120) Un tocco asiatico contraddistingue questo albergo; le stanze sono di alto livello.

Brauhaus Wittenberg (☎ 03491-433 130; Im Beyerhof, Markt 6; singole/doppie €50/70) Per trascorrere una notte dopo aver bevuto una buona birra provate questo affollato albergo-ristorante in posizione centrale.

Stadthotel Wittenberg Schwarzer Baer (☎ 03491-420 4344; Schlossstrasse 2; singole/doppie €55/70) Stanze pulite e moderne e appena un po' di fascino vecchio stile per creare l'atmosfera.

SASSONIA

DRESDA

Nel XVII secolo la capitale della Sassonia era conosciuta in tutta Europa come la 'Firenze del nord', centro di attività artistiche presieduto da Augusto il Forte e da suo figlio Augusto III. Dal febbraio del 1945, però, Dresda è diventata il simbolo della campagna di bombardamenti alleati che devastò quasi tutte le città tedesche: a Dresda morirono più persone che a Hiroshima. La rinascita della città come punto di riferimento culturale è fondata in parte su tale risonanza storica.

I resti dell'età dell'oro di Dresda sono una grande attrattiva, ma, al di fuori della storica Altstadt, la vita moderna si è saldamente affermata – la Neustadt ha una concentrazione particolarmente alta di locali notturni, e i molti studenti di Dresda dimostrano continuamente di sapere bene come divertirsi.

Questa grande città immancabilmente finisce per conquistare i visitatori. Grazie all'intenso lavoro di restauro in corso per il suo 800° anniversario, che si celebrerà nel 2006, e alla prospettiva di diventare Capitale Europea della Cultura nel 2010, i prossimi anni dovrebbero far guadagnare a Dresda ulteriori ammiratori.

La zona dell'**Altmarkt** è il centro storico di Dresda, nonché il punto di partenza per molti visitatori. Alcuni ristoranti hanno disposto tavoli lungo la strada, e quando non è giorno di mercato è piacevole star seduti fuori ad ammirare la piazza. Anche il nuovissimo centro commerciale **Altmarkt Galerie** è bellissimo.

Procedete in direzione est dalla piazza fino alla **Kreuzkirche** (1792), completamente ricostruita. Chiamata in origine Nikolaikirche, la chiesa fu ribattezzata dopo che alcuni pescatori ritrovarono una *Kreuz* (croce) alla deriva sulle acque dell'Elba. La chiesa è famosa per il Kreuzchorm, un coro di 400 ragazzi.

Di fronte all'Altmarkt si trova il **Kulturpalast**, sgradevolmente tozzo, che ospita un nutrito programma di concerti e spettacoli durante tutto l'anno. Passate per Galeriestrasse, sulla destra, e arriverete al **Neumarkt** – che oggi non è più un mercato – con la **Frauenkirche** (Chiesa di Nostra Signora; 1726-43), coperta da impalcature nella sua estremità orientale. Costruita sotto la direzione dell'architetto barocco George Bähr, la Frauenkirche è uno dei simboli più amati di Dresda. Fino alla fine della seconda guerra mondiale era la più grande chiesa protestante della Germania; i bombardamenti del 13 febbraio 1945 la distrussero completamente: ne vennero lasciate simbolicamente soltanto le macerie. La riunificazione, tuttavia, diede nuovo slancio alla ricostruzione e nel 1992 sono stati avviati il progetto e i lavori di scavo. Il completamento dell'intera operazione è previsto per il 2006.

Dalla Frauenkirche, svoltate su Rampstrasse e successivamente girate in direzione nord-est fino al **Brühlscher Garten**, il delizioso parco a est della terrazza principale. Di fronte si trova l'**Albertinum**, che ospita molti dei tesori di Dresda, compresa la **Galleria dei Nuovi Maestri**, con famosi dipinti del XIX e XX secolo dei più importanti impressionisti francesi e tedeschi, e la **Skulpturensammlung**, che presenta opere classiche ed egizie. Qui si trova anche una delle più belle collezioni del mondo di gioielli e oggetti tempestati di preziosi, la **Grünes Gewölbe** (Volta Verde).

A ovest dell'Albertinum si snoda la **Brühlsche Terrasse**, una spettacolare passeggiata chiamata 'la balconata d'Europa', un sentiero rialzato il cui pavimento si trova quasi 15 m sopra l'argine meridionale dell'Elba. Sotto la passeggiata c'è il bastione in mattoni rinascimentale noto come **Kasematten**, con un interessante museo interno.

Più avanti, dopo il Neumarkt, troverete la favolosa **Augustusstrasse**, con il murale *Der Fürstenzug (Processione di Principi)*, lungo 102 m, dipinto sul muro dell'ex **Stendehaus**

Chiatte e traghetti in navigazione sul fiume Elba

Escursioni – Sassonia

DRESDA

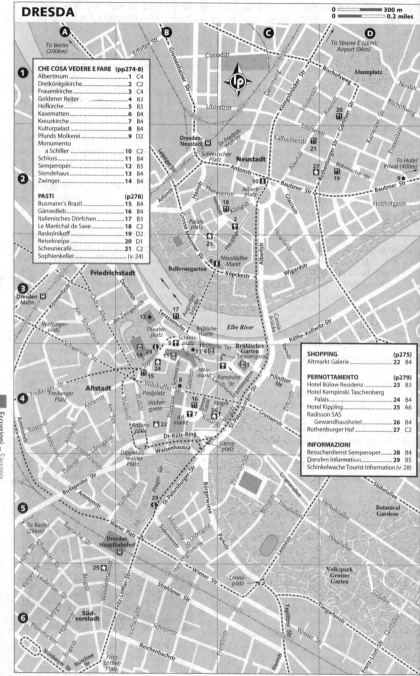

CHE COSA VEDERE E FARE (pp274-8)
Albertinum	1 C4
Dreikönigskirche	2 C2
Frauenkirche	3 C4
Goldener Reiter	4 B3
Hofkirche	5 B3
Kasematten	6 B4
Kreuzkirche	7 B4
Kulturpalast	8 B4
Pfunds Molkerei	9 D2
Monumento a Schiller	10 C2
Schloss	11 B4
Semperoper	12 B3
Stendehaus	13 B4
Zwinger	14 B4

PASTI (p278)
Busmann's Brazil	15 B4
Gänsedieb	16 B4
Italienisches Dörfchen	17 B3
Le Maréchal de Saxe	18 C2
Raskolnikoff	19 D2
Reisekneipe	20 D1
Scheunecafé	21 C2
Sophienkeller	(v. 24)

SHOPPING (p275)
Altmarkt Galerie	22 B4

PERNOTTAMENTO (p279)
Hotel Bülow Residenz	23 B3
Hotel Kempinski Taschenberg Palais	24 B4
Hotel Kipping	25 A6
Radisson SAS Gewandhaushotel	26 B4
Rothenburger Hof	27 C2

INFORMAZIONI
Besucherdienst Semperoper	28 B4
Dresden Information	29 B5
Schinkelwache Tourist Information	(v. 28)

(Scuderia Reale). La scena, una lunga fila di personaggi reali a cavallo, fu dipinta nel 1876 da Wullhelm Walther e poi trasferita su circa 24.000 piastrelle di porcellana Meissen. Unitevi alla folla che si accalca al di là della strada.

Augustusstrasse porta direttamente a **Schlossplatz** e alla chiesa cattolica barocca di **Hofkirche** (1755), dove è conservato il cuore di Augusto il Forte. A sud della chiesa si trova lo **Schloss** neorinascimentale, trasformato in museo. La fine del restauro del palazzo è prevista, forse con un po' di ottimismo, per il 2006.

Trasporti

Distanza da Berlino 200 km.
Direzione sud.
Durata del viaggio 2 ore
Automobile Prendete la A113 fino alla A13, che arriva fino a Dresda.
Treno Treni regolari da Berlin-Ostbahnhof (€30,20).

Sul lato occidentale della Hofkirche c'è **Theaterplatz**, dominata dalla gloriosa **Semperoper**, che ha avuto una storia tumultuosa. L'edificio originale fu inaugurato nel 1841, ma bruciò meno di trent'anni dopo.

Ricostruito nel 1878, fu danneggiato durante la seconda guerra mondiale e riaprì solo nel 1985, dopo che il regime comunista aveva investito milioni per restaurare questo gioiello neorinascimentale. In seguito all'alluvione del 2002 è stato chiuso per breve tempo, e le riparazioni erano ancora in corso all'epoca della nostra visita. Grazie alla pubblicità di una birra il Semperoper è probabilmente uno degli edifici più noti della Germania.

Dal teatro procedete in direzione sud per alcuni metri per raggiungere il vasto complesso barocco dello **Zwinger** (1728).

Una galleria all'aperto e numerosi affascinanti portali circondano il suo delizioso cortile ornato da fontane. Concepito dal famoso architetto Matthäus Daniel Pöppelmann per ospitare tornei e feste reali, presenta all'esterno alcune belle sculture barocche; il cortile è un popolare punto di ritrovo estivo. Sopra il padiglione occidentale si erge un muscoloso Atlante; di fronte si trova un grazioso carillon composto da 40 campane di porcellana Meissen che scandiscono tutte le ore.

Il palazzo ospita anche sei musei. I più importanti sono la **Galleria dei Vecchi Maestri**, che presenta capolavori come la *Madonna Sistina* di Raffaello e la **Rüstkammer** (armeria), con la sua superba collezione di armi cerimoniali. Il biglietto combinato per i due musei costa €6/3,50 (interi/ridotti).

La stupefacente **Collezione di porcellane** è un altro dei pezzi forti, con una quantità di classici oggetti Meissen. Strumenti antichi, mappamondi e orologi sono invece in mostra al **Salone della Matematica e della Fisica**; il **Naturhistorische Sammlungen** (Museo di Storia Naturale) e il **Museo di Mineralogia e Geologia** si trovano nella parte della fortezza chiamata Unterm Kronentor.

Attraversando l'Elba si entra nella **Neustadt**, di fatto una parte vecchia di Dresda, risparmiata dai bombardamenti durante la guerra. Dopo la riunificazione questo è diventato il centro della scena alternativa della città, ma, in seguito alla ristrutturazione di interi isolati, sta perdendo parte della sua atmosfera bohémien. **Königstrasse**, che scorre quasi parallela a ovest di Hauptstrasse, si sta trasformando in quartiere commerciale alla moda.

La statua **Goldener Reiter** (1736) di Augusto il Forte si erge all'estremità settentrionale dell'Augustusbrücke, che conduce alla gradevole zona pedonale di **Hauptstrasse**. Spostandovi in direzione nord arriverete alla **Dreikönigskirche**, la chiesa parrocchiale disegnata da Pöppelmann, recentemente restaurata. La chiesa ospita alcune opere rinascimentali tra cui il fregio chiamato *Danza della Morte*, che una volta si trovava nello Shloss.

In **Albertplatz** due deliziose fontane che fiancheggiano il passaggio pedonale fino al centro rappresentano rispettivamente l'acqua cheta e l'acqua turbolenta. A nord della rotonda sorge un evocativo **monumento a Schiller** in marmo e una fontana che attinge l'acqua da un pozzo artesiano.

Più a est si trova 'la più bella latteria del mondo', **Pfunds Molkerei**, decorata con una quantità di piastrelle dipinte a mano e di sculture smaltate. Si dice che in questa latteria, fondata dai fratelli Pfund nel 1880, sia stato inventato il latte condensato. Fu nazionalizzata dalla RDT nel 1972, poi e cadde in rovina fino a che fu restaurata nel 1995. Il negozio vende copie delle piastrelle, vini, formaggi e, naturalmente, latte e c'è un caffè-ristorante al piano superiore.

Deviazione: la Bastei

I campi aperti e le dolci colline che circondano la **Bastei**, sull'Elba, 28 km a sud-est di Dresda, offrono un panorama veramente mozzafiato. Gruppi rocciosi isolati si innalzano fino a 305 m di altezza e la vista delle foreste, degli spuntoni di roccia e delle montagne circostanti non ha eguali, per non parlare del paesaggio lungo il fiume stesso. Tenete come punto di riferimento la statua di legno che si staglia sulla cima del Picco del Monaco.

Tra i dirupi si vedono lunghe processioni di persone tutt'intorno al **Neue Felsenburg** (☎ 03501-581 00; ingresso interi/ridotti €1,50/0,50; ☒ 9 18), le rovine di un avamposto sassone del XIII secolo. Situata sul **Basteibrücke** (Ponte sulla Bastei), questa fortezza era munita di una catapulta medievale, una copia della quale, assieme ad altri manufatti di quel periodo, è in mostra sul terreno del parco.

Un sentiero segnato conduce alla località di Rathen, sul fiume, e a metà strada si trova un delizioso **Felsenbühne** (teatro all'aperto; ☎ 035024-7770).

Il **Berghotel Bastei** (☎ 035024-7790; singole €41-44, doppie €33-56), dell'epoca della RDT, è l'unico albergo del parco: offre stanze confortevoli, vedute stupende e servizi come sauna e pista da bowling.

La stazione ferroviaria più vicina è quella di Rathen, dalla quale si deve percorrere una ripida salita che richiede 25 minuti di cammino. Per andarci in autobus prendete il n. 236/23T che parte a brevi intervalli dalla stazione ferroviaria di Pirna (€1,50). C'è anche un autobus a due piani scoperto, il **Bastei-Kraxler**, che serve Königstein, Hohnstein e Bad Schandau. Chi intenda andarci con un mezzo proprio dovrà seguire le indicazioni per Pirna, 12 km a sud-est di Dresda.

Informazioni

Besucherdienst Semperoper (☎ 0351-491 10; Schinkelwache, Theaterplatz 2; ☒ 10-18 da lunedì a venerdì, 10-13 sabato) Informazioni, biglietti e visite.

Dresden Information (☎ 0351-4919 2100; www. dresden-tourist.de; Prager Strasse 21; ☒ 9.30-18 da lunedì a venerdì, 9.30-16 sabato)

Schinkelwache Tourist Information (☎ 0351-491 1705; Theaterplatz 2; ☒ 10-18 da lunedì a venerdì, 10-16 sabato e domenica)

Che cosa vedere

Albertinum (☎ 0351-491 4619; biglietto cumulativo adulti/bambini €6/3,50; ☒ 10-18 da venerdì a mercoledì)

Dreikönigskirche (☎ 0351-812 4102; ingresso alla torre interi/ridotti €1,50/1; ☒ 10-18 da lunedì a sabato e 11.30-18 domenica da marzo a ottobre, 10-16.30 da lunedì a sabato e 11.30-16.30 domenica da novembre a febbraio)

Frauenkirche (☎ 0351-439 3934; ingresso gratuito, gradite offerte; ☒ visite ogni ora 10-16)

Hofkirche (☎ 0351-484 4712; ingresso gratuito; ☒ 9-17 da lunedì a giovedì, 13-17 venerdì, 10.30-16 sabato e 12-16 domenica da maggio a ottobre, 10.30-17 sabato da novembre ad aprile)

Kasematten (☎ 0351-491 4786; ingresso adulti/bambini €3,10/2; ☒ 10-17)

Kreuzkirche (☒ 10-18 da lunedì a sabato, 11-18 domenica da aprile a ottobre, 10-16 da lunedì a sabato, 11-16 domenica da novembre a marzo, concerti 18 sabato)

Kulturpalast (☎ 0351-486 60; Schlossstrasse 2)

Salone della Matematica e della Fisica (☎ 0351-491 4622; Zwinger; ingresso interi/ridotti €2/1,50)

Museo di Mineralogia e Geologia (☎ 0351-495 2503; Zwinger; ingresso interi/ridotti €3/1,50)

Naturhistorische Sammlungen (☎ 0351-892 6326; Zwinger; ingresso interi/ridotti €2,05/1,02)

Galleria dei Vecchi Maestri (☎ 0351-491 4619; Zwinger; ingresso interi/ridotti €3/2)

Pfunds Molkerei (☎ 0351-816 20; Bautzner Strasse 79; ingresso interi/ridotti €3/2)

Collezione di porcellane (☎ 0351-491 4622; Zwinger; ingresso interi/ridotti €5,50/3,50)

Rüstkammer (☎ 0351-491 4619; ingresso interi/ridotti €3/2)

Semperoper (☎ 0351-491 1496; visite interi/ridotti €5/3)

Zwinger (Theaterplatz 1; ☒ 10-18 da martedì a domenica)

Pasti

Busmann's Brazil (☎ 0351-862 1200; Kleine Brüdergasse 5; portate principali €9,60-21,20) Cultura brasiliana al di là della *caipirinha*, con insolite 'ghiottonerie' come pesce-rana e serpente a sonagli (€40,90).

Gänsedieb (☎ 0351-485 0905; Weisse Gasse 1; portate principali €6,50-10,80) I piatti a base di oca rappresentano il top del menu in questo fantasioso caffè-ristorante.

Italienisches Dörfchen (☎ 0351-498 160; Theaterplatz 3; portate principali €5-20) Quattro ristoranti, un ambiente di classe e una cucina che va dall'economico barbecue ai raffinati piatti italiani e sassoni.

Le Maréchal de Saxe (☎ 0351-810 5880; Königstrasse 5; portate principali €8,70-14) Ristorante di buon livello, zona elegante, piatti della cucina della corte sassone del XVIII secolo.

Raskolnikoff (☎ 0351-804 5706; Böhmische Strasse 34; portate principali €5,20-7) Pasti leggeri di buon livello in un ambiente informale di stile est-europeo.

Reisekneipe (☎ 0351-889 4111; Görlitzer Strasse 15) Esotico bar popolarissimo. Esperti viaggiatori vi tengono conferenze tutti i mercoledì.

Scheunecafé (☎ 0351-802 6619; Alaunstrasse 36-40; portate principali €6,40-10,10) Cucina indiana in un locale stile rock alternativo, con Bier Garten regolarmente affollato.

Sophienkeller (☎ 0351-497 260; Taschenberg 3; portate principali €9-16,50) Locale per turisti con cameriere in costume; servono buoni vini e specialità locali.

Pernottamento

Hotel Bülow Residenz (☎ 0351-800 30; Rähnitzstrasse 19; singole/doppie €170/210) Una vera gemma in una strada tranquilla vicino a Palaisplatz. Il ristorante della casa è reputato uno dei migliori della Sassonia.

Hotel Kempinski Taschenberg Palais (☎ 0351-491 20; Taschenberg 3; singole €255-340, doppie €285-370) Residenza del XVIII secolo restaurata con vista sullo Zwinger, corridoi incredibilmente tranquilli e accessori da toilette di Bulgari.

Hotel Kipping (☎ 0351-478 500; Winckelmannstrasse 6; singole €70-95, doppie €85-115) A gestione familiare, adatto alle famiglie, raccomandato da un lettore.

Hotel Privat (☎ 0351-811 770; Forststrasse 22; singole €46-61, doppie €62-82) Uno dei pochi alberghi della Germania riservato interamente ai non fumatori.

Radisson SAS Gewandhaushotel (☎ 0351-494 90; Ringstrasse 1; stanze €135-200) Ottima scelta per un servizio di classe e personalizzato.

Rothenburger Hof (☎ 0351-812 60; Rothenburger Strasse 15-17; singole/doppie €95/130) Pulito, atmosfera luminosa e una serie di trattamenti di bellezza.

LIPSIA

Lipsia è stata battezzata Stadt der Helden (città degli eroi) per l'importante ruolo svolto durante la rivoluzione democratica del 1989. Gli abitanti iniziarono a organizzare manifestazioni di protesta contro il regime comunista nel maggio di quell'anno: in ottobre erano già centinaia di migliaia i cittadini che scendevano in piazza, deponevano candele all'esterno del quartier generale della Stasi e partecipavano alle messe per la pace celebrate nella Nikolaikirche (Chiesa di San Nicola). Quando le manifestazioni popolari furono coronate dal successo, alla caduta del Muro, la popolazione di Lipsia impazzì dalla gioia. L'atmosfera della città è molto aperta e incline ai divertimenti: già alla fine dell'inverno i caffè iniziano a mettere i tavolini all'aperto, e innumerevoli bar lavorano a pieno ritmo per tutta la notte.

A Lipsia ci sono numerose occasioni per ascoltare concerti di musica classica e opere liriche interpretati da grandi artisti, e i suoi ambienti letterari sono vivaci e fiorenti. Lipsia è stata la città di Bach, Wagner e Mendelssohn, e Goethe vi compì i suoi studi. Oggi la più grossa novità di Lipsia è che è in corsa per ospitare le Olimpiadi del 2012. In questo momento Lipsia è presumibilmente la città più dinamica della Germania orientale e molte aspettative sono riposte sul suo futuro.

Il centro di Lipsia è racchiuso all'interno di una circonvallazione che ripercorre il tracciato delle sue fortificazioni medievali. Per arrivare in centro dalla stazione ferroviaria attraversate Willy-Brandt-Platz e proseguite in direzione sud lungo Nikolaistrasse per circa cinque minuti; Sul **Markt** centrale, un paio di isolati in direzione sud-ovest, si affaccia l'**Altes Rathaus** (1556) rinascimentale, uno dei municipi più belli della Germania sede del **Museo Storico Cittadino**.

Dirigetevi a sud dall'altro lato della strada per entrare nell'**Apelshaus** (1606-07) un edificio barocco dalle tinte calde con graziosissimi bovini. Nei suoi giorni di massimo splendore ospitò personaggi come Pietro il Grande e Napoleone e oggi è il centro commerciale Königshaus Passage. Il Passage porta direttamente nel **Mädlerpassage**, che è senz'altro uno dei centri commerciali più belli del mondo. Si tratta di un misto di architettura neorinascimentale e art nouveau; divenne una zona commerciale nel 1914 ed è stato rinnovato con grandi costi nei primi anni '90. Oggi ospita negozi, ristoranti,

Trasporti

Distanza da Berlino 160 km.

Direzione sud-ovest.

Durata del viaggio 1 ora e mezzo.

Automobile Lipsia sorge proprio a sud della A14 e a est della A9 Berlin-Nuremberg. Conviene lasciare l'auto in uno dei parcheggi fuori della Altstadt.

Treno Regolari treni regionali collegano Lipsia e Berlin-Ostbahnhof (€33,20).

LIPSIA

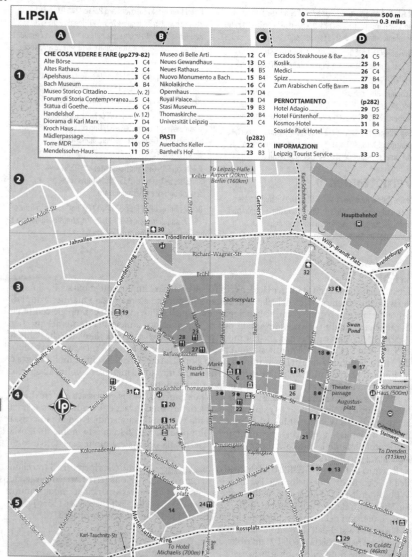

caffè e l'**Auerbachs Keller** (v. Pasti, p282). All'uscita settentrionale ci sono, fra le altre, le statue di Faust e di Mefistofele: secondo la tradizione porta fortuna toccare il piede di Faust. Nei pressi di questa uscita l'inquietante **Forum di Storia Contemporanea** traccia la storia della RDT dalla divisione al crollo. Guardando i filmati in cui si vede la disperazione delle famiglie divise dal Muro è difficile non emozionarsi pensando alla Rivoluzione Pacifica che iniziò proprio qui a Lipsia.

Svoltate a nord dopo il Mädlerpassage e incontrerete il **Naschmarkt** (mercato degli spuntini), dominato dall'**Alte Börse** (1687), un edificio decorato che in passato fu sede di un'impresa commerciale. Di fronte si trova una statua di **Goethe** (1903) – il drammaturgo frequentò l'Università di Lipsia. Oggi l'Alte Börse è un centro culturale che ospita concerti, spettacoli teatrali e conferenze durante tutto l'anno e il cortile è un posto meraviglioso per trascorrere un po' di tempo nei pomeriggi di sole. Sulla destra c'è l'**Handelshof**, la vecchia sede commerciale che temporaneamente ospita il **Museo di Belle Arti** (che a breve dovrà trasferirsi a Sachsenplatz).

Procedendo verso nord-est si incontra la **Nikolaikirche** (1165). Iniziata in stile romanico, venne ingrandita con aggiunte tardo-gotiche, mentre lo stupefacente interno è in stile classico.

La chiesa fu il centro delle dimostrazioni pacifiche che iniziarono nel maggio del 1989, poco prima del crollo della RDT. Ancora oggi la chiesa officia funzioni che celebrano la fine

Lipsia, città della musica

Oltre al Bach Museum, a Lipsia troverete altri due musei dedicati a celebri compositori: Felix Mendelssohn Bartholdy, che visse e morì nella **Mendelssohn-Haus** (☎ 0341-127 0294; Goldschmidtstrasse 12; ⏰ 10-18), e Robert Schumann, che trascorse i primi quattro anni della sua vita coniugale con la pianista di Lipsia Clara Wieck nella **Schumann-Haus** (☎ 0341-393 9620; Inselstrasse 18; ⏰ 14-17 da mercoledì a sabato).

delle proteste, sostanzialmente dei sermoni pacifisti con un taglio politico, tutti i lunedì alle 17. Proseguite verso est fino al Theaterpassage per raggiungere **Augustusplatz**, il centro nevralgico culturale di Lipsia. Di notte, l'edificio in vetro (che ospita gli ascensori per il parcheggio sotterraneo) riflette la sua luce sulle lastre di cemento creando una piacevole nota di colore. Girate a sinistra e vedrete il neoclassico **Royal Palace**, uno degli edifici dell'università.

A nord troverete il funzionale **Opernhaus** (Teatro lirico, 1956-60), sul retro del quale si erge una **statua di Richard Wagner**. A ovest, il **Kroch Haus**, che fu il primo 'grattacielo' di Lipsia, ospita parte della collezione artistica dell'università. Il moderno **Neues Gewandhaus** (1981), all'estremità meridionale della piazza, ospita i concerti classici e jazz della città e la **torre MDR** (1970; ascensore €1,50), occupata dalla stazione radiofonica Mitteldeutscher Rundfunk. Alla sua base è attualmente in costruzione una nuova sala da concerti.

Sul lato occidentale della piazza, all'entrata dell'Universität Leipzig (Università di Lipsia), si trova un **diorama** in bronzo, oggettivamente brutto, che raffigura Karl Marx. La cornice in acciaio rosso a forma di 'A' che gli sta attorno è un **monumento** alla Chiesa di San Paolo (Paulinerkirche), che sorgeva in questo sito e venne rasa al suolo durante la seconda guerra mondiale.

Dirigendovi a ovest lungo la circonvallazione troverete l'impressionante torre del **Neues Rathaus**, alta 108 m. Le origini dell'edificio risalgono al XVI secolo, ma esso ha assunto il suo aspetto attuale solo nel 1905. Recentemente restaurato, l'interno ne fa uno dei più begli edifici municipali della Germania, con una scalinata grandiosa degna di Donald Trump.

Da Burgplatz risalite la Burgstrasse per trovare la **Thomaskirche** (Chiesa di San Tommaso; 1212), che ospita la tomba del compositore Johann Sebastian Bach. La chiesa fu ingrandita con aggiunte in stile gotico nel 1496, e fu qui che vennero battezzati Richard Wagner, Karl

Colditz

Nella remota valle di Zwickauer Mulde, 46 km a sud di Lipsia, sorge la sonnolenta città di Colditz con gli impressionanti ruderi della sua fortezza. Questo edificio rinascimentale veniva utilizzato da Augusto il Forte come casino di caccia nel XVII secolo, e nel XIX divenne un ospedale per malattie mentali. Durante la seconda guerra mondiale i nazisti lo trasformarono in una prigione di massima sicurezza, nota con il nome di Oflag IVc (Campo ufficiali IVc).

I suoi detenuti, per lo più ufficiali alleati che avevano già tentato la fuga da altre prigioni, ebbero modo di dimostrare che nemmeno questa era tanto sicura. Tra il 1939 e il 1945 vi furono oltre 300 tentativi di fuga, che valsero a Colditz la reputazione di 'campo dei ragazzacci'. In totale riuscirono ad evadere 31 persone, aiutate da ingegnosi attrezzi costruiti con mezzi di fortuna (tra gli altri un aliante realizzato con lenzuola e legno). Altra impresa singolare è il tunnel lungo 44 m che alcuni ufficiali francesi scavarono tra il 1941 e il 1942, prima di venire scoperti dai tedeschi.

Alcuni prigionieri divennero scrittori dopo la guerra, e dai loro racconti sono stati tratti oltre 70 libri, svariati film e almeno una serie televisiva per la BBC. Oggi la fortezza ospita un piccolo ma affascinante **Das neue Fluchtmuseum** (Museo delle evasioni; ☎ 034381-449 87; ingresso interi/ridotti €3/2; ⏰ 10-17).

Gli autobus n. 931 e 690 collegano Colditz a Lipsia. Si può anche prendere un treno per Bad Lausick e di qui l'autobus n. 613. La città si trova all'incrocio della B107 con la B176, tra Lipsia e Chemnitz.

Liebknecht e tutti i figli di Bach. Bach vi lavorò come cantore dal 1723 fino alla morte, avvenuta nel 1750. All'esterno sorge il **Nuovo Monumento a Bach** (1908), che raffigura il compositore appoggiato a un organo, con la tasca sinistra della giacca rivoltata (con 20 figli avuti da due matrimoni, il grande compositore sosteneva sempre di essere senza un soldo).

Di fronte alla chiesa, in una casa barocca, si trova il **Bach Museum**, incentrato sulla vita del compositore a Lipsia. La Matthäus Passion, la Johannes Passion, il Weihnachts Oratorium (Oratorio di Natale) e la h-Moll Messe (Messa in si minore), per citare alcuni dei suoi capolavori, furono scritti qui. Sulla circonvallazione, l'agghiacciante **Museo della Stasi** occupa quello che era il quartier generale della polizia segreta della Germania Est, un edificio noto con il nome di Runde Ecke (Angolo rotondo). All'ingresso sono esposte foto delle dimostrazioni dell'ottobre e novembre del 1989; all'interno troverete materiale di propaganda, travestimenti grotteschi, foto di sorvegliati e, sul retro, montagne di cartapesta create con i documenti segreti che vennero distrutti prima della caduta della RDT.

Informazioni

Leipzig Tourist Service (☎ 0341-710 4260; www.leipzig.de; Richard-Wagner-Strasse 1; ⊗ 9-19 da lunedì a venerdì, 9-16 sabato, 9-14 domenica)

Che cosa vedere

Alte Börse (☎ 0341-961 0368; ⊗ visite su prenotazione 17 da lunedì a venerdì)

Bach Museum (☎ 0341-964 110; Thomaskirchhof 16; ingresso interi/ridotti €3/2; ⊗ 10-17)

Museo Storico Cittadino (☎ 0341-965 130; Markt 1; ingresso adulti/bambini €2,50/2; ⊗ 10-18 da martedì a domenica)

Forum di Storia Contemporanea (☎ 0341-222 20; Grimmaische Strasse 6; ⊗ 9-18 da martedì a venerdì, 10-18 sabato e domenica)

Museo di Belle Arti (☎ 0341-216 990; Grimmaische Strasse 1-7; ingresso interi/ridotti €2,50/1; ⊗ 10-18 martedì, da giovedì a domenica, 13-20 mercoledì)

Neues Gewandhaus (☎ 0341-127 00; Augustusplatz 8)

Neues Rathaus (☎ 0341-1230; Nikolaiplatz; ingresso gratuito; ⊗ 6.45-16.30 da lunedì a venerdì)

Nikolaikirche (☎ 0341-960 5270; Nikolaiplatz; ingresso gratuito; ⊗ 10-18)

Opernhaus (☎ 0341-126 1261; Augustusplatz)

Stasi Museum (☎ 0341-961 2443; Dittrichring 24; ingresso gratuito; ⊗ 10-18)

Thomaskirche (☎ 0341-212 4676; Thomaskirchhof; ingresso gratuito; ⊗ 9-18)

Pasti

Auerbachs Keller (☎ 0341-216 100; Mädlerpassage; portate principali €10,50-20,60) Classico ristorante tedesco, fondato nel 1525 e citato nel *Faust-Parte I* di Goethe. Popolare sia tra la gente del posto sia tra i turisti.

Barthel's Hof (☎ 0341-141 310; Hainstrasse 1; portate principali €8-14) Propone fantastici buffet (€8,30-11,99) e piatti sassoni come lo *Heubraten* (agnello arrostito nel fieno).

Escados Steakhouse & Bar (☎ 0341-960 7127; Martin-Luther-Ring 2; portate principali €8,50-18,40) Il tropicale incontra il classico, con palme, colonne e tanta carne argentina.

Koslik (☎ 0341-998 5993; angolo Gottschedstrasse e Zentralstrasse; portate principali €5,60-13) Arredato con stile; eccellente cucina mista con piatti tipici italiani (è inserita anche l'anatra all'arancia).

Medici (☎ 0341-211 3878; Nikolaikirchhof 5; portate principali €19,50-23) Ristorante italiano di classe, considerato uno dei migliori di Lipsia.

Spizz (☎ 0341-960 8043; Markt 9) Uno dei bar più alla moda della città, con eccellente jazz dal vivo e pista da ballo.

Zum Arabischen Coffe Baum (☎ 0341-965 1321; Kleine Fleischergasse 4; portate principali €7,50-15) Il più vecchio caffè di Lipsia su tre piani; pasti eccellenti e un museo del caffè.

Pernottamento

Hotel Adagio (☎ 0341-216 699; Seeburgstrasse 96; singole/doppie €67/79) Piccolo e raffinato albergo privato in una zona tranquilla, elegantemente decorato in bianco e nero.

Hotel Fürstenhof (☎ 0341-1400; Tröndlinring 8; singole €125-270, doppie €151-300) Grand hotel ultralussuoso con una tradizione bicentenaria e più servizi di quanti possiate immaginare.

Hotel Michaelis (☎ 0341-267 80; Paul-Gruner-Strasse 44; singole €70-95, doppie €85-125) Albergo a tre stelle superiore con stanze ben ammobiliate.

Kosmos-Hotel (☎ 0341-233 4422; Gottschedstrasse 1; singole/doppie €35/60) Singolare albergo che si ispira al teatro e offre scenografie diverse in ogni stanza.

Seaside Park Hotel (☎ 0341-985 20; Richard-Wagner-Strasse 7; singole €105-125, doppie €126-140) Bella casa in stile art nouveau in centro città, con un pregevole ristorante.

Informazioni

Informazioni

IL VIAGGIO

AEREO

Lufthansa e tutte le maggiori compagnie aeree europee offrono voli diretti per Berlino. Se provenite da oltreoceano dovrete probabilmente fare scalo in un'altra città europea, come Francoforte, Monaco, Amsterdam o Londra. Berlino è anche un'importante destinazione per le nuove, numerosissime compagnie aeree a basso costo, che sono sorte un po' in tutta Europa negli ultimi anni.

Su internet si possono trovare tariffe molto convenienti. Potreste iniziare la vostra ricerca dalle agenzie online che propongono voli scontati, come www.cts.it, www.infoair.it, www.travelonline.it, www.travelprice.it, e controllare anche i siti delle compagnie aeree per eventuali tariffe promozionali. Tenete presente che la maggior parte delle compagnie a basso costo che vendono direttamente ai viaggiatori non sono neppure comprese nel circuito computerizzato utilizzato dalle agenzie di viaggi.

Avvertenza

Le informazioni contenute in questo capitolo sono quelle maggiormente suscettibili di modifiche: le tariffe aeree sui voli internazionali cambiano di continuo, nuovi voli vengono introdotti mentre altri vengono cancellati, cambiano gli orari e le offerte speciali. Le compagnie aeree e i governi dei singoli stati sembrano fare di tutto per complicare al massimo norme e regolamenti. Per capire come funziona il sistema tariffario (e quindi scegliere il tipo di biglietto più adatto alle proprie esigenze) conviene informarsi direttamente presso l'ufficio di una compagnia aerea oppure rivolgersi a un'agenzia di viaggi. Come se non bastasse, nel settore del turismo la concorrenza è spietata e non mancano le offerte convenienti e neppure gli imbrogli.

La procedura migliore è raccogliere il maggior numero d'informazioni possibile, contattando numerose agenzie di viaggi e le compagnie stesse, in modo da poter confrontare dati e cifre. Le informazioni fornite in questo capitolo vanno prese come indicazioni di massima, da aggiornare con una ricerca personale e accurata.

Glossario per i viaggi in aereo

Un'utile guida per districarsi tra le svariate sigle e i numerosi termini che si possono incontrare quando si affronta un viaggio in aereo è disponibile online sul sito EDT, all'indirizzo www.edt.it/lonelyplanet/aereo/

Compagnie aeree

PRENOTAZIONE BIGLIETTI ONLINE

Agenzie di vendita di biglietti online consigliate:

Francia (www.anyway.fr; www.lastminute.fr; www.nouvelles-frontieres.fr)

Italia (www.cts.it; www.infoair.it; www.travelonline.it; www.travelprice.it)

Regno Unito e Irlanda (www.b-t-w.co.uk; www.ebookers.com; www.flightcentre.co.uk; www.northsouthtravel.co.uk; www.questravel.com; www.statravel.co.uk; www.trailfinders.co.uk; www.travelbag.co.uk)

Spagna (www.barceloviajes.com; www.nouvelles-frontieres.es)

VETTORI EUROPEI

Air Berlin (☎ 01805-737 800; www.air-berlin.com)

Air France (☎ 01805-830 830; www.airfrance.fr)

Alitalia (☎ 01805-074 747; www.alitalia.it)

British Airways (☎ 01805-266 522; www.britishairways.co.uk)

Deutsche BA (☎ 01805-359 3222; www.flydba.com)

easyJet (☎ 01803-654 321; www.easyjet.com)

Germania Express (☎ 01805-737 100; www.gexx.com)

Iberia (☎ 01803-000 613; www.iberia.es)

KLM (☎ 01805-254 750; www.klm.com)

Lufthansa (☎ 01803-803 803; www.lufthansa.com)

Ryan Air (☎ 0190-170 100; www.ryanair.com)

SAS (☎ 01803-234 023; www.scandinavian.net)

Swiss (☎ 01803-000 334; www.swiss.com)

Volare Airlines (☎ 0800-101 4169; www.volareweb.com)

VETTORI EXTRA-EUROPEI

Air Canada (☎ 01805-024 7226; www.aircanada.ca)

Air New Zealand (☎ 0800-5494 5494; www.airnz.co.nz)

American Airlines (☎ 0180-324 2324; www.aa.com)

Continental (☎ 0180-321 2610; www.continental.com)

Delta Airlines (☎ 01803-337 880; www.delta.com)

Qantas Airways (☎ 01805-250 620; www.quantas.com.au)

United Airlines (☎ 069-5007 0387; www.ual.com)

US Airways (☎ 01803-000 609; www.usairways.com)

Aeroporti

Berlino ha tre aerostazioni: il numero che potete chiamare per ottenere informazioni è il ☎ 0180-500 0186 (www.berlin-airport.de), ed è valido per tutti e tre gli scali.

L'aeroporto con il traffico maggiormente intenso è Tegel (TXL), circa 8 km a nord-ovest del centro, da cui partono soprattutto aerei con destinazioni nazionali o per l'Europa occidentale.

Schönefeld (SXF), circa 22 km a sud-est del centro, offre perlopiù collegamenti con l'Europa orientale, le Americhe, l'Asia e l'Africa. È anche uno scalo molto utilizzato dalle compagnie a basso costo come easyJet e Ryan Air. In entrambi gli aeroporti sono in funzione **depositi bagagli** (☉ 5.30-22), bancomat, sportelli per il cambio di valuta e un ufficio postale. Il terzo aeroporto è il centrale ma minuscolo Tempelhof (THF), a sud di Kreuzberg, la cui chiusura è tuttavia prevista per il 2005.

TEGEL

Aeroporto di Tegel (cartina pp340-1) È collegato al distretto di Mitte dai JetExpressBus TXL (€4,10, 30 minuti), che fermano in luoghi centralissimi come Unter den Linden e Alexanderplatz. Per raggiungere Charlottenburg o la zona settentrionale di Wilmersdorf conviene prendere l'autobus n. X9 o 109 (€2, 30 minuti).

Tegel non è direttamente servito dalla U-Bahn. La fermata più vicina è Jakob-Kaiser-Platz (U7), servita dall'autobus n. 109. Potete anche prendere l'autobus n. 128 fino alla stazione di Kurt-Schumacher-Platz e poi servirvi della U6.

Una corsa in taxi da Tegel alla stazione Zoo o a Mitte costa circa €20.

SCHÖNEFELD

Aeoporto Schönefeld (cartina pp340-1) È servito ogni 30 minuti dai treni AirportExpress, con partenze dalla stazione Zoo (30 minuti), da Friedrichstrasse (23 minuti), da Alexanderplatz (20 minuti) e da Ostbahnhof (15 minuti). Vi basterà un biglietto standard del tipo 'zona AB' (€2; v. Biglietti e tariffe, p289).

Un'alternativa meno veloce è la S9 (€2, 50 minuti). La stazione ferroviaria Schönefeld si trova a circa 300 m dal terminal, cui è collegata da un autobus navetta gratuito che passa ogni 10 minuti. L'autobus n. 171 collega il terminal direttamente con la stazione della U-Bahn di Rudow (U7) con coincidenze per Berlino centrale. Se intendete prendere un taxi dall'aeroporto di Schönefeld fino al centro di Berlino siate pronti a spendere tra €25 e €35.

TEMPELHOF

Aeroporto Tempelhof (cartina pp348-9) È facilmente raggiungibile con la U6 (scendete in Platz der Luftbrücke) o con l'autobus n. 119 che parte da Kurfürstendamm e passa per Kreuzberg. Una corsa in taxi fino alla stazione Zoo o a Mitte costa circa €15.

Per/dall'Italia

Berlino è facilmente raggiungibile in aereo da tutti i principali aeroporti italiani. In particolare, sulla capitale tedesca operano Air Berlin (Bergamo e Roma Fiumicino), Alitalia (Milano Malpensa) e Volare Airlines (Milano Linate e Roma Fiumicino). Berlino è inoltre ben collegata con tutti i principali aeroporti italiani grazie ai numerosi voli Austrian Airlines, Air France, Brussels Airlines, KLM, Lufthansa e Swiss, con cambio di aeromobile rispettivamente a Vienna, Parigi, Bruxelles, Amsterdam, Francoforte/Monaco di Baviera e Zurigo.

Le tariffe variano a seconda della stagionalità o in occasione di particolari promozioni in bassa stagione. La tariffa Alitalia da Milano, per esempio, parte da €99 per un biglietto a date fisse non modificabili con validità minima/massima della notte fra sabato e domenica (la cosiddetta 'Sunday rule') e massima di sei mesi con emissione almeno quattordici giorni prima della partenza, per passare a €170 per un biglietto con la stessa validità minima/massima con emissione almeno sette giorni prima della partenza, fino a un massimo di €1015 per un biglietto in Business Class senza alcuna restrizione con validità massima di un anno. Ottime tariffe si possono ottenere anche con Lufthansa o con tutte le altre compagnie cui abbiamo fatto cenno in precedenza a condizione di effettuare l'intero itinerario con lo stesso vettore aereo con un biglietto a date fisse. Da non dimenticare infine le cosiddette 'tariffe giovani' proposte da Alitalia (€205 per un biglietto con validità minima della notte fra sabato e domenica e massima di tre mesi con possibilità di variare la data del rientro entro la validità massima del biglietto). Il consiglio migliore è, come sempre, di rivolgersi a un'agenzia di viaggi di fiducia prenotando

Informazioni – Il viaggio

possibilmente con un certo anticipo specie in periodi di alta stagione.

Compagnie aeree

Alitalia (numero verde dall'Italia ☎ 8488 65643; www. alitalia.it; call centre dalla Germania ☎ 0180 507 4747) ha uffici a Berlino all'aeroporto Tegel (TXL ☎ 030 4101 2650).

Air Berlin (per prenotazioni: www.airberlin.com, anche in italiano, oppure ☎ 848-390054 dall'Italia; ☎ 0180 507 4747 in Germania) ha un ufficio presso l'aeroporto di Fiumicino che fornisce servizi di biglietteria.

Lufthansa (www.lufthansa.it) ha uffici a Milano (☎ 02 8066 3025; fax 02 5837 2288; Via Larga 23) e biglietterie agli aeroporti di Bologna, Torino, Venezia, Malpensa 2000 e Fiumicino.

INDIRIZZI UTILI IN ITALIA

Alcune buone agenzie italiane presso le quali è possibile trovare biglietti aerei a tariffe scontate sono: **CTS** (☎ 06 44 11 11; fax 06 4411 1400; www.cts.it; Via Andrea Vesalio 6, 00161 Roma), con sedi in tutta Italia; **Viaggi Wasteels** (☎ 02 6610 1090; fax 02 6610 1100; www.wasteels.it; Via Angelo Belloni 1, 20162 Milano) e **Passaggi** (☎ 06 4890 7088; fax 06 4898 6379; Via Giolitti 34, 00185 Roma), che ha uffici nelle stazioni ferroviarie delle principali città italiane. Dal sito del CTS è possibile accedere a una pagina di vendita online di biglietti aerei per tutte le destinazioni.

ALTRI MODI PER RAGGIUNGERE BERLINO
Per/dall'Italia
AUTOBUS

Eurolines Italia (☎ 055 35 71 10; fax 055 35 05 65; booking@eurolines.it; www.eurolines.it; Via G. S. Mercadante 2/b, 50144 Firenze).

Per raggiungere Berlino, Eurolines propone le tratte Milano-Vienna (via Mestre o via Trento) e Vienna-Berlino. La tabella più avanti riporta le informazioni relative a percorsi, orari e tariffe relativi alla stagione estiva 2004.

Eventuali sconti dipendono dall'itinerario seguito, e sono anche disponibili tariffe speciali se si viaggia in giorni particolari. Chi intende viaggiare molto in autobus può acquistare l'Eurolines Pass, che consente la libera circolazione nelle maggiori città europee, fra cui Berlino e Vienna per 15, 30 o 60 giorni.

Le tariffe in Italia: il pass per 15 giorni costa €185/240 (bassa/alta stagione) per i giovani

al di sotto dei 26 anni e per i passeggeri con oltre 60 anni, €220/285 per gli adulti; quello per 30 giorni costa, per le stesse categorie di viaggiatori, rispettivamente €250/345 e €310/425; infine, per 60 giorni €310/380 e €390/490.

Tratta	Orari andata	Orari ritorno	Tariffe a/ar	Durata ore
Milano-Vienna (via Mestre)	7.10/21	7.15/21	€68/109	14
Milano-Vienna (via Trento, mattino)	7.10/20.30	7.30/20.30	€68/109	13½
Milano-Vienna (via Trento, sera)	18.30/7.50	18/7	€68/109	13½
Vienna-Berlino (giornaliero)	20.30/6.30	20.30/6.30	€55/99	10

AUTOMOBILE

Se decidete di raggiungere Berlino con la vostra automobile dovrete transitare in Svizzera e in Austria prima di entrare in territorio tedesco. Ricordate che è necessario essere muniti del bollino autostradale, acquistabile alle frontiere, che permette di circolare sulle autostrade svizzere e austriache.

In Germania sono riconosciuti la patente di guida e il libretto di circolazione italiani, nonché l'assicurazione di responsabilità civile stipulata in Italia (la Carta Verde non è quindi necessaria).

Quest'ultima potrebbe invece essere richiesta ad automobilisti di altri paesi (per ottenere questo documento basta rivolgersi alla propria assicurazione). Ricordiamo che, sebbene non obbligatoria, la Carta Verde può rivelarsi utile, dal momento che garantisce una copertura assicurativa più completa per i viaggi all'estero.

Se pensate di utilizzare in Germania la vostra auto e siete membri dell'ACI sappiate che sono previste delle agevolazioni per chi viaggia in Europa; in particolare, una tessera con validità annuale denominata ACI Sistema (€69) consente di ricevere assistenza sia per il veicolo sia per il socio e i suoi familiari. Potrete ottenere ulteriori informazioni in merito visitando il sito www.aci.it, oppure contattando la più vicina sede ACI.

Ricordiamo ancora che il sito www.viaggiare-sicuri.mae.aci.it, a cura dell'ACI in collaborazione con il Ministero degli Affari Esteri, offre utili informazioni circa documenti e norme di sicurezza. Chi desidera ricevere ulteriori ragguagli può rivolgersi alla sede nazionale **ACI** (numero verde ☎ 803 116; informazioni per l'estero ☎ 06 49

11 15; documenti doganali ☎ 06 4998 2444; Via Magenta 5, 00185 Roma). Prima di partire vi potranno essere di aiuto il sito delle **Autostrade italiane** (www.autostrade.it), dove controllare il traffico in tempo reale e calcolare il pedaggio in Italia, e il sito www.viamichelin.com, alla voce Itinerari, per programmare il percorso più diretto.

AUTOSTOP

In Italia esiste la possibilità di procurarsi un passaggio in auto alla volta di varie destinazioni europee, tra cui Berlino.

Per informazioni potete rivolgervi all'associazione **Autostop e Pendolari** (☎ 348 410 0696; fax 02 700 510 417; info@autostop.it; www.autostop.it, Via Torino 51, 20123 Milano); in genere gli equipaggi sono composti da quattro persone, incluso il guidatore; si richiede la fotocopia della carta d'identità e una quota associativa di €16 (valida dodici mesi effettivi a partire dall'emissione) oppure €11 se si vuole usufruire di un solo passaggio.

A titolo orientativo, il costo di un passaggio per Berlino è di €68 circa.

BICICLETTA

Per utili consigli su come organizzare un viaggio che preveda l'utilizzo di questo mezzo ci si può rivolgere alla **Federazione Italiana Amici della Bicicletta**, Fiab (☎ /fax 041 92 15 15; info@fiab-onlus.it; www.fiab-onlus.it; Via Col Moschin 1, 30171 Mestre).

TRENO

Esistono collegamenti rapidi, con un solo cambio, nonché treni notturni con cuccette e vagoni letto. Molti treni diretti in Germania sono attrezzati per passeggeri disabili e per il trasporto di biciclette.

Per informazioni più dettagliate su tariffe, orari e prenotazioni potete contattare **Trenitalia** (☎ 89 20 21, senza prefisso, unico da tutta Italia e attivo tutti i giorni dalle ore 7 alle ore 21; www.trenitalia.it). Potete anche contattare la **Deutsche Bahn – Ferrovie Tedesche** (☎ 02 6747 9578; fax 06 6747 9585, info@deutschebahn.it; www.dbitalia.it). L'ufficio aperto al pubblico si trova in Via Napo Torriani 29, 20124 Milano e osserva i seguenti orari: da lunedì a venerdì dalle 9 alle 13 e dalle 14 alle 18.

A titolo di esempio, il costo di un biglietto andata e ritorno Milano-Berlino con la riduzione RIT (v. Biglietti a riduzione) in seconda classe è di €260,71; per Roma-Berlino il costo indicativo è di €322,27.

Tratta	Orari andata e ritorno	Durata	Cambi
Milano-Berlino	21.25/9.44 18.40/7.45	12 ore circa	Francoforte/ Karlsruhe
Milano-Berlino	7.15/20.18 9.38/22.45	13 ore circa	Stoccarda/ Stoccarda
Roma-Berlino	21.37/15.23 12.32/8.17	18 ore circa	Monaco/ Monaco

Biglietti a riduzione

Se desiderate utilizzare il treno per giungere a Berlino ed, eventualmente, proseguire il viaggio verso altre città della Germania, sono disponibili diversi biglietti a riduzione:

Carta Rail Plus

Questa tessera dà diritto allo sconto del 25% sui biglietti internazionali di prima e seconda classe (tranne alcuni treni speciali) ed è valida un anno a partire dalla data di emissione. Costa €45 per gli adulti e solo €20 per chi ha più di 60 anni e per i ragazzi fino a 26 anni. Può essere richiesta presso le biglietterie internazionali delle principali stazioni ferroviarie e presso le agenzie di viaggi abilitate alla vendita.

Euro-Domino

Se i vostri progetti di vacanza non prevedono continui spostamenti in treno potete scegliere questa formula, che consente di utilizzare solo per alcuni giorni in un mese (da tre a otto scelti dal viaggiatore, con percorrenza illimitata) i servizi ferroviari di un determinato paese.

Esiste anche un Euro-Domino Junior, di sola seconda classe, rilasciato ai giovani di età inferiore ai 26 anni, a prezzo ulteriormente ridotto. A titolo indicativo, il prezzo di un biglietto Euro-Domino per la Germania varia da €186 (tre giorni) a €286 (otto giorni) per gli adulti, mentre per i giovani le tariffe applicate vanno da €140 (tre giorni) a €215 (otto giorni). Le tariffe variano leggermente a seconda di dove si acquista il biglietto.

Questo biglietto è in vendita in Italia presso le biglietterie FS delle principali città. Ulteriori informazioni sono presenti nel sito www.eurodomino.it.

Inter-Rail

Gli italiani e le persone che risiedono permanentemente in un paese europeo o nordafricano da almeno sei mesi possono acquistare l'InterRail, che divide l'Europa in otto zone geografiche (la Germania fa parte di una di esse insieme alla Danimarca, all'Austria e alla Svizzera). È valido per 16 o 22 giorni di spostamenti illimitati in una zona a scelta o per periodi più lunghi in varie zone.

Il costo dell'Inter-Rail per chi intenda viaggiare in Germania passando per la Svizzera o per l'Austria (una zona, validità 16 giorni) è di €210 per i giovani al di sotto dei 26 anni e di €299 per chi ha superato tale età. Esiste anche un Inter-Rail Ragazzi (per chi ha un'età compresa fra quattro e 12 anni): per una zona il costo è di €149.

Con questo titolo di viaggio, per il tragitto in territorio italiano dalla località di partenza sino al confine con la Svizzera si paga metà prezzo. Il biglietto Inter-Rail è rilasciato dalle biglietterie FS delle principali città. Brochure informative sul biglietto Inter-Rail sono comunque disponibili presso gli sportelli internazionali delle più grandi stazioni ferroviarie di tutta Europa. Utile anche il sito www.interrailnet.com.

RIT

(Rail Inclusive Tour) Chi ha superato i 26 anni può viaggiare in treno a tariffa scontata acquistando il biglietto RIT, valido sui percorsi internazionali di andata e ritorno (sia in prima sia in seconda classe); dà diritto a una riduzione dal 20 al 30%. I bambini fino a quattro anni non compiuti viaggiano gratuitamente, mentre quelli da quattro a 12 anni usufruiscono dello sconto del 50% sulla tariffa RIT. Il biglietto RIT deve essere emesso congiuntamente all'acquisto di altri servizi turistici: pernottamento in albergo per almeno una notte nella città di arrivo; il supplemento cuccetta o vagone letto sia per l'andata

sia per il ritorno, sui treni a percorrenza notturna. All'importo del biglietto vanno aggiunti i vari supplementi; chiedete informazioni ulteriori a un'agenzia di viaggi specializzata (come Viaggi Wasteels, Passaggi o CTS).

TRASPORTI LOCALI

La rete dei trasporti pubblici di Berlino include i servizi forniti dalla **Berliner Verkehrsbetriebe** (BVG; operativo 24 ore su 24 ☎ 194 49) e dalla **Deutsche Bahn** (DB; ☎ 11861). La BVG gestisce la U-Bahn, gli autobus, i tram e i traghetti, mentre della DB fanno parte i treni urbani e regionali come gli S-Bahn, i Regionalbahn (RB) e i Regionalexpress (RE).

Presso il **chiosco informazioni della BVG** (cartina p354; Hardenbergplatz; ⏱ 6-22) situato fuori dalla stazione Zoo è possibile ritirare cartine gratuite e acquistare biglietti. Per informazioni sui collegamenti di S-Bahn, RE e RB rivolgetevi agli uffici del Reisezentrum, presenti all'interno di ogni stazione ferroviaria.

Biglietti
ACQUISTO E UTILIZZO DEI BIGLIETTI

Potete acquistare biglietti singoli e giornalieri (*Tageskartes*) dai conducenti degli autobus, mentre i biglietti per l'U-/S-Bahn e quelli multipli, settimanali o mensili vanno acquistati prima di salire sul mezzo presso i distributori automatici di colore arancione (che riportano le istruzioni anche in inglese), nelle stazioni della U-/S-Bahn

Tutti a bordo! Berlino vista dagli autobus n. 100 e n. 200

Accomodarsi a bordo di un autobus a due piani è uno dei modi migliori, e più economici, per compiere un giro di Berlino. Sia l'autobus n. 100 sia il n. 200 seguono percorsi che toccano quasi tutti i principali luoghi di interesse turistico del centro della città per la modica cifra di €2, un normale biglietto singolo della BVG. Potrete anche salire e scendere a vostro assoluto piacimento entro le due ore della sua validità. Se aveste intenzione di dedicare l'intera giornata a questo tipo di visita, vi converrebbe investire €5,60 in una *Tageskarte* (tessera giornaliera).

L'autobus n. 100 segue un percorso che va dalla stazione Zoo ad Alexanderplatz passando per monumenti simbolo della città come la Gedächtniskirche, Tiergarten con la statua della Vittoria alata, il Reichstag, la Porta di Brandeburgo e Unter den Linden.

Anche l'autobus n. 200 parte dalla stazione Zoo, ma segue un percorso più meridionale che si snoda dal Kulturforum a Potsdamer Platz, per poi dirigersi anch'esso verso la Porta di Brandeburgo e Unter den Linden. Da qui l'autobus prosegue per Alexanderplatz, arriva al Volkspark Friedrichshain, e raggiunge il capolinea presso il Cimitero ebraico di Weissensee.

Salvo imprevisti, il giro sull'autobus n. 100 dura circa 30 minuti, mentre quello sul n. 200 impiega 45 minuti (di più quando c'è molto traffico). Dato che nessuno è pagato per illustrarvi le attrazioni e i monumenti che si incontrano durante il tragitto (a meno che non abbiate la fortuna di trovare un autista particolarmente ciarliero), potrebbe essere una buona idea portare con voi una cartina e il foglietto informativo reperibili nel chiosco della BVG di fronte alla stazione Zoo (cartina p354).

o al chiosco informazioni della BVG. I biglietti vanno timbrati (convalidati) prima di salire sul mezzo all'entrata dei binari o alle fermate degli autobus. Chi viene sorpreso senza biglietto (o con un biglietto non obliterato), deve pagare una multa di €40. Per scoraggiare potenziali impostori, tutti gli ispettori hanno un documento di riconoscimento della BVG con fotografia.

BIGLIETTI E TARIFFE

L'area metropolitana di Berlino è divisa in tre zone tariffarie – A, B e C. È possibile acquistare biglietti validi per almeno due zone, AB o BC, oppure validi per tutte e tre le zone, ABC. A meno che non dobbiate recarvi a Potsdam o nei quartieri periferici più lontani, vi basterà il biglietto AB. Il Group Day Pass (tessera giornaliera di gruppo) è valido per un massimo di cinque persone che viaggino insieme. I bambini sotto i sei anni viaggiano gratuitamente, dai sei ai 14 anni hanno diritto a una tariffa ridotta (*Ermässigt*).

Tipo di biglietto	AB	BC	ABC
Singolo	€2	€2,25	€2,60
Tessera giornaliera	€5,60	€5,70	€6
Tessera giornaliera di gruppo (fino a 5 persone)	€14	€14,30	€15
Tessera settimanale	€23,40	€24	€29

Autobus e tram

La stazione centrale degli autobus di Berlino, **ZOB** (cartina pp340-1; Masurenallee 4-6), si trova circa 4 km a ovest della stazione Zoo, accanto alla torre della radio Funkturm nella parte occidentale di Charlottenburg. La fermata della U-Bahn più vicina è Kaiserdamm (U2, U12).

È possibile acquistare i biglietti allo **ZOB Reisebüro** (per informazioni ☎ 301 8028, per prenotazioni ☎ 301 0380; ☽ 6.30-21), ma anche nelle numerose agenzie di viaggi della città. L'operatore principale è **BerlinLinienBus** (☎ 0180-154 6436, a Berlino ☎ 860 960; www. berlinlinienbus.de) che effettua partenze per tutta l'Europa. Anche **Gulliver's** (☎ 311 0211; www.gullivers.de) ha un esteso sistema di collegamenti. Entrambe le compagnie offrono sconti agli studenti, ai minori di 26 anni e a chi ha più di 60 anni.

Gli autobus di Berlino sono piuttosto lenti, ma viaggiare comodamente seduti al piano superiore di un autobus a due piani è un modo stupendo – ed economico – di visitare la città in pieno relax (v. la lettura Tutti a bordo! Berlino vista dagli autobus n. 100 e n. 200). Le fermate sono segnalate da un cartello recante una

4

grossa 'H' (che sta per *Haltestelle*) e il nome della fermata. Di solito la fermata viene annunciata da un altoparlante o visualizzata su un display. Per segnalare al conducente la vostra intenzione di scendere premete il pulsante posto sul corrimano. Gli autobus notturni fanno servizio da mezzanotte circa fino alle 6, e gli automezzi transitano grossomodo a intervalli di 30 minuti. Si applicano le normali tariffe.

I tram fanno servizio solo nella parte orientale della città.

Automobile e motocicletta
AUTONOLEGGIO

Non ci sono molte ragioni per noleggiare un'automobile a Berlino, ma se ne aveste veramente bisogno troverete rappresentanze di tutte le principali agenzie internazionali di autonoleggio negli aeroporti, nelle maggiori stazioni ferroviarie e in tutta la città. Contattate i seguenti numeri di prenotazione centrale per sapere qual è la rappresentanza più vicina:

Avis (☎ 01805-557 755; www.avis.com)

Budget (☎ 01805-244 388; www.budget.com)

Europcar (☎ 01805-8000; www.europcar.com)

Hertz (☎ 0800-816 1712; www.hertz.com)

Anche se potete prenotare attraverso l'agenzia centrale, può essere utile contattare direttamente la filiale locale per offerte speciali di cui l'agenzia centrale potrebbe non essere a conoscenza. Potreste ottenere condizioni anche più interessanti rivolgendovi a un'agenzia locale.

Una delle più popolari e affidabili è **Robben & Wientjes** (cartina pp348-9; a Kreuzberg ☎ 616 770; Prinzenstrasse 90-91; U-Bahn Moritzplatz; cartina p344-5; a Prenzlauer Berg ☎ 421 036; Prenzlauer Allee 96; U-Bahn Prenzlauer Allee).

Se volete farvi un giro in motocicletta sappiate che ci sono un paio di agenzie di noleggio affidabili. I prezzi variano da €50 a €130 al giorno, a seconda del modello.

Classic Bike Harley-Davidson (cartina pp348-9; ☎ 616 7930; Skalitzer Strasse 127/8; U-Bahn Kottbusser Tor)

V2-Moto (cartina pp348-9; ☎ 6128 0490; Skalitzer Strasse 69; U-Bahn Schlesisches Tor)

GUIDA

Berlino è meno congestionata di altre capitali, il che rende la guida in città più agevole che altrove, ma comunque non assolutamente consigliata. Il

4

sistema di trasporti pubblici è molto efficiente, facile da capire e in generale un modo di spostarsi molto più veloce, confortevole e rispettoso della natura.

Se vi muovete in auto, ricordate che trovare parcheggio può essere un incubo, o comunque una spesa onerosa, se si considera che i garage pubblici fanno pagare da €1 a €2 all'ora.

Bicicletta

La principale organizzazione ciclistica tedesca, la **ADFC** (cartina pp344-5; ☎ 448 4724; www. adfc-berlin.de; Brunnenstrasse 28; ⏲ 12-20 da lunedì a venerdì, 10-16 sabato), pubblica un'ottima guida che descrive tutti gli itinerari da percorrere in bicicletta in città. È reperibile nell'omonimo ufficio/negozio e anche nelle librerie e nei negozi di biciclette.

È consentito trasportare biciclette tutto il giorno in aree prestabilite sui treni della U-Bahn e sui tram, ma non sugli autobus, al prezzo di €1,40. Trasportare il velocipede su una vettura della Deutsche Bahn costa €3 sui treni RE (RegionalExpress) e RB (Regionalbahn) e €8 sugli IC, ICE e IR.

NOLEGGIO

Diverse agenzie noleggiano biciclette a un costo che va da €10 a €25 al giorno e da €35 a €85 a settimana, a seconda del modello. È richiesta una cauzione minima di €50 e/o la carta d'identità. La più grande agenzia è **Fahrradstation** (☎ 0180-510 8000), che ha molte filiali in centro.

Fahrradstation (cartina p350; ☎ 2859 9661; Auguststrasse 29a; ⏲ 10-19 da lunedì a venerdì, 10-15 sabato; U-Bahn Weinmeisterstrasse)

Fahrradstation (cartina p350; ☎ 2045 4500; Friedrichstrasse 141/142; ⏲ 8-20 da lunedì a venerdì, 10-16 sabato e domenica; U-/S-Bahn Friedrichstrasse)

Fahrradstation (cartina p350; ☎ 2838 4848; Hof VII, Hackesche Höfe; ⏲ 10-19 da lunedì a venerdì, 10-16 sabato; S-Bahn Hackescher Markt)

Fahrradstation (cartina pp348-9; ☎ 215 1566; Bergmannstrasse 9; ⏲ 10-19, 10-15 sabato; U-Bahn Mehringdamm)

Fahrradservice Kohnke (cartina p350; ☎ 447 6666; Friedrichstrasse 133; ⏲ 9-24 da lunedì a venerdì; U-/S-Bahn Friedrichstrasse)

Pedal Power (cartina pp348-9; ☎ 5515 3270; Grossbeerenstrasse 53; ⏲ 10-19 da lunedì a venerdì, 10-14 sabato; U-Bahn Mehringdamm) Specializzata in tandem (al giorno/settimana €20/79).

Prenzlberger Orange Bikes (cartina pp344-5; ☎ 442 8122; Kollwitzstrasse 35; ⏲ 14.30-19 da lunedì a venerdì, 13-19 sabato, 18-19 domenica; U-Bahn Senefelderplatz) La domenica non si noleggiano biciclette, l'agenzia è aperta solo per la restituzione.

S-bahn e U-bahn
S-BAHN E TRENI REGIONALI

I treni della S-Bahn fanno qualche fermata in meno di quelli della U-Bahn e perciò sono preferibili per le lunghe distanze, ma transitano con una frequenza ridotta. Fanno servizio dalle 4 circa a mezzanotte e mezzo e per tutta la notte il venerdì, il sabato e nei giorni festivi.

Le destinazioni più lontane vengono servite dai treni della RB e della RE. Su questi treni sono validi i biglietti ABC o i tagliandi della Deutsche Bahn. Per informazioni sui treni a lunga percorrenza in Germania e in Europa, v. Treno (più avanti).

U-BAHN

Il mezzo più efficiente per girare per Berlino è l'U-Bahn, che fa servizio dalle 4 a poco dopo la mezzanotte, a eccezione dei weekend e delle festività, quando rimane in funzione tutta la notte (a parte la U1, U4 e U12). Su gran parte dei treni della U-Bahn ogni fermata viene annunciata in anticipo e, su alcuni dei treni più moderni, anche visualizzata in fondo alla carrozza.

Taxi

Troverete posteggi di taxi fuori dagli aeroporti, dalle maggiori stazioni ferroviarie e, ovviamente, in tutta la città. La tariffa di partenza è di €2,50, a cui si aggiungono €1,50 per ogni chilometro per i primi 7 km e €1 per ciascun chilometro successivo. Per chiamare un taxi digitate il ☎ 194 10, ☎ 0800-8001 1554 o ☎ 0800-026 1026.

Se doveste percorrere una distanza breve, nell'ordine dei 2 km, potreste optare per la tariffa forfettaria di €3, valida *solo* se richiesta prima di salire su un taxi libero già per strada e non per quelli fermi ai posteggi.

VELOTAXI

Una soluzione per i piccoli spostamenti, peraltro a impatto ambientale nullo, è il **velotaxi** (☎ 0151-122 8000; www.velotaxi.de), un confortevole veicolo a tre ruote per il trasporto di due passeggeri, alimentato da un motore elettrico, che potrete fermare facendo semplicemente un cenno al conducente. I velotaxi sono operativi da aprile a ottobre dalle 12 alle 20.30 su quattro percorsi: Kurfürstendamm, Unter den Linden, Potsdamer Platz e Tiergarten. La tariffa è di €2,50 per persona per il primo chilometro, poi €1 per ogni chilometro successivo. Un giro di mezz'ora costa €7,50 per persona.

Treno

La rete ferroviaria è gestita quasi completamente dalla **Deutsche Bahn** (DB; per prenotazioni e informazioni ☎ 118 61, per orari numero verde ☎ 0800-150 7090; www.bahn.de).

In attesa del completamento della stazione ferroviaria centrale principale di Lehrter Bahnhof (attualmente previsto per il 2006), la **Bahnhof Zoo** (stazione Zoo; cartina p354) e la **Ostbahnhof** (cartina pp348-9) sono le due maggiori stazioni di Berlino per i treni a lunga percorrenza nazionali e internazionali; molti fermano in entrambe le stazioni. Oltre al deposito bagagli vero e proprio, ci sono gli armadietti con lucchetto a moneta, agenzie di autonoleggio, uffici di cambio e diversi negozi e ristoranti.

Berlino offre ottimi collegamenti ferroviari nazionali e con molte destinazioni dell'Europa orientale, come Praga, Budapest e Varsavia.

Si possono acquistare i biglietti presso le biglietterie all'interno del grande *Reisezentrum* (centro viaggi) e, per brevi tratte, presso i distributori automatici.

Potrete provvedere all'acquisto anche a bordo del convoglio (solo in contanti), ma dovrete pagare un sovrapprezzo che va da €2 a €7,50. Per spostamenti superiori ai 101 km, si possono acquistare i biglietti anche online (www.bahn.de) fino a un'ora prima della partenza senza alcun sovrapprezzo; avrete bisogno di una delle principali carte di credito e della stampa del biglietto da presentare al controllore.

Per i viaggi a lunga percorrenza consigliamo di prenotare il posto, specialmente se ci si sposta

di venerdì o di domenica pomeriggio, durante le festività o in estate. La tariffa è di €2,60, a prescindere dal numero di posti prenotati, e le prenotazioni possono essere effettuate fino a pochi minuti prima della partenza.

NOTIZIE UTILI
ACCESSI A INTERNET

Mentre vi trovate a Berlino non sarà un problema navigare in internet e controllare la casella di posta elettronica; gli internet bar abbondano (v. l'elenco più avanti) e tutti gli ostelli e molti alberghi mettono a disposizione degli ospiti postazioni internet.

L'Hotel Gates (p252) e il Charlottenburger Hof (p251) sono fra quelli che forniscono il computer in camera. La maggior parte delle biblioteche pubbliche offre l'accesso gratuito a internet, ma i collegamenti tendono a essere lenti e in genere bisogna affrontare lunghe code.

Se viaggiate con il vostro computer portatile, scoprirete che a Berlino molti degli alberghi più nuovi o rinnovati di recente permettono di collegarsi comodamente in camera. Tuttavia, è molto probabile che dobbiate portarvi un adattatore per la presa telefonica tedesca (reperibile a Berlino nei negozi di elettronica, come Saturn, o direttamente in Italia).

Di solito le linee sono analogiche, ma le borchie telefoniche e i collegamenti digitali ad alta velocità stanno diventando sempre più diffusi. Siate consapevoli degli eventuali problemi cui potreste andare incontro.

Se il vostro albergo avesse il telefono digitale ma non la borchia telefonica, dovrete procurarvi un dispositivo che converta da digitale ad analogico, altrimenti rischierete di danneggiare il modem. Le strutture più vecchie hanno ancora i telefoni con il cavo installato nel muro e non scollegabile in alcun modo dalla presa: l'unico

Informazioni – Notizie utili

modo per ovviare a questo inconveniente è l'utilizzo di un modem acustico.

Può capitare che il vostro modem non sia in grado di riconoscere il segnale acustico di libero. Se state usando un PC potete intervenire seguendo la procedura indicata: aprite Risorse del computer, andate a Pannello di controllo e a Connessione remota, cliccate col tasto destro sulla vostra connessione e selezionate Proprietà, cliccate su Configura mentre siete nella pagina Generale, poi sulla linguetta Connessione, a questo punto togliete il 'visto' da 'Attendi il segnale prima di comporre il numero', poi cliccate su 'OK' per due volte.

Per maggiori informazioni sulla maniera di viaggiare senza problemi con un computer portatile e sugli strumenti che vi possono servire per effettuare un collegamento, v. www.teleadapt. com o www.roadwarrior.com.

Internet bar

@Internet (cartina pp348-9; ☎ 2977 6270; 1° piano Sala centrale, Ostbahnhof, Friedrichshain; €1 l'ora; ☾ 10-22; S-Bahn Ostbahnhof)

Al Hamra (cartina pp344-5; ☎ 4285 0095; Raumerstrasse 16, Prenzlauer Berg; €1 per 15 minuti; ☾ 10-fino a tardi; S-Bahn Prenzlauer Allee) Navigare in rete diventa un'esperienza esotica in questo insolito locale.

Alpha Café (cartina pp344-5; ☎ 447 9067; Dunckerstrasse 72, Prenzlauer Berg; €1 per 20 minuti; ☾ 12-24; S-Bahn Prenzlauer Allee)

easyEverything (cartina p354; Kurfürstendamm 224, Charlottenburg; €2 l'ora; ☾ 6.30-2; U-Bahn Kurfürstendamm)

Netz Galaxie (cartina p354; ☎ 7870 6446; Joachimstaler Strasse 19, Charlottenburg; €1 l'ora; ☾ 11-2; U-Bahn Kurfürstendamm)

Surf & Sushi (cartina p350; ☎ 2838 4898; Oranienburger Strasse 17, Mitte; €2,50 per 30 minuti; ☾ 12-fino a tardi da lunedì a sabato; 13-fino a tardi domenica; S-Bahn Hackescher Markt, Oranienburger Strasse)

AFFARI

Sebbene sia ancora oscurata da Francoforte come centro commerciale e finanziario del paese, Berlino, capitale della terza potenza economica mondiale, sta progressivamente acquisendo importanza, e grandi aziende internazionali come la Sony e la Universal Music vi hanno trasferito le proprie sedi.

La nuova generazione di alberghi di Berlino, specialmente le catene internazionali di lusso, soddisfa le esigenze degli uomini d'affari. Le stanze di solito dispongono di una connessione a internet e di vari servizi, tra cui il noleggio di PC e di fax e la copisteria. Alcuni alberghi sono dotati addirittura di business centre completamente attrezzati con sale riunioni, altri possono organizzarvi un servizio di segreteria. A Berlino molte persone parlano inglese, il che facilita molto la conduzione degli affari.

L'ufficio commerciale dell'ambasciata del vostro paese a Berlino può essere di grande aiuto nella ricerca di traduttori affidabili o di fornitori di altri servizi. I cittadini italiani potranno contattare la segreteria dell'ufficio economico-commerciale dell'ambasciata italiana a Berlino al seguente recapito: ☎ 2544 0138; economia-botschaft-italien.de. Un altro indirizzo a cui rivolgersi per aiuto è **Industrie- und Handelskammer Berlin** (Camera di Commercio e dell'Industria; ☎ 315 1000; www. berlin.ihk.de; Fasanenstrasse 85).

Tutti i maggiori corrieri internazionali sono operativi a Berlino. Per organizzare una consegna chiamate **FedEx** (☎ 0800-123 0800), **UPS** (☎ 0800-882 6630) o **DHL** (☎ 0800-225 5345).

Business Centre

Se avete bisogno di un ufficio potete affittarne uno rivolgendovi a una delle compagnie elencate di seguito. Forniscono di solito l'intera gamma dei servizi utili alle aziende, compresi uffici arredati e sale conferenza, servizi di segreteria, organizzazione di congressi e telecomunicazioni, incluse videoconferenze. Di solito gli uffici sono molto lussuosi e si trovano in posizioni di prestigio.

MWB Business Exchange (cartina p356; ☎ 2589 4000; info.de@mwbex.com; Potsdamer Platz 11, Tiergarten)

Regus Berlin (☎ 206 590; www.regus.com; Friedrichstrasse 95, Kreuzberg) Per conoscere gli indirizzi delle altre succursali consultate il sito o la guida telefonica.

Worldwide Business Centres (cartina p350; ☎ 2431 0211; www.wwbcnetwork.com; Rosenstrasse 2, Mitte) Per conoscere gli indirizzi delle altre succursali consultate il sito o la guida telefonica.

Orari di apertura

Con le recenti disposizioni legislative sull'apertura prolungata dei negozi, gli esercizi commerciali possono rimanere aperti dalle 6 alle 20 da lunedì a sabato. I negozi situati nei centri commerciali e nelle principali vie dello shopping come il Kurfürstendamm di solito sono aperti dalle 9.30 alle 20, ma le piccole boutique e i negozi nei distretti periferici spesso chiudono alle 18 o alle 19 dal lunedì al venerdì e alle 16 il sabato. Presso le stazioni ferroviarie, i distributori di benzina e i supermercati elencati nel capitolo Pasti (p167) è possibile acquistare generi alimentari anche dopo il normale orario di apertura dei negozi.

Le banche sono in genere aperte dalle 8.30 alle 16 dal lunedì al venerdì, e quasi tutte prolungano l'orario fino alle 17.30 o 18.30 il giovedì. Gli orari degli uffici postali variano molto, anche se in genere lo standard per le succursali situate in centro (v. anche Posta, p299) va dalle 9 alle 18 dal lunedì al venerdì e dalle 9 alle 13 il sabato.

Le agenzie di viaggi di solito sono aperte dalle 9 alle 18 nei giorni feriali e fino alle 13 o alle 14 il sabato. Gli uffici pubblici, invece, chiudono per tutto il fine settimana a partire dalle 13 del venerdì. Molti dei principali musei sono chiusi il lunedì, ma rimangono aperti fino a tardi una sera a settimana.

Per gli orari dei ristoranti, v. il capitolo Pasti (p168). Molti bar aprono nel tardo pomeriggio, tra le 17 e le 20, anche se ultimamente alcuni propongono la Happy Hour a partire dalle 15 o dalle 16, ore in cui gli impiegati generalmente escono dagli uffici. Poiché non c'è un orario di chiusura obbligatorio, molti bar tendono a rimanere aperti almeno fino all'una di notte. I locali notturni non si animano veramente prima delle 23 o della mezzanotte e spesso rimangono aperti fino all'alba.

ALLOGGIO

L'elenco di alloggi fornito nel capitolo Pernottamento (p244) è organizzato per distretti, e al loro interno in ordine alfabetico. Gli alberghi proposti sono perlopiù di media categoria, e in genere offrono un buon rapporto qualità-prezzo.

Aspettatevi di trovare stanze pulite, confortevoli e di dimensioni discrete con almeno un po' di stile, un bagno privato, la TV e il telefono. La nostra selezione comprende anche alcuni alberghi di lusso, che offrono uno standard internazionale di servizi e magari sono in una posizione panoramica, hanno un arredamento particolare o si trovano in edifici storici. Gli alberghi di categoria economica (elencati alla fine di ogni sezione dedicata al pernottamento) sono strutture semplici, generalmente dotate di bagni in comune.

L'afflusso di turisti è molto alto da maggio a settembre, mentre diminuisce da novembre a marzo (tranne intorno alle festività di fine anno), quando i prezzi calano di conseguenza ed è facile approfittare di offerte interessanti. In genere i prezzi salgono alle stelle in occasione delle grandi fiere, come quella internazionale del turismo che si tiene all'inizio di marzo, di eventi particolari come la Love Parade, in luglio, o delle principali festività, specialmente Capodanno.

Per ulteriori particolari fate riferimento all'introduzione del capitolo Pernottamento (p244).

AMBASCIATE E CONSOLATI
Ambasciate straniere a Berlino

Francia (cartina p350; ☎ 590 039 000; www.botschaft-frankreich.de; Pariser Platz 5; S-Bahn Unter den Linden)

Italia (cartina p356; ☎ 254 400; fax 2544 0120; botschafter@botschaft.italien.de; www.ambasciata-italia.de; Hiroshimastrasse 1; autobus n. 200)

Paesi Bassi (cartina p350; ☎ 209 560; www.dutchembassy.de; Friedrichstrasse 95; U-/S-Bahn Friedrichstrasse)

Polonia (☎ 223 130; www.botschaft-polen.de; Lassenstrasse 19-21; S-Bahn Grunewald)

Repubblica Ceca (cartina p350; ☎ 226 380; www.mzv.cz/berlin; Wilhelmstrasse 44; U-Bahn Mohrenstrasse)

Svizzera (cartina pp340-1; ☎ 390 4000; fax 391 1030; vertretung@ber.rep.admin.ch; www.botschaft-schweiz.de; Otto-von-Bismarck-Allee 4a; autobus n. 100)

Ambasciate tedesche all'estero

La Germania ha ambasciate in quasi in tutti i paesi del mondo. Per un elenco completo collegatevi al sito http://www.auswaertiges-amt.de/www/en/adressen_html. Segnaliamo qui di seguito i riferimenti delle rappresentanze diplomatiche tedesche presenti in Italia e Svizzera:

Italia (☎ 06 49 21 31; fax 06 4921 3320; mail@deutschebotschaft-rom.it; www.rom.diplo.de/ital/home/index.html; Via San Martino della Battaglia 4, 00185 Roma)

Svizzera (☎ 031-359 4111; fax 031-359 4444; www.deutsche-botschaft.ch; Willadingweg 83; 3006 Berna)

ASSISTENZA SANITARIA

Lo standard dell'assistenza sanitaria in Germania è eccellente e, con circa 9000 medici e dentisti nella sola Berlino, non avrete difficoltà a trovare assistenza vicino al luogo in cui alloggiate. In caso di necessità rivolgetevi all'ambasciata italiana, che potrà aiutarvi a contattare un medico qualificato. Vedi anche Emergenze, p297.

Informazioni – Notizie utili

Il 1° novembre 2004 è entrata in vigore la Tessera Europea di Assicurazione Malattia, che ha sostituito il vecchio modello E111. I cittadini UE possono procurarsi tale documento presso le ASL di appartenenza e usufruire così dell'assistenza sanitaria gratuita nelle strutture pubbliche tedesche per la maggior parte delle prestazioni; non è però previsto il rimpatrio di emergenza. Tuttavia, al momento della stesura della guida, la maggior parte delle ASL rilasciava un certificato sostitutivo provvisorio.

I cittadini che non appartengono all'UE dovrebbero informarsi se esiste un accordo reciproco tra il loro paese e la Germania, o se la loro polizza fornisce una copertura sanitaria estesa a tutto il mondo.

Se dovete acquistare una polizza assicurativa sanitaria di viaggio, accertatevi che questa comprenda il volo di rimpatrio in caso di emergenza.

Mentre alcuni prospetti assicurativi prevedono il pagamento diretto, molti fornitori di servizi sanitari possono richiedere il pagamento ai non residenti al momento della prestazione. Tranne che in caso di stretta necessità, cercate di reperire per telefono un medico che accetti la vostra assicurazione. Per entrare in Germania non sono richieste vaccinazioni particolari.

Farmacie

Come in Italia, anche in Germania per acquistare medicinali, compresi i prodotti da banco (*Rezeptfrei*) indicati per disturbi di lieve entità come influenza o mal di stomaco, bisogna rivolgersi a una farmacia (*Apotheke*). Per problemi di salute più seri dovete esibire la ricetta (*Rezept*) rilasciata da un medico iscritto all'albo.

Se vi occorressero medicinali fuori dal normale orario di apertura chiamate il ☎ 31 00 31. I nomi e gli indirizzi delle farmacie aperte oltre i normali orari sono esposti nelle vetrine di tutte le farmacie. In alternativa chiamate il ☎ 011 41.

Ospedali

A Berlino ci sono diversi ospedali, ma quelli che riportiamo qui di seguito sono affiliati a istituti universitari e hanno un pronto soccorso operativo 24 ore su 24:

Uniklinikum Benjamin Franklin (☎ 855 50, pronto soccorso ☎ 8445 3015; Hindenburgdamm 30; S-Bahn Botanischer Garten) Nel distretto di Steglitz a Berlino sud.

Uniklinikum Charité (cartina pp342-3; ☎ 280 20, pronto soccorso ☎ 2802 4766; Schumannstrasse 20-21; U-Bahn Oranienburger Tor, S-Bahn Lehrter Stadtbahnhof) È il più centrale tra i grandi ospedali.

Virchow Klinikum (cartina pp342-3; ☎ 450 50, pronto soccorso ☎ 4505 2000; Augustenburger Platz 1; U-Bahn Amrumer Strasse) Nel distretto di Wedding, a Berlino nord.

Zahnklinik Medeco (**Clinica odontoiatrica**) (cartina p356; ☎ 2309 5960; Stresemannstrasse 121; ☽ 7-24; U-/S-Bahn Potsdamer Platz) Telefonate o controllate sulla guida telefonica l'indirizzo delle altre succursali.

BAMBINI

Un viaggio a Berlino con i bambini non è un problema, specialmente se avrete l'accortezza di coinvolgerli nella pianificazione della vacanza e non concentrerete troppe attività in poco tempo. Nel volume di Cathy Lanigan *Viaggiare con i bambini*, una pubblicazione Lonely Planet tradotta in italiano da EDT (Torino 2002) troverete molti suggerimenti utili a chi viaggia con bambini. Segnaliamo anche *Berlino* di Tomas Rizek (Bohem Press Italia, Trieste 2003; collana 'Giramondo'), una guida che aiuterà i vostri piccoli a scoprire le bellezze della capitale tedesca.

Fra i siti in lingua italiana, da consultare prima della partenza, segnaliamo www.quantomanca. com, la guida più completa per chi viaggia con i bambini, con preziosi suggerimenti su destinazioni, alberghi, intrattenimenti per il viaggio in auto e altro ancora; sul sito www. babyinviaggio.it troverete alcune interessanti esperienze di viaggio attraverso l'Europa, l'Asia e gli altri continenti.

Meravigliosi zoo, musei dedicati ai bambini e spettacoli di burattini e di magia sono solo alcune delle attrattive rivolte ai bambini. Parchi e fantasiosi campi giochi abbondano in tutti i quartieri, in particolar modo a Prenzlauer Berg e a Schöneberg. Nelle calde giornate estive, alcune ore trascorse in una piscina pubblica all'aperto o in una spiaggia in riva al lago aiuteranno a intrattenere anche i piccoli più scatenati. Per ulteriori idee v. il riquadro a p123.

I supermercati e le farmacie di Berlino offrono una vasta scelta di alimenti per bambini, latte in polvere, latte vaccino o di soia, pannolini usa e getta e così via. Allattare i bambini al seno in pubblico è pratica abbastanza comune. È possibile ottenere sconti per i bambini quasi dappertutto, dall'ingresso ai musei alle tariffe degli autobus al soggiorno in albergo. La definizione di 'bambino', tuttavia, varia: in alcuni posti praticano sconti a chi ha meno di 18 anni, mentre in altri abbassano la soglia a sei anni.

Babysitting

Aufgepasst (☎ 851 3723; www.aufgepasst.de) Baby sitter che parlano inglese e indirizzi di asili.

Biene Maja (☎ 344 3973; www.babysitteragentur-berlin.de)

Kinder-Hotel (cartina pp344-5; ☎ 4171 6928; www.kinderinsel.de; Eichendorffstrasse 17, Mitte; U-Bahn Zinnowitzer Strasse) Albergo per soli bambini con assistenza 24 ore su 24 in 12 lingue.

CARTINE

Le cartine contenute in questa guida dovrebbero essere sufficienti a soddisfare la maggior parte delle curiosità e delle esigenze; tuttavia la cartina pieghevole reperibile al costo di €1 negli uffici turistici della BTM (p303) potrebbe essere un utile supporto.

Se aveste intenzione di estendere la vostra visita anche alla periferia, potreste aver bisogno di una cartina più dettagliata come quelle pubblicate da ADAC, da RV Verlag Euro City o da Falkplan. Queste sono facilmente reperibili nelle stazioni di servizio, nelle librerie, nelle edicole e negli uffici turistici e costano tra €4,50 e €7,50.

Cartine disponibili in Italia

Se volete acquistare una carta di Berlino prima della partenza, potete scegliere fra quelle pubblicate da FMB (1:27.500), da Ravenstein Verlag e da LAC (entrambe in scala 1:20.000), da Michelin, da ADAC, da B&B (tutte in scala 1:15.000). Sono reperibili inoltre le tedesche Falk, senz'altro le migliori: in particolare la carta Berlino (1:20.000), disponibile anche in versione atlante. Kompass e vari altri editori hanno in catalogo dettagliate carte per escursioni in città e dintorni.

Diversi editori tedeschi, infine, producono mappe della città in scale varie, disponibili sia in formato piegato sia in CD-ROM.

Per informazioni su tutte le carte citate potete rivolgervi a **VEL – La Libreria del Viaggiatore** (☎ /fax 0342 21 89 52; vel@vel.it; www.vel.it; Via Angelo Custode 3, 23100 Sondrio) o più in generale alle librerie italiane specializzate in cartine, guide e narrativa di viaggio. Ne segnaliamo alcune situate nelle principali città italiane: **Gulliver** (☎ 045 800 7234; info@gullivertravelbooks.it; www.gullivertravelbooks.it; Via Stella 16/b, 37100 Verona); **Il Giramondo** (☎ 011 473 2815; lgiramondo@libero.it; www.ilgiramondo.it; Via G. Carena 3/b, 10100 Torino); **Il Mondo in Tasca** (☎ 011 88 81 40; info@ilmondointasca.com; www.ilmondointasca.com; Via Montebello

22/c, 10100 Torino); **Jamm** (☎ 081 552 6399; jammnapoli@usa.net; Via S. Giovanni Maggiore Pignatelli 1/a, 80100 Napoli); **Libreria del Viaggiatore** (☎ 06 6880 1048; libreriaviaggiatore@tiscali net.it; Via Pellegrino 78, 00100 Roma); **Libreria Transalpina** (☎ 040 662 297; fax 040 661 288; libreria@transalpina.it; Via di Torre Bianca 27/a, 34122 Trieste); **Luoghi e Libri** (☎ 02 738 8370; info@luoghielibri.it; www.luoghielibri.it; Via M. Melloni 32, 20129 Milano); **Pangea** (☎ 049 876 4022; pangea@intercity.shiny.it; Via S. Martino e Solferino 106, 35100 Padova).

CLIMA

Berlino ha un clima moderatamente freddo e umido e in genere è piacevole visitarla in qualsiasi mese dell'anno. Ovviamente il periodo migliore è l'estate, quando la calura non è mai davvero fastidiosa (di solito la temperatura si aggira intorno ai 25°C), se si escludono le occasionali ondate di afa intensa. La primavera è una bella stagione, ma può essere caratterizzata da un'estrema variabilità delle condizioni atmosferiche.

L'inizio dell'autunno porta con sé il vantaggio di ammirare il fogliame brillante e la luce del sole: i caffè all'aperto sono a disposizione della clientela per tutto il mese di ottobre. Prevedibilmente, da dicembre a febbraio si registrano le temperature più basse. Quando il vento pungente soffia dalla Pianura Sarmatica, il clima può diventare estremamente rigido, con temperature che scendono ben al di sotto dello zero. La pioggia può sorprendervi in qualsiasi periodo dell'anno.

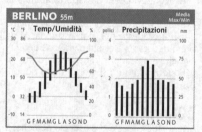

DOCUMENTI E VISTI

Secondo le norme vigenti, i cittadini dei paesi dell'UE (italiani compresi, naturalmente) e della Confederazione Elvetica non hanno bisogno del passaporto per recarsi a Berlino; è sufficiente la sola carta d'identità valida per l'espatrio.

I minori di 15 anni devono essere muniti della 'carta bianca', oppure essere registrati sul passaporto di uno dei genitori. Per soggiorni a scopo turistico, di studio o di lavoro, i cittadini UE non hanno bisogno di alcun visto, e, fino a un periodo tre mesi, possono risiedere e lavorare liberamente nel paese.

Ai cittadini di Australia, Canada, Israele, Giappone, Nuova Zelanda e Stati Uniti è richiesto soltanto il passaporto (il visto non è necessario) se entrano come turisti per un periodo non superiore ai tre mesi.

Ai cittadini della maggior parte degli altri paesi è richiesto il cosiddetto 'visto Schengen', che prende nome dall'omonimo trattato firmato nella città lussemburghese con il quale sono stati aboliti i controlli alle frontiere all'interno dell'UE. Con un 'visto Schengen' è possibile entrare in uno qualsiasi dei 15 paesi membri e poi muoversi liberamente in tutti gli altri. Questi paesi sono: Austria, Belgio, Danimarca, Finlandia, Francia, Germania, Islanda, Italia, Grecia, Lussemburgo, Paesi Bassi, Norvegia, Portogallo, Spagna e Svezia. Per ottenere il visto dovete rivolgervi all'ambasciata o al consolato del primo paese in cui siete diretti. È valido per un periodo non superiore a 90 giorni. Lo status di residenti in uno qualsiasi di questi paesi rende inutile il visto a prescindere dalla nazionalità. Per maggiori particolari, v. www.eurovisa.info.

La procedura per il rilascio del visto richiede da due a 10 giorni, ma è sempre meglio attivarsi con un certo anticipo. Dovrete presentare un passaporto valido e dimostrare di possedere denaro sufficiente a finanziare il soggiorno. Le tariffe variano a seconda del paese.

Assicuratevi che il passaporto abbia una validità che vada ben oltre il vostro soggiorno all'estero. Se sta per scadere, rinnovatelo prima di partire. Questo può non essere facile da fare oltreoceano, e alcuni paesi insistono nel dire che il passaporto rimane valido per un periodo minimo (di solito tre mesi) dopo il vostro arrivo.

DOGANA

Alcuni articoli per uso personale possono, a determinate condizioni, essere introdotti in Germania senza pagare dazi o tasse. Le seguenti restrizioni si applicano a merci esenti da dazio acquistate in un paese che non fa parte dell'UE:

Alcolici 1 l di superalcolici o 2 l di alcolici con meno del 22% di alcol per volume e 2 l di vino (se maggiori di 17 anni).

Caffè e tè 500 g di caffè o 200 g di miscela di tè (per i maggiori di 15 anni).

Profumo 50 g di profumo e 0,25 l di eau de toilette.

Tabacco 200 sigarette, 100 cigarillos, 50 sigari o 250 g di tabacco sfuso (se maggiori di 17 anni).

Altri prodotti Fino a un valore di €175.

I cani e i gatti devono essere accompagnati da un certificato di buona salute e da uno di vaccinazione contro la rabbia, redatto in tedesco o accompagnato da traduzione certificata conforme. Tale documento deve dichiarare che l'animale è stato vaccinato contro la rabbia da almeno 30 giorni e da non più di 12 mesi, sei mesi per i gatti, prima dell'importazione.

Al momento della stesura di questa guida era in fase di approvazione, nei paesi UE, l'entrata in vigore del passaporto per animali domestici, che dovrebbe contenere tutte le informazioni sulla storia clinica dell'animale. Per informazioni dettagliate e aggiornate contattate il servizio veterinario della vostra ASL di competenza.

DONNE IN VIAGGIO

Le donne non dovrebbero incontrare difficoltà particolari né subire molestie a Berlino, ma naturalmente è meglio essere prudenti. Comportatevi con lo stesso buon senso che usereste nella vostra città. Essere importunate per strada è raro, e di solito il fastidio si limita ai soliti fischi di richiamo e sguardi.

È perfettamente accettabile frequentare caffè, ristoranti, bar e locali notturni da sole, anche se quanto vi sentiate a vostro agio dipende esclusivamente da voi. Se non desiderate compagnia, quasi tutti gli uomini rispetteranno il vostro 'no, grazie', gentile, ma fermo. Nel caso in cui qualcuno continuasse a importunarvi, dovrebbe essere sufficiente protestare a voce alta per farlo desistere – o, perlomeno, questo indurrà qualcuno a intervenire in vostra difesa.

I tedeschi, in linea di massima, tendono a essere piuttosto riservati. Questo, tuttavia, non dovrebbe scoraggiarvi dall'avviare una conversazione, poiché saranno felici di rispondervi e saranno anche molto disponibili quando vi sarete qualificate come turiste. Le donne non devono aver paura di fare il primo passo, anche con gli uomini.

I centri femminili sono ottimi per incontrare altre donne in un ambiente piacevole e discreto. Provate il **Schokofabrik** (cartina pp348-9; ufficio ☎ 615 2999, caffè ☎ 615 1561; Naunynstrasse 72; caffè 🕐 dalle 17; U-Bahn Görlitzer Bahnhof), a Kreuzberg, che gestisce un gradevole caffè e un bagno turco chiamato Hamam (p224).

È improbabile che veniate aggredite fisicamente ma, naturalmente, questo può accadere. Se subite un'aggressione chiamate la polizia (☎ 110) immediatamente o, se siete troppo traumatizzate per farlo, contattate la **Rape Crisis Hotline** (☎ 251 2828) o la **Women's Crisis Hotline** (☎ 615 4243). Ricordate che nessuna delle due è operativa 24 ore su 24, ma non scoraggiatevi, provate fino a quando non vi risponderanno. Prima della partenza collegandovi al sito www. permesola.com, dedicato nello specifico alle donne che viaggiano sole: troverete molti suggerimenti e notizie curiose su varie destinazioni in Europa.

ELETTRICITÀ

In Germania l'elettricità è a corrente alternata a 220V, 50 Hz. Le prese di corrente sono del tipo tedesco (a due rebbi rotondi). Le apparecchiature a 220V possono essere inserite in una presa di corrente tedesca con un adattatore, ma quelle a 110V (per esempio dal Nord America) richiedono un trasformatore. La maggior parte dei rasoi elettrici e dei computer portatili funziona sia con la 110V sia con la 220V.

EMERGENZE

Se vi trovate in una situazione di emergenza, chiamate la **polizia** (☎ 110) o i **vigili del fuoco/ambulanza** (☎ 112). Altri numeri di telefono e indirizzi utili sono:

BVG – Ufficio oggetti smarriti (cartina pp352-3; ☎ 2562 3040; Potsdamer Strasse 180/182; ☺ 9-18 da lunedì a giovedì, 9-14 venerdì; U-Bahn Kleistpark)

Drug Hotline (☎ 192 37) Linea di emergenza per problemi di droga.

Emergency Dental Referrals (☎ 8900 4333; ☺ dopo le 20 da lunedì a venerdì, 24 ore su 24 sabato e domenica) Per le emergenze dentistiche.

International Helpline (☎ 4401 0607 in inglese; ☺ 18-24) Gestito da volontari, offre consulenze in modo anonimo a persone in qualsiasi situazione di crisi.

Emergenze sanitarie (☎ 310 031; ☺ 10-12.30 da lunedì a venerdì, 8-12.30 sabato e domenica) Fornisce consigli/assistenza sanitaria al telefono e invia medici a casa nell'arco delle 24 ore.

Ufficio oggetti smarriti municipale (cartina pp348-9; ☎ 756 00; Platz der Lufbrücke 6, aeroporto di Tempelhof; ☺ 7.30-14.30 lunedì, 8.30-16 martedì, 13-19 giovedì, 7.30-12 venerdì; U-Bahn Platz der Luftbrücke)

Centrale di polizia (cartina pp348-9; ☎ 6995; Platz der Lufbrücke 6, aeroporto di Tempelhof; U-Bahn Platz der Luftbrücke)

Rape Crisis Hotline (☎ 251 2828) Linea di emergenza in caso di aggressioni di carattere sessuale.

Wheelchair Breakdown Service (☎ 0180-111 4747) Assistenza in caso di problemi con la sedia a rotelle.

FESTIVITÀ

Berlino osserva nove festività religiose e tre civili. In queste giornate i negozi, le banche e gli uffici pubblici restano chiusi.

I tedeschi amano molto i ponti festivi, specialmente quelli che cadono in primavera: in tali occasioni, dunque, è probabile che la capitale sia piuttosto affollata e che le tariffe vengano ritoccate verso l'alto.

Per un elenco di feste e manifestazioni di particolare rilievo a Berlino, v. Calendario degli eventi p7.

Festività pubbliche

Capodanno 1° gennaio

Pasqua (Venerdì Santo, Domenica di Pasqua e Lunedì dell'Angelo) marzo/aprile

Ascensione 40 giorni dopo Pasqua

Festa del Lavoro 1° maggio

Domenica e Lunedì di Pentecoste maggio/giugno

Giornata della Riunificazione 3 ottobre

Vigilia di Natale 24 dicembre

Natale 25 dicembre

Santo Stefano 26 dicembre

Vacanze scolastiche

I ragazzi berlinesi hanno una settimana di vacanza all'inizio di febbraio, due settimane nel periodo di Pasqua, sei settimane in estate, due settimane all'inizio di ottobre e una settimana tra Natale e Capodanno. Le date precise variano ogni anno.

LAVORO

Tutti coloro che, pur non essendo cittadini dell'UE, desiderino lavorare in Germania devono richiedere un permesso di soggiorno (Aufenthaltserlaubnis) e un permesso di lavoro (Arbeitserlaubnis). I cittadini dell'UE che intendono rimanere in Germania per più di tre mesi non hanno bisogno di alcun permesso di lavoro, ma devono comunque farsi rilasciare un permesso di residenza, anche se si tratta di una mera formalità. Poiché le norme sono soggette a cambiamenti, vi suggeriamo di contattare l'ambasciata tedesca nel vostro paese per informazioni più aggiornate.

A causa dell'alto tasso di disoccupazione, trovare un'occupazione a Berlino può essere di per sé un lavoro a tempo pieno. Un buon posto da cui cominciare è l'ufficio di collocamento locale (Arbeitamt), che dispone di una banca dati elettronica con i posti disponibili. Una buona alternativa sono le inserzioni sui quotidiani, così come le agenzie private di collocamento e quelle interinali.

Trovare lavoro come ragazza alla pari è abbastanza facile e può essere fatto legalmente, anche da coloro che non sono cittadini dell'UE. Non c'è bisogno di parlare un tedesco fluente, anche se la maggior parte delle famiglie richiede almeno una conoscenza rudimentale della lingua. La guida The Au Pair and Nanny's Guide to Working Abroad di Susan Griffith e Sharon Legg vi potrà essere utile.

È inoltre possibile trovare lavoro insegnando l'inglese nelle scuole di lingue o privatamente. La tariffa oraria varia enormemente: da soli €15 a circa €40 per le prestazioni fornite da professionisti qualificati nelle grandi città. I quotidiani locali sono il mezzo migliore per diffondere il vostro annuncio, ma potete anche iniziare dalle bacheche delle università, dalle copisterie e perfino dai supermercati.

I cittadini di Australia, Nuova Zelanda e Canada tra i 18 e i 30 anni possono richiedere un Working Holiday Visa, che dà loro diritto di lavorare in Germania per un periodo non superiore ai 90 giorni nell'arco di 12 mesi. Contattate le ambasciate tedesche dei suddetti paesi per i particolari.

MANCE

Nei ristoranti il costo del servizio (Bedienung) è sempre compreso nel conto, ma la maggior parte della gente arrotonda l'importo del 5%-10% (v. anche Mance, p169). Negli alberghi si usa dare circa €1 per bagaglio, ed è anche gentile lasciare alcuni euro al personale che si occupa della pulizia delle camere. Di solito ai baristi si riconosce una mancia del 5% e ai tassisti del 10% circa.

MONETA

A partire dal 1° gennaio 2002 la Germania ha adottato l'euro. Le banconote in euro sono uguali in tutti i paesi membri; le monete hanno una faccia 'europea' e una 'nazionale' pur avendo, come le banconote, corso legale in tutta l'area dell'euro.

In Germania vi verrà chiesto di pagare in contanti quasi ovunque, perciò non potrete fare a meno di portare un po' di denaro con voi, diciamo nell'ordine di circa €100 (v. Carte di credito in questa pagina per le eccezioni).

Bancomat

I bancomat (ATM) a Berlino si trovano in quasi tutte le filiali delle banche. La maggior parte dei distributori è collegata a circuiti internazionali come Cirrus, Plus, Star o Maestro. Prima di partire informatevi presso la vostra banca circa le commissioni applicate e il tipo di servizi offerti.

Molti bancomat funzionano anche con le carte di credito. Questo metodo tende a essere più costoso perché, in aggiunta a una commissione, vi saranno addebitati immediatamente gli interessi.

Per l'ammontare delle commissioni, informatevi presso la vostra banca o la società che vi ha rilasciato la carta di credito.

Carte di credito

La Germania è ancora una società largamente basata sui pagamenti in contanti. Anche se le maggiori carte di credito sono sempre più ampiamente accettate nel centro di Berlino, è meglio non dare per scontata la possibilità di utilizzarle ovunque – informatevi prima. Nondimeno, le carte di credito sono indispensabili nei casi di emergenza o per il noleggio di un'automobile, senza contare che potrete anche prenotare i biglietti ferroviari o altro telefonicamente o su internet. Di seguito sono elencati i numeri di telefono a cui rivolgersi in caso di smarrimento o furto della carta di credito:

American Express (☎ 01805-840 840)

MasterCard (☎ 0800-819 1040)

Visa (☎ 0800-811 8440)

Trasferimenti internazionali

La Western Union e la MoneyGram offrono un rapido servizio di bonifici internazionali mediante banche agenti come la Reisebank e l'American Express. I contanti inviati sono disponibili nell'arco di pochi minuti. Le commissioni sono a carico della persona che effettua il bonifico; l'ammontare varia da paese a paese, ma di solito si aggira intorno al 10/15%.

Anche dall'Italia è possibile inviare denaro in Germania utilizzando sia i servizi della **Moneygram** (www.poste.it/bancoposta/moneygram) sia quelli della **Western Union** (numero verde dall'Italia ☎ 800 464464; www.westernunion.com).

Travellers' cheque

I travellers' cheque, che possono essere sostituiti in caso di smarrimento o furto, sono difficilmente accettati ovunque a Berlino, anche se emessi in euro. Di solito devono essere ritirati in una banca o in un ufficio di cambio (portate il passaporto).

I travellers' cheque rilasciati dall'American Express possono essere incassati senza pagare la commissione se il cambio avviene negli uffici della società. Ricordate di conservare sempre le annotazioni con i numeri dei travellers' cheque separate dagli cheque stessi.

ORA

La Germania si trova nello stesso fuso orario dell'Italia e applica l'ora legale nel medesimo periodo (dall'ultima domenica di marzo all'ultima domenica di ottobre).

PESI E MISURE

In Germania vige il sistema metrico decimale; nella seconda di copertina troverete una tabella di conversione. I tedeschi indicano i decimali con una virgola e le migliaia con un punto. Per quanto riguarda le taglie degli abiti femminilii sappiate che le medesime non corrispondono esattamente a quelle italiane: per esempio, la 36 tedesca corrisponde alla 42 italiana, la 38 alla 44 e così via.

POSTA

Il servizio postale tedesco è efficiente. La succursale dell'ufficio postale di **Joachimstaler Strasse 7** (cartina p354; U-/S-Bahn Zoologischer Garten) è aperta dalle 8 a mezzanotte (dalle 10 la domenica). Per i normali orari di apertura degli uffici postali v. Orari di apertura p292.

La corrispondenza può essere inviata fermoposta a qualsiasi ufficio postale (sceglietene uno, quindi informatevi sul suo esatto indirizzo) dotato di uno sportello di *Postlagernd*. Il servizio è gratuito, ma dovrete presentare un documento d'identità con fotografia al momento di ritirare la posta. Gli uffici postali tedeschi conservano la corrispondenza per non più di due settimane.

Spedire dall'Italia in Germania una lettera o una cartolina di peso non superiore ai 20 g costa €0,62, ossia l'equivalente della tariffa di posta prioritaria (con la nuova tariffazione non è più possibile inviare posta ordinaria nei paesi europei).

In Germania i francobolli per le cartoline di dimensioni standard costano €0,45, per una lettera di 20 g €0,55 e per una di 50 g €1. Spedire verso l'America del Nord, l'Australia e l'Asia una cartolina costa €1, una lettera per via aerea di 20 g €1,55 e una di 50 g €2. Se le lettere superano le dimensioni standard si deve pagare un sovrapprezzo.

Il personale delle poste tedesche è spesso molto fiscale a questo proposito e tende a misurare ogni lettera che sembri anche solo lontanamente superare le misure standard.

La posta interna di solito viene recapitata nel giro di uno o due giorni, quella diretta verso altri paesi europei o in America del Nord impiega da quattro a sei giorni ad arrivare, mentre quella diretta in Australia e in Asia da cinque a sette giorni.

QUESTIONI LEGALI

La polizia tedesca è molto ben addestrata, abbastanza attiva e generalmente rispettosa verso i turisti. La maggior parte dei poliziotti parla almeno un po' di inglese. In base alla legge tedesca siete tenuti ad avere con voi un documento d'identità con la vostra fotografia.

Denunciare un furto è semplice, ma a volte può richiedere tempo. La prima cosa che dovrete fare, anche in questo caso, è esibire un documento d'identità.

La soglia minima di età per bere alcolici è di 16 anni, mentre per guidare l'automobile occorre avere 18 anni. Le pene comminate per il reato di guida in stato di ebbrezza sono severe.

Il tasso alcolico massimo consentito è dello 0,05%; se vi trovano nel sangue un tasso alcolico superiore ai limiti consentiti rischiate multe salate, il ritiro della patente e perfino l'arresto.

È saggio evitare completamente le droghe illegali, poiché le pene possono essere severe. Benché trattato come un reato minore, il possesso anche solo di una piccola quantità di marijuana per uso personale rimane illegale e, in caso veniste sorpresi, potreste dover comparire in tribunale. In pratica, i giudici spesso rinunciano a procedere se si tratta della prima volta e solo di una piccola quantità. La definizione di 'piccola', tuttavia, è a discrezione del giudice, perciò non ci sono garanzie. Il possesso della maggior parte delle altre droghe viene trattato con maggiore severità.

In caso di arresto avrete diritto di fare una telefonata: per ottenere assistenza legale chiedete aiuto alla vostra ambasciata.

QUOTIDIANI E RIVISTE

I berlinesi sono assidui lettori di quotidiani, e quelli locali sono ben cinque: i popolari *Der Tagesspiegel* e *Berliner Morgenpost*, i progressisti *Berliner Zeitung* e *taz*, e il sensazionalista *BZ. Zitty*; *Tip* e *Prinz*, in quest'ordine, sono i migliori organi informativi sulle attività di Berlino, e anche *030*, distribuito gratuitamente, è molto popolare.

Il *Sieggesäule*, anch'esso gratuito, è una lettura obbligata per la grande comunità omosessuale di Berlino. Per maggiori informazioni su tutte queste pubblicazioni, v. Media (p16) e Informazioni sugli avvenimenti cittadini (p193).

In quasi tutti i quartieri ci sono edicole che vendono anche una buona selezione di pubblicazioni internazionali, compresi i maggiori quotidiani europei, *USA Today* e *International Herald Tribune*.

Quest'ultimo esce con un utile supplemento di otto pagine con articoli tradotti dal *Frankfurter Allgemeine Zeitung*, uno dei quotidiani tedeschi più autorevoli. In molti posti troverete anche *Newsweek*, l'edizione internazionale di *Time* e di *The Economist*. In qualsiasi grande stazione ferroviaria troverete grandi edicole fornite di tutti i tipi di pubblicazioni, da *Cosmo* al *National Geographic*.

La maggior parte dei caffè berlinesi mette a disposizione dei clienti pile di giornali da leggere sorseggiando un caffè o una birra. Per avere una panoramica sulle notizie riportate dai principali quotidiani tedeschi, collegatevi ai siti www.theworldpress.com oppure www.onlinenewspapers.com.

RADIO

A Berlino è attivo un numero incredibile di stazioni radio, molte delle quali concedono molto spazio a moderni programmi musicali di stampo americano, inframmezzati da ossessivi passaggi pubblicitari. Se vi appassiona il genere, ascoltate Fritz, rivolta ai giovani, sulla frequenza 102.6, Kiss, con musica techno, sui 98.8 o Radio Energy sui 103.4. La BBC trasmette sulla frequenza 90.2. Fra le stazioni più apprezzate c'è Radio Eins (95.8), che alterna musica pop a programmi d'attualità e di discussione su argomenti politici e sociali. Radio Multikulti (106.8) è dedicata per gli amanti di world music e offre anche programmi in varie lingue straniere.

Gli amanti del jazz possono sintonizzarsi su Jazzradio, sui 101.9, mentre gli appassionati di musica classica apprezzeranno Klassik-Radio, sui 101.3. InfoRadio (93.1) è una stazione che trasmette esclusivamente notizie e interviste in diretta.

SICUREZZA

A detta di tutti, Berlino è una delle città più sicure e più tolleranti d'Europa. Camminare per strada da soli la notte di solito non è pericoloso, almeno non più di quanto non lo sia in altre metropoli. Nonostante la stampa negativa, gli episodi di violenza di stampo razzista sono piuttosto rari a Berlino.

Detto questo, se è vero che le persone, qualunque sia il colore della loro pelle, sono generalmente al sicuro nei quartieri centrali, è innegabile che è molto facile notare pregiudizi nei confronti degli stranieri e dei gay nei quartieri periferici orientali come Marzahn e Lichtenberg, dove imperversano la disoccupazione e un generale senso di insoddisfazione nei confronti della società del dopo Wende.

A qualsiasi ceppo voi apparteniate, vi suggeriamo di cambiare direzione se doveste incrociare qualche 'skin bianco' (skinhead che indossano stivali da marinaio con i lacci bianchi).

Le droghe andrebbero evitate, oltre che per ragioni ovvie, anche perché molta della merce che si trova in giro è distribuita da organizzazioni di stampo mafioso ed è spesso pericolosamente impura.

Nella maggior parte delle stazioni della U-/S-Bahn è possibile trovare dispositivi elettronici d'informazione e di emergenza segnalati con le scritte 'SOS/Notruf/Information' e contrassegnati da una grossa campana rossa. Se avete bisogno di aiuto, premete il pulsante 'SOS'. Il pulsante 'Information' consente di parlare direttamente con uno dei capistazione.

TASSE E RIMBORSI

La maggior parte dei prezzi dei prodotti e dei servizi venduti in Germania comprende l'imposta sul valore aggiunto (ossia la nostra IVA), detta *Mehrwertsteuer* (o MwSt), che ammonta al 16%. I viaggiatori italiani non possono chiedere il rimborso dell'IVA per gli acquisti effettuati nei paesi dell'UE, mentre i visitatori che non risiedono in un paese dell'UE possono farsi rimborsare fino al 12,7% della spesa entro tre mesi dall'acquisto. L'unico inconveniente è che questo sistema funziona solo nei negozi che espongono il cartello 'tax free shopping'.

Al momento dell'acquisto (per un importo minimo di €25), dovete richiedere al personale un assegno pari all'importo dell'IVA che deve essere rimborsato.

Chi lascia il paese in aereo deve mostrare i propri acquisti e le ricevute a un ufficiale della dogana *prima* di fare il check-in per il volo (fa eccezione l'aeroporto di Francoforte, dove si fa prima il check-in e poi si passa alla dogana per il bagaglio).

L'ufficiale della dogana timbrerà gli assegni rilasciati dal negoziante, che potrete poi incassare presso l'ufficio preposto. In alternativa potrete inviare i moduli timbrati dalla dogana e i cheque all'indirizzo riportato sulla busta e chiedere che il rimborso venga versato tramite carta di credito o spedito sotto forma di assegno. Per maggiori particolari, v. www.globalrefund.com.

TELEFONO

La maggior parte dei telefoni a pagamento di Berlino accetta solo schede telefoniche della Deutsche Telecom (DT), vendute in pezze da €5, €10 e €20 negli uffici postali, nelle edicole e negli uffici turistici.

Per chiamare un numero di Berlino dall'estero digitate il prefisso della Germania, cioè 0049, poi 30 (il prefisso di Berlino senza lo zero iniziale), seguito dal numero dell'abbonato. Il prefisso internazionale della Germania è 00. Per ricevere assistenza/informazioni sulla guida telefonica in inglese, digitate ☎ 11837 (€0,20 per l'addebito alla risposta oltre a €1 al minuto, ☽ 6-23).

I numeri che iniziano con 0800 sono gratuiti, quelli che cominciano con 01801 costano 4,6 centesimi al minuto, quelli le cui prime cifre sono 01803 9 centesimi, mentre se iniziano con 01805 12 centesimi. Le chiamate verso numeri che iniziano con 01802 o 01804 hanno un costo forfettario rispettivamente di 6,2 e di 24 centesimi. La maggior parte dei numeri che inizia con 0190 costa 62 centesimi al minuto. Le telefonate dalla camera d'albergo non sono assolutamente consigliate. Se avete accesso a un telefono privato potete beneficiare di tariffe economiche usando

un codice d'accesso call-by-call offerto da uno straordinario numero di provider come **Arcor** (☎ 01070) e **Freenet** (☎ 01015). Un ottimo sito che aiuta a districarsi nella giungla delle tariffe e a scoprire quelle migliori è www.billigertelefonieren.de.

Dalla maggior parte degli alberghi, dalle copisterie e dagli internet bar è possibile inviare e ricevere fax.

Chiamate per e dall'Italia

Per chiamare Berlino in teleselezione dall'Italia dovete comporre ☎ 0049 (l'indicativo nazionale della Germania) seguito dal prefisso della capitale senza lo zero iniziale e quindi dal numero telefonico desiderato. Viceversa, per chiamare l'Italia da Berlino digitate ☎ 0039, seguito dal prefisso della località italiana *con* lo zero iniziale e dal numero dell'abbonato.

Dalla Germania è inoltre attivo il servizio ItalyDirect, attraverso il quale potete effettuare chiamate a carico del destinatario; componendo il ☎ 0080039390001, risponderà un operatore, che vi metterà in contatto con l'abbonato richiesto.

Per ogni conversazione effettuata viene applicato un costo di €0,36 al minuto, più una quota fissa di €6 (la quota fissa si riduce se la chiamata avviene in automatico, senza l'intervento dell'operatore). I prezzi s'intendono comprensivi di IVA, e le chiamate non andate a buon fine non comportano alcun addebito. Il servizio è senz'altro costoso e va utilizzato in caso di assoluta necessità.

Schede telefoniche

Le schede telefoniche della Deutsche Telekom sono assolutamente valide per le telefonate locali, mentre per effettuare chiamate interurbane o internazionali sono più convenienti le carte prepagate comunemente vendute nelle edicole e negli uffici telefonici che praticano tariffe scontate.

Con queste carte potete chiamare da qualsiasi telefono digitando prima un numero di accesso gratuito, poi il PIN scritto sulla scheda, quindi il numero dell'abbonato. La maggior parte delle schede funziona anche con i telefoni a pagamento, ma in genere con un sovrapprezzo.

Diffidate delle tessere che prevedono costi aggiuntivi come il 'costo di attivazione' o l'addebito alla risposta. Quelle vendute nelle filiali della Reisebank offrono le migliori tariffe in circolazione. Al momento della stesura di questa guida, le telefonate effettuate in Germania e verso molti paesi, compreso il Regno Unito, gli Stati Uniti e l'Australia, costavano solo €0,06 centesimi al minuto.

Telefoni cellulari

Gli americani lo chiamano 'cell phone', gli inglesi usano un 'mobile' e i tedeschi sono dediti ai loro 'handy'. La Germania usa il sistema GSM 900/1800, compatibile con l'Italia, il resto d'Europa e con l'Australia, ma non con il sistema usato in Nord America, il GSM 1900, o con quello, del tutto differente, in vigore in Giappone. I telefoni GSM multibanda che funzionano su entrambi i lati dell'Atlantico stanno diventando sempre più comuni.

Per chi possiede un cellulare non compatibile, la soluzione più semplice può essere di acquistare un 'handy' GSM prepagato in un negozio tedesco di telecomunicazioni, come quelli gestiti da **T-Online** (☎ 0800-330 6699; www.t-mobile.de) o **Debitel** (☎ 0180-583 3444; www.debitel-center.de), che si trovano praticamente a ogni angolo delle principali strade.

Tutti vendono cellulari a meno di €100, cifra che comprende alcuni minuti di conversazione prepagati e una SIM card ricaricabile per acquistare ulteriori minuti. In genere includono anche una segreteria vocale gratuita.

Non ci sono contratti o fastidi di bollette e non è necessario che siate residenti per acquistarne uno. D'altro canto, le tariffe al minuto sono più alte rispetto a quelle con contratto, ma è possibile scegliere tra diversi piani tariffari quello che meglio si adatta alle vostre esigenze.

TELEVISIONE

In molti alberghi economici, e in tutti quelli di categoria medio-alta, le camere sono dotate di un televisore e spesso anche di un collegamento via cavo o satellitare che permette di captare almeno 15 canali. Fra le televisioni che trasmettono in lingua inglese in Germania figurano la CNN, la BBC World, la CNBC e la MSNBC.

Le reti pubbliche nazionali sono due, la ARD (Allgemeiner Rundfunk Deutschland, conosciuta comunemente come Erstes Deutsches Fernsehen) e la ZDF (Zweites Deutsches Fernsehen). Anche i due canali di Berlino B1 e

ORB (Ostdeutscher Rundfunk Brandenburg) sono reti pubbliche, ma hanno carattere regionale. In genere i programmi trasmessi sono piuttosto impegnati, con molto spazio dedicato a politica, dibattiti e film stranieri. La pubblicità è limitata alla fascia oraria che va dalle 18 alle 20.

La TV privata via cavo trasmette la consueta serie di sit-com e telenovelas (compresi molti programmi americani doppiati), spettacoli d'intrattenimento e giochi, oltre, naturalmente, a film di ogni genere. DSF ed EuroSport mettono in palinsesto solo manifestazioni sportive. Si ricevono anche MTV e il suo equivalente tedesco VIVA. Su queste reti le interruzioni pubblicitarie sono frequenti.

TESSERE SCONTO

Limitare i costi durante una visita a Berlino è un'impresa alquanto difficile. Se siete studenti, non dimenticate di portare la **International Student Identity Card** (ISIC; www.isiccard.com), che permette di ottenere sconti sui biglietti d'ingresso di cinema e teatri, musei e luoghi di interesse turistico, oltre che sull'assicurazione di viaggio.

Se avete meno di 26 anni, ma non siete studenti, potete richiedere la **tessera Euro<26** (www. euro26.org), che dà diritto agli stessi sconti e vantaggi della ISIC. Al momento della stesura della guida la tessera Euro<26 non era valida in Germania, ma probabilmente nel prossimo futuro verrà riconosciuta anche in questo paese. Vi consigliamo quindi, prima della partenza, di collegarvi ai siti www.cartagiovani.it e www. euro26.org per avere informazioni aggiornate in merito.

In Italia la tessera ISIC viene rilasciata dalle sedi del CTS (Centro Turistico Studentesco e Giovanile), costa €10 e vale fino al 31 dicembre dell'anno di emissione. Per ulteriori informazioni potete rivolgervi al CTS (sede nazionale: ☎ 06 44 11 11; fax 06 441 11 400; www.cts.it; Via Andrea Vesalio 6, 00161 Roma). L'iscrizione al Centro costa €28 e consente di fruire di vari servizi (tra cui l'organizzazione di viaggi con sconti particolari) e di ricevere in omaggio la suddetta carta.

Le seguenti tessere sconto, specifiche di Berlino, vi aiuteranno a risparmiare, a prescindere dall'età:

Berlin WelcomeCard (€21) Dà diritto a un adulto e fino a tre bambini sotto i 14 anni di utilizzare i mezzi pubblici per 72 ore all'interno dell'area di Berlino-Potsdam e di ottenere biglietti gratuiti o ridotti per musei, spettacoli, attrazioni, escursioni guidate e crociere in nave. È reperibile negli uffici turistici della BTM e in molti alberghi.

SchauLust Museen Berlin (adulti/bambini €10/5) Ottima per gli appassionati di musei, questa tessera è valida per tre giorni consecutivi e dà accesso illimitato a 60 musei di Berlino, compresi il Pergamon e il Museo Egizio. Si acquista negli uffici turistici della BTM e nei musei che aderiscono all'iniziativa.

SMB Museum Passes (adulti/bambini un giorno €10/5, tre giorni €12/6) Valida per l'ingresso illimitato a tutti i musei gestiti dalla Staatliche Museen zu Berlin (Musei nazionali di Berlino), indicata con l'acronimo 'SMB' nel corso di questa guida. Reperibile in qualsiasi museo SMB.

UFFICI TURISTICI

Il **Berlin Tourismus Marketing** (BTM; www.berlin-tourist-information.de) gestisce tre uffici turistici e un **call centre** (☎ 250 025; ⏱ 8-19 da lunedì a venerdì, 9-18 sabato e domenica) il cui personale multilingue è in grado di rispondere a domande di carattere generale e di fare prenotazioni di alberghi e manifestazioni. In assenza del personale avrete comunque modo di ascoltare informazioni registrate e di prenotare opuscoli.

BTM – Ufficio turistico della Porta di Brandeburgo (cartina pp342-3; Pariser Platz, ala sud; ⏱ 10-18; S-Bahn Unter den Linden, autobus n. 100, 200)

BTM – Ufficio turistico Europa-Center (cartina p354; Budapester Strasse 45; ⏱ 10-19 da lunedì a sabato, 10-18 domenica; U-/S-Bahn Zoologischer Garten)

BTM – Ufficio turistico della Torre delle televisione (cartina p350; Alexanderplatz; ⏱ 10-18; U-/S-Bahn Alexanderplatz)

Euraide (cartina p354; ☎ ; www.euraide.de; Bahnhof Zoo; ⏱ 8.30-12 da lunedì a sabato, 13-16.30 da lunedì a venerdì; U-/S-Bahn Zoologischer Garten) All'interno della stazione Zoo, dietro al Reisezentrum, questo utile ufficio offre suggerimenti e informazioni su treni, alloggi, escursioni e quant'altro abbia a che fare con il viaggio, in lingua inglese.

Uffici turistici all'estero

Se prima della partenza desiderate richiedere materiale informativo contattate l'Ente Nazionale Germanico per il Turismo presente nel vostro paese. Qui di seguito segnaliamo le sedi presenti in Italia e Svizzera:

Italia (☎ 02 8474 4444; fax 02 282 0807; gntomil@d-z-t.com; www.vacanzeingermania.com; Casella Postale 10009, 20110 Milano Isola)

Svizzera (☎ 01-213 22 00; fax 01- 212 01 75; gntozrh@d-z-t.com; Talstrasse 62, 8001 Zurigo)

VIAGGIATORI DISABILI

Berlino ha registrato un netto miglioramento nella capacità di sopperire alle necessità dei disabili (*Behinderte*), soprattutto di coloro che sono costretti a muoversi su una sedia a rotelle. Troverete rampe di accesso e/o ascensori in molti edifici pubblici, per esempio nelle stazioni ferroviarie, nei musei, nei teatri e nei cinema. Per i particolari consultate **Mobidat** (www.mobidat.net in tedesco), una banca dati che valuta 18.000 luoghi pubblici – alberghi, ristoranti, grandi magazzini, musei e così via – in rapporto all'accessibilità per chi ha difficoltà motorie. Se vi si rompe la sedia a rotelle chiamate il ☎ 0180-111 4747 per un'assistenza nell'arco delle 24 ore.

Gli alberghi più recenti offrono camere per ospiti disabili con porte ampie e bagni spaziosi. I singoli elenchi presenti in Pernottamento citano gli alberghi classificati accessibili per disabili in carrozzina da Mobidat. La scelta migliore, tuttavia, può essere l'**Hotel MIT-Mensch** (☎ 509 6930; www.mit-mensch.com; Ehrlichstrasse 48; singole €47-57, doppie €72-93; S-Bahn: Karlshorst), rivolto a viaggiatori costretti sulla sedia a rotelle.

Utilizzare i trasporti pubblici con la carrozzina è possibile, ma occorre organizzarsi bene. Quattro autobus su cinque e poco più della metà di tutti i tram sono muniti di una speciale rampa estraibile o di un elevatore che permette al disabile in carrozzina di salire e scendere autonomamente. Cercate i mezzi con un simbolo che rappresenta una sedia a rotelle di colore blu.

Salire sui treni della U-Bahn o della S-Bahn non è difficile, e non lo è neppure raggiungere il binario. Solo il 31% delle stazioni della U-Bahn – paragonato al 70% di quelle della S-Bahn – sono dotate di ascensori e rampe. Per assistere i non vedenti le stazioni si stanno dotando di bordi speciali lungo i binari per un migliore orientamento. Il nome della stazione successiva viene annunciato tramite altoparlanti su quasi tutti i mezzi pubblici.

Per maggiori particolari chiamate la **BVG** (☎ 19419), operativa 24 ore su 24. Sul sito www.bvg.de potrete anche trovare informazioni complete sulla mobilità alla voce 'Service/Mobility Aid' (in inglese).

In Italia segnaliamo **Mondo possibile** (☎ 011 309 6363; fax 011 309 1201; info@mondopossibile.com) che si occupa da qualche anno di turismo accessibile per i disabili. Consultate il sito www.mondopossibile.com. Potete inoltre contattare il **Centro Documentazione Handicap** (☎ 051 641 5005; fax 051 641 5055; cdh@accaparlante.it; www.acca

parlante.it; Via Legnano 2, 40132 Bologna). Segnaliamo infine il sito italiano Disabili.com (www.disabili.com), la prima testata italiana online interamente dedicata all'handicap; numerose le informazioni e i consigli utili per organizzare e intraprendere viaggi senza barriere.

VIAGGIATORI OMOSESSUALI

La leggendaria tolleranza di Berlino ha dato origine a una delle maggiori scene omosessuali del mondo. Tutti sono accettati a 'Omopolis' – e intendiamo *tutti*, dall'intellettuale al pratico, dal borghese al bizzarro, dal conformista al vistoso.

A fare di Berlino un punto di riferimento per i gay ha inizialmente contribuito il sessuologo Magnus Hirschfeld che, nel 1897, fondò in città il Comitato Scientifico Umanitario, che spianò la strada alla liberazione omosessuale. Gli anni '20 furono particolarmente selvaggi e stravaganti, un ambiente elegante, ma equivoco, che ha attirato e ispirato scrittori come Christopher Isherwood.

L'avvento del nazismo nel 1933 pose fine a tutto ciò. La ripresa del dopoguerra arrivò lentamente, ma negli anni '70 la scena era ristabilita, almeno nella parte occidentale della città. Fin dal 2001 Berlino è stata amministrata da un sindaco dichiaratamente gay, Klaus Wowereit, che si è dichiarato omosessuale dicendo 'Sono gay, e questa è una buona cosa', frase che è diventata uno slogan popolare nella comunità.

Come si addice alla natura decentralizzata di Berlino, la città non ha una sorta di quartiere dedicato ai gay, anche se i bar e i locali notturni affermati sono concentrati lungo Motzstrasse e Fuggerstrasse a Schöneberg, Schönhauser Allee e Gleimstrasse a Prenzlauer Berg, Oranienstrasse a Kreuzberg e Mühlenstrasse a Friedrichshain. All'inizio di giugno un'enorme folla si riversa a Schöneberg per la Schwul-Lesbisches Strassenfest (Festa per le strade di gay e lesbiche), che fondamentalmente serve come riscaldamento per il Christopher Street Day che si festeggia più tardi nello stesso mese.

Prima di partire, potete consultare www.gay.it, un portale italiano completo dedicato a un'utenza prevalentemente maschile, che offre una sezione sui viaggi e propone itinerari e servizi di prenotazione alberghiera, biglietteria aerea e molto altro. Il portale italiano www.arcilesbica.it offre la possibilità di reperire i recapiti delle associazioni lesbiche italiane a cui rivolgersi per richiedere consigli e informazioni di viaggio.

La pubblicazione migliore per reperire indirizzi e notizie è **Siegessäule** (www.siegessaeule.de), una rivista gratuita che pubblica anche il pratico opuscolo in inglese/tedesco **Out in Berlin** (www.out-in-berlin.de). *Sergej* è un'altra rivista che però si rivolge unicamente agli uomini. Anche *Zitty* e *030* propongono indirizzi di locali.

Per consigli e informazioni, gli uomini possono rivolgersi a **Mann-O-Meter** (cartina pp352-3; ☎ 216 8008; Bülowstrasse 106; U-Bahn Nollendorfplatz) o al **Schwulenberatung** (Consultorio telefonico per gay; ☎ 194 46).

Per le donne c'è il **Lesbenberatung** (Consultorio telefonico per lesbiche; ☎ 215 2000).

Guida linguistica

Guida linguistica

Tutti possono imparare una lingua straniera.

Non preoccupatevi se non ne avete mai studiate prima o se avete studiato una lingua a scuola per anni ma non ve la ricordate. La chiave per apprendere una lingua straniera in un altro paese è *iniziare a parlarla*, senza temere le brutte figure.

Cercate di imparare alcune frasi chiave prima di partire. Scrivetele su dei post-it e attaccateli al frigorifero, accanto al letto o addirittura sul computer – ovunque abbiate la possibilità di vederli spesso: vi aiuterà a prendere confidenza con i nuovi suoni.

Scoprirete che la gente del luogo apprezza i turisti che cercano di parlare la loro lingua, anche se ciò avviene in modo approssimativo. Se desiderate addentrarvi maggiormente nello studio della lingua tedesca potete procurarvi dizionari e manuali di grammatica e di conversazione.

Per quanto riguarda i dizionari italiano-tedesco/tedesco-italiano, potete scegliere fra i numerosi vocabolari reperibili in Italia: Le Monnier (Grassina 2003; dizionario compatto), Collins Mondadori (Milano 2003; dizionario tascabile), Rizzoli Larousse (Milano 2002; nelle due versioni, 'mini' e 'pratico') e Giunti (Firenze 2002; dizionario pocket).

Tra le proposte in libreria segnaliamo anche *Tedesco. Dizionario e guida alla conversazione* (L'Airone, Roma 2003), che fornisce una serie di frasi fatte per le varie situazioni in cui si può trovare un viaggiatore, il dizionario compatto *Pons Kompaktwörterbuch* (Zanichelli, Milano 2001), con oltre 120.000 lemmi e locuzioni, indicazioni riguardanti il lessico austriaco e svizzero e frasi esemplificative, e il *Dizionario tedesco per bambine e bambini* (Demetra, Verona 2000), per assecondare gli slanci di autonomia dei vostri bambini.

Se volete esercitare la pronuncia in tedesco prima di partire procuratevi *Vivavoce. Il dizionario che parla* (Garzanti Linguistica, 2000), che permette di confrontare la propria pronuncia con quella corretta della speaker, oppure un corso disponibile su cassette o CD. Ottimo quello della Assimil-Italia di Torino, *Il nuovo tedesco senza sforzo* (www.assimil-italia.it).

IN SOCIETÀ
Saluti e forme di cortesia
Buongiorno.
Guten Tag.
Arrivederci.
Auf Wiedersehen.
Per favore.
Bitte.
Grazie (molte).
Danke (schön).
Sì/No.
Ja/Nein.
Parla italiano?
Sprechen Sie Italienisch?
Capisce (mi capisce)?
Verstehen Sie (mich)?
Sì, capisco (la capisco).
Ja, ich verstehe (Sie).
No, non capisco (non la capisco).
Nein, ich verstehe (Sie) nicht.

Potrebbe ...?
Könnten Sie ...?
  ripeterlo per favore
  das bitte wiederholen
  parlare più lentamente
  bitte langsamer sprechen
  scriverlo
  das bitte aufschreiben

Andar fuori
Cosa succede ...?
Was ist ... los?
  qui
  hier
  questo weekend
  dieses Wochenende
  oggi
  heute
  stasera
  heute abend

Dove sono i ...?
Wo sind die ...?
  locali notturni
  Klubs
  locali per omosessuali
  Schwulen- und Lesbenkneipen
  ristoranti
  Restaurants
  pub
  Kneipen

C'è una guida dei divertimenti locali?
Gibt es einen Veranstaltungskalender?

PAROLE UTILI
Numeri

1	*eins*
2	*zwei*
3	*drei*
4	*vier*
5	*fünf*
6	*sechs*
7	*sieben*
8	*acht*
9	*neun*
10	*zehn*
11	*elf*
12	*zwölf*
13	*dreizehn*
14	*vierzehn*
15	*fünfzehn*
16	*sechzehn*
17	*siebzehn*
18	*achtzehn*
19	*neunzehn*
20	*zwanzig*
21	*einundzwanzig*
22	*zweiundzwanzig*
30	*dreissig*
40	*vierzig*
50	*fünfzig*
60	*sechzig*
70	*siebzig*
80	*achtzig*
90	*neunzig*
100	*hundert*
1000	*tausend*

Giorni

Lunedì	*Montag*
Martedì	*Dienstag*
Mercoledì	*Mittwoch*
Giovedì	*Donnerstag*
Venerdì	*Freitag*

Sabato	*Samstag*
Domenica	*Sonntag*

In banca
Vorrei ...
Ich möchte ...
  incassare un assegno
  einen Scheck einlösen
  cambiare contanti
  Geld umtauschen
  cambiare alcuni
  travellers' cheque
  Reiseschecks einlösen

Dov'è il più vicino ...?
Wo ist der/die nächste ...? m/f
  bancomat
  Geldautomat
  ufficio di cambio
  Geldwechselstube

Alla posta

Vorrei spedire ...	*Ich möchte ... senden.*
un fax	*ein Fax*
un pacco	*ein Paket*
una cartolina	*eine Postkarte*

Vorrei acquistare ...	
Ich möchte ... kaufen.	
una busta	*einen Umschlag*
un francobollo	*eine Briefmarke*

Telefoni e cellulari
Vorrei fare una ...
Ich möchte ...
  telefonata
  telefonieren
  una chiamata a carico del destinatario
  ein R-Gespräch führen

Vorrei acquistare una scheda telefonica.
Ich möchte eine Telefonkarte kaufen.

Dove posso trovare un/una ...?
Ich hätte gern ...
Desidero/Vorrei un/una ...
Ich hätte gern ...
  adattatore
  einen Adapter für die Steckdose
  caricabatteria per il mio telefono
  ein Ladegerät für mein Handy
  un cellulare a noleggio
  ein Miethandy

Guida linguistica

un cellulare con carta prepagata
ein Handy mit Prepaidkarte
una SIM card per la vostra rete telefonica
eine SIM-Karte für Ihr Netz

Internet

Dove posso trovare un internet bar?
Wo ist hier ein Internet-Café?

Vorrei ...
Ich möchte ...
   controllare la mia posta elettronica
   meine E-Mails checken
   collegarmi a internet
   Internetzugang haben

Trasporti

A che ora parte ...?
Wann fährt ... ab?

il battello	das Boot
l'autobus	der Bus
il treno	der Zug

A che ora parte l'aereo?
Wann fliegt das Flugzeug ab?

A che ora c'è/passa ... autobus?
Wann fährt der ... Bus?

il primo	erste
l'ultimo	letzte
il prossimo	nächste

Dov'è la più vicina fermata della
   metropolitana?
Wo ist der nächste U-Bahnhof?
È libero? (taxi)
Sind Sie frei?
Per favore, metta in funzione
il tassametro.
Schalten Sie bitte den Taxameter ein.
Quanto costa fino a ...?
Was kostet es bis ...?
Per favore, mi porti a (questo
indirizzo).
*Bitte bringen Sie mich zu (dieser
Adresse).*

CUCINA

prima colazione	Frühstück
pranzo	Mittagessen
cena	Abendessen
spuntino	Snack

| mangiare | essen |
| bere | trinken |

Può consigliarmi ...?
Können Sie mir... empfehlen?

un bar/pub	eine Kneipe
un caffè	ein Café
una caffetteria	eine Espressobar
un ristorante	ein Restaurant
una specialità locale	eine örtliche Spezialität

Questo come si chiama?
Wie heisst das?
Il servizio è incluso nel conto?
Ist die Bedienung inbegriffen?

*Per informazioni più approfondite sulla cucina
e sui ristoranti, v. Pasti, p167.*

EMERGENZE

È un'emergenza!
Es ist ein Notfall!
Chiami la polizia!
Rufen Sie die Polizei!
Chiami un medico/un'ambulanza!
Rufen Sie einen Artzt/Krankenwagen!
Potrebbe aiutarmi/aiutarci per favore?
Könnten Sie mir/uns bitte helfen?
Dov'è la stazione di polizia?
Wo ist das Polizeirevier?

SALUTE

Dov'è il/la più vicino/a ...?
Wo ist der/die/das nächste ...?

farmacia (notturna)	(Nacht)Apotheke
dentista	Zahnarzt
medico	Arzt
ospedale	Krankenhaus

Ho bisogno di un medico (che parli
inglese).
*Ich brauche einen Arzt (der Englisch
spricht).*

Sintomi

Ho (il/la) ...
Ich habe ...

diarrea	Durchfall
febbre	Fieber
mal di testa	Kopfschmerzen

Glossario linguistico

Durante il vostro soggiorno a Berlino potreste imbattervi nei seguenti termini o abbreviazioni.

Abfahrt – partenza (treni e autobus)
Altstadt – città vecchia
Ankunft – arrivo (treni e autobus)
Ärztlicher Notdienst – servizio medico d'emergenza
Ausgang, Ausfahrt – uscita

Bahnhof (Bf) – stazione ferroviaria
Bahnpolizei – polizia ferroviaria
Bahnsteig – banchina della stazione ferroviaria
Bedienung – servizio, percentuale per il servizio
Behinderte – disabili
Berg – montagna
Bezirk – distretto
Bibliothek – biblioteca
BRD – Bundesrepublik Deutschland (in italiano RFT – Repubblica Federale Tedesca);
Brücke – ponte
Brunnen – fontana o pozzo
Bundestag – Camera bassa del parlamento tedesco

CDU – Christliche Demokratische Union (Unione cristiano-democratica), partito di centro-destra

DB – Deutsche Bahn (ente ferroviario nazionale)
DDR – Deutsche Demokratische Republik (in italiano RDT – Repubblica Democratica Tedesca); nome dell'ex Germania Est
Denkmal – monumento
Deutsches Reich – impero tedesco; termine riferito alla Germania del periodo compreso tra il 1871 e il 1918
Dom – duomo, cattedrale
Drittes Reich – Terzo Reich; termine riferito alla Germania nazista del periodo compreso tra il 1933 e il 1945

Eingang – entrata
Eintritt – ingresso (a musei, monumenti, ecc.)
ermässigt – riduzione (per esempio, sui biglietti d'ingresso)

Fahrplan – orario
Fahrrad – bicicletta
FDP – Freie Demokratische Partei (Partito liberaldemocratico), partito di centro
Feuerwehr – vigili del fuoco
Flohmarkt – mercato delle pulci
Flughafen – aeroporto

Gasse – vicolo
Gästehaus, Gasthaus – pensione
Gaststätte – trattoria

Gedenkstätte – sito commemorativo
Gepäckaufbewahrung – deposito bagagli
Gestapo – Geheime Staatspolizei (polizia segreta nazista)
Gründerzeit – letteralmente 'periodo della fondazione': è la fase di sviluppo industriale successiva alla nascita dell'impero tedesco (1871-90)

Hafen – porto
Haltestelle – fermata dell'autobus
Hauptbahnhof (Hbf) – stazione ferroviaria principale
Heilige Römische Reich – Sacro Romano Impero, che durò dall'VIII secolo al 1806
Hochdeutsch – letteralmente 'alto tedesco'; è il tedesco standard scritto e parlato, derivato da un dialetto sassone
Hof (Höfe) – corte, cortile
Hotel garni – albergo presso il quale è possibile consumare solo la prima colazione

Imbiss – chiosco gastronomico con piatti da asporto
Insel – isola

Jugendstil – art nouveau, liberty

Kaffee und Kuchen – letteralmente 'caffè e torta': è la tradizionale pausa pomeridiana per il caffè
Kaiser – imperatore; derivato dal latino 'Caesar'
Kapelle – cappella
Karte – biglietto
Kartenvorverkauf – prevendita biglietti
Kino – cinema
König – re
Konzentrationslager (KZ) – campo di concentramento
Kristallnacht – letteralmente 'Notte dei cristalli': la notte del 9 novembre 1938 i nazisti attaccarono le sinagoghe, i cimiteri e i negozi ebraici, dando inizio alla persecuzione violenta degli ebrei in Germania
Kunst – arte
Kurfürst – principe elettore

Land, Länder (pl.) – singolo stato della repubblica federale
Lesbe(n) – lesbica

Mehrwertsteuer (MWST) – imposta sul valore aggiunto (IVA)
Mietskaserne(n) – caseggiati con cortili

Notdienst – servizio d'emergenza

Ossis – soprannome dei tedeschi orientali (da 'Ost')
Ostalgie – fusione di Ost e Nostalgie, indica la nostalgia per i tempi della RDT

Palais – piccolo palazzo

Palast – palazzo
Parkhaus – parcheggio
Passage – galleria di negozi, centro commerciale
PDS – Partei des Demokratischen Sozialismus (Partito socialista democratico)
Pfand – cauzione, caparra per bottiglie o bicchieri
Pfund – mezzo chilo
Platz – piazza

Rathaus – municipio
RDT – Repubblica Democratica Tedesca (la ex Germania dell'Est); v. anche *DDR*
Reich – impero
Reisezentrum – agenzia di viaggi situata nelle stazioni ferroviarie o degli autobus
Rezept – ricetta, prescrizione medica
rezeptfrei – farmaco da banco per il quale non è necessaria la prescrizione
RFT – Repubblica Federale Tedesca; v. anche *BRD*

SA – Sturmabteilung; la milizia del Partito nazista
Saal, Säle (pl.) – sala
Sammlung – collezione
Schiff – nave
Schiffahrt – navigazione
Schloss – palazzo, castello
schwul – gay (agg.)
Schwuler, Schwule (pl.) – gay
SED – Sozialistische Einheitspartei Deutschland (Partito unitario socialista della Germania); unico partito esistente nella RDT
See – lago
SPD – Sozialdemokratische Partei Deutschlands (Partito socialdemocratico tedesco)
SS – Schutzstaffel; organizzazione interna al Partito nazista di cui facevano parte le guardie del corpo di Hitler, i sorveglianti dei campi di concentramento e i contingenti militari Waffen-SS durante la seconda guerra mondiale
Stasi – polizia segreta della RDT (da MInIsterium fur Staatssicherheit, Ministero per la Pubblica Sicurezza)
Strasse (spesso abbr. in Str) – strada, via
Szene – letteralmente 'scena'; indica un luogo in qualche modo movimentato

Tageskarte – menu del giorno; biglietto per i mezzi pubblici a validità giornaliera
Telefonkarte – scheda telefonica
Tor – porta cittadina
Trabant – automobile dell'epoca della RDT che funzionava a due tempi
Trödel – cianfrusaglie
Turm – torre

Übergang – punto di transito
Ufer – riva

verboten – vietato
Viertel – quartiere

Wald – foresta
Weg – via, sentiero
Weihnachtsmarkt – mercatino di Natale
Wende – la 'svolta' del 1989, ovvero la caduta del regime comunista della RDT, che portò conseguentemente alla riunificazione della Germania
Wessis – soprannome dei tedeschi occidentali (da 'West')

Zeitung – giornale

Glossario delle cartine

airport – aeroporto
around – dintorni
arsenal basin – arsenale
avenue – viale
barrage – sbarramento, diga
bastion – bastione
baths – bagni, terme
bay – baia
beach – spiaggia
boat landing – approdo delle imbarcazioni
bookshop – libreria
branch – ramo, affluente
bridge – ponte
bus, buses – autobus
bus stand – fermata d'autobus
bus station – stazione degli autobus
camp – campeggio
canal – canale
car ferry – traghetto per le auto
cathedral – cattedrale
cemetery – cimitero
chapel – cappella
church – chiesa
commercial basin – porto commerciale
convent – convento
court – cortile
dam – diga
district – quartiere
dock – bacino marittimo
eastern – orientale
embassy – ambasciata
entrance gate – cancello d'ingresso
ferry – traghetto
field – campo, prato
flotel dock – molo di attracco
footbridge – ponte, passaggio pedonale
forest – foresta
fort – forte, fortificazione
garden, gardens – giardino, giardini
gate – porta, portone

gulf – golfo
hall – sala, vestibolo
harbour – porto
hill – collina
hospital – ospedale
hydroelectric station – centrale idroelettrica
island, isle – isola
kiosk – chiosco
lake – lago
lane – vicolo
laundrette – lavanderia
lookout – punto panoramico
main road – strada principale
maritime station – stazione marittima
market – mercato
meadow – prato, prateria
memorial – monumento, cippo
mine – miniera
monastery – monastero
museum – museo
northern – settentrionale
obelisk – obelisco
orphanage – orfanotrofio
overpass – cavalcavia
palace – palazzo
park – parco
parliament – parlamento
pass – passo
path – sentiero pedonale
pedestrian promenade – passeggiata pedonale
pier – molo
pillar – colonna
police station – stazione di polizia
port – porto
post office – ufficio postale

promontory – promontorio
public beach – spiaggia pubblica
public gardens – giardini pubblici
pylon – pilone
railway station – stazione ferroviaria
river – fiume
road – strada
ruins – rovine
sand – sabbia
sea – mare
site – sito
southern – meridionale
spa – terme
square – piazza a pianta quadrata
station – stazione
swimming pool – piscina
temple – tempio
ticket booth – biglietteria
to... – per/verso
tomb – tomba
tourist ferry – traghetto per turisti
tower – torre
town – città
town hall – municipio
trail – sentiero, pista
train station – stazione ferroviaria
tube – metropolitana
underground – metropolitana
underpass – sottopassaggio
university – università
vale – valle
walls – mura
western – occidentale
winery – vineria
youth hostel – ostello della gioventù

Dietro le quinte

LE GUIDE LONELY PLANET

La nostra storia inizia con un classico viaggio avventuroso: quello compiuto nel 1972 da Tony e Maureen Wheeler attraverso l'Europa e l'Asia fino all'Australia. All'epoca non esistevano informazioni su questo itinerario via terra, perciò Tony e Maureen pubblicarono la loro prima guida Lonely Planet per soddisfare una crescente richiesta. Dal tavolo di cucina, e poi da un minuscolo ufficio di Melbourne (Australia), la Lonely Planet è diventata la più importante casa editrice di viaggi indipendente di tutto il mondo ed è oggi un'azienda internazionale con uffici a Melbourne, Oakland e Londra.

Attualmente le guide della Lonely Planet coprono la quasi totalità del pianeta, ma l'elenco delle pubblicazioni continua a crescere e le informazioni sui viaggi vengono fornite anche in varie altre forme e tramite diversi mezzi di comunicazione.

Alcune caratteristiche delle guide, però, non sono cambiate nel tempo e lo scopo principale di questi testi è tuttora quello di aiutare il viaggiatore avventuroso a organizzare il proprio itinerario, esplorando il mondo per meglio comprenderlo. La Lonely Planet ritiene che i viaggiatori possano dare un effettivo contributo ai paesi che visitano, a patto che rispettino le comunità di cui sono ospiti e spendano accortamente il loro denaro. A partire dal 1986, inoltre, una parte dei profitti ricavati dalla vendita di ciascuna guida di viaggio viene devoluta alla realizzazione di progetti umanitari e di campagne per il rispetto dei diritti umani.

QUESTA GUIDA

Le ricerche e la stesura di questa quarta edizione inglese di *Berlin* (qui proposta in edizione italiana) sono state curate da Andrea Schulte-Peevers e da Tom Parkinson.

Andrea si è occupata anche della stesura della seconda e terza edizione; la prima edizione è stata scritta da Andrea e David Peevers. Questa guida è stata commissionata dall'ufficio di Londra della Lonely Planet e prodotta a Melbourne.

NOTA ALL'EDIZIONE ITALIANA

L'edizione italiana delle guide è a cura di Cesare Dapino, Luisella Arzani è responsabile della Redazione.

Per adattare il testo alle esigenze del lettore-viaggiatore italiano, l'originale è stato rivisto e integrato in alcuni punti dedicati alle informazioni pratiche (notizie sui viaggi dall'Italia, vaccinazioni e medicine 'italiane', visti, ecc.) Sono stati lasciati tuttavia nel testo così riveduto alcuni riferimenti che possono a prima vista apparire di non immediato interesse per il viaggiatore italiano, e questo per almeno tre considerazioni.

In primo luogo si è ritenuto in linea di principio più utile abbondare di informazioni che potrebbero in alcuni casi rivelarsi comunque preziose; in secondo luogo, tenuto conto della sempre più diffusa conoscenza dell'inglese in Italia, non ci è parso superfluo mantenere per esempio segnalazioni di pubblicazioni (libri, guide) in inglese. Infine è possibile che chi viaggia solo incontri compagni di strada e di avventura di altre nazionalità, per i quali alcune delle informazioni qui contenute potrebbero essere d'aiuto a risolvere problemi d'ordine pratico.

Cristina Cossutti, Laura Rossi e Carla Sordina sono le autrici della traduzione. Le integrazioni per il lettore italiano sono state realizzate da Elisa Bigotti e Cristina Boglione, con il coordinamento di Luciana Defedele; Luca Borghesio ha curato il capitolo Ambiente, Stefano Cena il capitolo Storia, Daniele Bergesio la sezione dedicata alla musica, il dottor Maurizio Dall'Acqua si è occupato della sezione sulla Salute, mentre Alberto Fornelli ha fornito le integrazioni sul Viaggio

da/per l'Italia. Ringraziamo Ennio Vanzo della Libreria VEL di Sondrio per la consulenza cartografica.

Laura Cena ha curato l'editing e la correzione delle bozze, mentre l'impaginazione è opera di Carla Degiacomi. Guido Mittiga si è

SCRIVETECI!

Le notizie che riceviamo dai viaggiatori sono per noi molto importanti e ci aiutano a rendere migliori le nostre guide. Ogni suggerimento (positivo o negativo) viene letto e valutato dalla Redazione e comunicato agli autori Lonely Planet.

Chi ci scrive vedrà pubblicato il proprio nome tra i ringraziamenti della successiva edizione della guida, e gli autori dei contributi più utili e originali riceveranno un piccolo omaggio. Estratti delle lettere vengono pubblicati sul sito www.edt.it o sulla newsletter *Il Mappamondo*, che informa i nostri lettori grazie anche al passaparola.

Per essere aggiornati sulle novità Lonely Planet e sui suggerimenti della comunità dei viaggiatori italiani visitate periodicamente il nostro sito **www.edt.it**.

EDT, via Alfieri 19, 10121 Torino
fax: 0112307035
email: lettere@edt.it

N.B.: Se desiderate che le vostre informazioni restino esclusivamente in Redazione e che il vostro nome non venga citato tra i ringraziamenti ricordate di comunicarcelo.

occupato della rielaborazione grafica delle cartine, disegnate per l'edizione inglese dai cartografi della Lonely Planet. La copertina e le pagine a colori sono state realizzate da Anna Dellacà, con la supervisione di Sara Fiorillo. Un ringraziamento a Silvia Castelli per il prezioso lavoro di coordinamento.

Le fotografie sono state fornite da Richard Nebeský/Lonely Planet Images, a eccezione delle seguenti: p6, p19 Lee Foster/LPI; p90 Jon Davison/LPI; p160, p267, p275 Andrea Schulte-Peevers/LPI; p192 David Peevers/LPI. Tutte le immagini sono di proprietà dei fotografi, se non altrimenti indicato. Molte immagini di questa guida sono disponibili su licenza di Lonely Planet Images: www.lonelyplanetimages.com.

RICONOSCIMENTI

Si ringrazia il Berliner Verkehrsbetriebe (BVG) per la gentile concessione a riprodurre la cartina dei trasporti di Berlino.

NOTA DEGLI AUTORI
ANDREA SCHULTE-PEEVERS

Voglio ringraziare moltissimo mio marito David, che ha collezionato più appuntamenti con la televisione che con me per buona parte di questo lavoro. Grazie per le conversazioni, le cene, l'amore. A Berlino desidero ringraziare in special modo i miei amici Kerstin e Marco Göllrich, che mi hanno accolta così generosamente nella loro nuova casa e hanno tollerato le mie infinite lamentele sul maltempo in città. Natasha Kompatzki della Berlin Tourismus Marketing merita un cenno speciale per avermi aiutata a tenermi al passo con i cambiamenti della città negli ultimi, oh, otto anni o giù di lì. Finalmente, un grande giro di ringraziamenti al piccolo esercito di maghi della Lonely Planet che riescono a dar vita a libri come questo.

TOM PARKINSON

Desidero ringraziare le due Becker, Anne e Annika (nessuna parentela), per avermi fatto conoscere alcuni aspetti della Berlino notturna fino a quel momento a me ignoti. I B52 li offro io la prossima volta.

Un sentito grazie anche a Marko, per non essersi lamentato ogni volta che ho trascinato la sua ragazza in giro per i locali fino alle 7 di mattina.

Sono grato anche a Katja Kutsch del K7 e, in Gran Bretagna, a Jill del Mingo PR per il loro aiuto a redigere il paragrafo Musica. Grazie alle numerose persone che mi hanno tenuto compagnia e mi hanno dato consigli nel corso dei miei giri: Sonia, Enrico, Sandra, Tom, Stevie, Robert e Patrick; Manu (non importa!); il signore e la signora Becker; Stefan Karl e amici; Kiara, Beck e Kalle; Oliver e amici; Taka, Mark, Pierre e Jan dell'Eule; e naturalmente Nina K.

Infine, un sincero anche se confuso grazie al gentile signore del döner kebab che mi ha offerto un panino mentre tornavo a casa una mattina. Solo a Berlino può accadere.

RINGRAZIAMENTI

Ringraziamo i viaggiatori che hanno utilizzato la precedente edizione di questa guida e ci hanno scritto fornendo utili suggerimenti, consigli e aneddoti interessanti:

Ian Andersen, Tom Bailess, Monica Bassi, Medelien Bierema, Ienke Bosch, Bob Box, Ellen den Braber, Franco Buiatti, David Bush, Rita Campos, Eric Carlson, Robert Codling, Paolo Colleoni, Abby Dowling, Riccardo Fattore, Kitty Frijters, Alan Garvie, Stefano Ghini, Michael Giongo, Maria Giouzeli, Andrew Harper, Frederik Helbo, Kees Hendrikse, Rebecca Johannsen, Gerald Kellett, Clarence Kent, Christoph Knop, Olaf Kosel, Sami Kureishy, Domenico Landolfi, James Leitzell, Roberta Leso, James Lewis, Salvatore Lieto, B. MacWhirter, Bruce Mansell, Gordon e Lorraine Maze, Vivienne Neary, Robin O'Donoghue, Jennifer Patriquin, Jerry Peek, Nigel Peters, Jean-Renaud Ratti, Danyo Romijn, Rossella Rossetto, Mary Saldanha, Julia Scheunemann, Louise Stapley, Anne Tait, Andrea Teti, Conor Waring, Wayne Weidmann.

Indice

V. anche gli indici separati per Pasti (p322), Shopping (p323) e Pernottamento (p324).

Riferimenti cartine in **neretto**

Indice

Finito di stampare presso Stargrafica, Grugliasco (TO)

Ristampa

1 2 3 4 5 6

Anno

2005 06 07 08 09 10

My Philosophy is: everyday is a
new day!   Andy Whrol

21/08/05
Brücke und Berl...
neue nationalgaler...

Mala Junta

Kleistpark

Kolonnenstraße

Kafee Burpen

Tonsinasse

Russisches Disko

Alk Schönhauser, 29
NOVY

Chez Gino
SORAUER STR. 31

Austria
Beyhannes &, 1
    (directly at
            MARHEINEKEPLA

LEGENDA DELLE CARTINE

STRADE

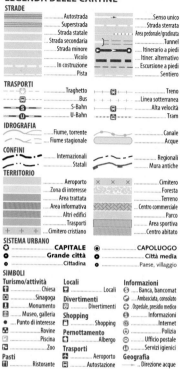

................Autostrada
................Superstrada
................Strada statale
................Strada secondaria
................Strada minore
................Vicolo
................In costruzione
................Pista

→ ....Senso unico
................Strada sterrata
................Area pedonale/gradinata
................Tunnel
................Itinerario a piedi
................Itiner. alternativo
................Escursione a piedi
................Sentiero

TRASPORTI

................Traghetto
................Bus
S ....S-Bahn
U ....U-Bahn

................Treno
................Linea sotterranea
................Alta velocità
................Tram

IDROGRAFIA

................Fiume, torrente
................Fiume stagionale

................Canale
................Acque

CONFINI

................Internazionali
................Statali

................Regionali
................Mura antiche

TERRITORIO

................Aeroporto
................Zona di interesse
................Area trattata
................Area informativa
................Altri edifici
................Trasporti
+ + + ...Cimitero cristiano

× × × ....Cimitero
................Foresta
................Terreno
................Centro commerciale
................Parco
................Area sportiva
................Centro abitato

SISTEMA URBANO

○ ....**CAPITALE**
● ....**Grande città**
● ....Cittadina

◉ ....CAPOLUOGO
● ....Città media
● ....Paese, villaggio

SIMBOLI

Turismo/attività
🕀 ....Chiesa
✡ ....Sinagoga
🗼 ....Monumento
🏛 ....Museo, galleria
● ....Punto di interesse
🏛 ....Rovine
▭ ....Piscina
🐾 ....Zoo

Pasti
🍴 ....Ristorante

Locali
🍷 ....Locali

Divertimenti
🎭 ....Divertimenti

Shopping
🛍 ....Shopping

Pernottamento
🛏 ....Albergo

Trasporti
✈ ....Aeroporto
🚌 ....Autostazione

Informazioni
💲 ....Banca, bancomat
🛡 ....Ambasciata, consolato
➕ ....Ospedale, presidio medico
ⓘ ....Informazioni
@ ....Internet
⊗ ....Polizia
⊠ ....Ufficio postale
🚻 ....Servizi igienici

Geografia
................Direzione acque

Cartine

A B C Tarifbereich Berlin und Brandenburger Umland U S RE RB

S-Bahn Berlin GmbH
Deutsche Bahn Gruppe

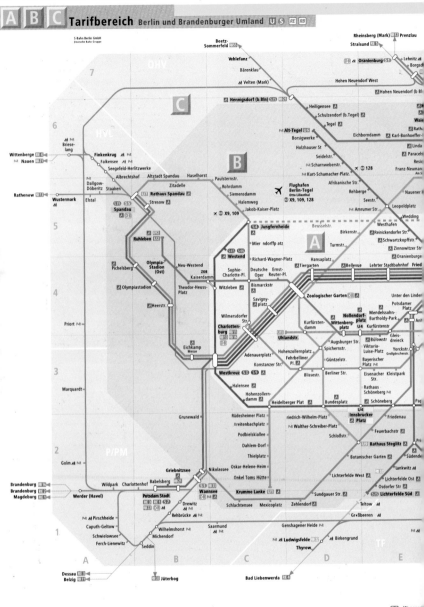

RE1	Magdeburg ↔ Cottbus
RE2	Brandenburg' ↔ Cottbus
RE3	Stralsund ↔ Dessau
RE4	Wittenberge ↔ Bad Liebenwerda
RE5	Stralsund ↔ Hoyerswerda/Dresden
RE7	Schwedt (Oder) ↔ Berlin-Lichtenberg

RB11	Charlottenburg ↔ Belzig
RB12	Prenzlau/Rheinsberg (Mark) ↔ Frankfurt (Oder)
RB13	Rathenow ↔ Charlottenburg
RB15	Schöneweide ↔ Senftenberg
RB16	Brandenburg ↔ Charlottenburg
RB21	Hennigsdorf/ Nauen ↔ Griebnitzsee
RB22	Potsdam Stadt ↔ Eberswalde

RB24	Schönefeld-Flughafen ↔ Wünsdorf-Waldstadt
RB25	Lichtenberg ↔ Tiefensee
RB26	Schöneweide ↔ Strausberg Nord/Kostrzyn
RB27	Groß Schönebeck/Wensick endorf ↔ Karow
RB31	Lichterfelde Ost (SEV) ↔ Ludwigsfelde (SEV)
RB33	Wannsee ↔ Jüderbog
RB55	Beetz-Sommerfeld ↔ Birkenwerder

S1	Wannse
S2	Blanken
S25	Lichterfe
S3	Erkner ↔
S4	Jungfern
S45	Schönefe
S46	Königs W
S5	Strausbe

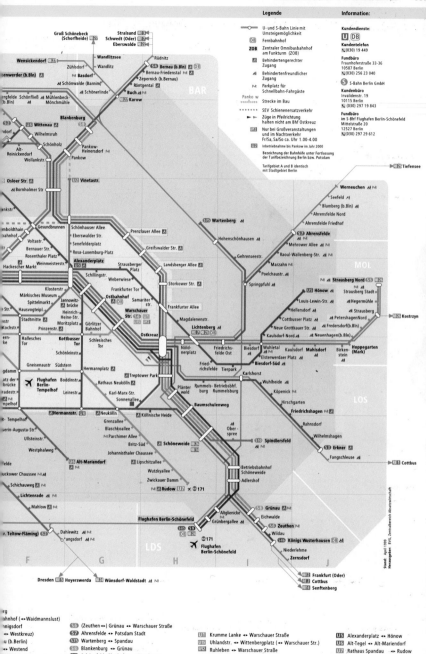

Stand: April 1999
Herausgeber: BVG, Zentralbereich Absatzwirtschaft

Legende

○━━○		U- und S-Bahn Linie mit Umsteigemöglichkeit
DB		Fernbahnhof
ZOB		Zentraler Omnibusbahnhof am Funkturm (ZOB)
♿		Behindertengerechter Zugang
♿		Behindertenfreundlicher Zugang
🅿		Parkplatz für Schnellbahn-Fahrgäste
••••••		Strecke im Bau
•••••••		SEV Schienenersatzverkehr
►━►		Züge in Pfeilrichtung halten nicht am Bhf Ostkreuz
U72		Nur bei Großveranstaltungen und im Nachtverkehr Fr/Sa, Sa/So ca. Uhr 1.00–4.00
		Inbetriebnahme bis Pankow im Jahr 2000
		Bezeichnung der Bahnhöfe unter Fortlassung der Tarifbezeichnung Berlin bzw. Potsdam
		Tarifgebiet A und B identisch mit Stadtgebiet Berlin

Information:

Kundendienste:

U DB

Kundentelefon
☎(030) 19 449

Fundbüro
Fraunhoferstraße 33–36
10587 Berlin
☎(030) 256 23 040

Ⓢ S-Bahn Berlin GmbH

Kundenbüro
Invalidenstr. 19
10115 Berlin
☎(030) 297 19 843

Fundbüro
im S-Bhf Flughafen Berlin-Schönefeld
Mittelstraße 20
12527 Berlin
☎(030) 297 29 612

0 ____ 1 km
0 ____ 0.5 miles

E Primzenallee
F Vinetastr U
To Schloss
Niederschönhausen
(2km)
G Prenzlauer
Promenade
Jüdischer
Friedhof
Weissensee
H

Bornholmer Str
Bornholmer Str
Berliner Str
PANKOW
Wisbyer Str
Langhansstr
WEISSENSEE
v. pp344-5

1

U Pankstr
Badstr
Schönhauser Allee
Schönhauser Allee
Berliner Allee
Ostseestr

S Gesundbrunnen
Brunnenstr
Prenzlauer Allee S

Volkspark
Humboldthain
Humboldthain
U Voltastr
Eberswalder Str U
Eberswalder Str
Danziger Str
PRENZLAUER BERG
Greifswalder Str S

2

Bernauer Str
Kastanienallee
Schönhauser Allee
Prenzlauer Allee
Greifswalder Str
Danziger Str
Storkower Str
Volkspark
Prenzlauer
Berg

Bernauer Str
Senefelderplatz
Landsberger Allee S
Storkower Str

S Nordbahnhof
Invalidenstr
Zinnowitzer Str U
Rosenthaler Platz
Torstr
Rosa-Luxemburg-Platz
Prenzlauer Berg
Torstr
Landsberger Allee
Petersburger Str

3

v. p350
U Oranienburger Tor
Oranienburger Str
Oranienburger Str U
Weinmeisterstr
Rosa-Luxemburg-Str
Volkspark
Friedrichshain
Friedrichstr
U Friedrichstr
S Hackescher Markt
Alexanderplatz
Otto-Braun-Str
Mollstr

S Friedrichstr
MITTE
Karl-Liebknecht-Str
Alexanderplatz
Alexanderplatz
U Schillingstr
Strausberger Platz
Weberwiese
Frankfurter Tor
13 11
14

Dorotheenstr
Unter den Linden
Unter den Linden
Klosterstr U
Karl-Marx-Allee
Frankfurter Allee
Frankfurter Allee

S Behrenstr
Französische Str
Werderstr
Breite Str
Stralauer Str
Jannowitzbrücke S
Lichtenberger Str
To Gedenkstätte
Normannenstrasse (1km)

U Französische Str
Hausvogteiplatz
Jannowitzbrücke U
Holzmarktstr
FRIEDRICHSHAIN

U Stadtmitte
Gertraudenstr
Mühlendamm
Märkisches Museum
Kommune

Mohrenstr
Spittelmarkt U
Heinrich-Heine-Str
Ostbahnhof S
Spree River

Leipziger Str
Heinrich-Heine-Str U

4

Potsdamer Platz
Kochstr
Warschauer Str S

U Kochstr
Oranienstr
Moritzplatz
Manteuffelstr
Köpenicker Str
Mühlenstr
Warschauer Str U

Anhalter Bahnhof
Lindenstr
KREUZBERG
Oranienstr
Görlitzer Bahnhof
Schlesisches Tor
Stralauer Allee
Am Oberbaum

Stresemannstr
Prinzenstr U
Skalitzer Str
Schlesische Str U
Osthafen

5

Hallesches Ufer
Gitschiner Str
Prinzenstr
Kottbusser Tor U
Wiener Str
Glogauer Str

Tempelhofer Ufer
Hallesches Tor U
Blücherstr
Baerwaldstr
Treptower Park S
Puschkinallee
An Treptower Park

Mehringdamm
Zossener Str
Blücherstr
Urbanstr
Schönleinstr U
Kottbusser Damm
TREPTOW
To Insel der Jugend (350m)

Gneisenaustr U
Gneisenaustr
Körtestr
Urbanstr
Reuterstr

Mehringdamm
Friesenstr
Südstern U
Hasenheide
Hermannplatz U
Karl-Marx-Str
Wildenbruchstr
Harzer Str
Eisenstr
To Sowjetisches Ehrenmal-Treptow (200m)

Platz der Luftbrücke U
Columbiadamm
Volkspark
Hasenheide
Pannierstr
Sonnenallee

6

TEMPELHOF
U Paradestr
Tempelhof Airport
Boddinstr U
Flughafenstr
Rathaus Neukölln U
NEUKÖLLN
Werbellinstr U

To Eisstadion
Neukölln (1km)
To Schloss
Britz (2.5km)
Karl-Marx-Str
Hermannstr
v. pp348-9

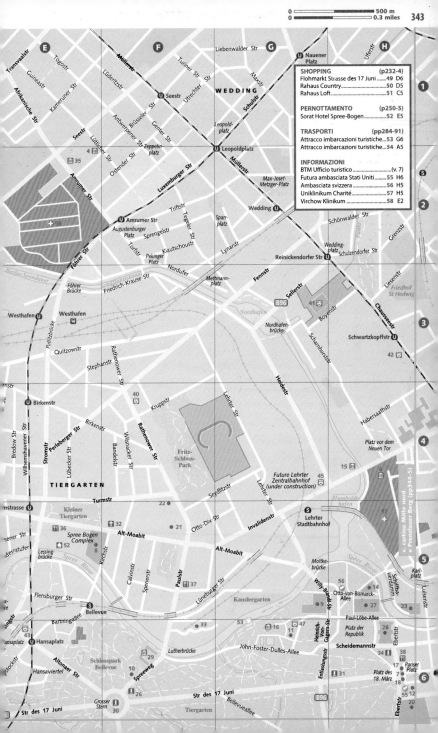

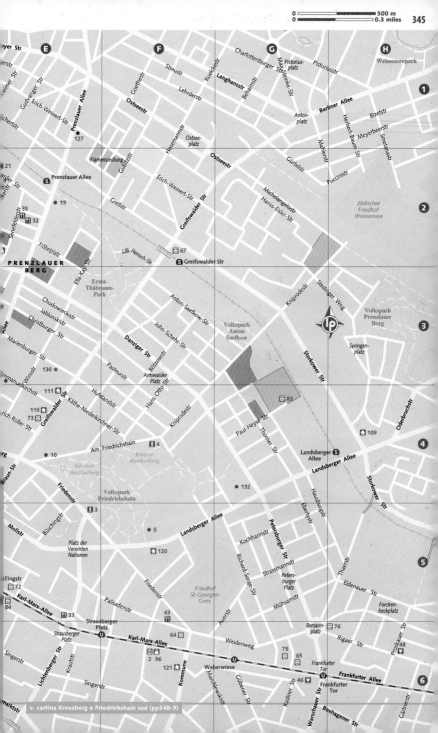

A B C D

1 2 3 4 5 6

In den Ministergärten
Französische Str
Jägerstr
Glinkastr
Taubenstr
Wilhelmstr
Mauerstr
Stadtmitte
Mohrenstr
Mohrenstr
Kronenstr
Jägerstr
Hausvogtei-platz
Niederwallstr
Gertraudenstr
Fischerinsel
Jannowitzbrücke
Jannowitzbrü
Köpenicker Str
Kölnischer Park
Brückenstr
Vossstr
Leipziger Platz
55
Leipziger Str
v. cartina Mitte (µ350)
Krausenstr
Spittel-markt
Seydel str
Neue Jakobstr
Köpenicker Str
138
B1
143
15
124
41
139
Schützenstr
Zimmerstr
Axel-Springer-Str
Komman dantenstr
Annenstr
Heinrich-Heine-Str
Schmidtstr
Mich kirchp
Heinrich-Heine-Platz
Potsdamer Platz
5
1
Niederkirchner Str
14 20
3
8
Kochstr
40
Charlottenstr
Lindenstr
Alte Jakobstr
Stallschreiberstr
Sebastianstr
Waldeckpark
Oranienstr
Waldemarstr
Dresdner
Askanischer Platz
Anhalter Str
Anhalter Bahnhof
7 2
Schöneberger Str
Wilhelmstr
Stresemannstr
9
Franz-Künstler-Str
Ritterstr
Lobeckstr
Moritz-platz 106
Moritzplatz
93 Oranien-platz
77
29
107
63 11
66 58
134
Prinzenstr
Wassertorstr
Oranienstr
91
122
KREUZBERG
Franz-Klühs-Str
Neuenburger Str
Alexandrinenstr
Prinzenstr
Wassertor platz
Kottbusser Tor
79
126
B96
Hallesches Ufer
Möckernbrücke Tempelhofer Ufer
127
Obentrautstr
Mehringplatz
Hallesches Tor
Gitschiner Str
Sommerbad Kreuzberg
Carl-Herz-Ufer 22
Böckler Park
Admiralstr
Fraenkelufer
Planufer
Böckhstr
137
Blücherstr
Blücher-Platz
Baerwaldstr
Urbanstr
Urbanhafen
Mehringdamm
Friedhöfe vor dem Halleschen Tor
Baruther Str
Grossbeerenstr
68
Yorckstr
25 125
111
27
Gneisenaustr
Zossener Str
Mittenwalder Str
Schleiermacher Str
Urbanstr
Blücherstr
Baerwaldstr
Krankenhaus am Urban
Grimmstr
Dieffenbachstr
Böckhstr
Hagelberger Str
133
130
35
19
81
42
101
114
113
17
Gneisenaustr
Körtestr 31
Graefestr
Urbanstr
Kreuzbergstr
16 37
103 98 99
132
51
110 32 97
59 95
Bergmannstr 44
119
24 109
Marheineke-platz
Bergmannstr
Südstern
Hasenheide
10
Viktoriapark
Methfesselstr
84
76
Chamissoplatz
Fidicinstr
Jüterboger Str
Friedrich-Werder-Kirchhof
Zülllauer Str
Lilienthalstr
Standortfriedhof
Volkspark Hasenheide
Dudenstr
Manfred-von-Richthofen-Str
Platz der Luftbrücke
13
Platz der Luftbrücke
89
Schwiebusser Str
Friesenstr
Columbiadamm 71
Columbiadamm
141
140
Kaiserkorso
Tempelhofer Damm
Wollfring
Leonhardtweg
Paradestr
Paradestr
B96
Tempelhof Airport
TEMPELHOF
Garnisonsfriedhof
Columbiadamm

v. cartina Willmersdorf e Schöneberg (pp352-3)

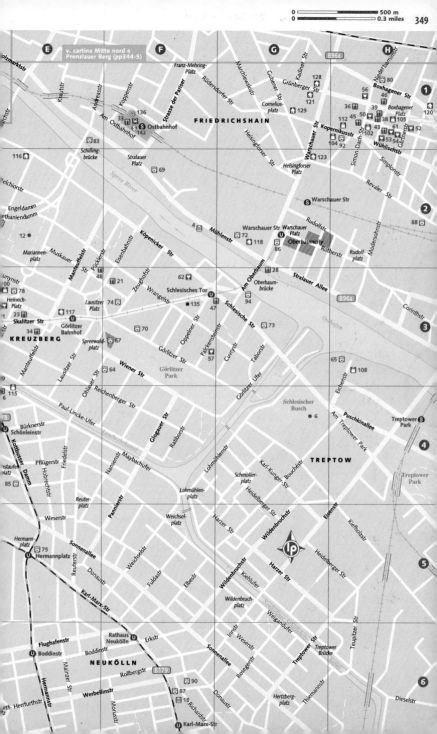

A · B · C · D

Charlottenburger Brücke · Tiergarten

v. cartina Charlottenburg nord e Tiergarten nord (pp342-3)

Zillestr · Krumme Str · Deutsche Oper · Ernst-Reuter-Platz · Str des 17 Juni

Sophie-Charlotte-Platz · Fritschestr · Kaiser-Friedrich-Str · Bismarckstr · Ernst-Reuter-Platz · Technische Universität · Fasanenstr

1 Sophie-Charlotte-Platz

v. cartina Charlottenburg e Wilmersdorf nord (p354)

Schillerstr · Goethestr · Steinplatz · Bahnhof Zoo · Hardenbergstr · Zoologischer Ga

32 · 13 · 72 · Windscheidstr · Wilmersdorfer Str · Karl-August-Platz · Weimarer Str · Krumme Str · Pestalozzistr · Knesebeckstr · Hardenbergplatz

CHARLOTTENBURG · Zoologischer Garten

Wilmersdorfer Str · Kantstr · Savignyplatz · Kantstr

2 Charlottenburg Platz · Stuttgarter Platz · 52 · Gervinusstr · Niebuhrstr · Savignyplatz · Breitsch plat

Rönnestr · Leibnizstr · Mommsenstr · Wielandstr · Schlüterstr · Croslinstr · Kurfürstendamm · Tauentz

Gervinusstr · Meyerinckplatz · Bleibtreustr · Uhlandstr · Leverkühnstr · Sybelstr · Walter-Benjamin-Platz · George-Grosz-Platz · Los-Angeles-Platz · Augsburger

Damaschkestr · Dahlmannstr · Gieselerstr · Kurfürstendamm · Augsburger Str · Lietzenburger Str

Adenauerplatz · Adenauerplatz · Olivaer Platz · Pariser Str · Fasanenstr · Meinekestr · Rankeplatz · Augsburger Str · Lietzenburger Str

3 Kurfürstendamm · 54 · Lehniner Platz · Xantener Str · Fasanenplatz · Schaperstr · Bundesallee · Nürnberger Platz

Hochmeisterplatz · Nestorstr · Ciceróstr · Düsseldorfer Str · Bayerische Str · Württembergische Str · Sächsische Str · Emser Str · Ludwigkirchplatz · Ludwigkirchstr · Spichernstr · Regensbu

Paulsborner Str · Albrecht-Achilles-Str · Zähringer str · Wittelsbacherstr · Uhlandstr · Pariser Str · Spichernstr · Nachodstr

Westfälische Str · Eisenzahnstr · Pommersche Str · **WILMERSDORF** · Hohenzollernplatz · Prager Platz · Aschaffenburger

12 · Konstanzer Str · Preussenpark · Emser Platz · Pfalzburger Str · Hohenzollerndamm · Holsteinische Str · Nassauische Str · Trautenau · Regensburger

4 Nestorstr · Ciceróstr · Mansfelder Str · Fehrbelliner Platz · Sigmaringer Str · Landhausstr · Güntzelstr · Güntzelstr · Prinzregenten-str · 76

A100 · Seesener Str · Hohenzollerndamm · Fehrbelliner Platz · Brandenburgische Str · Fechnerstr

Friedrichsruher Str · H-v-Fallersleben-Str · Habermannplatz · 51 · Blissestr

5 Stadtring · 7 · Forckenbeckstr · Berliner Str · Cosima-platz · Perelsplatz

6

CHE COSA VEDERE E FARE (pp120-3)

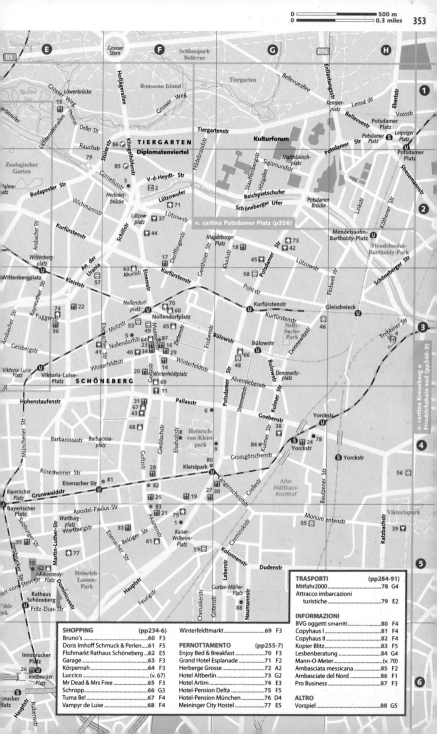

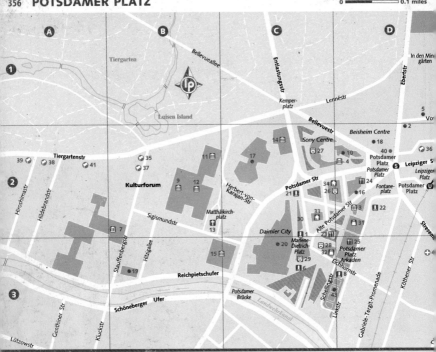